Volker Honemann, Tomas Tomasek (Hrsg.)

Germanistische Mediävistik

Münsteraner Einführungen
– Germanistik –

Band 4

LIT

Volker Honemann, Tomas Tomasek (Hrsg.)

Germanistische Mediävistik

LIT

Die Deutsche Bibliothek – CIP-Einheitsaufnahme

Germanistische Mediävistik / Volker Honemann, Tomas Tomasek (Hrsg.). –
2., durchges. Aufl. – Münster : LIT, 2000
   (Münsteraner Einführungen: Germanistik ; 4.)
   ISBN 3-8258-2269-9

NE: GT

© LIT VERLAG Münster – Hamburg – London
   Grevener Str. 179   48159 Münster   Tel. 0251–23 50 91   Fax 0251–23 19 72

Inhalt

Abkürzungen VII

Abbildungen XI

Vorbemerkung XIII

Tomas Tomasek
Germanistische Mediävistik 1

Rudolf Suntrup
Anfänge deutscher Dichtung:
Das Beispiel Otfrid von Weißenburg 33

Hans-Jörg Spitz
ez ist sanc aller sange
Das ›St. Trudperter Hohelied‹ zwischen Kommentar und Dichtung 61

Volker Honemann
›Erec‹
Von den Schwierigkeiten, einen mittelalterlichen Roman zu verstehen . . 89

Klaus Speckenbach
Morungens Umspielen der Gattungsgrenzen
Zur Interpretation von ›Ez tuot vil wê‹ (MF XV; 134,14) und
›Ich hôrte ûf der heide‹ (MF XXIII; 139,19) 123

Nine Miedema
Das ›Nibelungenlied‹
Eine Einführung zu einem 'natz=jonalen Eh=Poss' 147

Wolfgang Achnitz
Ein *mære* als Bîspel
Strickers Verserzählung ›Der kluge Knecht‹ 177

Tomas Tomasek
Die Kunst der Variation:
Neidharts Lyrik am Beispiel von Sommerlied 14 205

Klaus Speckenbach
Tagelied-Interpretationen
Zu Wolframs ›Von der zinnen‹ (MF V) und Oswalds
›Los, frau, und hör‹ (Kl. 49) 227

Volker Honemann
Heinrich Bebel und seine ›Fazetien‹ 255

Rudolf Suntrup
Typologische Heilsgeschichts-Konzepte in mittelalterlicher geistlicher
Literatur 277

Birgit Kochskämper
Die germanistische Mediävistik und das Geschlechterverhältnis:
Forschungen und Perspektiven 309

Lektüreempfehlungen 353

Register
1. Autoren, historische Personen, Werke 357
2. Sachen, Handschriften, Orte 362

Abkürzungen bibliographischer Angaben

(Allgemeine Abkürzungen sowie Abkürzungen biblischer Bücher erfolgen nach dem Lexikon des Mittelalters [LdMA]).

ABäG	Amsterdamer Beiträge zur älteren Germanistik, Bd. 1ff., Amsterdam 1972ff.
AfdA	Anzeiger für deutsches Altertum und deutsche Literatur [beigeheftet der ZfdA], Bd. 1-100, Leipzig [u.a.] 1876-1989
ATB	Altdeutsche Textbibliothek
BdK	Bibliothek deutscher Klassiker
BdM	Bibliothek des Mittelalters
BMZ	Mittelhochdeutsches Wörterbuch, mit Benutzung des Nachlasses von GEORG FRIEDRICH BENECKE ausgearb. von WILHELM MÜLLER und FRIEDRICH ZARNCKE, Bd. 1-3, Nachdr. der Ausg. Leipzig 1854-1866, Stuttgart 1990
BNL	Bibliothek der gesammten deutschen National-Literatur von der ältesten bis auf die neuere Zeit
BSB	Bayerische Staatsbibliothek (München)
CCL	Corpus Christianorum, Series Latina, Bd. 1ff., Turnhout 1954ff.
DNL	Deutsche National-Li(t)teratur. Historisch-kritische Ausgabe, hg. von JOSEPH KÜRSCHNER, Bd. 1-164 und Reg.-Bd., Stuttgart – Berlin – Leipzig 1882-1899
DTM	Deutsche Texte des Mittelalters
dtv	Deutscher Taschenbuch Verlag, München
DU	Der Deutschunterricht. Beiträge zu seiner Praxis und wissenschaftlichen Grundlegung, Bd. 1ff., Stuttgart 1950ff.
DVjs	Deutsche Vierteljahrsschrift für Literaturwissenschaft und Geistesgeschichte, Bd. 1ff., Halle/S. [u.a.] 1923ff.
EdF	Erträge der Forschung
EHS	Europäische Hochschulschriften
EM	Enzyklopädie des Märchens. Handwörterbuch zur historischen und vergleichenden Erzählforschung, hg. von KURT RANKE [u.a.], Bd. 1ff., Berlin – New York 1977ff.
es	edition suhrkamp
Euphorion	Euphorion. Zeitschrift für Literaturgeschichte, Bd. 1ff., Bamberg – Heidelberg 1894ff. (1934-1944 unter dem Titel Dichtung und Volkstum)
FMSt	Frühmittelalterliche Studien. Jahrbuch des Instituts für Frühmittelalterforschung der Universität Münster, Bd. 1ff., Berlin 1967ff.
GAG	Göppinger Arbeiten zur Germanistik

GRLMA	Grundriß der romanischen Literaturen des Mittelalters, hg. von HANS ROBERT JAUSS – ERICH KÖHLER, Bd. 1ff., Heidelberg 1968ff.
GRM	Germanisch-Romanische Monatsschrift, Bd. 1ff., Heidelberg 1909ff. (NF Bd. 1ff., Heidelberg 1950ff.)
HdA	Handwörterbuch des deutschen Aberglaubens, hg. von HANNS BÄCHTOLD-STÄUBLI, Bd. 1-10, Nachdr. der Ausgabe Berlin – Leipzig 1927-1942, mit einem Vorwort von CHRISTOPH DAXELMÜLLER, Berlin 1987
HRG	Handwörterbuch zur Deutschen Rechtsgeschichte, hg. von ADALBERT ERLER – EKKEHARD KAUFMANN unter philologischer Mitarb. von RUTH SCHMIDT-WIEGAND, Red. DIETER WERKMÜLLER, Bd. 1-5, Berlin 1971-1998
IASL	Internationales Archiv für Sozialgeschichte der deutschen Literatur, Bd. 1ff., Tübingen 1976ff.
JOWG	Jahrbuch der Oswald von Wolkenstein-Gesellschaft, Bd. 1ff., Marbach/N. [u.a.] 1981ff.
KILLY	Literatur Lexikon. Autoren und Werke deutscher Sprache, hg. von WALTHER KILLY, Bd. 1-15, Gütersloh – München 1988-1993
KLD	Deutsche Liederdichter des 13. Jahrhunderts, hg. von CARL VON KRAUS, Bd. 1 Text, Bd. 2 Kommentar, bes. von HUGO KUHN, Tübingen 1952-1958, 2. Aufl. bes. von GISELA KORNRUMPF, Tübingen 1978
LCI	Lexikon der christlichen Ikonographie, hg. von ENGELBERT KIRSCHBAUM in Zusammenarbeit mit GÜNTHER BANDMANN [u.a.], Bd. 5ff. hg. von WOLFGANG BRAUNFELS, Bd. 1-8, Rom – Freiburg – Basel – Wien 1968-1976
LdMA	Lexikon des Mittelalters, hg. von ROBERT AUTY [u.a.], Bd. 1-9 u. Reg.-Bd., München – Zürich 1980-1999
LEXER	MATTHIAS LEXER, Mittelhochdeutsches Handwörterbuch, zugleich als Supplement und alphabetischer Index zum Mittelhochdeutschen Wörterbuche von Benecke – Müller – Zarncke, mit einer neuen Einleitung von KURT GÄRTNER, Bd. 1-3, Nachdr. der Ausg. Leipzig 1869-1878, Stuttgart 1992
LGB²	Lexikon des gesamten Buchwesens, 2., völlig neu bearb. Aufl., LGB², hg. von SEVERIN CORSTEN – GÜNTHER PFLUG – FRIEDRICH ADOLF SCHMIDT-KÜNSEMÜLLER, Bd. 1ff., Stuttgart 1985ff.
LiLi	Zeitschrift für Literaturwissenschaft und Linguistik, Bd. 1ff., Frankfurt/M. 1971ff.
LThK³	Lexikon für Theologie und Kirche, 3., völlig neu bearb. Aufl. hg. von WALTER KASPER, Bd. 1ff., Freiburg [u.a.] 1993ff.

MF	Des Minnesangs Frühling, bearb. von HUGO MOSER – HELMUT TERVOOREN, Bd. 1-3, 38., erneut rev. Aufl. mit einem Anhang: Das Budapester und Kremsmünsterer Fragment, Stuttgart 1988
MGH	Monumenta Germaniae historica. Inde ab anno Christi 500 usque ad annum 1500, ed. Societas aperiendis fontibus rerum Germanicarum medii aevi. Hannover [u.a.] 1826ff.
MLR	Modern Language Review. A quarterly journal devoted to the study of medieval and modern literature and philology, Bd. 1ff., Cambridge [u.a.] 1905ff.
MMS	Münstersche Mittelalter-Schriften
Monatshefte	Monatshefte für deutschen Unterricht, deutsche Sprache und Literatur, Bd. 1ff., Madison/W. 1909ff.
MTU	Münchener Texte und Untersuchungen zur deutschen Literatur des Mittelalters
PAUL	HERMANN PAUL, Mittelhochdeutsche Grammatik, 23., neu bearb. Aufl. von PETER WIEHL – SIEGFRIED GROSSE, Tübingen 1989
PBB	Beiträge zur Geschichte der deutschen Sprache und Literatur, Bd. 1ff., Halle/S. 1874ff. [seit 1955 getrennt fortgeführt:]
PBB (Halle)	Beiträge zur Geschichte der deutschen Sprache und Literatur, Bd. 76-100, Halle/S. 1955-1979
PBB (Tüb.)	Beiträge zur Geschichte der deutschen Sprache und Literatur, Bd. 77-111, Tübingen 1955-1989 [ab Bd. 112, 1990, in Tübingen fortgeführt]
PL	Patrologiae cursus completus, Series Latina, hg. von JACQUES-PAUL MIGNE, Bd. 1ff., Paris 1844ff.
RDK	Reallexikon zur Deutschen Kunstgeschichte, hg. vom Zentralinstitut für Kunstgeschichte München, Bd. 1ff., Stuttgart – München 1937ff.
re	rowohlts enzyklopädie
RLW	Reallexikon der deutschen Literaturwissenschaft. Neubearb. des Reallexikons der deutschen Literaturgeschichte, hg. von KLAUS WEIMAR [u.a.], Bd. 1ff., Berlin – New York 1997ff.
RUB	(Reclams) Universal-Bibliothek
SAG	Stuttgarter Arbeiten zur Germanistik
SM	Sammlung Metzler
st	suhrkamp taschenbuch
StLV	Bibliothek des litterarischen Vereins in Stuttgart
stw	suhrkamp taschenbuch wissenschaft
TRE	Theologische Realenzyklopädie, hg. von GERHARD KRAUSE – GERHARD MÜLLER, Bd. 1ff., Berlin – New York 1976ff.
TTG	Texte und Textgeschichte
UTB	Uni-Taschenbücher

²VL	Die deutsche Literatur des Mittelalters. Verfasserlexikon, 2., völlig neu bearb. Aufl. hg. von KURT RUH [u.a.], Bd. 1ff., Berlin – New York 1978ff.
WdF	Wege der Forschung
WW	Wirkendes Wort. Deutsche Sprache und Literatur in Forschung und Lehre, Bd. 1ff., Düsseldorf 1950ff.
ZfdA	Zeitschrift für deutsches Altertum [Bd. 19ff.: Zeitschrift für deutsches Altertum und deutsche Literatur], Bd. 1ff., Leipzig [u.a.] 1841ff.
ZfdPh	Zeitschrift für deutsche Philologie, Bd. 1ff., Halle/S. [u.a.] 1869ff.

Abbildungen

Abb. 1 (S. 37):
Otfrids ›Evangelienbuch‹ IV 29, 43-30,5, Reinschrift mit Korrekturen Otfrids, Wien, ÖNB, Cod. 2687 (9. Jh.), f. 145^v (nach: Schrifttafeln zum althochdeutschen Lesebuch, hg. u. erl. von HANNS FISCHER, Tübingen [Niemeyer] 1966, S. 18)

Abb. 2 (S. 89):
Beginn des ›Erec‹ Hartmanns von Aue, Wien, ÖNB, Cod. s.n. 2663, f. 30rb

Abb. 3 (S. 125):
Urkunde des Markgrafen Dietrich von Meißen [ca. 1217], Leipzig, Stadtarchiv, Urk.-K. 85,2

Abb. 4 (S. 128):
Autorenbild Heinrichs von Morungen im ›Codex Manesse‹, Heidelberg, UB, Cod. pal. germ. 848, f. 76^v

Abb. 5 (S. 163):
Anfang des ›Nibelungenliedes‹ in der Handschrift C, Donaueschingen, Fürstlich Fürstenbergische Hofbibliothek, Hs. 63, f. 1^r

Abb. 6 (S. 180):
Textbeginn von Strickers ›Der kluge Knecht‹, Wien, ÖNB, Cod. 2705, f. 45^v

Abb. 7 (S. 181):
Wien, ÖNB, Cod. 2705, f. 46^r

Abb. 8 (S. 223):
Erhard Schön (ca. 1491-1542) – Kirchweih in Mögeldorf (undatiert), Text von Hans Sachs (1528), The Illustrated Bartsch, Bd. 13: German Masters of the Sixteenth Century. Erhard Schoen, Niklas Stoer, hg. von WALTER L. STRAUSS, New York 1984, S. 321

Abb. 9 (S. 244):
Oswald von Wolkenstein, Liederhandschrift A, Wien, ÖNB, Cod. 2777, f. 17^v

Abb. 10 (S. 255):
Heinrich Bebel, ›Facetiae‹, Straßburg: Schürer, August 1514, Bl. Vv viii^r: Fazetie III,95

Abb. 11 (S. 271):
Heinrich Bebel, ›Facetiae‹, Straßburg: Schürer, August 1514, Bl. Aa ij: Vorrede zum ersten Buch

Abb. 12 (S. 290):
Typologie des Kreuzes: Paradiesszenen – Ecclesia mit dem Kreuz als Lebensbaum – Adam und Eva neben dem Paradiesbaum – Kain und Abel, 'Lob des Kreuzes' (um 1175), München, BSB, Clm 14159, f. 1^r

Abb. 13 (S. 296):
Verkündigung der Geburt Christi mit Präfigurationen: brennender Dornbusch – Gideons Vließ – Brautwerbung Abrahams, ›Speculum humanae salvationis‹, Kremsmünster, Stiftsbibliothek, Cod. Cr. 243 (um 1325/30), f. 12^v/13^r (nach: Speculum humanae salvationis. Vollständige Faksimile-Ausgabe des Codex Cremifanensis 243 des Benediktinerstifts Kremsmünster. Kommentar von WILLIBRORD NEUMÜLLER, Graz [Akad. Druck- und Verlagsanstalt] 1972)

Abb. 14 (S. 299):
Das Eherne Meer als Typus der Taufe Jesu im Jordan, ›Speculum humanae salvationis‹, Kremsmünster, Stiftsbibliothek, Cod. Cr. 243, f. 17^v (Ausschnitt; nach der Faksimile-Ausgabe [wie Abb. 13])

Abb. 15 (S. 304):
Auferstehung Christi mit Simson und Jona als Präfigurationen, ›Biblia pauperum‹, Rom, Bibl. Apost. Vat., Cod. pal. lat. 871 (2. Viertel 15. Jh.), f. 16^r (nach: Biblia pauperum: Die Bilderhandschrift des Codex Palatinus latinus 871 im Besitz der Biblioteca Apostolica Vaticana. Einf. und Komm.: CHRISTOPH WETZEL, Stuttgart – Zürich [Belser] 1995

Für freundlich erteilte Reproduktionserlaubnis danken wir den oben genannten Bibliotheken, Archiven und Verlagen.

Vorbemerkung

Der hier vorgelegte Band bietet, ausgehend von der "didaktischen Maxime", daß die "literaturwissenschaftliche Arbeit" vor allem in der "Interpretation von Texten" besteht,[1] eine chronologisch gereihte Sequenz von Interpretationen zentraler Texte der deutschen Literatur vom frühen Mittelalter bis zum Humanismus (9.-16. Jahrhundert). Eine Einleitung führt literatur- und wissenschaftsgeschichtlich an die Einzelinterpretationen heran. Zu diesen treten am Ende des Bandes zwei Beiträge, die werk- bzw. epochenübergreifende literarische Phänomene des deutschen Mittelalters in den Blick nehmen.

Dem Konzept der 'Münsteraner Einführungen' entsprechend stellt das Buch also keine Einführung in die Germanistische Mediävistik dar in dem Sinne, daß eine abstrakte Darstellung der Arbeitsweisen, Methoden und wissenschaftlichen Hilfsmittel des Faches geboten würde; diese werden statt dessen in jedem der Beiträge 'in Anwendung' gezeigt.

Die einzelnen Beiträge sollen dabei in einem doppelten Sinne als Exempla verstanden werden: Sie wollen Interpretationen von Texten bieten, die als besonders aussagekräftige Beispiele für viele gleichartige Texte der mittelalterlichen deutschen Literatur stehen können, und sie wollen diese Texte auf eine Weise interpretieren, die es dem Studienanfänger erlaubt, das Arbeitsverfahren des Interpreten nachzuvollziehen und so auch das von diesem benützte 'Handwerkszeug' (also die wichtigsten wissenschaftlichen Hilfsmittel des Faches) kennenzulernen. Daraus resultiert zum einen, daß der Band, bedingt durch die Eigenart des jeweiligen Textes wie durch die Individualität des jeweiligen Interpreten, eine Pluralität der Arbeitsweisen und Interpretationsmethoden vereint, zum anderen, daß sich (durch die chronologische Reihung) Ansätze zu einer Literaturgeschichte in Beispielen ergeben, von der Bibeldichtung des frühen Mittelalters (Otfrid von Weißenburg) bis hin zu den Schwänken des Heinrich Bebel.

Dabei wurde versucht, wesentliche literarische Gattungen wenigstens durch je ein zentrales Werk zu repräsentieren. Inwieweit dies gelungen ist, möge der Leser entscheiden. Auf vieles mußte, vor allem aus Raumgründen, verzichtet werden. Um aber über die literarhistorischen Handreichungen der Einleitung und die Einzelinterpretationen hinaus wenigstens einen ersten Eindruck von Reichtum und Vielfalt der deutschen Literatur des Mittelalters zu vermitteln, wurde am Ende des

---

[1] THOMAS ALTHAUS – STEFAN MATUSCHEK (Hgg.), Interpretationen zur neueren deutschen Literaturgeschichte, Münster 1994 (Münsteraner Einführungen. Germanistik 3), S. VII.

Bandes (S. 353-355) als Lektüreempfehlung eine chronologische Liste der literarischen Gattungen und der sie vertretenden zentralen Autoren und Werke beigefügt.

Weitere Hilfen zur Erschließung des Fachgebietes bzw. des Bandes bieten zwei Register, die neben den Autoren, historischen Personen und Werken wichtige, in den Beiträgen behandelte literarische und literaturwissenschaftliche Sachbegriffe verzeichnen; sie erlauben es damit, den Informationsgehalt des Bandes von einem bestimmten Gegenstand aus gezielt und beitragsübergreifend auszuschöpfen. So wird etwa die Besonderheit der Überlieferung mittelalterlicher Literatur durch die Stichwörter 'Buchtitel', 'Handschriften', 'Intertextualität', 'Kolophon', 'Mündlichkeit – Schriftlichkeit', 'Stemma', 'Überlieferung' (einzelner Werke) und 'Zeigehand' erschlossen.

Verfasser der Beiträge sind die Wissenschaftlichen Mitarbeiter, Akademischen Räte und Professoren der Abteilung für Literatur des Mittelalters des Instituts für Deutsche Philologie I der Westfälischen Wilhelms-Universität Münster (WS 1998/99); der Band stellt somit – und nebenbei – auch eine Art 'Leistungsbilanz' der Abteilung dar, die ihn in überaus intensiven Gesprächen konzeptionell wie inhaltlich gemeinsam erarbeitet hat (jeder Beitrag wurde von allen Kollegen gelesen und mit dem Verfasser diskutiert).

Ein herzlicher Dank gilt Rudolf Suntrup für die Erstellung der Register, ein ganz besonderer jedoch Jutta Brunemann und auch Martin Haehnel für die sehr erheblichen Mühen der Erstellung einer druckfertigen Vorlage.

Münster, im Juni 1999

Volker Honemann   Tomas Tomasek

Innerhalb kurzer Zeit ist eine Zweitauflage der 'Germanistischen Mediävistik' nötig geworden. Es könnte dies ein Zeichen dafür sein, daß unser Konzept, die Studienanfänger unmittelbar mit den Ergebnissen der Forschung zu konfrontieren, Interesse findet.

Münster, im April 2000   Die Herausgeber

Germanistische Mediävistik

TOMAS TOMASEK

Neben der Sprachwissenschaft und der Neueren deutschen Literaturwissenschaft stellt die Erforschung der Literatur des Mittelalters ein eigenes, traditionsreiches Arbeitsfeld der Germanistik dar. Es steht u.a. wegen des gemeinsamen Rückgriffs auf die älteren Sprachstufen des Deutschen in intensivem Kontakt mit der diachronen Linguistik (Sprachgeschichte) und ist ebenso eng mit der neueren Literaturwissenschaft verbunden, von deren Methodendiskussion die Untersuchung mittelalterlicher Dichtung z.T. erheblich profitieren kann. Zugleich weist die Germanistische Mediävistik eine Reihe eigener, auf den besonderen Bedingungen der mittelalterlichen Literatur beruhender Spezifika auf, welche die Disziplin von den anderen Teilbereichen des Fachs unterscheiden.

Obwohl sie als ein verbindendes Glied zwischen Sprachwissenschaft und Neuerer deutscher Literaturwissenschaft zu fungieren vermag, steht die Beschäftigung mit der Germanistischen Mediävistik oft bei den Studierenden zunächst weniger im Zentrum des Interesses. Doch sollte jeder Germanist und jede Germanistin mindestens einen Einblick in die Gegenstände und Methoden der Mittelalterphilologie erhalten, in deren Untersuchungsbereich schließlich nicht nur die Wurzeln, sondern zwei Drittel der deutschen Literaturgeschichte (von der Mitte des 8. bis ins 16. Jahrhundert) fallen. In diesem ausgedehnten Zeitraum sind etliche Dichtungen von weltliterarischer Geltung, die einem Germanisten/einer Germanistin vertraut sein sollten, entstanden, wie etwa die Lyrik Walthers von der Vogelweide, der ›Parzival‹- und ›Tristan‹-Roman oder das ›Nibelungenlied‹.

Für diesen Teilbereich der Germanistik, der in der Vergangenheit zumeist als 'Ältere deutsche Literaturwissenschaft' oder 'Literatur des Mittelalters' bezeichnet wurde, hat sich in den letzten Jahren der Begriff 'Germanistische Mediävistik' durchgesetzt. Darin deutet sich an, daß sich das Teilfach seit einiger Zeit in einem Prozeß der Selbstreflexion befindet und sich auch methodisch fortentwickelt. Diese Tendenzen aufgreifend, sollen im folgenden der Umfang und die Gegenstände des Fachs (I.), seine Entstehung und Frageansätze (II.) sowie seine Bedeutung innerhalb des Germanistikstudiums (III.) umrissen werden. Am Ende steht ein kurzer Ausblick auf die Aktualität der mittelalterlichen deutschen Literatur (IV.).

I. Ein weites Feld ...

'Mediävistik' bedeutet 'Mittelalterkunde' und leitet sich von dem Ausdruck *medium aevum* her, mit dem die Humanisten – abwertend – ein 'Zwischenzeitalter' bezeichneten, das ihrer Meinung nach mit dem Niedergang des klassischen Altertums begonnen habe und dessen Überwindung durch bewußtes Wiederanknüpfen an die Antike die Aufgabe der Renaissance gewesen sei.[1] Auch heute versteht man unter dem deutschen Terminus 'Mittelalter', der seit der Romantik zumeist positiv oder wertneutral verwendet wird, in der Regel einen mehr als 1000jährigen Zeitraum, der sich, beginnend etwa im 4. Jahrhundert, von der Einführung des Christentums als römische Staatsreligion bzw. dem Beginn der Völkerwanderung bis in die Zeit um 1500 erstreckt, in der sich die humanistischen Vorstellungen von Wissenschaft und Kunst durchsetzten und folgenschwere historische Ereignisse, wie z.B. die Entdeckung der Neuen Welt und die Reformation, eintraten.

Jüngere Forschungen lassen allerdings Zweifel an einer festen Epochenvorstellung vom Mittelalter aufkommen, stellen den Begriff sogar ganz in Frage oder postulieren ein 'langes Mittelalter', das erst mit der industriellen Revolution im 19. Jahrhundert zu Ende gegangen sei.[2] Von Historikern wird gern auf die Langlebigkeit mittelalterlicher Konzepte – wie etwa der Idee eines christlich-sakralen Königtums, die bis in die neuere Zeit lebendig geblieben ist – verwiesen,[3] und auch Literaturwissenschaftler können feststellen, daß etwa in Texten des 17. Jahrhunderts noch häufig mittelalterliche Denkstrukturen anzutreffen sind. Dies betrifft z.B. den – ursprünglich antiken – Fortuna-Gedanken,[4] die medizinische Lehre von den vier Körpersäften[5] oder die Sicht der Natur als 'Buch' Gottes, das sich allegorisch deuten läßt.[6]

---

[1] Zur Begriffsgeschichte vgl. H. GÜNTHER, Neuzeit, Mittelalter, Altertum, in: Historisches Wörterbuch der Philosophie, hg. von JOACHIM RITTER – KARLFRIED GRÜNDER, Bd. 6, Basel – Stuttgart – Darmstadt 1984, Sp. 782–798, bes. 786f.

[2] Vgl. dazu z.B. PETER VON MOOS, Gefahren des Mittelalterbegriffs. Diagnostische und präventive Aspekte, in: Modernes Mittelalter. Neue Bilder einer populären Epoche, hg. von JOACHIM HEINZLE, Frankfurt/M. – Leipzig 1994, S. 33-63.

[3] Vgl. vor allem JACQUES LE GOFF, Pour un long Moyen Age, in: Europe. Revue littéraire mensuelle 61, H. 654 (1983), S. 19-24. – Von verschiedensten Sammel- und Tagungsbänden zu diesem Thema sei hier nur genannt: Mittelalter und Moderne. Entdeckung und Rekonstruktion der mittelalterlichen Welt. Kongreßakten des 6. Symposiums des Mediävistenverbandes in Bayreuth 1995, hg. von PETER SEGL, Sigmaringen 1997.

[4] Zur Fortuna in Mittelalter und früher Neuzeit vgl. den Sammelband: Fortuna, hg. von WALTER HAUG – BURGHART WACHINGER, Tübingen 1995 (Fortuna vitrea 15).

[5] Über die sog. Humoralpathologie, auf die z.B. das Krankheitsbild der Melancholie zurückgeführt wurde, vgl. KLAUS BERGDOLT – GUNDOLF KEIL, Humoralpathologie, in: LdMA Bd. 5, Sp. 211-213.

[6] Vgl. den Typologie-Beitrag von Rudolf Suntrup u. S. 277-308.

Die strittige Frage der Epochenschwellen des Mittelalters braucht hier nicht weiter verfolgt zu werden. Es ist in jedem Falle deutlich, daß ein solcher wie auch immer umgrenzter 'Epochengigant'[7] im Rahmen von Regelstudienzeiten nur in Teilen studiert werden kann und die Mittelalterspezialisten zur Bildung von Forschungsschwerpunkten zwingt. Auch aufgrund immer differenzierter werdender Verfahren der Texterfassung, zunehmender Methodenvielfalt und der damit verbundenen Publikationsflut verlangt die moderne Mediävistik von den Studierenden wie auch von den Forschenden eine Bereitschaft zur Spezialisierung innerhalb der Breite des Fachs. Nicht zufällig wird die Altgermanistik an größeren Universitäten stets von mehreren Wissenschaftlern/innen vertreten.

Zur diachronen Gliederung[8]

So liegt es nahe, das umfangreiche Fachgebiet nach literarhistorischen Gesichtspunkten zu differenzieren, denn es lassen sich im Kontinuum der älteren deutschen Literaturgeschichte – mehr oder weniger deutlich – mindestens sechs Phasen,[9] oder besser: literarhistorisch innovative Entwicklungsschübe, ausmachen, die einander z.T. überschneiden, da ältere Tendenzen fortwirken können, während sie bereits von jüngeren überlagert werden.

1. Die althochdeutsche Literatur: Aufzeichnungen in deutscher Sprache existieren etwa seit der Mitte des 8. Jahrhunderts, beginnend mit Vokabularien und Glossenhandschriften. Herausragende althochdeutsche Einzelwerke sind z.B. das ›Hildebrandslied‹ (830/40), Otfrids von Weißenburg Evangelienharmonie (863/71),[10] das ›Ludwigslied‹ (881/82) oder die ›Merseburger Zaubersprüche‹ (um 950). Daneben ist von der Existenz mündlicher (vor allem heldenepischer) volkssprachlicher Dichtungen auszugehen, die (bis auf das ›Hildebrandslied‹-Bruchstück)

---

[7] VON MOOS (Anm. 2), S. 46.

[8] Die in diesem Kapitel genannten Daten bezeichnen den (vermuteten) Entstehungszeitpunkt bzw. -zeitraum eines Werkes oder einer Werkgruppe, nicht aber die Lebenszeit von Autoren. Benutzt wurde u.a.: Das Mittelalter in Daten. Literatur, Kunst, Geschichte 750-1520, hg. von JOACHIM HEINZLE, München 1993.

[9] Über eine Phasengliederung der älteren deutschen Literatur herrscht in der Forschung allerdings kaum Konsens. Die neueste ausführliche Geschichte der deutschen Literatur des Mittelalters, die von den Anfängen bis ins 16. Jahrhundert reicht, ist z.B. auf sechs Teilbände angelegt: Geschichte der deutschen Literatur von den Anfängen bis zum Beginn der Neuzeit, hg. von JOACHIM HEINZLE, Bd. I/1ff., Frankfurt/M. 1984ff. Ähnlich untergliedert ist MAX WEHRLIS Geschichte der deutschen Literatur im Mittelalter. Von den Anfängen bis zum Ende des 16. Jahrhunderts, 3. Aufl. Stuttgart 1997.

[10] Vgl. den Beitrag von Rudolf Suntrup u. S. 33-59.

unaufgezeichnet geblieben sind, denn in der Frühphase der deutschen Literatur stellen schriftliche deutschsprachige Zeugnisse relativ seltene Ausnahmen dar. Oft handelt es sich um Pionierleistungen, die offenbar beim karolingischen Königshaus erwünscht waren, aber nach dessen Aussterben fast nur noch im Kloster St. Gallen bis ins beginnende 11. Jahrhundert (vgl. die Werke Notkers III. von St. Gallen, ca. 980?-1022) erbracht worden sind.[11]

2. Die frühmittelhochdeutsche Literatur: Nach dem Abbrechen der althochdeutschen Überlieferung stellt der Wiederbeginn volkssprachlicher Schriftlichkeit in der zweiten Hälfte des 11. Jahrhunderts einen Neueinsatz auf festerem Fundament bei verändertem Sprachstand dar. Bedeutende literarische Zeugnisse sind nun z.B. ›Ezzos Gesang‹ (1057/65), das ›Annolied‹ (um 1080), die Dichtungen der Frau Ava (vor 1127?), die ›Kaiserchronik‹ (um 1140/50?), des Pfaffen Lamprechts ›Alexander‹ (um 1150/60), das ›St. Trudperter Hohelied‹ (1160/70),[12] des Pfaffen Konrads ›Rolandslied‹ (1172?). Der Anstoß zu dieser neuen volkssprachlichen literarischen Entwicklung ist im Zeitalter der Klosterreformen (vgl. z.B. die Hirsauer Reform) einem verstärkten Bedürfnis nach religiöser Laienunterweisung zu verdanken. Dementsprechend verfügen die zugehörigen Dichtungen über einen starken geistlichen Akzent, erst am Ende der Entwicklung treten profanhistorische Stoffe (im Falle des ›Rolandsliedes‹ bei weltlicher Gönnerschaft) hinzu.[13]

3. Die höfische Dichtung der sog. 'Blütezeit': Seit der Mitte des 12. Jahrhunderts beginnt die deutsche Hocharistokratie, sich einer aus Frankreich kommenden Kulturströmung zu öffnen, die zu einer Aufwertung weltlicher Lebensführung und zur Propagierung eines sinnlichen Liebeskultes, der *minne*, führt. Gemäß der Formel *got unde der werlde gevallen*[14] erfaßt diese höfische Laienkultur viele Bereiche des adeligen Lebens (Feste, Kleidung, Turnier, Literatur usw.), bewirkt eine Kultivierung der Umgangsformen und führt zur Hochschätzung der Rolle der adligen Frau.[15] Herausragende literarische Werke dieser Periode

---

[11] Die umfassendste und modernste Darstellung dieser Periode der deutschen Literatur ist zur Zeit: WOLFGANG HAUBRICHS, Die Anfänge: Versuche volkssprachiger Schriftlichkeit im frühen Mittelalter (ca. 700-1050/60) = HEINZLE (Anm. 8), Bd. I/1, Frankfurt/M. 1988.
[12] Vgl. den Beitrag von Hans-Jörg Spitz u. S. 61-88.
[13] Die umfassendste und modernste Darstellung dieser Periode der deutschen Literatur ist: GISELA VOLLMANN-PROFE: Wiederbeginn volkssprachiger Schriftlichkeit im hohen Mittelalter (1050/60-1160/70) = HEINZLE (Anm. 8), Bd. I/2, Frankfurt/M. 1986.
[14] Der Gedanke ist in der hochhöfischen Literatur vielfach anzutreffen; hier zitiert nach Gottfried von Straßburg, Tristan und Isold, hg. von FRIEDRICH RANKE, 4. Aufl. Dublin – Zürich 1968, V. 8013.
[15] Vgl. dazu vor allem JOACHIM BUMKE, Höfische Kultur, Literatur und Gesellschaft im hohen Mittelalter, 8. Aufl. München 1997 (dtv 4442).

sind u.a. die Minnelieder des Kürenbergers (ca. 1160/70?), Heinrichs von Morungen (ca. 1190/1220)[16], Reinmars des Alten (ca. 1190/1210) und Walthers von der Vogelweide (vor 1198-ca.1227), der zugleich der wichtigste zeitgenössische Sangspruchdichter ist. Hierzu zählen aus dem Bereich der Epik z.B. Heinrichs von Veldeke Eneasroman (ca. 1170/1185), die Artusromane und Legendendichtungen Hartmanns von Aue (ca. 1180/1200)[17], das ›Nibelungenlied‹ (um 1200)[18], der ›Parzival‹, ›Willehalm‹ und die ›Titurel‹-Fragmente Wolframs von Eschenbach (ca. 1200/1220), der ›Tristan‹ Gottfrieds von Straßburg (um 1210). Bedeutende didaktische Dichtungen sind der ›Welsche Gast‹ Thomasins von Zerklaere (1215/16) und die ›Bescheidenheit‹ Freidanks (ca. 1215/1233). Von der frühmittelhochdeutschen Literatur heben sich diese Werke nicht nur durch ihre neuartige höfische Ideologie, sondern auch durch eine verfeinerte Sprachgebung und Reinheit von Metrik und Reim ab.

4. Die Weiterentwicklung der höfischen Literatur: Etwa um 1220 kann eine weitere Gliederungsmarke gesetzt werden, die allerdings einen schwächeren Einschnitt als die bisher genannten bezeichnet, denn der mächtige Impuls, der von der sog. höfischen 'Blütezeit' ausgeht, hat noch viele Jahrzehnte und sogar Jahrhunderte weitergewirkt. Für die Dichtungen der Folgezeit behalten Grundaspekte der höfischen Ethik und des Minnebegriffs, aber auch Formtypen der 'Blütephase', wie das lyrische Strophenmuster der Kanzone, weiterhin ihre Geltung, doch bauen die späteren Autoren neben der Fortschreibung höfischer Traditionen das Themen- und Gattungsspektrum erheblich aus (z.B. mit dem Mittel der Parodie) und erweitern die stilistischen Möglichkeiten der mittelhochdeutschen Dichtung (Reimspiele, 'geblümter Stil', Allegorien usw.). Die hier zu nennenden Autoren werden sich zunehmend eines Abstandes zu den Dichtern der 'Blütephase' bewußt, die sie gern zu 'Klassikern' stilisieren, nicht zuletzt um sie eigenen Zielen nutzbar zu machen – ein Prozeß, der zumindest bis ins späte 14. Jahrhundert, in einzelnen Fällen, wie dem Meistersang, bis die Neuzeit anhält.

Noch auf der Grenze zur sog. 'Blütezeit' stehen die epischen Werke Rudolfs von Ems (ca. 1210-1250/54) und Wirnts von Grafenberg (ca. 1210/1225?). Unter den Lyrikern setzt sich als erster Neidhart (ca. 1217/1240)[19] vom 'klassischen' Stil ab, es folgen Minnesänger wie Gottfried von Neifen (vor 1235/ca. 1255?), der Tannhäuser (ca. 1240/1265), Johannes Hadlaub (ca. 1290/1310), der Mönch von Salzburg (ca. 1370-1395?), Oswald von Wolkenstein (ca. 1376/1445)[20] – die beiden letztgenannten Minnesänger bedienen sich bereits mehrstimmiger Melodien. Die

---

[16] Vgl. den Beitrag von Klaus Speckenbach u. S. 123-146.
[17] Vgl. den Beitrag von Volker Honemann u. S. 89-121.
[18] Vgl. den Beitrag von Nine Miedema u. S. 147-175.
[19] Vgl. den Beitrag von Tomas Tomasek u. S. 205-225.
[20] Vgl. den Beitrag von Klaus Speckenbach u. S. 227-253.

Sangspruchtradition wird u.a. von Autoren wie Friedrich von Sonnenburg (ca. 1250/75), Frauenlob (ca. 1280/1318), Heinrich von Mügeln (1350/80) und den späteren Meistersingern mit ihrem namhaftesten Vertreter Hans Sachs (seit 1513) fortgeführt und weiterentwickelt. Eine Sonderstellung zwischen Lyrik und Epik nimmt die 'Dichtervita' des Minnesängers Ulrich von Liechtenstein, der ›Frauendienst‹ (1255), ein. Als Beispiel für die breiter werdende heldenepische Überlieferung (z.T. unter höfischem Einfluß) kann die ›Kudrun‹-Dichtung (um 1250?) gelten. Die Weiterentwicklung des höfischen Romans bezeugen u.a. die ›Krone‹ Heinrichs von dem Türlin (nach 1225?), Albrechts ›Jüngerer Titurel‹ (ca. 1270?), der ›Lohengrin‹ (ca. 1285?) oder der ›Wilhelm von Österreich‹ Johanns von Würzburg (1314). Ein besonders vielseitiges Œuvre liegt von Konrad von Würzburg, einem bedeutenden Berufsdichter des 13. Jahrhunderts (ca. 1250-1287), vor, ähnliches gilt für den Stricker (ca. 1220-1250), der u.a. Märendichtungen[21] verfaßte. Wichtige Zeugnisse der episch-didaktischen Literatur des Spätmittelalters sind Wernhers des Gartenære ›Helmbrecht‹ (ca. 1280/90?) und Heinrich Wittenwilers ›Ring‹ (1408/1410?), ferner die in städtischem Milieu entstandenen Reimpaardichtungen Heinrich Kaufringers (ca. 1400) und Hans Folz' (nach 1470-ca. 1500?). Im ›Renner‹ Hugos von Trimberg (um 1300) wendet sich die mittelhochdeutsche Lehrdichtung bereits stärker allgemein-menschlichen Themen zu, ebenso in den Reimpaarreden Heinrichs des Teichners (ca. 1350/65) und in Boners Fabeln (nach 1350/51). Daneben lebt das höfische Ethos in der noch weitgehend unerforschten Gattung der Minnerede, die z.B. von Johann von Konstanz (um 1300) oder Peter Suchenwirt (1347/95) gepflegt wird, weiter fort; als ein Beispiel für die Bedeutung der Minneallegorie in der spätmittelhochdeutschen Dichtung kann Hadamars von Laber ›Die Jagd‹ (ca. 1330/40?) gelten.

5. Die Entstehung des frühneuhochdeutschen Prosaromans: Bis etwa um 1400 besteht die Hauptmasse der mittelhochdeutschen Literatur aus Vortragstexten: Die schriftlich fixierten Werke sind zwar auch als Lesestoff rezipierbar, aber in der Regel ursprünglich für einen mündlichen, deklamierenden Vortrag konzipiert gewesen; ein Kennzeichen dieser Vortragsdichtung ist der auf Klangwirkung abzielende vierhebige Reimpaarvers. Etwa um 1400 aber (vgl. das ›Buch von Troja‹ des Hans Mair [1390/92]) beginnt sich die epische Erzählung in deutscher Sprache zunehmend der Prosa zu bedienen, was zu Veränderungen der literarischen Konzeption der Texte und ihres (Wahrheits-)Anspruchs führt.[22] Begünstigt durch die Verwendung des gegenüber dem Pergament preiswerteren Papiers seit Mitte des 14. Jahrhunderts sowie durch die Erfindung des Buchdrucks um 1450 werden nun epische (Groß-)Texte mit Hilfe der Prosaform auf die Bedürfnisse der Individuallektüre bzw. des Vorlesens im kleinen Kreis zugeschnitten.

Am Anfang der sich allmählich herausbildenden frühneuhochdeutschen Prosaromangattung stehen die Übersetzungen altfranzösischer Heldendichtungen (Chansons de geste) der Gräfin Elisabeth von Nassau-Saarbrücken (um 1437); es folgen Werke wie die ›Melusine‹ Thürings von Ringoltingen (1456), ›Pontus und Sidonia‹ (vor 1465), ›Fortunatus‹ (1509), die Prosadichtungen Georg Wickrams (1545/1556), das Faustbuch (1587) u.a.m. Mehrere ältere Versepen werden zu

---

[21] Vgl. den Beitrag von Wolfgang Achnitz u. S. 177-203.
[22] Diese Entwicklung hat allerdings Vorläufer; vor allem wäre der vor 1250 (?) entstandene ›Prosa-Lancelot‹ zu nennen.

Prosafassungen, sog. Prosaauflösungen, umgeschrieben, und viele der in dieser Zeit entstehenden Prosawerke bleiben durch Nachdrucke (z.T. als sog. 'Volksbücher') bis weit in die Neuzeit bekannt.[23] Hierzu zählt auch das beliebte Eulenspiegelbuch (1510/11).[24]

6. Der Humanismus: Nach einer kurzen Vorblüte gegen 1400 in Böhmen, vor deren Hintergrund das bedeutende Prosa-Streitgespräch ›Der Ackermann aus Böhmen‹ des Johannes von Tepl (1401?) betrachtet werden kann, formiert sich, angeregt von den italienischen Humanisten, in der zweiten Hälfte des 15. Jahrhunderts nördlich der Alpen eine an den *studia humanitatis* interessierte Gruppe von gelehrten Autoren. In der Zeit um 1500 ist ihr humanistisches Programm, das nicht zuletzt eine gegen die Scholastik gerichtete Offensive darstellt, in Deutschland bereits tonangebend geworden.[25] Das humanistische Konzept führt u.a. zu einem bewußteren Umgang mit der lateinischen Sprache und veranlaßt deutsche Frühhumanisten wie Heinrich Steinhöwel (1461/1477) und Niklas von Wyle (Sammeldruck: 1478) zu schulemachenden Übersetzungen aus dem Italienischen und Lateinischen. Die mannigfachen Interessen der Humanisten, die sich auch in einer besonderen Liebe zu literarischen Kleinstformen wie Sprichwörtern und Fazetien[26] niederschlagen, können hier nur angedeutet werden. Erfolgreiche Schriften der Humanisten, wie etwa das ›Narrenschiff‹ (1494) Sebastian Brants, weisen oft auch traditionelle Züge auf. Es verwundert nicht, daß diese vielseitigen Autoren ihr volkssprachliches Schaffen – besonders in den 20er Jahren des 16. Jahrhunderts – in den Dienst der reformatorischen bzw. antireformatorischen Publizistik gestellt haben: Erwähnt seien z.B. Martin Luthers ›An den christlichen Adel deutscher Nation‹ (1520), Ulrichs von Hutten Klag- und Mahnschriften (seit 1520), Thomas Murners ›Vom Großen Lutherischen Narren‹ (1522) usw. Noch am Ende des Jahrhunderts klingen in den grotesken Satiren Johann Fischarts (seit 1570) die Religionsstreitigkeiten nach.

---

[23] Einen Überblick über die hier genannte Textgruppe bietet: JAN-DIRK MÜLLER, Volksbuch/Prosaroman im 15./16. Jahrhundert – Perspektiven der Forschung, in: IASL 1 (1985), S. 1-128. Dort finden sich (S. 1-15) auch Erläuterungen zum Problembegriff des 'Volksbuchs'.

[24] Hierbei handelt es sich um einen sog. Schwankroman, einen Typus, der in der Reimpaardichtung ›Der Pfaffe Amis‹ des Strickers einen mittelalterlichen Vorläufer besitzt.

[25] Vgl. zur Einführung WALTER RÜEGG – FRANZ JOSEF WORSTBROCK, Humanismus (A. Allgemein und Italien, B. Deutsches Reich), in: LdMA Bd. 5, Sp. 186-197.

[26] Vgl. den Bebel-Beitrag von Volker Honemann u. S. 255-276.

Zunehmende Vielfalt volkssprachlicher Formen und Gattungen

Das Arbeitsfeld der Germanistischen Mediävistik beginnt also im dem 8. Jahrhundert, als die volkssprachliche Literatur noch weitgehend schriftlos ist, gewinnt seit dem Hochmittelalter erheblich an Breite und kann durchaus an die Zäsur des Dreißigjährigen Krieges heranreichen. Auf die allgemeinste Formel gebracht, besteht die Aufgabe der mediävistischen Teildisziplin der Germanistik in der Beschreibung eines durch drei Sprachzustände (althochdeutsch, mittelhochdeutsch, frühneuhochdeutsch) verlaufenden, durchgreifenden Bedeutungszuwachses volkssprachlicher Schriftlichkeit, aufgrund dessen in der Zeit des Barock eine neue Reflexion über den Rang der deutschen Literatur und Sprache einsetzen kann. Während dieses etwa acht Jahrhunderte andauernden Vorganges der Erweiterung der volkssprachlichen Schrift/Text-Kompetenz gewinnt das Deutsche gegenüber dem Lateinischen, der eigentlichen Schriftsprache des Mittelalters, zunehmend an Boden und erschließt sich (fast) alle relevanten Textsorten und literarischen Gattungen. Waren in althochdeutscher Zeit volkssprachliche Schriftzeugnisse nur Inseln in einem Meer lateinischer Schriftlichkeit, so findet sich im 17. Jahrhundert das Lateinische weitgehend auf die Domäne des wissenschaftlichen Schrifttums zurückgedrängt.

1. Formwandel: Der sich in Etappen vollziehende Zuwachs an volkssprachlicher Schriftlichkeit in Mittelalter und früher Neuzeit hat vielfältige Konsequenzen. Er verändert auch das Bild heimischer Gattungen, wie etwa das des Heldenliedes, sobald einstmals mündlich verbreitete Stoffe zu Schrifttexten fixiert werden. So steht z.B. der unbekannte Autor des ›Nibelungenliedes‹ (um 1200) in einer bis in die schriftlose Vorzeit zurückreichenden Stofftradition; sein Werk zeigt alte Erzählformeln und ist mit seiner charakteristischen Strophenform[27] zweifellos für eine mündliche Darbietung bestimmt gewesen, doch führt die schriftliche Fixierung der Nibelungensage nunmehr zu einer sekundären Mündlichkeit in Form eines Vortrags auf Manuskriptbasis. In der oralen Kultur der Frühzeit dürfte dagegen der literarische Vortrag vor allem auf Improvisationskunst beruht haben, so daß von einer erheblich unfesteren, flexibleren Beschaffenheit der frühesten volkssprachlichen Dichtungen auszugehen ist.[28]

---

[27] Vgl. z.B. ULRICH MÜLLER, Überlegungen und Versuche zur Melodie des ›Nibelungenliedes‹, zur Kürenberger-Strophe und zur sogenannten ›Elegie‹ Walthers von der Vogelweide, in: Zur gesellschaftlichen Funktionalität mittelalterlicher deutscher Literatur. Wissenschaftliche Beiträge der Ernst-Moritz-Arndt-Universität Greifswald. Deutsche Literatur des Mittelalters 1, Greifswald 1984, S. 27-42.

[28] Als Einführung vgl. EDWARD R. HAYMES, Das mündliche Epos, Stuttgart 1977 (SM 151); weiterführend ist MICHAEL CURSCHMANN, Nibelungenlied und Nibelungenklage. Über

Die auf dem Pergament fixierte Vortragsdichtung verliert ihrerseits an Geltung, als im Verlauf des 15. Jahrhunderts die Individuallektüre bzw. das Vorlesen im kleinen Kreise zunimmt und die Prosifizierung volkssprachlicher Literatur voranschreitet. Der private Buchbesitz spielt nun eine größere Rolle, nicht zufällig ist im 15. Jahrhundert ein verstärktes Interesse an der Ausstattung von Adelsbibliotheken zu verzeichnen.[29] Angesichts solcher Wandlungen der literarischen Gebrauchssituation von der (weitgehend) schriftlosen Vorzeit bis zu einem fast modern anmutenden Umgang mit dem volkssprachlichen Buch verwundert es nicht, daß an dem von der Germanistischen Mediävistik zu untersuchenden literarischen Material zahlreiche, zum Teil einschneidende, formgeschichtliche Veränderungen auszumachen sind.

So tragen einige althochdeutsche Zeugnisse, wie etwa das ›Hildebrandslied‹, mit dem Stabreim[30] noch das Formmerkmal der oralen Poesie schriftloser Zeit, die größere Zahl althochdeutscher Dichtungen zeigt hingegen bereits den Reimpaarvers als Kennzeichen einer für den mündlichen Vortrag bestimmten, schriftgestützten Literatur. Diese Durchsetzung des Endreimes in der althochdeutschen Dichtung wird auf das Wirken des gelehrten Mönchs Otfrid von Weißenburg zurückgeführt, der das Prinzip binnengereimter volkssprachlicher Langzeilen erstmals in seiner Evangelienharmonie (863/71) umgesetzt und in Begleitschriften theoretisch begründet hat[31] – ein für die Versgeschichte äußerst bedeutsames Ereignis. Seither ist der Endreim aus der deutschen Literatur nicht mehr wegzudenken: Der vierhebige Reimpaarvers bildet das metrische Grundmuster der frühmittelhochdeutschen, höfischen und nachklassischen Literatur, als sog. Knittelvers ist er im 15. und 16. Jahrhundert zur Ausdrucksform städtisch-bürgerlicher Dichtung geworden, hat Eingang in volkstümliche Lyrik gefunden und ist auch dem modernen Formempfinden völlig vertraut geblieben.[32]

Während der frühmittelhochdeutsche Reimpaarvers noch manche Unregelmäßigkeiten zuläßt – es können z.B. drei und mehr Silben in unbetonter Stellung

---

Mündlichkeit und Schriftlichkeit im Prozeß der Episierung, in: Deutsche Literatur im Mittelalter. Kontakte und Perspektiven, hg. von CHRISTOPH CORMEAU, Stuttgart 1979, S. 85-119.

[29] Vgl. dazu z.B. EVA PLETICHA, Adel und Buch. Studien zur Geisteswelt des fränkischen Adels am Beispiel seiner Bibliotheken vom 15. bis 18. Jahrhundert, Neustadt/Aisch 1983 (Veröffentlichungen der Gesellschaft für fränkische Geschichte IX,33).

[30] Zwei Kurzzeilen werden hierbei durch Alliteration zu einer Langzeile verbunden, z.B. *Hiltibrant enti Hadubrant / untar heriun tuem* ('Hildebrand und Hadubrand zwischen zwei Heeren', ›Hildebrandslied‹, v. 3). – Zur Einführung in den Stabreimvers s. WERNER HOFFMANN, Altdeutsche Metrik, 2. Aufl. Stuttgart 1981 (SM 64), S. 22-30.

[31] Vgl. dazu ULRICH ERNST, Der Liber Evangeliorum Otfrids von Weißenburg. Literarästhetik und Verstechnik im Licht der Tradition, Köln – Wien 1975 (Kölner Germanistische Studien 11) sowie den Beitrag von Rudolf Suntrup u. S. 33-59.

[32] Vgl. die versgeschichtlichen Überblicke bei DIETER BREUER, Deutsche Metrik und Versgeschichte, 3. Aufl. München 1994 (UTB 745); CHRISTIAN WAGENKNECHT, Deutsche Metrik. Eine historische Einführung, 3. Aufl. München 1993 (Beck'sche Elementarbücher).

auftreten, unreine Reime sind zunächst sogar die Regel – werden die metrischen Ansprüche in der sog. höfischen 'Blütezeit' erheblich verfeinert. Nun überwiegt das Prinzip der Alternation von Hebung und Senkung (X́X), von dem die Dichter durch unter- (´-) oder überfüllte (X́ v v bzw. v́ v X) Takte abweichen, wenn sie den Sprachfluß dynamisieren oder bestimmte Aussagen metrisch hervorheben wollen.[33] Dies läßt sich z.B. an den Eingangsversen des ›Armen Heinrich‹ Hartmanns von Aue beobachten, in denen der alternierende Rhythmus gezielt aufgegeben wird, als der Autor bei der Nennung des eigenen Namens angelangt ist. In der frühmittelhochdeutschen Dichtung war die Selbstnennung eines Dichters noch eher unüblich gewesen, hier aber steht der Name des Epikers sogar in 'beschwerter Hebung' (*Hártmàn, Óuwè*) – ein Indiz dafür, daß das Selbstbewußtsein der Autoren in höfischer Zeit erheblich gestiegen ist:

Ein ritter sô gelêret was
X | X́ X | X́ X | X́ X | X́ ˆ
daz er an den buochen las,
X́ X | X́ X | X́ X | X́ ˆ
swaz er daran geschriben vant;
X | X́ X | X́ X | X́ X | X́ ˆ
*der was **Hartman** genant,*
X́ X | ´- | X̀ X | X́ ˆ
*dienstman was er z**Ouwe**.*[34]
X́ X | X́ X | ´- | X̀ ˆ

Wie das Beispiel zeigt, sind metrikgeschichtliche Kenntnisse für jeden Germanisten/jede Germanistin unerläßlich,[35] denn sie erlauben aufschlußreiche Einblicke in die Sinnstrukturen der Texte, zugleich ist die Formqualität (Stabreimdichtung, Versroman, Prosa usw.) ein wesentlicher Indikator für den 'Sitz im Leben' der jeweiligen Dichtungen.

2. <u>Zuwachs an Gattungen</u>: In diesem Sinne stellt auch der Beginn des Minnesangs um die Mitte des 12. Jahrhunderts einen besonderen form- und zu-

---

[33] Zur metrischen Umschrift verwendet die Germanistische Mediävistik ein eigenes, auf ANDREAS HEUSLER (Deutsche Versgeschichte, 3 Bde., 2. Aufl. Berlin 1956) zurückgehendes Zeichensystem, das auf der Annahme beruht, daß die (alt)deutschen Verse aus Takten bestehen. Wenngleich diese Auffassung umstritten ist, vgl. z.B. WAGENKNECHT (Anm. 32), S. 23, kommt dem Heuslerschen System in jedem Falle große forschungsgeschichtliche Bedeutung zu.

[34] Hartmann von Aue, Der Arme Heinrich, V. 1-5 ('Ein Ritter war so gebildet, daß er alles, was er in Büchern geschrieben fand, lesen konnte: Der hieß Hartmann und diente als Ministeriale zu Aue').

[35] Zum Selbststudium und als Repetitorium geeignet ist: HELMUT TERVOOREN, 'Minimalmetrik', 4. Aufl. Göppingen 1997 (GAG 285); eine ausführlichere Einführung bietet z.B. HOFFMANN (Anm. 30).

gleich gattungsgeschichtlichen Meilenstein in der deutschen Literatur dar. Es handelt sich um den Anfang einer von nun an nicht mehr abreißenden Tradition deutscher Liebeslyrik – ob es bereits zuvor eine (mündliche) weltliche deutsche Lyriktradition gegeben hat, ist ungewiß. Anscheinend hat der Durchzug eines französischen Kreuzfahrerheers, in dem sich auch Spielleute und Lyriker (Troubadours) befunden haben, durch das Donaugebiet im Jahre 1147 einen entscheidenden Anstoß für die Herausbildung deutscher Minnelyrik gegeben. Es kann nämlich kein Zufall sein – so lautet jedenfalls die ansprechende These Karl Bertaus[36] –, daß die ersten Minnesänger, wie der Kürenberger (um 1160/70?) oder Dietmar von Aist (1160/80?), die nachweislich bereits über Kenntnisse der französischen Minnekultur verfügen, im Donauraum beheimatet sind, während die nächstfolgende Lyrikergruppe um Friedrich von Hausen (1170-90), die sich vollends dem romanischen Minnesangmodell öffnet, dem Rheingebiet entstammt.

Bedenkt man den Importcharakter des Minnesangs und seiner höfischen Ideologie, so erstaunt die Schnelligkeit, mit welcher der romanische Strophentyp der Kanzone[37] sowie zahlreiche lyrische Untergattungen (Kreuzlied, Tagelied, Botenlied, Wechsel, Frauenmonolog usw.) etabliert werden. Gleichzeitig entwickelt sich um 1200 auch eine deutsche Sangspruchdichtung in Kanzonenform, die moralisch-didaktischen und politischen Themen (vor allem bei Walther von der Vogelweide) gewidmet ist.[38]

Vielfältige Formen und Untergattungen weist im 12. und frühen 13. Jahrhundert auch bereits der neue höfische Versroman auf, der in die Gruppen der Artus-, Gral-, Tristan-, Antiken- und sog. Liebes- und Abenteuerromane untergliedert wird.[39] Zusammen mit den Dichtungen der Helden- und der sog. Spielmannsepik[40] ergibt sich ein breites Spektrum mittelhochdeutscher Großepik, von dem eine lang anhaltende literarhistorische Wirkung ausgeht.

Die Anfänge volkssprachlicher Schriftlichkeit in althochdeutscher Zeit zeigen zwar mit dem Heldenepos, dem Preisgedicht, Zaubersprüchen, diverser geistlicher Literatur (Hymnen, Bibeldichtung, Gebeten, Beicht- und Tauformeln usw.) und einigen Sachtexten (›Straßburger Eide‹ [842], ›Pariser Gesprächs-

---

[36] Vgl. KARL BERTAU, Deutsche Literatur im europäischen Mittelalter, Bd. 1: 800-1197, München 1972, S. 363-371.

[37] Vgl. die Erläuterungen u. S. 123f. – Ein Überblick über die Formenvielfalt, Thematik und Geschichte des Minnesangs bei GÜNTHER SCHWEIKLE, Minnesang, Stuttgart 1989 (SM 244).

[38] Dazu einführend: HELMUT TERVOOREN, Sangspruchdichtung, Stuttgart 1995 (SM 293).

[39] Einen Überblick bietet der Sammelband: Epische Stoffe des Mittelalters, hg. von VOLKER MERTENS – ULRICH MÜLLER, Stuttgart 1984 (Kröners Taschenausgabe 483), S. 247-423.

[40] Hierbei handelt es sich um recht verschiedenartige epische Dichtungen, die eine gewisse Mittelstellung zwischen der heimisch-mündlichen, geistlich-frühmittelhochdeutschen und der weltlich-höfischen Erzähltradition einnehmen. Für Einzelheiten s. MICHAEL CURSCHMANN, 'Spielmannsepik'. Wege und Ergebnisse der Forschung von 1907-1965, Stuttgart 1968.

büchlein‹ [10. Jh.], Markbeschreibungen, Übersetzungen antiker Schriften u.a.) bereits eine gewisse, allerdings eher unspezifische, Vielfalt, doch läßt sich eine anhaltende Wirkung der althochdeutschen Literatur auf spätere Epochen, von vereinzelten Gebrauchstextsorten abgesehen, im wesentlichen nur im Bereich der Formgeschichte (Reimpaarvers) feststellen.

Zuerst ist es die geistliche Literatur der frühmittelhochdeutschen Zeit einschließlich der religiös akzentuierten Geschichtsdichtung (›Kaiserchronik‹ u.a.), die in Form von Marienliedern, Sündenklagen, reimpredigtartigen Unterweisungen, allegorischen Gedichten, Bibeldichtungen, Legenden, geistlicher Naturkunde[41] usw. derart an Breite, Komplexität und theologischem Anspruch gewinnt, daß von ihr ein über Jahrhunderte nicht abklingender Impetus volkssprachlicher religiöser Laienunterweisung ausgeht. Nicht zufällig liegen seit dem 12. Jahrhundert deutsche Predigten in größerer Zahl vor, deren Aufzeichnung von nun an nicht mehr abreißt. Mit Volkspredigern wie dem Franziskaner Berthold von Regensburg (ca. 1240-1272) und dem einflußreichen Straßburger Theologen Geiler von Kaysersberg (1479-1510) hat die deutsche Literatur des Mittelalters berühmte, massenwirksame Predigergestalten aufzuweisen. Auch entwickelt sich eine bedeutende deutsche Tradition der Klosterpredigt, deren bekannteste Repräsentanten im Spätmittelalter die Mystiker Meister Eckhart (vor 1298-1327), Johannes Tauler (ca. 1330-1361) und Heinrich Seuse (vor 1330-nach 1360) sind. Vor dem Hintergrund des Predigtverbotes für Frauen bilden sich zudem, volkssprachlich einsetzend mit Mechthild von Magdeburg (vor 1260 bis um 1271/82), auf dem Feld der Frauenmystik literarische Formen der Vision, der Vita und der religiös-erotischen Lyrik heraus.

Wie von der frühmittelhochdeutschen Epoche eine Initialzündung für die weitere Entwicklung der religiösen volkssprachlichen Literatur in Deutschland ausgeht, so ist es die höfische Literatur, die seit der zweiten Hälfte des 12. Jahrhunderts den entscheidenden Anstoß zur Herausbildung und Ausdifferenzierung einer weltlichen deutschen Dichtung mit zahlreichen lyrischen und epischen Unterformen gibt – ein Impuls, der ebenfalls über mehrere Jahrhunderte fortwirkt.

Bis in die frühe Neuzeit erobert sich die deutsche Dichtung auf dem Weg zu einer umfassenden literarischen Schriftkultur darüber hinaus weiteres Terrain: Der Gattungsraum des Dramas wird seit dem 13. Jahrhundert der Volkssprache zugänglich, zuerst im Rahmen des aus der (Oster-)Liturgie entstandenen anonymen geistlichen Spiels – frühestes erhaltenes Zeugnis ist das ›Himmelgartner Passionsspielfragment‹ (ca. 1250?).[42] Im 15. Jahrhundert kommt das (weltliche) Fast-

---

[41] Vor allem die aus der Antike stammende Physiologus-Tradition ist ein reizvolles Kapitel mittelalterlicher Naturlehre (vgl. NIKOLAUS HENKEL [u.a.], Physiologus, in: LdMA Bd. 6, Sp. 2117-2122).

[42] Vgl. dazu ROLF BERGMANN, Geistliche Spiele, in: Deutsche Dichter, Bd. 1: Mittelalter,

nachtspiel hinzu,⁴³ und seither treten deutsche Autoren als namhafte Stückeschreiber (Hans Rosenplüt [ca. 1425-1460], Hans Folz [ca. 1470-um 1500]) hervor – insbesondere Hans Sachs, der im 16. Jahrhundert über 200 Fastnachtspiele, Komödien und Tragödien dichtet, die teilweise auch einen Einfluß des sog. Humanistendramas aufweisen.

Das Sachschrifttum wird im Laufe des Spätmittelalters ebenfalls zunehmend von der Volkssprache erfaßt.⁴⁴ So verfügt das 15. Jahrhundert über deutsche Fachschriften aus den Bereichen Medizin, Alchemie, Recht, Schule, Chronistik, Kriegshandwerk, Landvermessung, Handel, Bauwesen, Landwirtschaft, Kochkunst usw. und damit bereits über ein recht breites volkssprachliches Fachtextsortenspektrum.⁴⁵ Diese Tendenz wird seit der Mitte des Jahrhunderts vom Buchdruck unterstützt, der zudem durch Einblattdrucke, Flugblätter und Flugschriften, die als frühe Vorläufer der heutigen Zeitschriften gelten können, die öffentliche Kommunikation erheblich intensiviert.

Mit der Erfindung des Buchdrucks und der Zunahme der Individuallektüre seit dem 15. Jahrhundert sind wesentliche Bedingungen für den neuzeitlichen Literaturbetrieb geschaffen: Die in den Anfängen schriftlose deutsche Literatur hat sich zu einem maßgeblich auf dem Medium der Schrift beruhenden, breit ausdifferenzierten volkssprachlichen Kulturbereich gewandelt. Dieser vom 8. bis ins 16. Jahrhundert reichende Prozeß und seine Ergebnisse sind das Arbeitsfeld der Germanistischen Mediävistik.

II. Ein Fach mit Tradition

Texte, die in der Regel über ein Alter von mehr als einem halben Jahrtausend verfügen, werfen mannigfaltige Probleme auf. In nicht wenigen Fällen sind z.B. Datierungen oder Autorzuweisungen ungesichert, oft bereitet die Überlieferung einer Dichtung wegen textlicher Verderbnisse oder voneinander abweichender Handschriftenbefunde Schwierigkeiten, auch ist für die meisten mittelalterlichen Werke der ursprüngliche 'Sitz im Leben' (die Vortragssituation, das Primär-

---

hg. von GUNTER E. GRIMM – FRANK RAINER MAX, Stuttgart 1989, S. 416-429.

⁴³ Vgl. Fastnachtspiele des 15. und 16. Jahrhunderts, hg. von DIETER WUTTKE, 4. Aufl. Stuttgart 1989 (RUB 9415) (mit ausführlichem Nachwort).

⁴⁴ Die Breite des mittelalterlichen Fachschrifttums wird dokumentiert bei GERHARD EIS, Mittelalterliche Fachliteratur, 2. Aufl. Stuttgart 1967 (SM 14); PETER ASSION, Altdeutsche Fachliteratur, Berlin 1973 (Grundlagen der Germanistik 13).

⁴⁵ Einen historischen Überblick über die Entwicklung des deutschen Fachschrifttums seit althochdeutscher Zeit gibt WALTHER VON HAHN, Fachkommunikation. Entwicklung. Linguistische Konzepte. Betriebliche Beispiele, Berlin – New York 1983 (Sammlung Göschen 2223), S. 12-48.

publikum usw.) nicht mehr zu rekonstruieren. Wenn in diesen Dichtungen zudem kontroverse Themen aufgegriffen werden, wie etwa im Falle der ›Tristan‹-Liebe, bleibt es auch nach 200 Jahren Forschung oft schwierig, einen Konsens zu erzielen. Dementsprechend weisen die meisten mittelalterlichen Dichtungen immer noch zahlreiche ungelöste Probleme auf.

Der offensichtliche Forschungsbedarf, der an der älteren deutschen Literatur zutage tritt, hat bereits zu Beginn des 19. Jahrhunderts die ersten Germanisten, die besonders daran interessiert waren, dem damals romantisch verklärten 'deutschen Altertum' näherzukommen, zu philologischen Höchstleistungen angespornt. Für die damit beginnende Entwicklung der (Hochschul-)Germanistik sind aber nicht nur fachliche und geistesgeschichtliche Einflüsse von Bedeutung gewesen, sondern – und dies gilt bis in die Gegenwart – mindestens im gleichen Maße auch politische Interessen.[46]

Der Weg zur Germanistischen Mediävistik

Mehrfach wird in der deutschen Geistesgeschichte – z.B. in Humanismus, Barock, Aufklärung und Romantik – ein gelehrtes Interesse an den mittelalterlichen Anfängen der deutschen Literatur erkennbar. Von 'Germanistik' als Disziplin kann sinnvollerweise jedoch erst gesprochen werden, seitdem an deutschen Universitäten entsprechende Lehrstühle eingerichtet wurden. Dies geschah – nicht zufällig im Zeitalter der Napoleonischen Kriege – zuerst an der neu gegründeten Berliner Universität, deren der Erforschung der älteren Dichtung gewidmetes Extraordinariat für deutsche Sprache und Literatur im Jahre 1810 dem umtriebigen Friedrich Heinrich von der Hagen (1780-1856) zufiel.[47] Die Anzahl der germanistischen Ordinarien blieb allerdings in der ersten Hälfte des 19. Jahrhunderts klein (weitere Lehrstühle wurden in Breslau, Göttingen und München eingerichtet). Wohl auch deshalb konnte sich am Beginn der Germanistik schnell ein gemeinsames Fachverständnis herausbilden, das vor allem vom kulturgeschichtlichen und textwissenschaftlichen Anliegen der Brüder Grimm – Jacob Grimm (1785-1863) wird noch heute gern als der 'Vater der Germanistik'

---

[46] Da hier aber nicht der Ort ist, die (hochschul)politischen Hintergründe der Fachgeschichte auszubreiten, sei ausdrücklich auf Jost Hermands lesenswerte Darstellung verwiesen: JOST HERMAND, Geschichte der Germanistik, Reinbek bei Hamburg 1994 (re 534). Sie liegt dem Folgenden teilweise zugrunde.

[47] Vgl. dazu UWE MEVES, Zur Einrichtung der ersten Professur für deutsche Sprache an der Berliner Universität (1810), in: ZfdPh 104 (1985), S. 161-184. Die Auffassung, daß die erste Hochschulgermanistenstelle im Jahre 1801 in Münster geschaffen worden sei (Klaus Weimar), wird von Mewes (ebd. S. 164f.) zurückgewiesen.

tituliert – und seit den 20er Jahren zunehmend auch vom philologischen Programm Karl Lachmanns (1793-1851) geprägt war.

Als bedeutsam für die weitere Entwicklung der Germanistik erwies sich angesichts des (bis heute bestehenden) großen Bedarfs an Editionen die Tatsache, daß Lachmann eine von der Altphilologie angeregte textkritische Verfahrensweise entwickelt hatte, die gegenüber der zeitgenössischen Editionspraxis erhebliche Fortschritte erbrachte. Ziel der 'Lachmannschen Methode', die wegen ihrer editionsphilologischen Relevanz[48] noch heute jedem Germanisten vertraut sein sollte, war es, durch systematische Durchsicht und Klassifizierung der handschriftlichen Zeugen (*recensio*) den Archetyp einer Dichtung, d.h. den Ausgangstext der Werküberlieferung, oder im Idealfall sogar das Original wiederherzustellen, wobei Überlieferungsfehler durch sog. Konjekturen mit Hilfe der Lesarten anderer Handschriften gebessert wurden (*emendatio*). Lachmann selbst setzte mit seinen Ausgaben des ›Nibelungenlieds‹ (1826), des ›Iwein‹ Hartmanns von Aue (1827), der Gedichte Walthers von der Vogelweide (1827), der Werke Wolframs von Eschenbach (1833) und der frühen Minnelyrik ('Des Minnesangs Frühling' [1857, posthum]), die noch heute hohe Anerkennung finden, für lange Zeit die editorischen Maßstäbe.

In den ersten beiden Dritteln des 19. Jahrhunderts waren die Pioniere der Universitätsgermanistik, zu denen z.B. auch August Heinrich Hoffmann von Fallersleben (1798–1874) zählte, ganz auf die Erforschung der mittelalterlichen Literatur und ihrer Sprache eingestellt, so daß die Germanistik der Anfangsphase weitgehend mit der 'Altgermanistik' identisch war. Dies änderte sich auch in der sog. Gründerzeit kaum, als sich das Fach besonderer staatlicher Unterstützung erfreute und die Zahl der Professoren- und Dozentenstellen deutlich anstieg. Die zweite Hälfte des 19. Jahrhunderts, in der sich die Germanistik nunmehr etablierte,[49] wurde somit zur Gründungsphase der Germanistischen Seminare, wobei es erstmals zur Einrichtung besonderer neugermanistischer Lehrstühle kam. Die früheste Seminargründung erfolgte 1858 in Rostock, als letzte der Hochschulen des Deutschen Reiches richtete Münster 1895 ein Germanistisches Seminar ein.[50]

---

[48] Eine problemorientierte Einführung (mit weiterführender Literatur) bietet z.B. THOMAS BEIN, Textkritik. Eine Einführung in Grundlagen der Edition altdeutscher Dichtung, Göppingen 1990 (GAG 519).

[49] Vgl. dazu: Eine Wissenschaft etabliert sich. 1810-1870, hg. von JOHANNES JANOTA, Tübingen 1980 (Texte zur Wissenschaftsgeschichte der Germanistik 3), S. 1-60 (= Einleitung).

[50] Vgl. dazu UWE MEWES, Die Gründung germanistischer Seminare an den preußischen Universitäten (1875-1895), in: Von der gelehrten zur disziplinären Gemeinschaft, Sonderh. der DVjs 61 (1987), hg. von JÜRGEN FOHRMANN – WILHELM VOßKAMP, S. 69-122. – Die Münsteraner Akademie wurde erst im Jahre 1902 zur Universität erhoben; hierbei wurden der Germanist Franz Jostes (1858-1925) zum Ordinarius, sein Kollege Julius Schwering (1863-1942) zum Extraordinarius ernannt. Letzterer vertrat von nun an gleichberechtigt die neuere deutsche Literatur.

Wissenschaftsgeschichtlich war diese immer noch weitgehend im Zeichen der Altgermanistik (d.h. der älteren Literatur- und Sprachgeschichte) stehende Entwicklungsphase des Fachs vom sog. Positivismus[51] geprägt, was zur Folge hatte, daß sich die Germanisten dieser Periode neben den Editionsaufgaben vor allem der wissenschaftlichen Bestandsaufnahme des überlieferten literarischen Materials widmeten, indem sie etwa, wie Wilhelm Scherer (1880/83), einflußreiche Literaturgeschichten verfaßten. Nicht zufällig entstanden in dieser Zeit bis heute unentbehrliche altgermanistische Nachschlagewerke wie Matthias Lexers 'Mittelhochdeutsches Handwörterbuch' ([1]1872/78; letzter Nachdr. 1992) bzw. dessen Kurzfassung 'Mittelhochdeutsches Taschenwörterbuch' ([1]1879; [38]1992), Hermann Pauls 'Mittelhochdeutsche Grammatik' ([1]1881; [24]1998), Friedrich Kluges 'Etymologisches Wörterbuch der deutschen Sprache' ([1]1881; [22]1989) oder Wilhelm Braunes 'Althochdeutsche Grammatik' ([1]1886; [15]1989).

Als sich um die Jahrhundertwende die frisch etablierte Neugermanistik unter dem Einfluß Wilhelm Diltheys mit Fragen der literarischen Hermeneutik auseinanderzusetzen begann, dominierte in den 'Älteren Abteilungen' der Germanistischen Seminare weiterhin die empirienahe positivistische Wissenschaftsauffassung, doch deutete sich in den 20er Jahren an, daß auch die 'Ältere Literaturwissenschaft' allmählich zu einer nicht nur beschreibenden, sondern auch interpretierenden, an geistesgeschichtlichen Zusammenhängen, literarischen Typologien usw. interessierten Disziplin heranwuchs.[52] Zwischen 1933 und 1945 verhinderte allerdings die nationalsozialistische Prägung der Germanistik, die von einer beschämend großen Zahl von Gelehrten geduldet und unterstützt wurde, eine günstige Weiterentwicklung des Fachs. Das Interesse an der älteren deutschen Literatur überdauerte indes auch diese Zeit: In Münster z.B. füllte der renommierte Sprachwissenschaftler Jost Trier in den Nachkriegsjahren die Hörsäle auch mit faszinierenden Vorlesungen über ältere deutsche Dichtung.[53]

Vgl. dazu ebd. S. 109-112 sowie GÜNTHER WEYDT, Die Germanistik an der Universität Münster 1780-1980, in: Die Universität Münster, hg. von HEINZ DOLLINGER, Münster 1980, S. 375-382, hier S. 377.

[51] Der Begriff des Positivismus wird (wie auch andere Kategorien der Methodengeschichte der Germanistik) knapp erläutert bei HERMAND (Anm. 46), S. 59ff.

[52] Als Beispiele seien hier nur einige richtungsweisende Aufsätze genannt: FRIEDRICH RANKE, Die Allegorie der Minnegrotte in Gottfrieds Tristan, Berlin 1925 (Schriften d. Königsberger Gelehrten Gesellschaft, geisteswiss. Kl. 2); GÜNTHER MÜLLER, Gradualismus. Eine Vorstudie zur altdeutschen Literaturgeschichte, in: DVjs 2 (1924), S. 681-720; RICHARD ALEWYN, Naturalismus bei Neidhart von Reuental, in: ZfdPh 56 (1931), S. 37-69. – Ausdruck dieser Phase der Forschung ist vor allem Gustav Ehrismanns Literaturgeschichte: GUSTAV EHRISMANN, Geschichte der deutschen Literatur bis zum Ausgang des Mittelalters, München 1959, unveränd. Nachdr. d. 1927 ersch. Ausg.

[53] Vgl. dazu KARL-HEINZ BORCK, Begegnung mit Jost Trier, in: Über Jost Trier, hg. von WERNER ZILLIG, Münster 1998, S. 9-27, hier S. 22f.

Eine neue Generation von Altgermanisten ließ das dritte Viertel des 20. Jahrhunderts wiederum zu einer ergebnisreichen Phase in der Geschichte des Fachs werden, denn sie vermochte – nunmehr von unterschiedlichen Frageansätzen aus – das bisherige Bild der mittelalterlichen deutschen Literatur erheblich zu differenzieren.[54] So gingen, um nur einige Gelehrte, die z.T. große Schülerkreise inspirierten, herauszugreifen, von Hugo Kuhn (München; 1909-1978) neue methodische Impulse aus, die zu einer Öffnung des Fachs gegenüber strukturalistischen Ansätzen führten und eine fruchtbare Diskussion über Fragen der Poetik und literarischen Ästhetik mittelalterlicher Literatur ermöglichten.[55] Von Friedrich Ohly (Münster; 1914-1996) wurde vor allem die mittelalterliche Bedeutungsforschung vorangetrieben;[56] Ohly und sein Schülerkreis, die u.a. den Bedingungen des allegorischen[57] und metaphorischen Sprechens vom Mittelalter bis in die Goethezeit nachgingen, trugen erheblich dazu bei, daß die Universität Münster seit den 60er Jahren zu einer international bedeutenden Hochburg der Mittelalterforschung wurde.[58] Von Kurt Ruh (Würzburg; geb. 1914) gingen zahlreiche Anregungen aus, die zu einer verstärkten Beschäftigung mit dem umfangreichen, zum großen Teil noch unedierten spätmittelalterlichen Prosaschrifttum (Predigten, Traktate, Reiseberichte usw.) und seiner Überlieferungsgeschichte führten.[59] Die altgermanistische Textkritik der 50er bis 70er Jahre wurde maßgeblich durch Karl Stackmanns (Göttingen; geb. 1922) musterhafte Editionen (vgl. Göttinger ›Frauenlob‹-Ausgabe) und editionstheoretische Beiträge angeregt.[60]

Die Schriften dieser und weiterer die germanistische Mittelalterforschung seit dem Zweiten Weltkrieg prägenden Gelehrten – wie Max Wehrli (Zürich; 1909-1998) oder Hans Fromm (München; geb. 1919) – bleiben für die gegenwärtigen Entwicklungen im Fach von großer Bedeutung. So hat z.B. die editions-

---

[54] Über diese Epoche der neueren Mediävistik informiert der Sammelband: Das Mittelalter und die Germanisten. Zur neueren Methodengeschichte der Germanischen Philologie. Freiburger Colloquium 1997, hg. von ECKART CONRAD LUTZ, Freiburg 1999 (Scrinium Friburgense 11).

[55] Hier sei nur auf Kuhns bahnbrechenden Aufsatz zu Hartmanns ›Erec‹ hingewiesen: HUGO KUHN, Erec, in: Festschrift Paul Kluckhohn und Hermann Schneider, Tübingen 1948, S. 122-147.

[56] Vgl. vor allem den noch heute grundlegenden, einführenden Aufsatz: FRIEDRICH OHLY, Vom geistigen Sinn des Wortes im Mittelalter, in: DERS., Schriften zur mittelalterlichen Bedeutungsforschung, Darmstadt 1977, S. 1-31.

[57] Vgl. die Beiträge von Rudolf Suntrup u. S. 277-307, und Hans-Jörg Spitz u. S. 61-88.

[58] Weitere namhafte Inhaber von Lehrstühlen für Ältere deutsche Literatur in Münster waren bis in die frühen 90er Jahre Marie-Luise Dittrich (1911-1999), Klaus Grubmüller (geb. 1938) und Franz Josef Worstbrock (geb. 1935).

[59] Vgl. z.B. den richtungweisenden Band: Überlieferungsgeschichtliche Prosaforschung. Beiträge der Würzburger Forschergruppe zur Methode und Auswertung, hg. von KURT RUH, Tübingen 1985 (Texte und Textgeschichte 1).

[60] Vgl. den grundlegenden, einführenden Aufsatz: KARL STACKMANN, Mittelalterliche Texte als Aufgabe, in: Festschrift Jost Trier zum 70. Geburtstag, hg. von WILLIAM FOERSTE – KARL HEINZ BORCK, Köln – Graz 1964, S. 240-267.

philologische Diskussion der letzten Jahrzehnte zu einer zunehmenden Skepsis gegenüber der 'Lachmannschen Methode' geführt: Unbehagen bereitet der neueren Forschung u.a. die Beobachtung, daß die Konjekturalkritik leicht über das Ziel hinausschießen kann, weshalb es moderne Editoren vorziehen, anstatt den Archetyp einer Dichtung zu rekonstruieren, sich stärker vom Text einer einzelnen Leithandschrift führen zu lassen.[61] Dies bietet die Sicherheit, daß die Dichtungen in einer Gestalt ediert werden, die auch im Mittelalter rezipiert worden ist, setzt aber die Bereitschaft voraus, gegebenenfalls Parallelfassungen abzudrucken. Meilensteine dieser moderneren editorischen Sicht stellen die überarbeiteten Neuausgaben der Lachmannschen Editionen von ›Des Minnesangs Frühling‹[62] sowie des Œuvres Walthers von der Vogelweide dar.[63]

Die späten 60er und frühen 70er Jahre sind für die Bildungsgeschichte in Deutschland aus vielen Gründen besonders folgenreich gewesen. Sie führten u.a. zu einem einzigartigen Anstieg der Studierendenzahlen, der mit einer Welle von Universitätsneugründungen und einem beträchtlichen Zuwachs an Wissenschaftlerstellen einherging. Dies war der Zeitpunkt, an dem sich innerhalb der Germanistik die Deutsche Sprachwissenschaft, die bis dahin in enger Symbiose mit der mittelalterlichen Literaturwissenschaft in den 'Älteren Abteilungen' der germanistischen Seminare organisiert war, als eigene Disziplin etablierte, so daß mit der nun erfolgenden Einrichtung von Linguistik-Professuren und sprachwissenschaftlichen Abteilungen das Profil der Älteren deutschen Literaturwissenschaft gegenüber der (Synchron-)Linguistik geschärft wurde: Von nun an kann in einem terminologischen Sinne von 'Germanistischer Mediävistik' gesprochen werden.

Zur gegenwärtigen Situation

Der Differenzierungsprozeß der Germanistik, der an den deutschen Universitäten - unterschiedlich ausgeprägt – gegen Ende des vorigen Jahrhunderts mit der Aufgliederung in einen 'älteren' und einen 'neueren' Zweig einsetzte und etwa hundert Jahre später zu einer Dreiteilung in Neuere deutsche Literatur, Mediävistik und Sprachwissenschaft führte, ist bisweilen als ein Verlust der Einheit des Fachs beklagt worden. Sollte die Teilung in Fachrichtungen zu einer Entfremdung der

---

[61] Zum Leithandschriftenprinzip vgl. BEIN (Anm. 48), S. 30f.
[62] Des Minnesangs Frühling unter Benutzung der Ausgaben von Karl Lachmann und Moriz Haupt, Friedrich Vogt und Carl von Kraus bearb. von HUGO MOSER – HELMUT TERVOOREN, Bd. 1: Texte, 38., neugest. und erw. Aufl. Stuttgart 1988.
[63] Walther von der Vogelweide, Leich. Lieder. Sangsprüche, 14., völlig neu bearb. Aufl. der Ausg. Karl Lachmanns, hg. von CHRISTOPH CORMEAU, Berlin – New York 1996.

germanistischen Einzeldisziplinen führen, wäre dies in der Tat eine äußerst schädliche Entwicklung, doch kann die eingetretene Spezialisisierung auch einen beträchtlichen Gewinn darstellen.

Aus der Sicht der Germanistischen Mediävistik heißt dies: Während im 19. Jahrhundert das Feld der deutschen Philologie wesentlich von der mittelalterlichen Literatur aus perspektiviert wurde, sieht sich das Teilfach heute von hochentwickelten germanistischen Partnerdisziplinen (diachrone und synchrone Linguistik, niederdeutsche Philologie, neuere deutsche Literaturwissenschaft, Komparatistik) umgeben, zu denen sie in ein dialogisches Verhältnis getreten ist. Dabei erbringt die Germanistische Mediävistik für das Gesamtfach weiterhin unverzichtbare Leistungen: Die neuere deutsche Literaturwissenschaft beruht z.B. auf der Kenntnis der Wurzeln der deutschen Literatur, die (historische) Sprachwissenschaft benötigt das Textmaterial, das von der Germanistischen Mediävistik bereitgestellt, d.h. ediert, kommentiert und interpretiert, wird (usw.). Zugleich bezieht die Germanistische Mediävistik ihrerseits wesentliche Fragestellungen (der Hermeneutik, Erzähl-, Gattungstheorie u.a.) und neue Forschungsergebnisse (z.B. der Dialekt- und Schreibsprachenbestimmung) von ihren germanistischen Nachbardisziplinen.

Die Gründergeneration der Germanistik hatte nicht nur das gesamte Fach auf mediävistischer Grundlage vertreten, sondern mit fast übermenschlicher Kraft der deutschen Philologie großzügig auch das Germanische Altertum zugerechnet, wobei Religions- und Rechtsgeschichte sowie Volkskunde eingeschlossen waren.[64] In diesen Feldern sind inzwischen längst eigenständige Fächer und Philologien (Anglistik, Nordistik, Niederlandistik) entstanden, mit denen die moderne Mediävistik ebenfalls einen intensiven Gedankenaustausch pflegt. Unverzichtbar ist ferner der Dialog mit der (mittel-)lateinischen und romanischen Philologie, der eine lange Tradition besitzt, da eine Vielzahl von geistlichen, höfischen und humanistischen Werken der älteren deutschen Literatur auf lateinischen, französischen oder auch italienischen Quellen beruht. Der vom Standpunkt der älteren deutschen Literatur aus auf die Kultur des Abendlandes gerichtete Weitblick, welcher der Altgermanistik seit der Gründergeneration eigen ist, manifestiert sich heute in kooperativen, komparatistischen Arbeitsformen in enger Abstimmung mit den Nachbardisziplinen.[65]

---

[64] Vgl. z.B. JACOB GRIMM, Deutsche Mythologie, Göttingen 1835; DERS., Deutsche Rechtsalterthümer, Göttingen 1828. Diese Arbeiten stellen noch heute wichtige Materialsammlungen dar.

[65] Vgl. etwa den Sammelband: Mediävistische Komparatistik. Festschrift für Franz Josef Worstbrock zum 60. Geburtstag, hg. von WOLFGANG HARMS – JAN-DIRK MÜLLER, Stuttgart – Leipzig 1997.

Im Laufe der fast 200jährigen Entwicklung der Germanistik hat die Germanistische Mediävistik also nach außen zunehmend klarere Konturen erhalten und steht mehr denn je in Wechselbeziehungen mit einer Vielzahl von Nachbarfächern. Dieser Dialog wird gegenwärtig nicht zuletzt in interdisziplinären Sonderforschungsbereichen geführt, die besonders in Münster eine lange Tradition besitzen. Der 1968 von Friedrich Ohly zusammen mit dem Historiker Karl Hauck gegründete Sonderforschungsbereich 7 'Mittelalter- und Renaissanceforschung' ist der erste geisteswissenschaftliche Sonderforschungsbereich in Deutschland gewesen und hatte bis 1985 Bestand. Seit 1986 verfügt die Universität Münster mit dem SFB 231 'Träger, Felder, Formen pragmatischer Schriftlichkeit im Mittelalter' über einen zweiten mediävistischen Sonderforschungsbereich, dessen Ergebnisse dokumentieren, welche Bedeutung der Aneignung von Schriftlichkeit (ihrer Ausprägung in Gebrauchs- und Repräsentationshandschriften, im Zusammenspiel von Text und Bild usw.) beim Ausbau von Kulturen zukommt.[66] Daß gerade die Mittelalterforschung zum Verständnis dieser Vorgänge Wesentliches beizutragen vermag, ist erst in jüngerer Zeit in voller Tragweite erkannt worden.

Ein weiteres aktuelles Forschungsfeld der Germanistischen Mediävistik betrifft die Wechselwirkung der volkssprachlichen Literatur mit dem gesellschaftlichen Leben im Mittelalter – eine Fragestellung, die seit den späten 60er Jahren in verschiedenen Ansätzen verfolgt wird.[67] Im Mittelalter sind literarische Darbietungen oder repräsentative Codices in der Regel Bestandteile einer höfischen Kultur, die von geistlichen, fürstlichen oder patrizischen Mäzenen gefördert wurde,[68] zugleich aber findet sich das höfische Leben auch selbst in den Texten geschildert, u.a. als Fest-[69], Kleider-[70] oder Gebärdendarstellung[71]. In diesem Bereich des zeremonialen Verhaltens besteht weiterhin ein großer Forschungsbedarf. Daß sich die Germanistische Mediävistik diesbezüglich als Teil einer

---

[66] Vgl. z.B.: Pragmatische Schriftlichkeit im Mittelalter. Erscheinungsformen und Entwicklungsstufen, hg. von HAGEN KELLER – KLAUS GRUBMÜLLER – NIKOLAUS STAUBACH, München 1992 (MMS 65).

[67] Vgl. dazu z.B. URSULA PETERS, Artusroman und Fürstenhof. Darstellung und Kritik neuerer sozialgeschichtlicher Untersuchungen zu Hartmanns ›Erec‹, in: Euphorion 69 (1975), S. 175-196.

[68] Dazu grundlegend: JOACHIM BUMKE, Mäzene im Mittelalter. Die Gönner und Auftraggeber der höfischen Literatur in Deutschland 1150-1300, München 1979.

[69] Vgl. dazu BARBARA HAUPT, Das Fest in der Dichtung. Untersuchungen zur historischen Semantik eines literarischen Motivs in der mittelhochdeutschen Epik, Düsseldorf 1989 (studia humaniora 14).

[70] Vgl. ELKE BRÜGGEN, Kleidung und Mode in der höfischen Epik des 12. und 13. Jahrhunderts, Heidelberg 1989 (Beih. z. Euphorion 23).

[71] Vgl. dazu DIETMAR PEIL, Die Gebärde bei Chrétien, Hartmann und Wolfram, München 1975 (Medium Aevum 28); HORST WENZEL, Hören und Sehen. Schrift und Bild. Kultur und Gedächtnis im Mittelalter, München 1995, bes. S. 158ff.

übergreifenden Kulturwissenschaft zu verstehen gelernt hat, ist u.a. seit Joachim Bumkes Arbeiten zunehmend deutlich geworden. Die literarischen Werke spiegeln indes nicht einfach die mittelalterliche Wirklichkeit wider, vielmehr verfügen sie über diese und deuten sie, sei es, wie z.b. in einigen höfischen Versromanen, um utopische Zielprojektionen zu entwerfen, sei es, wie etwa im ›Helmbrecht‹ Wernhers des Gartenære, zum Zwecke einer konservativen Warnung vor gesellschaftlichen Veränderungen.

In jüngerer Zeit ist das Forschungsinteresse an weiblichen Autoren des deutschen Mittelalters und der frühen Neuzeit wie z.B. Frau Ava (vor 1127?) oder Elisabeth von Nassau-Saarbrücken (um 1437) sichtlich angestiegen.[72] Auch die bedeutende Tradition deutscher Frauenmystik, die durch die Werke Mechthilds von Magdeburg (vor 1260-um 1271/82), Christine Ebners (1317/1356) oder Margaretha Ebners (1344/51) repräsentiert wird, findet zunehmende Aufmerksamkeit bei Forscherinnen und Forschern.[73] Von den gegenwärtig florierenden sog. Gender Studies sind ebenfalls Impulse auf die Germanistische Mediävistik übergegangen. Dies verwundert nicht, da in der älteren deutschen Literatur, vor allem seit der höfischen Zeit, aufschlußreiches Material zum mittelalterlichen Geschlechterverhältnis enthalten ist – u.a. archaisch anmutende Formen (Frauenraub), aber auch Beispiele ausgeprägt höflicher Interaktion –, doch sind die Forschungen über Ansätze noch kaum hinausgekommen.[74] In diesem Zusammenhang bedarf z.B. auch die Frage, inwieweit die von Norbert Elias als 'Prozeß der Zivilisation' bezeichnete Wandlung der europäischen Gesellschaft seit dem 12. Jahrhundert in der deutschen Literatur nachgezeichnet werden kann, genauerer Untersuchungen.[75]

Bei aller Offenheit der Germanistischen Mediävistik gegenüber modernen Fragestellungen neigte die Altgermanistik jedoch nie zum 'Methodenverschleiß',[76] so daß z.B. diskursanalytische Deutungsansätze, die eine Dekonstruktion mittelalterlicher Literatur anstreben, bislang selten geblieben sind. Der Großteil der Dichtungen, die den Parametern des mittelalterlichen Weltverständnisses unterliegen, würde, sofern man ihn im Sinne des Poststrukturalismus[77] als sinnent-

---

[72] S. dazu den Beitrag von Birgit Kochskämper u. S. 309-352.

[73] Vgl. z.B. URSULA PETERS, Religiöse Erfahrung als literarisches Faktum. Zur Vorgeschichte und Genese frauenmystischer Texte des 13. und 14. Jahrhunderts, Tübingen 1988 (Hermaea 56).

[74] Vgl. z.B. den Sammelband: *Manlichiu wîp, wîplich man*. Zur Konstruktion der Kategorien 'Körper' und 'Geschlecht' in der deutschen Literatur des Mittelalters, hg. von INGRID BENNEWITZ – HELMUT TERVOOREN, Berlin 1999 (Beih. z. ZfdPh 9).

[75] NORBERT ELIAS, Über den Prozeß der Zivilisation. Soziogenetische und psychogenetische Untersuchungen. 2 Bde., 7. Aufl. Frankfurt/M. 1980 (stw 158/159).

[76] HERMAND (Anm. 46), S. 225.

[77] Vgl. dazu TERRY EAGLETON, Einführung in die Literaturtheorie, 4. Aufl. Stuttgart – Weimar 1997 (SM 246), S. 110-137.

hobenes Spiel auffaßte, mit Sicherheit mißdeutet werden, auch wenn aus dem Spätmittelalter einige Werke vorliegen, die – wie z.b. Heinrich Wittenwilers ›Ring‹ – einer karnevalesken Lachkultur im Sinne Michail Bachtins[78] anzugehören scheinen und sich Versuchen einer Gesamtdeutung z.t. beharrlich widersetzen.[79]

Ernst genommen werden in der modernen Mediävistik aber die mit der Theorie des Dekonstruktivismus in einem gewissen Zusammenhang stehenden editionsphilologischen Probleme, die gegenwärtig unter dem Stichwort 'New Philology' diskutiert werden. Da die handschriftliche Überlieferung von mittelalterlichen Dichtungen und Autorencorpora oft stark variiert, stellt sich die Frage, ob die Vorstellung eines homogenen 'Werks' bzw. eines das 'Original' verantwortenden 'Autors' dem Mittelalter überhaupt gemäß ist. Diesen und den daraus resultierenden editorischen Problemen wurden unlängst mehrere Sammelbände, z.B. ein Sonderheft der 'Zeitschrift für deutsche Philologie',[80] gewidmet.

Seit dem Zweiten Weltkrieg hat sich das Bild der Altgermanistik also erheblich gewandelt: Sie ist zur 'Germanistischen Mediävistik' geworden, einer nach außen in vielfältigen Kontakten stehenden und im Inneren sich zunehmend differenzierenden[81] Disziplin, die sich modernen Fragestellungen öffnet und dabei den von den Gründern der Germanistik übernommenen Auftrag – die Editionslage der älteren deutschen Literatur zu bessern und die Textbestände weiter zu erschließen – auf dem neuesten Stand fortführt. So sind gerade in letzter Zeit mit dem umfangreichen 'Repertorium der Sangsprüche und Meisterlieder'[82] und dem 'Thesaurus Proverbiorum medii aevi'[83] hervorragende neue Hilfsmittel für die

---

[78] Vgl. MICHAIL M. BACHTIN, Literatur und Karneval. Zur Romantheorie und Lachkultur, Frankfurt/M. 1996 (Fischer Taschenbuch 7434). Die Komikverwendung in der deutschen Literatur des Mittelalters ist ebenfalls ein noch weitgehend offenes Forschungsfeld. Eine erste Bestandsaufnahme bietet HANS FROMM, Komik und Humor in der Dichtung des deutschen Mittelalters, in: DVjs 36 (1962), S. 321-339.

[79] Vgl. z.B. WERNER RÖCKE, Die Freude am Bösen. Studien zu einer Poetik des deutschen Schwankromans im Spätmittelalter, München 1987 (Forschungen zur Geschichte der älteren deutschen Literatur 6).

[80] Philologie als Textwissenschaft. Alte und neue Horizonte, hg. von HELMUT TERVOOREN – HORST WENZEL, Tübingen 1997 (Sonderh. z. ZfdPh 116).

[81] Ein anschauliches Beispiel der gegenwärtigen Forschungsvielfalt im Bereich der 'Germanistischen Mediävistik' ist der Tagungsband: Literarische Interessenbildung im Mittelalter. DFG-Symposium 1991, hg. von JOACHIM HEINZLE, Stuttgart – Weimar 1993 (Germanistische Symposien. Berichtsbände 14), dessen Herausgeber im Vorwort sogar auf die Gefahr 'eine[r] immer stärkere[n] Auseinanderentwicklung der Altgermanistik in verschiedene Denkschulen" (S. VII) hinweist.

[82] Repertorium der Sangsprüche und Meisterlieder des 12. bis 18. Jahrhunderts, hg. von HORST BRUNNER – BURGHART WACHINGER, 16 Bde., Tübingen 1986ff.

[83] Thesaurus proverbiorum medii aevi. Lexikon der Sprichwörter des romanisch-germanischen Mittelalters, begr. von SAMUEL SINGER, hg. vom Kuratorium Singer der Schweizerischen Akademie der Geistes- und Sozialwissenschaften, Bd. 1ff., Berlin – New York 1995ff.

mittelalterliche Sangspruch- und Sprichwortforschung entstanden. Das wohl eindrucksvollste Projekt zur Erschließung der mittelalterlichen Literatur ist das unter Mitarbeit zahlreicher Forscher entstandene 'Verfasserlexikon', in dem die gesamte zwischen dem 8. und frühen 16. Jahrhundert im deutschen Sprachraum entstandene lateinische und volkssprachliche Literatur verzeichnet ist; in der zweiten Auflage dieses Lexikons, die kurz vor dem Abschluß steht, werden alle Schriftzeugnisse des deutschen Mittelalters auf dem neuesten Forschungsstand besprochen.[84] Nicht zuletzt wegen dieses unentbehrlichen Handbuchs, das auch für Studierende eine entscheidende Hilfe bedeutet, gilt die deutsche Literatur des Mittelalters derzeit als der am besten erschlossene Teilbereich der Germanistik.

III. Mediävistik in der Germanistenausbildung

Die Beschäftigung mit der älteren deutschen Literatur gehört an fast allen deutschen Universitäten, so auch in Münster, zur Obligatorik des Germanistikstudiums. Da der Begriff der Literaturgeschichte *ad absurdum* geführt würde, wenn von zwölf Jahrhunderten deutscher Dichtung die ersten acht außer Betracht blieben, ist ein Einblick in die Mediävistik für die fachliche Ausbildung unverzichtbar.

Für viele Studierende dürfte die Begegnung mit der älteren Literatur indes eher stichprobenartig ausfallen, deshalb ist es für sie empfehlenswert, wenn möglich, zumindest ein (Pro-)Seminar bzw. eine Übung über ein Werk aus der höfischen Epoche um 1200 (d.h. aus einem der Bereiche 4, 5, 8 oder 9 in den Lektüreempfehlungen am Ende des Bandes, S. 353-355) zu besuchen, denn die Dichtung dieser Phase ist für den Verlauf der deutschen Literaturgeschichte besonders prägend geworden und kann zuweilen weltliterarische Geltung beanspruchen. Studierende, die einen Schwerpunkt in der Mediävistik bilden wollen, sollten sich darüber hinaus Werke aus mindestens zwei weiteren Bereichen aneignen.

Nicht nur eine Kenntnis älterer Texte, auch die Einsicht in Methoden der Mittelalterphilologie ist für Germanisten von einiger Bedeutung: Bereits im Proseminar zur 'Einführung in die deutsche Literatur des Mittelalters' werden grundlegende Fragen der Handschriftenkunde[85] und der germanistischen Editionswissenschaft ('Lachmannsche Methode', neuere Entwicklungen) behandelt, die für jedes philologische Studium von Belang sind; durch die Beschäftigung mit alt-

---

[84] Die deutsche Literatur des Mittelalters. Verfasserlexikon, begr. von WOLFGANG STAMMLER, fortgef. von KARL LANGOSCH, 2., völlig neu bearb. Aufl. unter Mitarb. zahlreicher Fachgelehrter hg. von KURT RUH, Bd. 1ff., Berlin - New York 1978ff.
[85] Vgl. z.B. BERNHARD BISCHOFF, Paläographie des römischen Altertums und des abendländischen Mittelalters, 2., überarb. Aufl. Berlin 1986 (Grundlagen der Germanistik 24).

deutscher Metrik werden bei kritischer Aneignung des Heuslerschen Beschreibungssystems wichtige Grundlagen der Versgeschichte erworben. Ferner schafft die Einsicht in das rhetorisch geprägte andersartige Kunstverständnis des Mittelalters, dem das Kriterium der Originalität eher fremd war, sowie in die zeitgenössischen Verfahren der Textauslegung (Allegorese) wichtige literaturwissenschaftliche Grundkenntnisse.[86]

Alteritätserfahrungen mit mittelalterlicher Literatur

Studierende machen im Umgang mit Texten der mittel- oder frühneuhochdeutschen Literatur schnell die Erfahrung, daß es eine gewisse Anstrengung bedeutet, altdeutsche Texte zu lesen (d.h. genau zu übersetzen) und zu verstehen. Ein einzelner Satz aus einem Lied Walthers von der Vogelweide wie *bezzer waere mîner frowen senfter gruoz*[87] zwingt zu einer genauen Betrachtung, zumal der Gesamtsinn des Liedes davon abhängen kann: Ist *mîner frowen* ein Dativ oder Genitiv? Wenn letzteres, handelt es sich um einen *genitivus subjectivus* oder *objectivus*? Ist *senfter* als Komparativ oder Positiv zu verstehen? Was genau bedeutet der Begriff *frowe*? Kann *gruoz* im Mittelhochdeutschen noch mehr besagen als das neuhochdeutsche 'Gruß'?[88]

Die Arbeit an mittelhochdeutschen Texten fördert jene grammatisch-philologische Sensibilität, die für Germanisten unverzichtbar ist und, sofern sie nicht auf der Schule vermittelt wurde, im Grundstudium erworben werden muß. Das genaue Lesen mittelhochdeutscher Texte, etwa in einem zusätzlichen Lektürekurs, kann hierbei von großem Nutzen sein. Erfahrungsgemäß gewinnt ein Anfänger durch sorgfältiges Übersetzen von etwa 2000-3000 Versen einer mittelhochdeutschen Dichtung bereits so viel Grundsicherheit, daß die weitere Lektüre zunehmend zügiger verläuft. Wörterbücher, Grammatiken, Wortgeschichten und Leitfäden für das Übersetzen aus dem Mittelhochdeutschen, die auch als Taschenbücher erworben werden können, sind hierbei nützliche, unerläßliche Hilfsmittel.[89]

Die Erfahrung der Fremdheit älterer Literatur beschränkt sich aber nicht nur auf die sprachliche Seite der Dichtungen. Auch die den Texten zugrundeliegenden andersartigen Normensysteme, Lebensformen, Verhaltensweisen, Kleidung, Waffen

---

[86] VGL. MAX WEHRLI, Literatur im deutschen Mittelalter. Eine poetologische Einführung. Stuttgart 1984.
[87] Walther L. 111,30 (= Cor. [Anm. 62], 81, I, 8).
[88] Hinweise zum kontrollierten Vorgehen beim Übersetzen finden sich z.B. bei BERNHARD SOWINSKI, Probleme des Übersetzens aus älteren deutschen Texten, 2. Aufl. Berlin 1998 (Germanistische Lehrbuchsammlung 23), S. 70-75.
[89] S. die Auswahlbibliographie am Ende dieses Beitrages.

usw. oder auch die spezifische Hermeneutik heute ungebräuchlicher Gattungen können Verständnisschwierigkeiten bereiten. Um der Bedeutung, die ein mittelalterliches Werk in seiner Zeit besaß, näherzukommen, sind deshalb Informationen vielfältiger Art einzuholen, die in neueren mediävistischen Einführungen,[90] historischen Überblicksdarstellungen oder modernen Fachlexika[91] gut zugänglich sind.

So stellt die Alterität der mittelalterlichen Literatur, wie Hans Robert Jauß[92] betont hat, letztlich nicht nur ein Problem im Umgang mit der älteren Dichtung, sondern auch eine wertvolle Chance dar, denn sie zwingt die modernen Rezipienten, sich der historischen Distanz zum Text bewußt zu bleiben, und ermuntert deshalb zu einer reflektierten Annäherungsweise.

Die vielfältigen Kontrasterfahrungen, die ihrerseits nicht ohne intellektuellen und ästhetischen Reiz sind, machen einzelne Texte der älteren deutschen Literatur auch als Schullektüre in der Sekundarstufe I und II interessant.[93] Neuere schuldidaktische Konzepte nutzen bewußt die methodischen Möglichkeiten der Alterität mittelalterlicher Dichtung.[94]

Für den Schulunterricht geeignet ist z.B. der ›Helmbrecht‹ Wernhers des Gartenære.[95] Er handelt von einem Generationenkonflikt, wobei der Aufbruchswille eines jungen Bauernburschen, der seinen

---

[90] Empfehlenswert ist z.B. der Abschnitt über die mittelalterliche Feudalgesellschaft bei HILKERT WEDDIGE, Einführung in die Germanistische Mediävistik, 3., durchges. und erg. Aufl. München 1997, S. 153-186.
[91] S. die Bibliographie am Ende dieses Beitrages.
[92] HANS ROBERT JAUSS, Alterität und Modernität der mittelalterlichen Literatur, in: DERS., Alterität und Modernität der mittelalterlichen Literatur: Gesammelte Aufsätze 1956-1976, München 1977, S. 9-47.
[93] Die Richtlinien für das Gymnasium in Nordrhein-Westfalen weisen auf die Unterrichtseignung mittelalterlicher Lyrik sowie bestimmter Kleintexte wie Fabeln für die Sekundarstufe I hin (Richtlinien und Lehrpläne für das Gymnasium – Sekundarstufe I – in Nordrhein-Westfalen. Deutsch, Frechen 1993, S. 56f. 78, 81). Für die Sekundarstufe II werden in den Richtlinien von 1982 Walther von der Vogelweide, der Minnesang, der ›Helmbrecht‹ Wernhers des Gartenære, das ›Märe von zwei Kaufleuten‹ Ruprechts von Würzburg, der ›Ackermann‹ des Johannes von Tepl und Predigten Thomas Münzers besonders empfohlen (Richtlinien für die gymnasiale Oberstufe in Nordrhein-Westfalen. Deutsch, Frechen 1982, S. 125f., 131f.). Die Richtlinien für die Sekundarstufe II von 1999 nennen keine einzelnen Texte, erklären aber die Beschäftigung mit älterer deutscher Literatur zum obligatorischen Bestandteil des Deutsch-Leistungskurses (Richtlinien und Lehrpläne für die Sekundarstufe II – Gymnasium/Gesamtschule in Nordrhein-Westfalen. Deutsch, Frechen 1999, S. 33, 35).
[94] Vgl. z.B. GÜNTHER BÄRNTHALER, Literatur des Mittelalters im Deutschunterricht: Lyrik. Texte, Melodien, Interpretationen, methodisch-didaktische Vorschläge, Wien 1989 (Deutsche Sprache und Literatur im Unterricht 14); HELMUT BRACKERT – HANNELORE CHRIST – HORST HOLZSCHUH, Literatur in der Schule: Mittelalterliche Texte im Unterricht, Bd. 1-2 München 1973-1976; WALTER RAITZ, Ein Relikt mit Zukunft? Deutsche Literatur des Mittelalters im Unterricht, in: DU 44 (1992), H. 2, S. 3-11.
[95] Vgl. z.B. JÜRGEN W. EINHORN, ›Helmbrecht‹ – (wieder) in der Schule gelesen, in: Medium aevum deutsch. Beiträge zur deutschen Literatur des hohen und späten Mittelalters. Festschrift für Kurt Ruh, hg. von DIETRICH HUSCHENBETT [u.a.], Tübingen 1979, S. 51-68.

angestammten Stand verlassen möchte, sowohl vom Erzähler als auch von der Vaterfigur inkriminiert wird. Für Schüler und Schülerinnen der Sekundarstufe II, die das Werk (in einer übersetzten Ausgabe mit mittelhochdeutschen Textbeispielen) lesen, bietet der Text eine Reihe von Identifikationsmöglichkeiten, andererseits ist die Lektüre mit vielfältigen Fremdheitserfahrungen verbunden. Dies gilt z.B. für das Ende der Dichtung, das von der Verstümmelung der Hauptfigur durch einen richterlichen Schergen und der gnadenlosen Geste des Vaters, der seinem Sohn den Einlaß verwehrt, berichtet. Aus der z.T. provozierenden Alterität des Textes kann, gefördert durch kompetente Lehrende, bei den Schülern und Schülerinnen der Wunsch entstehen, die andersartige Funktionsweise der geschilderten Welt – das fremd anmutende Gesellschaftsmodell, seine ökonomischen Bedingungen, Rechtsauffassungen usw. – genauer kennenzulernen, zumal es sich nicht um die Kultur eines entfernten Landes, sondern um eine Stufe der eigenen Geschichte handelt. Die Einsicht, daß die Vergangenheit des eigenen Volkes 'exotisch' anmuten kann, vermag die Toleranzbereitschaft gegenüber anderen Kulturen und ein kritisches Bewußtsein der Relativität und Historizität der eigenen Gegenwart fördern. Auch unter diesem Aspekt kann die Germanistische Mediävistik einen nicht zu unterschätzenden Beitrag zur Deutschlehrerausbildung liefern.

Zur Rezeption mittelalterlicher Literatur

Mehrfach sind in der deutschen Literaturgeschichte gezielte Rückgriffe auf die Literatur des Mittelalters vorgenommen worden. Schon in der Zeit des Humanismus zeigte sich eine nostalgische Rückbesinnung auf die Dichtung des Mittelalters (etwa in der sog. 'Ritterrenaissance' zur Zeit Kaiser Maximilians [1459-1519]); später sammelten und edierten Gelehrte wie Melchior Goldast (1578-1635) Zeugnisse der altdeutschen Literatur; kein Geringerer als Martin Opitz gab 1639 das frühmittelhochdeutsche ›Annolied‹ im Druck heraus. Auch in der Aufklärung fand die ältere deutsche Literatur Beachtung, wie z.B. Gottscheds (1746) und Lessings (1773/1781) Beschäftigung mit Boners spätmittelalterlichen Fabeln zeigt. Einen nachhaltigen Schub erhielt das Interesse für die Anfänge der deutschen Literatur vor allem, als Johann Jacob Bodmer zusammen mit Johann Jacob Breitinger 'Proben der alten schwäbischen Poesie des Dreyzehnten Jahrhunderts' (1748) und andere zentrale Texte des deutschen Mittelalters edierte.

Mittelalterkenntnisse sind für Germanisten somit auch unentbehrlich, weil eine scharfe Trennlinie zwischen der Älteren und der Neueren Literatur nicht zu ziehen ist. So sind manche Anstöße, welche die deutsche Literatur aus dem Mittelalter bezogen hat, von nachhaltiger Kraft gewesen, daß sie (z.T. in vermittelter Form) lange fortwirkten: Der vom 12. bis zum 15. Jahrhundert betriebene Minnesang beeinflußte z.B. die sog. 'Gesellschaftslieder' des Spätmittelalters und der frühen Neuzeit, woraus sich wiederum enge Zusammenhänge mit dem sog. Volkslied ergeben.[96] Es finden sich zahlreiche Beispiele

---

[96] Zur Einführung in diese komplexe Thematik vgl. HORST BRUNNER, Lyrische Gattungen (Mittelalter), in: Fischer Lexikon Literatur, hg. von ULFERT RICKLEFS, Bd. 2, Frankfurt/M. 1996, S. 1223-1243, hier S. 1231-1233.

für das Weiterleben mittelalterlicher literarischer Traditionen[97] – in Einzelfällen sogar bis (fast) in die Gegenwart hinein: Der städtische Meistersang, der die Sangspruchdichtung des 13. und 14. Jahrhunderts fortführte und zuerst in Zeugnissen des 15. Jahrhunderts faßbar wird, hat sich bis ins 19. Jahrhundert erhalten. Die letzte Meistersingergesellschaft wurde 1875 aufgelöst, und der letzte Meistersinger, ein Memminger Bürger, ist erst im 20. Jahrhundert (1922) verstorben.

Die Meistersinger berufen sich auf eine eigene Gründungssage, wonach ihre Gemeinschaft auf dem Wirken von zwölf alten Meistern beruhte (darunter Walther von der Vogelweide und Wolfram von Eschenbach) und bereits im Frühmittelalter durch Kaiser Otto I. legitimiert worden sei.[98] Dies ist ein Beispiel dafür, wie die mittelalterliche Dichtung neben ihrem Fortleben in Motiv- und Traditionssträngen bzw. durch gezielte Rückgriffe in literarischer Rezeption auf eine weitere Weise wirkmächtig bleiben konnte: als Mythos von den Anfängen spezifisch deutscher Literatur oder gar als Klischee mittelalterlichen deutschen Geistes. Diese oft breitenwirksamen Mythenbildungen sind für Studierende ein besonders lehrreiches Kapitel deutscher Literaturgeschichte.

Das mythische Potential, das in den mittelalterlichen Stoffen und Autorenbildern angelegt ist, erlangte vor allem in der Kunst des 19. Jahrhunderts einen hohen Stellenwert: Der wohl bekannteste deutsche Dichtermythos, der sog. ›Sängerkrieg auf der Wartburg‹, fand in der Romantik ein besonders reges Echo (etwa in Novalis' ›Heinrich von Ofterdingen‹) und gehört noch heute zu den verbreiteten Vorstellungen vom deutschen Mittelalter. Die Bearbeitung des Stoffs von Tristan und Isolde durch Gottfried von Straßburg ist seit Richard Wagners Oper zum mittelalterlichen Liebesmythos schlechthin geworden; auch das Waltherbild wurde mythisiert und konnte sogar zum Politikum werden, wie der Streit um die Aufstellung eines Walther-Denkmals in Bozen (1889) zeigte.[99] Vor allem aber hat sich das ›Nibelungenlied‹ seit dem 19. Jahrhundert zu einem deutschen Mythos mit besonderen politischen Konturen entwickelt, an dem die latente Gefahr eines national-pathetischen Mißbrauchs, in der sich die mittelalterliche deutsche Literatur stets auch befindet, augenfällig wird (man denke an Görings 'Stalingrad-Rede' von 1943).[100]

---

[97] Vgl. auch oben bei Anm. 4-6.
[98] Für Einzelheiten s. HORST BRUNNER, Die alten Meister. Studien zu Überlieferung und Rezeption der mittelhochdeutschen Sangspruchdichter im Spätmittelalter und in der frühen Neuzeit, München 1975. – Für einen ersten Überblick ist (noch) geeignet: BERT NAGEL, Meistersang, 2. Aufl. Stuttgart 1971 (SM 12).
[99] Zur Walther-Rezeption vgl. z.B. GERHARD HAHN, Walther von der Vogelweide. Eine Einführung, 2., durchges. Aufl. München – Zürich 1989 (Artemis Einführungen 22), S. 9-12. Vgl. auch ebd. S. 49-55 zum sog. ›Preislied‹ Walthers, das Hoffmann von Fallersleben zu seinem ›Deutschlandlied‹ angeregt hat.
[100] Vgl.: Die Nibelungen. Ein deutscher Wahn, ein deutscher Alptraum. Studien und

Die Rezeptionsgeschichte der mittelalterlichen deutschen Literatur stellt insgesamt ein wichtiges, für Studierende interessantes Arbeitsgebiet dar, das allerdings erst ansatzweise erschlossen ist.[101] Die Germanistische Mediävistik könnte einiges zur Klärung der Frage beitragen, inwieweit die frappierenden Tendenzen zur Mythisierung mittelalterlicher Stoffe und Autorenbilder bereits von den Dichtern, Schreibern und Sammlern des Mittelalters angelegt wurden. Fundierte Ergebnisse auf diesem Feld sind nur durch eine fruchtbare Zusammenarbeit von Alt- und Neugermanistik zu erwarten.

IV. Zur 'Modernität' mittelalterlicher Literatur

Für die Menschen des ausgehenden 20. Jahrhunderts hat die Welt des Mittelalters keineswegs ihre Faszinationskraft eingebüßt, wie ein Blick in das Angebot der modernen Medien (Computerspiele, Fernsehen, Film, CD), der neueren Literatur (Tankred Dorsts ›Merlin‹, Adolf Muschgs ›Der Rote Ritter‹ usw.) oder des populären Schrifttums (vgl. Marion Zimmer Bradleys Bestseller ›Die Nebel von Avalon‹) ergibt. Doch auch wenn der gegenwärtige 'Mittelalterboom'[102], für den stellvertretend Umberto Ecos Erfolgsroman ›Der Name der Rose‹ steht, eines Tages verflogen ist, dürfte der Eindruck einer zuweilen erstaunlichen Modernität,[103] über die manche Werke der mittelalterlichen Literatur verfügen, bestehen bleiben. Diese Dichtungen greifen nämlich grundlegende Themen und Prozesse auf, die den modernen Leser nicht nur zum Nachdenken anregen, sondern die selbst an der Konstituierung der Moderne teilhatten, wie etwa die Dialektik von Individuum und Gesellschaft,[104] die (z.B. am Verhältnis des Artusritters zum Artushof) in zahlreichen mittelalterlichen Dichtungen eine zentrale Rolle spielt. Der Eindruck einer zuweilen überraschenden Modernität entsteht aber auch, wenn Wolfram von

---

Dokumente zur Rezeption des Nibelungenstoffs im 19. und 20. Jahrhundert, hg. von JOACHIM HEINZLE – ANNELIESE WALDSCHMIDT, Frankfurt/M. 1991 (st 2110). – S. auch den Beitrag von Nine Miedema u. S. 147-175.

[101] Vgl. dazu u.a.: Das Weiterleben des Mittelalters in der deutschen Literatur, hg. von JAMES F. POAG – GERHILD SCHOLZ-WILLIAMS, Königstein 1983; Mittelalter-Rezeption. Ein Symposion, hg. von PETER WAPNEWSKI, Stuttgart 1986 (Germanistische Symposien – Berichtsbd. 6).

[102] Vgl. dazu HANS-JÜRGEN BACHORSKI, Die Modernität des Alten. Neue Zugänge zur Literatur des Mittelalters, in: Literatur und Literaturunterricht in der Moderne, hg. von NORBERT OELLERS, Tübingen 1988 (Germanistik und Deutschunterricht im Zeitalter der Technologie 3), S. 159-170.

[103] Vgl. auch den von JOACHIM HEINZLE herausgegebenen Sammelband 'Modernes Mittelalter' (s.o. Anm. 2).

[104] An der sog. 'Entdeckung des Individuums' (allerdings noch nicht im vollen, modernen Sinne) nimmt im Hochmittelalter auch die höfische Literatur maßgeblich teil. Vgl. dazu COLIN MORRIS, The Discovery of the Individual. 1050-1200, London 1972.

Eschenbach vor dem Hintergrund der Kreuzzüge in seinem ›Willehalm‹ ein bemerkenswert einfühlsames Bild der Ungläubigen[105] entwirft oder wenn Gottfried von Straßburg im Tristanroman ein radikales Liebeskonzept propagiert, das aus dem Mittelalter hinauszuweisen scheint.

Oft ist es nicht nur der Inhalt, sondern auch die Darbietungsform, die einigen mittelalterlichen Werken 'moderne' Züge verleiht: Im Prolog von Gottfrieds ›Tristan‹ wird die Rezeption der Liebesdichtung als eine (emotionale) Teilhabe des Publikums an dem bewegenden Minneschicksal des Protagonistenpaars angelegt, was in der Forschung zum Vergleich mit neuzeitlichen Sentimentalitätskonzepten herausgefordert hat.[106] Der klassische Artusroman, der von dem französischen Autor Chrétien de Troyes geschaffen und durch Hartmann von Aue erstmals in deutscher Sprache (›Erec‹, ›Iwein‹) bearbeitet wurde, zeigt ein neuartiges Aufbauprinzip, das sog. Doppelwegschema,[107] dessen Entwicklung nach Walter Haug[108] bereits im Mittelalter zu einer Entdeckung der literarischen Fiktionalität geführt haben soll. An dieser Stelle kann nicht auf die von Haug ausgelöste Forschungsdebatte eingegangen werden[109] – doch ist festzustellen, daß die erzähltechnischen Mittel einiger höfischer Werke erstaunlich fortgeschritten erscheinen: Wolfram von Eschenbach benutzt z.B. in seinen epischen Dichtungen ein erzählerisches Instrumentarium, wie es eigentlich erst für den Roman des 18. Jahrhunderts typisch wird.[110]

Es dürfte die besondere Mischung aus Traditionalität, Alterität und Modernität mittelalterlicher Literatur sein, die, oftmals gepaart mit hoher ästhetischer Perfektion, eine Begegnung mit den älteren deutschen Dichtungen zu einem reizvollen wissenschaftlichen Abenteuer werden lassen können. Einen Eindruck hiervon wollen auch die Beiträge dieses Bandes vermitteln.

---

[105] Die vielzitierte Wolframsche 'Toleranz' bedarf allerdings einer genaueren Erläuterung. Vgl. dazu z.B. KARL BERTAU, Das Recht des Andern. Über den Ursprung der Vorstellung von einer Schonung der Irrgläubigen bei Wolfram von Eschenbach, in: DERS., Wolfram von Eschenbach. Neun Versuche über Subjektivität und Ursprünglichkeit in der Geschichte, München 1983, S. 241-258.

[106] Vgl. ILKA BÜSCHEN, Sentimentalität. Überlegungen zur Theorie und Untersuchungen an mittelhochdeutschen Epen, Stuttgart – Berlin – Köln – Mainz 1974 (Studien zur Poetik und Geschichte der Literatur 38).

[107] Vgl. dazu WALTER HAUG, Die Symbolstruktur des höfischen Epos und ihre Auflösung bei Wolfram von Eschenbach, in: DVjs 45 (1971), S. 668-705.

[108] Vgl. dazu WALTER HAUG, Chrétiens de Troyes ›Erec‹-Prolog und das arthurische Strukturmodell, in: DERS.: Literaturtheorie im deutschen Mittelalter. Von den Anfängen bis zum Ende des 13. Jahrhunderts, 2., überarb. und erw. Aufl. Darmstadt 1992, S. 91-107.

[109] Vgl. z.B. JOACHIM HEINZLE, Die Entdeckung der Fiktionalität. Zu Walter Haugs 'Literaturtheorie im deutschen Mittelalter', in: PBB 112 (1990), S. 55-80.

[110] Vgl. dazu EBERHARD NELLMANN, Wolframs Erzähltechnik. Untersuchungen zur Funktion des Erzählers, Wiesbaden 1973, bes. S. 187.

AUSWAHLBIBLIOGRAPHIE

Einführungen

Thomas Bein, Germanistische Mediävistik. Eine Einführung, Berlin 1998 (Grundlagen der Germanistik 35).
Alfred Ebenbauer – Peter Krämer (Hgg.), Ältere deutsche Literatur. Eine Einführung, 2., korr. u. bibliogr. erg. Aufl. Wien 1990.
Gerhard Hahn – Hedda Ragotzky (Hgg.), Grundlagen des Verstehens mittelalterlicher Literatur. Literarische Texte und ihr historischer Verständniswert, Stuttgart 1992 (Kröners Studienbibliothek 663).
Hilkert Weddige, Einführung in die Germanistische Mediävistik, 3., durchges. und erg. Aufl. München 1997.

Wörterbücher

Christa Baufeld, Kleines frühneuhochdeutsches Wörterbuch. Lexik aus Dichtung und Fachliteratur des Frühneuhochdeutschen, Tübingen 1996.
Alfred Götze, Frühneuhochdeutsches Glossar, 7. Aufl. Berlin 1971 (Kleine Texte für Vorlesungen und Übungen 101).
Beate Hennig, Kleines Mittelhochdeutsches Wörterbuch, 3., erg. Aufl. Tübingen 1998.
Matthias Lexer, Mittelhochdeutsches Handwörterbuch. Zugleich als Supplement und alphabetischer Index zum Mittelhochdeutschen Wörterbuch von Benecke-Müller-Zarncke, 3 Bde., Leipzig 1872-1878, Nachdr. Stuttgart 1979.
Matthias Lexer, Mittelhochdeutsches Taschenwörterbuch, 38. Aufl. Stuttgart 1992.
Rudolf Schützeichel, Althochdeutsches Wörterbuch, 5., überarb. u. erw. Aufl. Tübingen 1995.

Grammatiken

Helmut de Boor – Roswitha Wisniewski, Mittelhochdeutsche Grammatik, 10. Aufl. Berlin – New York 1984 (Sammlung Göschen 2209).
Wilhelm Braune, Althochdeutsche Grammatik, fortgef. von Karl Helm, 14. Aufl. bearb. von Hans Eggers, Tübingen 1987.
Kurt Gärtner – Hans-Hugo Steinhoff, Minimalgrammatik zur Arbeit mit mittelhochdeutschen Texten, 6., durchges. Aufl. Göppingen 1995 (GAG 183).
Hermann Paul, Mittelhochdeutsche Grammatik, 24. Aufl. neu bearb. von Peter Wiehl – Siegfried Grosse, Tübingen 1998.
Oskar Reichmann – Klaus-Peter Wegera (Hgg.), Frühneuhochdeutsche Grammatik, Tübingen 1993.

ÜBERSETZEN AUS DEM MITTELHOCHDEUTSCHEN

OTFRID EHRISMANN, Ehre und Mut, Aventiure und Minne. Höfische Wortgeschichten aus dem Mittelalter, München 1995.
FRANZ SARAN, Das Übersetzen aus dem Mittelhochdeutschen, neubearb. von BERT NAGEL, 6., erg. Aufl. Tübingen 1975.
ALEXANDER SCHWARZ – ANGELIKA LINKE – PAUL MICHEL – GERHILD SCHOLZ WILLIAMS, Alte Texte lesen. Textlinguistische Zugänge zur älteren deutschen Literatur, Bern – Stuttgart 1988 (UTB 1482).
BERNHARD SOWINSKI, Probleme des Übersetzens aus älteren deutschen Texten, 2. Aufl. Berlin 1998 (Germanistische Lehrbuchsammlung 23).

EDITIONSWISSENSCHAFT UND HANDSCHRIFTENKUNDE

THOMAS BEIN, Textkritik. Eine Einführung in Grundlagen der Edition altdeutscher Dichtung, Göppingen 1990 (GAG 519).
BERNHARD BISCHOFF, Paläographie des römischen Altertums und des abendländischen Mittelalters, 2., überarb. Aufl. Berlin 1986 (Grundlagen der Germanistik 24).
OTTO MAZAL, Lehrbuch der Handschriftenkunde, Wiesbaden 1986 (Elemente des Buch- und Bibliothekswesens 10).

ZUR POETIK MITTELALTERLICHER LITERATUR

MAX WEHRLI, Literatur im deutschen Mittelalter. Eine poetologische Einführung, Stuttgart 1984 (RUB 8038).
RÜDIGER BRANDT, Kleine Einführung in die mittelalterliche Poetik und Rhetorik. Mit Beispielen aus der deutschen Literatur des 11.-16. Jahrhunderts, Göppingen 1986 (GAG 460).

METRIK

Siegfried Beyschlag, Altdeutsche Verskunst in Grundzügen (= 6., neubearb. Aufl. der Metrik der mittelhochdeutschen Blütezeit in Grundzügen), Nürnberg 1969.
WERNER HOFFMANN, Altdeutsche Metrik, 2. Aufl. Stuttgart 1981 (SM 64).
HELMUT TERVOOREN, 'Minimalmetrik', 4., erg. u. verb. Aufl. Göppingen 1997 (GAG 285).

NACHSCHLAGEWERKE

Die deutsche Literatur des Mittelalters. Verfasserlexikon, begr. von WOLFGANG STAMMLER, fortgef. von KARL LANGOSCH. 2., völlig neu bearb. Aufl.

unter Mitarb. zahlreicher Fachgelehrter hg. von KURT RUH, Bd. 1ff., Berlin
– New York 1978ff.
Deutsche Dichter der frühen Neuzeit (1450-1600). Ihr Leben und Werk, hg. von STEPHAN FÜSSEL, Berlin 1993.
Das Mittelalter in Daten. Literatur, Kunst, Geschichte 750-1520, hg. von JOACHIM HEINZLE, München 1993.

LITERATURGESCHICHTEN

JOACHIM BUMKE – THOMAS CRAMER – DIETER KARTSCHOKE, Geschichte der deutschen Literatur im Mittelalter, 3 Bde., München 1990 (dtv 4551-4553).
Geschichte der deutschen Literatur von den Anfängen bis zum Beginn der Neuzeit, hg. von JOACHIM HEINZLE, Bd. I/1ff., Frankfurt/Main 1984ff.
PETER NUSSER, Deutsche Literatur im Mittelalter. Lebensformen, Wertvorstellungen und literarische Entwicklungen, Stuttgart 1992 (Kröners Taschenausgabe 480).
MAX WEHRLI, Geschichte der deutschen Literatur im Mittelalter. Von den Anfängen bis zum Ende des 16. Jahrhunderts, 3. Aufl. Stuttgart 1997.

SACHKULTUR DES MITTELALTERS

JOACHIM BUMKE, Höfische Kultur, Literatur und Gesellschaft im hohen Mittelalter, 8. Aufl. München 1997 (dtv 4442).
PETER DINZELBACHER (Hg.), Sachwörterbuch der Mediävistik, Stuttgart 1992 (Kröners Taschenausgabe 477).
Lexikon des Mittelalters, 9 Bde., München – Zürich 1980-1998.
HUBERT SPECKNER, Dichtung und Wahrheit im Mittelalter. Das Leben der höfischen Gesellschaft im Spiegel der höfischen Literatur, Wien 1995.

FACHDIDAKTIK

DIETER JÄGER, Praxis der schulischen Altgermanistik. Theoretische Ansätze, unterrichtspraktische Beispiele und empirische Versuche, Göppingen 1989 (GAG 496).
PETER JENTZSCH – BURGHART WACHINGER (Hgg.), Gegenwart und Mittelalter. Materialien zur kontrastiven Textarbeit in einem problemorientierten Deutschunterricht der Sekundarstufe I, Frankfurt/M. 1980 (Lehrerband; Schülerband 1979).
RÜDIGER KROHN – WERNER WUNDERLICH, Mittelalterliche Literatur in der Sekundarstufe I, Hannover 1983.
Mittelalter im Unterricht, hg. von WALTER REIZ, in: DU 44 (1992), H. 2, S. 1-90.

Anfänge deutscher Dichtung:
Das Beispiel Otfrid von Weißenburg

RUDOLF SUNTRUP

nim góuma thera díhta: thaz húrsgit thina dráhta
'Beschäftige dich angelegentlich mit Literatur: das schärft deinen Verstand'
(Otfrid, ›Evangelienbuch‹ I 1, 18)

Otfrid steht uns heute ganz fern:
— zeitlich in einer Distanz von mehr als 1100 Jahren;
— sprachlich durch eine Sprachstufe des Deutschen, die vielen Studierenden fremder als eine Fremdsprache ist, im Studium nur noch in Grundzügen vermittelt werden kann und zumeist unwillig, fast immer unzureichend gelernt wird;
— inhaltlich durch die Mentalität einer geistlichen Dichtung, die es in einer säkularen Welt schwer hat, auch nur intellektuell auf Verständnis zu stoßen;
— formal durch einen Sprachduktus, der dem Leser im Zeitalter der 1:30-Minuten-Info-Häppchen Ausdauer abverlangt.

Ist also Otfrid-Lektüre für Studierende heute eine Zumutung, und das hieße: ihnen etwas abzuverlangen, was 'lästig', 'schwierig' oder 'unmöglich' ist? Der 'Grimm' teilt uns mit, daß 'Zumutung' auch einmal mit 'Zutrauen' zu tun hatte,[1] und in diesem positiven Sinne ist Studierenden, die ihre sprachlichen, literarischen und kulturellen Wurzeln kennenlernen wollen, die Beschäftigung mit einem Autor durchaus zuzumuten, der

— als erster eine Großdichtung in deutscher Sprache verfaßt;
— innovativ eine Versform entwickelt, die für die deutsche Dichtung des Mittelalters bestimmend wird und darüber hinaus der deutsche Standardvers bleibt;
— als erster deutscher Dichter eine Literaturtheorie schreibt mit dem Ziel, die fränkisch-deutsche Literatursprache zu etablieren;
— zwei Jahrhunderte vor den Anfängen der mittelhochdeutschen geistlichen Dichtung als erster Methoden und Inhalte der theologischen Bibelerklärung in die deutsche Dichtung einführt.

---

[1] GUSTAV ROSENHAGEN, zumuten, in: Deutsches Wörterbuch von JACOB und WILHELM GRIMM, Bd. 16 (1954), Nachdr. München 1984, Bd. 32, Sp. 543-545.

Einiges davon soll im folgenden Beitrag anklingen, der vor allem eines möchte: anregen zur Lektüre eines ästhetisch und inhaltlich anspruchsvollen, modellhaften Textes, dessen Fremdheit zur Auseinandersetzung mit einer fernen Epoche verleitet. Die Sprachbarriere läßt sich überwinden, zum Einstieg zumindest durch eine vorzügliche zweisprachige Auswahledition.[2] – Otfrid von Weißenburg ist unter den wenigen Autoren der althochdeutschen Zeit der erste, dessen Namen wir aus einem poetischen Werk erfahren: 'Otfrid, Mönch und Priester in Weißenburg' (im fränkischen Speyergau) – so bezeichnet er sich selbstbewußt im Eingang und am Schluß seines ›Evangelienbuchs‹, in den Widmungsschreiben an Bischof Salomo von Konstanz und an die befreundeten Mönche Hartmut und Werinbert im Kloster St. Gallen.[3] Diese Widmungsgedichte nennen seinen Namen an hervorragender Stelle: Er ist eingebunden in Akrosticha und Telesticha, gebildet aus den ersten und den letzten Buchstaben der Strophen, ein Gestaltungsmittel prunkvoller Buchdichtung, das Otfrid aus konstantinischer und karolingischer lateinischer Literatur übernimmt. Nur im Schreiben an seinen geistlichen Vorgesetzten, Erzbischof Liutbert von Mainz, darf er als einfacher Mönch und Priester nicht auf die formelhafte Betonung seiner Unwürdigkeit (*indignus*) verzichten. Von der später so weit verbreiteten Demutsformel mittelhochdeutscher Dichter,[4] in der diese den Leser angesichts eigener Begrenztheit um Fürbitte bei Gott ersuchen, ist bei Otfrid noch nichts zu spüren.

Umrisse seines Lebens und Wirkens lassen sich einerseits durch Bezeugung seines Namens in Urkunden, Mönchslisten und Verbrüderungsbüchern und durch die Verifizierung der in den Widmungsschreiben des ›Evangelienbuchs‹ genannten Namen, anderseits durch akribische Studien zu den karolingischen Handschriften der Weißenburger Klosterbibliothek erschließen.[5] Otfrid ist um 800 geboren,

---

[2] Otfrid von Weißenburg, Evangelienbuch. Auswahl althochdeutsch/neuhochdeutsch. Hg., übers. und komm. von GISELA VOLLMANN-PROFE, Stuttgart 1987 (RUB 8384).

[3] Neuere zusammenfassende Darstellungen zu Otfrids Leben und Werk bieten z.B. MAX WEHRLI, Geschichte der deutschen Literatur vom frühen Mittelalter bis zum Ende des 16. Jahrhunderts, 2. Aufl. Stuttgart 1984 (RUB 10294), S. 76-86; VOLLMANN-PROFE (Anm. 2), Nachwort S. 250-272; WOLFGANG HAUBRICHS, Die Anfänge: Versuche volkssprachiger Schriftlichkeit im frühen Mittelalter (ca. 700-1050/60), Frankfurt/M. 1988 (Geschichte der deutschen Literatur von den Anfängen bis zum Beginn der Neuzeit 1,1), S. 354-377, 457; WERNER SCHRÖDER, Otfrid von Weißenburg, in: ²VL Bd. 7 (1989), Sp. 172-193; DIETER KARTSCHOKE, Geschichte der deutschen Literatur im frühen Mittelalter, München 1990 (dtv 4551), S. 76-86; WOLFGANG HAUBRICHS, Otfrid von Weißenburg, in: TRE Bd. 25 (1995), Berlin – New York 1995, S. 541-544.

[4] JULIUS SCHWIETERING, Die Demutsformel mittelhochdeutscher Dichter [1921], in: DERS., Philologische Schriften, hg. von FRIEDRICH OHLY – MAX WEHRLI, München 1969, S. 140-215.

[5] Zur Biographie besonders hervorzuheben sind: WOLFGANG HAUBRICHS, Eine prosopographische Skizze zu Otfrid von Weißenburg, in: WOLFGANG KLEIBER (Hg.), Otfrid von Weißenburg, Darmstadt 1978 (WdF 419), S. 397-413; zur Überlieferung WOLFGANG KLEIBER, Otfrid von Weißenburg. Untersuchungen zur handschriftlichen Überlieferung und Studien zum Aufbau des Evangelienbuches, Bern – München 1971 (Bibliotheca Germanica 14); ERNST HELLGARDT, Die

durchlief dann die klösterliche Laufbahn in der üblichen Abfolge der Weihen, an deren Ende die Priesterweihe um 830 stand. In den dreißiger Jahren schloß sich ein Studienaufenthalt in Fulda an. Hier studierte er vor allem bei Hraban (Rabanus Maurus), der von 804 (als Abt ab 822) bis 847 lehrte, das Kloster zu einem geistigen Zentrum ausbaute und viele bedeutende Persönlichkeiten anzog. Von Hraban lernte er die damals in Blüte befindliche Praxis der allegorischen Bibelerklärung. Auffällig ist allerdings, daß Otfrid seinen Lehrer im Eingang des ›Evangelienbuchs‹ nicht erwähnt. Bevor er nach Weißenburg zurückging, war er möglicherweise Schreiber in der Hofkapelle König Ludwigs des Deutschen. Das könnte die besondere Hochschätzung des Königs erklären, die im Widmungsschreiben Otfrids an den König des Ostfrankenreichs die Topoi (traditionelle Bilder und Motive) des Herrscherpreises weit übertrifft.

Otfrids Wirken in Weißenburg als Schreiber, Bibliothekar und Kommentator ist ab etwa 845 nachweisbar. Der beachtliche Aufschwung der Bibliothek in den beiden kommenden Jahrzehnten ist nach übereinstimmendem Urteil der Forschung dem Wirken Otfrids zu verdanken. Außer dem ›Evangelienbuch‹ werden acht oder neun weitere Weißenburger Handschriften Otfrid zugeschrieben: Dazu zählen Bibelhandschriften mit lateinischen Kommentierungen Otfrids zu den Büchern Jesaja, Jeremia, den Zwölfprophetenbüchern, den Evangelien, der Apostelgeschichte und den weiteren Schriften bis zur Offenbarung des Johannes. Otfrid beabsichtigte offenbar eine vollständige Kommentierung der ganzen Heiligen Schrift mit dem Ziel, das theologische Wissen der Zeit zusammenzutragen, die aber nicht mehr zum Abschluß gekommen ist. Außerdem stammen von ihm für den Unterricht geschriebene deutsche Glossen (Worterklärungen) zu einem lateinischen Grammatiklehrbuch,[6] die zeigen, daß er schon vor der Abfassung seines Alters- und Hauptwerks, des ›Evangelienbuchs‹, mit dem Schreiben in deutscher Sprache begonnen hatte. Der Abschluß des ›Evangelienbuchs‹ ist aus seinen Adressaten zu erschließen: Er erfolgte nach dem Amtsantritt Liutberts von Mainz (863), vor dem Tod Salomos von Konstanz (871).

Otfrids ›Evangelienbuch‹ werde ich in diesem Beitrag unter mehreren Aspekten exemplarisch erschließen. Ausgangspunkt der Darstellung ist die faksimilierte Seite der Wiener Handschrift, anhand derer zunächst die Überlieferung beschrieben wird (I). Da aus der Seite eine bestimmte Art der Textgliederung ersichtlich ist, schließt

---

exegetischen Quellen von Otfrids Evangelienbuch. Beiträge zu ihrer Ermittlung. Mit einem Kapitel über die Weißenburger Bibliothek des Mittelalters und der Otfridzeit, Tübingen 1981 (Hermaea N.F. 41).

[6] Priscian, ›Institutiones grammaticarum‹, mit mehreren Tausend lateinischen und etwa 160 deutschen Worterklärungen. Glossiert hat Otfrid auch eine Prudentius-Anthologie.

sich ein Kapitel über den Aufbau und die Inhaltsgliederung des Buchs an. Nicht unerwähnt bleiben darf die bis heute nicht abgeschlossene Kontroverse um die Annahme einer zahlensymbolischen Komposition des Gesamtwerkes (II). Besonderes Augenmerk gilt den Widmungsschreiben und Einleitungskapiteln, in denen Otfrids literaturtheoretisches Konzept sichtbar wird (III). Im Hauptteil der Untersuchung wird von der faksimilierten Seite der Bogen zum Kontext geschlagen (es handelt sich um die letzten Zeilen eines Auslegungskapitels): Der zugehörige Text mitsamt seiner Auslegung dienen dazu, die exegetische Methode und Praxis Otfrids zu erläutern und in den größeren Zusammenhang des Werkes zu stellen (IV). Die Fragen nach der schriftlichen oder mündlichen Rezeption und nach dem Publikum bilden den Abschluß (V).

I

Das ›Evangelienbuch‹, die umfangreichste Dichtung der Karolingerzeit, ist in vier Handschriften überliefert. Von größter Bedeutung darunter ist die älteste, die Wiener Handschrift (Österreichische Nationalbibliothek, Codex Vindobonensis 2687), da sie als einzige das Werk vollständig enthält und seit Johann Kelle[7] als die vom Dichter autorisierte Fassung anerkannt wird. Der Text ist unter der Aufsicht Otfrids geschrieben, nachträgliche Änderungen, Zusätze und Umstellungen des Textes beruhen auf eigenhändigen Korrekturen Otfrids. Der Erhalt eines derartigen Textes ist in der frühen Überlieferungsgeschichte eine seltene Ausnahme. Schriftvergleiche mit anderen Weißenburger Codices haben ergeben, daß auch 116 Verse des Textes selbst von Otfrid geschrieben sind. Die abgebildete Schriftprobe ist eine Seite von Otfrids Hand (Abb. 1). Sie läßt seine Praxis der Korrekturen und Marginalien erkennen, z.B. in der Blattmitte (Z. 52[8]) ist am Zeilenende *Krístes gifank* in *Kríste sin gifank* geändert worden;[9] *suéster* (Z. 57) wird mit der Randglosse *fides et spes* erklärt, *ouh* in der letzten Zeile mit Einschaltungspunkt nach *ioh* nachträglich übergeschrieben.[10] Hinzu kommt, daß

---

[7] JOHANN KELLE, Otfrids von Weißenburg Evangelienbuch. Bd. 1: Text und Einleitung, Regensburg 1856, S. 161.

[8] Vgl. den Textabdruck unten S. 52f. Ich zitiere nach der Ausgabe: Otfrids Evangelienbuch, hg. von OSKAR ERDMANN, 6. Aufl. bes. von LUDWIG WOLFF, Tübingen 1973 (ATB 49).

[9] Dabei wurde nach *e* ein Worttrennungspunkt eingefügt, *in* wurde mit Einschaltungspunkt über der Zeile nachgetragen.

[10] In jedem Fall kann nur genauer Handschriftenvergleich Klarheit bringen, welche Korrekturen vom Schreiber (z.B. Korrekturen auf Rasur) und welche vom Autor stammen. Beschreibung aller Korrekturen der abgebildeten Seite in: Schrifttafeln zum althochdeutschen Lesebuch, hg. und erl. von HANNS FISCHER, Tübingen 1966, S. 20*-22*; Faksimile der gesamten Handschrift: Otfrid von Weißenburg, Evangelienharmonie. Faks.-Ausg. des Codex Vindobonensis 2687 der Österreichi-

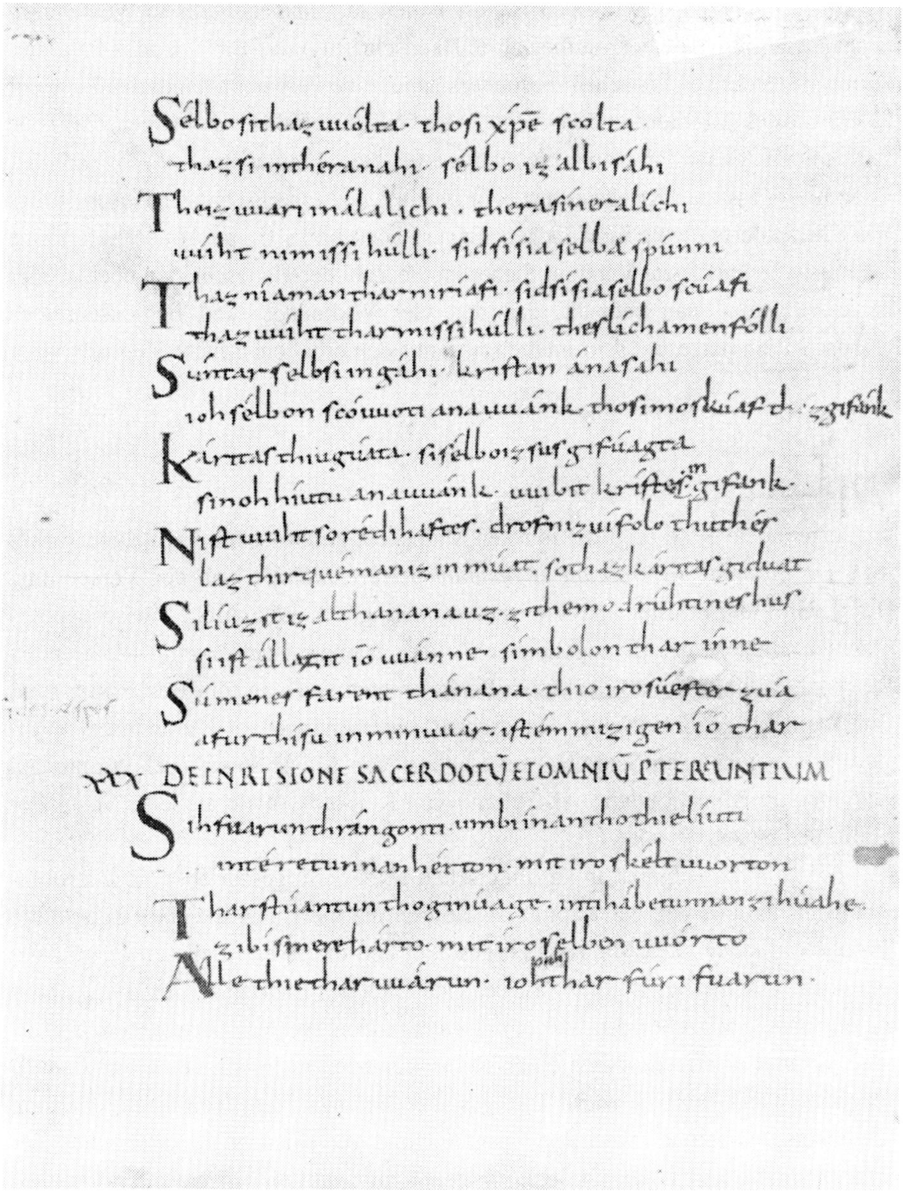

Selbo sih thaz uuolta. thosi xpē scolta
thaz si intheranahi. selbo iz albi rāhi
Thoz uuari mihilichu. theraz sino alichi
uuiht nim issi hulli. sidsisia selbe spunni
Thaz ni amar thio niriasi. sidsisia selbo scuasi
thaz uuilt thar missi hulli. therlicham en solli
Suntar selbsi ingihi. kristan anasahi
ioh selbon scouuoti anauuink thosi mos kiasf d͛ gisunk
Kirtar chuguita. sisélbo iz sus gisuagta
sindh huru anauuink uuir kristes˖ gisunk
Nist uuiht so redihafter. drostnz uisolo thucher
laz thir quēnaniz in muēt. sochaz leoaz gidua
Siluazit iz athananauz. z themo druhtine si hus
sist alla ziso uuinne. simbolon thar inne
Si moner farent thananna. thio iro sueseo guā
afur thisu in minuiis. ist em mizigen so thar

XXV DE INRISIONE SACERDOTŪ ET OMNIŪ PTEREUNTIUM

Sih fuarun thrangoni. umbi nan tho thieluti
muere tunnanherton. mit iro skeltuuorton
Thar stuantun thogi muaze. imihabetun manz zihuahe
zibismerehoto. mit iro selbon uuorto
Alle the thar uuarun. ioh thar furi fuarun

Abb. 1: Otfrids ›Evangelienbuch‹ IV 29, 43-30,5
Reinschrift mit Korrekturen Otfrids
Wien, ÖNB, Cod. 2687 (9. Jh.), f. 145ᵛ

diese Handschrift die erste illustrierte deutsche Schrift ist.[11] – Von dieser ersten Reinschrift stammen die übrigen Handschriften ab: Eine ebenfalls in Weißenburg entstandene, in Heidelberg aufbewahrte Handschrift (Univ.-Bibl., Codex Palatinus latinus 52) steht der Erstschrift besonders nahe; eine Pergamenthandschrift aus der 2. Hälfte des 10. Jahrhunderts, eine Abschrift aus Fulda, ist in mehrere Teile zerschnitten (daher ihr Name *codex discissus*, mit Fragmenten in Wolfenbüttel, Bonn und – bis zum Kriegsverlust – in Berlin), und eine Freisinger Abschrift des 10. Jahrhunderts (heute in München, Bayer. Staatsbibl., Cgm 14) überliefert eine ins Bairische übersetzte Version. Sicher ist die Zahl der Handschriften noch größer gewesen, wenn man bedenkt, daß den vier Widmungs- und Begleitschreiben Handschriften beigefügt sein mußten, die mit den erhaltenen nicht identisch sind.

II

Die abgebildete Seite zeigt die in roten Majuskeln geschriebene Kapitelüberschrift *XXX De inrisione sacerdotum et omnium pretereuntium* ('Von der Verspottung [Jesu] durch die Priester und alle, die vorbeigingen'). Lateinische Zwischenüberschriften gliedern das ›Evangelienbuch‹ – der Name ist dem *Incipit* (dem ersten Wort der Anfangsformel) des ersten Buchs entnommen – in fünf Bücher mit rund 140 Kapiteln. In der Wiener Handschrift kommen noch in hierarchischer Abstufung die genannten Schreiben an Liutbert von Mainz sowie drei Widmungsschreiben an König Ludwig, an Salomo von Konstanz sowie an seine St. Galler Mitbrüder hinzu.

Der Text selbst ist in karolingischen Minuskeln geschrieben. Die strophische Binnengliederung der Kapitel ist dadurch markiert, daß die erste Zeile einer Strophe mit einer roten Majuskel ausgestattet und die zweite Zeile eingerückt ist. Ganz neu in deutscher Dichtung ist der Gebrauch des Endreims. Otfrid löst damit die stabende Langzeile, d.h. den auf sinntragenden Wörtern beruhenden Anlautreim, ab und ersetzt sie durch einen Reim, der noch nicht wie heute ein Stammsilbenreim sein muß, sondern frei gestaltet ist, sich zum Teil noch mit dem Gleichklang unbetonter Endsilben begnügt und verschiedene Möglichkeiten der Kadenzbildung kennt. Die Strophen bestehen aus zwei binnengereimten Langzeilen, von denen jede zwei durch Versteilungspunkte getrennte Halbzeilen mit je vier frei gefüllten Hebungen enthält; über einzelnen zu betonenden Wörtern stehen

---

schen Nationalbibliothek. Einf. von HANS BUTZMANN, Graz 1972 (Codices selecti phototypice impressi 30).

[11] Mit vier Darstellungen: f. 1^r: ein Labyrinth; f. 112^r: Einzug Jesu in Jerusalem; f. 112^v: Abendmahl; f. 153^v: Kreuzigung.

Akzente, unter einigen Vokalen Elisionspunkte. Beides zeigt an, daß der ungewohnte Vers noch der Lesehilfe bedarf. Otfrid sieht sich daher veranlaßt, seine Neuerung in der Widmung an Liutbert ausführlich zu begründen. Eigentliches Muster sind die aus der karolingischen monastischen Erbauungslyrik bekannten sog. 'Rithmi', vor allem aber der aus dem Gottesdienst vertraute ambrosianische Hymnenvers, der in irisch-angelsächsischen Dichtungen auch bereits den Endreim kennt. Otfrid schafft also nicht ohne gelehrte Vorbilder etwas gänzlich Neues, aber er gilt als der Vollender des Endreims.[12]

Die fünf Bücher sind eingerahmt von einer literaturtheoretischen Einleitung (*Cur scriptor hunc librum theotisce dictaverit* – 'warum der Autor dieses Buch in der Volkssprache verfaßt hat', I 1), einem Eingangsgebet (*Invocatio scriptoris ad Deum*, 'Anrufung Gottes durch den Dichter', I 2) sowie einem Schlußgebet (V 24) und einem Nachwort zum gesamten Band (*Conclusio voluminis totius*, V 25). Die fünf Bücher behandeln das irdische Leben Jesu: Geburt, Jugend, Taufe im Jordan, Berufung der Jünger, das öffentliche Wirken Jesu in Lehre und Wundertätigkeit, Passion, Auferstehung und Himmelfahrt. Dadurch, daß Otfrid über die Evangelienberichte hinausgehend noch das Jüngste Gericht und die Herrlichkeit des Gottesreiches schildert, stellt er das irdische Wirken Jesu in einen theologischen Rahmen, der die irdische Geschichte transzendiert; denn er versteht diese als die Geschichte des göttlichen Heils, das Christus der Menschheit eröffnet hat. Der theologischen Absicht der Episierung entspricht, daß Otfrid die Evangelien nicht vollständig nacherzählt, sondern aus diesen eine chronologisch angeordnete, Widersprüche harmonisierende, besonders bei den Wunderberichten und Lehren Jesu kürzende Auswahl trifft. Diese ist nicht, wie früher (zuerst durch Anton E. Schönbach) angenommen wurde, durch die liturgisch festgelegte Leseordnung der sonn- und festtäglichen Evangelien (Perikopen) bestimmt, sondern entspricht einer gestalterischen Absicht Otfrids. Die Evangelien haben nämlich deutlich unterscheidbare Schwerpunkte: Während die sogenannten synoptischen Evangelien (Matthäus, Markus, Lukas)[13] Jesus vor allem in seiner menschlichen Natur schildern, stellt das später geschriebene Johannesevangelium die Selbstoffenbarung des Messias als Sohn Gottes in den Mittelpunkt. Durch die von Otfrid getroffene

---

[12] Auf Fragen der Metrik gehe ich nicht näher ein. Zu den literarästhetischen Vorbildern Otfrids und zu seiner Bedeutung für die Entstehung der europäischen Endreimdichtung vgl. die maßgebliche Untersuchung von ULRICH ERNST, Der Liber Evangeliorum Otfrids von Weißenburg. Literarästhetik und Verstechnik im Lichte der Tradition, Köln – Wien 1975 (Kölner germanistische Studien 11). Eine gute Beschreibung der Verstechnik Otfrids gibt HAUBRICHS, Die Anfänge (Anm. 3), S. 363-365; vgl. S. 246, 318.

[13] Griech. *Synopsis* heißt 'Zusammenschau'; der Name verweist darauf, daß diese drei Evangelien nach Inhalt, Aufbau und Sprache viele Gemeinsamkeiten in den Berichten des Lebens Jesu aufweisen.

Auswahl, die sich nicht (wie etwa der altsächsische ›Heliand‹) an der Gliederung und dem Aufbau des ahd. ›Tatian‹ orientiert,[14] werden beide Aspekte der Person Jesu Christi in der Darstellung geschickt miteinander verknüpft. Entscheidend neu bei Otfrid ist, daß er das Christusleben nicht nur nacherzählt, sondern ihm, ganz im Stil der seinerzeit in Blüte befindlichen Bibelerklärung, eine allegorische Deutung gibt (s.u. IV).

In seiner Widmung an Liutbert, die uns Aufschluß über die Textauswahl und die Gliederung gibt, liefert Otfrid auch eine zahlenallegorisch bestimmte Begründung für seine Aufteilung des Stoffs der vier Evangelien auf fünf Bücher. 'Die [...] Fünfgliederung habe ich, obwohl es nur vier Evangelien gibt, deswegen vorgenommen, weil die heilige Geradheit der Vierzahl (*quadrata aequalitas sancta*) die Ungeradheit unserer fünf Sinne (*quinque sensuum inaequalitatem*) heiligt und all das Unmäßige in uns, in unseren Werken und in unseren Gedanken, verwandelt zum Himmel emporhebt' (Ad Liutb., Z. 46-51, Übers. Gisela Vollmann-Profe). Er nimmt damit tradierte Deutungen der als Quadratzahl hochgeschätzten Vierzahl und der als Zeichen der Sinne des Menschen und seiner Bindung an das Zeitlich-Irdische geringer geschätzten Fünfzahl auf.[15] Durch die Verteilung auf fünf Bücher deutet Otfrid den geringeren Rang seines Werkes im Vergleich zu den Schriften der vier Evangelien an, und zugleich will er den Menschen, der mit seinen fünf Sinnen der Verderbtheit (*pravitas*) unterliegt, für die auch sinnlich zu erfahrende Heilsbotschaft Gottes, die 'Süße Christi' (*Christi dulcedo*), empfänglich machen (vgl. Z. 51-55). "Der Dichter paßt sich jedenfalls mit seiner symbolischen Ordnung den fünf unvollkommenen, irdischen Sinnen des Menschen an, um sie in der Vierzahl aufzuheben und emporzuführen."[16]

Während in diesem Fall die zahlenallegorische Deutung der Grobstruktur des ›Evangelienbuchs‹ zweifelsfrei gegeben ist, da sie durch Otfrid selbst expliziert wird, hat die germanistische Forschung mit einer bemerkenswerten Intensität in den letzten Jahrzehnten und bis heute nicht abschließend[17] eine Grundsatzdiskussion um das Problem der Zahlenkomposition in mittelalterlicher deutscher Dichtung geführt. Mit konkretem Bezug auf unseren Text stellt sich die Frage, ob Otfrid mit seiner Bemerkung im Liutbert-Brief angedeutet habe, "daß das Evangelienbuch nach einem von Zahl und Maß bestimmten tektonischen Grundriß ange-

---

[14] Verfasser des ›Tatian‹ war ein syrischer Christ des 2. Jahrhunderts. Eine lateinische Übersetzung des 6. Jahrhunderts wurde unter Hraban in Fulda ins Althochdeutsche übertragen.
[15] HEINZ MEYER – RUDOLF SUNTRUP, Lexikon der mittelalterlichen Zahlenbedeutungen, München 1987 (MMS 56); zu den Zahlen Vier und Fünf Sp. 332-442.
[16] WEHRLI (Anm. 3), S. 80.
[17] Vgl. z.B. noch 1990 KARTSCHOKE (Anm. 3), S. 160.

legt ist",[18] ob also dem Gesamtwerk wie seiner Feinstruktur eine zahlensymbolische Komposition zugrundeliegt.

Die Diskussion, unter welchen Voraussetzungen der zahlhaft strukturierten Bauform eines literarischen Werkes ein theologischer Sinn unterlegt werden dürfe, hat mit Johannes Rathofers Buch zum ›Heliand‹ begonnen.[19] Während für den ›Heliand‹ die Einwände gegen Rathofers Ansatz schon deswegen berechtigt waren, weil von der Textkritik der Überlieferung her die Voraussetzungen seiner Untersuchung angefochten wurden,[20] bietet das ›Evangelienbuch‹ aufgrund seiner authentischen Überlieferung zumindest eine verläßlichere Grundlage. Auf ihr basieren die Studien von Wolfgang Haubrichs,[21] der Otfrid in eine lange Tradition zahlensymbolischer Gestaltung stellt, auf deren Hintergrund er für das ›Evangelienbuch‹ ein hochkomplexes allegorisch deutbares Zahlengefüge entwickelt. Überzeugt davon, daß in Otfrids zahlenallegorischer Erklärung im Liutbert-Brief "die augustinische Zahlenästhetik und Zahlenpsychologie vorausgesetzt [wird], nach der alles Sein vom Schöpfer in zahlhafter Harmonie geordnet ist", hält er "an der grundsätzlichen zahlenästhetischen und formsymbolischen Disposition des Evangelienbuchs" fest.[22] Der erwähnte Satz Otfrids zur Fünfzahl seiner Bücher ist bei Haubrichs der Ansatzpunkt zu einer sehr weitreichenden Interpretation der Formstruktur des gesamten ›Evangelienbuchs‹ wie auch der Binnenstruktur der einzelnen Bücher und Kapitel: Die Fünf als Zahl der Sinne und die Vier als Zahl der Evangelien glaubt er in einer entsprechenden Antinomie zwischen der Fünfecksform von Otfrids Dichtung und seiner Viergestaltigkeit als 'figura crucis' wiederzuerkennen, so daß in der komplizierten Tektonik des Werkes seine heilsgeschichtlichen und ethischen Dimensionen sichtbar würden. Trotz entschiedenen Widerspruchs hält Haubrichs seine These von der "bis in die innere Struktur der

---

[18] HAUBRICHS, Die Anfänge (Anm. 3), S. 369; vgl. die Ausführungen bis S. 371. Zu den Versuchen, aus Otfrids Aussagen Folgerungen für die Formstruktur des ›Evangelienbuchs‹ zu ziehen, Literatur bei VOLLMANN-PROFE (Anm. 2), S. 212. Vgl. die Darstellung des Problems ebd. S. 262-264.

[19] JOHANNES RATHOFER, Der Heliand. Theologischer Sinn als tektonische Form, Köln – Graz 1962 (Niederdeutsche Studien 9). RATHOFER ließ Studien zum Bauplan von Otfrids ›Evangelienbuch‹ (1965) und zum ›Goldenen Evangelienbuch‹ Heinrichs III. (1984) folgen. Entschiedenen Widerspruch äußerten in Rezensionen WERNER SCHRÖDER (in: Niederdeutsches Jahrbuch 88 [1965], S. 176-184) und GERHARD CORDES (in: AfdA 78 [1967], S. 55-79). Eine Fülle weiterer Rezensionen und Anzeigen nennt BURKHARD TAEGER, Zahlensymbolik bei Hraban, bei Hincmar – und im 'Heliand'?, München 1970 (MTU 30), S. 197.

[20] Vgl. die Fundamentalkritik durch TAEGER (Anm. 18), bes. S. 194-209, und sein Unternehmen, RATHOFERS "Kronzeugen" (S. V) Hraban und Hincmar von Reims als Hauptvorbilder in Zweifel zu ziehen.

[21] WOLFGANG HAUBRICHS, Ordo als Form. Strukturstudien zur Zahlenkomposition bei Otfrid von Weißenburg und in karolingischer Literatur, Tübingen 1969 (Hermaea 27).

[22] HAUBRICHS, Die Anfänge (Anm. 3), S. 369, 371.

Kapitel reichende[n] Zahlentechnik" im Kern aufrecht,[23] benennt aber in seinem jüngsten Beitrag die Frage, "inwieweit Zahlenkomposition Otfrids Buch im Detail prägt", zurückhaltender doch als Forschungsproblem.[24]

Der Widerspruch wurde vor allem von Ernst Hellgardt erhoben und mit seinen Untersuchungen zu den philologischen, bildungsgeschichtlichen und geistesgeschichtlichen Voraussetzungen mittelalterlichen Zahlendenkens überzeugend begründet.[25] Ein wichtiges Ergebnis der Studie Hellgardts ist, daß die fachmathematischen Kenntnisse der mittelalterlichen Autoren insgesamt viel geringer waren als vermutet und daß die von Haubrichs angenommene höchst artifizielle Bauform des ›Evangelienbuchs‹ das mathematische Wissen Otfrids überstiegen haben muß. Zum zweiten hält Hellgardt es nicht für angemessen, aus der Augustinischen Zahlenästhetik allzu weitreichende Folgerungen für die zahlhaft bestimmte Baustruktur des ›Evangelienbuchs‹ zu ziehen, da "von der Zahl als Bedeutungsträger kein Weg zur Form führt".[26] Allerdings ist das komplexe Zahlendenken Augustins gerade durch die Verbindung seiner exegetischen, ontologischen und ästhetischen Elemente bestimmt und deshalb für das gesamte Mittelalter maßgeblich. – Einen anderen Zugang zum Aufbau des ›Evangelienbuchs‹, nämlich über die handschriftliche Überlieferung, konkret über die formale Gestaltung der Strophenanfänge, hat Wolfgang Kleiber gesucht, ohne auf ungeteilte Zustimmung zu stoßen.[27]

Die Kontroverse hat das positive Ergebnis erbracht, daß sie den Blick für die Formstruktur des Otfridschen Werkes geschärft hat und daß es gegen die tradierte Meinung angebracht ist, Otfrid als einen "überlegt planenden Künstler" zu sehen.[28] Daß diese Form durchgängig zahlensymbolisch bestimmt sei, läßt sich aus dem Text jedoch nicht begründen. Nach den Untersuchungen Hellgardts ist zwar davon auszugehen, daß es zahlreiche Fälle einfacher zahlenkompositorischer Formen gegeben hat, jedoch dürfte allen hochspekulativen Versuchen, die Struktur eines Dichtwerks mit einer komplizierten Zahlensymbolik zu erklären, der Boden entzogen sein. Das gilt auch für Otfrids Werk.[29] Viele Zahlenspekulationen der

---

[23] Ebd. S. 370f.
[24] HAUBRICHS, Otfrid (Anm. 3), S. 543.
[25] ERNST HELLGARDT, Zum Problem symbolbestimmter formalästhetischer Zahlenkomposition in mittelalterlicher Literatur. Mit Studien zum Quadrivium und zur Vorgeschichte mittelalterlichen Zahlendenkens, München 1973 (MTU 45).
[26] Ebd. S. 251.
[27] KLEIBER, Untersuchungen (Anm. 5). Knappe kritische Würdigung des Ansatzes bei VOLLMANN-PROFE (Anm. 2), S. 264. Einwände erhob vor allem ERNST (Anm. 12), S. 189-191.
[28] VOLLMANN-PROFE (Anm. 2), S. 265.
[29] HELLGARDT (Anm. 25), S. 112, urteilt ganz lapidar über die Stelle im Liutbert-Brief, "daß Otfrid genaugenommen in bezug auf die Form seines Werkes zu keiner weiteren Aussage kommt, als daß diese eben nicht aus vier, sondern aus fünf Büchern bestehe. An diese Bemerkung wird ein

Forschung stützen sich entweder auf arithmetische Sachverhalte, die das Mittelalter gar nicht kannte, wie z.b. eine "Quersummensymbolik", oder sie sind unhistorisch oder verallgemeinern in unzulässiger Weise Sonderfälle der Deutung.[30] Auf jeden Fall wäre es euphemistisch, den historisch nicht abgesicherten, daher fahrlässigen Versuch, bei Otfrid "bedeutsame Zahlenverhältnisse [...] auf Schritt und Tritt" aufzudecken, als "produktive Rezeption" zu bewerten.[31]

III

Schon allein im Umfang des ›Evangelienbuchs‹ zeigt sich Otfrids Bemühen, die fränkisch-deutsche Literatursprache in der Nachwirkung der Bildungspolitik Karls des Großen als Medium des Gotteslobs gleichberechtigt neben den drei traditionellen Sprachen der Theologie und Kirche (Latein, Griechisch, Hebräisch) zu etablieren.[32] Im lateinischen Brief an Liutbert und in dem für fränkische Leser in deutschen Versen geschriebenen Eingangskapitel mit dem Titel: 'Warum der Autor dieses Buch in der Volkssprache (*theotisce*) verfaßt hat' (I 1) gibt Otfrid zum Teil mit ähnlichen, aber verschieden gewichteten Argumenten eine ausführliche Begründung für sein kühnes Vorhaben einer volkssprachigen christlichen Großdichtung. Wegen seiner grundsätzlichen Bedeutung gehört dieser literaturtheoretische Werkeingang zu den Schwerpunkten der Otfrid-Forschung (er ist auch durch Kommentare und Übersetzungen gut erschlossen).[33] Viele Völker, so sagt Otfrid (I 1, Z. 1ff.), hätten sich mit großer Anstrengung bemüht, durch Schriftzeugnisse ihren Namen zu verherrlichen, und hätten ihre Weisheit und ihren Kunstverstand durch Aufzeichnung ihrer Taten gezeigt. Vor allem die Griechen und Römer – für Otfrid die höchsten Vorbilder – hätten sich in Prosa und metrischer Dichtung hervorgetan und schließlich sogar die heiligen Bücher in Verse gefaßt. Gemeint ist damit die spätantike Bibelepik; im Liutbert-Brief werden als nachahmenswerte Dichter der 'Taten und Wunder Christi' Juvencus, Arator und Prudentius hervor-

---

zahlenexegetisches *moraliter* über die Fünf als Zahl der Sinne und über die Vier als Zahl der Evangelien angeschlossen. Von der Form des Evangelienbuchs ist dabei gar nicht mehr die Rede [...]."
[30] Vgl. MEYERs auf Quellenkenntnis gestützte kritische Bewertung der Forschung in: MEYER – SUNTRUP (Anm. 15), S. X.
[31] KARTSCHOKE (Anm. 3), S. 160.
[32] Zur Einordnung Otfrids in die Tradition lateinischer Bibeldichtung und in das ehrgeizige Programm spätkarolingischer volkssprachiger Bibeldichtung HAUBRICHS, Die Anfänge (Anm. 3), S. 317-330, bes. S. 324, 329.
[33] Vgl. VOLLMANN-PROFE (Anm. 2), S. 208-216 und 218-226 mit Verweis auf ältere Kommentare. Auflistung der Übersetzungen unten Anm. 38.

gehoben, während über die heidnisch-antike Dichtung etwa eines Ovid und Lukan Klage geführt wird.

So nimmt Otfrid sich nun vor, die Geschichte des in den Evangelien beschriebenen christlichen Heils *in frénkisga zúngun* zu schreiben (I 1, Z. 113f.), um dem verderblichen Einfluß weltlicher volkssprachiger Lieder, den 'Gesängen nichtsnutzigen Inhalts', entgegenzuwirken (Ad Liutb., Z. 6f., Z. 11-13). *Wánana sculun Fránkon   éinon thaz biwánkon, / ni sie in frénkisgon bigínnen,   sie gotes lób singen?* ('Warum sollen die Franken als einzige den Versuch unterlassen, in fränkischer Sprache Gottes Lob zu singen?') (I 1, Z. 33f.) Um seine Argumentation zu stärken, bringt Otfrid noch ein politisch-patriotisches Argument: Die Franken stünden weder den Römern noch den Griechen an Kühnheit, Geisteskraft und Reichtum nach (*chuani, wízzi, ríhiduam*, I 1, Z. 59-64). Die Bewertung der Volkssprache fällt dabei uneinheitlich aus. So beklagt Otfrid im Liutbert-Brief die 'barbarische Form' seiner noch unterentwickelten Muttersprache, die seinem Vorhaben Widerstand leiste: Sie sei unkultiviert, insgesamt bäurisch und ungebildet (*linguae barbaries* [...] *inculta et indisciplinabilis*, Ad Liutb., Z. 63f.; *lingua agrestis*, Z. 102f., Z. 105). Die Eigenheiten der Phonetik, Orthographie und Metrik des Fränkischen diskutiert er ganz aus der Sicht des vom Lateinischen geprägten Lehrers – ein volkssprachliches Vorbild, ein System grammatischer und poetischer Regeln, wie sie für die lateinische Dichtkunst die Grammatik bereitstellte, gab es im Deutschen noch nicht.

Otfrid stellt zu Recht die immensen Schwierigkeiten heraus, komplexe Inhalte aus einer hochdifferenzierten Sprache wie dem Lateinischen ins Deutsche zu übertragen, dafür die passenden Ausdrücke zu finden und diese in der Volkssprache aufzuschreiben – und er scheitert oft genug selbst an diesen Schwierigkeiten (besonders in seinen Satzkonstruktionen). Trotz dieser Unzulänglichkeiten rechtfertigt er aber den Gebrauch der Volkssprache mit einem theologisch-didaktischen Argument: nämlich damit, daß auch diejenigen, die vor den Schwierigkeiten der ihnen fremden lateinischen Sprache zurückschreckten, das Wort und das Gesetz Gottes kennenlernen sollten (Ad Liutb., Z. 25-29).[34] Die Roheit der fränkischen Sprache wird durch einen höheren Wert aufgehoben, die *barbaries* und die Begrenztheit der sprachlichen Ausdrucksmittel positiv als schöne *slihti* (Z. 36), als Sprechen im *sermo humilis* ('in schlichtem Redestil'), beurteilt: Ihre Regel (*ríhti*) besteht im richtigen Verständnis des Gotteswortes, in der Befolgung des göttlichen Gesetzes (*gótes wizod*, Z. 36, 38): *Thaz láz thir wesan súazi: so mézent iz thie fúazi, / zít joh thiu régula;   so ist gotes selbes brédiga* ('Gottes Gesetz laß dir süß sein, dann wird auch das Fränkische durch Versfüße, Quantität

---

[34] Zur Frage nach der Rezeption unten Kap. V.

und metrische Regel bestimmt; ja dann spricht Gott selbst durch dich', Z. 41-45, Übers. G. Vollmann-Profe). In der 'Süße des göttlichen Gebotes' zu wandeln, heißt, gut zu dichten (Z. 47f.).[35] Der "Topos der Gleichsetzung von Versgang und Lebenswandel", den Otfrid hier verwendet, wird von ihm nun in neuer Weise zur Rechtfertigung der Muttersprache eingesetzt: "Vom frommen Vollzug des Lebens her muß jede Sprache wahr und schön werden und jede Dichtung gottunmittelbar."[36]

Diesem Gedanken der Dichtung als eines Gottesdienstes (II 41) trägt Otfrid auch in seiner folgenden 'Anrufung Gottes durch den Autor' Rechnung. Seine Dichtung soll ein gottgefälliges Leben (II 11) fördern, der Verherrlichung Gottes (II 17) und der Erlangung der Fülle der göttlichen Gnade (II 25) dienen. In den einleitenden Versen des Eingangsgebets ruft er wie der Psalmist in Psalm 115,16 als Knecht Gottes und 'Sohn der Magd' Gott an, um ihn angesichts eigener Unfähigkeit um Inspiration zu bitten. Durch diese *Invocatio scriptoris ad Deum*, die er aus der spätantiken Bibeldichtung und der christlichen Legendendichtung kennt – sie tritt an die Stelle des antiken Musenanrufs – erweist er sich als Diener Gottes und in Kenntnis der augustinischen Auslegung des Psalmwortes als treuer Sohn der 'Mutter' Kirche.[37]

IV

Otfrid hat in seinem Buch die Evangelien nicht nur in eigener Auswahl nacherzählt, wie er es in einer anderen Bibeldichtung, dem althochdeutschen ›Tatian‹, kennengelernt hatte, sondern diese Erzählung durch allegorische Deutungen ergänzt. Auf die Erzähltechnik sei zunächst eingegangen, bevor die Grundzüge der Deutung beschrieben werden. – Unsere abgebildete Seite ist dem 4. Buch entnommen, in dessen zweitem Teil Otfrid die Leidensgeschichte Jesu schildert. Kapitel 28 beschreibt die Verteilung der Kleider Jesu und die Verlosung seines Leibrocks unter den Soldaten; Kapitel 29, dessen Schluß die abgebildete Seite zeigt, deutet die Szene.

---

[35] FRIEDRICH OHLY, Geistige Süße bei Otfried, in: Typologia Litterarum. Festschrift für Max Wehrli, hg. von STEFAN SONDEREGGER [u.a.], Zürich – Freiburg/Br. 1969, S. 95-124. Wiederabdr. in: KLEIBER, Otfrid (Anm. 5), S. 306-340; zur Stelle bes. S. 312-315.
[36] WEHRLI (Anm. 3), S. 82.
[37] VOLLMANN-PROFE (Anm. 2), S. 227, sieht wegen des Zusatzes *arma* die *múater* nicht in der augustinischen Tradition ekklesiologischer Deutung. – Lit. zur Funktion des Eingangsgebets ebd. S. 226.

XXVIII. De spoliis divisis et tonicae sorte.

Sie námun thaz giróubi   (then búachon thar gilóubi),
sih thés tho giéinotun,   in fíeru sie iz gidéiltun;
Wanta íro warun fíari   thie in theru dáti wari,
thaz sie iz sús gimeintin   inti ébono gidéiltin.
5   *Tho wárd in theru déilu   thiu túnicha zi léibu;*
was wérkes thiu gidánes   harto séltsanes:
Ni wás thar wiht ginátes   noh gibósotes,
was si ubar ál mit rédinu   ziaro giwébanu.
Tho ríetun thie ginóza,   sie wúrfin iro lóza,
10   *thaz sie mit thíu gizami   welih sa ímo nami.*
"Ní dúemes", quádun se, "lés!   wértisal thes wérkes;
ther lóz ther ríhtit unsih ál,   wéliches siu wésan scal.
In thiu únsih ouh ni réchen,   tház wir sa ni bréchen,
untar úns ni flízen,   wir sulih wérk slizen,
15   *Wanta íz ist so gizámi   joh hárto seltsani;*
mit lózu thaz githúlten,   wir sa álanga gihálten."
Sagen mág man thes ginúag,   wio alt giscríb er thes giwúag;
zi zéllenn ist iz láng in wár,   lis thir sélbo iz rehto thár.
Zuéinzug selmo zéli thir,   thaz gilóubi thu mír,
20   *óba thu es ouh so géro bist,   thes sálteres zi érist;*
Nu dúan ih thih es wísi: ther síd thanne éristo si
(nist thés thehein duála) –   thar fíndist thu iz in wára;
Thu fíndist fól then sálmon   fon thésen selben thíngon,
súslichera rédina;   thaz zélit er allaz thánana.

Übersetzung:

'Über die Aufteilung der geraubten Kleider und die Verlosung des Leibrocks.
Sie nahmen die Beute (den Büchern glaub dabei), einigten sich dann darauf, sie [die Kleider] in vier Teile aufzuteilen; denn sie waren vier, die an der Tat beteiligt waren, daß sie es so beschlossen und [die Beute] gleichmäßig aufteilten. [Z. 5] Da entstand bei der Teilung der Leibrock als Rest; er [der Rock] war ganz wunderbar beschaffen: Es gab dort überhaupt keine Naht, auch nichts Geflicktes, er war ganz und gar mit Überlegung schön gewebt. Da beschlossen die Soldaten, ihre Lose zu werfen, [Z. 10] damit sie dadurch ermittelten, wer ihn auf diese Weise sich nehmen könne. "Ach!", sprachen sie, "wir wollen keine Beschädigung des Werkes verursachen, das Losen wird über uns vollständig entscheiden, wem er gehören soll. Dabei wollen wir uns auch nicht als gewalttätig erweisen, daß wir ihn etwa teilten, [wir wollen] untereinander nicht fleißig bemüht sein, solch ein Werk zu zerreißen, [Z. 15] denn es ist so herrlich beschaffen und ganz wunderbar; durch das Los wollen wir das hinnehmen, daß wir [ihn] auf diese Weise ungeteilt erhalten." Berichten kann man davon genügend, wie das Alte Testament früher davon gesprochen hatte; für eine Erzählung ist es wirklich [zu] lang, lies es für dich selbst dort richtig nach. 20 Psalmen zähl dir – das glaub mir, [Z. 20] wenn du danach noch so begierig bist – vom Psalter zunächst ab; nun mache ich dich dessen kundig: der danach dann der erste ist (daran gibt es keinen Zweifel), in dem findest du es in Wahrheit. Du wirst den Psalm voll derartiger Lehre über ebendiese Dinge finden; das erzählt er alles davon.'[38]

---

[38] Die Übersetzung ist für diesen Zweck einer ersten Hinführung zum Text in der Wortwahl

Otfrid greift zunächst – ganz selbstverständlich – auf den Bibeltext zurück, den er in der lateinischen Überschrift paraphrasiert, um durch die biblische Autorität einen hohen Rang für seine Bibeldichtung beanspruchen zu können. Die dichterische Bearbeitung des biblischen Stoffes verläuft prinzipiell in zwei Richtungen, zunächst in Form einer gezielten Auswahl. So weist er im Liutbert-Brief darauf hin, daß er im dritten Buch bei den Parabeln, den Wundern und der Lehre Christi den Bibeltext kürzt, um den Leser nicht durch allzu großen Textumfang zu verärgern (Ad Liutb., Z. 32-34). Im Kapitel III 14 werden nur zwei Wunder ausführlich behandelt, die anderen lediglich summarisch erwähnt.

Dieser Technik einer kürzenden Bearbeitung des (biblischen) Stoffes, die in der Rhetorik als *abbreviatio* bezeichnet wird, steht ein gegenteiliges, von Otfrid viel häufiger angewendetes Verfahren entgegen: die Ausweitung einer Szene. In unserem Beispieltext handelt es sich um einen ganz kurzen Auszug aus dem Johannesevangelium (Io 19,23f.): Vier Soldaten teilen die Gewänder Jesu unter sich auf und entscheiden durch das Los, wem das Leibgewand Jesu ungeteilt zukommen solle, wie es der Psalmist (Ps 22,19) berichtet. (Nach römischem Brauch fielen die Kleider eines Verurteilten dem Hinrichtungstrupp zu.) Anstelle des Psalmverses bringt Otfrid einen Verweis auf die Fundstelle im Psalm.[39] Ot-

---

und in den grammatischen Strukturen bewußt textnah gehalten. Erst wer genau übersetzt hat, ist berechtigt, in einem zweiten Schritt aus einer Rohübersetzung eine sprachlich ansprechendere Übertragung zu gestalten. Das reizvolle Thema der Probleme des Übersetzens aus dem Alt- und Mittelhochdeutschen kann hier nicht weiter verfolgt werden. – Eine vollständige zeitgemäße Otfrid-Übersetzung gibt es nicht. Zur ersten Inhaltsorientierung ist immer noch die metrisch gebundene Prosaübersetzung von KELLE heranzuziehen: Christi Leben und Lehre, besungen von Otfrid. Aus dem Althochdeutschen übers. [von] JOHANN KELLE, Neudr. der Ausg. 1870, Osnabrück 1966. Folgende Übersetzungen in Auswahl liegen vor: Mittelalter. Texte und Zeugnisse, hg. von HELMUT DE BOOR, Bd. I/1.2, München 1965 [=B]; Althochdeutsche Literatur. Mit Proben aus dem Altniederdeutschen. Hg., übers. und mit Anm. versehen von HORST DIETER SCHLOSSER, Frankfurt/M. – Hamburg 1970 (Fischer Bücherei 6036) [=Sch]; Älteste deutsche Dichtung und Prosa. Ausgewählte Texte althochdeutsch – neuhochdeutsch, hg. von HEINZ METTKE, Leipzig 1976, Nachdruck Frankfurt/M. 1976 [=M]; Deutsche Dichtung des Mittelalters, hg. von MICHAEL CURSCHMANN – INGEBORG GLIER, Bd. 1, München – Wien 1980 [C]; VOLLMANN-PROFE (Anm. 2) [=VP]. Übersetzt sind: der gesamte erste Teil bis I 11 bei GISELA VOLLMANN-PROFE, Kommentar zu Otfrids Evangelienbuch, Bonn 1976; außerdem: Ad Ludow. (Sch 268, VP 8), Ad Liutb. (M 194, VP 16; Sch 310 teilw.), Ad Salom. (VP 26), I 1 (B 922, Sch 16, M 206, C 42, VP 32), I 2 (Sch 24, VP 46), I 3 (VP 50), I 5 (VP 56), I 11 (M 220, VP 60), I 12 (M 226), I 17/18 (Sch 88), I 20 (DIETER KARTSCHOKE, Bibeldichtung. Studien zur Geschichte der epischen Bibelparaphrase von Juvencus bis Otfrid von Weißenburg, München 1975, S. 321f.), II 1 (Sch 82, VP 70), II 8-10 (Sch 106, VP 70), II 14 (Sch 116, C 50), III 1 (VP 94), III 2/3 (Sch 124), III 14 (VP 98), IV 1 (VP 110), IV 4/5 (Sch 280), IV 10 (Sch 148), IV 15 (Sch 158), IV 17 (VP 128), IV 31 (B 443), IV 33/34 (B 88), V 1 (Sch 176), V 16 (Sch 182), V 17/18 (Sch 184, VP 140), V 19 (VP 144), V 23 (VP 150), V 24 (VP 174), V 25 (VP 176), Hartm. (VP 186).

[39] Dieser Verweis ist nicht "typologisch" (so KARTSCHOKE [Anm. 3], S. 85), sondern eine Wortprophetie, die sich in Christus erfüllt. Typologie hingegen ist Realprophetie. Zum Begriff vgl. meinen Typologie-Beitrag unten im Band, S. 277-307, bes. S. 282-287.

frid macht aus dem kurzen Text der Bibelvorlage ein ganzes Kapitel, das - aus moderner Sicht - sicher nicht ohne Redundanz ist (vgl. z.B. die Formulierungen der wörtlichen Rede, Z. 11-16). Allein der Reimzwang nötigt in manchen Fällen zu inhaltsarmem Wortreichtum (etwa bei den Zusätzen Z. 1b und 22a), und es trifft wohl zu, daß Otfrids poetische Gestaltungskraft uneinheitlich ist, teils dürftig, teils routiniert, aber auch großartig in bestimmten Kapiteln wie z.B. in der Schilderung der Krippe (I 11,33-46) oder in einigen Klageszenen (Mütter beim Kindermord durch Herodes I 20,9-20, Abraham bei Isaaks Tod II 9,37-50, Maria und Johannes unter dem Kreuz IV 32, Maria am Grab V 7,21-42). Hier verbirgt sich hinter seiner Darstellungstechnik die aus der Poetik und Rhetorik bekannte Methode, einen Text durch Zusätze, Wiederholung oder Variation einzelner Wörter oder ganzer Sätze, durch Erläuterungen und Ergänzungen aus der exegetischen Literatur anzureichern. Dieses Verfahren, die sog. *amplificatio* ('Erweiterung'), ist "das auffälligste Charakteristikum des *Evangelienbuchs*".[40] Allein das Vorhaben, den Rock ungeteilt zu lassen, wird nicht weniger als viermal artikuliert (Z. 11, 13b, 14b, 16b), wobei die Variation im Ausdruck kaum neue Bedeutungsnuancen vermittelt. Vielmehr will Otfrid schon dadurch signalisieren, daß ihm die ungeteilte (und unteilbare!) Einheit des Gewandes Christi besonders wichtig ist; das ist für ihn kein Zufall, sondern *mit redinu* (Z. 8), in einer bestimmten höheren Absicht, so geschaffen. Auch dadurch, daß Otfrid die wunderbare Beschaffenheit des Rocks hervorhebt (Z. 6), bereitet er den Leser[41] darauf vor, daß sich das Berichtete nicht aus sich selbst vollständig erklärt, sondern ihm noch ein weiterer Sinn innewohnt.

Otfrids exegetische Praxis beruht auf der Ausschreibung und Kompilierung der ihm zugänglichen exegetischen Literatur. Originalität im modernen Sinne zu erwarten, wäre völlig unzeitgemäß; vielmehr kam es einem Autor darauf an, das tradierte Glaubensgut sorgfältig zu bewahren. 'Ich habe nichts Eigenes hinzugefügt, sondern alles neu aus den verschiedenen Erklärungen der Heiligen Väter gezogen und neu zusammengefügt', sagt zwei Jahrhunderte später Williram von Ebersberg, was Otfrid ähnlich hätte formulieren können.[42] Allerdings werden hier die Grenzen zwischen der Bibelexegese, die sich häufig durch wortgetreue Überlieferung über lange Jahrhunderte auszeichnet, und der Bibelepik verwischt. Die eigene poetische Leistung Otfrids, seine produktive Aneignung der Tradition, besteht in der Quellenauswahl, in einer Bewertung der Exzerpte und in der sprach-

---

[40] KARTSCHOKE (Anm. 3), S. 309.
[41] Zur Frage der Rezeption und des Publikums unten Kap. V.
[42] *De meo nihil addidi. sed omnia de sanctorum patrum diuersis expositionibus eruta in unum compegi.* ERMINNIE HOLLIS BARTELMEZ (Hg.), The Expositio in 'Cantica canticorum' of Williram, Abbot of Ebersberg 1048-1085. A Critical Edition, Philadelphia 1967, S. 1.

lich-stilistisch eigenen Ausformulierung. Dabei bleibt es sein oberstes Bestreben, wie der Brief an Liutbert zeigt, den Menschen für das Gesetz und Wort Gottes empfänglich zu machen.

Es war lange umstritten, ob Otfrid unmittelbar auf bibelexegetische Quellen zurückgegriffen hat oder diese über Zwischenstufen bereits vorhandener Kompendien oder Florilegien ausgewertet haben könnte (so die These seit Karl Lachmann 1833, Johann Kelle 1882 und Anton E. Schönbach 1894-96). Ein solches Kompendium ist im Wolfenbütteler Codex 26 Weissenburgensis, einem Glossenkommentar zur Bibel, vermutet worden, den Wolfgang Kleiber als Autograph entdeckt hat. Otfrid hat aber diesen Kommentar bestenfalls nur auszugsweise und in sehr freier Bearbeitung für sein ›Evangelienbuch‹ genutzt. Ernst Hellgardt hat dies nachgewiesen und für bestimmte Textabschnitte exakt die Quellen verifiziert.[43] Obwohl auf dem Gebiet der Quellenforschung viel zu tun bleibt, darf die Vermutung, Otfrid habe aus einer einzigen unmittelbaren Sammelquelle geschöpft, als widerlegt gelten. In mühevoller Kleinarbeit sind als Quellen aus der Karolingerzeit vor allem Kommentare Alcuins († 804), Erkanberts von Fulda († 830) und Hrabans († 856) ermittelt worden; an älteren Autoren sind Gregor der Große († 604) und Beda († 735) wichtig, deren Exegese ihrerseits ältere Wurzeln hat (z.B. in Hieronymus und Augustinus, 4. Jh.). Als Ergebnis bisheriger Quellenforschung[44] bleibt festzuhalten, daß Otfrid seine Quellen nur als "Rohstoff" benutzt, sie mosaikhaft kombiniert und in stetem Rückbezug auf die Erzählung "zu einer neuen bildhaft anschaulichen und zugleich gefühlsbetonten Allegorese verarbeitet hat, deren gehaltliche Einheit in der Verbindung von Moraltheologie und Geschichtstheologie liegt".[45] Gemäß der Lehre vom "geistigen Sinn des Wortes im Mittelalter"[46] erschöpft sich der Gehalt der Bibel nicht im wörtlichen Verständnis ihrer Aussagen, sondern diese 'besagen noch etwas anderes' (griech. *állo*

---

[43] HELLGARDT (Anm. 5). Seine Methode bestand darin, zunächst alle Texte, die als Quelle denkbar waren, heranzuziehen, dann durch sorgfältigen Quellenvergleich die Otfrid am nächsten stehenden Aussagen zu ermitteln. Sein 'negativ heuristisches Ausschlußverfahren' ermittelt für acht ausgewählte Kapitel des fünften Buchs als wichtigste Quellen die Evangelien-Homilien Gregors d. Gr. bzw. den Johanneskommentar Alcuins. HELLGARDTs kompromißloser 'Quellen'-Begriff stellt einen entscheidenden Fortschritt gegenüber der 'Quellensammlung' Schönbachs von 1894-1896 dar, der alles Otfrid irgendwie Ähnliche sammelte, ohne zu prüfen, ob es Otfrid überhaupt bekannt sein konnte.

[44] Den Bestand der Weißenburger Klosterbibliothek hat HELLGARDT (Anm. 5) rekonstruiert und daraus Otfrids 'exegetische Handbibliothek' zusammengestellt. Für die tatsächliche Quellenkenntnis und -nutzung Otfrids ist damit noch nicht vollständiger Aufschluß gewonnen, da mit ganz erheblichen Überlieferungsverlusten zu rechnen ist.

[45] ERNST (Anm. 12), zit. bei HAUBRICHS, Die Anfänge (Anm. 3), S. 372.

[46] So der Titel einer programmatischen Schrift FRIEDRICH OHLYs zu Methoden und Inhalten der Allegorese; vgl. meinen Beitrag zur Typologie, einer Sonderform der Allegorese, unten S. 277-307, dort S. 283 und einführende Literatur ebd. Anm. 12.

agoréuo): Hinter ihnen verbirgt sich auf einer zweiten Sinnebene ein mehrfach gestufter spiritueller Sinn, den die Bibelexegeten zu entdecken haben. 'Allegorese' bezeichnet dieses hermeneutische Verfahren der Texterklärung, dessen Ursprünge bis in die Antike zurückreichen und das schon deshalb nicht auf die Bibelerklärung festgelegt ist, aber es hat in den Auslegungen der biblischen Bücher seinen substantiellen Kern. Da nach augustinischem Verständnis nicht nur die Worte, sondern auch die in der Bibel genannten Dinge bedeutungshaltig sind, hat der Exeget die Aufgabe, die in der Schrift genannten Personen und Dinge, Zahlen und Ortsangaben, Zeiten, Ereignisse und Qualitäten kontextgerecht zu deuten. Diese Auslegung erfolgt über sinnstiftende Eigenschaften, die in einer *tertium-commune*-Funktion die Brücke zwischen Bedeutungsträger und Bedeutung schlagen, die Deutung stabilisieren und sie der Willkürlichkeit entheben. Die abendländische Bibelallegorese wird vom frühen Christentum bis zu ihrer vollen Entfaltung im 13. Jahrhundert in verschiedenen Konzepten von zumeist drei- oder vierfach abgestuften literalen und geistigen Sinnebenen entwickelt. Sie setzt bereits in der Spätantike ein und findet in den Schriften der Kirchenväter (*patres*), also in der patristischen Literatur, breite Anwendung. Von grundlegender Bedeutung sind die Schriften des Augustinus, Ambrosius und Hieronymus; aus dem 6. und 7. Jahrhundert sind als wichtigste Autoren Gregor der Große, Isidor von Sevilla und Beda Venerabilis, aus der Karolingerzeit Hraban und Alcuin zu nennen. Ihre Schriften bilden den geistigen Horizont, aus dem Otfrid schöpft. Insgesamt ist die Allegorese für mehr als ein Jahrtausend und in Teilen weit darüber hinaus die maßgebliche Form der Bibeldeutung.

Otfrid, der die exegetische Methode in Fulda bei Hraban kennengelernt hatte, stellt sich mit seinem Werk in die Tradition der älteren Bibeldichtung. Sein exegetisches Vorhaben kündigt er im Liutbert-Brief mit den Worten an, er wolle den in der Volkssprache nacherzählten Evangelien gelegentlich geistliche und moralische Auslegungen beigeben (*interdum spiritalia moraliaque verba permiscens*, Ad Liutb., Z. 25). In der Allegorese erschließt sich dem Leser die geistige 'Süße der Evangelien' (*dulcedo evangeliorum*, Z. 11f.). Er hat daher in den Ablauf der Erzählung, von Buch zu Buch zunehmend, eigene *spiritaliter*, *moraliter* oder *mystice* überschriebene exegetische Kapitel eingefügt. Diese Terminologie ist zur Bezeichnung der verschiedenen Sinnebenen eher ungewöhnlich[47] und zeigt nichts anderes als allgemein eine spirituelle Auslegung an, deren verschiedene Ebenen – die allegorisch-heilsgeschichtliche, zumeist christusbezogene Deutung, die der moralisierenden Erbauung dienende und die auf das angestrebte Leben im

---

[47] Nach HAUBRICHS, Die Anfänge (Anm. 3), S. 372, ist sie im 8./9. Jahrhundert nur noch in einem nordfranzösischen, irisch beeinflußten Matthäuskommentar zu finden.

Jenseits bezogene Deutung – Otfrid kennt und gebraucht. Die Deutungen sind durchaus nicht auf diese besonders gekennzeichneten Kapitel beschränkt, sondern durchziehen das gesamte ›Evangelienbuch‹ und verklammern dadurch Text und Bibeldeutung. "Die Fülle der beigezogenen Deutungen nimmt enzyklopädische Ausmaße an";[48] lexikalisch ist sie durch Reinildis Hartmann gut erschlossen.[49]

Für die Methode und Praxis der Otfridschen geistigen Schriftdeutung sind die Darstellung und Auslegung des Weinwunders auf der Hochzeit zu Kana (Io 2,1-11) in II 8-10 und des Brotwunders zur Speisung der Fünftausend (Io 6,1-14) in III 7 besonders aufschlußreich. Beim Weinwunder[50] sind Wasser und Wein die Zeichen der beiden Ebenen des wörtlichen und des geistigen Schriftsinns, die Sechszahl der Krüge verweist auf die Gliederung der Zeit in sechs Weltalter bis zum Kommen Christi. Für diese Bedeutungsträger kann Otfrid sich auf eine breite Auslegungstradition stützen,[51] die er zu einer subtilen eigenen Deutung verarbeitet. Wie Christus nicht auf das Wasser verzichtete, so bedarf der Exeget des reinen Quells des literalen Schriftverständnisses, wenn er den Wein der spirituellen Interpretation genießen und den Gläubigen die Kenntnis der in der Geschichte vor Christus angesammelten Weisheit vermitteln will. Als Beispiel (*bilidi* II 9,29) für das Wirken Gottes in der Geschichte, das heißt zugleich für die Erfüllung eines historischen Faktums mit einem über sich selbst hinausweisenden geistigen Sinn, dient Otfrid die Isaak-Opferung (Gen 22,1-14), in der nicht nur ein konkretes Vorbild demütigen Gehorsams gegenüber dem Willen Gottes gegeben, sondern im typologischen Bezug auf Christus *(fon Kríste scalt thu iz zéllen,* II 9,70) die Opferung des Sohnes Gottes präfiguriert ist.[52] Die Allegorese der Brotvermehrung gestaltet Otfrid zu einer Szene, in der die Fünfzahl der Brote die Bücher des mosaischen Gesetzes, die Kruste seinen buchstäblichen und die Brosamen im Innern seinen spirituellen Sinn bedeuten und das Aufbrechen der Kruste die Erschließung dieses geistigen Sinns durch Lektüre und Meditation (*lesan, grubilon,* III 7,75-78) sowie das Austeilen des Brotes die Vermittlung des geistigen Sinns

---

[48] KARTSCHOKE (Anm. 3), S. 159.
[49] REINILDIS HARTMANN, Allegorisches Wörterbuch zu Otfrieds von Weißenburg Evangeliendichtung, München 1975 (MMS 26).
[50] Vgl. den Kommentar von VOLLMANN-PROFE (Anm. 2), S. 234-237, und die dort genannte Literatur (VON ERTZDORFF, MICHEL – SCHWARZ, HELLGARDT, H. FREYTAG, ERNST und SCHWAB). Weiteres bei HARTMANN (Anm. 49), S. 486-488, Stichwort *win*; umfangreiche Belege bei HANS-JÖRG SPITZ, Die Metaphorik des geistigen Schriftsinns. Ein Beitrag zur allegorischen Bibelauslegung des ersten christlichen Jahrtausends, München 1972 (MMS 12), S. 142-154, zu Otfrid S. 151-154.
[51] Vgl. ADOLF SMITMANS, Das Weinwunder von Kana. Die Auslegung von Io 2,1-11 bei den Vätern und heute, Tübingen 1966; SPITZ (Anm. 50) und MEYER – SUNTRUP (Anm. 15), S. 289-291, 472f.
[52] Zur Isaak-Christus-Typologie vgl. meine Untersuchung: Präfigurationen des Meßopfers in Text und Bild, in: FMSt 18 (1984), S. 468-528, dort S.482-528.

(Z. 41-48) bildlich anzeigen.[53] – Otfrids Bibelallegorese soll nun am Beispiel der Auslegung des Leibrocks Christi demonstriert werden (IV 29).

XXIX. Mystice

Bizéinot thisu túnicha   racha díurlicha;
    giwár es wis giwísso,   harto límphit iz so:
Bizéinot thiu ira rédina   thie sélbun Kristes thégana,
    sint sie álang io zi gúate   joh harto fástmuate;
5 Sie sínt al éinmúate   zi allemo ánaguate
    joh sínt io mit ébine   mit mínnu al untarwébane.
Wólt er sie gisámanon   mit fílu kleinen fádomon,
    er sélbo sie birúachit,   bi thiu níst thar wiht gidúachit;
Ouh síh tharzua ni náhit   wíht thes ist gináit
10   (úngimaches múates),   noh wíht thes ist gidúahtes.
Gilóubent sie io réhtes   in líchamon Krístes,
    in sina ménnisgi,   mit thiu thékent sie nan úmbi.
Thie gotes drútthegana   thaz sínt thie sconun fádama,
    mit ín ist io mit ébinu   thiu túnicha giwébinu;
15 Thiu túnicha thiu gúata,   bi thia ther lóz suanta,
    thaz si álang mit giwúrti   giháltinu wúrti;
Theiz wári so gispróchan,   ni wúrti wiht firbróchan,
    thaz iro nihéin ni wari   thaz wíht ira firzári;
Joh sie thés gizami   thaz sia éinlicher námi,
20   thes wúrti ouh thar giflízan,   ni wúrti wiht firslízzan.
Was sí nu thero wórto   unwírdig filu hárto,
    thaz íaman thaz thar spráchi   thaz wíht ira firbráchi,
Wánta sia span scóno   káritas in fróno,
    si thie fáduma alle gáb   joh sia selbo giwáb.
25 Giwísso, so ih thir zéllu,   thiu wérk bisihit si éllu;
    si iz allaz góte reisot   joh sínen io gizéigot.
Ni wáne theih thir gélbo: thia túnichun span si sélbo,
    sélbo wab si Kríste thaz,   bi thiu íst iz allaz so álangaz;
Joh si iz állaz gimáz   so Kristes líchamen saz,
30   scóno si iz gifúagta   so drúhtin selbo súahta;
Giscáffota sia sóso iz zám,   joh só siu bézist biquam,
    mit fílu kleinen fádamon   joh únginaten rédinon,
Kléinero gárno,   thaz déta si Kriste gerno;
    was giwéban ubar ál   so man éinegen scal.
35 Bisáh si iz iogilícho   thrato líublicho,
    giwáralicho in thráti   thaz séltsana giwáti;
Thaz thar wiht ni rómeti,   so er sih iz ána legiti,

---

[53] Zur Speisemetaphorik für den geistigen Schriftsinn SPITZ (Anm. 50), S. 79-88; HARTMANN (Anm. 49), S. 68-71 s.v. *brot*. Ergänzende Nachweise aus der Sicht der Deutung der Fünfzahl bei MEYER – SUNTRUP (Anm. 15), S. 169-171, 425-427, 870f.

  biquami zíoro ana wánk thaz selba fróno gifank;
 Joh thár, soso iz zámi, wiht fúlteres ni wári,
40 *thaz sih zi thíu gifiarti, thia Kristes líh biruarti;*
 Biquámi ouh scóno ubar ál, so fadum zi ándremo scal,
 sih untar ín ruartin, zisámane gifúagtin.
 Sélbo si thaz wólta, tho si Kríste scolta,
 thaz si in théra nahi sélbo iz al besáhi;
45 *Theiz wari in álalichi thera sínera líchi,*
 wíht ni missihúlli sid sí sia selbo spúnni;
 Thaz niaman thar ni ríafi, sid sí sia selbo scúafi,
 thaz wíht thar míssihúlli thes líchamen fólli;
 Súntar selb si in gáhi Kristan ánasahi,
50 *joh sélbon scówoti ana wánk, tho simo skúaf thaz gifánk.*
 Káritas thiu gúata si sélbo iz sus gifúagta;
 si noh híutu ana wánk wibit Kríste sin gifank.
 Nist wiht so rédihaftes (drof ni zuífolo thu thés,
 laz thir quéman iz in múat) so thaz káritas giduat;
55 *Si líuzit iz al thanana uz zi themo drúhtines hus,*
 si ist álla zit iowánne símbolon tharínne.
 Súmenes farent thánana thio iro suéster zuá,
 afur thísu in min wár ist émmizigen ío thar!

Übersetzung:

'Allegorische Deutung.
Dieser Leibrock bezeichnet eine kostbare Sache; achte darauf ganz genau, das ist besonders angebracht: Ihre Rede bezeichnet gerade die Anhänger Christi, sind sie [doch] allzeit zu [ihrem] Heil ungeteilt, und zwar überaus beharrlich; [Z. 5] sie sind vollkommen einmütig zu allem Segen und sind immer gleichmäßig in Liebe vollkommen verwoben.
 Er wollte sie zu einer Gemeinschaft bilden mit ganz feinen Fäden, er selbst sorgt für sie, deswegen ist dort nichts geflickt; auch kommt nichts hinzu, was genäht ist [Z. 10] ([nichts] an unpassender Gesinnung), auch nichts aus Tuch Zusammengeflicktes.
 Weil sie allzeit im [mystischen] Leib [der Kirche] Christi in rechter Weise an seine Menschwerdung glauben,[54] deshalb bedecken sie ihn ringsum. Gottes liebe Gefolgsleute, das sind die schönen Fäden, mit denen ist allzeit im Ebenmaß der Leibrock gewebt, [Z. 15] der gute Leibrock, über den das Los entschied, daß er mit Freude ungeteilt erhalten blieb; daß es so verabredet war, daß nichts zerrissen werden sollte, daß keiner unter ihnen war, der irgendetwas an ihm zunichte machte; noch dazu, daß es ihnen gut schien, daß ihn ein einziger annahm [Z. 20] und daß ein jeder daher auch bemüht war, daß nichts zerschlissen wurde. Er [der Leibrock] hatte nun ganz und gar nicht (Worte) verdient, daß jemand davon gesprochen hätte, irgendetwas an ihm zu zerreißen.

---

[54] Schwierigkeiten bereitet *lichamo* 'Leib' in Z. 11. Als andere Übersetzungsmöglichkeit ist zu erwägen: 'Weil sie allzeit in rechter Weise an den Leib Christi, an seine Menschwerdung, glauben [...]'. Ich verstehe hingegen *lichamo* hier als Ausdruck für den mystischen Leib Christi, also die Kirche. Die ekklesiologische Deutung des *corpus Christi* ist zum einen biblisch begründet (vgl. Kol 1,24, 1 Kor 12,27 und Eph 5,30f.), wird vor allem aber durch die augustinische Deutung gestützt, die Alcuin in seinem Johanneskommentar zitiert. Alcuin ist die maßgebliche Quelle Otfrids. Vgl. unten S. 54f. mit Anm. 57.

Denn die Liebe zu Gott hat ihn schön gesponnen, sie hat alle Fäden gegeben und sie selbst gewebt. [Z. 25] Gewiß, das sage ich dir, besorgt sie die ganze Arbeit; sie stellt all dies für Gott her und leitet seine Gläubigen allzeit an. Glaub nicht, daß ich dich täusche: den Leibrock hat sie selbst gesponnen, selbst hat sie das für Christus gewebt, deswegen ist alles so ungeteilt; auch hat sie alles ausgemessen, wie es am Leib Christi [passend] saß, [Z. 30] schön hat sie es gefügt, wie der Herr selbst es verlangte. Geschaffen hat sie ihn, wie es sich geziemte, und so paßte er vollkommen, mit ganz feinen Fäden und ohne Naht, aus feinem Garn, das hat sie für Christus mit Verlangen getan. Er war vollständig gewebt, wie man es für den Einzigen [Christus] tun soll. [Z. 35] Sie achtete in jeder Hinsicht sehr liebevoll, mit äußerster Aufmerksamkeit auf das wunderbare Gewand; daß dort nichts bauschig war, wenn er es sich anlegte, damit ganz gewiß das Gewand des Herrn schön passe; daß weiterhin, wie es sich gehörte, dort keine Falte auftrat; [Z. 40] daß es sich dazu fügte, Christi Leib zu berühren; daß es auch überaus schön paßte, wenn ein Faden zu dem anderen kommen sollte, daß sie einander berührten und sich zusammenfügten. Selbst wollte sie das, weil sie es für Christus [tun] sollte, daß sie in der Nähe [zu ihm] selbst alles beaufsichtigte; [Z. 45] damit er in vollkommener Gleichheit seinem Leib angepaßt sei, daß nichts unpassend war, da sie es selbst gesponnen hatte; daß niemand dort rief, da sie es selbst geschaffen hatte, daß irgendetwas der Gestalt seines Leibes schlecht angepaßt sei; im Gegenteil, sie habe in dem Augenblick Christus geschaut [Z. 50] und ihn selbst ohne Zweifel erblickt, als sie ihm das Gewand geschaffen hatte. Die gute Liebe, sie selbst hat es so gefertigt.

Noch heute webt sie Christus zweifellos sein Gewand. Nichts ist so vernünftig (zweifle daran keinesfalls, laß es dir ins Bewußtsein kommen) wie das, was die Liebe vollbringt. [Z. 55] Sie teilt alles von dort, dem Haus des Herrn, aus, sie ist für immer und ewig darin. Bisweilen ziehen ihre beiden Schwestern von dort fort, aber diese ist wahrhaftig immerwährend dort!'

Das *mystice*-Kapitel[55] läßt sich in einer Weise inhaltlich gliedern, die in den Absätzen der Übersetzung zum Ausdruck kommen soll. Die Auslegung Otfrids wählt aus dem Bericht des Johannesevangeliums als einzigen Bedeutungsträger den ungeteilten Rock Christi aus: Er ist Zeichen der *Kristes thegana*, und da er aus einem Stück besteht, bedeutet er die Einheit der Gläubigen, die einander in Liebe verbunden sind.[56] Diese Deutung findet Otfrid im Johanneskommentar Alcuins vor: 'Jener verloste Leibrock bezeichnet die Einheit aller Teile (der Kirche), die durch das Band der Liebe zusammengehalten wird [...], und er ist ohne Naht, damit er nicht eines Tages aufgetrennt wird, und bildet eine Einheit, weil sie [die Liebe] alle zu einer Einheit sammelt.'[57] Im Wortlaut gleich sind die Auslegungen

---

[55] Zum Folgenden vgl. die Materialien bei HARTMANN (Anm. 49), s.v. *tunicha*, S. 444f. Ergänzende Hinweise s. unter *weban, spinnan, missihullen, firbrechan; alang, fadam, fulter, lichamo*.

[56] Genaugenommen erfolgt die Deutung in einem doppelten Schritt: Zunächst ist die Ungeteiltheit eine deutungsstiftende Eigenschaft (Proprietät) des Leibrocks; dann aber wird aus der Proprietät ein eigener Bedeutungsträger: die Zahl Eins. Ihr kann die Bedeutung 'Einheit' zukommen, da sie die Proprietät hat, eine unteilbare Zahl zu sein.

[57] Alcuinus, Commentaria in sancti Joannis Evangelium, PL 100, Sp. 982CD: *Tunica vero illa sortita omnium partium significat unitatem, quae charitatis vinculo continetur. [...] Inconsutilis autem, ne aliquando dissuatur; et ad unum pervenit, quia in unum omnes colligit.*

im Matthäuskommentar Hrabans, des Schülers Alcuins,[58] und in einer Predigtsammlung des Haimo von Auxerre (9. Jh.), die früher Haimo von Halberstadt, einem Mitschüler Hrabans in Fulda, zugeschrieben wurde.[59] Diese Autoren des 8. und 9. Jahrhunderts übernehmen die gesamte Deutung wörtlich von Beda, der seinerseits Augustinus genau zitiert.[60] Wir haben hier das Musterbeispiel einer über Jahrhunderte nachweisbaren (und danach keinesfalls abbrechenden) Traditionskette einer Allegorese, in die sich Otfrid einreiht.

Die poetische Leistung Otfrids ist nun eine doppelte. Sie besteht zunächst in der von ihm getroffenen Auswahl aus der vorgefundenen Deutung, denn sowohl die karolingischen Autoren als auch bereits Augustinus legen die Bibelstelle noch unter anderen Aspekten aus. So verweist z.B. die Aufteilung der Gewänder Christi in vier Teile aufgrund der Deutung der Vier als Zahl der Welt mit ihren vier 'Teilen' (Himmelsrichtungen) darauf, daß die Kirche weltweit verbreitet ist oder daß sich alle Welt die Verheißungen Christi zu eigen gemacht hat.[61] Wichtig ist Otfrid aber nur der Gedanke der Einheit in Liebe, den er dann meditativ ausgestaltet in einer Bildlichkeit, welche die Tradition nicht bereitstellt. Christus selbst hat dieses Gewand ohne Naht mit ganz feinen Fäden genäht, d.h. die Gemeinschaft der Gläubigen gestiftet (Z. 7-10); mit ihrem Glauben bedecken sie den 'Leib' der Kirche wie ein Gewand (Z. 11-14). Wie es den Soldaten darum ging, die Einheit des Rocks zu erhalten, so darf diese Einheit nicht durch Worte gefährdet werden (Z. 15-23). Ein längerer Abschnitt über die *káritas* als maßgebliche Gestaltungskraft der Einheit der Kirche schließt sich an (Z. 25-52). Im Schlußgedanken stellt Otfrid ihr 'bis heute' (Z. 52) fortdauerndes Wirken in der Kirche heraus. "Die Karitas als heilsmächtiger Quellgrund und die im Verein mit ihr wirkende Gnade des Himmels [...] garantieren die makellose, durch keine Häresie gespaltene oder beschädigte Einheit des spirituellen Organismus 'ecclesia'."[62] Anders als ihre beiden 'Schwestern' (nach 1. Cor 13,13 sind es die der Liebe verschwisterten Tugenden Glaube und Hoffnung – vgl. auf der abgebildeten Seite die Marginalie *fides et spes*!) –, die sich gelegentlich von der Kirche abwenden, verharrt die Liebe ständig in ihr. Otfrid entwirft hier ein Idealbild der Kirche, indem er aus dem Passionsbericht einen einzigen Sachverhalt aufgreift, aus der Auslegungstradition den für ihn zentralen Aspekt auswählt und diesen Zeile für Zeile in immer neuer meditativer Annäherung an das Thema vertieft. Es mag aus heutiger Sicht wenig

---

[58] Rabanus Maurus, Comment. in Matth. 8,27, PL 107, Sp. 1137B.
[59] Haimo von Auxerre, Homiliae de tempore (hom. 66), PL 118, Sp. 413D.
[60] Beda, In Mc 15,24, CCL 120, S. 630; Beda, In Lc 23,34f., CCL 120, S. 403; Augustinus, Tract. in Io 118,4, CCL 36, S. 656.
[61] MEYER – SUNTRUP (Anm. 15), Sp. 384, 386.
[62] ERNST (Anm. 12), S. 15-20, hier S. 17.

spannend sein, in umständlicher Gedankenentwicklung wieder und wieder dasselbe zu hören; dieses 'Wiederkäuen' (*ruminatio*) ist aber ein bewußt eingesetztes Stilmittel, das dem Wesen der klösterlichen Meditation angemessen ist.[63]

V

Damit stellt sich als letztes – wenn auch nicht abschließend – die Frage nach der Rezeption, der Vortragsweise und dem Publikum. Wurde das ›Evangelienbuch‹ mündlich vorgetragen oder schriftlich rezipiert? Sind die 'Akzente' in der Wiener Handschrift 2687 Betonungszeichen als Lesehilfen für das laute (Vor-)Lesen oder neumenartige Hilfsmittel zur Notation der Melodie eines Liedes? Richtet sich das ›Evangelienbuch‹ an ein adeliges Publikum, an Laienbrüder oder Klosterschüler? Vor diesen und ähnlichen Fragen scheint die Forschung zu kapitulieren.[64] Die Antworten sind deshalb so schwierig, weil der Text widersprüchliche Signale gibt.

Bei der Frage nach der mündlichen oder schriftlichen Rezeption gibt es eine Reihe von Indizien dafür, daß sich das ›Evangelienbuch‹ an Leser wendet. Dazu zählen die äußere Gestalt der Handschriften: die visuelle Aufzeichnung der drei Widmungen in Akrosticha und Telesticha, die optische Gliederung des Textes durch Kapitel, Stropheninitialen, abgesetzte Langzeilen und Marginalien sowie der gesamte Aufbau des Buchs mit Überschriften, Vorworten und Widmungsgedichten. Das Ganze präsentiert sich damit in seiner durchkomponierten Form als ein Werk, das Otfrid bewußt in der Tradition lateinischer Buchkunst gestaltet hat, der es gleichgestellt sein soll. Auch die zahlreichen Aufforderungen, im ›Evangelienbuch‹, in der Bibel oder in exegetischen Schriften nachzulesen, richten sich an den als 'Du' persönlich angesprochenen Leser. Da viele der exegetischen Deutungen nur von einem gebildeten Publikum zu verstehen sind, erscheint es plausibel, für die praktische Verwendung "am ehesten an die private Lektüre oder die erbauliche Lesung während der Tisch- und sonstigen Lesezeiten in einer geistlichen Gemeinschaft zu denken".[65]

---

[63] In diesem Sinn bewertet auch WEHRLI (Anm. 3), S. 84f., die Erzählweise Otfrids positiv.

[64] VOLLMANN-PROFE (Anm. 2), S. 269, zum Publikum: "Man ist versucht zu sagen: 'Es kann es nicht gegeben haben'." GAYLE A. HENROTTE, The Sound of Otfrid's Germanic Verse, in: Von Otfried von Weißenburg bis zum 15. Jahrhundert. Proceedings from the 24th International Congress on Medieval Studies, May 4-7, 1989, hg. von ALBRECHT CLASSEN, Göppingen 1991 (GAG 539), S. 1-11, hier S. 10, zu den Akzenten: "We will never know for sure what Otfrid meant by these signs".

[65] HAUBRICHS, Die Anfänge (Anm. 3), S. 374. Die Freisinger Handschrift weist den für die geistliche Tischlesung üblichen 'Tu autem'-Gebetsschluß auf.

Anderseits will Otfrid mit seinem volkssprachigen Text ein Publikum erreichen, dem das Latein fremd ist und das sonst die Heilige Schrift nicht kennenlernen könnte (Ad Liutb., Z. 28-30 und I 1, Z. 119-122). Das Problem ist, daß die *litterati*, die Gebildeten, in der Regel lateinkundig waren und daher nicht einer theologischen Dichtung in der Volkssprache zur Vermittlung von Inhalten bedurften, die sie besser in lateinischer Prosa lesen konnten. Ist daher (auch) vielleicht an einen "Vortrag durch geistliche Lektoren vor adligen Laien"[66] zu denken, an ein Publikum frommer Männer und Frauen, die den Klöstern als Laien verbunden waren? Es ist durchaus möglich, daß das ›Evangelienbuch‹ für beide 'Zielgruppen', für den Gebrauch im Kloster und an Adelshöfen, für Geistliche und Laien gedacht war; Otfrid teilt uns ja mit, daß er auf Drängen einiger 'hochverdienter Brüder' (das müssen nicht Laienbrüder mit geringer Bildung sein) und einer nicht zu ermittelnden *matrona* Judith (Ad Liutb., Z. 6-9) tätig geworden ist. Daher muß es nicht unbedingt eine Verlegenheitslösung sein, wenn heute insgesamt mit mehreren Rezeptionsmöglichkeiten und mit einer Multifunktionalität des ›Evangelienbuchs‹ gerechnet wird; diese schließen Leser und Hörer, private Lektüre und öffentlichen Vortrag, gesprochenes Wort und rezitativen Gesang ein.[67]

Wichtig erscheint mir, daß Otfrid nicht nur zum Zweck der geistigen Erbauung und Didaxe in der Volkssprache schreibt, sondern damit auch ganz handfeste politische Ziele verfolgt oder wenigstens befördert.[68] Durch seine volkssprachige Großdichtung trägt er dazu bei, nach der Aufteilung des Frankenreichs (843) für das ostfränkische Teilreich Ludwigs des Deutschen ein "ostfränkisches Identitätsbewußtsein"[69] zu fördern und dadurch die politischen Ziele seines Königs zu stärken, den er im Widmungsgedicht hymnisch als gerechten und friedfertigen Herrscher feiert. Darin, daß die Entstehung des Werkes in besonderer Weise an die Person und die Interessen Ludwigs gebunden war, könnte aber auch ein Grund liegen, warum nach dem Tod des Königs für längere Zeit die Dichtung in der Volkssprache wieder zum Erliegen kam und dem ›Evangelienbuch‹ dadurch eine direkte Nachwirkung versagt blieb.

---

[66] Ebd. S. 375.
[67] Vgl. DENNIS HOWARD GREEN, Zur primären Rezeption von Otfrids Evangelienbuch, in: Althochdeutsch, hg. von ROLF BERGMANN - HEINRICH TIEFENBACH - LOTHAR VOETZ, 2 Bde., Heidelberg 1987 (Germanische Bibliothek, 3. Reihe: Untersuchungen), Bd. 1, S. 737-771. Zur Frage nach der mündlichen oder schriftlichen Rezeption jetzt grundlegend DERS., Medieval Listening and Reading: the primary reception of German literature 800-1300, Cambridge 1994. Otfrid zählt für ihn zu den Hauptzeugen eines situationsbedingten "intermediate mode of reception" (vgl. Kap. 7 und 8, S. 169-233; zu Otfrid bes. S. 179-183: "Reading and listening need not be in contradiction, but can complement one another" (S. 183).
[68] Darauf macht VOLLMANN-PROFE (Anm. 2), S. 270-272, aufmerksam.
[69] Ebd. S. 270.

AUSWAHLBIBLIOGRAPHIE

1. Texte

JOHANN KELLE, Otfrids von Weißenburg Evangelienbuch. Bd. 1: Text und Einleitung, Regensburg 1856; Bd. 2: Die Formen- und Lautlehre der Sprache Otfrids, Regensburg 1869; Bd. 3: Glossar der Sprache Otfrids, Regensburg 1881.

Otfrid von Weißenburg, Evangelienharmonie. Faks.-Ausg. des Codex Vindobonensis 2687 der Österreichischen Nationalbibliothek. Einf. von HANS BUTZMANN, Graz 1972 (Codices selecti phototypice impressi 30).

Otfrids Evangelienbuch, hg. von OSKAR ERDMANN, 6. Aufl. bes. von LUDWIG WOLFF, Tübingen 1973 (ATB 49).

Otfrid von Weißenburg, Evangelienbuch. Auswahl althochdeutsch/neuhochdeutsch, hg., übers. und komm. von GISELA VOLLMANN-PROFE, Stuttgart 1987 (UB 8384).

2. Forschungsliteratur

ULRICH ERNST, Der Liber evangeliorum Otfrids von Weißenburg. Literarästhetik und Verstechnik im Lichte der Tradition, Köln - Wien 1975 (Kölner germanistische Studien 11).

XENJA VON ERTZDORFF, Die Hochzeit zu Kana. Zur Bibelauslegung Otfrids von Weißenburg, in: PBB (Tübingen) 86 (1964), S. 62-82. Wiederabdr. in: KLEIBER (Hg.), S. 251-274.

REINILDIS HARTMANN, Allegorisches Wörterbuch zu Otfrieds von Weißenburg Evangeliendichtung, Münster 1975 (MMS 26).

WOLFGANG HAUBRICHS, Otfrids Verkündigungsszene, in: ZfdA 97 (1968), S. 176-189.

DERS., Ordo als Form. Strukturstudien zur Zahlenkomposition bei Otfrid von Weißenburg und in karolingischer Literatur, Tübingen 1969 (Hermaea N.F. 27).

DERS., Eine prosopographische Skizze zu Otfrid von Weißenburg, in: KLEIBER (Hg.), S. 397-413.

ERNST HELLGARDT, Zum Problem symbolbestimmter formalästhetischer Zahlenkomposition in mittelalterlicher Literatur. Mit Studien zum Quadrivium und zur Vorgeschichte mittelalterlichen Zahlendenkens, München 1973 (MTU 45).

DERS., Die exegetischen Quellen von Otfrids Evangelienbuch. Beiträge zu ihrer Ermittlung. Mit einem Kapitel über die Weißenburger Bibliothek des Mittelalters und der Otfridzeit, Tübingen 1981 (Hermaea N.F. 41).

DIETER KARTSCHOKE, Bibeldichtung. Studien zur Geschichte der epischen Bibelparaphrase von Juvencus bis Otfrid von Weißenburg, München 1975 [zu Otfrid v.a. S. 184-186, 271-339].

WOLFGANG KLEIBER, Otfrid von Weißenburg. Untersuchungen zur handschriftlichen Überlieferung und Studien zum Aufbau des Evangelienbuches, Bern – München 1971 (Bibliotheca Germanica 14).
DERS. (Hg.), Otfrid von Weißenburg, Darmstadt 1978 (WdF 419).
FRIEDRICH OHLY, Geistige Süße bei Otfried, in: Typologia Litterarum. Festschrift für Max Wehrli, hg. von STEFAN SONDEREGGER [u.a.], Zürich – Freiburg/Br. 1969, S. 95-124. Wiederabdr. in: KLEIBER (Hg.), S. 306-340.
ANTON EMMANUEL SCHÖNBACH, Otfridstudien. I., in: ZfdA 38 (1894), S. 209-217; II., in: ZfdA 38 (1894), S. 336-361 und 39 (1895), S. 57-124; III., in: ZfdA 39 (1895), S. 369-423; IV., in: ZdfA 40 (1896), S. 103-123.
GISELA VOLLMANN-PROFE, Kommentar zu Otfrids Evangelienbuch. T. 1: Buch I, 1-11, Bonn 1976.

ez ist sanc aller sange
Das ›St. Trudperter Hohelied‹ zwischen Kommentar und Dichtung

HANS-JÖRG SPITZ

Seit 1985 erscheint die 'Bibliothek deutscher Klassiker', die die deutsche Literatur von den Anfängen bis zur Gegenwart durch neu edierte und kommentierte Ausgaben für ein breiteres Lesepublikum zugänglich macht. Unter den Werken, die in diese Reihe aufgenommen worden sind, befindet sich auch das ›St. Trudperter Hohelied‹, ein in frühmhd. Prosa verfaßter Bibelkommentar zum alttestamentlichen ›Hohenlied Salomos‹, einer Sammlung von Liebesliedern.[1] Die vom Herausgeber Walter Haug zusammengestellte 24bändige 'Bibliothek des Mittelalters'

> "trägt der Tatsache Rechnung, daß unser Mittelalterbild in den letzten Jahrzehnten neue Akzente erhalten, wenn nicht tiefgreifende Umwertungen erfahren hat. Bei einem zurecht unverminderten Interesse für die hochhöfische Literatur um 1200, sind die frühmittelhochdeutsche Epoche und insbesondere das Spätmittelalter aus ihrem Schattendasein herausgetreten. Große Pionierleistungen auf diesen Gebieten aus jüngster Zeit verlangen, daß auch die bewirkten Umorientierungen weitervermittelt werden."[2]

Neben die großen literarischen Schöpfungen der weltlichen Laienkultur, die als Inbegriff fiktionaler Poesie weithin das Bild der deutschsprachigen Literatur des Mittelalters geformt haben, tritt mit eigenem Anspruch die geistliche Gebrauchsliteratur. Sie steht im Dienst der Kirche und bietet im Horizont der lateinisch-

---

[1] Das St. Trudperter Hohelied. Eine Lehre der liebenden Gotteserkenntnis, hg. von FRIEDRICH OHLY unter Mitarbeit von NICOLA KLEINE, Frankfurt/M. 1998 (Bibliothek des Mittelalters 2; Bibliothek Deutscher Klassiker 155). – Die formkritische Leseausgabe mit Übersetzung und umfassendem Kommentar, der auch die Auslegungsgeschichte des biblischen Textes berücksichtigt, erschien nach Fertigstellung des vorliegenden Beitrags. Die Konzeption meines Aufsatzes habe ich nicht geändert und lediglich durch hinzugefügte Seitenangaben auf die Neuausgabe verwiesen. Den ursprünglich vorgesehenen Obertitel *Daz maere der minne*, der dem ›St. Trudperter Hohenlied‹ entnommen war (55,14-16), habe ich dagegen zurückgezogen, da die Stelle durch Textkritik einen anderen Wortlaut erhalten hat. Auch habe ich sämtliche Zitate, die der bislang maßgeblichen Edition von HERMANN MENHARDT folgten, auf die formkritische Leseausgabe OHLYs umgestellt, die den schwer verständlichen alemannisch-bairischen Mischtext der Leithandschrift A an das klassische Mittelhochdeutsch angleicht; auch die dort gebotene Übersetzung habe ich übernommen. Die angeführten Stellenangaben sind identisch mit der bisherigen textkritischen Ausgabe: Das St. Trudperter Hohe Lied. Kritische Ausgabe, hg. von HERMANN MENHARDT, [Bd. 1]: [Einleitung] Mit 4 Schriftbildern; [Bd. 2]: Text, Wörterverzeichnis und Anmerkungen, Halle/S. 1934 (Rheinische Beiträge und Hülfsbücher zur germanischen Philologie und Volkskunde 21/22).

[2] Warum Klassiker? Ein Almanach zur Eröffnungsedition der Bibliothek deutscher Klassiker, hg. von GOTTFRIED HONNEFELDER, Frankfurt/M. 1985, S. 196.

theologischen Überlieferung verschiedenen Kreisen der mittelalterlichen Gesellschaft eine Lebensorientierung, die an den verpflichtenden Wahrheitsanspruch autoritativer Texte, vor allem der Bibel, gebunden ist. Das gilt uneingeschränkt für das ›St. Trudperter Hohelied‹ als Kommentar eines biblischen Buches, aber auch für die übrigen Werke geistlichen Inhalts, die in der 'Bibliothek des Mittelalters' berücksichtigt sind: Das (in Auszügen herausgegebene) ahd. ›Evangelienbuch‹ Otfrids von Weißenburg, das das Leben Jesu in Reimpaarversen episch darstellt [dazu der Beitrag von Rudolf Suntrup, S. 33], Mechthilds von Magdeburg überwiegend in Prosa abgefaßtes Bekenntnisbuch ›Das fließende Licht der Gottheit‹ (entstanden zwischen 1250 und 1282) und die von Meister Eckhart im Rahmen der Nonnenseelsorge gehaltenen Predigten (um 1260-1328).[3]

I. Aufgabenstellung

Bekanntlich setzt die Mediävistik einen erweiterten Literaturbegriff voraus, der neben der Dichtung auch solche Texte umfaßt, die ohne besonderen ästhetischen Anspruch gestaltet sind; sie werden der Gebrauchsliteratur zugerechnet, die zweckbestimmt in unterschiedliche soziale Situationen eingelassen ist.[4] Auch die Gattung des Kommentars ist dieser Art von Schrifttum zuzuordnen, das in seiner pragmatischen Bestimmung in der Regel keine literarischen Ambitionen verfolgt. Generell ist der Kommentar auf einen Text bezogen, der für eine Gesellschaft eine verbindliche Geltung hat, durch den Wandel der Verstehensbedingungen jedoch erklärungsbedürftig geworden ist.[5] Bereits im frühen Christentum wurde die Kommentierung der Bücher, die als Heilige Schrift kanonischen Rang erhielten, erforderlich. Der Bibelkommentar ist seitdem eine Textsorte der Wissenschaft, die

---

[3] Den spezifischen Bezug der genannten Werke (außer Otfrid) zur Bibel unter dem Aspekt des Kommentars untersucht WALTER HAUG, Der Kommentar und sein Subjekt. Grundpositionen exegetischer Kommentierung in Spätantike und Mittelalter: Tertullian, Hohelied-Mystik, Meister Eckhart, in: Text und Kommentar. Archäologie der literarischen Kommunikation IV, hg. von JAN ASSMANN – BURKHARD GLADIGOW, München 1995, S. 333-354.

[4] Dazu Einführendes von KURT RUH, Poesie und Gebrauchsliteratur, in: Poesie und Gebrauchsliteratur im deutschen Mittelalter. Würzburger Colloquium 1978, hg. von VOLKER HONEMANN [u.a.], Tübingen 1979, S. 1-13.

[5] Zur Theorie s. JAN ASSMANN, Text und Kommentar. Einführung, in: Text und Kommentar (Anm. 3), S. 9-33; der Verfasser geht von "kulturellen Texten" aus, "die für die Gesamtheit einer Gesellschaft besondere normative und formative, sinn- und identitätssichernde Verbindlichkeit besitzen" (S. 21); vgl. jetzt den generellen Überblick von PETER STOTZ, Beobachtungen zur lateinischen Kommentarliteratur des Mittelalters: Formen und Funktionen, in: Das Mittelalter. Perspektiven mediävistischer Forschung 3 (1998), H. 1 (*Artes* im Medienwechsel), S. 55-71.

ihren 'Sitz im Leben' an der Schule hat. Unter dem Aspekt der Sprachhandlung dient er dem Zweck, lehrhaft Wahrheit und Wissen zu vermitteln.

Das ›St. Trudperter Hohelied‹ gilt allgemein wegen seines dialektalen Sprachstandes sowie der im Druckbild der Menhardtschen Ausgabe nicht erkennbaren Textgestalt der Kunstprosa, aber auch wegen seines esoterischen Gehaltes als ein schwer zugängliches Werk. Wenn es gleichwohl in einem mediävistischen Einführungsbuch berücksichtigt wird, scheint es mir sinnvoller, einen allgemein gehaltenen Überblick zu geben als von einem ausgewählten Detail her das Ganze des Werkes zu erschließen. Ich beschränke mich daher darauf, das ›St. Trudperter Hohelied‹ unter verschiedenen Aspekten der Gattungszugehörigkeit vorzustellen.

Wenn mit neun Zehnteln des Textumfanges der exegetische Kommentar im Vordergrund steht, ziehen gerade die Werkteile, die dem Kommentar als begleitende Rahmentexte hinzugefügt sind, die Aufmerksamkeit auf sich. Prolog und Epilog sind vom Haupttext abgehobene 'Paratexte' mit eigener literarischer Gestalt und Funktion.[6] Das gilt auch für die den Kommentarteil eröffnenden und beschließenden Textpartien mit spezifischen Informationen zum Werkverständnis. Der im Zentrum stehende Kommentar ist in bezug auf den Primärtext des ›Hohenliedes‹ selbst ein 'Metatext',[7] der in der exegetischen Vermittlung der Sinngehalte sich unterschiedlicher Ausdrucksformen bedient, wobei im wesentlichen predigthafter Sprachgebrauch vorherrscht. Semantische Querverbindungen, die den Prolog, den Kommentar und den Epilog aufgrund von Motivparallelen (s. unten zu den Sieben Gaben des Heiligen Geistes, S. 74f., 80-83) verklammern, zeigen an, daß die verschiedenartigen Werkteile als Bucheinheit konzipiert sind und damit ein ungemein reich variiertes Formganzes bilden. Der innovatorische Verbund der unterschiedlichen Gattungsformen läßt sich auf der Ebene der Werkstruktur als ein Indiz dafür verstehen, daß die schlichte Version des traditionellen Bibelkommentars durch literarische Stilisierung ästhetische Qualitäten eines sprachlichen Kunstwerks erlangt, die üblicherweise als Kennzeichen für Dichtung zu gelten haben.

Nun ist es offensichtlich, daß das ›St. Trudperter Hohelied‹ seinen literarischen Rang nicht allein der sprachlich-formalen Gestaltung des Metatextes verdankt. Als Auslegung eines biblischen Buches, die den Sinn des Textes zum Vorschein bringt, läßt sich das Werk als Echo auf einen eminent poetischen Text

---

[6] Dazu die anregende Untersuchung von GÉRARD GENETTE, Paratexte. Mit einem Vorwort von HARALD WEINRICH. Aus dem Franz. von DIETER HORNIG, Frankfurt/M. – New York 1989, S. 157-280, mit textlinguistischen Analysen diverser Vorwort-Typen.

[7] Zur Unterscheidung der beiden qualitativ verschiedenen Textebenen s. ASSMANN (Anm. 5), S. 28: Die Besonderheit des Kommentars bestehe darin, "sich als ein Text eigenen, wenn auch minderen Ranges, neben bzw. unter den Text zu stellen. Er ist ein Text, der über einen anderen Text handelt, und in diesem Sinne ein Metatext."

verstehen, der das Glück der erotischen Liebe feiert. Im Kontext der Heiligen Schriften des hebräischen Kanons und dann auch des Alten und Neuen Testaments konnte die Liebesdichtung bis ins 18. Jahrhundert im Judentum wie im Christentum nur als zeichenhaft-allegorisch zu verstehende Offenbarung Gottes aufgefaßt werden, als Gleichnis für den Bund Gottes mit dem Volk Israel bzw. der Kirche. Zwar gab es seit Beginn in der christlichen Auslegungsgeschichte des ›Hohenliedes‹ auch Ansätze zu einer wörtlichen Deutung, doch erst seit Johann Gottfried Herder wurde das ›Hohelied‹ zunehmend als weltliche Liebesdichtung gelesen.[8] Herder protestierte gegen die Mißhandlung des Liedes durch die Allegorese.[9] Die Einsicht in die Geschichtlichkeit des Verstehens hat in der zweiten Hälfte des 20. Jahrhunderts zu grundlegenden Umorientierungen in der philologi-

---

[8] FRIEDRICH OHLY, Hohelied-Studien. Grundzüge einer Geschichte der Hoheliedauslegung des Abendlandes bis um 1200, Wiesbaden 1958 (Schriften der Wiss. Gesellschaft an der Johann Wolfgang Goethe-Universität Frankfurt/M., Geisteswiss. Reihe 1); HELMUT RIEDLINGER, Die Makellosigkeit der Kirche in den lateinischen Hoheliedkommentaren des Mittelalters, Münster 1958 (Beiträge zur Geschichte der Philosophie und Theologie des Mittelalters 38/2), S. 226-233 (trotz der Beschränkung auf die lateinische Exegese) zum ›St. Trudperter Hohenlied‹; zum ›Hohenlied‹ im Alten Testament und zur Auslegungsgeschichte im Juden- und Christentum bis zum 19. Jahrhundert s. den zusammenfassenden Handbuchartikel von HENNING GRAF REVENTLOW – PETER KUHN – ULRICH KÖPF – JEAN M. VINCENT, Hohelied, in: Theologische Realenzyklopädie Bd. 15 (1986), S. 499-514, hier S. 510 innerhalb der Aufreihung lateinischer Hoheliedkommentare des Mittelalters der Hinweis auf das volkssprachige ›St. Trudperter Hohelied‹.

[9] "Kein Buch des Alten Testaments ist gemißhandelter als das sogenannte *Hohelied Salomons*. Man weiß bei seinem klaren Wortverstande nicht was man daraus zu machen habe? hat Allegorie, Mystik, zuletzt Zoten und Liebesränke darüber geschüttet – und alles aus lauter lieber Heiligkeit – *es steht ja in der Bibel*." Johann Gottfried Herder, Lieder der Liebe, ein Biblisches Buch, in: Sämmtliche Werke, hg. von BERNHARD SUPHAN, Bd. 8, Berlin 1892, S. 589; zit. in: Das Hohe Lied Salomos. Nachdichtungen und Übersetzungen aus sieben Jahrhunderten, hg. von HERMANN TIMM, Frankfurt/M. 1982 (insel taschenbuch 600), Nachwort S. 175-195, hier S. 175.
Das Urteil des modernen Theologen über die allegorische Methode der Hoheliedauslegung fällt zwar moderater aus, in der Sache steht es dem Verfahren kritisch gegenüber, vgl. ULRICH KÖPF (Anm. 8), S. 508: "Wo man diese Methode [...] akzeptiert, da führt sie nicht so sehr zu exegetischen Einsichten, sondern bietet vielmehr Gelegenheit, im Rahmen der jeweilig benützten Deutungsschemata Überlegungen anzustellen, die zwar dem Ausleger wichtig, dem Text jedoch fremd sind. So hat die Cant-Auslegung bis ins 18. Jh. weniger zum Verständnis des Werks als zur Entwicklung von Ekklesiologie und Geschichtstheologie, Mariologie und Mystik beigetragen."
Die Verlegenheit auch der neuzeitlichen Bibelkritik gegenüber dem wörtlich verstandenen ›Hohenlied‹ zeigt das Urteil von FRIEDRICH WILHELM GRAF, Frankfurter Allgemeine Zeitung, Nr. 21, 25. Jan. 1997: "Die gut zweihundertjährige Geschichte der historisch-kritischen Exegese der biblischen Liebeslieder läßt kaum weniger produktive Imaginationskraft erkennen als zweitausend Jahre religiöser Allegorese. Derzeit lesen manche Alttestamentler die Lieder als Hymnen für eine andere Ordnung der Geschlechter, in der die Zionstöchter dem als Salomo imaginierten Manne die Regeln fürs Liebesspiel vorschreiben"; das Zitat steht im Zusammenhang der Rezension von: Das Hohelied Salomos. Übersetzt, transkribiert und kommentiert von KLAUS REICHERT, Salzburg 1996; hier wird für eine 'körpernahe' Lesart plädiert, die auf einen weitergehenden Sinn verzichtet. REICHERT will, so der Rezensent GRAF, "den offenen, fragmentarischen Charakter der Lieder transparent machen und eine 'andere Lektüre' ermöglichen, die die Fundierung der Liebessprache im Körper ernst nimmt."

schen Hermeneutik geführt, die der Auslegungs- und Wirkungsgeschichte einen neuen methodischen Stellenwert eingeräumt haben. In diesen Zusammenhang ist auch die 'Rehabilitierung' der Allegorese einzuordnen, die in den verschiedenen Disziplinen der Mediävistik ein Verstehen von Kunst und Literatur ermöglicht hat, das dem Selbstverständnis der Zeit entspricht.[10]

Die Auslegungsgeschichte des ›Hohenliedes‹ erreichte im 12. Jahrhundert einen Höhepunkt. Seine Aktualität verdankte es der epochalen geistes- und sozialgeschichtlichen Umbruchsituation dieses Jahrhunderts, die auf allen Gebieten der Kultur das Denken und Fühlen der Menschen verändert und zu einer Konstellation geführt hat, die zunehmend die Wahrnehmung menschlicher Individualität ermöglichte.[11] Entsprechend fand das ›Hohelied‹ in den theologischen Schulen, besonders aber in den Klöstern, eine gesteigerte Aufmerksamkeit. Nach den Psalmen war das ›Hohelied‹ mit mehr als 30 Kommentaren das am häufigsten ausgelegte biblische Buch und übertraf damit die Gesamtzahl der Kommentare, die in dem vorausgehenden Jahrtausend verfaßt worden waren. Als eigenständiger Kommentar in der Volkssprache reiht sich das ›St. Trudperter Hohelied‹ in den Kreis der zeitgenössischen lateinischen Hoheliedauslegungen ein, die in Westeuropa bei den verschiedenen Orden des 12. Jahrhunderts, den Benediktinern, Zisterziensern, Augustiner-Chorherren und Prämonstratensern, jeweils eine spezifische Ausprägung erlangt haben.

---

[10] Die von dem Philosophen Hans-Georg Gadamer in Gang gesetzte Rehabilitierung der Allegorie ist zu den von Walter Haug im Eingangszitat (s. oben S. 61) angesprochenen "neue[n] Akzente[n]" und "tiefgreifende[n] Umwertungen" in der Mediävistik zu rechnen; vgl. die Bestandsaufnahme bei CHRISTEL MEIER, Überlegungen zum gegenwärtigen Stand der Allegorie-Forschung. Mit besonderer Berücksichtigung der Mischformen, in: FMSt 10 (1976), S. 1-69, hier S. 2; zum jüngsten Forschungsstand s. jetzt RUDOLF SUNTRUP, Zeichenkonzeptionen in der Religion des lateinischen Mittelalters, in: Semiotik. Semiotics. Ein Handbuch zu den zeichentheoretischen Grundlagen von Natur und Kultur [...], hg. von ROLAND POSNER - KLAUS ROBERING - THOMAS A. SEBEOK, Berlin - New York 1997 (Handbücher zur Sprach- und Kommunikationswissenschaft 13.1), S. 1115-1132; DERS., Allegorese, in: RLW Bd. 1 (1997), S. 36-40; einen Gesamtüberblick von der Antike bis in das 20. Jahrhundert bietet der Lexikonartikel von WIEBKE FREYTAG, Allegorie, Allegorese, in: Historisches Wörterbuch der Rhetorik Bd. 1 (1992), Sp. 330-393.

[11] Dazu mit Ausrichtung auf das ›St. Trudperter Hohelied‹ und Interpretation der zentralen Passagen URBAN KÜSTERS, Der verschlossene Garten. Volkssprachliche Hohelied-Auslegung und monastische Lebensform im 12. Jahrhundert, Düsseldorf 1985 (Studia humaniora 2), S. 228-334; vgl. auch ALOIS WOLF, Deutsche Kultur im Hochmittelalter. 1150-1250, Essen 1986 (Handbuch der Kulturgeschichte, 1. Abt. Zeitalter deutscher Kultur), S. 193-203 zum ›St. Trudperter Hohenlied‹; WOLF rückt die monastische Hoheliedrezeption als Indikator einer neuen Spiritualität in die "Perspektiven der hochmittelalterlichen Kultur", die durch die Begriffe "Öffnen - Suchen - Neumachen" zu kennzeichnen sind (S. 11-24).

II. Literaturgeschichtliche Einordnung

Um das ›St. Trudperter Hohelied‹ genauer geschichtlich einordnen zu können, ist es erforderlich, kurz auf die Überlieferung des Werkes und auf Hinweise im Text einzugehen, aus denen sich indirekt Angaben zu Ort und Zeit der Abfassung und damit auch zu Autor und Publikum erschließen lassen.[12]

Das Werk ist relativ schmal in sechs weitgehend vollständigen Einzelhandschriften und zwei Fragmenten überliefert.[13] Sie sind in die Zeit vom dritten Viertel des 12. Jahrhunderts (Fragment B, Nürnberg, Germanisches Nationalmuseum, Nr. 42518) bis zum Beginn des 16. Jahrhunderts zu datieren. Der Verbreitungsraum erstreckt sich für die Fragmente und die vollständigen Handschriften auf Klöster des bayrisch-österreichischen Sprachgebiets. Nur die Handschrift A (Wien, Österreichische Nationalbibliothek Nr. 2719), von Menhardt auf 1230 datiert, weist alemannisch-bairischen Mischdialekt auf. Diese älteste vollständige Handschrift diente als Grundlage für die unzureichende Edition durch Joseph Haupt[14] 1864 und die Neuausgabe durch Hermann Menhardt 1934. Der in der zweiten Hälfte des 14. Jahrhunderts in der Handschrift angebrachte Besitzvermerk des Benediktinerklosters St. Trudpert bei Freiburg, das im alemannischen Sprachgebiet liegt, hat dem Werk zu der üblich gewordenen Bezeichnung verholfen.

Die Autorschaft ist, da das Werk anonym überliefert ist, ungeklärt. Als Rezipienten lassen sich aus Angaben des Textes Klosterfrauen bestimmen. Die Lokalisierung und Datierung waren in der Forschung lange umstritten. Da die im Kommentar genannten Heiligen, der Wundertäter St. Martin von Tours und der Bayernbekehrer Rupert von Salzburg (83,17-21), sich als Schutzheilige des Frauenklosters Admont identifizieren lassen, wird das in der Steiermark (Erzbistum Salzburg) gelegene benediktinische Doppelkloster Admont auch der Herkunftsort

---

[12] Die kontroverse Forschung, auf die ich nicht eingehe, referiert: FRIEDRICH OHLY, ›Das St. Trudperter Hohelied‹, in: ²VL Bd. 9 (1995), Sp. 1089-1106; in dem Artikel ist nicht mehr erfaßt: ROSWITHA WISNIEWSKI, Das frühmittelhochdeutsche Hohe Lied, sog. St. Trudperter Hohes Lied. Mit dem Text der Klosterneuburger Handschrift [hg. von ERIK LEIBENGUTH], Frankfurt/M. [u.a.] 1995 (Information und Interpretation 1).

[13] Dazu ausführlich MENHARDT (Anm. 1), Bd. 1 [Einleitung]; KÜSTERS (Anm. 11), S. 64-76; zuletzt WISNIEWSKI (Anm. 12), S. 204-240.

[14] Das Hohe Lied, übersetzt von Williram, erklärt von Rilindis und Herrat, Äbtissinnen zu Hohenburg im Elsaß (1147-1196), aus der einzigen Handschrift der k.k. Hofbibliothek zu Wien, hg. von JOSEF HAUPT, Wien 1864. Die Zuschreibung der Autorschaft an Rilint und Herrad von Hohenburg, beide nacheinander Äbtissinnen des Kanonissenstiftes Hohenburg/Sainte-Odile bei Straßburg und maßgeblich an der Entstehung der enzyklopädisch angelegten Sammelhandschrift ›Hortus deliciarum‹ beteiligt, hat sich bald als Irrtum erwiesen; zu beiden Autorinnen s. JOHANN WILHELM BRAUN, Rilint (Rilinda; Relinde) OSA, in: ²VL Bd. 8 (1992), Sp. 76f.; MICHAEL CURSCHMANN, Herrad von Hohenburg (Landsberg), in: ²VL Bd. 3 (1981), Sp. 1138-1144.

gewesen sein.¹⁵ Zeitgeschichtliche Angaben des unmittelbaren Kontextes, der Hinweis auf das in der unmittelbaren Gegenwart eingetretene Kirchenschisma (*zertailede, missehelle* 85,7f.), erlauben auch die Datierung des Werkes. Da die Periode der doppelten Besetzung des Papststuhls von 1159-1177 dauerte, ist das 7. Jahrzehnt des 12. Jahrhunderts als Zeit der Abfassung anzusetzen.

Das benediktinische Männer- und Frauenkloster Admont ist im 12. Jahrhundert das letzte bedeutende Zentrum einer Reformbewegung, die von Hirsau und St. Georgen im Schwarzwald ausging und die zwei Jahrhunderte zuvor in Cluny ihren Ursprung hatte.¹⁶ Für das innere Klosterleben verlangte die Reform erhöhte Anforderungen an die Gestaltung der Liturgie, generell das Streben des einzelnen und der Gemeinschaft nach monastischer Vollkommenheit. Der weitgehend aus adligen Damen zusammengesetzte Konvent umfaßte um 1150 auch sehr gebildete lateinkundige Nonnen, die in der Lage waren, die geistlichen Ansprachen ihres Lehrers Irimbert, die sie innerhalb der Klausur durch das Sprechfenster des Kapitelsaales hören konnten, mitzuschreiben.¹⁷ Einigen Frauen bescheinigt Irimbert: 'Sie sind nämlich sehr gelehrt und in der Wissenschaft von der Heiligen Schrift bewunderungswürdig erfahren.'¹⁸

---

¹⁵ Nach dem ersten Hinweis von FRIEDRICH OHLY, Geist und Formen der Hoheliedauslegung im 12. Jahrhundert, in: ZfdA 85 (1954), S. 181-197, hier S. 194, dem weitere folgten, zuletzt HANS-JÖRG SPITZ, Zur Lokalisierung des St. Trudperter Hohenliedes im Frauenkloster Admont, in: ZfdA 121 (1992), S. 174-177. Gebeine des zuvor im Kontext genannten Märtyrerheiligen Chrysanthus und seiner nicht mit Namen genannten Frau Daria (82,10f.) gehören zu den Reliquien, mit denen die Admonter Klosterkirche bei der Weihe 1074 ausgestattet wurde; s. ›Vita Gebhardi [...] cum Chronico Admuntensi‹, hg. von WILHELM WATTENBACH, in: MGH Scriptores 11 (1854), S. 33-51, hier S. 36, Z. 38f., der Hinweis auf Schädel und Kinn des Märtyrerpaares.

¹⁶ Zu den Zielen der Reformbewegung und ihrer Rezeption im ›St. Trudperter Hohenlied‹ s. die sozialgeschichtlich ausgerichtete Untersuchung von KÜSTERS (Anm. 11), passim, bes. S.71-88.

¹⁷ JOHANN WILHELM BRAUN, Irimbert von Admont, in: FMSt 7 (1973), S. 266-323, bes. S. 287-292.

¹⁸ *Valde quippe sunt [personae] litteratae, et in scientia sacrae scripturae mirabiliter exercitatae.* Irimbert, ›De incendio monasterii sui, ac de vita et moribus virginum sanctimonialium Parthenonis Admuntensis narratio‹, hg. von BERNHARD PEZ, Bibliotheca ascetica antiquo-nova, Bd. 8, Regensburg 1725, S. 455-464, hier S. 460. Zur Autorschaft der bisher dem Admonter Abt Gottfried (1138-1165) zugeschriebenen lateinischen Predigtsammlung [PL 174, Sp. 21-1241] s. STEPHAN BORGEHAMMAR, Who Wrote the Admont Sermon Corpus: Gottfried the Abbot, His Brother Irimbert or the Nuns? In: De l'homélie au sermon. Histoire de la prédication médiévale. Actes du Colloque International de Louvain-la-Neuve (9-11 juillet 1992), hg. von JACQUELINE HAMESSE - XAVIER HERMAND, Louvain-la-Neuve 1993 (Université Catholique de Louvain. Publications de l'Institut d'etudes médiévales. Textes, études, congrès 14), S. 47-51; BORGEHAMMAR rechnet mit der Möglichkeit, daß einige der Predigten von Nonnen verfaßt oder literarisch bearbeitet worden sind (S. 49). Zu den Admonter Predigten und Bibelkommentaren, ohne Bezug auf das ›St. Trudperter Hohelied‹, s. auch FRITZ PETER KNAPP, Die Literatur des Früh- und Hochmittelalters in den Bistümern Passau, Salzburg, Brixen und Trient von den Anfängen bis zum Jahre 1273, Graz 1994 (Geschichte der Literatur in Österreich von den Anfängen bis zur Gegenwart 1), S. 74-79.

Der Gebrauch der Volkssprache schließt die liturgische Verwendung des ›St. Trudperter Hohenliedes‹ aus. Urban Küsters ist darauf aufmerksam geworden, daß die von der Benediktusregel (cap. 42) vorgesehene Zusammenkunft am frühen Abend, die *collatio*, am ehesten der Ort ist, der für den Vortrag des Werkes in Frage kommt.[19] Der Anlaß für den Vortrag ist durch die Liturgie des Stundengebetes gegeben: Das am 15. August gefeierte Fest Mariae Himmelfahrt sah Lesungen aus dem ›Hohenlied‹ vor, auf die der Text selbst Bezug nimmt (88,7f.).[20]

Wer die Hoheliedauslegung verfaßt hat, läßt sich dem Werk nicht entnehmen. Für die Gattung des lateinischen Bibelkommentars ist in der Regel die Angabe der Autorschaft und damit die Selbstnennung des Autors zu erwarten. Es ist naheliegend, an einen Priestermönch zu denken, dem die geistliche Führung der Nonnen übertragen worden ist und der dem Admonter Männerkloster angehört.[21] Der Verfasser des Werkes verfügt über eine ausgedehnte Kenntnis der theologischen Literatur: Er kennt die Werke der führenden Theologen seiner Zeit (Bernhard von Clairvaux, Wilhelm von St. Thierry, Hugo von St. Viktor, Rupert von Deutz, Gerhoh von Reichersberg, Honorius Augustodunensis) und wählt aus ihren Werken selbständig aus.[22] Dagegen sind die Berührungen mit der volkssprachigen geistlichen Literatur eher punktuell.[23]

III. Bibelkommentar

Der Kommentar, der exegetische Mittelteil des ›St. Trudperter Hohenliedes‹, wahrt in seiner äußeren Anlage die Form des traditionellen Bibelkommentars, da er fortlaufend den Gesamtbestand der vom ›Hohenlied‹ vorgegebenen Verse auslegt. Die Methode der Auslegung richtet sich grundsätzlich nach der Lehre vom mehrfachen Schriftsinn, für die sich der moderne Begriff der Allegorese eingebürgert hat.[24]

---

[19] KÜSTERS (Anm. 11), S. 23-39.

[20] OHLY (Anm. 12), Sp. 1099f.

[21] Zu prüfen bleibt noch die These von WISNIEWSKI (Anm. 12), S. 280 u.ö., daß der Verfasser dem Klerikerorden der Augustiner-Chorherren angehört. WISNIEWSKI denkt an Gerhoh von Reichersberg (S. 280) oder aber auch an eine weibliche Verfasserschaft (S. 73 u. 85). In der Forschung wurde verschiedentlich eine Frau als Verfasserin in Betracht gezogen, s. OHLY (Anm. 12), Sp. 1089f. Irimbert, der als leiblicher Bruder des Abtes Gottfried und Angehöriger des Admonter Konvents selbst zu ausgewählten Versen des ›Hohenliedes‹ einen Kommentar geschrieben hat, scheidet als Verfasser aus, da, wie der Vergleich beider Texte zeigt, keinerlei Berührungspunkte festzustellen sind.

[22] OHLY (Anm. 12), Sp. 1098f.

[23] Gegenteiliger Ansicht ist WISNIEWSKI (Anm. 12), S. 166-203 ("Das frmhd. HL im Umkreis deutscher Literatur").

[24] Die Forschungsergebnisse der letzten Jahrzehnte zusammenfassend: HANS-JÖRG SPITZ,

Nur wenige Bücher der Bibel erforderten eine derart konsequente Anwendung der geistlichen Deutungsweise wie das ›Hohelied‹, das in der Gesamtheit seiner Einzelzüge, den Figuren, Szenen, Gebärden und Motiven, den Orten, Tieren und Pflanzen, unter das generelle Vorzeichen des allegorisch Zeichenhaften tritt. Das Ordnungsschema des mehrfachen Schriftsinns, das die zu enthüllende Wahrheit des Bibelwortes nach inhaltlichen Kriterien systematisiert, wird im ›St. Trudperter Hohenlied‹ an keiner Stelle terminologisch angezeigt, dennoch ist es in den durch Initialen markierten Absätzen präsent.[25]

An die Stelle spezifisch hermeneutischer Signale (*secundum allegoriam, moraliter, anagogice*) tritt beim Übergang vom Literalsinn zur spirituellen Bedeutung sehr häufig die formelhaft gebrauchte Wendung *daz quît* ('das heißt, das bedeutet').[26] Auch ohne Markierung der Deutungsebene ist an den Inhalten erkennbar, daß der Ausleger zwischen den verschiedenen Sinndimensionen zu unterscheiden weiß: In der Regel gehen bei der Auslegung die heilsgeschichtlichen Aussagen voraus, nachgeordnet sind die tropologisch-moralischen Sinngehalte, die der gegenwärtigen Lebenspraxis der Nonnen Weisung geben. In beiden exegetischen Bahnen kann sich bei Gelegenheit auch der anagogische ('in die Höhe führende') Sinn anschließen, der Heilsgeschichtliches oder Befindlichkeiten der Einzelseele in die eschatologische Perspektive rückt. Charakteristisch ist das Bestreben des Auslegers, die separat gehaltenen Deutungsebenen zu verbinden, indem die zeitlich entrückten Vorgänge der Heilsgeschichte im Hinblick auf die monastische Lebensform aktualisiert und damit aus der Rückschau in die Gegenwart der Nonnen überführt werden.

Das (virtuelle) Raster der Schriftsinne konkurriert mit einem anderen Gliederungsprinzip, das am Rollenverständnis der Liebenden orientiert ist. Für die Auslegungsgeschichte des ›Hohenliedes‹ wurde die Ansicht des Kirchenvaters Origenes bestimmend, daß es in seiner Gesamtheit als Hochzeitslied in Wechselgesängen zu verstehen und damit der Gattung des Dramas zuzurechnen sei.[27] Die Zuweisung eines Verses zur Sprecherrolle des Bräutigams, der Braut oder anderen Figuren ist eine exegetische Weichenstellung, die bereits im Verständnis des

---

Allegorese/Allegorie/Typologie, in: Das Fischer Lexikon, Literatur, 3 Bde., hg. von ULFERT RICKLEFS, Frankfurt/M. 1996, Bd. 1, S. 1-31.

[25] Unspezifisch bleiben die Verben *errecken* 'darlegen, ergründen' (23,31; 33,13; 44,1) und *verwarn* 'verschließen': *daz daz unverwarte sanc gê durch den verwarten munt* (7,3). Die Initialen werden in den Editionen von MENHARDT und OHLY (jeweils Anm. 1) unterschiedlich berücksichtigt.

[26] 3. Pers. Sg. Ind. Präs. (Kontraktion *quidet* > *quît*) von *queden* 'sagen, sprechen', unpers. 'heißen, bedeuten'.

[27] Dazu eingehend FRIEDRICH OHLY, Zur Gattung des Hohenliedes in der Exegese, in: DERS., Ausgewählte und neue Schriften zur Literaturgeschichte und zur Bedeutungsforschung, hg. von UWE RUBERG – DIETMAR PEIL, Stuttgart – Leipzig 1995, S. 95-112.

Literalsinnes angelegt ist. Die Rolle des Bräutigams wird traditionell Gott zugesprochen, wobei der Verfasser des ›St. Trudperter Hohenliedes‹ je nach den Gegebenheiten des auszulegenden Verses die 'einfache' Gottesbezeichnung auch trinitarisch erweitert oder aber die Personen der Trinität, Gottvater, Christus, Heiliger Geist, einzeln agieren läßt. Variabel ist auch die Brautrolle besetzbar, in die je nach Kontext die Gottesmutter Maria oder die Einzelseele eintritt.[28] Zwar wird die Kirche am Rande auch als Braut registriert, doch tritt sie im Kommentar in dieser Funktion nicht eigenständig in Erscheinung.[29] Während die Brautrolle der Seele eindeutig der tropologisch-moralischen Sinnschicht angehört, ist Maria in gleicher Funktion Teil der Heilsgeschichte wie auch Christus als Bräutigam, an dessen Stationen des irdischen Lebensganges erinnert wird. Der Heilige Geist ist im Verbund mit den anderen trinitarischen Personen sowohl Wegbereiter der Schöpfungs- und Heilsgeschichte als auch Beistand für die menschliche Seele, der als Braut aufgetragen ist, nach der 'Gotteserkenntnis durch Liebe', wie die Titelangabe des Buches lautet (145,12f.), zu streben.

In der Übersetzung der lateinischen Vulgataverse folgt der unbekannte Autor dem Hoheliedkommentar Willirams, den dieser rund ein Jahrhundert zuvor (um 1065) als Abt des oberbayrischen Benediktinerklosters Ebersberg abgefaßt hat. Mit diesem Werk wurde die lateinische Hoheliedexegese zum ersten Mal in einem literarisch stilisierten Kommentar zum Teil volkssprachig. Nach spätantikem Vorbild hat Williram ein *opus geminum,* ein Zwillingswerk, geschaffen, bei dem auf jeder Pergamentseite zum jeweiligen lateinischen Vers, der die Mitte des Blattes einnimmt, die Auslegung synoptisch in der linken Kolumne in lateinischen Hexametern, in der rechten in deutsch-lateinischer Mischprosa erscheint. Die Anleihe des Verfassers beschränkt sich nicht allein auf die Übernahme der übersetzten Hohenliedverse, er hat damit zugleich die formale Aufteilung des Versbestandes in 149 Auslegungseinheiten übernommen.[30]

---

[28] Auch wenn die Vorbildfunktion Marias für alle Gläubigen hervorgehoben wird, bleibt der Anteil der mariologischen Deutung gegenüber der quantitativ vorherrschenden Tropologie relativ gering; vgl. dazu OHLY (Anm. 12), Sp. 1100f.

[29] Die Gemahlin Gottes wird 43,1f. dreifach unterschieden: *daz ist diu heilige cristenheit unde ze vorderest diu gotes muoter unde ein iegelich saeligiu sêle,*-. Weitere Belege in dem unentbehrlichen Hilfsmittel, das eher ein vollständiges Glossar bzw. Stellenregister ist: Wörterbuch zum St. Trudperter Hohen Lied. Ein Beitrag zur Sprache des mittelalterlichen Mystik, hg. von WALTRAUD-INGEBORG SAUER-GEPPERT, Berlin – New York 1972 (Quellen und Forschungen zur Sprach- und Kulturgeschichte der germanischen Völker NF 50).

[30] The ›Expositio in Cantica Canticorum‹ of Williram, Abbot of Ebersberg 1048-1085. A Critical Edition, hg. von ERMINNIE HILLIS BARTELMEZ, Philadelphia 1967 (Memoirs of the American Philosophical Society 69). Das Werk wurde mit über 40 Handschriften im gesamten deutschen Sprachgebiet bis ins 16. Jahrhundert überliefert, hat also eine wesentlich größere Resonanz als das ›St. Trudperter Hohelied‹ gefunden; s. dazu KURT GÄRTNER, Zu den Handschriften mit dem deutschen Kommentarteil des Hoheliedkommentars Willirams von Ebersberg, in:

Williram hat Einzelverse oder Versgruppen mit Zwischentiteln versehen, die ankündigen, daß hier die Stimme Christi, der Kirche und auch vereinzelt der Synagoge zu hören ist. Er bewahrt weitgehend den dialogischen Charakter des Grundtextes, wenn in etwa zwei Dritteln des Werks Christus und die Kirche in der Ichform und der Du-Anrede miteinander sprechen und dabei den zugrundeliegenden Vers unmittelbar selbst auslegen.[31] Die fast ausschließliche Festlegung der Rolle des Bräutigams und der Braut auf Christus und die Kirche beschränkt die Auslegung Willirams auf die traditionelle ekklesiologische Deutung des Textes.

Der Verfasser des ›Trudperter Hohenliedes‹ ist seiner Vorlage im Hinblick auf die Form der dramatischen Selbstauslegung der Rollenträger und die Deutungsinhalte nur stellenweise gefolgt. Die Aufteilung des ›Hohenliedes‹ in 149 Texteinheiten bietet einen im Literalsinn gegebenen Strukturrahmen, der formal den Merkmalen eines fortlaufenden Bibelkommentars genügt und den der Verfasser des ›St. Trudperter Hohenliedes‹ nach seinen Vorstellungen ausgefüllt hat. Wenn ich mich auf den formalen Aspekt der Gattung beschränke, besteht das Neue in einer beweglich gehandhabten Allegorese, die sich der Stilform der Predigt bedient.[32]

IV. Predigt

Bereits die Spätantike kennt homiletische Bibelkommentare, die sich nach dem Vorbild des grammatischen Schulunterrichts auf erbauliche Texterklärung im christlichen Wortgottesdienst zurückführen lassen.[33] Neben dem Typ der fortlaufend den Text auslegenden Predigt (Homilie) hat sich die thematisch bezogene Predigt (Sermo) entwickelt. Beide Versionen sind in der Trudperter Auslegung

---

Deutsche Handschriften 1100-1400. Oxforder Kolloquium 1985, hg. von VOLKER HONEMANN – NIGEL F. PALMER, Tübingen 1988, S. 1-34. Der schmale Textbestand des ›Hohenliedes‹ umfaßt in der Vulgata nach heutiger Zählung 8 Kapitel mit insgesamt 118 Versen. Durch Willirams Aufteilung in 149 Auslegungseinheiten (mhd. *capitel*) wird der immer wieder konstatierte fragmentarische Überlieferungszustand der biblischen Vorlage, der die Gliederung nach Liedeinheiten erschwert, noch verstärkt. In modernen Kommentaren schwankt die Zahl der Lieder zwischen 20 und 50. Die Auflösung der Kontextbindung kommt der Allegorese, der Sinnfindung auf der Ebene kleinerer Texteinheiten, entgegen.

[31] OHLY (Anm. 27), S. 102.

[32] Dazu eingehend KÜSTERS (Anm. 11), S. 19-24, 32-35 u.ö.; jetzt auch zur Klosterpredigt im 12. Jahrhundert: BEVERLY MAYNE KIENZLE, The Typology of the Medieval Sermon and its Development in the Middle Ages: Report on Work in Progress, in: De l'homélie au sermon (Anm. 18), S. 83-101, hier S. 88-101.

[33] Vgl. BERNHARD LANG, Homiletische Bibelkommentare der Kirchenväter, in: Text und Kommentar (Anm. 3), S. 199-218, bes. S. 208. Generelle Überblicke, ohne auf die Allegorese einzugehen: GERHARD LOHFINK, Kommentar als Gattung, in: Bibel und Leben 15 (1974), S. 1-16; KARLFRIED FROEHLICH, Bibelkommentare – Zur Krise einer Gattung, in: Zeitschrift für Theologie und Kirche 84 (1987), S. 465-492.

anzutreffen, sie fügen sich zwanglos in die tropologisch-moralische Sinnschicht des Kommentars ein, in der der Ausleger bei den Nonnen, für deren Seelsorge er zuständig ist, ein weites und fruchtbares Feld findet. Im Unterschied zur deutschsprachigen Volks- oder Gemeindepredigt, die der Unterrichtung in elementarer Glaubens- und Sittenlehre dient und häufig den Bußgedanken in den Vordergrund stellt, kann die Klosterpredigt in ganz anderem Maße auf die innere Situation und die Bedürfnisse der geistlichen Gemeinschaft eingehen. Allerdings erreichen die predigthaften Elemente nicht die Intensität und das von der Situation der Hörerschaft bestimmte Ausmaß an Eigendynamik, daß sie die Kommentarform sprengen und sich verselbständigen konnten. Ein unübertroffenes Beispiel dafür ist Bernhard von Clairvaux, dessen Hoheliedauslegungen die literarische Gestalt von Predigtzyklen angenommen haben.[34]

Das zentrale sprachliche Merkmal der Predigt ist der lebendige Modus der Mündlichkeit. Er zeigt sich im weitgehenden Verzicht auf den berichtenden Redegestus, dafür herrschen beim kursorischen Durchgang die Anreden und eine Vielzahl kommunikativer Gesten vor, die durch das Gemeinde-Wir die Distanz von Prediger und Zuhörerschaft überbrücken. Urban Küsters macht auf die offene dialogische Gesprächsform aufmerksam, die institutionell an die Aufführungssituation des Textes, die Vorlesung im Rahmen der monastischen *collatio*, rückgebunden ist:

> "Die für die Hohelied-Auslegung konstitutiven rhetorischen Einschübe, die wiederkehrenden Fragen, Betonungen, Rückverweise erklären sich zwanglos aus der Gesprächsatmosphäre und -situation. Auch in schriftlicher Fixierung hat die Literatur die lebendige mündliche Gesprächssituation gleichsam in erstarrter Form bewahrt bzw. scheint sie zu simulieren."[35]

> "Über die personale Auslegung, die sich in unserem Text meist in der vertraulichen Wir-Form manifestiert, wird das Publikum aus einer Schaudistanz herausgenommen und in das Geschehen des Hohenliedes hineinverwickelt, wird die Heilsgeschichte aus der Retrospektive in eine wirkungsmächtige und lebensbedeutsame Gegenwart überführt."[36]

Der Verfasser des Kommentars steht vor der Aufgabe, für jeden der 149 Einzelverse einen kurzen oder längeren Auslegungsabschnitt so zu organisieren, daß für die Hörerschaft erkennbar ist, wer bei der variablen Besetzung der Rolle des Bräutigams oder der Braut gemeint ist. Ein Großteil der Verse ist dialogisch gestaltet, enthält also Personalpronomina der Ich- und Du-Anrede mit den entsprechenden Wortformen in den verschiedenen Kasus. Die jeweilige Konstellation

---

[34] OHLY, Hohelied-Studien (Anm. 8), S. 136f.
[35] KÜSTERS (Anm. 11), S. 25.
[36] KÜSTERS (Anm. 11), S. 35f.

wird beim Übergang von Vers zu Vers durch regieartige Bemerkungen des Auslegers geklärt.[37] Wenn die personale Deixis des Grundtextes im Auslegungstext erhalten bleibt, sprechen entweder die Figuren (Bräutigam/Braut) zueinander oder dialogisch miteinander oder der Ausleger übernimmt stellvertretend die Ich-Rede der jeweiligen Sprecherfigur. Nur vereinzelt ist ein im Metatext stehendes *ich* oder *mîn* auf den Exegeten zu beziehen, der sich als Subjekt der Auslegung im Gebet an Gott, Christus oder Maria wendet, den Nonnen Ratschläge gibt oder mit erzähltechnischen Bemerkungen hervortritt.[38] Beim Wechsel in die darstellend-berichtende Redeform hat der Ausleger die vorgegebenen personalen Zeigewörter nicht immer konsequent umgeformt, so daß sich zahlreiche Mischformen und gleitende Übergänge in der sprachlichen Darstellungsform ergeben. Ich belasse es bei dieser Andeutung, die durch Beispiele zu demonstrieren wäre. Der Sachverhalt selbst verdiente eine eigene systematische Untersuchung. Für den Leser von heute ergibt sich bei der Lektüre ein ständiger Wechsel der personalen Sinnbezüge; mit dem veränderten Standort der Wahrnehmung, bedingt durch das Fortschreiten von Vers zu Vers, geraten durch die Auslegung jeweils neue Bild- und Gedankenfolgen überraschend ins Blickfeld des Betrachters.

V. Prolog

In den Paratexten des Kommentars, die das Werk zu Beginn und Ende begleiten, entfällt die exegetische Bindung an Vorgegebenes und mit ihr die Beschränkung der Ausdrucksmöglichkeiten. Eine Einleitung, in der allgemeine Fragen berührt werden, gehört zur üblichen Ausstattung eines lateinischen Bibelkommentars. Die beiden am Anfang stehenden Textpassagen (1,1-5,33; 6,1-8.9) zeichnen sich gegenüber dem Kommentar durch eine kunstvoll gesteigerte Sprachform aus. Es handelt sich um zwei unterschiedliche Prologarten, die nach der Terminologie der lateinischen Prologtheorie als *prologus praeter rem* ('außerhalb der Sache') und *prologus ante rem* ('vor der Sache') zu bezeichnen wären.[39]

---

[37] Beispiele aus dem Inventar exegetischer Überleitungssignale: *der vers triffet an die christenheit der juden* (40,11f.); *daz ist gesprochen von der allichen christenheit* (121,1f.); mit Bezug auf Maria: *nû sprechen von der êrsten unde von der saelegesten, von der diz buoch anegevangen wart, der eigen ist diz capitel* ["der dieser Vers gehört"] (139,25-28); mit Bezug auf die Einzelseele/Nonne: *nû sprichet diu liebe brût, [...], daz quît:* (121,25f.).
[38] Stellennachweise bei OHLY (Anm. 12), Sp. 1090.
[39] Das Begriffspaar hat in die Prologforschung eingeführt: HENNIG BRINKMANN, Der Prolog im Mittelalter als literarische Erscheinung. Bau und Aussage, in: WW 14 (1964), S. 1-21, hier S. 8; zum weiteren Diskussionsstand s. WALTER HAUG, Literaturtheorie im deutschen Mittelalter von den Anfängen bis zum Ende des 13. Jahrhunderts, 2., überarb. und erw. Aufl. Darmstadt 1992, S. 13f.

Die Eigenständigkeit des Prologs gegenüber dem exegetischen Hauptteil ist in Thema und Textgestalt gegeben: Er behandelt in der Form des Traktats Grundsätzliches über den Heiligen Geist.[40] Der literarische Ordnungsbegriff des Traktats bezieht sich auf die Darstellungsweise, in der der Autor nach einer Hinführung zum Thema (1,1-2,17) aus einem einzigen theologischen Grundsatz, der Lehre von den Sieben Gaben des Heiligen Geistes, eine begrifflich-systematische Abhandlung entwickelt. Da der Heilige Geist selbst Inbegriff der Liebe ist (2,15-17), kann das für das ›St. Trudperter Hohelied‹ generelle Thema der Gottesliebe in zwei unterschiedlichen Werktypen, Prolog und Kommentar, neben- und nacheinander dargestellt werden.[41]

Der Traktat hat eine aus der hellenistischen und jüdischen Antike sich herleitende Tradition; er gilt als eine Lehrschrift, die neben der pragmatischen Mitteilungsfunktion auch als sprachliches Kunstwerk eine literarische Zielsetzung hatte.[42] Merkmale des Traktates sind: gedrängte und in sich geschlossene Darstellung einer These, die in systematischer Gedankenfolge einen theologisch-philosophischen Lehrgegenstand als gesicherte Wahrheit präsentiert und normativ festlegt. Mit der sachbezogenen Information und der werthaften Geltung können sich auch appellative Funktionen verbinden. Insofern ist der Traktat auch bestimmten Ausprägungen der Predigt verwandt.

Der Hauptteil des Prologs besteht aus einer Reihung von sieben Variationen des Lehrsatzes von den Sieben Gaben des Heiligen Geistes, deren Abfolge durch knappe Zwischentexte unterbrochen ist. Mit dem aus der Väterzeit ererbten theologischen Grundsatz steht dem Autor eine generelle Aussage zur Verfügung, die für das Gottes- und Menschenbild des Gesamtwerkes gleichermaßen grundlegend ist. Die christliche Anschauung nämlich, daß der von Gott geschaffene Mensch in seiner Seele das Bild Gottes (*imago Dei*) trage, gibt ihm Anteil an der Trinität

---

[40] Der Prolog wurde nach Form und Gehalt richtungsweisend erschlossen durch FRIEDRICH OHLY, Der Prolog des St. Trudperter Hohenliedes, in: ZfdA 84 (1952/53), S. 198-232; BARBARA TILLMANNS, Die sieben Gaben des heiligen Geistes in der deutschen Literatur des Mittelalters, Diss. [Masch.] Kiel 1962, S.101-131, zum ›St. Trudperter Hohenlied‹; zum Prolog jetzt auch: Frühmittelhochdeutsche Literatur. Mittelhochdeutsch/Neuhochdeutsch. Auswahl, Übers. und Komm. von GISELA VOLLMANN-PROFE, Stuttgart 1996 (RUB 9438), S. 188-197 u. S. 277-282 (Kommentar); vgl. jetzt die eingehende Kommentierung durch OHLY, Ausg. (Anm. 1), S. 385-498; S. 387 Hinweis auf die theologische Traktatform bei den monastischen Orden des 12. Jahrhunderts (Viktoriner, Zisterzienser).

[41] KURT RUH, Geistliche Liebeslehren des XII. Jahrhunderts, in: PBB 111 (1989), S. 157-178, hier S. 159, konstatiert, daß im lateinischen Schrifttum für das zentrale Thema der geistlichen Liebe drei Werktypen zur Verfügung standen: Hoheliedauslegungen in Form von Bibelkommentaren, Traktate über die Gottesliebe und Abhandlungen über die Natur der Seele.

[42] Dazu instruktiv der historisch-systematische Abriß von JOSEF A. KRUSE, Art. Traktat, in: Reallexikon der deutschen Literaturgeschichte, 2. Aufl., Bd. 4, hg. von KLAUS KANZOG – ACHIM MASSER, Berlin – New York 1984, S. 530-546.

Gottes und läßt ihn damit auch zum Träger der Sieben Gaben des Heiligen Geistes werden. Die Grundthese, daß der Heilige Geist Gott und Mensch zusammenführt, wird im Prolog programmatisch entfaltet. Der Autor gibt damit eine Zielsetzung und Leitvorstellung zu erkennen, die für den auslegenden Kommentarteil richtungweisend ist.

Die Lehre von den Sieben Gaben des Heiligen Geistes leitet sich biblisch von Jes. 11,2 her, einer Weissagung, daß der Geist Gottes auf dem kommenden Messias, Christus, ruhen werde. Die Gabenfolge umfaßt die folgende Begriffsreihe: *sapientia* (Weisheit), *intellectus* (Einsicht), *consilium* (Rat), *fortitudo* (Tapferkeit), *scientia* (Wissen), *pietas* (Frömmigkeit), *timor* (Gottesfurcht). Die Abfolge der Begriffe gibt dem Autor ein gerüsthaftes Stufenmodell an die Hand; in seiner terminologischen Offenheit läßt es ein breites Spektrum inhaltlicher Variation zu und vermag damit analoge Sachverhalte an sich zu binden. Die Gabenfolge kann aufsteigend als Zunahme an Vollkommenheit und absteigend als graduelle Ausfaltung eines höchsten Prinzips verstanden werden. Die absteigende Version strukturiert in der Regel heilsgeschichtliche Zusammenhänge, die sich ausschließlich auf die Offenbarung Gottes in Christus beziehen. Die aufsteigende Version, beginnend bei der Gottesfurcht, dient in tropologisch-moralischer Perspektive als Stufenweg der Seele zu Gott.

Die sieben Gabenfolgen des Prologs beschreiben, wie der Heilige Geist durch seine Gaben in Vergangenheit und Gegenwart wirksam war und ist. Drei Arten der Beteiligung werden jeweils unterschieden: Er wirkt mit bei der Erschaffung des Menschen (2,17-3,10), er begleitet in drei Etappen den Verlauf der Heilsgeschichte, die in Christus als dem Erlöser ihren Gipfelpunkt erreicht (3,11-4,9), und in der Gegenwart bewirkt er in drei Durchgängen – analog zum heilsgeschichtlichen Erlösungsprozeß – die innere Erlösung des Menschen und befähigt ihn damit zu der Vollkommenheit, bereits während der irdischen Lebenszeit die Vereinigung der Seele mit Gott erlangen zu können (4,17-5,21).

In der Gabenlehre des Prologs hat der Autor eine Plattform gewonnen, von der aus er grundlegende Erkenntnisse formuliert, die für die Auslegung des Kommentars maßgebend sind. Diese Vorgaben haben auch strukturelle Auswirkungen. Durch die fünffache Einfügung der heilsgeschichtlichen Gabenfolge in die Auslegung wird das Textkontinuum des Kommentars gegliedert. Damit gewinnt das Werk in Verbindung mit anderen ordnungsstiftenden Prinzipien Strukturen, die als Ansätze einer ästhetisch zu wertenden Kompositionsform zu werten sind.

VI. Werkeingang

Der Werkeingang (6,1-8,5) zeigt eine ganz andere Tonlage als der lehrhaft informierende Prolog. In lyrisch bewegter, feierlich hymnischer Sprache preist der Autor das ›Hohelied‹ und empfiehlt es damit den Nonnen. Der Passus zum Lob des Liedes ist dreigeteilt: Rühmung der Wirkungen, Bittgebet des Autors um Inspiration und Aufforderung an die Zuhörerschaft zur Mitfreude über die im Kuß (Hl. 1,1 'Er küsse mich mit dem Kusse seines Mundes') besiegelte Versöhnung zwischen Gott und Menschheit.[43] Im Anschluß an den superlativischen Titel *cantica canticorum / ez ist sanc aller sange* (6,4f.) hebt der Autor in 18 syntaktisch gleichartigen Aussagesätzen, die in sechs Dreiergruppen geordnet sind, eine Fülle heilsamer Wirkungen hervor, die das Lied für die Empfänger bereithält (6,6-21).[44]

'Es ist eine Sehkraft der anschauenden Fähigkeiten.
Es ist eine Weide für die inneren Sinne.
Es ist eine reiche Schatzkammer der höchsten Weisheit.

Es ist eine Nahrung für die Hungernden.
Es ist eine Labung für die Kranken.
Es ist eine Mutterbrust für die Säuglinge.

Es ist ein Heiltrank für die fauligen Eingeweide der Reumütigen.
Es ist ein süßer Duft für die am Herzen Kranken.
Es ist eine Salbe für die Aussätzigen.

Es ist eine Kraft der Fechtenden.
Es ist ein Lohn der Sieghaften.
Es ist ein Wiedereinladen der Sieglosen zu einem neuen Kampf.

Es ist eine Kühlung für die Müden.
Es ist eine Freude für die Weinenden.

---

[43] ROSWITHA WISNIEWSKI, Der Aufbau des Prologs zum St. Trudperter Hohen Lied, in: Festschrift Herbert Kolb zu seinem 65. Geburtstag, hg. von KLAUS MATZEL – HANS-GERT ROLOFF, Bern [u.a.] 1989, S. 775-780, sieht das sog. Accessus-Schema (Fragen nach *auctor, titulus, materia, intentio*) verwirklicht, das im Mittelalter bei der Einleitung von Schulautoren angewandt wurde. Zutreffender ist die Kennzeichnung des Textabschnittes durch KURT RUH, Geschichte der abendländischen Mystik, Bd. 2: Frauenmystik und Franziskanische Mystik der Frühzeit, München 1993, S. 22-53 ["Volksprachliche Hoheliedauslegungen des 12. Jahrhunderts: Das St. Trudperter Hohelied"], hier S. 32 u. 36, als "*laudatio operis*".

[44] Die Übersetzung sämtlicher Zitate aus dem ›St. Trudperter Hohenlied‹ folgt der Ausgabe OHLY (Anm. 1); Kommentar zum (zweiten) Werkeingang ebd., S. 504-531; zur Interpretation s. FRIEDRICH OHLY, Wirkungen von Dichtung, in: DVjs 67 (1993), S. 26-76, hier S. 28f.; vgl. auch die Übersetzung des gesamten Werkeingangs (6,1-7,32) von WOLF (Anm. 11), S. 197, deren Anfang folgendermaßen lautet: "es ist Lied aller Lieder, / es ist überdies ein Betrachten der sichtbar gewordenen Kraft, / es ist der Ort, wo der innere Sinn Weide findet, / es ist das prunkvolle Gemach der zweiten göttlichen Person, –".

Es ist eine (...) für die Ruhenden.

Es ist ein Umfangen mit einem liebenden Kuß.
Es ist eine Zier der keuschen Willen.
Es ist eine würdige Krone des jungfräulichen Lebens.'

Die in Aussicht gestellten Wirkungen stillen die Bedürfnisse unterschiedlicher Gruppen, die sich unter den Klosterfrauen befinden: Wer nach visionärer Erkenntnis strebt, findet im Lied (die in Christus erkennbare) Weisheit. Für die Hungernden hält es Nahrung, für die Kranken Heilmittel bereit. Wer im Kampf steht, erhält Beistand, der aus dem Kampf Entlassene Ermutigung. Die nach Liebe verlangen, empfangen die Umarmung durch den Kuß und damit die Krönung ihres Klosterlebens.

An diese Passage schließt sich das Bittgebet des Autors um Inspiration an, das in der geistlichen Dichtung des Mittelalters zu den traditionellen Bestandteilen des Prologs zählt (6,22-7,6):

lûte dich, heiteriu stimme, daz dich die unmüezegen vernemen.
ganc her vür, süezer tôn, daz die vernemenden dich loben.
hebe dich, wünneclicher clanc, daz dû gesweigest den kradem
  der unsaeligen welte.

nû hebet iuch, heiligen noten der wünneclichen 'musicae'.
hebe dich ane, heiliger iubel des wünneclichen brûtsanges.
kum, genuhtsamer tropfe des êwigen touwes, daz dû geviuhtest
  daz dürre gelende mînes innern menneschen.

ganc durch den sin des ungehoerenden tôrn.
kum durch den munt des unsprechenden stummen.
kum durch den nebel des vinsteren ellendes,

  daz dîn lop sî von dannen, daz daz unverwarte sanc gê
    durch den verwarten munt.
  daz ich lop sage deme hoehesten briutegomen unde der
    heiligesten brûte.
  (...)

  daz ich mich menden müeze des kusses, dâ mit versüenet ist
    diu unsaelige welt.
  daz ich mich müeze menden, daz vergolten ist diu schulde
    wîpliches valles.
  daz ich mich mende, daz widere geladet ist daz verhundete
    her der verlornen sêle.

> 'Werde laut, heitere Stimme, daß die Unruhigen dich vernehmen. Geh hervor, süßer Ton, daß die Hörenden dich loben. Hebe an, wonnenreicher Klang, damit du den Lärm der unseligen Welt zum Schweigen bringst. – Nun hebt an, ihr heiligen Noten der wonnenreichen Musik. Hebe an, heiliger Jubel des wonnenreichen Hochzeitsliedes. Komm, Genüge bringender Tropfen des ewigen Taus, damit du das dürre Gelände meines inneren Menschen befeuchtest. – Geh durch den Sinn des gehörlosen Tauben. Komm durch den Mund des sprachlosen Stummen. Komm durch den Nebel der finsteren Fremde, – damit dein Lob geschehe, wenn das unverschlossene Lied durch den verschlossenen Mund geht; damit ich lobpreise den höchsten Bräutigam und die heiligste Braut; (...) – damit ich mich freuen könne des Kusses, mit dem die unselige Welt gesühnt ist; damit ich mich freuen könne, daß die Schuld von Evas Fall vergolten ist; damit ich mich darüber freue, daß das versklavte Heer der verlorenen Seelen wieder eingeladen ist.'

Der Ausleger ruft das ›Hohelied‹ als eine Wesenheit an, die sich akustisch vernehmbar machen möge in der Fülle des musikalischen Wohllauts. Die Bitte um persönliche Verleihung des Geistes, die zur Auslegung des ›Hohenliedes‹ befähigt, kleidet der Autor in das traditionelle Bild des vom Himmel herabkommenden lebenspendenden Wassers.[45] Die Situation des Auslegers ist durch Paradoxien charakterisiert: Er sieht sich in demütiger Erniedrigung vor Gott als ein ausführendes Medium, das als töricht-umnebelter Mensch für die hörende Aufnahme taub und für die Verkündigung stumm ist. Der Autor bittet daher das Lied um Selbstauslegung, worin sich wiederum ein paradoxes Geschehen vollzieht: Das 'unverschlossene Lied', d.h. der aufgedeckte geistige Sinn des biblischen Textes, möge durch den 'verschlossenen Mund' des Auslegers gehen, dessen menschlich-irdische Sprache die Sprache des Heiligen Geistes nicht fassen kann.

VII. Werkausgang und Epilog

Dem Werkeingang korrespondiert am Ende des exegetischen Hauptteils symmetrisch ein knapper, jedoch inhaltsreicher Werkausgang. Der Verfasser erlaubt sich einen Rückblick auf das Werkganze. Der Kommentar setzt ein mit der Interpretation des Kusses, den die Braut von ihrem Geliebten erbittet (Hl. 1,1), und endet mit einer bewegenden Deutung der Abschiedssituation (145,6-13):

---

[45] Dazu FRIEDRICH OHLY, Metaphern für Inspiration, in: Euphorion 87 (1993), S. 119-171, hier S. 143-169 zu 'Tau auf dürrem Land': "Dies früheste deutsche Gebet um den Tau ist [...] mit Sicherheit als solches um die inspirierende Gnade des Hl. Geistes zu betrachten" (S. 162). Die Wiedergabe des bei MENHARDT (Anm. 1) in fortlaufender Prosa abgedruckten Textes durch abgesetzte Zeilen entspricht dem Prinzip der formkritischen Leseausgabe OHLYs (Anm. 1); eingehende Begründung des Verfahrens: DERS., Textkritik als Formkritik, in: FMSt 27 (1993), S. 167-219, hier S. 194-219 zur Textgestalt des Trudperter Kommentars; vgl. die Wiedergabe des Textes (mit Übers.) bei RUH (Anm. 43), S. 37f., und WOLF (Anm. 11), S. 196-198.

Nû vernemet:

Diz buoch vienc ane mit einer küneclichen mandunge.
ez endet sich mit einem ellentlichen jâmere.
ez vienc ane mit einem küneclichen sange,
nû gêt es ûz mit innelicheme weinenne.
ez vienc ane mit einem götlichen kusse,
nû scheident sie sich mit einer durnahtigen minne.
wan ez ist ein lêre der minneclichen gotes erkennüsse.

'Nun vernehmt: Dies Buch fing an mit einer königlichen Freude. Es endet mit einem Klagen in der Fremde. Es fing an mit einem königlichen Gesang. Nun geht es aus mit inniglichem Weinen. Es fing an mit einem göttlichen Kuß. Nun scheiden sie voneinander in vollkommener Liebe. Es ist eine Lehre der liebenden Gotteserkenntnis.'

Der Titel 'Lehre von der liebenden Gotteserkenntnis' bezeichnet sachlich den zentralen Grundgedanken des Gesamtwerks, das der Autor ausdrücklich als 'Buch' charakterisiert.[46] Einen Bibelkommentar mit einem derartigen Titel zu versehen, ist meines Wissens höchst ungewöhnlich. Der Buchtitel korrespondiert mit der originären lateinischen Bezeichnung des ›Hohenliedes‹ in der Vulgata (*cantica canticorum*), die der Verfasser zu Beginn des Werkeingangs ausdrücklich zitiert und als *sanc aller sange* übersetzt hat (6,5).

Mit dem Buchtitel gibt der Verfasser des Kommentars als Autor zu verstehen, daß seine predigthafte Auslegung des ›Hohenliedes‹ in der Volkssprache zusammen mit den Begleittexten die Attribute besitzt, die im lateinischen Schrifttum für die Form eines literarisch gestalteten *liber* zu erwarten sind. Der Titel nimmt eine berühmt gewordene Formel auf, die sich von den Kirchenvätern Origenes und Gregor dem Großen herleitet und die im 12. Jahrhundert auch Bernhard von Clairvaux und Wilhelm von St. Thierry verwendet haben: *amor ipse intellectus est.* 'Die Liebe selbst ist das Erkenntnisvermögen.'[47] Im Werktitel sind zwei unterschiedliche Fähigkeiten der Seele verbunden: die auf Gott gerichte-

---

[46] Eine neuere Untersuchung zum literarischen Titel in der deutschen Literatur des Mittelalters fehlt; erst seit dem 13. Jahrhundert lassen sich authentische, d.h. vom Autor gesetzte Titel nachweisen, s. dazu EDWARD SCHRÖDER, Aus den Anfängen des deutschen Buchtitels, Göttingen 1939 (Nachrichten von der Gesellschaft der Wiss. zu Göttingen, Phil.-histor. Klasse N.F. IV, Bd. 2 (1937-39), S. 1-48, bes. S. 14-17; auf das mittellateinische Schrifttum beschränkt ist die Abhandlung von PAUL LEHMANN, Mittelalterliche Büchertitel, in: DERS., Erforschung des Mittelalters. Ausgewählte Abhandlungen und Aufsätze, Bd. 5, Stuttgart 1962, S. 1-93 (Sitzungsber. der Bayer. Akademie der Wiss., Phil.-histor. Klasse, Jg. 1948, H. 4, Jg. 1953, H. 3, München 1949 u. 1953); zum gedruckten Buch der Neuzeit, Mittelalterliches am Rande: ARNOLD ROTHE, Der literarische Titel. Funktionen, Formen, Geschichte, Frankfurt/M. 1986 (Das Abendland N.F. 16).

[47] Dazu FRIEDRICH OHLY, Eine Lehre der liebenden Gotteserkenntnis. Zum Titel des St. Trudperter Hohenlieds, in: ZfdA 121 (1992), S. 399-404.

te Vernunft und die Liebe als emotionale Kraft, die sich dem spekulativen Vermögen der Vernunft verbindet (*vernunstliche minne* 29,15; 79,5; 79,33). Der Buchtitel akzentuiert die kontemplative Zielsetzung der Gottesschau, die im Prolog-Traktat lehrhaft entwickelt und die an verschiedenen Passagen des Kommentars unter dem Aspekt der Vereinigung der Seele mit Gott reflektiert wird. An die Titelangabe schließt sich ein Passus an, der die Klosterfrauen über den Umgang mit dem Gesamtwerk belehrt (145,14-18):

An diseme buoche suln die briute des almehtigen gotes ir spiegel haben unde suln besihteclîche ware tuon ir selber antlützes unde ir naehesten, wie sie gevallen ir gemahelen, want er sie zallen zîten schouwet mit holden ougen.

'Dieses Buch sollen die Bräute des allmächtigen Gottes als ihren Spiegel gebrauchen und gewissenhaft in ihm ihr eigenes Antlitz und das ihrer Nächsten (daraufhin) ansehen, wie sie ihrem Bräutigam gefallen können, der sie allezeit mit liebevollen Augen anschaut.'

Wie Friedrich Ohly gezeigt hat, kann es sich bei dem ausdrücklich auf das Buch bezogenen 'Spiegel' nicht um eine konkurrierende Titelangabe handeln, auch wenn zahlreiche Werke didaktisch-lehrhafter Art, unter ihnen die um 1140 verfaßte Nonnenregel ›Speculum Virginum‹, eine derartige Metapher als Titel tragen. Im vorliegenden Zusammenhang liegt ein von Gregor dem Großen sich herleitender Sprachgebrauch vor, daß die Bibel als *sacra scriptura* die Funktion eines Spiegels habe, in dem die Augen der Seele ihr wahres Gesicht wahrnehmen können. Insofern das ›Hohelied‹ der Bibel angehört, kann mit der Spiegelmetapher nicht ein weiterer Titel, sondern nur die Gebrauchsfunktion des Buches für die Nonnen bezeichnet sein.

Korrespondierend zum Prolog endet das Werk mit einem Epilog (145,28-148,6), der auf der Basis der Sieben Gaben des Heiligen Geistes eine ausführliche und eine kurze Version der Stufenfolge von Tugenden enthält (145,28-147,16 bzw. 147,16-25).[48] Da es um einen tropologisch-moralischen Sachverhalt geht, ist die erste Gabenfolge aufsteigend (von der Furcht zur Weisheit), die zweite – gegen die Regel, wohl aus regressiver Symmetrie – absteigend. Die vom Seelsorger einzeln mit Du angesprochene Hörerin wird aufgefordert, anhand des Katalogs der Tugenden zu prüfen, wieweit sie aufgrund ihrer monastischen Lebenspraxis der Gaben des Heiligen Geistes teilhaftig geworden ist. Hier handelt es sich um eine katechismusartige Zusammenfassung der Normen, die das Gemeinschaftsleben im Kloster regeln. Die den Nonnen an die Hand gegebene Merkregel (*brief* 147,25)

---

[48] Dazu ausführlich OHLY, Ausgabe (Anm. 1), S. 1251-1267.

soll es ihnen ermöglichen, ihre Stellung gegenüber Gott in der Rangfolge als Gemahlin, Braut, Jungfrau oder Kebse (Nebenfrau) selber zu bestimmen.

VIII. Komposition

Ich kehre nun noch einmal zum Kommentar zurück, um am Leitfaden der Sieben Gaben des Heiligen Geistes auf Aspekte der Komposition aufmerksam zu machen.[49] Es geht um den bereits angedeuteten Sachverhalt, daß die den Prolog und Epilog konstituierende Gabenreihe vom Ausleger auch in den exegetischen Mittelteil eingefügt ist. Er nutzt das Gabengerüst insgesamt fünfmal als Interpretament für die Deutung ausgewählter Einzelverse bzw. Verssequenzen, die sich in gewissen Abständen über das exegetische Textkontinuum verteilen, wenngleich vier der fünf Gabenreihen in der ersten Hälfte bzw. Mitte plaziert sind. Alle gehören der heilsgeschichtlichen Sinnschicht an und folgen der absteigenden Version (von der Weisheit zur Furcht). Die ersten vier Gabenreihen enthalten Aussagen über Christus, die fünfte bezieht sich auf die gesamte Trinität. Im Blick auf die beiden Naturen Christi wird zwischen dem überzeitlichen göttlichen Sein und der irdisch-menschlichen Erscheinung unterschieden. Beiden Seinsweisen Christi wird je eine Gabenfolge zugeordnet, so daß bei insgesamt vier Applikationen des Gabenschemas eine alternierende Reihe entsteht, die zusätzlich durch quantitative Erweiterung und Zunahme an Bedeutsamkeit nach dem Prinzip der Steigerung angelegt ist.

Deutungsanlaß für die Darstellung der göttlichen Natur Christi sind die (gekelterte) Weintraube als Bedeutungsträger für Passion und Auferstehung (25,1-23 zu Hl. 1,13) und die Schönheitsfarben Weiß und Rot, die den Geliebten schmücken (75,24-76,21 zu Hl. 5,10). Zum ersten Beleg, die Deutung der Weintraube, gehört das folgende Zitat. Der Ausleger läßt Maria und alle Seligen, zugleich aber auch die Hörerinnen gemeinsam (im Chor also) Christus, den Auferstandenen, in der Du-Anrede ansprechen (25,9-15):

> 'Du bist der Glanz der ewigen Weisheit (*sapientia*),
> du bist der lebendige Quell der heiligen Vernunft (*intellectus*),
> du bist der Verkünder des ewigen Rates (*consilium*),
> du bist der Vorkämpfer der heiligen Stärke (*fortitudo*),

---

[49] Vgl. TILLMANNS (Anm. 40), S. 109-122 (zum Hauptteil); HANS-JÖRG SPITZ, ›Spiegel der Bräute Gottes‹. Das Modell der vita activa und vita contemplativa als strukturierendes Prinzip im St. Trudperter Hohen Lied, in: Abendländische Mystik im Mittelalter. Symposion Kloster Engelberg 1984, hg. von KURT RUH, Stuttgart 1986 (Germanistische Symposien 7), S. 481-493, hier S. 485.

du bist die Ordnung der heiligen Wissenschaft (*scientia*),
du bist der Spender der heiligen Güte (*pietas*),
du bist der starke Richter an dem Jüngsten Tag der Furcht vor Gott (*timor*).'

Die beiden Gabenreihen, die mit dem irdischen Wirken des Gottessohnes verbunden sind, betonen den Gedanken der Gegenwärtigkeit Christi in der Kirche. Der gemeinsame Tenor liegt in der geschichtsbezogenen Schilderung der hierarchisch verfaßten Kirche. Im ersten Fall ist die Beschreibung eines mehrteiligen Sitzmöbels, im zweiten die Beschreibung der Gestalt des Geliebten Anlaß für eine ausgedehnte Allegorese, die den Gaben des Heiligen Geistes jeweils eine besondere Funktion in den Epochen der Kirchengeschichte zuweist.

Zum ersten: Das *ferculum Salomonis* (42,17-44,14 zu Hl. 3,9f.) wird von der Sache her als Kombination von Speise tragendem Tisch und Prunksessel verstanden.[50] Für die Allegorese ist darin der Altartisch zu sehen, auf dem Christus als Lamm geopfert wird. Sowohl die Bauteile des Möbels wie die heiligen Personen, die in der Szene des Opfermahls anwesend sind und Phasen der Kirchengeschichte repräsentieren, bieten die Anknüpfungspunkte für die Sieben Gaben des Heiligen Geistes.

Zum zweiten: Die Beschreibung der Gestalt des Bräutigams vom Kopf bis zu den Füßen (77,23-86,32 zu Hl. 5,11-15) gibt dem Ausleger Gelegenheit, die Kirche als *corpus Christi mysticum* in der Abfolge ihrer geschichtlichen Zeiten zu beschreiben.[51] Jedes der Körperglieder, d.h. jede der Zeitstufen, die auch die Gegenwart und Zukunft einschließen, wird von einer der Sieben Geistesgaben regiert. Die heilsgeschichtliche Körperallegorese übertrifft die vorausgehende *ferculum*-Deutung an Quantität (11 Druckseiten gegen 2) und Gewicht der Aussage; sie nimmt in etwa die räumliche Mitte des Kommentars ein, ohne jedoch die Funktion einer Zentralkomposition, wie sie in frühmhd. geistlicher Dichtung anzutreffen ist, zu übernehmen.[52]

Die fünfte und letzte Gabenreihe ist gegen Ende des Kommentars plaziert und ist, da sie ausdrücklich das Handeln der Trinität veranschaulicht, als Steigerung gegenüber den vorausgehenden Gabenfolgen zu verstehen, die mit Christus

---

[50] Zur Auslegungsgeschichte in der lateinischen Exegese und mhd. Dichtung s. KARIN LERCHNER, Lectulus floridus. Zur Bedeutung des Bettes in Literatur und Handschriftenillustration des Mittelalters, Köln – Weimar – Wien 1993 (Pictura et Poesis 6), S. 191-202, hier bes. 281-292; OHLY, Ausgabe (Anm. 1), S. 780-797.

[51] Dazu KÜSTERS (Anm. 11), S. 181-187; ausführlich HILDEGARD ELISABETH KELLER, Wort und Fleisch. Körperallegorien, mystische Spiritualität und Dichtung des St. Trudperter Hohe[n]liedes im Horizont der Inkarnation, Bern [u.a.] 1993 (Deutsche Literatur von den Anfängen bis 1700, 15), S. 253-314 (Kap. 3.5: "Von Kopf bis Fuß Heil: Leib-Allegorese"); OHLY, Ausg. (Anm. 1), S. 958-1014.

[52] Gegen KELLER (Anm. 51), S. 308.

die zweite Person der Trinität in den Vordergrund rücken. Der kleine Passus ist eingelassen in eine Passage, die vom theologischen Gehalt wie von der sprachlichen Gestaltung der Kunstprosa zu den herausragenden Partien des Kommentars zählt.[53] Es geht um die ausladende Deutung der Liebesgebärde des Umarmens: SÎN WINSTERE IST UNDER MÎNEME HOUBETE, SÎN ZESEWE UMBEGRÎFET MICH (Hl. 8,3; 129,18f.). Der linke Arm steht für das Wirken Gottes in der irdischen Heilsgeschichte, der rechte weist auf das jenseitige Leben. Das Tätigsein der gemeinsam handelnden Personen der Trinität, Vater, Sohn und Heiliger Geist, wird in verschiedenen Akten vorgeführt, um abschließend das Geschehen in der Bildfolge von Arm, Hand und Fingern zur Anschauung zu bringen. Die Hervorhebung der trinitarischen Wesenseinheit bedingt eine Umstellung in der Abfolge der Gaben. Wie auch sonst zieht der Ausleger die Wesensmerkmale (Appropriationen) der göttlichen Personen heran: *gewalt* (*potentia* des Vaters), *wîstuom* (*sapientia* des Sohnes) und *güete* (*bonitas* des Heiligen Geistes).[54] Mit Weisheit und Güte überschneiden sich zwei der Wesensmerkmale mit entsprechenden Bezeichnungen in der Gabenreihe. Durch Versetzen der Güte von der zweitletzten Position an die Stelle nach der Weisheit ließ sich die Inkongruenz beseitigen; die im folgenden nicht vermerkte Schöpfer-Gewalt des Vaters ist stillschweigend auf den Arm in der Gesamtheit seiner Glieder zu beziehen (131,25-31):

> *alsô würket der arm des wîstuomes, unde diu hant der güete mit den vünf vingeren. der ist*
> *einer diu vernunst,*
> *der andere der rât,*
> *der dritte die sterke,*
> *der vierde daz gewizzede,*
> *der vünfte die vorhte.*
> *mit disen vingeren worhte er wunderlîche unde tougenlîche in dere ordenunge sîner vorbesihte, –*

'So wirken der Arm der Weisheit (*sapientia*) und die Hand der Güte (*bonitas*) mit ihren fünf Fingern. Deren einer ist der Verstand (*intellectus*), der andere der Rat (*consilium*), der dritte die Stärke (*fortitudo*), der vierte die Wissenschaft (*scientia*), der fünfte die Furcht (*timor*). Mit diesen Fingern wirkte er wunderbar und geheimnisvoll gemäß der Ordnung seiner Vorsehung, –.'

---

[53] FRIEDRICH OHLY, Die Trinität berät über die Erschaffung des Menschen und über seine Erlösung, in: PBB 116 (1994), S. 242-284, hier S. 277-284; DERS., Ausg. (Anm. 1), S. 1176-1204.

[54] Dazu KURT RUH, Die trinitarische Spekulation in deutscher Mystik und Scholastik, in: ZfdPh 72 (1953), S. 24-53.

IX. Dichtung

Der Verfasser des ›St. Trudperter Hohenliedes‹ wird sein Werk vermutlich nicht als Dichtung angesehen haben. Generell kann ein in Prosa abgefaßter Bibelkommentar, der in lehrhafter Funktion der Vermittlung von theologischem Wissen dient und Glaubenswahrheiten für die Lebenspraxis einübt, auch in literarischer Stilisierung und durch die Anwendung rhetorischer Prinzipien kaum den Rang des Poetischen erreichen. Wenn dem Werk gleichwohl die ästhetische Qualität zuerkannt werden kann, die gemeinhin Dichtung als sprachliches Kunstwerk auszeichnet, ist der Grund dafür in der Eigenart dieses besonderen biblischen Textes zu suchen, daß nämlich die Urpoesie orientalischer Liebeslieder sich mit dem Anspruch verbindet, als Offenbarung Gottes für die Gegenwart bedeutsam zu sein. Weitere Faktoren kommen hinzu. Erst im 12. Jahrhundert gewann das ›Hohelied‹ eine besondere Aktualität als sinnstiftender Text für die monastische Lebensform. Die Ersetzung des Lateins, das für den gelehrten Kommentar obligatorisch war, durch die Volkssprache ist bis in die frühe Neuzeit ein singulärer Vorgang. Durch das Idiom des Deutschen wurde das ›Hohelied‹ auch für Klosterfrauen zugänglich, deren elementare Lateinkenntnisse für das Verstehen einer subtilen Hoheliedauslegung kaum ausgereicht hätten. Ohne die Rezeptionsbereitschaft von gebildeten Nonnen in Admont ist jedoch die Entstehung des Werkes schwer vorstellbar.

Die sprachlichen Verfahren, die die gebrauchsliterarische Gattung des Kommentars auch als Dichtung kennzeichnen, seien im folgenden mehr stichwortartig gereiht.[55] Der primäre Text, das ›Hohelied‹, wird entsprechend seinem originären Titel im Inspirationsgebet des Werkeingangs als Lied angerufen, das in seiner musikalischen Gestalt erklingen und hörbar werden möge. Das dem Lied eigene Element des musikalischen Klanges und der rhythmischen Formung ist ein prosodisches Mittel der sprachlichen Gestaltung, das nicht allein das hymnische Gebet, sondern auch andere Teile des Werkes, das für die Mündlichkeit des Vortrags berechnet ist, kennzeichnet.[56]

Eine eigene dichterische Leistung zeigt der Autor, wenn er die gebräuchliche, exegetisch-predigthafte (Alltags-) Prosa mit Textabschnitten wechseln läßt, die durch eine rhythmisch geformte Kunstprosa ausgezeichnet sind.[57] Das Besondere

---

[55] Vgl. dazu die historisch-systematisch angelegte Untersuchung von HANS RUDOLF PICARD, Dichtung und Religion. Die Kunst der Poesie im Dienst der religiösen Rede, Konstanz 1984, S. 11-23 (zu Verfahren der Dichtung).

[56] OHLY, Textkritik (Anm. 45), S. 214: "Die Musikalität der Sprache liegt nicht zuletzt in ihrer spirituellen Ordnung. Sie wird hörbar erst beim Vortrag."

[57] Dazu RUH (Anm. 43), S. 30f. "Im Hinblick auf die poetischen Elemente, denen wir auf den künstlerischen Höhepunkten immer wieder begegnen", hält RUH es für berechtigt, den Verfasser als Dichter anzusprechen. "Doch dürfte es nicht die Absicht des Autors gewesen sein, mit der

der sprachlichen Gestaltung liegt in seiner Fähigkeit, komplexe Sinnstrukturen, die durch Verkettung von verschiedenartigen Begriffsreihen entstehen, durch syntaktische Mittel – die Anordnung von sinntragenden Einzelwörtern, Satzgliedern und Sätzen – entsprechend wahrnehmbar zu machen. Dadurch werden prozeßhaft-dynamische Gedankenabläufe, die die Vereinigung der Seele mit Gott zum Gegenstand haben, in die systematisch-einheitliche Geschlossenheit der sprachlichen Form gebracht. Derartige gedankliche Konstruktionen müssen nach der Einschätzung Friedrich Ohlys auf heutige Leser "unpoetisch" wirken:

"Die oft zahlhaft klare Gliederung solcher Sprache hat keinen ästhetischen Eigenwert. Aus ihr spricht die Achtung vor Gefügen einer aus Gott kommenden Ordnung, die hör- und sichtbar zu machen sie als ihren Dienst sieht. Wir haben mit Einsicht wahrzunehmen, wie das Poetische eines solchen Textes in seiner Funktion und Leistung liegt, theologische Erkenntnis in einer prägnanten, durch die Abspiegelung des Erkannten geadelten Form zu vermitteln."[58]

Zu den Konstituenten der dichterischen Rede gehört gewiß auch der Umgang mit der Bildhaftigkeit des ›Hohenliedes‹. Sie wird durch die Allegorese nicht ausgelöscht, sondern auf einer spirituellen Ebene in die Erfahrungswelt und Lebenspraxis der Nonnen hereingeholt. Die Traditionalität des Kommentars sichert die Kontinuität von Bildgedanken, gleichwohl blieb innerhalb der vorgegebenen Leitlinien Raum für schöpferische Phantasie, wodurch die Grenzen zwischen theologischer und dichterischer Sinnfindung fließend werden.[59] Im Blick auf die Nonnengemeinschaft spricht Urban Küsters von der "ästhetischen Sinngebung der *vita communis*", denn im Vergleich zu anderen narrativen und normativen Textgattungen, die monastisches Leben regulieren,

"eignet dem St. Trudperter Hohenlied zusätzlich eine spezifisch ästhetische Qualität. Das Werk ist auch in seinem pragmatischen Sinngehalt ein Stück Dichtung. [...] Der Schlüssel zum genuin geistlichen Kunstcharakter des Werkes – über seine Formschönheit hinaus – liegt im besonderen Modus der Auslegung. [...] Denn der Autor unternimmt eine Art synthetischer Exegese des Bibeltextes, die nur bedingt einer starren exegetischen Systematik folgt. Die Bilder des Hohenliedes setzen vielmehr Impulse frei, werden assoziiert mit Tableaus und Szenarien aus dem Motivfundus anderer biblischer Quellen [...] und schließlich verknüpft mit Situationen der monastischen Lebenswelt."[60]

Poesie zu wetteifern. Er schreibt intentional Prosa, dies freilich auf höchster Ebene einer bewußten Sprachkunst" (S. 31).
[58] OHLY, Textkritik (Anm. 45), S. 204.
[59] Dazu FRIEDRICH OHLY, Die Gestirne des Heils. Ein Bildgedanke zur Heilsgeschichte von der Schöpfung bis zum Jüngsten Tag, in: Euphorion 85 (1991), S. 235-272.
[60] KÜSTERS (Anm. 11), S. 226; LERCHNER (Anm. 50), S. 276-296, rechnet den Hoheliedkommentar Willirams und das ›St. Trudperter Hohelied‹ zur "Hoheliedichtung"; KELLER (Anm. 51) hat "Dichtung" im Untertitel, ohne den Begriff zu problematisieren.

Ein Kommentar folgt dem Verlauf des auszulegenden Textes und seiner Gliederung. Das ›Hohelied‹ ist als eine locker gefügte Gedichtsammlung ohne besondere Werkstruktur und wurde durch Williams Aufteilung noch weiter fragmentarisiert, so daß mehr Auslegungssegmente als die Gesamtzahl der Verse für die allegorische Deutung zur Verfügung standen. Das für den Kommentar entbehrliche Mittel der Komposition und strukturellen Geschlossenheit ist dagegen für Dichtung ein wesentlicher Bestandteil. Das ›Trudperter Hohelied‹ weist einige ordnungsstiftende Prinzipien auf, die partiell die meist kleinteiligen Einzeldeutungen verschränken, ein durchgehendes Gliederungsprinzip ist jedoch nicht zu erkennen. Ein musikalisch gearteter "Wechsel der Töne" (Ohly) dürfte die Komposition des 'Sanges' am ehesten charakterisieren.[61] Das Verlangen nach kompositioneller Gliederung ist jedoch erkennbar durch den Verbund des Kommentars mit den symmetrisch hinzugefügten Begleittexten. Prolog und Epilog korrespondieren miteinander durch das gemeinsame Thema der Sieben Gaben des Heiligen Geistes; dem fünffachen Vorkommen des Gabenschemas im exegetischen Mittelteil läßt sich die kompositionelle Funktion zuweisen, durch Rekurrenz und Variation im Textkontinuum signalhaft gliedernde Marken zu setzen.

Die Aufführung des Werkes durch Vortrag in der gemeinschaftlichen Andacht[62] (*collatio*) stellt das Werk in die Nachbarschaft der monastischen Liturgie. Der Kommentar selbst verweist auf die sakrale Kunst der liturgischen Gesänge: 'Süße Hymnen', 'neue Sequenzen', 'freudenreiches Gradual' und 'fröhliches Halleluja' (121,9-11). Bestimmte Stilformen der rhythmisierten Prosa, die Maurice Bogaers untersucht hat, werden verständlich im Kontext der liturgischen Übung.[63] Bedenkt man schließlich, daß der Ausleger im Inspirationsgebet das Lied als Träger des göttlichen Geistes um Selbstauslegung bittet, wird das Gesamtwerk, der Kommentar mit seinen Begleittexten, auch als sakrale Poesie zu werten sein, in der die auf Gott gerichtete Einbildungskraft (*widerbildunge*) – das als geistigen Sinn vom Ausleger Wahrgenommene – sprachliche Gestalt gewinnt.[64]

---

[61] Dazu OHLY (Anm. 12), Sp. 1094f.

[62] Zur Kennzeichnung des ›St. Trudperter Hohenliedes‹ als 'Andachtsbuch', s. OHLY (Anm. 8), S. 8, und RUH (Anm. 43), S. 27; zu diesem Aspekt HANS-JÖRG SPITZ, Zur Bedeutung von 'Andacht' im St. Trudperter Hohenlied, in: Lingua Germanica. Studien zur deutschen Philologie. Jochen Splett zum 60. Geburtstag, hg. von EVA SCHMITSDORF – NINA HARTL – BARBARA MEURER, Münster – New York – München – Berlin 1998, S. 317-332, hier S. 329f.

[63] MAURICE BOGAERS, Chiastische Strukturen im St. Trudperter Hohen Lied, Amsterdam 1988 (Amsterdamer Publikationen zur Sprache und Literatur 80).

[64] Zu *widerbildunge* (43,7-14; 118,9-12) als Ansatzpunkt einer 'geistlichen Poetik' s. HANS-JÖRG SPITZ, *WIDERBILDUNGE – IMAGINATIO*. Zu einem Begriff der Erkenntnislehre im St. Trudperter Hohen Lied und bei Hugo von St. Viktor, in: Sprache Literatur Kultur. Studien zu ihrer Geschichte im deutschen Süden und Westen. Wolfgang Kleiber zu seinem 60. Geburtstag gewidmet, hg. von ALBRECHT GREULE – UWE RUBERG, Stuttgart 1989, S. 263-275, hier S. 274f.

Für Admont und die Klöster des Hirsauer Reformverbandes galt ein verschärftes Schweigegebot, das die Ausbildung einer nonverbalen, mit Fingern und Händen angedeuteten Zeichensprache erforderlich machte.[65] Das Schweigen gab den Nonnen "Anteil am Schweigen der Ewigkeit. Ihr unablässiges Chorgebet gleicht den ewigen Lobgesängen der himmlischen Chöre."[66] Vor dem Hintergrund eines Tagesablaufs, der von Schweigen erfüllt ist und ein hohes Maß an liturgischen Pflichten in lateinischer Sprache erfordert, haben wir uns die Gelegenheit zu denken, bei der die Admonter Nonnen dem kunstvoll gestalteten *sanc aller sange* in ihrer Muttersprache lauschen konnten.

---

[65] Weiterführendes bei JACOB HANS JOSEF SCHNEIDER, Der Begriff der Sprache im Mittelalter, im Humanismus und in der Renaissance, in: Archiv für Begriffsgeschichte 38 (1995), S. 66-149, hier S. 80f.
[66] KLAUS SCHREINER, Benediktinisches Mönchtum in der Geschichte Südwestdeutschlands, in: Die Benediktinerklöster in Baden-Württemberg, bearb. von FRANZ QUARTHAL [u.a.], Augsburg 1975 (Germania Benedictina 5), S. 23-114, hier S. 40.

AUSWAHLBIBLIOGRAPHIE

1. Ausgaben und Wörterbuch

Das St. Trudperter Hohe Lied. Kritische Ausgabe, hg. von HERMANN MENHARDT, [Bd. 1]: [Einleitung] Mit 4 Schriftbildern; [Bd. 2]: Text, Wörterverzeichnis und Anmerkungen, Halle/S. 1934 (Rheinische Beiträge und Hülfsbücher zur germanischen Philologie und Volkskunde 21 und 22).

Das St. Trudperter Hohelied. Eine Lehre der liebenden Gotteserkenntnis, hg. von FRIEDRICH OHLY unter Mitarbeit von NICOLA KLEINE, Frankfurt/M. 1998 (BdM 2; BdK 155).

Wörterbuch zum St. Trudperter Hohen Lied. Ein Beitrag zur Sprache der mittelalterlichen Mystik, hg. von WALTRAUD-INGEBORG SAUER-GEPPERT, Berlin – New York 1972 (Quellen und Forschungen zur Sprach- und Kulturgeschichte der germanischen Völker, N.F. 50).

2. Forschungsliteratur

HILDEGARD ELISABETH KELLER, Wort und Fleisch. Körperallegorien, mystische Spiritualität und Dichtung des St. Trudperter Hohe[n]liedes im Horizont der Inkarnation, Bern [u.a.] 1993 (Deutsche Literatur von den Anfängen bis 1700, 15).

URBAN KÜSTERS, Der verschlossene Garten. Volkssprachliche Hohelied-Auslegung und monastische Lebensform im 12. Jahrhundert, Düsseldorf 1985 (Studia humaniora. Düsseldorfer Studien zu Mittelalter und Renaissance 2).

FRIEDRICH OHLY, Der Prolog des St. Trudperter Hohenliedes, in: ZfdA 84 (1952/53), S. 198-232.

DERS., Hohelied-Studien. Grundzüge einer Geschichte der Hoheliedauslegung des Abendlandes bis um 1200, Wiesbaden 1958 (Schriften der Wiss. Gesellschaft an der Johann Wolfgang Goethe-Universität Frankfurt/M., Geisteswiss. Reihe 1).

DERS., Textkritik als Formkritik, in: FMSt 27 (1993), S. 167-219.

DERS., Das St. Trudperter Hohelied, in: ²VL Bd. 9 (1995), Sp. 1089-1106.

KURT RUH, Geschichte der abendländischen Mystik. Bd. 2: Frauenmystik und Franziskanische Mystik der Frühzeit, München 1993, S. 22-53.

HANS-JÖRG SPITZ, Zur Lokalisierung des St. Trudperter Hohenliedes im Frauenkloster Admont, in: ZfdA 121 (1992), S. 174-177.

ROSWITHA WISNIEWSKI, Das frühmittelhochdeutsche Hohe Lied, sog. St. Trudperter Hohes Lied. Mit dem Text der Klosterneuburger Handschrift, Frankfurt/M. [u.a.] 1995 (Information und Interpretation 1).

ALOIS WOLF, Deutsche Kultur im Hochmittelalter. 1150-1250, Essen 1986 (Handbuch der Kulturgeschichte, 1. Abt. Zeitalter Deutscher Kultur), S. 193-203.

›Erec‹
Von den Schwierigkeiten, einen mittelalterlichen Roman zu verstehen

VOLKER HONEMANN

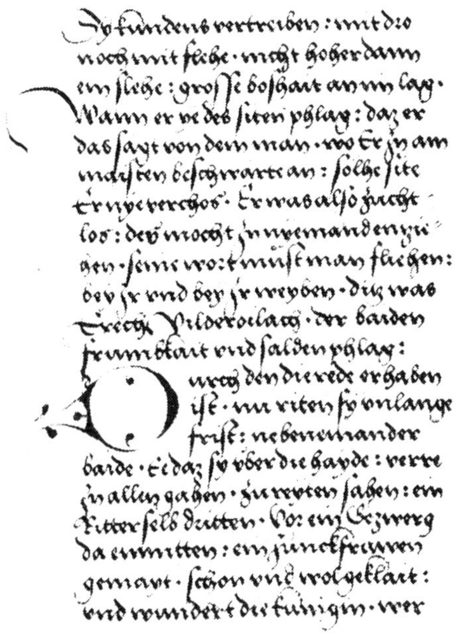

Abb. 2: Hs. Wien, ÖNB, Cod. s.n. 2663, f. 30rb
(Ende des ›Mantels‹ und Beginn des ›Erec‹)

I

Die Österreichische Nationalbibliothek bewahrt unter der Signatur series nova 2663 eine Handschrift aus dem frühen 16. Jahrhundert, das sogenannte ›Ambraser Heldenbuch‹.[1] Entstanden ist der Codex im Auftrag Kaiser Maximilians I., den die Nachwelt gern als den "letzten Ritter" bezeichnet, in den Jahren 1504-1517.

---

[1] S. JOHANNES JANOTA, ›Ambraser Heldenbuch‹, in: ²VL Bd. 1 (1978), Sp. 323-327; Wiedergabe der Handschrift: Ambraser Heldenbuch. Vollst. Faksimileausgabe im Originalformat. Kommentar von FRANZ UNTERKIRCHER, Graz 1973 (Codices selecti 43).

Schreiber war Hans Ried, Zöllner am Eisack bei Bozen. Das *Riesenpuech* (Format: 46 x 36 cm, 5+238 Blätter) überliefert, teils unvollständig, nicht weniger als 25 Texte mittelhochdeutscher Erzählliteratur – höfische Epik und Heldenepik größeren Umfangs, daneben Kleinepik ('Märendichtung') und zwei minnedidaktische Texte. Fünfzehn der Texte sind nur in dieser Handschrift, also unikal, überliefert, so z.B. die ›Kudrun‹, der ›Biterolf‹, der ›Wolfdietrich A‹, aber auch das ›Frauenbuch‹ des Ulrich von Lichtenstein, vier Verserzählungen des steiermärkischen Adligen Herrand von Wildonie – und, wie sich gleich zeigen wird, auch der ›Erec‹ des Hartmann von Aue. Besäßen wir das ›Ambraser Heldenbuch‹ nicht (mehr), so wäre unsere Kenntnis von der deutschsprachigen Erzählliteratur des späten 12. und 13. Jahrhunderts sehr viel geringer.

Auf Blatt 30rb der Handschrift (s. die Abb.) beginnt in der zweiten Spalte der Vorderseite des 30. Blattes ohne Titel und ohne eine sonstige Hervorhebung der Text, um den es in diesem Beitrag geht, also der ›Erec‹ Hartmanns von Aue, der auf Bl. 50vb endet. Der Schreiber, Hans Ried, hat wohl gar nicht bemerkt, daß hier ein neues Werk begann, denn er verband es mit dem unmittelbar vorausgehenden Stück, dem – nur hier und anonym überlieferten – ›Mantel‹, der nach 994 Versen abbricht und fugenlos in den ›Erec‹ übergeht, dessen Anfang allerdings fehlt.[2]

Hans Ried hat zu Beginn des ›Mantels‹ eine Charakterisierung der beiden Werke gegeben, die sich in gleichem Wortlaut im Inhaltsverzeichnis der Handschrift wiederfindet:[3] *Aber von künig Artus . vnd seinem Hofgesind . auch Helden vnd handlungen . Als von her Gabein . Khay . Yrecken* [also Gawein, Keie und Erec] *. eines Mantlshalben* [wegen eines Mantels] *. so künig Artus hausfraw . vnd ander frawen anlegen muesten . dardurch man Ynnen ward Irer trew . Sunderlich von Erick* [Erec] *. vnd seiner hausfrawen ein tail ain schon lesen.* Die ungelenke

---

[2] Eine Neuausgabe des ›Mantels‹, der direkt auf das Fabliau ›Du mantel mautaillé‹ zurückgeht, jetzt bei WERNER SCHRÖDER, Das Ambraser *Mantel*-Fragment, in: Sitzungsberichte der wissenschaftlichen Gesellschaft an der Johann Wolfgang Goethe-Universität Frankfurt am Main 33,5 (1995), S. 121-175, Edition S. 132-165. SCHRÖDER hält, wie ich denke zurecht, den ›Mantel‹ im Gegensatz zur bisherigen Forschung nicht für ein "Frühwerk Heinrichs von dem Türlin, sondern eine halb burleske Kontrafaktur zu seinem Roman [sc. der ›Crône‹] von der Hand eines Unbekannten" (S. 177).

[3] Erec von Hartmann von Aue, hg. von ALBERT LEITZMANN, fortgef. von LUDWIG WOLFF, 6. Aufl. bes. von CHRISTOPH CORMEAU – KURT GÄRTNER, Tübingen 1985 (ATB 39); Beschreibung des ›Ambraser Heldenbuches‹ S. IX-XI, das folgende Zitat S. X. – Eine wichtige, auch interpretatorische Fragen berührende Rezension der Ausgabe: EBERHARD NELLMANN, in: ZfdA 119 (1990), S. 239-248. Auf WERNER SCHRÖDERs ins Grundsätzliche gehende, auch zentrale Fragen der Interpretation des Textes berührende Kritik an der Ausgabe kann ich hier nicht eingehen, s. DERS., Irrungen und Wirrungen um den Text von Hartmanns *Erec*, Stuttgart 1996 (Akademie der Wissenschaften und der Literatur. Abhandlungen der Geistes- und Sozialwissenschaftlichen Klasse 1996, 11).

Notiz läßt deutlich werden, daß es sich bei der Erzählung vom ›Mantel‹ um eine Treueprobe handelt – er paßt nur derjenigen Dame des Artushofes, die ihrem Mann treu gewesen ist, und nur Ênîte besteht die Probe weitestgehend.[4] Erkennbar wird hier aber auch, wie fremd die epische Welt der Jahrzehnte um 1200 dem Hans Ried letztlich war. Die Charakterisierung des ›Erec‹ als 'schöne Lektüre von Erec und seiner Ehefrau' ist mehr als dürftig. Es überrascht so auch nicht, daß Rieds ›Erec‹-Text nicht nur der Anfang des Romans fehlt, sondern daß sein Text auch an mehreren Stellen Lücken aufweist – Fehlstellen, die ein 'denkender' Schreiber wohl bemerkt haben würde.

Gleichwohl haben wir allen Grund, Hans Ried dankbar zu sein. Hätte er den ›Erec‹ nicht abgeschrieben, so kennten wir nur wenige hundert Verse des Werkes, die durch andere mittelalterliche Handschriften (durchweg Fragmente) des 13. und 14. Jahrhunderts überliefert sind.[5] Anders als bei Hartmanns zweitem Roman, dem ›Iwein‹, der in 32 Handschriften (davon 17 fragmentarisch erhalten) des 13. bis frühen 16. Jahrhunderts auf uns gekommen ist, ist die Überlieferungssituation des ›Erec‹ also ausgesprochen schlecht – und steht damit diametral zur Bedeutung des Romans, denn mit dem ›Erec‹ "begründet[e] Hartmann den höfischen und Artus-Roman in deutscher Sprache".[6]

Verfaßt hat Hartmann von Aue, der sich selbst "zum unfreien Dienstadel der Ministerialen" rechnet und im Südwesten des Reiches lebte und dichtete,[7] – so die Forschung – den ›Erec‹ wohl im neunten Jahrzehnt des 12. Jahrhunderts. Als Vorlage diente ihm der um 1170 entstandene altfranzösische Roman ›Erec et Enide‹ des Chrétien de Troyes,[8] den Hartmann – so immer noch die Forschung – frei bearbeitete. Seine Version ist, von der altfranzösischen Vorlage aus gerechnet, um etwa die Hälfte länger als die Chrétiens (10135 Vv. gegen 6958 Vv.), und sie

---

[4] SCHRÖDER (Anm. 2), S. 166f. deutet die gemeinsame Überschrift von ›Erec‹ und ›Mantel‹ sowie die inhaltliche Verbindung zwischen den beiden Werken (die auch dadurch hergestellt wird, daß die Keuschheitsprobe am Artushof gerade in dem Augenblick stattfindet, als Ênîte dort erstmals auftritt, V. 955-957) als "Factum einer beabsichtigten Kompilation von *Mantel* und *Erec*"; es sei wahrscheinlich, daß "Hans Ried und schon seine Vorlage das *Mantel*-Fragment [...] fälschlich Hartmann von Aue zugeschrieben" hätten (S. 167).

[5] Kurze Beschreibung dieser Fragmente und Angabe, welche Verse sie tradieren, bei CORMEAU/GÄRTNER (Anm. 3), S. XI-XIV. Die 'alten' Wolfenbütteler Fragmente (III-VI) "überliefern 317 mit A[mbras] weitgehend übereinstimmende Verse aus dem Bereich von V. 4549-4832; die Lücke in A nach V. 4629, die insgesamt 78 Verse umfaßt, wird mit 58 nur in W[olfenbüttel] überlieferten Versen teilweise geschlossen" (ebd. S. XIII); s. die Paralleldrucke S. 135-143 und 147-171 und NELLMANN (Anm. 3), S. 243-248.

[6] CHRISTOPH CORMEAU, Hartmann von Aue, in: ²VL Bd. 3 (1981), Sp. 500-520, hier Sp. 507.

[7] Ebd. Sp. 500, ebd. auch die folgenden Daten.

[8] Chrétien de Troyes, Erec et Enide, übers. und eingel. von INGRID KASTEN, München 1979 (Klassische Texte des romanischen Mittelalters in zweisprachigen Ausgaben 17).

weicht in wesentlichen Details von dieser ab.⁹ Dies war für eine Interpretation des ›Erec‹ natürlich von hohem Interesse, zumal Hartmann in seinem zweiten Artusroman, dem ›Iwein‹, seiner, wiederum von Chrétien herrührenden, Vorlage, dem ›Yvain‹, sehr viel genauer folgte, als dies beim ›Erec‹ der Fall gewesen war. Hinter den Abweichungen zwischen ›Erec et Enide‹ und ›Erec‹ ließen sich so gezielte Änderungen des deutschen Autors vermuten, denen bei der Interpretation besonderes Augenmerk zu schenken war.¹⁰ Neuere französische Forschung hat diese Änderungen mit dem Begriff der "adaptation courtoise" zu fassen versucht, "d.h. einer Variation der Darstellungsformen meist mit dem Ziel größerer Vorbildlichkeit, aber ohne Änderung des Sinns der Geschichte".¹¹ Wahrscheinlich ist, daß Hartmann Chrétiens ›Erec et Enide‹ "den literarischen und gesellschaftlichen Bedingungen an einem deutschen Fürstenhof angepaßt" hat,¹² also auf sein intendiertes Publikum und vielleicht die Interessen eines Mäzens oder gar Auftraggebers Rücksicht nahm. Daß bei dieser Transferierung in den deutschen Sprach- und Kulturraum der 'Sinn' der Erzählung von Erec und Enide unverändert blieb, ist kaum zu erwarten.

Dabei ist freilich zu berücksichtigen, daß wir über das Aussehen von Hartmanns tatsächlicher Vorlage schlechterdings nichts wissen – und auch nicht, ob er,

---

⁹ Zu Hartmanns Quellen s. zusammenfassend CHRISTOPH CORMEAU – WILHELM STÖRMER, Hartmann von Aue. Epoche, Werk, Wirkung, 2. Aufl. München 1993, S. 168f. Auf das Problem des "Durchscheinens einer mündlichen Tradition neben Chrétien" (ebd. S. 169), das durch die Übereinstimmung etlicher nur bei Hartmann, nicht aber bei Chrétien zu findender Details mit dem kymrischen Mabinogi ›Gereint‹ und der altnordischen ›Erexsaga‹ belegt wird, sei nur verwiesen; diese Übereinstimmungen wären im Licht der ›Neuen Wolfenbüttler Fragmente‹ (s.u.) neu zu bewerten.

¹⁰ Soweit ich sehe, existiert auch nach rund 150 Jahren ›Erec‹-Forschung noch kein solider philologischer Vergleich zwischen den beiden Texten. Am besten noch immer KARL BARTSCH, Über Christian's von Troies und Hartmann's von Aue Erec und Enide, in: Germania 7 (1862), S. 141-185. Die Studien von K. DREYER, Hartmanns von Aue Erec und seine altfranzösische Quelle, in: Jahresbericht des städtischen Realgymnasiums zu Königsberg i.Pr. für das Schuljahr 1892/93, Königsberg 1893, S. 1-33, OSKAR RECK, Das Verhältnis des Hartmannschen Erec zu seiner altfranzösischen Vorlage, Diss. Greifswald 1898, und HERBERT DRUBE, Hartmann und Chrétien, Münster 1931 (Forschungen zur deutschen Sprache und Dichtung 2) ergänzen zwar manches Detail, leiden aber unter ihrer z.T. unübersichtlichen Anlage und vor allem darunter, daß sie – so besonders DRUBE – keinen fortlaufenden Vergleich bieten, sondern diesen bestimmten literaturwissenschaftlichen Konstituenten (z.B. 'Kompositionstechnik', 'Rolle des Erzählers') subsumieren.

¹¹ VOLKER MERTENS, Der deutsche Artusroman, Stuttgart 1998 (Literaturstudium), S. 53. Grundlegend zur 'adaptation courtoise' MICHEL HUBY, L'adaptation des romans courtois en Allemagne au XIIᵉ et XIIIᵉ siècle, Paris 1968. Zu den zahlreichen weiteren Publikationen HUBYS, in denen er seine Position verhärtete, und zur Auseinandersetzung mit dieser s. GUDRUN HAASE, Die germanistische Forschung zum *Erec* Hartmanns von Aue, Frankfurt/M. 1988 (EHS I, 1103), S. 250-280, und CORMEAU/STÖRMER (Anm. 9), S. 170-172. Die Diskussion über die 'adaptation courtoise' hat sehr darunter gelitten, daß sie den Vergleich zwischen dem französischen und dem deutschen Roman mit literarästhetischen Wertungen verknüpfte ('War Chrétien ein größerer Dichter als Hartmann'?).

¹² MERTENS (Anm. 11), S. 52.

wenigstens zeitweise, im Besitz einer Handschrift von Chrétiens Werk war oder ob ihm der altfranzösische Roman vielleicht nur vorgelesen wurde. Eine Antwort auf diese Frage scheint der Erzähler des ›Erec‹ zu geben, denn er erklärt wiederholt, er habe bestimmte, von ihm berichtete Details 'gelesen'.[13] In V. 8698 wird gar ein *buoch* als Quelle für seine Informationen über den Baumgarten genannt, in dem der Kampf gegen den roten Ritter Mâbonagrîn stattfindet. In V. 7481-7492 spielt der Erzähler bei der Beschreibung des Sattels von Ênîtes Pferd damit, daß er den Sattel selbst ja nie gesehen habe, er müsse sich deshalb auf das verlassen, was er in dem Buch desjenigen gelesen habe, von dem er die Erzählung habe.[14] Gleichwohl ist die Frage damit nicht vollständig beantwortet, weil wir auch damit rechnen müssen, daß Hartmanns Französischkenntnisse vielleicht nicht sehr umfassend waren; darauf deutet z.B. hin, daß er in V. 7470 aus dem namenlosen bretonischen Holzschnitzer Chrétiens (V. 349: *uns brez tailliere*) einen *meister, hiez Umbriz* (= *uns brez!*) macht (V. 7470).[15] Schwierigkeiten im Umgang mit französischsprachigen Quellen sind uns aus der mittelhochdeutschen Literatur auch sonst bekannt: Konrad von Würzburg war im späten 13. Jahrhundert bei der Abfassung seines ›Partonopier‹-Romanes, dessen altfranzösische Fassung ihm handschriftlich vorlag, darauf angewiesen, daß ihm der Basler Bürger Heinrich Marschant *daz buoch [...] schône diutet / von wälhisch mir in tiutschiu wort*, denn: *franzeis ich niht vernemen kan / daz tiutschet mir sîn künstic munt.*[16] Wichtig scheinen mir diese Überlegungen deshalb, weil sie erneut darauf hinweisen, daß wir Sicheres über das Verhältnis zwischen Hartmann von Aue und Chrétien de Troyes solange

---

[13] V. 9019 (Mâbonagrîn als "roter Ritter"), V. 9723f. (sowohl Ênîte wie die Dame Mâbonagrîns stammen aus der Stadt Lûte), vgl. ›Erec et Enide‹, V. 6248f.

[14] Vgl. zum Ganzen DENNIS H. GREEN, Medieval Listening and Reading. The Primary Reception of German Literature 800-1300, Cambridge 1994, S. 186ff., s. weiter S. 433 (Zusammenstellung der einschlägigen ›Erec‹-Stellen). – Chrétiens Name als Autor von Hartmanns Quelle erscheint nur in einem der 'alten' Wolfenbütteler Fragmente, s. CORMEAU/GÄRTNER (Anm. 3), V. 4629,12.

[15] Vgl. LAMBERTUS OKKEN, Kommentar zur Artusepik Hartmanns von Aue, Amsterdam – Atlanta 1993 (Amsterdamer Publikationen zur Sprache und Literatur 103), S. 181. Auch der Name des Zwerges, Maliclisier (V. 1077), ist aus einem *mal te quiere* Chrétiens (V. 1210) mißverstanden, s. BARTSCH (Anm. 10), S. 184, und OKKEN, S. 43. BARTSCH weist einerseits zahlreiche, oft wörtliche Übereinstimmungen zwischen Chrétien und Hartmann nach (bes. S. 164-167, 175), spricht aber andererseits von "dem geringen Verständniss des Französischen, das er [Hartmann] besaß". – Anders KURT RUH, Höfische Epik des deutschen Mittelalters, Bd. 1, 2., verb. Aufl. Berlin 1977 (Grundlagen der Germanistik 7), S. 109-111, der anhand eines Vergleichs der Prologe von ›Yvain‹ und ›Iwein‹ Hartmann einen "so innigen Umgang" mit der Vorlage zuschreibt, "wie er nur dem Kenner der originalen Textgestalt zuzutrauen ist" (S. 110).

[16] Konrad von Würzburg, Partonopier und Meliur, hg. von KARL BARTSCH. Mit einem Nachwort von RAINER GRUENTER, Berlin 1970 (Deutsche Neudrucke), V. 202-213. Zur Deutung der Passage s. HORST BRUNNER, Konrad von Würzburg, in: ²VL Bd. 5 (1985), Sp. 272-304, hier Sp. 275 und 277.

nicht aussagen können, wie ein philologisch exakter, detaillierter Vergleich der beiden Texte unter der Prämisse des Übersetzens und Bearbeitens aussteht.

Woher aber wissen wir überhaupt, daß es sich bei dem von Hans Ried wiedergegebenen Text um den ›Erec‹ des Hartmann von Aue handelt? Ried nennt, wie gezeigt, weder einen Autor noch einen Titel, und beides fehlt auch in der weiteren Überlieferung. Daß Hartmann jedoch einen ›Erec‹-Roman geschrieben hat, ist in der deutschen Literatur des 13. Jahrhunderts vielfach bezeugt, so in der um 1220 entstandenen ›Crône‹ des bereits erwähnten Heinrich von dem Türlin und ebenso im ›Willehalm von Orlens‹ des Rudolf von Ems (um 1240).[17] Die eben gestellte Frage ist damit allerdings noch nicht beantwortet, denn Ried könnte ja einen anderen ›Erec‹-Roman als den Hartmanns abgeschrieben haben.

Hier tut sich, bedingt durch einen Handschriftenfund der späten 70er Jahre, ein Problem von beträchtlicher Tragweite auf. Die sog. ›Neuen Wolfenbütteler Fragmente‹ (Bl. I/II), die auch in der Textausgabe von Cormeau/Gärtner abgedruckt sind (S. 111-117 und 135-143), "überliefern ganz oder bruchstückhaft 157 Verse eines von A [= ›Ambraser Hs.‹] abweichenden und unabhängigen Textes zweier Episoden".[18] Die Verse "entsprechen in ihrem Handlungsverlauf Partien aus der Galoain- [= der bei Hartmann namenlose Burggraf, s.u.] und der [ersten] Guivreiz-Episode, wie sie Hartmann in den Versen 3726-3796 und 4396-4438 erzählt",[19] aber: sie folgen dem ›Erec et Enide‹-Roman des Chrétien de Troyes sehr viel genauer, als dies der Text der Ambraser Handschrift tut.[20] Ob es sich bei diesen ›Neuen Wolfenbütteler Fragmenten‹ um Reste eines nicht von Hartmann herrührenden, mitteldeutschen ›Erec‹-Romans handelt[21], ist bisher unentschieden, und ebenso unklar ist, ob der ›Ambraser Erec‹ identisch ist mit dem Original des

---

[17] Abdruck der entsprechenden Passagen bei GÜNTHER SCHWEIKLE (Hg.), Dichter über Dichter in mittelhochdeutscher Literatur, Tübingen 1970 (Deutsche Texte 12), S. 12: *Als ich ez vil dicke las / An Êrecke, nande, / Den von der Swâbe lande / Uns brâhte ein tihtaere, / [...] Meister Hartman* (›Crône‹, V. 2351-2360); S. 24: *Oder der Owaʿre, / Der uns Ereches getat / Und von dem leun* [gemeint ist der ›Iwein‹, dessen Protagonist einen Löwen mit sich führt] *getihtet hat* (›Willehalm‹, V. 2176-2178). Die "Erec-Rezeption bei Zeitgenossen und Späteren" ist jetzt bei BRIGITTE EDRICH-PORZBERG, Studien zur Überlieferung und Rezeption von Hartmanns ›Erec‹, Göppingen 1994 (GAG 557), S. 76-292, zusammengestellt und analysiert. Ihr Fazit: Der "Wirkungsgrad und die Rezeptionsbreite des ersten deutschen Artusromans [entsprechen] in keiner Weise seiner spärlichen handschriftlichen Überlieferung. Vielmehr bezeugen vielfältige und vielschichtige Reminiszenzen mittelalterlicher Dichter auf den ›Erec‹ seine bis ins 14. Jahrhundert andauernde Aktualität" (S. 289).

[18] CORMEAU/GÄRTNER (Anm. 3), S. XIII, und die dort angegebene Literatur (mit Nachweis der Abbildungen der Fragmente).

[19] EBERHARD NELLMANN, Ein zweiter Erec-Roman?, in: ZfdPh 101 (1982), S. 28-78, hier S. 53.

[20] S. den Nachweis NELLMANNs (Anm. 19), S. 53-62.

[21] So NELLMANN (Anm. 19), S. 78.

Hartmann von Aue. Eine computergestützte Analyse des Ambraser Textes konnte nachweisen, daß dieser beträchtliche Inhomogenitäten aufweist.²² Nicht auszuschließen ist weiterhin, daß Hartmann zwei verschiedene Fassungen seines ›Erec‹-Romanes schuf: eine, die dem des Chrétien genau(er) folgte sowie eine weitere, die sich von diesem weit entfernte und die heute in der Gestalt des ›Ambraser Erec‹ vorliegt, dessen Text durch die Koblenzer, Wiener und 'alten' Wolfenbütteler Fragmente gestützt wird. Für die Einschätzung Hartmanns als Autor hat dies natürlich erhebliche Konsequenzen.

Über die Art von Hartmanns Umgang mit seiner Vorlage, dem Roman des Chrétien de Troyes, läßt sich demzufolge Sicheres nicht mehr aussagen, womit auch die gesamte Diskussion über Hartmanns 'Originalität', d.h. seine angeblich 'freie', 'kreative' Behandlung dieser Vorlage ins Wanken gerät. Solange nicht weitere Überlieferungsfunde helfen, die Situation zu klären, bleibt so nichts anderes übrig, als im ›Ambraser Erec‹ den ›Erec‹ Hartmanns zu vermuten, eine Vermutung, die in alle Überlegungen, die hier im weiteren zu Hartmanns Roman angestellt werden, einzubeziehen ist. Vergleiche mit dem ›Erec et Enide‹-Roman des Chrétien können so nur auf der Ebene der erhaltenen Texte angestellt werden (Übereinstimmungen und Abweichungen zwischen ›Erec et Enide‹ und dem ›Ambraser Erec‹), nicht aber auf der der Autorschaft (in welcher Weise und mit welchen Intentionen bearbeitete Hartmann den Roman Chrétiens?).²³

Daß sich solcherart die literaturtypologische Konstituente 'Text' in ihrer historischen Bedingtheit und Differenziertheit zeigt, die Konstituente 'Autor eines bestimmten Textes' sich aber geradezu auflöst, hat Konsequenzen für unsere Auffassung vom mittelalterlichen (Autor-)Text und ist im übrigen keineswegs untypisch für eine mittelalterliche Dichtung. Kaum einer der großen epischen Texte ist in den mittelalterlichen Handschriften mit Autor- und Titelangabe überliefert, und die hochmittelalterliche Auffassung, daß der Autor eines literarischen Werkes allenfalls

---

²² Die Details bei EDRICH-PORZBERG (Anm. 17), S. 47-75. Während z.B. die Verse 7330-10135 "in stilistischer Hinsicht eine Einheit bilden, die möglicherweise auf eine gemeinsame Vorlage hindeutet", fallen die Verse 2825-4327 (mit der *Verligen*-Szene und dem Text der ›Neuen Wolfenbütteler Fragmente‹!) "als Fremdkörper, den alle Tests isolieren" auf durch ihren "wenig abwechslungsreichen Stil, stark schwankende Verslängen und unregelmäßige Initialensetzung" (S. 71). – Wesentlich komplizierter wird die Problematik dadurch, daß die ›Neuen Wolfenbütteler Fragmente‹ Reste der gleichen Handschrift darstellen, der auch die am gleichen Ort aufbewahrten 'alten' Fragmente angehören. Bot diese Handschrift also einen ›Erec‹-Text, der aus einem ›Ambraser Erec‹ und einem ›Mitteldeutschen Erec‹ gemischt war? – S. hierzu die Überlegungen NELLMANNs (Anm. 19), S. 74-78. Für SCHRÖDER (Anm. 2), S. 24, bezeugen "die neugefundenen Wolfenbütteler *Erec*-Fragmente weder einen vorhartmannischen noch einen nachhartmannischen 'zweiten *Erec*'. Sie sind vermutlich Zusätze eines intelligenten Schreibers/Bearbeiters […]."

²³ Auch Chrétiens Roman liegt in zwei voneinander abweichenden Fassungen vor. Die Ausgabe KASTENs gibt die wichtigsten Abweichungen wieder, s. ebd. S. 7f.

ein Kompilator oder ein *remanieur* sei, keineswegs aber ein *creator*, wirkte sich dahingehend aus, daß die zeitgenössischen Hörer und Leser sich für die Frage der Autorschaft nur wenig interessierten.[24]

II

Im folgenden sei zunächst der Inhalt des ›Ambraser Erec‹ einigermaßen genau referiert. Dies soll die Voraussetzungen schaffen für die Diskussion von Fragen, die sich dem modernen Leser des Textes stellen.

Der Beginn des ›Erec‹ ist, wie bereits angemerkt, verloren. Hans Ried setzt ein mit der Erwähnung der Königin, ihrer Hofdamen und Êrecs, der sich bei ihr befindet. Von ihm wird gesagt, daß *durch* ihn *die rede erhaben ist* (V. 4): er ist also der Protagonist. Zieht man den Beginn von Chrétiens ›Erec et Enide‹ heran, so läßt sich der Anfang des deutschen Romans in etwa rekonstruieren:

Vor V. 1-V. 4 (Ort: Wald und Heide): Der Artushof ist auf die Jagd nach dem Weißen Hirsch gezogen (vgl. V. 101f.); Êrec begleitet dabei die Königin und ihre Hofdamen.

V. 5-159 (Ort: Heide): Die drei begegnen dem Ritter Îdêrs (Namensnennung: V. 465), dessen Zwerg eine der Hofdamen und danach auch Êrec schlägt, als sie sich im Auftrag der Königin nach dem Namen des Ritters erkundigen. Die Schläge entehren die Königin und Êrec.

V. 160-1049 (Ort: Tulmein; sog. Sperberabenteuer): Der unbewaffnete Êrec verfolgt Îdêrs in die Burg Tulmein. Êrec findet Unterkunft bei dem verarmten Grafen Koralus, der mit seiner Frau Karsinefite und seiner überaus schönen Tochter Ênîte (Namensnennungen V. 428-431) in einer Ruine vor der Stadt lebt. Êrec wird das 'Sperberabenteuer' erklärt: Jedes Jahr wird auf einer Wiese nahebei ein Sperber auf eine Stange gesetzt, der der schönsten Frau gehören soll. Îdêrs beansprucht (wie schon zweimal zuvor) den Sperber für seine Dame. Êrec beschließt, um den Sperber zu kämpfen. Als Begleiterin erbittet er von ihrem Vater Ênîte, die er im Fall des Sieges heiraten will (V. 504-515). Êrec gibt sich als Sohn des Königs Lac zu erkennen und überzeugt den – anfänglich über den Vorschlag entrüsteten – Koralus von der Ernsthaftigkeit seiner Absicht; er erhält eine Rüstung und Waffen (V. 516-620). Am nächsten Morgen reiten Êrec und Ênîte nach Tul-

---

[24] Im 13. Jahrhundert ändert sich die Auffassung von Autorschaft – der Literaturkatalog (= Autorenkatalog!) Gottfrieds von Straßburg (›Tristan‹, V. 4619-4820) ist dafür bereits ein Beleg (der auch zeigt, daß 'Dichterkollegen' natürlich eine größere Sensibilität für die Frage der Autorschaft hatten). Zum Ganzen s. A.J. MINNIS, Medieval Theory of Authorship. Scholastic Literary Attitudes in the Later Middle Ages, 2. Aufl. Aldershot 1988.

mein, dessen Herzog Îmain (V. 176) Ênîtes Schönheit durch bessere Kleider hervorheben will; Êrec lehnt dies ab. Ênîte nimmt den Sperber von der Stange, was Îdêrs mit der Androhung eines Zweikampfes beantwortet. In diesem siegt schließlich Êrec, der Îdêrs und seine Dame an den Artushof schickt.

V. 1050-1293 (Ort: Karadigân [Artushof]): Die beiden treffen am Artushof ein, Îdêrs berichtet über Êrecs Taten und entschuldigt sich bei der Königin; Vorbereitungen auf den Empfang Êrecs.

V. 1294-1483 (Ort: Tulmein): Feier von Êrecs Sieg im Haus des Koralus im Beisein des Herzogs von Tulmein. Ênîte erhält ihr erstes Pferd (V. 1414-1453).

V. 1484-2221 (Ort: Heide, dann Karadigân [Artushof]): Ritt über die Heide, Êrec und Ênîte verlieben sich ineinander (V. 1484-1498). Empfang am Artushof, dessen vornehmste Ritter samt dem König den beiden entgegenreiten. Ênîte wird von der Königin prächtig gekleidet und der Tafelrunde vorgestellt; Aufzählung von etwa 60 Mitgliedern der insgesamt 140 Ritter zählenden Tafelrunde (V. 1629-1697). Sie sind von Ênîtes Schönheit, die die aller anderen Frauen am Hofe überstrahlt, überwältigt. König Artûs nimmt nun sein Recht, als Lohn für die erfolgreiche Jagd auf den Weißen Hirsch die schönste Frau küssen zu dürfen, wahr und küßt Ênîte. Fest auf Karadigân; Êrec schickt dem Koralus Schätze und bittet seinen Vater Lac, diesem zwei Burgen in seinem Land zu übergeben (V. 1806-1837). Die Liebe zwischen Êrec und Ênîte ist voll entbrannt; sie beschließen zu heiraten (V. 1838-1888). König Artûs besteht darauf, die Hochzeit auszurichten. Aufzählung der Hochzeitsgäste (V. 1902-2117), Anreise derselben und Empfang durch Artûs, Heirat und Hochzeitsfest (V. 2118-2195); die Spielleute und die Hochzeitsgäste nehmen Abschied.

V. 2222-2880 (Ort: Turnierplatz zwischen Tarebrôn und Prûrîn [V. 2240]; Karadigân): Am Artushof beschließt man, Êrec, bevor er den Hof verläßt, durch ein Turnier zu ehren. Vorbereitungen zum Turnier. Êrec, der sich vorbildlich höfisch und damit anders als viele andere Teilnehmer verhält, zeichnet sich vielfältig aus und erringt den Turniersieg. Preis Gâweins (V. 2720-2755) und Würdigung Êrecs (V. 2809-2825). Ênîte freut sich über Êrecs Sieg und seine Kampfkraft (V. 2826-51). – Rückreise nach Karadigân; Êrec bittet König Artûs darum, abreisen zu dürfen. Er wählt 60 Begleiter aus, schickt einen Boten voraus und zieht mit Ênîte in seine Heimat Destregâles (V. 2852-2869).

V. 2881-3052 (Ort: Destregâles, Karnant): Empfang im Lande Destregâles durch Êrecs Vater, den König Lac, und gemeinsame Weiterreise zur Hauptstadt Karnant; Lac übergibt sein Land in die *gewalt* Êrecs und Ênîtes, die König und Königin sein sollen (V. 2918-23). Êrec richtet seine ganze Lebensweise auf *vrouwen Ênîten minne* (V. 2930) aus. Êrec – der Erzähler spricht fast ausschließlich von ihm, Ênîte tritt nur in Abhängigkeit von ihm auf – lebt nur seiner Bequemlichkeit (*gemach*, V. 2933, 2967) und vernachlässigt seine höfischen Pflichten; er *verligt* sich (V. 2966-71). Die Klage des Hofes darüber kommt Ênîte zu Ohren, sie äußert sie (im Glauben, daß dieser schliefe) Êrec gegenüber. Êrec zwingt sie, sich ihm zu offenbaren (sog. *Verligen*-Szene, V. 2924-3052).

V. 3053-3472 (Ort: unterwegs im Walde): Êrec bricht mit Ênîte heimlich ohne Begleitung und inkognito auf; er nennt ihr keinen Grund für den jähen Aufbruch und verbietet ihr, mit ihm zu sprechen. Sie macht Êrec unter Bruch des Redeverbots auf drei in einem Hinterhalt lauernde Räuber aufmerksam. Êrec tötet die Räuber, tadelt Ênîte für die Übertretung des Gebotes und zwingt sie, die Pferde der Räuber zu führen (V. 3106-3290). Gleich danach lauern ihnen fünf Räuber auf, die Êrec ebenfalls besiegt (Doppelung der vorhergehenden Szene); Ênîte muß fünf weitere Pferde versorgen (V. 3291-3471).

V. 3472-4267 (Ort: Burg und Stadt des – namenlosen – Burggrafen[25]): Êrec und Ênîte verlassen den Wald und sehen eine Burg mit einem Marktflecken vor sich, wo sie ausruhen wollen. Sie begegnen einem Knappen, der sie mit Brot und Wein versorgt und Ênîte den Pferdedienst erleichtert; er erhält ein Pferd als Dank (V. 3472-3602). Der Knappe reitet zur Burg seines Herrn, des Grafen, und preist diesem gegenüber Ênîtes außerordentliche Schönheit. Êrec und Ênîte folgen und werden von dem Burggrafen empfangen. Êrec lehnt die Aufnahme in dessen Haus ab, da er *unhovebaere* (nicht hoffähig) sei (V. 3630), und steigt mit Ênîte – bei Trennung von Tisch und Bett – in einem Gasthof ab. Der Graf, der unverheiratet ist, bedauert, Ênîte dem Êrec nicht weggenommen zu haben. Er besucht die beiden im Gasthof und spricht sehr ausführlich à part mit Ênîte (V. 3752-3939), die er Êrec abspenstig zu machen sucht und zu heiraten verspricht. Ênîte willigt scheinbar ein, überlistet ihn aber (*schoener list*: V. 3842, 3940); das Treueversprechen (V. 3900), das sie dem Grafen gibt, gedenkt sie nicht zu halten. Der Graf verabschiedet sich; er will Ênîte am Morgen dem Êrec wegnehmen. Sie informiert Êrec (unter neuerlichem Bruch des Redeverbotes) über die Absichten des Grafen. Die beiden brechen mitten in der Nacht auf (V. 3998-4027) und werden bald durch den Grafen und seine Leute verfolgt. Ênîte macht Êrec auf die Verfolger aufmerksam (und mißachtet so zum vierten Mal das Redeverbot). Êrec verwundet den Grafen schwer und tötet einige seiner Leute; Ênîte verspricht erneut, das Redeverbot nicht mehr zu brechen.

V. 4268-4629,5 (Ort: unterwegs im Lande des Königs Guivreiz, auf seiner Burg): Alle bisherige *nôt*, die Êrec erlitten hat, sei, so der Erzähler, gering im Vergleich mit der künftigen. Êrec begegnet dem zwergenhaften, aber kampfesstarken König Guivreiz (Beschreibung: V. 4279-4318), der Êrec seiner schönen

---

[25] Bei Chrétien heißt er Galoain, s. Erec et Enide (Anm. 8), V. 3129.

Frau wegen (V. 4376) zum Kampf herausfordert. Êrec muß gegen seinen Willen kämpfen. Er besiegt Guivreiz, wird aber verwundet. Guivreiz will Êrecs Gefolgsmann werden; er lädt Êrec und Ênîte auf seine Burg, wo die beiden eine Nacht bleiben wollen. Empfang und Preis Êrecs.

V. 4629,6-5270 (Ort: Wald bei König Artûs' Burg Tintajôl, Zeltlager des Artushofes) [Lücke im Text!]: Der Artushof ist auf der Jagd. Keie, der Truchseß (Charakterisierung als der *quâtspreche* V. 4633-4664), begegnet zufällig Êrec, ohne ihn zu erkennen, und will ihn an den Hof bringen. Êrec weigert sich zu folgen und schlägt schließlich Keie, der ihn dazu zwingen will, vom Pferd (das Gâwein gehört). Zurück im Lager des Artushofes erzählt Keie, was ihm widerfahren ist; er vermutet, daß Êrec sein Gegner war. König Artûs bittet Keie und Gâwein, Êrec herbeizuschaffen. Gâwein gelingt es, Êrec durch Verzögerungstaktik solange am Weiterreiten zu hindern, bis der Hof nahe ist. Êrecs Verärgerung über diese List wird von Gâwein besänftigt; die beiden versöhnen sich. Empfang am Artushof (V. 5085ff.); Ênîte[26] tauscht sich mit der Königin aus. Êrec wird mittels eines wunderbaren Pflasters der Feimurgân, der Schwester des Königs Artûs, geheilt (V. 5153-5242); Geschichte des Pflasters und Preis der Fee Feimurgân.

V. 5271-5709 (Ort: Wald): Aufbruch Êrecs (und Ênîtes) auf *âventiure* (V. 5292). Êrec begegnet einer wehklagenden Dame und kommt ihrem Mann, dem Ritter Cadoc (V. 5644), den zwei Riesen entführt haben und grundlos foltern, zu Hilfe. Nachdem die Riesen auf Êrecs gutes Zureden nicht reagieren, kämpft er gegen sie und tötet sie; danach schickt er Cadoc und seine Dame an den Artushof, wo sie der Königin dienen sollen (V. 5700-5709).

V. 5710-6114 (Ort: Wald): Êrec kehrt zu Ênîte zurück und fällt in eine todesähnliche Ohnmacht. Ênîte glaubt ihn tot, klagt um ihn, zürnt Gott und bezichtigt sich des Verrates an ihrem Mann, weil sie in der *Verligen*-Szene (V. 2966ff.) ihren Seufzer nicht unterdrückt habe. Da die wilden Tiere des Waldes sie nicht töten, will sie sich schließlich selbst das Leben nehmen.

V. 6115-6701 (Ort: Wald, Lîmors [Burg des Grafen Oringles]): Der zufällig des Weges kommende Graf Oringles (V. 6121) entwindet Ênîte im letzten Augenblick das Schwert. Von ihrer Schönheit gebannt, bittet er, da er unverheiratet ist, seine Gefolgsleute, Ênîte heiraten zu dürfen (V. 6272). Ênîte und der scheinbar tote Êrec werden zur Burg des Oringles, Lîmors, gebracht, wo bereits am gleichen Abend die Hochzeit stattfinden soll. Ênîte weigert sich, am festlichen Essen teilzunehmen; Oringles schlägt sie. Beim zweiten Schlag erwacht Êrec durch Ênîtes Klage aus seiner Ohnmacht. Er tötet Oringles und schlägt dessen Leute in die Flucht.

---

[26] Sie wird hier erstmals seit V. 4583 erwähnt. – Falls Ênîte im folgenden nicht erwähnt wird, aber anwesend ist, steht ihr Name in Klammern.

V. 6702-7263 (Ort: Wald, der die Länder des Grafen Oringles, des Königs Artûs und des Königs Guivreiz trennt): Êrec fragt Ênîte, wie er in die Gewalt des Grafen gekommen sei. Auf ihre Erklärung endet nun, so der Erzähler, *diu swaere spaehe / und diu vremde waehe / der er unz an den tac / mit ir âne sache* [ohne Grund!] *phlac* (V. 6771-6775); der Erzähler fügt erläuternd hinzu: *ez* [die zwangsweise Mitführung Ênîtes auf die Aventiurefahrt] *was durch versuochen getân / ob si im waere ein rehtez wîp* (V. 6781f.). König Guivreiz wird durch einen Boten über die Geschehnisse auf Lîmors informiert, er will Êrec vor der Rache des *lantvolc*es (V. 6847) retten und bricht auf, um ihm zu Hilfe zu kommen. Begegnung im nächtlichen Wald und Kampf zwischen den beiden. Êrec wird (erstmals) besiegt; Ênîte rettet ihm das Leben (V. 6921). Êrec gesteht seine Torheit ein, so geschwächt, wie er sei, gekämpft zu haben. Gemeinsames Nachtlager auf einer Waldwiese, Êrec und Ênîte schlafen erstmals wieder zusammen (V. 7095ff.). Am Morgen Abreise zur Burg des Guivreiz, Penefrec; Preis der Burg und ihres Jagdreviers (V. 7130-7188). Êrec erholt sich und will wieder auf Aventiure gehen (V. 7240-7263).

V. 7264-7787 (Ort: Penefrec): Ênîte erhält ihr (2.) Pferd, das genau beschrieben wird; Preis der Schwestern des Guivreiz (V. 7767-7787).

V. 7788-9857 (Ort: Weg nach Brandigân und Brandigân): Êrec, Ênîte und Guivreiz brechen zum Artushof auf, wählen jedoch den falschen Weg. Sie kommen in Brandigân an, einer überaus stattlichen Burg, neben der eine prächtige Stadt und ein Baumgarten liegen. Dort wartet eine lebensgefährliche Aventiure namens *Joie de la curt* (V. 8002), vor der Guivreiz Êrec zurückzuhalten sucht. Der Ritter, der in dem Baumgarten lebt, habe alle, die ihn zum Kampfe herausforderten, erschlagen (V. 8025). Als die drei in die Stadt Brandigân reiten, preisen die Bewohner Ênîtes Schönheit und beklagen, daß sie bald ihren Mann verlieren werde. Sie werden von König Îvreins (V. 8605), dem Herrn des Landes, empfangen und begegnen 80 Frauen von außerordentlicher Schönheit; Guivreiz erklärt, daß dies die Witwen der im Baumgarten erschlagenen Ritter seien. Beim Essen berichtet König Îvreins auf Êrecs Wunsch über die Aventiure (V. 8458ff.). Man begibt sich zu Bett; der Erzähler reflektiert über Mut und Zaghheit (V. 8621-8630). Am Morgen geht Êrec zur Messe, nimmt einen leichten Imbiß ein, bewaffnet sich und reitet (mit Ênîte) durch die Stadt, deren Bewohner seinen Aufbruch beobachten. Der Baumgarten wird im Detail geschildert (V. 8698-8753). König Îvreins bringt Êrec, Ênîte und Guivreiz zu dem verborgenen Garteneingang, wo sie viele auf Stäbe gesteckte Schädel sehen; ein Stab ist noch leer. Der König erläutert Êrec, daß dieser Stab für seinen Schädel bestimmt sei, wenn er den Kampf gegen den Herrn des Gartens verliere. Die klagende und um Êrecs Leben fürchtende Ênîte wird durch ihren Mann getröstet. Êrec reitet allein in den Garten (V. 8896ff.) und gelangt zu einem Zelt, in dem die Dame des Gartenherren, des roten Ritters Mâbonagrîn (V. 9443) sitzt, die von außerordentlicher Schönheit ist. Sie tadelt Êrec dafür, daß er gekommen sei. Da ertönt die gewaltige Stimme des Gartenherren, des Ritters Mâbonagrîn, der nach kurzem Wortwechsel den Kampf mit Êrec aufnimmt. Nach erbittertem Streit (V. 9069-9324) siegt schließlich Êrec; er nennt seinen Namen, worauf auch Mâbonagrîn den seinen preisgibt. Êrec fragt Mâbonagrîn, wie er es so lange in dem Garten ausgehalten habe und verweist auf die Gefahr des sich mit Frauen *verligens* (V. 9417-9442). Mâbonagrîn erzählt, daß er seiner Dame einst versprochen habe, ihr alles zu gewähren, worum sie bitte. Sie habe ihn gebeten, ihr auf immer in diesem Baumgarten zu dienen; so sei sie sicher vor der Konkurrenz aller anderen Frauen. Diesen Wunsch habe er gerne und, wenn nötig, bis ans Ende seiner Tage erfüllen wollen. Erst wenn ein Ritter ihn hier im Garten besiege, wolle sie diesen Garten verlassen. Jetzt sei er durch Êrecs Sieg aus diesem Gefängnis befreit. Êrec stößt dreimal in das am Garteneingang hängende Horn und kündet so seinen Sieg an. Ênîte tröstet die Dame des Mâbonagrîn, die sich als ihre Cousine erweist (V. 9738ff.). Am Hof des Königs Îvreins wird ein großes Fest gefeiert; die *hovesvreude* ist wiederhergestellt (V. 9770-9857).

V. 9858-10001 (Ort: Artushof): Êrec, (Ênîte), Guivreiz und die 80 Witwen reisen zum Artushof, wo Êrec *der êren krône* empfängt (V. 9888). Die Witwen werden neu eingekleidet und sollen ihre Trauer vergessen. Auf die Meldung, daß Êrecs Vater, König Lac, gestorben ist, nehmen die drei Abschied, unterwegs trennen sich Êrec (und Ênîte) von Guivreiz.

V. 10002-10135 (Ort: Destregâles): Êrec (und Ênîte) werden durch 6000 Einwohner seines Heimatlandes empfangen, die ihm drei Tagesreisen entgegenreiten. Êrec (und Ênîte) werden in der Hauptstadt Karnant empfangen; Preis Êrecs (*Êrec der wunderaere,* V. 10045). Êrec richtet ein Fest aus; er wird gekrönt (V. 10064) und ordnet sein Land. Zusammen mit Ênîte[27] wird er *ze wunsche alt* (V. 10115). Êrec erfüllt aufmerksam Ênîtes Willen, aber er *verligt* sich nie mehr, sondern lebt *nâch êren* (V. 10119-10124). Er und seine Frau erlangen nach ihrem Tod das ewige Leben (V. 10129). Hier endet das *liet* (V. 10135).

III

Das Ende des ›Erec‹-Romans entläßt den heutigen Leser nicht mit dem Gefühl, nun seien 'alle Probleme gelöst'. Ihm stellen sich vielmehr eine Reihe von Fragen, die der Roman, wie es scheint, nur unbefriedigend oder gar nicht beantwortet:

---

[27] Erstmals seit V. 9738 erwähnt.

1. Beträchtliche Irritationen ruft vor allem der Komplex des Sich-*verligen*s hervor, und zwar sowohl in seinem Kern wie auch hinsichtlich der diesen umgebenden Details. Da Hartmann davon im weiteren mehrfach spricht (nämlich in V. 5945-5973: Selbstanklage der Ênîte: sie habe ihren Mann 'verraten', bei der Versöhnung der beiden nach der Oringles-Aventiure [V. 6771-6813], in der Joie de la curt-Szene [V. 9406-9442, bes. V. 9422-9428 sowie V. 9443-9572] und am Ende des Romans [V. 10122f.]), kommt ihm offensichtlich besondere Bedeutung zu. Unklar ist zunächst, warum Êrec in der sog. *Verligen*-Szene (V. 2925-3052) auf die durch Ênîte übermittelte Kritik der Hofgesellschaft fast wortlos, dafür aber umso härter und aus heutiger Sicht ganz unverständlich, ja skandalös reagiert. Warum ist hier kein Dialog mit dem doch innig geliebten Partner möglich, an dessen Ende die Einsicht in eine neue, den Bedürfnissen und Erwartungen der Gesellschaft gerecht werdende Lebensweise stünde? (Natürlich könnte man argumentieren, daß dann der Roman – möglicherweise – ein rasches Ende fände, doch läßt sich leicht eine ganz andere Fortentwicklung denken, etwa das gemeinsame Bestehen einer Herausforderung durch äußere Feinde des Königreiches Destregâles.) Und warum muß Ênîte – in ihrem besten Kleide (V. 3053-3058) – Êrec bei seinem jähen Aufbruch überhaupt begleiten? Warum verhängt Êrec ein Schweigegebot über sie (V. 3094-3105), das sie trotz Androhung schwerster Strafen, ja des Todes durch Êrec immer von neuem bricht – Strafen, die ebenso regelmäßig angedroht, aber nie vollzogen werden (V. 3134-3188 mit 3235-3269, 3351-3383 mit 3403-3424, 3959-3997 mit 4120-4138, 4139-4149 mit 4261-4267)?[28] Was bedeutet in diesem Zusammenhang die Trennung von Tisch und Bett, was der entwürdigende Pferdedienst, der auch vor dem Hintergrund zu sehen ist, daß 'Ênîte und die Pferde' offenbar ein eigenes 'Thema' des Romans ist: Sie muß schon bei ihrem ersten Auftreten Êrecs Pferd versorgen (V. 317-322, 342-346)[29], und zweimal im Roman (V. 1414-1453 und 7264-7787) wird ihr Pferd ausführlich beschrieben, beim zweiten Mal in einer für den mittelalterlichen Roman ohne Parallele dastehenden Weise. Warum schließlich tadelt König Lac, der doch wohl während des Sich-*verligen*s von Êrec (und Ênîte?) am Hofe zu denken ist, seinen Sohn nicht wegen der Vernachlässigung seiner Herrscherpflichten? Warum weiß der Artushof, der doch sonst über alles bestens informiert ist, offenbar nichts von Êrecs (Selbst-)'Entehrung' durch das Sich-*verligen* und will ihn als Chevalier errant ('umherirrenden Ritter') so unbedingt sehen, daß selbst eine in aller Eile zu vollziehende Verlegung des Hofes (= der Zel-

---

[28] Im Anschluß an diesen neuerlichen Bruch des Verbotes fühlt sich der Autor bzw. der Erzähler bemüßigt zu erklären, warum es immer von neuem Ênîte ist, die herannahende Feinde bemerkt – eben weil Êrec eine Rüstung trage, sie aber nicht.

[29] Obwohl Êrec anbietet, sich selbst um sein Pferd zu kümmern, V.347-65, 442.

te, die den Hof während der Jagd beherbergen, und der Ausrüstung) ganz selbstverständlich unternommen wird (V. 4860-5039, bes. V. 4989-5012ff.)? Die Lösung, die der Autor für den Kern des Sich-*verligen*-Motivs bereitstellt, daß es sich nämlich um eine Erprobung der Ênîte durch ihren Ehemann Êrec gehandelt habe, ob sie ihm denn *ein rehtez wîp* sei (V. 6771-6813, Zitat V. 6782), vermag den heutigen Leser kaum zu überzeugen – dafür kommt diese Erklärung, die noch dazu allein vom Erzähler gegeben wird, allzu leichtgewichtig daher.

2. Irritierend für den modernen Leser ist weiterhin der Umgang Hartmanns mit dem Thema 'Heirat' in seinem Roman. Ein fremder Ritter, der – wie Êrec in der 'Armen Herberge' des Koralus – wenige Augenblicke nach seinem Eintreffen, und nachdem ihm erklärt worden ist, daß er zum Bestehen einer Aventiure einer gutaussehenden weiblichen Begleitung bedürfe, deren Vater anbietet, dieselbe im Falle des Sieges – sozusagen als 'Erfolgsprämie' – zu heiraten, und dem es in kürzester Zeit gelingt, die Entrüstung des eventuellen Schwiegervaters in spe über den vermeintlich schlechten Scherz zu überwinden, der hat (wie Koralus, der sich dann ohne zu Zögern auf das dubiose Geschäft 'Heirat im Falle des Sieges über Îdêrs' einläßt) in modernen Augen nur wenig Anspruch auf erzählerische Glaubwürdigkeit. Anstößig – und wohl ohne Parallele auch in der mittelalterlichen Realität – ist dabei vor allem, daß Êrec sein Heiratsversprechen unter eine Bedingung stellt: Sollte er den Kampf gegen Îdêrs verlieren, wird er Ênîte nicht heiraten. Wie ist es weiterhin zu verstehen, daß gleich zweimal im Roman unverehelichte Herrscher (der namenlose Burggraf, V. 3786-3796 und später der Graf Oringles, V. 6187-6204) Ênîte, kaum daß sie sie gesehen haben (und ohne daß sie auch nur irgendetwas über ihre Herkunft oder ihren Stand wüßten), heiraten wollen? Unverehelichte Herrscher treten im ›Erec‹ häufig auf, so z.B. der Zwergenkönig Guivreiz (der mit Êrec 'seiner schönen Frau wegen' kämpfen will, V. 4376)[30], so auch der Herzog Îmain auf Tulmein (V. 176-184, 624-661, 1316, 1406f.). Warum schließlich macht Ênîte angesichts der unerbetenen Heiratsversprechen des namenlosen Grafen wie des Grafen Oringles nicht deutlich, daß sie bis zu Êrecs (Schein-)Tod verheiratet und eine Königin war (was nur der Erzähler in V. 6507 feststellt, wenn er Ênîte als *diu edel künegîn* bezeichnet)? Warum erfindet sie gegenüber dem namenlosen Burggrafen eine so merkwürdige, Êrec in ein sehr schlechtes Licht rückende Geschichte (Êrec sei von geringerem Stande als sie, er habe sie gegen ihren Willen entführt, V. 3856-3886), die den Grafen in seinem Verlangen, Ênîte zu heiraten, allenfalls bestärken kann? Und welche Rolle spielt in diesem Zusammenhang ihre bereits die Ritter der Tafelrunde geradezu verstörende (V. 1736-1744), im

---

[30] Jedenfalls ist von einer Frau des Guivreiz nie die Rede, nur von seinen beiden Schwestern, V. 7771-7787.

Roman immer wieder hervorgehobene (V. 310f., 323-341, 689, 1766-1783, 3333, 3621f., 3739f., 3759f., 4332f., 4222, 6178-6182, 6192f., 6324-6330, 8066-8085, 8926-8930, 9681), überragende Schönheit? (Eine Schönheit, die offenbar nur der ganz auf die Wiederherstellung seiner êre bedachte Êrec bei ihrer ersten Begegnung nicht bemerkt!).

3. Kaum verständlich ist schließlich Hartmanns Umgang mit dem Thema 'Herrschaft'. So gibt z.B. in V. 2921-2923 König Lac, Êrecs Vater, die Herrschaft über sein Land Destregâles in die *gewalt* Êrecs und Ênîtes, die seitdem dort als Könige herrschen.[31] Wenn es dann im folgenden zwar noch vorstellbar ist (vom Erzähler aber mit keinem Wort erwähnt wird!), daß Lac nach dem Verschwinden des Königspaares die Herrschaft über Destregâles wieder übernimmt, so wirkt es wenig plausibel, daß Êrec (und offenbar nur er allein) nach der Rückkehr von seiner Aventiurefahrt gekrönt wird (V. 10065) – dies alles scheint, im Hinblick auf mittelalterliche Herrschaftspraxis, zumindest sehr ungewöhnlich zu sein.[32] Daß im übrigen Ênîte nach V. 2921 ihren königlichen Status auch in Situationen höchster Not nicht 'einsetzt', wurde schon angedeutet. Vermuten könnte man, daß Hartmann das Thema 'Herrschaftsausübung' schlechterdings nicht interessiert hat. Am Ende des Romans verwendet er auf die Darstellung der vorbildlichen Herrschaft Êrecs nur ganz wenige Verse (V. 10083-10100), und ebenso bleibt die Herrschaftsführung des Königs Artûs, aber genauso die des Königs Guivreiz und der weiteren Herrscher des Romans ganz im Nebel – einmal wird sie fast karikiert, wenn es dem Grafen Oringles offenbar ohne Mühe möglich ist, die Bischöfe (!), Äbte und Geistlichen seines Herrschaftsbereiches innerhalb weniger Stunden an seinen Hof zu zitieren, damit seine Heirat mit Ênîte sofort vollzogen werden kann (V. 6342-6345).

4. Irritierend aus heutiger Sicht ist weiterhin, daß Hartmann im Verlauf des Romans Figuren desselben immer wieder geradezu zu 'vergessen' scheint. Dies trifft im besonderen Maße auf Ênîte zu. Ist es eine poetologische Panne, wenn im Verlauf der Aventiurefahrt ein ums andere Mal davon die Rede ist, daß Ê r e c irgendwo einkehrt, empfangen und gespeist wird etc., daß aber Ênîte, die ihn doch zwangsweise-selbstverständlich begleitet (und ihm nicht weniger als fünfmal das Leben rettet), überhaupt nicht erwähnt wird?

---

[31] Wie ungewöhnlich die Übergabe der Herrschaft auch an die Ehefrau ist (ein Detail, das sich schon bei Chrétien findet), sei nur nebenbei angemerkt.

[32] Bei Chrétien ist von einer Übergabe der Herrschaft an Erec und Enide durch König Lac nicht direkt die Rede, doch wird Erec als 'neuer Herr' bezeichnet, vgl. V. 2371. Zur Deutung der massiven Differenz zwischen Chrétiens und Hartmanns Darstellung von Krönung und Übergabe der Herrschaft s. UWE RUBERG, Die Königskrönung Erecs bei Chrétien und Hartmann im Kontext arthurischer Erzählschlüsse, in: LiLi 25 (1995), S. 69-82, s. dazu unten.

'Vergessen' der Ênîte durch den Erzähler: Zwischen V. 4588 und 4772 (Einkehr auf der Burg des Zwergenkönigs Guivreiz – Begegnung mit Keie) wird Ênîte nicht erwähnt, obwohl sie ständig anwesend ist; Keie begrüßt sie nicht und scheint sie gar nicht wahrzunehmen, erst in V. 4772 wird sie von Êrec als *sîn hûsvrouwe* bezeichnet.[33] Im folgenden ist immer wieder nur von Êrec die Rede. Gâwein begrüßt in V. 4899f. und 4904 nur Êrec; Ênîte wird erst beim Empfang am Artushof zusammen mit Êrec genannt (V. 5096). In V. 7233 weilt anscheinend nur Êrec allein auf Penefrec; V. 9873ff. scheint er allein mit den 80 Witwen zum Artushof zu reiten, von dem er auch allein Abschied zu nehmen scheint (V. 9977). Nur er scheint wegen des Todes seines Vaters vom Artushof nach Destregâles zu reiten (V. 9977), und nur er allein wird gekrönt (V. 10064).[34] – Wie ist es weiterhin zu verstehen, daß beispielsweise König Lac offenbar nicht an Êrecs und Ênîtes Hochzeit am Artushof teilnimmt, obgleich Hartmann ausführlich beschreibt, wieviele berühmte Herrscher von nah und fern Artûs dazu an seinen Hof lädt? Daß dann von den Eltern der Ênîte, Koralus und Karsinefite, die Êrec kurz zuvor aus ihrer Armut erlöst hat, indem er seinen Vater bittet, ihnen zwei Burgen seines Reiches zu übergeben (V. 1820ff.), weder im Zusammenhang der Heirat noch dem der *Verligen-*Szene die Rede ist und daß es noch am Ende des Romans Gott (!) ist, der Vater und Mutter Ênîtes in Êrecs Heimatland Destregâles geschickt hat (V. 10117), kann so kaum noch überraschen.

5. Verständnisschwierigkeiten bereitet dem, dessen Leseerfahrungen durch die Lektüre von Romanen der deutschen Literatur des späteren 18. bis mittleren 20. Jahrhunderts geprägt ist, schließlich die Vielzahl der anscheinend 'blinden' Motive und Passagen des Romans. Was, z.B., soll die lange Aufzählung von Namen und Herkunft der Ritter der Tafelrunde bedeuten, von denen mit Ausnahme Gâweins kein einziger im weiteren Verlauf des Romans eine Rolle spielt (V. 1629-1697)? Was bedeutet im Zusammenhang des Romanganzen die gut 5 % des Erzählumfangs einnehmende Beschreibung von Ênîtes zweitem Pferd (V. 7264-7766)? Ist sie lediglich als erzählerisches 'Kabinettstück' des Autors zu verstehen, der hier auch seine Literaturkenntnisse ausbreiten möchte (Pyramus und Thisbe-Geschichte: V. 7707-7713, Veldekes Eneasroman: V. 7545-7581)? Und was meint das blinde Motiv von der Herkunft des Pferdes, das einem Zwerg weggenommen

---

[33] Die Wolfenbütteler Fragmente lassen Ênîte noch deutlicher zurücktreten. In ihrer Fassung des ›Erec‹ spricht Êrec zu Keie: *ir seht wol hie n[ieman] / wan iwer unde mîn*, s. CORMEAU/ GÄRTNER (Anm. 3), S. 167.

[34] Die Nichterwähnung Ênîtes im genannten Abschnitt (ca. V. 4500-5300) kontrastiert auffällig mit der häufigen und fast 'systematischen' Erwähnung der Ênîte nach der Oringles-Aventiure (V. 6700ff.): z.B. V. 6734, 6745, 6764 (jeweils *vrouwen Ênîten*), die sich natürlich auch daraus ergibt, daß Êrec ja (schein-)tot ist.

wird, der dann über den Verlust des Tieres klagt, worauf der Erzähler in V. 7426 mit einem ausgesprochen 'harten' Übergang plötzlich vom Sattel des Pferdes spricht? Ähnlich funktionslos scheint der Preis der beiden Schwestern des Guivreiz (V. 7772-7787), deren Höfischkeit gepriesen wird, ohne daß dies irgendwelche Konsequenzen hätte – sie treten im Roman ebensowenig wieder in Erscheinung wie die mit einer gewissen Ausführlichkeit beschriebenen Teilnehmer von Êrecs Hochzeitsfest (V. 1902-2117!). Müssen wir uns als moderne Leser so damit abfinden, daß Hartmann in seinen Roman eine größere Zahl von Motiven und Binnenerzählungen eingebaut hat, die strukturell-erzähllogisch ohne Funktion sind und nur 'um ihrer selbst willen' aufgenommen wurden (wie etwa auch die Geschichte des Pflasters der Feimurgân, V. 5153-5246)?

6. Zumindest bemerkenswert wird der moderne Leser schließlich die sehr große Variationsbreite des ›Erec‹ hinsichtlich der Art des Erzählens finden: Mitunter beschränkt sich Hartmann auf die Skizzierung eines Geschehnisverlaufes, mitunter führt er ihn breit aus, was auch für Szenen – wie etwa die Beschreibung von Enîtes zweitem Pferd – gilt, die n i c h t zum Fortschritt der Handlung beitragen und aus dem Roman leicht herauszulösen wären. Entsprechendes gilt für das Zurücktreten und Hervortreten des Erzählers; die Erzählerrolle ist mitunter über längere Passagen hinweg kaum greifbar, dann (vor allem gegen Ende, im Anschluß an die Pferdeszene) fast aufdringlich breit ausgestaltet. Auch das Erzähltempo weist große Kontraste auf: Neben Szenen, die durch Stichomythie geprägt sind (der Graf und der Wirt, V. 4059-4083; Êrec und Mâbonagrîn, V. 9027-9068), stehen Passagen, die ruhig dahinfließen (so z.B. die Begegnung Êrecs und Enîtes mit dem Knappen, V. 3472-3603). Neben breitem Auserzählen findet sich extreme Raffung, so wenn Êrec in einem einzigen Vers vom Artushof nach Karnant gelangt (V. 10001), wenn der Herzenstausch der beiden Neuvermählten bei Êrecs Aufbruch zum Turnier dem Autor gerade einmal zehn – noch dazu lieblos-mechanistisch formulierte – Zeilen wert ist (V. 2358-2367) oder wenn der Erzähler zwar für die Schilderung des Turniers gut 500 Verse (V. 2222-2825) aufwendet, dann aber in nur 70 weiteren Versen (V. 2852-2922) die Rückkehr vom Turnierplatz zum Artushof, den Abschied Êrecs und Enîtes von demselben, die Reise in Êrecs Heimatland Destregâles, ihre Ankunft und Aufnahme dort sowie die Übergabe der Macht durch Êrecs Vater Lac bewältigt? Sieht man diese großen Schwankungen nicht als Resultat einer vom Autor bis in die letzten Details der Konstruktion seines Romans hinein verfolgten Wirkungsabsicht, dann könnten sie – und diese Annahme hat einiges für sich – darauf hinweisen, daß es sich beim ›Erec‹ um das Werk eines Anfängers handelt.

IV

Auf die hier ausgebreiteten Fragenkomplexe eine umfassende Antwort zu geben, ist im Rahmen eines Aufsatzes nicht möglich. Im folgenden seien daher nur für einzelne Aspekte jedes der sechs Fragenkomplexe tentative Antworten gegeben. Sie sollen darauf verweisen, wie weit wir von einem sicheren Verständnis des ›Erec‹ noch entfernt sind und welcher Aufwand zur Klärung selbst unbedeutender Details zu treiben ist. Hinzuzufügen ist, daß nicht wenige der soeben gestellten Fragen in die – von Kurt Ruh so bezeichnete – Kategorie der "Warum-Fragen" fallen, die ihm zufolge für das Publikum der Romane Hartmanns "keine Fragen von Belang" waren, denn "der Hörer stand in Erwartung des Wozu". "Handlung ist nicht kausal, sondern final bedingt, Situationen stellen sich nach 'Bedarf' der Handelnden ein, Personen bleiben rollengebunden," und "gerade die entscheidenden 'Wendungen' bleiben ohne kausal-psychologische Motivierung".[35] Dem ist im wesentlichen zuzustimmen – mit einer, allerdings wichtigen Einschränkung: Hartmann mußte (wie Chrétien) darauf bedacht sein, seinen Roman so zu konstruieren, daß er in den Zügen, die für das Publikum eine Analogie in der Realität besaßen, deren Gegebenheiten nicht widersprach. Darauf aber weisen, so meine ich, einige der hier gestellten Fragen hin.

1. Keine Szene der höfischen Epik des deutschen Mittelalters ist von der Forschung so intensiv und so kontrovers diskutiert worden, wie die *Verligen*-Szene des ›Erec‹ (V. 2924-3052) und die Folgen, die sich für die weitere Handlung des Romans und deren Verständnis ergeben.[36] Eine Darstellung der verschiedenen Positionen ist hier ebensowenig möglich wie eine ausführliche Erörterung der Problematik, einige Hinweise müssen genügen. Allgemein akzeptiert ist, daß Êrecs Rittertüchtigkeit durch die Kritik der Hofgesellschaft "angezweifelt" ist (siehe V. 2969-2997), daß er "seine Artuswürdigkeit verloren" hat und "aus der Gesellschaft der Besten ausgeschlossen ist. Deshalb erlegt er sich ein einsames und hoffernes Leben auf."[37] Weitgehend durchgesetzt hat sich darüber hinaus die – zunächst vor allem von Ruh vertretene – Position, "die Schuld des [sich] *verligens* [bestehe] nicht in einer zu sinnlichen Liebe [...], sondern in der Isolation, die aus der Liebesbeziehung resultier[e]".[38] Êrec vernachlässigt durch das Sich-*verligen* seine Pflichten gegenüber der Gesellschaft, konkret im Hinblick auf Hof und Herrschaft. Inwieweit Ênîte hier im Sinne einer Verantwortungsgemeinschaft einzubeziehen ist,

---

[35] RUH (Anm. 15), S. 114.
[36] Vgl. HAASE (Anm. 11), Register S. 449 s.v. *verligen*, bes. S. 171ff., 226ff., 305ff.
[37] RUH (Anm. 15), S. 123.
[38] HAASE (Anm. 11), S. 175, nach RUH (Anm. 15), S. 124.

läßt Hartmann offen; sicher ist nur, daß Êrec sich *durch* Ênîte *verligt* (V. 2927).[39] Die von Hartmann betonte *wandelunge* Êrecs (V. 2984) hat zur Folge, daß sein Hof *aller vreuden bar* wird (V. 2989). Ênîte aber mache sich, so weiterhin Ruh, "deshalb schuldig, weil sie Êrec von seinem ehrlosen Zustand in Kenntnis setze. Da aber der Mann 'Herr der Ehe' sei, habe die Frau kein Recht, ihn zu kritisieren."[40] Damit ist eine Antwort auf die Frage gegeben, warum denn Êrec im folgenden Ênîte auf eine geradezu verzweifelte Aventiurefahrt mit sich nimmt, bei Trennung von Tisch und Bett und zu entwürdigendem Pferdedienst gezwungen.[41] Ruhs Deutung, Ênîte habe – als christlich-mittelalterliche Ehefrau – Êrec auf keinen Fall auf sein Fehlverhalten aufmerksam machen dürfen, vermag jedoch nicht ganz zu überzeugen; sie macht aus der Beziehung zwischen Êrec und Ênîte eine rein juristische, wofür es in den vorausgehenden Versen des ›Erec‹ keinen Anhalt gibt. Plausibler scheint die neue Deutung Bruno Quasts, der die Schuld der Ênîte gerade darin sieht, daß sie Êrec "den Tadel des Hofes rechtzeitig und unaufgefordert hätte weiterleiten müssen".[42] Eben dies aber habe sie nicht getan. Êrec müsse sie zur Offenlegung der Kritik des Hofes zwingen und werte ihr Schweigen als Treuebruch, der – juristisch korrekt – mit der Trennung von Tisch und Bett bestraft werde; sie habe da geschwiegen, wo sie hätte reden müssen – und deswegen lege ihr Êrec im folgenden ein Schweigegebot auf, das sie brechen müsse, wenn sie Êrec ihre *triuwe* beweisen, d.h. ihn vor Gefahren warnen wolle. Hintergrund der Deutung ist ein 'Eheverständnis', wie es Hugo von St. Viktor, einer der bedeutendsten Theologen des 12. Jahrhunderts, entwickelt hat, das die Ehe als 'Lebens- und Liebesgemeinschaft' bestimmt.[43] Akzeptiert man diese Deutung, dann wird

---

[39] Hartmann selbst hat dies in einer langen Passage seines ›Iwein‹-Romanes bestätigt (V. 2779-2878, bes. V. 2790: *daz sî sich durch ir wîp verligen*), vgl. Hartmann von Aue, Iwein, Text der 7. Ausg. von G.F. BENECKE – K. LACHMANN – L. WOLFF, Übers. und Anm. von THOMAS CRAMER, 3. Aufl. Berlin – New York 1981, S. 55f.

[40] HAASE (Anm. 11), S. 175, nach RUH (Anm. 15), S. 125f.

[41] Im ›Jüngeren Titurel‹, Str. 2398-2402, wird Hartmann dafür getadelt, daß er Ênîte als Pferdeknecht auftreten läßt, s. Albrechts von Scharfenberg Jüngerer Titurel, Bd. II/1, hg. von WERNER WOLF, Berlin 1964 (DTM 55). Ebd. Str. 1926 (Bd. I, 1955, DTM 45) ein Tadel des *vervarens* und *verligens*. S. weiterhin Êrecs eigenen Kommentar hierzu im ›Gauriel von Muntabel‹ des Konrad von Stoffeln, V. 3276-3296, s. Der Ritter mit dem Bock. Konrads von Stoffeln ›Gauriel von Muntabel‹, neu hg., eingel. und komm. von WOLFGANG ACHNITZ, Tübingen 1997 (TTG 46), S. 377 und 559 (Hinweis von W. A.). Zur Schuld Êrecs, die im Sich-*verligen* und -*versitzen* besteht, s. jetzt SILVIA RANAWAKE, verligen und versitzen. Das Versäumnis des Helden und die Sünde der Trägheit in den Artusromanen Hartmanns von Aue, in: Chrétien de Troyes and the German Middle Ages, hg. von MARTIN H. JONES – ROY WISBEY, Woodbridge 1993, S. 19-35.

[42] BRUNO QUAST, Getriuwiu wandelunge. Ehe und Minne in Hartmanns ›Erec‹, in: ZfdA 122 (1993), S. 162-180, hier S. 166.

[43] Ebd. S. 166 mit Anm. 21. Für Hugo sind der *affectus cordis* und das *vinculum socialis dilectionis* die entscheidenden Elemente der Ehe, nicht aber die *commistio carnis*. Dem entspricht auf der kirchenrechtlichen Ebene, daß mit dem Erscheinen des ›Decretum Gratiani‹ und der

auch plausibel, warum Ênîte später von sich selbst sagen kann, sie habe ihren Mann *verrâten* (V. 5945), und auch die Wiedervereinigung von Êrec und Ênîte samt Êrecs Erklärung, er habe seine Ehefrau prüfen wollen, wird verständlich. Aber dürfen wir überhaupt eine 'Schuld' der Ênîte annehmen? Abgesehen von der bereits zitierten Selbstaussage der Ênîte, sie habe ihren Mann *verrâten*, indem sie den *klagenden sûft* der *Verligen*-Szene nicht unterdrückt habe, der Êrecs jähen Aufbruch zu der *leidigen vart* auslöste (V. 5945-5954), sagt der Text des Romans darüber nichts aus, und es ist zu beachten, daß Ênîtes Selbstanklage (V. 5775-6061) mehrere inhaltlich unzutreffende Aussagen Ênîtes enthält. Wichtiger als die Beantwortung der Frage, ob sich Ênîte nicht wenigstens ein Rest von Schuld zuweisen läßt, scheint mir im Anschluß an Ursula Schulze und vor allem Ingrid Hahn, daß "Ênîte [...] am Ende die [ist], die sie von Anfang an war", daß ihr "'Weg', wenn es denn einen gibt, [...] nicht im Durchlaufen von Stationen [besteht], die einen Prozeß symbolisieren, sondern im Offenbarwerden dessen, was von Anfang an war", und daß Hartmann "den Prozeß der Personwerdung" mit "Selbstverlust, Suche und Identitätsfindung dem Mann vorbehalten" hat. "Dem Zusichselbstkommen des Mannes entspricht bei Hartmann das Beisichselbstbleiben der Frau."[44] Ênîte, deren überragend positive Eigenschaften von Anfang an vorhanden sind, aber im Laufe des Romans erst allmählich ausgefaltet werden, ist so ihrem Geliebten und dann Ehemann von Beginn an überlegen – bis zu dem Augenblick, in dem er sich bei ihr entschuldigt für all die Unbill, die er ihr angetan hat (V. 6795-6801). Der gemeinsam durchlittene Aventiureweg ist so geradezu Schauplatz eines stillen, wortlosen Kampfes zwischen der *senfte, triuwe* und *güete* Ênîtes (die in dem Wunder der Bändigung der acht Pferde sichtbaren Ausdruck finden, V. 3460-3465)[45] und dem blinden *zorn* Êrecs, der ihn unfähig macht zu jeder Art vernünftiger oder gar liebevoller Kommunikation mit seiner Ehefrau. Ênîte aber läßt sich dadurch nicht provozieren. Sie liebt Êrec, und deshalb steht sie ihm trotz aller ihr von ihm zugefügten Mühen und Kränkungen immer von neuem zur Seite, solange, bis er einsieht, daß er es ist, der der *bezzerunge* (V. 6800) bedarf. Ein vollstän-

---

›Sentenzen‹ des Petrus Lombardus im 12. Jahrhundert die gegenseitige Zustimmung der Brautleute zu einem zentralen Aspekt der Eheschließung wurde, s. dazu MICHAEL M. SHEEHAN, Choice of Marriage Partner in the Middle Ages: Development and Mode of Application of a Theory of Marriage, in: Studies in Medieval and Renaissance History N.S. 1 (1978), S. 3-33. Es wäre wichtig zu ermitteln, ob sich diese 'modernere' Eheauffassung auch sonst in hochmittelalterlicher Literatur findet.

[44] URSULA SCHULZE, *amîs unde man*. Die zentrale Problematik in Hartmanns ›Erec‹, in: PBB (Tüb) 105 (1983), S. 14-47, vor allem aber INGRID HAHN, Die Frauenrolle in Hartmanns ›Erec‹, in: Sprache und Recht. Festschrift für Ruth Schmidt-Wiegand zum 60. Geburtstag, Berlin – New York 1986, S. 172-190. Die Zitate dort S. 174f. und 185. – S. zum Ganzen jetzt auch: UTA STÖRMER-CAYSA, Gewissen und Buch, Berlin – New York 1998, S. 34f., 48-52.

[45] Vgl. HAHN (Anm. 44), S. 182.

diges Verständnis der *Verligen*-Szene ist freilich auch damit noch nicht erreicht: Unklar bleibt z.B., weshalb Êrecs Vater Lac dem Sich-*verligen* offenbar ungerührt zusieht. Müssen wir hier annehmen, daß ihm als einer Nebenfigur des Romans ein so massiver Eingriff in den Handlungsverlauf nicht zustand?[46]

2. Was den Problemkreis von Heirat und Ehe im ›Erec‹ angeht, so hat sich die Forschung damit sehr intensiv beschäftigt, weil die Deutung des Verhältnisses zwischen Êrec und Ênîte ja engstens mit der Sich-*verligen*-Problematik verknüpft ist.[47] Merkwürdigerweise blieb dabei ein wesentlicher Aspekt, daß Êrec nämlich ein 'bedingtes Eheangebot' abgibt, unbeachtet.[48] Wichtig ist in diesem Zusammenhang, daß Chrétien die Szene zwar insgesamt anders gestaltet hat, die Konditionierung des Heiratsversprechens aber ebenfalls kennt. Bei ihm wartet Koralus darauf, daß er die – schon von vielen vornehmen Männern zur Frau begehrte – Enide an einen König oder Grafen verheiraten kann (V. 530-536). Erec stellt sich als Königssohn und Mitglied des Artushofes vor und "verspricht und gelobt", "daß ich, wenn ihr mir eure Rüstung zur Verfügung stellt und mir eure Tochter anvertraut, morgen den Sperber erobern und sie [Enide] mit in mein Land nehmen werde, sofern mir Gott den Sieg schenkt. Ich werde sie krönen lassen, und sie wird Königin über drei Städte sein" (V. 647-665).[49] Bei Chrétien stellt Erec sich also zunächst als Königssohn und Mitglied des Artushofes vor, d a n n erst gibt er sein Eheversprechen ab – Hartmann kehrt die Reihenfolge um, was den Affront noch größer macht. Durch den Vergleich mit ›Erec et Enide‹ ist nun zwar geklärt, woher Hartmann das merkwürdige Detail des bedingten Eheversprechens hatte, doch bleibt festzuhalten, daß mittelalterliche Realität derartiges anscheinend nicht kannte.[50]

---

[46] Zu beachten ist, daß bei Chrétien Erec ein ausführliches Gespräch mit seinem Vater Lac führt. Erec erklärt ihm den Grund für den jähen und unbegleiteten Aufbruch (der vom Erzähler jedoch nicht referiert wird!), Lac versucht, seinen Sohn zurückzuhalten, und bittet ihn – vergeblich – doch wenigstens standesgemäße Begleiter mitzunehmen (›Erec et Enide‹, V. 2686-2743).

[47] S. die bei HAASE (Anm. 11), S. 175-179, 263-265, 315-318 und 322-324 diskutierte Literatur sowie ebd. die Registereinträge 'Ehe, Eheschließung' (S. 439) und 'Hochzeit' (S. 422).

[48] HERBERT ERNST WIEGAND, Studien zur Minne und Ehe in Wolframs Parzival und Hartmanns Artusepik, Berlin – New York 1972 (Quellen und Forschungen zur Sprach- und Kulturgeschichte der germanischen Völker N.F. 49), S. 95; ebd. S. 90-105 allgemein zur Eheproblematik im ›Erec‹. OKKENS Kommentar (Anm. 15), S. 26f., geht auf diesen Aspekt nicht ein, und auch QUASTS Ausführungen (Anm. 42), S. 169, greifen zu kurz; der Hinweis, daß Êrec sich mit seinem Versprechen an Koralus wendet, nicht aber an Ênîte, ist richtig, ändert aber nichts Grundsätzliches an der Situation.

[49] Die Übersetzung hier und im folgenden stets nach KASTEN (Anm. 8).

[50] Beispiele für ein solcherart bedingtes Heiratsversprechen habe ich in der Forschungsliteratur zu Heirat und Ehe im Mittelalter nicht finden können, s. z.B. W. PREVENIER – TH. DE HEMPTINNE, 'Ehe in der Gesellschaft des Mittelalters', in: LdMA Bd. 2 (1986), Sp. 1635-1640, und die dort angegebene Literatur, FRANCES GIES – JOSEPH GIES, Marriage and the Family in the Middle Ages, New York 1989.

Zwar erinnert Êrecs Eheversprechen für den Fall seines Sieges über Îdêrs an das bekannte und reich verbreitete Motiv der Auslobung (und Selbstauslobung) der Braut – "meist von seiten der Muntinhaber wird die Hand der Braut demjenigen zugesagt, der imstande ist, bestimmte Leistungen zu vollbringen, etwa Tötung von Ungeheuern"[51] –, doch erinnert es eben nur daran, denn die Rollen sind im ›Erec‹ ja geradezu vertauscht: Es ist Êrec, der sich gewissermaßen selbst auslobt, Ênîte ist ihm schlichtes Mittel zum Zweck, nicht anders, als ein taugliches Pferd oder eine gute Rüstung. Wie ein mittelalterliches Publikum auf dieses wichtige Detail reagierte, vermögen wir nicht zu sagen; daß die ›Erec‹-Forschung es bisher anscheinend nicht wahrgenommen hat, zeigt erneut, wie viele Fragen noch offen sind.

3. Die Herrschafts-Problematik im ›Erec‹ kann angesichts ihrer Komplexität nur angedeutet werden. Ich beschränke mich auf einen wichtigen Aspekt, das Problem der (doppelten?) Krönung. Es scheint auch deshalb geeignet, weil hier die Darstellungen Chrétiens und Hartmanns sehr deutlich voneinander abweichen. Bei Chrétien (V. 2306ff.) reisen Erec und Enide nach ihrer Hochzeit nach Carnant und werden dort von Erecs Vater, König Lac, den Großen seines Hofes und dem Volk aufs beste aufgenommen. Nie, so erklärt der Erzähler, sei ein König in seinem Königreich mit größerer Freude empfangen worden (V. 2398-2400). Von einer Krönung Erecs (und Enides) ist hier und im folgenden nicht die Rede. Eine solche erfolgt mit großem, festlichen Aufwand erst nach der endgültigen Rückkehr an den Artushof; Erec und Enide werden, nachdem sie erfahren haben, daß König Lac gestorben ist (V. 6511ff.), und Erec sein Land von Artus zu Lehen genommen hat, auf Erecs Wunsch hin (V. 6546ff.) durch Artus selbst an einem Weihnachtstag (V. 6698) in Nantes festlich gekrönt und durch Bischöfe, Prioren und Äbte "nach christlicher Sitte gesalbt" (V. 6830-6887, Zitat V. 6857-6860).

Ganz anders verfährt Hartmann: In V. 2918-2923 übergibt König Lac die Herrschaft an Êrec und Ênîte, sie sollen als König und Königin in Destregâles herrschen. Von einer Krönung ist nicht die Rede. Sie wird gegen Ende des Romans, in V. 10064-10068 beschrieben: Êrec 'empfängt' nun, nachdem er am Artushof von Lacs Tod erfahren hat (V. 9970) und mit Ênîte nach Karnant gezogen ist, *die krône von dem rîche / der sîn vater, der künec Lac / unz an in mit êren phlac*. Êrec (und nur er allein!) wird nun also gekrönt – von wem, wird nicht gesagt,[52] und unter völliger Ausklammerung des kirchlich-liturgischen Aspektes.

---

[51] BRIGITTA MARIA FABER, Eheschließung in mittelalterlicher Dichtung vom Ende des 12. bis zum Ende des 15. Jahrhunderts, Diss. Bonn 1974, S. 22f. mit Anm. 13-18 mit vielen Beispielen aus der Literatur und Verweis auf die mittelalterliche Rechtspraxis.

[52] Auf die Frage, ob König Lac erst jetzt die Herrschaft abgibt (also während Êrecs und Ênîtes Verschwinden stillschweigend die Regierung von Destregâles wieder an sich genommen hatte!), gehe ich nicht ein; die Formulierung *unz an in* ist doppeldeutig. Die folgenden Verse (10069-10071:

Das erscheint sehr ungewöhnlich, muß man doch annehmen, daß Êrec und Ênîte bereits im Zusammenhang der Machtübergabe gekrönt wurden. Was also soll dann eine zweite Krönung? Okkens Kommentar scheint einen Weg zu weisen.[53] Im zweiten Falle "handelt es sich [...] um eine Festkrönung: um eine neuerliche Krönung, welche den Glanz des Festes und des Königtums erhöhen soll". Ein Blick in die historische und die rechtshistorische Forschung zeigt jedoch, daß dieser Hinweis nur teilweise das Rechte trifft. Die von Hans-Walther Klewitz[54] zusammengestellten und interpretierten 38 Festkrönungen der Jahre 1038-1200 sind in keinem Fall Ausdruck des Herrschaftsantrittes, sondern "an einem hohen kirchlichen Feiertag – vorzugsweise Ostern und Weihnachten – von einem geistlichen Coronator in liturgischem Rahmen vorgenommene Wiederholung[en] der Erstkrönung".[55] Das könnte darauf hinweisen, daß Êrec bereits bei seinem ersten Eintreffen in Destregâles gekrönt worden ist. Daß Hartmann (und Chrétien?) dies nicht erwähnen, braucht nicht zu überraschen, zeigt doch Carlrichard Brühl in aller Deutlichkeit, daß Krönungen in den historischen Quellen des Mittelalters häufig unerwähnt bleiben.[56] Es ist so wahrscheinlich, daß die Übergabe der Macht an Êrec und Ênîte bei ihrem ersten Eintreffen in Karnant durch die Krönung der beiden 'markiert' wurde. Ihr Wiedereintreffen in Karnant nach dem Tode von Êrecs Vater und damit die endgültige Übernahme der Herrschaft wäre dann durch eine neuerliche Krönung ausgezeichnet worden, wobei jedoch statt der Festkrönung vor allem an den neben dieser stehenden Typus der 'Befestigungskrönung' zu denken ist, den Brühl auf der Basis reichen Materials beschreibt[57], "eine weit bis in das hohe Mittelalter anzutreffende symbolische Form [...], die den Betroffenen als den allein rechtmäßigen Herrscher ausweisen und ihn in dieser Herrschaft 'befestigen' soll"[58]; eine der von Brühl hier zitierten Quellen gebraucht ausdrücklich die Formulierung: *confirmavit ei regnum*.[59] Eine solche Befestigungskrönung aber war in Êrecs Falle mehr als angebracht, hatte er doch, durch Sich-*verligen* seine Herrscherpflichten vernachlässigend und anschließend durch das heimliche Entweichen aus Karnant (der zweite Aventiure-Weg stellt unter dem Aspekt der Herrschaft geradezu eine Flucht aus der Verantwortung dar) eine solche 'Befestigung' wahrhaft

---

'nie ist ein tüchtiger Vater durch seinen Sohn besser ersetzt worden') weisen aber in diese Richtung.

[53] OKKEN (Anm. 15), S. 96f., zu beiden Stellen.

[54] Die Festkrönungen der deutschen Könige, in: Zeitschrift der Savigny-Stiftung für Rechtsgeschichte 59 (= Kan. Abtlg. 28) (1939), S. 48-96.

[55] CARLRICHARD BRÜHL, Fränkischer Krönungsbrauch und das Problem der "Festkrönungen", in: Historische Zeitschrift 194 (1962), S. 265-326, hier S. 269.

[56] Ebd. S. 274f.

[57] Ebd. S. 283-285.

[58] Ebd. S. 284.

[59] Ebd.

nötig. Warum aber wird Ênîte nicht (neuerlich) gekrönt? Darf man dies so verstehen, daß Hartmann damit einen Hinweis darauf geben will, daß das *Sichverligen* des Paares allein Êrecs Schuld ist (schließlich ist er als Mann derjenige, der – angesichts der minderen Rechtsstellung der Frau – nahezu allein die Verantwortung trägt!) und Ênîte deshalb nicht neuerlich in ihrer Herrschaft befestigt werden muß? Dies ist sicher Spekulation, freilich, wie ich meine, eine ansprechende. Sie zeigt, daß bereits der Versuch, scheinbar nebensächliche Details des ›Erec‹ besser als bisher zu verstehen, hinein in die Beschäftigung mit zentralen Fragen der Deutung des Werkes führt. Sie macht aber auch (und erneut) deutlich, daß Hartmann die Vorgaben Chrétiens mitunter erheblich verunklärt hat. Daß er die Herrschaft über Destregâles bereits bei Êrecs und Ênîtes erstem Besuch in Karnant auf diese übergehen und die Krönung nicht durch König Artûs in Nantes, sondern in Karnant vornehmen ließ, schuf Inkonsequenzen, die die Deutung seines Romans nicht unerheblich erschweren. Uwe Ruberg hat hier einen Ausweg zu finden gesucht, indem er die Verlagerung der "Krönung von der Artusresidenz [Nantes] an Êrecs eigenen Hof"[60] als von Hartmann beabsichtigte "Zurückdrängung des Artusanteils" interpretiert, die – im Gegensatz zu Chrétiens Erec, dessen Vasallenstatus durch die Krönung von Artus Hand erneut bestätigt wird, – die "Lösung der politisch-rechtlichen Abhängigkeit des Landesherren [Êrec] von König Artus" zum Ziel habe; Êrec sei "auf die Instanz des Artushofes nicht mehr angewiesen",[61] das "Gelingen der souveränen Eigenständigkeit Êrecs und Ênîtes" werde "im Erzählschluß dokumentiert und herausgehoben"[62]. Stimmt man dem zu, so bleibt unverständlich, warum Hartmann dann die Krönung Êrecs nur in extremer Kürze und Abstraktheit dargestellt hat: *Hie* [in Karnant] *emphienc er lobelîche / die krône von dem rîche / der sîn vater, der künec Lac, / unz an in mit êren phlac* (V. 10064-10067). Von einem "sechswöchigen Krönungsfest"[63] kann denn auch nicht die Rede sein. Hartmann erklärt lediglich, daß man *wol sehs wochen* (V. 10079) *grôze kraft / von rittern und von vrouwen* sehen konnte (V. 10077-10079). Gerade diese Kürze und Abstraktheit aber ist inkonsequent, wenn Êrecs (und Ênîtes!) nun endlich errungene Bewährung als Herrscher(paar) und ihre Unabhängigkeit von König Artûs und seinem Hof dokumentiert werden sollen.

4. Wie ist es zu erklären, daß der Autor, wie gezeigt, immer wieder – und vor allem nach dem durch Êrec erzwungenen Aufbruch zur Aventiure-Fahrt – vergißt zu erwähnen, daß Ênîte anwesend ist? Darf man dies als bloße Unachtsamkeit

---

[60] RUBERG (Anm. 32), S. 70.
[61] Ebd. S. 78.
[62] Ebd. S. 80.
[63] Ebd. S. 77.

des Autors bewerten? Immerhin ist zu bedenken, daß Hartmann, weil der Beschreibstoff Pergament überaus kostbar und teuer war, allenfalls die Komposition seines Romans, also ein Schema des Handlungsablaufes auf Schreibtäfelchen notieren, kaum aber ein komplettes 'Rohmanuskript' erstellen konnte. Daß Hartmann schlechterdings 'vergaß', Ênîte zu erwähnen, ist trotzdem unwahrscheinlich, und zwar aus zwei Gründen. Zum einen wären diesbezügliche Änderungen sehr leicht möglich gewesen, weil die Erzähllogik geradezu die Nennung Ênîtes gebot, zum anderen aber zeigt der Vergleich mit ›Erec et Enide‹, daß Chrétien anders verfuhr. Bei ihm findet sich unmittelbar nach dem ersten Eintreffen der beiden Protagonisten in Carnant ein ausführlicher Preis der Enide (V. 2403-2433) – den Hartmann nicht wiedergegeben hat. Vergleicht man im weiteren die oben aufgeführten Stellen, an denen Ênîte anwesend ist, aber nicht erwähnt wird, dann zeigt sich erneut, daß Chrétien hier fast durchweg anders vorging: Bei ihm berichtet der Erzähler, daß Enide ihr Gesicht verhüllt, um nicht von Keu erkannt zu werden (V. 3978); dieser erwähnt wenig später Enide (V. 4021), die von Gauvain herzlich begrüßt wird (V. 4169). Und im Unterschied zu Hartmann betont Chrétien nachdrücklich, daß sich auf Penefrec niemand intensiver um den verwundeten Erec kümmert als Enide (V. 5209-5211). Der Schluß, der aus dieser Differenz zu ziehen ist, scheint klar: Hartmann hat die Nennungen der Ênîte und damit ihren Anteil an der Erzählung bewußt reduziert. Ist die Ursache dafür darin zu sehen, daß Chrétien den Roman eines Paares, Hartmann aber vor allem den eines Sich-*verligenden*, aber schließlich – mit der Hilfe seiner Frau – doch bewährenden Artusritters schreiben wollte? Die Verschiedenheit der – mutmaßlichen – Werktitel könnte in diese Richtung deuten, auch wenn einschränkend festzuhalten ist, daß es ja Hartmann ist, der die Beziehung zwischen Êrec und Ênîte besonders intensiv gestaltete.

5. Was die 'blinden' Motive und die Binnenerzählungen angeht, so ist zunächst zweierlei zu fragen. Zum einen: sind erstere tatsächlich 'blind' in dem Sinne, daß sie zum 'Sinn' der Geschichte von Êrec (und Ênîte) nichts beitragen, und zweitens: dürfen wir ohne weiteres annehmen, daß Hartmann strikt final, d.h. auf den glücklichen Ausgang der vollendeten höfischen Herrschaft Êrecs und Ênîtes hin erzählte? Diese Fragen implizieren diejenige nach eben dem 'Sinn' des Ganzen, von dem noch zu sprechen sein wird. Die Forschung hat sich mit der hier aufgeworfenen Fragestellung intensiv befaßt; es genügt daher, anhand von Beispielen zu zeigen, welche Lösungen sie gefunden hat. So wurde etwa die Funktion der Eneas- und Pyramus-Geschichte im Rahmen der Beschreibung von Ênîtes Pferd darin gesehen, daß hier "durch die kontrastive Gegenüberstellung [dieser] Geschichten, in denen die Krise tatsächlich den Tod und das Ende der Liebesbeziehung bedeutet, [...] der neue Sinn der Krise im Artusroman [...] deut-

lich hervorgehoben" werde.⁶⁴ Trifft dies zu, dann belegte dieses Detail nicht nur Hartmanns Literaturkenntnisse, sondern es wäre im Sinne einer Deutung des ›Erec‹ als eines Romans, der die Beziehung zwischen Êrec und Ênîte in Harmonie, Krise und Überwindung der Krise darstellte, voll 'funktionalisiert'. Auf ähnliche Weise könnte man auch die Beschreibungen der Schwestern des Guivreiz als vollendet höfische Damen oder die Vorstellung der fürstlichen Gäste von Êrecs und Ênîtes Hochzeit deuten. Der Zweck dieser Beschreibungen läge dann darin, dem Publikum des Romans beispielhaft höfische Existenz, Glanz und Ausstrahlung arturischer Herrschaft zu demonstrieren; deren Darstellung wäre somit ein weiteres Erzählziel des Romans.

Ergänzend wird man aber feststellen müssen, daß nicht alle der oben aufgeführten Motive und Binnenerzählungen auf die hier beschriebene Weise gedeutet und damit der Vermittlung des 'Sinnes' der Erzählung zugeordnet werden können. Dies trifft beispielsweise für die nur bei Hartmann zu findende Binnenerzählung von der Fee Morgane und dem Pflaster, das Êrec zur Heilung aufgelegt wird, zu (V. 5153-5246). Die Einführung der Feimurgân als *des küneges* [Artûs] *swester* (V. 5157) rückt sie auch an Êrec als Mitglied des Artushofes heran. Der folgende Preis der Zauberin, der vielfach mit Reminiszenzen an Zauberinnen der Antike unterlegt ist (vor allem Circe), betont ihre dämonische Macht (*der tiuvel was ir geselle*, V. 5205), die sie zur Zauberin über alle Zauberinnen macht.⁶⁵ Die Erklärung, daß Hartmann auch hier mit seiner Kenntnis vor allem antiker Literatur 'glänzen' wollte, ist sicher nicht falsch, greift aber wohl zu kurz. Zusätzlich ist zu bedenken, daß es sich um eine inhaltlich attraktive, die Artuswelt personell bereichernde und ihr in historischer Perspektive einen Zug ins Dämonische verleihende Binnenerzählung handelt.

Sequenzen wie diese sind zusätzlich vor dem Hintergrund zu sehen, daß Hartmann seinen Roman vor allem für ein Publikum von Hörern und danach erst

---

⁶⁴ HAASE (Anm. 11), S. 313, die hier WALTER HAUG, Gebet und Hieroglyphe. Zur Bild- und Architekturbeschreibung in der mittelalterlichen Dichtung, in: ZfdA 106 (1977), S. 163-183, hier S. 170f., referiert. – Eine ganz andere Form von Symbolik, nämlich einen Vergleich der Eigenschaften Ênîtes mit denen ihrer Pferde (und vor allem der Farben, die bei deren Beschreibung eine Rolle spielen) erörtert ROSEMARY COMBRIDGE, The Use of Biblical and Other Learned Symbolism in the Narrative Works of Hartmann von Aue, in: Hartmann von Aue. Changing Perspectives. London Hartmann Symposium 1985, Göppingen 1988 (GAG 486), S. 271-284, hier S. 272-277. Die in ähnliche Richtung zielenden Ausführungen FRANZ JOSEF WORSTBROCKS zu Ênîtes Pferd – s. DERS., Dilatatio materiae. Zur Poetik des ›Erec‹ Hartmanns von Aue, in: FMSt 19 (1985), S. 1-30, hier S. 22-25 – waren COMBRIDGE wohl noch nicht zugänglich. Besonders klar hat HAHN (Anm. 44), S. 177-184, die "zentrale Bedeutung des Pferde-Motivs für das Verständnis der Ênîte-Gestalt" (S. 184) herausgearbeitet.

⁶⁵ Zu den antiken wie mittelalterlichen, vor allem keltischen Quellen, aus denen Hartmanns Bild der Feimurgân gespeist sein dürfte, s. – überbordend und oft fragwürdig – OKKEN (Anm. 15), S. 127-142(!).

von Lesern schrieb. Wer aber einen Roman von der Länge und der Komplexität des ›Erec‹ (nur) durch den mündlichen Vortrag aufnehmen mußte, der bedurfte immer wieder der Ruhepausen, der kleinen, in sich abgeschlossenen und inhaltlich wie formal attraktiven Erzählsequenzen, die zum einen sein Informationsbedürfnis stillten (wer war die Frau, die so wunderbar heilkräftige Pflaster herzustellen verstand, die jetzt Êrec rasch genesen ließen?), zum anderen aber – indem sie die Geschichte von Êrec und Ênîte für einen Moment in den Hintergrund treten ließen – ihn neu motivierten, die Schicksale der Protagonisten weiter zu verfolgen.

Die Konsequenzen, die die Ausrichtung des ›Erec‹ (und seiner Vorlage) vor allem auf ein Publikum hin, das alles Gehörte sofort und vollständig erfassen mußte, für dessen Konzeption, Strukturierung und Detailgestaltung hatte, sind von der Forschung bisher kaum erwogen worden.[66] Dürfen wir etwa, um nur ein Beispiel zu geben, annehmen, daß die Liste der Mitglieder der Tafelrunde mit ihren teils wohl bewußt 'exotischen' Namen von dem, der den ›Erec‹ vortrug, 'agiert' wurde (was sie weit weniger langweilig machte)?

Wenn hier zwangsläufig vieles offen bleiben muß, so läßt sich nun doch eines mit Sicherheit sagen: Der ›Erec‹ ist nicht in dem Sinne final erzählt, daß der Erzähler konsequent und rasch voranschreitend auf eine mit Spannung erwartete, bis kurz vor Schluß unsichere Lösung hinarbeitete.[67] Zwar ist die glückliche Wiedervereinigung Êrecs und Ênîtes als Herr und Herrin über Destregâles ein 'Happy End' im geradezu klassischen Sinne – *ze wunsche wurden si beide alt* erklärt der Erzähler kurz vor Schluß (V. 10115) –, doch ist an diesem glücklichen Ausgang spätestens seit der Wiedervereinigung im Anschluß an den zweiten Guivreiz-Kampf (V. 7094ff.), also rund 3000 Verse vor dem Schluß oder fast zu Beginn des letzten Drittels des Romans nicht mehr zu zweifeln. (Die Joie de la curt-Episode reflektiert meines Erachtens vor allem die Gesamtthematik des ›Erec‹; der didaktische Aspekt der Reintegration Êrecs in die höfische Gesellschaft, den Hartmann durch die von ihm erfundenen 80 Witwen forciert, tritt demgegenüber in den Hintergrund). Dies wie auch die vielen in sich abgeschlossenen Erzählse-

---

[66] S. aber die Pionierarbeit GREENs (Anm. 14), bes. S. 107-110, und – für den ›Erec‹, S. 188f. mit Anm. 165 (Belege für den Vortrag als Art der Rezeption im ›Erec‹). Wenn GREEN angesichts einer schwierigen Belegsituation (nur an einer Stelle – V. 7305 – sagt der Erzähler, er habe dem Publikum etwas vorgelesen) dann schließt, der ›Erec‹ sei von Hartmann für "two modes of reception" (S. 189) geschaffen worden – Hören u n d Lesen –, dann setzt er voraus, daß der ›Erec‹ für die gleiche Art von Publikum bestimmt gewesen ist wie die Legenden (›Der Arme Heinrich‹, ›Gregorius‹), die a u c h für Leser gedacht waren. – Auf die Auswirkungen, die eine auf den Vortrag bedachte Art der Rezeption für die Komposition des ›Erec‹ hat, geht GREEN nicht ein.

[67] Damit ist nicht gesagt, daß die einzelnen, Êrec und Ênîte betreffenden Handlungssequenzen (s.u.) nicht etwa 'final' erzählt wären; vgl. dazu CORMEAU/STÖRMER (Anm. 9), S. 177, und RUH (Anm. 15), S. 111.

quenzen deuten darauf hin, daß das Erreichen eines glücklichen Endes zwar das Hauptziel des Erzählers ist, daß daneben aber eine ganze Reihe zweitrangiger Erzählziele stehen, deren Verfolgung er sich mit großer Intensität und in aller Ruhe widmet.

6. Wie sind die, von der Forschung seit langem immer wieder registrierten, starken Schwankungen in Erzähltempo und -intensität zu beurteilen?[68] Was bedeutet es, wenn Hartmann – Chrétien weit übertreffend (V. 2222-2851 gegen V. 2135-2381) – das zu Êrecs Ehren veranstaltete Turnier mit sehr vielen Details und in großer Breite (gut 6% des Erzählumfanges) beschreibt? Doch wohl kaum etwas anderes als dies: dem ritterlichen Publikum eine lebendige Anschauung von einem wesentlichen Bestandteil höfischen Festlebens in idealer Gestaltung zu geben und zugleich die Artuswürdigkeit Êrecs durch dessen Turniersieg aufs eindrucksvollste zu bestätigen; des weiteren ist zu bedenken, daß so der Kontrast zwischen Êrecs Streben nach Ritterschaft am Artushof und dessen jähem Umschlag in ritterliche Inaktivität in Karnant verstärkt wird.[69] Daß die Handlung hier gewissermaßen auf der Stelle verharrte, tat offenbar nichts zur Sache. Die Breite, mit der Chrétien und besonders Hartmann bestimmte, vom Handlungsverlauf her nicht zentrale Details darstellten, erlaubt so einen Rückschluß auf die Bedeutung, die sie diesen Aspekten ihrer Werke zumaßen. Zugleich aber verweist dies darauf, daß hinsichtlich der Ermittlung der Intention(en) Chrétiens wie Hartmanns Vorsicht geboten ist.

V

Die Beschäftigung mit der Frage nach der Funktion einzelner Erzählelemente innerhalb des Romanganzen hat bereits mehrfach auf die Frage nach dem 'Sinn' des Erecromans geführt. Worum eigentlich geht es Hartmann? Die Forschung hat sich mit dieser zentralen Frage immer von neuem beschäftigt; dies nicht zuletzt deshalb, weil – so die allgemein akzeptierte These – der Sinn des ›Erec‹ durch die Struktur des Romans vermittelt werde, die als eine symbolische aufzufassen sei. Hugo Kuhn hat diese 'Symbolstruktur'[70] als erster und in unübertroffener Differenziertheit

---

[68] Hinweise bei RUH (Anm. 15), S. 113; die weitere Forschung hat sich vor allem mit der Figur des Erzählers im ›Erec‹ und der Deutung der Erzählerkommentare befaßt, s. HAASE (Anm. 11), S. 191f., 197-207.

[69] Darauf weist mich MARTIN JONES (London) hin (brieflich).

[70] Der Begriff bei WALTER HAUG, Die Symbolstruktur des höfischen Epos und ihre Auflösung bei Wolfram von Eschenbach, in: DVjs 45 (1971), S. 668-705, Erläuterung hier S. 668-670.

dargestellt⁷¹; es genügt deshalb, sie hier nur anzudeuten. Kuhn (und sich ihm anschließend Ruh) zufolge wird die Handlung durch einen kunstvoll gestalteten 'Doppelweg' des Helden bestimmt, dessen Ziel jeweils der Artushof ist.⁷² Der erste Handlungszyklus führt den Helden von der Hofesfreude des Artushofes hinab zur Zwergenbeleidigung und zur Armen Herberge des Koralus. Hier schafft die Begegnung mit Ênîte die Voraussetzung zum Sieg über Îdêrs, damit zur Rächung der Beleidigung und zum "Gewinn von Ritterehre und Minne"⁷³, die in der Hochzeit am Artushof und dem zum Preise Êrecs ausgerichteten Turnier gipfeln. Der zweite Handlungszyklus setzt ein "mit dem Eheglück des jungen Paares in Karnant"⁷⁴, auf das der Sturz in die Krise des Sich-*verligens* folgt, die Êrec und Ênîte durch das erfolgreiche Bestehen von Aventiuren (Räuber – treuloser Burggraf – 1. Guivreizkampf; Zwischeneinkehr am Artushof; – Riesen – Oringles – 2. Guivreizkampf) überwinden. Der Kampf im Garten von Brandigân (Joie de la curt) bestätigt (auch) die wiedergewonnene Artuswürdigkeit; die Szene spiegelt zugleich das Schicksal Êrecs und Ênîtes. Die Schlußeinkehr am Artushof und die Übernahme der Herrschaft in Karnant besiegeln den nun erreichten Zustand gemeinsamen Glückes.⁷⁵ Wie raffiniert dieser Handlungsablauf im einzelnen, in der Verknüpfung und Reihung der einzelnen Szenen gestaltet ist (Hartmann hat hier manche Vorgaben Chrétiens schematisiert), muß hier angesichts einer sehr reichen Forschungsliteratur nicht mehr dargestellt werden.⁷⁶ Hinzuzufügen ist jedoch, daß die Deutung der Struktur des ›Erec‹ als eines Symboles für den Weg des Helden nur einen schmalen, wenn auch wichtigen Teil der Deutungsangebote ausmacht, die das Werk dem Rezipienten bietet; d e r Schlüssel zum Verständnis von Hartmanns Roman ist sie keineswegs.

Der 'Sinn' des Romans ist damit auch im Gegensatz zu dem, was große Teile der Forschung annehmen, keineswegs vollständig "in der Symbolstruktur verankert",⁷⁷ und es empfiehlt sich, zwischen primären und sekundären Erzählabsichten Hartmanns zu unterscheiden. Worin aber liegt nun das 'Sinnzentrum' des ›Erec‹? Liegt es in der "Selbstverwirklichung des höfischen Ritters auf bestimmter

---

⁷¹ HUGO KUHN, Erec, in: Hartmann von Aue, hg. von HUGO KUHN – CHRISTOPH CORMEAU, Darmstadt 1973 (WdF 359), S. 17-48 (zuerst 1948).

⁷² Zum 'Doppelweg' s. bes.: HANS FROMM, Doppelweg, in: Werk – Typ – Situation. Hugo Kuhn zum 60. Geburtstag, hg. von INGEBORG GLIER [u.a.], Stuttgart 1969, S. 64-79.

⁷³ RUH (Anm. 15), S. 112.

⁷⁴ Ebd.

⁷⁵ Sehr anschaulich ist das Doppelweg-Schema jetzt dargestellt bei MERTENS (Anm. 11), S. 59f.

⁷⁶ S. dazu neben KUHN (Anm. 71) vor allem RUH (Anm. 15), S. 112-137, und jetzt MERTENS (Anm. 11), S. 29-35 (zu Chrétien) und S. 54-60 (zu Hartmann).

⁷⁷ MERTENS (Anm. 11), S. 60.

Bahn", die "einen zweifachen Bezug [hat]: auf sich selbst [1. Zyklus] und auf die Gesellschaft [2. Zyklus]"?[78] Liegt es in der "Bindung der höfischen Minne an die Ehe"?[79] Liegt es in der Darstellung einer ethisch-ästhetisch vorbildlichen, immer wieder die Grenze zum Märchenhaften überschreitenden, von höfischem Glanz erfüllten Artuswelt, deren Vertreter über eine böse Gegenwelt voll Gewalt und Unrecht triumphieren? Oder liegt es – noch grundsätzlicher – in anthropologischen Konstanten der Art, daß "Tod und Eros [...] die Mächte [sind], die es auszuhalten und in die Person zu integrieren gilt", was "dem Rezipienten möglich" werde dadurch, daß die Struktur "nicht nur thematisch relevant [sei], sondern ein Mittel, die Sinnsuche des Helden dem Zuhörer/Leser zum Nachvollzug darzubieten", was letztlich zu einer Auffassung von Literatur als "Medium der Selbsterfahrung" führe?[80] Müssen wir, ausgehend von der zeitgenössischen Lehre vom dichterischen Integumentum ('Einkleidung'), annehmen, daß ein 'Zweitsinn' als eine Art Überbau intendiert war, der eine moralphilosophische Wahrheit erkennen lassen sollte, die den ›Erec‹ als "Exempel von einem Ritter [liest], der sich in einer bestimmten Situation falsch verhält, dieses Fehlverhalten durch die Reaktion von außen erkennt und dafür tätige Buße leistet, indem er sich nun richtig verhält"? – 'Moralisch' wäre der ›Erec‹ dann in dem Sinne, daß "hier nicht nur die Vorbildlichkeit von aktuellen Handlungen, sondern vor allem deren Abstraktion zu Handlungsmustern und den dahinterstehenden Prinzipien" gezeigt würde.[81] Und wie verhält sich eine solche Deutung einerseits zu den von Hartmann wie von Chrétien intendierten "lehrhaften Wirkungen", wie zu der Absicht, ein höfisches Publikum durch den Vortrag von Literatur anspruchsvoll zu unterhalten?[82]

Versucht man, eine Summe zu ziehen, so wird man keines dieser Deutungsangebote ausschließen wollen; offen bleibt – und dies sei mit Nachdruck betont –, wie sie zu gewichten und zueinander in Beziehung zu setzen sind und inwieweit die Struktur des ›Erec‹ sie abbildet. Zahl und Vielfalt dieser Deutungsangebote aber verweisen letztlich auf zweierlei: auf die Vieldimensionalität des Kunstwerkes und darauf, wie weit wir von einem differenzierten, die Rahmenbedingungen von Literatur und Gesellschaft des hohen Mittelalters einschließenden Verständnis des ›Erec‹ noch entfernt sind.

---

[78] RUH (Anm. 15), S. 113.
[79] Ebd. S. 136.
[80] MERTENS (Anm. 11), der hier die Position WALTER HAUGs (zuletzt: DERS., Brechungen auf dem Weg zur Individualität, Tübingen 1997) referiert, S. 36-38, Zitate S. 36 und 37.
[81] MERTENS (Anm. 11), S. 38.
[82] Ebd. S. 43.

AUSWAHLBIBLIOGRAPHIE

Die Literatur zu Hartmanns ›Erec‹ ist inzwischen fast unüberschaubar. Wesentliche Hilfe leisten deshalb Spezialbibliographien und Forschungsberichte. Im Anschluß an diese seien wenige, mir wichtig scheinende neuere Publikationen genannt.

TEXTAUSGABEN

Erec von Hartmann von Aue, hg. von ALBERT LEITZMANN, fortgef. von LUDWIG WOLFF, 6. Aufl. bes. von CHRISTOPH CORMEAU – KURT GÄRTNER, Tübingen 1985 (ATB 39).
Chrétien de Troyes, Erec et Enide, übers. und eingel. von INGRID KASTEN, München 1979 (Klassische Texte des romanischen Mittelalters in zweisprachigen Ausgaben 17).

BIBLIOGRAPHIEN UND FORSCHUNGSBERICHTE

ELFRIEDE NEUBUHR, Bibliographie zu Hartmann von Aue, Berlin 1977 (Bibliographien zur deutschen Literatur des Mittelalters 6).
GUDRUN HAASE, Die germanistische Forschung zum ›Erec‹ Hartmanns von Aue, Frankfurt/M. [u.a.] 1988 (EHS I, 1103).
PETRA HÖRNER (Hg.), Hartmann von Aue. Mit einer Bibliographie 1976-1997, Frankfurt/M. 1998, S. 181-215.

FORSCHUNGSLITERATUR

CHRISTOPH CORMEAU – WILHELM STÖRMER, Hartmann von Aue. Epoche, Werk, Wirkung, 2. Aufl. München 1993.
INGRID HAHN, Die Frauenrolle in Hartmanns ›Erec‹, in: Sprache und Recht. Festschrift für Ruth Schmidt-Wiegand zum 60. Geburtstag, hg. von KARL HAUCK [u.a.], Bd. 1, Berlin – New York 1986, S. 172-190.
W.H. JACKSON, Chivalry in Twelfth-Century Germany. The Works of Hartmann von Aue, Woodbridge 1994.
MARTIN H. JONES, Changing Tack or Showing Tact? Erec's Self-Criticism in the Second Encounter with Guivreiz in Hartmann von Aue's *Erec*, in: German Narrative Literature of the Twelfth and Thirteenth Centuries. Studies Presented to Roy Wisbey on his Sixty-Fifth Birthday, hg. von VOLKER HONEMANN – MARTIN H. JONES – ADRIAN STEVENS – DAVID WELLS, Tübingen 1994, S. 229-243.
WILHELM KELLERMANN, Die Bearbeitung des ›Erec-und-Enide‹-Romans Chrestiens von Troyes durch Hartmann von Aue, in: Hartmann von Aue, hg. von HUGO KUHN – CHRISTOPH CORMEAU, Darmstadt 1973 (WdF 359), S. 511-531 (zuerst 1970).

VOLKER MERTENS, Enide – Ênîte. Projektionen weiblicher Identität bei Chrétien und Hartmann, in: Erec ou l'ouverture du monde arthurien, Greifswald 1993, S. 61-74.

DERS., Der deutsche Artusroman, Stuttgart 1998 (Literaturstudium).

WOLFGANG MOHR, Chrestiens und Hartmanns ›Erec‹: Ein Vergleich, in: DERS., Hartmann von Aue, Erec, übers. und erl. von W. M., Stuttgart 1980 (GAG 291), S. 239-312.

KURT RUH, Höfische Epik des deutschen Mittelalters, T. 1, 2., verb. Aufl. Berlin 1977 (Grundlagen der Germanistik 7).

BEATE SCHMOLKE-HASSELMANN, Der arthurische Versroman von Chrestien bis Froissart, Tübingen 1980 (Beihefte zur Zeitschrift für romanische Philologie 177).

RUDOLF VOSS, Die Artusepik Hartmanns von Aue. Untersuchungen zum Wirklichkeitsbegriff und zur Ästhetik eines literarischen Genres im Kräftefeld von soziokulturellen Normen und christlicher Anthropologie, Köln – Wien 1983 (Literatur und Leben N.F. 25).

FRANZ JOSEF WORSTBROCK, Dilatatio materiae. Zur Poetik des ›Erec‹ Hartmanns von Aue, in: FMSt 19 (1985), S. 1-30.

Morungens Umspielen der Gattungsgrenzen
Zur Interpretation von ›Ez tuot vil wê‹ (MF XV; 134,14) und ›Ich hôrte ûf der heide‹ (MF XXIII; 139,19)

KLAUS SPECKENBACH

Ausgehend von Frankreich entdeckt der laikale Adel im 12. Jahrhundert für sich das Thema der Liebe ganz neu. Im Antikenroman, dem Artusroman, dem Roman von Tristan und Isolde und sogar in der Heldendichtung werden die verschiedenen Möglichkeiten der höfischen Liebe ausgebreitet und über sie reflektiert. Profane Lyrik ist praktisch stets Liebeslyrik. Das Konzept der 'hohen Minne' tritt uns hier vor allem in der Minnekanzone in einer ganz spezifischen Weise entgegen. Die Bezeichnung 'Kanzone' wird einerseits für eine zweiteilige Strophenform verwendet. 'Aufgesang' wie 'Abgesang' unterscheiden sich metrisch und entsprechend nach der Melodie, wobei der Aufgesang wiederum aus zwei gleichgebauten 'Stollen' besteht, weshalb diese Strophenform auch 'Stollenstrophe' genannt wird.[1] 'Kanzone' ist dann andererseits das Lied, das sich ursprünglich aus Stollenstrophen zusammensetzte und insbesondere die 'hohe Minne' thematisiert. Unter 'hoher Minne' verstehen wir in der Lyrik eine Liebeskonzeption, nach der ein ritterlicher Sänger in Analogie zum Lehnswesen einer fiktiven hochstehenden Dame seine Lieder als Dienst entbietet. Sein 'Minnesang' preist die Vollkommenheit seiner Herrin, bringt aber auch seine Sehnsucht nach Gunstbeweisen und schließlich nach Liebesvereinigung zum Ausdruck, wozu es aber in der Gegenwart des Liedes niemals kommt. Neben der Wertsteigerung und Anerkennung durch öffentlich-höfisches Werben und Singen ist ein wesentliches Ziel die sittliche Vervollkommnung des Mannes, vor allem aber das Ausbilden und Ertragen eines feingestuften Registers von Empfindungen wie Freude und Leid, Hoffnung und Verzweiflung. Mit der Reflexion über das Wesen der Minne verbindet sich zugleich ein Nachdenken über den Minnesang und eine bewußte Ausgestaltung der Sänger-Rolle. Auf diese Weise konnte im 12. Jahrhundert zuerst im Provenzalischen und Altfranzösischen, dann in ihrer Nachfolge auch im Mittelhochdeutschen eine höchst differenzierte Liebeslyrik mit einer personalen und einer gesellschaftlichen Komponente entstehen. Die Romanen besaßen ein reiches Gattungsspektrum, das die deutsche Rezeption aber nicht in allen Spielarten aufgriff. Autoren, Sammler der

---

[1] Zu diesen und den noch weiter unten angeführten Fachtermini der Vers- und Strophenlehre vgl. z.B. WERNER HOFFMANN, Altdeutsche Metrik, 2. Aufl. Stuttgart 1981 (SM 64), Register.

Lieder sowie die Redaktoren der Handschriften konzentrierten ihre Vorliebe vor allem auf die Minnekanzone. Erst im 13. Jahrhundert seit Walther von der Vogelweide und Neidhart erweitert sich die Gattungsvielfalt auch in der deutschen Liebeslyrik.[2]

Der Thüringer Heinrich von Morungen, dessen Lieder nach sprachlichen, formalen und inhaltlichen Merkmalen im Übergang vom 12. zum 13. Jahrhundert entstanden sind, dürfte identisch gewesen sein mit einem *miles Henricus de Morungen*, der in zwei Urkunden des Markgrafen Dietrich von Meißen ca. 1217 und 1218 bezeugt ist. Henricus stammt wahrscheinlich von der Burg Morungen bei Sangerhausen; Einkünfte, die er für seine Verdienste von Dietrich empfing, hat er mit dessen Zustimmung dem Thomaskloster in Leipzig vermacht (vgl. die undatierte Urkunde des Leipziger Stadtarchivs, Urk.-K. 85,2 [U 84], s. Abb. 3). Nach Urkunden des 16. Jahrhunderts soll Henricus seinen Lebensabend eben in diesem Thomaskloster verbracht haben und dort 1222 gestorben sein.[3] Heinrich widmet sich als 'Berufsdichter' fast ausschließlich der Minnekanzone, kann diese aber in vielfältigen Variationen seiner reichen Formen- und Bildsprache zu größter Meisterschaft führen. Dabei läßt er sich von antiken Vorbildern (z.B. Ovid), christlicher Marienhymnik und den romanischen Trobadors inspirieren, ohne daß jedoch für ganze Strophen oder gar Lieder Abhängigkeiten nachzuweisen wären.[4] Indem Morungen sich ganz auf die Minnekanzone konzentriert, steigert er in sehr bildhafter Sprache die Intensität seiner Aussagen. Er schreitet thematisch wie formal das Feld der Kanzone ganz aus und erprobt nach romanischen und gelegentlichen deutschen Vorbildern immer wieder das Überschreiten der Gattungsgrenze. Bei der inhaltlichen Perspektive der 'hohen Minne' bieten sich vor allem zwei Richtungen der Grenzerweiterung bzw. -überschreitung an. Einerseits kann der Sänger bei den vergeblichen Anstrengungen einer stets erneuerten Werbung ermüden und schließlich der Dame den Dienst aufkündigen, oder aber er kann doch noch ans Ziel der Liebesvereinigung gelangen. In beiden Fällen wäre die

---

[2] Vgl. dazu Einleitung und Interpretationsbeispiele in: Gedichte und Interpretationen. Mittelalter, hg. von HELMUT TERVOOREN, Stuttgart 1993 (RUB 8864). Vgl. auch die Einführung von GÜNTHER SCHWEIKLE, Minnesang, 2. Aufl. Stuttgart 1995 (SM 244), mit weiteren Literaturangaben.

[3] Zu Leben und Werk vgl. den Überblick bei HELMUT TERVOOREN, Heinrich von Morungen, in: ²VL Bd. 3 (1981), Sp. 804-815; ferner: HERMANN MENHARDT, Zur Lebensbeschreibung Heinrichs von Morungen, in: ZfdA 70 (1933), S. 209-234; Heinrich von Morungen, Lieder. Text, Übers., Komm. von HELMUT TERVOOREN [1975], verb. und bibliographisch erg. Aufl. Stuttgart 1992 (RUB 9797), S. 193-212. Zu den erschlossenen Lebensumständen zuletzt zusammenfassend GERDT ROHRBACH, Studien zur Erforschung des mittelhochdeutschen Tageliedes. Ein sozialgeschichtlicher Beitrag, Göppingen 1986 (GAG 462), S. 37f.

[4] Heinrich von Morungen, hg. von CARL VON KRAUS, 2. Aufl. München 1950, S. 109.

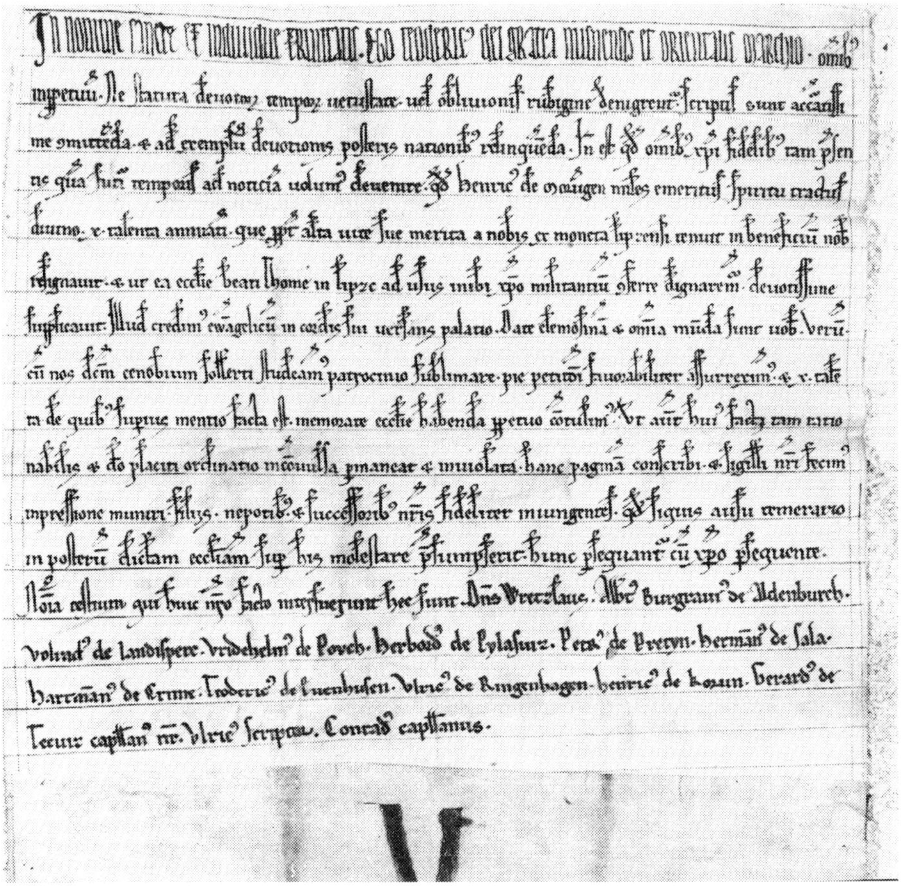

Abb. 3: Urkunde des Markgrafen Dietrich von Meißen [ca. 1217]
(Leipzig, Stadtarchiv, Urk.-K. 85,2)
Henricus de Morungen miles emeritus ist in der 4. Zeile von oben genannt.

'hohe Minne' aufgehoben. So läßt Morungen den Sänger einen Kriegszug gegen seine Herrin androhen, wenn sie ihn nicht erhören wird (MF XXXIII,1; 145,33), oder er malt aus, wie einmal sein Sohn Rache üben und ihr das Herz brechen wird (MF III,3; 125,10), ein Gedanke, den Walther von der Vogelweide wieder aufgenommen und zugespitzt hat (Cor. 49 V; L. 73,17-22).[5] Der Sänger behauptet, lieber in der Hölle verbrennen zu wollen, als um die Dame weiterhin ohne Aussicht auf Entgegenkommen zu werben (MF XXVII,2; 142,9). Wenn er Gott so lange gedient hätte wie ihr, dann hätte Gott ihm schon längst seine Gnade erwiesen (MF XVII,3; 136,17). Auf der anderen Seite erträumt er sich ein gemeinsames Lager mit der Geliebten (MF V,2; 126,16) oder macht sich Hoffnungen, bald erhört zu werden (MF XXXII,1,6-8; 145,6-8). Bezeichnenderweise umspielt Morungen die Gattungsgrenzen der Kanzone in Reflexionen, erwägt ihre Verletzung als eine Möglichkeit, ohne sie dauerhaft zu überschreiten, wie es sein jüngerer Zeitgenosse Walther mit den sogenannten Mädchenliedern oder dann auch Neidhart mit den Sommer- und Winterliedern tun (s. den Beitrag von Tomas Tomasek zu Neidhart in diesem Band, S. 205-225). Morungens Vorgehen und seine Respektierung der 'hohen Minne' sollen beispielhaft in zwei Liedinterpretationen verdeutlicht werden.

I

Ez tuot vil wê (MF XV)

1 *Ez tuot vil wê, swer herzeclîche minnet*
   an sô hôher stat,   dâ sîn dienst gar versmât.
   sîn tumber wân vil lützel dar ane gewinnet,
   swer sô vil geklaget,   daz ze herzen niht engât.
   Er ist vil wîse, swer sich sô wol versinnet,
   daz er dient, dâ   man sîn dienst wol enpfât,
   und sich dar l â t,   dâ man sîn genâde hât.

2 *Ich bedarf vil wol, daz ich genâde vinde,*
   wan ich hab ein wîp   ob der sunnen mir erkorn.

---

[5] Zitiert wird nach Des Minnesangs Frühling [= MF], unter Benutzung der Ausgaben von KARL LACHMANN und MORITZ HAUPT, FRIEDRICH VOGT und CARL VON KRAUS bearb. von HUGO MOSER und HELMUT TERVOOREN, Bd. I: Texte, 38., erneut rev. Aufl. Stuttgart 1988. Die Lied- und Strophenangaben erfolgen nach der neuen (römische Ziffern) und alten Zählung (arabische Ziffern). – Walther von der Vogelweide, Leich, Lieder, Sangsprüche, 14., völlig neubearb. Aufl. der Ausg. KARL LACHMANNS mit Beiträgen von THOMAS BEIN und HORST BRUNNER hg. von CHRISTOPH CORMEAU, Berlin – New York 1996. Auch hier wird zunächst die neue Zählung CORMEAUS (Cor.) angeführt, dann die alte nach LACHMANN (L.).

dêst ein nôt, die ich niemer überwinde,
<sîn> gesæhe mich ane,   als si tet hie bevorn.
Si ist mir liep gewest dâ her von kinde,
wan ich wart dur sî   und durch anders niht geborn.
ist ir daz z o r n,   daz weiz got, sô bin ich verlorn.

3   *Wâ ist nu hin mîn liehter morgensterne?*
wê, waz hilfet mich,   daz mîn sunne ist ûf gegân?
si ist mir ze hôh und ouch ein teil ze verne
gegen mittem tage   unde wil dâ lange stân.
Ich gelebte noch den lieben âbent gerne,
daz si sich her nider   mir ze trôste wolte lân,
wand ich mich   h â n   gar verkapfet ûf ir wân.

Übersetzung

1   Es schmerzt sehr, wenn einer von ganzem Herzen an so hoher Stelle liebt, wo sein Dienst ganz verachtet wird. Seine törichte Hoffnung gewinnt damit wenig, wer so viel klagt, was doch nicht zu Herzen geht. Derjenige ist sehr klug, der sich gut überlegt, daß er da dient, wo sein Dienst gut aufgenommen wird, und sich dort aufhält, wo man Wohlwollen für ihn hat.

2   Ich habe es sehr nötig, daß ich Wohlwollen finde, denn ich habe mir eine Frau erwählt, die die Sonne (an Glanz) übertrifft. Das ist eine Bedrückung, die ich niemals überwinde, wenn sie mich nicht ansieht, wie sie es früher getan hat. Von Kindheit an habe ich sie geliebt, denn ich wurde nur um ihretwillen geboren. Wenn sie das erzürnt, weiß Gott, dann bin ich verloren.

3   Wo ist nun mein heller Morgenstern geblieben? Weh, was hilft es mir, daß meine Sonne aufgegangen ist? Sie ist mir am Mittag zu hoch und auch etwas zu fern – und da wird sie lange stehen. Gerne erlebte ich noch den lieben Abend, daß sie sich mir zum Trost niederneigen wollte, denn in der Hoffnung auf sie habe ich mich ganz in ihren Anblick verloren.

Das Lied ›Ez tuot vil wê‹ (MF XV; 134,14) stellt eine Minneklage dar, die unter Morungens Namen allein in der Handschrift C, dem Codex Manesse, zu Beginn des 14. Jahrhunderts wie alle Lieder in dieser Sammlung ohne Melodie überliefert ist (vgl. ebd. das Autorenbild des Grundstockmalers, Abb. 4). Nach diesem Zeugnis und den Querbezügen in seinem Werk ist Heinrich von Morungen zweifellos der Autor und Komponist dieses Liedes. Burdach hat die erste Strophe als selbständige Einzelstrophe betrachten wollen, weil Metrik und Syntax strenger gegliedert und aufeinander bezogen erscheinen als in den beiden folgenden Strophen.[6] Auch ist die inhaltliche Aussage in der ersten Strophe allgemeiner als in der zweiten und dritten. Man ist Burdachs Ansicht nicht gefolgt, denn in mittel-

---

[6] KONRAD BURDACH, Reinmar der Alte und Walther von der Vogelweide, 2. Aufl. Halle/S. 1928, S. 98.

Abb. 4: Autorenbild Heinrichs von Morungen im ›Codex Manesse‹
(Heidelberg, UB, Cod. pal. germ. 848, f. 76ᵛ)

alterlichen Liedern ist die Strophenfolge inhaltlich nicht regelmäßig durch ein logisch entwickeltes Fortschreiten bestimmt. Vielfach ist die Fügung nur locker, was für eine ganze Reihe von Liedern die abweichende Reihenfolge der Strophen in verschiedenen Handschriften erklärt. Die Zusammengehörigkeit zu einem Lied wird, abgesehen von der allgemeinen Thematik, vor allem von Metrum und Melodie bestimmt. Dazu kommen Responsionen, nämlich Wiederaufnahmen von Leitwörtern und Reimen. In unserem Lied wären in diesem Zusammenhang zu nennen: *wê* (1,1; 3,2), *wân* (1,3; 3,7), *daz er* bzw. *daz si* in gleicher Position (1,6; 3,6), *genâde* (1,7; 2,1), *sunnen/sunne* in gleicher Position (2,2; 3,2) und *liep/lieben* (2,5; 3,5); dann vor allem auch die *i*-Assonanzen der a-Reime der ersten und zweiten Strophe und die *â*-Assonanzen der b-Reime der ersten und dritten Strophe mit den grammatischen Reimen *gât, lât, hât* (1,4; 1,5) und *gegân, lân, hân* (3,2; 3,6; 3,7). Wir haben es bei dieser Minnekanzone mit einer durchgereimten Stollenstrophe (mit nur zwei Reimen) zu tun, deren Besonderheit darin besteht, daß der Abgesang mit einem dritten Stollen beginnt, der wie die beiden Stollen des Aufgesangs das Versschema A5wa / 3mx + 4mb besitzt, das heißt also, daß Vers 1, 3 und 5 fünf Hebungen, Auftakt und weibliche Kadenz enthalten, während Vers 2, 4 und 6 auftaktlos beginnen, nach der dritten Hebung aber eine Zäsur (als Waise [x]) besitzen; beide Halbzeilen haben eine männliche Kadenz.[7] Der Abgesang wird abgeschlossen mit einer variierenden Wiederholung des sechsten Verses in der Art, daß die erste Halbzeile Auftakt erhält und nur zwei Hebungen besitzt, die Zäsur aber durch einen Mitten- und Inreim hervorgehoben ist. Durchweg sind die Verse alternierend mit regelmäßigem Wechsel von Hebung und Senkung zu lesen.[8]

In der ersten Strophe folgen an drei Stellen zwei Hebungen unmittelbar aufeinander. Durch diesen Hebungsprall ('beschwerte Hebung') wird das Wort *dienst* (1,2; 1,6) bzw. *dient* (1,6) gleich dreimal hervorgehoben. Es handelt sich um den Dienst einer nicht näher bestimmten Person, die ihn einer anderen hochgestellten (1,2) erbringt. Schon in Vers 1 wird klargestellt, daß dieser Dienst in einem Liebesverhältnis geleistet wird (*swer herzeclîche minnet / an sô hôher stat, dâ sîn dienst gar versmât* [1,1f.]), so daß im Kontext des Minnesangs und in der Gegenüberstellung mit der zweiten Strophe die unbestimmten Personen als ein werbender

---

[7] Zur Schreibweise vgl. TERVOOREN, Ausg. (Anm. 3), S. 147 Anm.*.
[8] CARL VON KRAUS, Des Minnesangs Frühling, Untersuchungen [1939], hg. von HELMUT TERVOOREN – HUGO MOSER, Stuttgart 1981 (Kommentare zu Des Minnesangs Frühling III/1), S. 308f.; vgl. auch VALENTIN SCHWEIGER, Textkritische und chronologische Studien zu den Liedern Heinrichs von Morungen, Diss. Freiburg 1970, S. 297-299; KLAUS BRANDES, Heinrich von Morungen: Zyklische Liedergruppen. Rekonstruktion, Forminterpretation, kritische Ausg. Göppingen 1974 (GAG 155), S. 134f., 138f.

Sänger und seine Herrin festzulegen sind. Die Aussage des ersten Stollen ist in eine reflektierende, allgemeingültige Form gebracht, für die die langen Zeilen mit fünf und sieben Hebungen besonders geeignet sind. Sie vermitteln eine Erkenntnis, wie wir sie z.B. aus lehrhafter Spruchdichtung kennen: Eine hohe Dame zu lieben und seinen Dienst als verächtlich abgelehnt zu finden, das bereitet großen Schmerz (1,1f.). Der zweite Stollen variiert diesen Gedanken wiederum in der Form des allgemein Gültigen. Wer soviel Klagen hervorbringt – und das heißt für einen Sänger: in seinen Liedern Gestalt werden läßt –, Klagen, die alle das Herz der geliebten Frau nicht erreichen, dessen törichte Hoffnung gewinnt gar nichts (1,3f.). Während die beiden Stollen des Aufgesangs aus je drei syntaktischen Einheiten bestehen, ist der dritte Stollen des Abgesangs vierfach untergliedert.[9] Dabei wiederholt er aber die Struktur von Vers 1 *Ez tuot vil wê, swer ...* durch *Er ist vil wîse, swer ...* des fünften Verses. Der Abgesang setzt gegen die Beobachtung einer negativen Erfahrung die positive Empfehlung, nur da zu dienen und sich dorthin zu begeben, wo einer Gunstbeweise und Wohlwollen empfängt (1,5-7). Gegenüber dem *tumbe[n] wân[e]* (1,3) wäre dieses Verhalten *wîse* (1,5) zu nennen.

Mit der Möglichkeit der Aufkündigung des Minnedienstes und der Zuwendung zu einer anderen Herrin nimmt Morungen ein Thema auf, das in Frankreich in einer eigenen Liedgattung, der *chanson de change*, ausgebildet ist.[10] Im Minnesang vor Morungen klingt es nur einmal bei Friedrich von Hausen an (MF VI,4; 47,33), ferner wäre auf Hartmanns Unmutslied (MF XV; 216,29) zu verweisen, aber erst bei Walther von der Vogelweide ist es im Zuge der Ausbildung eines neuen Minnekonzepts mehrmals aufgegriffen worden (Cor. 25 II; L. 49,12-24; Cor. 44 III; L. 69,15-21; Cor. 49 II-IV; L. 72,37-73,16). Morungen mildert den Gedanken der Aufkündigung, indem er ihn nicht dem Sänger-Ich zuordnet, sondern ihn Teil einer allgemeinen Weisheitslehre werden läßt. Darüber hinaus steht die gegen die 'hohe Minne' aufbegehrende Empfehlung nicht am Ende des Liedes, sondern an seinem Beginn, die Thematik der zwei weiteren Strophen kann dadurch die Aussage korrigieren und in konventionelle Bahnen des Minnedienstes zurücklenken.

Begannen Auf- und Abgesang der ersten Strophe die Reflexion einer extremen Situation mit dem allgemeinen *Ez* und *Er* ('derjenige') (1,1; 1,5), so entspricht dem in der zweiten Strophe (jetzt im Rahmen der persönlichen Erfahrung des Sängers) an gleicher Stelle das *Ich* und *Si* (die geliebte Frau) (2,1; 2,5). Vers 1 nimmt mit *genâde* den Terminus der ersten Strophe (1,7) auf: Das Ich

---

[9] BURDACH (Anm. 6), S. 98
[10] ERICH KÖHLER, 'Vers' und 'Kanzone', in: GRLMA 2. Les Genres Lyriques, 1, 3, Heidelberg 1987, S. 162-176; dazu TERVOOREN (Anm. 2), S. 22f.; s. auch VON KRAUS (Anm. 4), S. 89.

bedarf ganz besonders der wohlwollenden Zuwendung, da es sich für seinen Dienst eine Frau erwählt hat, die sogar die Sonne an Glanz übertrifft (2,1f.).[11] Unter Hinweis auf Schönbach möchte Brandes *ob der sunnen* (2,2) mit 'über der Sonne' wiedergeben und mit astronomisch-astrologischen Vorstellungen verbinden, nach denen der Morgen- und Abendstern, d.h. die Venus, über der Sonne stehe. Er paraphrasiert daher den Sinn sehr zugespitzt mit "ich habe sie mir als Venus erwählt".[12] Zwar wird die geliebte Frau in der dritten Strophe metaphorisch *mîn liehter morgensterne* (3,1) genannt, aber nicht im Hinblick auf seine Stellung über der Sonne, sondern als Gestirn, dessen Verblassen den baldigen Aufgang der Sonne anzeigt (3,2). Der Text legt also ein solches Verständnis, wie Brandes es meint, nicht nahe, überdies scheint es mir abwegig anzunehmen, der Sänger könne jemanden zur Venus erwählen. Wenn er eine Dame als Venus betrachtet, dann nicht, weil er sie ausgewählt hat, sondern weil sie Macht über ihn ausübt (vgl. MF XXII,3; 138,33).

Der Sänger empfindet das Ringen um die Gunst seiner Herrin als eine Notlage, die er nur zu überwinden meint, wenn sie ihm wenigstens einen Blick schenkt, wie sie es früher getan hat (2,3f.). Diese im romanischen und deutschen Minnesang verbreitete Vorstellung, daß die schon in der Kindheit begonnene Verehrung der hohen Frau in der Vergangenheit zu einer glücklicheren Beziehung geführt habe als in der Gegenwart,[13] führt ohne scharfe Grenze im dritten Stollen zu der Feststellung, daß die Liebe zu seiner Erwählten die einzige Bestimmung seines Lebens sei (2,5f.). Der letzte Vers des Abgesangs lenkt zurück in die Gegenwart des Aufgesangs. Sollte die Herrin seinen werbenden Dienst unwillig aufnehmen, gäbe es für ihn keinerlei Rettung (2,7). Der Inreim legt auf *zorn* und

---

[11] Vgl. THEODOR FRINGS - ELISABETH LEA, Das Lied vom Spiegel und Narziß. Morungen 145,1, Kraus 7, in: PBB (Halle) 87 (1965), S. 40-200, hier S. 72; dieser Übersetzung folgt auch TERVOOREN, Ausg. (Anm. 3), S. 85, 166. Zur Konjektur *für* anstelle von *ob* vgl. CARL VON KRAUS, Zu den Liedern Heinrichs von Morungen, in: Abhandlungen der Königlichen Gesellschaft der Wissenschaften zu Göttingen, philosophisch-historische Klasse, N.F. 16,1, Berlin 1916, S. 30f.; DERS. (Anm. 8), S. 310; SCHWEIGER (Anm. 8), S. 297.

[12] BRANDES (Anm. 8), S. 136f. (Zitat S. 137); vgl. ANTON E. SCHÖNBACH, Beiträge zur Erklärung altdeutscher Dichtwerke. Erstes Stück: Die älteren Minnesänger, in: Sitzungsberichte der kaiserlichen Akademie der Wissenschaften in Wien, philosophisch-historische Klasse 141, Wien 1899, S. 136. DAGMAR HIRSCHBERG, *wan ich dur sanc bin ze der welte geborn*. Die Gattung Minnesang als Medium der Interaktion zwischen Autor und Publikum, in: Grundlagen des Verstehens mittelalterlicher Literatur. Literarische Texte und ihr historischer Erkenntniswert, hg. von GERHARD HAHN - HEDDA RAGOTZKY, Stuttgart 1992 (Kröners Studienbibliothek 663), S. 108-132, übersetzt *ob der sunnen* mit "die über der Sonne steht" (S. 110) und betont, daß Morungen "die Frau über die Sonne erhebt" (S. 111).

[13] Vgl. EDUARD WECHSSLER, Das Kulturproblem des Minnesangs. Studien zur Vorgeschichte der Renaissance, Bd. 1, Osnabrück 1966, Nachdr. der Ausg. Tübingen 1909, S. 144-146; TERVOOREN, Ausg. (Anm. 3), S. 166.

verlorn (2,7) gesteigerten Nachdruck. Nur in der ersten Strophe wird ein Aufbegehren gegen die abweisende Dame reflektiert, die zweite Strophe weiß davon gar nichts. Sie stellt vielmehr die existentielle Bindung des Sängers an die umworbene Frau heraus: *wan ich wart dur sî und durch anders niht geborn* (2,6). Da sich sein Dienst im Lied manifestiert, kann es in Morungens Lied ›Leitlîche blicke‹ ganz ähnlich heißen: *wan ich dur sanc bin ze der welte geborn* (MF XIII,1,7; 133,20). Wird dieser Dienst nicht akzeptiert und mit *genâde* belohnt, ist über den Sänger das Todesurteil gesprochen. Eine freie Entscheidung für eine andere Frau gibt es nicht.

Der erste Stollen der dritten Strophe ist ganz eingenommen von zwei Fragen, die mit der *w*-Alliteration *wâ* (3,1) und *wê, waz* (3,2) eingeleitet sind. Das Ich fragt, wo sein heller Morgenstern geblieben sei und was ihm der Aufgang seiner Sonne helfe (3,1f.). Mit der Formulierung der Fragen eröffnet der Sänger eine metaphorische Komposition, die mit *morgensterne, sunne, gegen mittem tage* und *âbent* die ganze Strophe als Ablauf eines Tages versteht. Diese Metaphern dienen aber nicht nur als Zeitangabe, sie sind in erster Linie bildhafter Ausdruck für die geliebte Frau, wie an den Possessivpronomen und den Innigkeit betonenden Attributen *mîn liehter morgensterne, mîn sunne, den lieben âbent* (3,1.2.5) und vor allem im Abgesang deutlich wird, wenn das Ich sich wünscht, daß *si* (die *sunne*, die Geliebte) sich zu ihm herablasse, um es zu trösten (3,6). 'Sich herablassen, um zu trösten' besitzt das semantische Merkmal 'menschlich', das auf das mehrdeutige Personalpronomen übertragen wird, um es zu monosemieren. Entsprechendes gilt für Vers 7: Das Ich hat sich im intensiven Anschauen der Lichterscheinung verloren im Vertrauen, in der Hoffnung auf die Geliebte (*verkapfet ûf ir wân*). *wân* kann wie in der ersten Strophe (1,3) eine törichte Hoffnung oder Einbildung meinen, kann aber auch einen positiven Aspekt annehmen, wie es für den Schluß des Liedes (3,7) denkbar ist.[14]

Es ist vielfach bemerkt und kommentiert worden, daß Morungen eine auffällige Vorliebe für Metaphern und Vergleiche aus dem Bereich des Lichts, des Glanzes und Strahlens besitzt. Der bildhafte Gebrauch der Sonne für die Geliebte ist ausgesprochen häufig[15] und dient der Verherrlichung der Dame. Deshalb ist

---

[14] FRINGS und TERVOOREN akzentuieren hier den täuschenden Traum bzw. das Wunschbild: THEODOR FRINGS, Erforschungen des Minnesangs, in: PBB (Halle) 87 (1965), S. 1-39, hier S. 16; TERVOOREN, Ausg. (Anm. 3), S. 85, jedoch räumt er auf S. 166 ein: "*ûf ir wân*: möglich wäre auch die Übersetzung 'im guten Glauben an sie'." Vgl. PAUL, § 407 β. MARGHERITA KUHN übersetzt "an sie wie ein Trugbild ganz verloren", in: Deutsche Lyrik des frühen und hohen Mittelalters. Edition der Texte und Kommentare von INGRID KASTEN, Übersetzungen von MARGHERITA KUHN, Frankfurt/M. 1995 (BdM 3) (BdK 129), S. 263, vgl. KASTEN, ebd. S. 779f.

[15] Zusammenstellung bei E. J. MORRALL, Heinrich von Morungen. Complete Word-Index, University of Durham o.J. [1956], S. 98, unter *sunne*. Vgl. HIRSCHBERG (Anm. 12), S. 112, die

es auffallend, wenn die Frage in Strophe 3 'Weh, was hilft es mir, daß meine Sonne aufgegangen ist?' (3,2) keinen Jubel, sondern Klage ausdrückt im Widerspruch zur mittelalterlichen Bewertung der hellen und dunklen Tageszeiten. Der zweite Stollen gibt dafür die Erklärung: 'Sie ist mir zu hoch und zur Mittagszeit ein wenig zu fern. Dort (in der Mittagsstellung) wird sie lange stehen.' (3,3f.) Um so verständlicher ist es, daß das Ich den Abend noch gerne erleben möchte, wenn die Sonne sich wieder der Erde zuneigt und den Eindruck von größerer Nähe hervorruft. Diese Nähe, auf die Herrin übertragen, bedeutet Trost und Hoffnung für den Sänger. Entsprechend soll der nicht mehr sichtbare Morgenstern (3,1) die frühere Nähe zur geliebten Frau anschaulich machen. Mit dem Aufsteigen der Sonne ist kein Heil verbunden, die Dame entfernt sich, der Morgenstern verblaßt.

Morgenstern oder auch Morgenrot und Sonne als Bilder für die Herrin konnte Morungen bei den Trobadors kennenlernen, vor allem aber auch in der Marienlyrik.[16] Die Vorstellung, daß Maria als Morgenstern oder Morgenrot der Sonne Christus vorausgeht und über seinen Tod hinaus als Abendrot noch Trost gewähren kann, steht unserem Morungen-Lied insofern nahe, als daß in beiden Fällen ein Zeitablauf vom Morgen zum Abend auf ein ganzes Leben übertragen wird. Für Morungen dienen Morgen und Abend allerdings nicht dazu, ein Vorläufertum und ein Nachwirken anschaulich zu machen, er will vielmehr die verlorene Zuwendung seiner Herrin in der Vergangenheit und ihre ersehnte Aufmerksamkeit in der Zukunft zum Ausdruck bringen. Die zweite Strophe hat es formuliert: Von Kindheit an ist sie ihm lieb und wert,[17] früher hatte sie ihn sehr wohl beachtet und angesehen (2,4f.), und er hofft, daß dies sich künftig am Abend seines Lebens wiederholen werde (3,5-7). Gegenwärtig aber steht er in seiner Lebensmitte, und die Geliebte ist unerreichbar fern. Auch dieses Bild unterscheidet

---

meint, die Sonne werde im Zenit für das Ich angehalten, "mit dem Hinsterben der Sonne" am Abend sei "die Hingabe der Frau" bezeichnet (S. 113).

[16] FERDINAND MICHEL, Heinrich von Morungen und die Troubadours. Ein Beitrag zur Betrachtung des Verhältnisses zwischen deutschem und provenzalischem Minnesang, Straßburg - London 1880 (Quellen und Forschungen 38), S. 249-258; ANSELM SALZER, Die Sinnbilder und Beiworte Mariens in der deutschen Literatur und lateinischen Hymnenpoesie des Mittelalters [1886-1894], Nachdruck Darmstadt 1967, S. 23f., 32f., 35f.; WECHSSLER (Anm. 13), S. 145f.; FRINGS - LEA (Anm. 11), S. 114-121, 192f.; FRINGS (Anm. 14), S. 15f.; PETER KESTING, Maria - Frouwe. Über den Einfluß der Marienverehrung auf den Minnesang bis Walther von der Vogelweide, München 1965 (Medium Aevum 5), S. 101-103, dort der Hinweis auf die wichtige Parallele: Das St. Trudperter Hohelied, hg. von HERMANN MENHARDT, Halle 1934 (Rheinische Beiträge und Hülfsbücher zur germanischen Philologie und Volkskunde 22), 87,11-22; vgl. 100,14-101,5. Zur mariologischen Auslegung von Cant 6,9 und der Eigenständigkeit des St. Trudperter Hohenliedes vgl. FRIEDRICH OHLY, Die Gestirne des Heils. Ein Bildgedanke zur Heilsgeschichte von der Schöpfung bis zum Jüngsten Gericht, in: Euphorion 85 (1991), S. 235-272, hier S. 250-259.

[17] Zur präsentischen Bedeutung des Perfekt s. PAUL, § 311 β: Perfekt bezeichnet gelegentlich die "durchstehende Zeit".

sich von der religiösen Sprache, die Christus als die Sonne faßt, deren Strahlen gerade die Nähe des Heils kenntlich machen. Morungen nimmt zwar Anregungen der Trobadors und der christlichen Hymnik auf, er wandelt sie aber ab und steigert die Bildhaftigkeit seiner Sprache durch eine intensive sinnliche Anschaulichkeit.

Der hohe Sonnenstand am Mittag entspricht der hohen und unerreichbaren Stellung der Frau (1,2). Diese Ferne bestimmt die allgemeinen Reflexionen der ersten Strophe und den ersten Teil der zweiten (2,1-3). Dann wendet sich der Blick zurück auf die Nähe der Dame, die der Sänger am Morgen seines Lebens erfahren konnte (2,4-6). Diese Erinnerung reicht noch in den ersten Stollen der dritten Strophe hinein (3,1), um dann erneut die Verlassenheit der Gegenwart (3,2-4) durch die hoch stehende Sonne bildhaft werden zu lassen. Die ganze Hoffnung aber, ob berechtigt oder nicht, richtet sich auf die Zukunft (3,7).

Das Lied ›*Ez tuot vil wê*‹ ist nach einem steigernden Prinzip aufgebaut. Während die erste Strophe sich nur auf die Gegenwart bezieht und es als weise hinstellt, ungelohnten Minnedienst aufzukündigen, lenkt die zweite Strophe von der Gegenwart zurück auf die glücklichere Vergangenheit des Sängers, aus der er über die Lichtmetaphorik in der dritten Strophe Zuversicht für die Zukunft gewinnt.[18] So bewegt sich das Lied von der Gegenwart über die Erinnerung an bessere Zeiten zur Hoffnung auf kommende Tage, wobei nur die letzte Strophe alle drei Tages- und Lebenszeiten umfaßt. Von Absage an die Minnedame ist nun keine Rede mehr. Morungen hat unter Verwendung der religiösen Sprache eine vergeistigte Minnehaltung dargestellt; das Ich entspricht dem Ideal der 'hohen Minne', indem es trotz erfolglosen Werbens seinen Dienst nicht aufgibt, sich zu einem Dennoch durchringt, wie aberwitzig sein Hoffen auch erscheinen mag. Man kann sagen, daß Morungens kosmisches Bild vom Sonnenlauf in dem Bogen von nah zu fern und wieder nah die Grundposition des Sängers und seiner Herrin für die meisten Minnekanzonen symbolisch und sinnfällig zum Ausdruck gebracht hat.

---

[18] Vgl. BRANDES (Anm. 8), S. 139f.

II

Ich hôrte ûf der heide (MF XXIII)

1 Ich hôrte ûf der heide
   lûte stimme und süezen sanc.
   dâ von wart ich beide
   vröiden rîch und an trûren kranc.
   Nâch der mîn g e d a n c sêre r a n c unde swanc,
   die vant ich ze tanze, dâ si sanc.
   âne l e i d e ich dô spranc.

2 Ich vant sî verborgen
   eine und ir wengel von trehen naz,
   dâ si an dem morgen
   mînes tôdes sich vermaz.
   Der vil lieben h a z tuot mir b a z danne daz,
   dô ich vor ir kniewete, dâ si saz
   und ir s o r g e n <gar> vergaz.

3 Ich vant si an der zinne
   eine, und ich was zuo zir gesant.
   dâ mehte ichs ir minne
   wol mit vuoge hân gepfant.
   Dô wânde ich diu l a n t hân v e r b r a n t sâ zehant,
   wan daz mich ir süezen minne bant
   an den s i n n e n hât erblant.

Das Lied ›Ich hôrte ûf der heide‹ (MF XXIII; 139,19) ist ebenfalls nur in der Handschrift C und ohne Melodie und in der abgedruckten Strophenfolge überliefert. Eine Umstellung, wie sie verschiedentlich vorgenommen worden ist, sollte man nur bei ganz stichhaltigen Gründen akzeptieren.[19] Nach meiner Meinung braucht man bei diesem Lied nicht von der Überlieferung abzuweichen. Der leichte Fluß seiner Verse und der Inhalt der ersten Strophe haben dazu geführt, das Lied als ein Tanzlied zu charakterisieren.[20] Doch die Themen der zweiten

---

[19] KARL SCHÜTZE, Die Lieder Heinrichs von Morungen auf ihre Echtheit geprüft, Diss. Kiel 1890, S. 51: Strophenfolge 1, 3, 2; ebenso OTTO RÖSSNER, Untersuchungen zu Heinrich von Morungen, Berlin 1898, S. 54f.; Liebeslyrik der deutschen Frühe in zeitlicher Folge, hg. von HENNIG BRINKMANN, Düsseldorf 1952, S. 264f.; HEINRICH GÖTZ, Zu Morungens Lied MF 139,19 (Ich hôrte ûf der heide / lûte stimme und süezen klanc), in: Soziokulturelle Kontexte der Sprach- und Literaturentwicklung. Festschrift für Rudolf Große zum 65. Geburtstag, hg. von SABINE HEIMANN – GOTTHARD LERCHNER – ULRICH MÜLLER, Stuttgart 1989 (SAG 231), S. 415-431, hier S. 423; BURDACH (Anm. 6), S. 52, 99 spricht sich für die Folge 2, 3, 1 aus.

[20] MICHEL (Anm. 16), S. 161; E. SIEVERS, Zu Heinrich von Morungen, in: PBB 50 (1926),

und dritten Strophe, die letztlich zum Ideal der 'hohen Minne' zurücklenken, stehen einer solchen Einschätzung entschieden entgegen. Im Rahmen von Morungens erhaltenem Werk, ja, sogar innerhalb des Minnesangs vor Walther von der Vogelweide steht dieses Lied ganz vereinzelt da. Seine scheinbare Leichtigkeit birgt in nicht festgelegter Metaphorik und lexikalischer Mehrdeutigkeit erhebliche Übersetzungs- und damit Verständnisprobleme, die zu vielfältigen wissenschaftlichen Bemühungen herausgefordert haben.[21]

Jede der drei Strophen erzählt von dem Zusammentreffen des Sänger-Ich mit der von ihm geliebten Frau. Der Aufgesang schildert jeweils die Begebenheit, der Abgesang stellt die Empfindungen heraus, die das Treffen hervorruft. Die einzelnen Situationen, der Tanz *ûf der heide* (Strophe 1), die Begegnungen an unbekanntem Ort (Strophe 2) und auf der Zinne (Strophe 3), sind zwar kausal durch das Handlungsgefüge nicht miteinander verknüpft, formal aber durch die Anapher jeweils zu Beginn der Stollen und durch die *a*-Assonanzen der in jeder Strophe siebenfach hervorgehobenen b-Reime als Einheit kenntlich und d.h. hörbar gemacht. Vers 5 als Beginn des Abgesangs ist regelmäßig durch Binnen- und Inreim, einen zweimaligen Hebungsprall und durch seine Länge, die mit ihren sieben Hebungen genau der Taktzahl der beiden Stollenverse entspricht, besonders gekennzeichnet.

Die erste Strophe beginnt mit einem ungewöhnlichen szenischen Eingang in der Natur, der erzählt, wie der Sänger, durch Musik und Gesang gelenkt, *ûf der heide* zufällig auf Tänzer trifft, unter denen sich diejenige befindet, um die sein ganzes Denken kreist (1,5). Am Ende des Aufgesangs wie am Ende des Abgesangs wird herausgestellt, daß das Ich durch diese Begegnung ohne jedes Leid ist (*vröiden rîch = an trûren kranc* ['arm'], *âne leide* [1,4; 1,7]), der Sänger fügt sich in die Reihe der Tanzenden ein. Das Fehlen von jedem Kummer wird durch den Mittenreim in der Response zum a-Reim der Stollen nachdrücklich hervorgehoben. Das Vorherrschen von Freude ist die Ausnahme für die Minnekonzeption des Minnesangs. Ebenso selten und meist auf die Frühzeit der höfischen Liebeslyrik beschränkt wird die Gemütsbewegung der Frau erkennbar, wie es hier bei der singenden Tänzerin geschieht.

heide meint im Mittelhochdeutschen das unbebaute Land zwischen Acker und Wald, in der Lyrik ist es der Ort der Liebenden. In der frühen mittel-

---

S. 331-351, hier S. 347; BRINKMANN (Anm. 19), S. 264; OLIVE SAYCE, The Medieval German Lyric 1150-1300. The development of its themes and forms in their European context, Oxford 1982, S. 167.
[21] Vgl. den Überblick bei ERNST VON REUSNER, Hebt die Vollendung der Minnesangskunst die Möglichkeit von Minnesang auf? Zu Morungen *Ich hôrte ûf der heide* (MF XXIII; 139,19) und *Mir ist geschehen als einem kindelîne* (MF XXXII; 145,1), in: DVjs 59 (1985), S. 572-586, hier S. 574-579, und GÖTZ (Anm. 19), S. 415-422.

lateinischen und romanischen Pastourelle wie auch den sogenannten Mädchenliedern Walthers treffen hier Mädchen niederen Standes (deswegen der Terminus 'niedere Minne') mit dem Sänger ohne weitere Zeugen zusammen; gemeinschaftlicher Tanz ist in der Regel unter der Dorflinde situiert. Das Tanzen einer adligen Dame – und das gar in der *heide* – ist nirgendwo sonst im Minnesang erwähnt. Daher ist erwogen worden, ob Morungen hier wie in der Pastourelle eine 'niedere Minne' zu einem Mädchen darstellen will. Die alles dominierende Freude würde gut dazu passen.[22] Das spätere Treffen auf der Burgzinne (3,1) steht aber einer solchen Deutung entgegen. Ebenso ist die Tatsache, daß der Sänger schon längere Zeit die Frau liebt (1,5), die er dann unter den Tanzenden findet, untypisch für die Pastourelle, jedoch charakteristisch für den Minnesang. Wie fröhlich und ausgelassen die Begegnung mit der Geliebten den Sänger auch macht, es ist keine Begegnung der Zweisamkeit, wie die *heide* erwarten läßt, sondern sie ist in einen gesellschaftlichen Rahmen gestellt, der notwendig das Einhalten einer gewissen Distanz erfordert. Immerhin könnte die erste Strophe die Erwartung wecken, das Lied werde von einer Maibuhlschaft oder einem Mailehen handeln mit entsprechenden brauchtümlichen Freiheiten für den werbenden Mann.[23] Tervooren verweist darauf, daß ein höfischer Tanz 'getreten', ein Bauerntanz aber wie hier 'gesprungen' werde (1,7).[24] Die so einfach erscheinende Strophe zeigt also eine Reihe von Auffälligkeiten, indem Signale für eine 'hohe Minne' und eine 'niedere' gemischt hervortreten.[25]

Während in der ersten Strophe das zufällige Finden der Geliebten beiläufig erwähnt wird (*die vant ich ze tanze* [1,6]), führt die Position am Eingang der zweiten und dritten Strophe zu einem nachdrücklichen Hervorheben: *Ich vant sî verborgen* (2,1) und *Ich vant si an der zinne* (3,1). Beide Male wird ein Finden unterstrichen, das ohne gesellschaftliche Öffentlichkeit bleibt: *eine*. In 2,2 und 3,2 liegt eine Überlänge der Verse vor, die Moser und Tervooren dadurch zu beseitigen versuchen (Anm. 5), daß sie *eine* als Auftakt lesen. Ich würde eine schwebende Betonung bei gleichzeitiger Elision des *-e* vorziehen, um die Sinnakzen-

---

[22] RÖSSNER (Anm. 19), S. 51; GERD BAUER, Zu Heinrich von Morungen 139,19, in: Euphorion 53 (1959), S. 219-222, hier S. 221, spricht von einer höfisch-konventionellen Situation unerfüllter Liebessehnsucht. FRANZ ROLF SCHRÖDER, Heinrich von Morungen 139,19, in: GRM 46 (1965), S. 113-118, hier S. 116, leugnet entschieden die Zuordnung zur 'niederen Minne'. Die Nähe der ersten Strophe zur Pastourelle stellen fest: SCHÖNBACH (Anm. 12), S. 144; JOHANNES ALPHONSUS HUISMAN, Die Strophenfolge in Morungens Tagelied und anderen Gedichten, in: ZfdPh 87 (1968), Sonderheft, S. 72-83, hier S. 77.
[23] PAUL SATORI, Mailehen, in: HdA Bd. 5 (1932/33), Sp. 1537f.
[24] TERVOOREN, Ausg. (Anm. 3), S. 176.
[25] Für SCHÜTZE (Anm. 19), S. 51, ist dies der Grund, von zwei verschiedenen Minnebeziehungen zu einem einfachen Mädchen und einer hohen Dame zu sprechen.

tuierung von *eine* nicht durch Auftaktposition aufzuheben: $\widehat{eine\ und}$.[26] Die Erwartung, daß die Liebenden nach der Hinführung in der ersten Strophe nun zu Liebesglück und -vereinigung gelangen könnten,[27] erfüllt sich nicht. In der zweiten Strophe verschärft sich vielmehr die Distanz zwischen beiden erheblich. Das Knien des Ich vor der Dame (2,6) ist wie die Ortsangabe der Burgzinne in der dritten Strophe (3,1) ein deutlicher Hinweis auf 'hohe Minne'. Das Ich findet seine Geliebte zwar allein, aber *ir wengel* sind *von trehen naz* (2,2), er findet sie dort, wo sie am Morgen seines *tôdes sich vermaz* (2,4). Offensichtlich sind zwei verschiedene Zeiten am selben Ort angesprochen und mit unterschiedlichen Handlungen verbunden.[28] Bei dem späteren Zeitpunkt trifft der Sänger auf die weinende Geliebte, der Grund ihrer Tränen bleibt unausgesprochen und hängt u.a. von der Übersetzung von *sich vermezzen* ab. Wenn man es mit 'fälschlich annehmen, wähnen, vermuten' wiedergibt (was lexikalisch allerdings nicht gut gesichert ist), ist die Bedeutung: 'da sie am Morgen vermutete, daß ich gestorben sei';[29] in diesem Fall versteht man das Weinen am besten als Ausdruck der Trauer über den Tod des Sängers.[30] Bei der Bedeutung 'jemandem etwas wünschen, zuschwören'[31] oder 'das Todesurteil sprechen',[32] wäre von einer attackierenden Verhaltensweise der Frau am Morgen auszugehen: 'wo sie mir den Tod wünschte' oder metaphorisch für ihr abweisendes Verhalten 'wo sie mir das Todesurteil sprach'. Ihre späteren Tränen müßten dann wegen ihrer harten Reaktion als Reuetränen verstanden werden. Der Abgesang spricht von dem *haz* der *vil lieben*, der dem Ich angenehmer ist, als eine Situation, in der es vor ihr kniete, *dâ si saz / und ir sorgen <gar> vergaz* (2,6f.). Die meisten Interpreten gehen davon aus, daß die Frau *ir sorgen ... vergaz*, wobei *ir sorgen* sich auf die Todesvermutung, das

---

[26] Vgl. HOFFMANN (Anm. 1), S. 6, 67.
[27] So RÖSSNER (Anm. 19), S. 54f.
[28] VON KRAUS (Anm. 8), S. 318; nur e i n e Szene wird bei VON REUSNER (Anm. 21), S. 576, konstatiert.
[29] Bei diesem Verständnis ist die Konjektur *dô* für handschriftliches *dâ* (2,3), wie sie VON KRAUS (Anm. 4), S. 74, eingeführt hat, naheliegend.
[30] FRIEDRICH VOGT Anm. z. St. abgedruckt in: Des Minnesangs Frühling. Anmerkungen, hg. von HELMUT TERVOOREN – HUGO MOSER. Stuttgart 1981 (Kommentare zu Des Minnesangs Frühling III/2), S. 469; RÖSSNER (Anm. 19), S. 54; VON KRAUS (Anm. 4), S. 75; kritisch dazu GUNTHER JUNGBLUTH, Vorzugsweise Textkritisches zu Heinrich von Morungen, in: Festschrift Josef Quint anläßlich seines 65. Geburtstages, hg. von HUGO MOSER – RUDOLF SCHÜTZEICHEL – KARL STACKMANN, Bonn 1964, S. 141-147, hier S. 146f.; GÖTZ (Anm. 19), S. 416f. HELMUT BRACKERT (Hg.), Minnesang, Mittelhochdeutscher Text mit Übertragungen und Anmerkungen, Frankfurt/M. 1983 (Fischer Taschenbuch 6485), S. 301, führt die Tränen auf Enttäuschung und Groll zurück, keinen Verehrer mehr zu haben.
[31] VON KRAUS (Anm. 11), S. 45; DERS. (Anm. 8), S. 319f.; BAUER (Anm. 22), S. 219.
[32] SCHÜTZE (Anm. 19), S. 50, im Anschluß an BMZ 2,1, S. 214; MORRALL (Anm. 15), S. 27, s. *vermezzen*; SCHRÖDER (Anm. 22), S. 115; VON REUSNER (Anm. 21), S. 574; KUHN und KASTEN (Anm. 14), S. 275 und 791.

Todesurteil oder ihren Liebeskummer beziehen soll. Wenn sie diese nicht mehr akuten *sorgen* vergißt, sobald sie den Sänger lebendig vor sich sieht, wäre von einem Stimmungsumschwung zu einer neuen Gleichgültigkeit bei der Geliebten auszugehen, deren Ursache aber unklar bleibt.[33] Viel spricht bei dieser Deutung dafür, die Situation des Kniens zeitlich später als die Ereignisse am Morgen anzusetzen. Dabei muß man allerdings den Stimmungsumschwung als Zwischenglied postulieren, was durch den Text keineswegs gedeckt ist. Übersetzt man *sich vermezzen* mit 'fälschlich annehmen, wähnen, vermuten', bliebe überdies offen, was mit dem *haz* der *vil lieben* (2,5) gemeint sein könnte. Überzeugender ist es, *ir sorgen* als 'Fürsorge' für den Sänger zu verstehen, selbst wenn diese Bedeutung nur spärlich zu belegen ist.[34] Auch in diesem Fall wird allerdings ein Gefühlsumschwung bei der Frau vom Bedauern ihrer ablehnenden Haltung am Morgen zu neuer Unnahbarkeit in der Situation seines Kniens vorausgesetzt.

Eine größere Stimmigkeit dieser Strophe ergibt sich in meinen Augen, wenn man *vergaz* (2,7) von dem Subjekt *ich* und nicht von *si* (2,6) abhängig macht.[35] Am Morgen hat es eine Begegnung zwischen dem Sänger und der Dame gegeben. Sie zeigt ihm Ablehnung, *haz*, wie wir das in zahlreichen Liedern der 'hohen Minne' immer wieder finden. Der *haz* kommt ihm wie ein Todesurteil vor, wie dem Ich in dem Morungen-Lied MF XXXIV; 147,4, das fragt: *Vil süeziu senftiu tœterinne, / war umbe welt ir tœten mir den lîp?* (1,f.) Offenbar schickt sich das Ich nicht in die auferlegte Distanz. Vielleicht durch die Erwartungen verleitet, die durch die Tanzsituation entstanden waren, steigert es die Intensität seiner Werbung, indem es vor der Dame niederkniet und dabei *ir sorgen*, ihre gesellschaftliche Rücksichtnahme und Reputation unbeachtet läßt.[36] Das alles hat sich am Morgen (ohne Tränen) ereignet. Als der Sänger dann die geliebte Frau später an derselben Stelle wiedertrifft, muß er an ihrem Weinen erkennen, wie sehr er mit seiner zudringlichen Werbung ihr gesellschaftliches Selbstverständnis verletzt hat. Dabei ist es gleichgültig, ob das vor Zeugen geschah oder hätte geschehen können. Wie in Morungens Lied ›*Mir ist geschehen als einem kindelîne*‹ (MF XXXII; 145,1) verstößt der Sänger gegen die Konvention der 'hohen Minne'

---

[33] Vgl. die Diskussion bei VON REUSNER (Anm. 21), S. 575-577. Ferner: BAUER (Anm. 22), S. 221; SCHRÖDER (Anm. 22), S. 117; JUNGBLUTH (Anm. 30), S. 147; für KASTEN (Anm. 14), S. 791, handelt es sich um eine "vergangene Situation, da er, von Liebe überwältigt, vor ihr kniete, während sie dasaß und unbekümmert war", vgl. KUHN, ebd., S. 275.
[34] BAUER (Anm. 22), S. 219; TERVOOREN, Ausg. (Anm. 3), S. 176.
[35] So auch VON REUSNER (Anm. 21), S. 576f., wobei dieser meint, der Sänger beachte den Kummer der weinenden Frau nicht, ja, er vergäße sie sogar, während er vor ihr kniet, vgl. auch S. 579. Nach BRANDES (Anm. 8), S. 301, vergaß der Sänger alle Sorgen, die sie ihm bereitete.
[36] BEATE KELLNER, Gewalt und Minne. Zu Wahrnehmung, Körperkonzept und Ich-Rolle im Liedcorpus Heinrichs von Morungen, in: PBB 119 (1997), S. 33-66, hier S. 55, spricht vom Vergessen der Dame, "auf ihren Ruf in der Gesellschaft" Rücksicht zu nehmen.

und verletzt damit die Integrität der Dame.[37] In beiden Fällen kommt das Ich zur Einsicht und respektiert erneut die Grenze, wie sie für den Minnesang konstitutiv ist. Der Sänger akzeptiert die Distanz zur Geliebten, ihm ist der *vil lieben haz* lieber als die Erinnerung an die unglückselige Werbung am Morgen. Bezeichnenderweise steht nur in der Wendung *Der vil lieben haz tuot mir baz* (2,5) das Prädikat im Präsens. Es handelt sich um ein atemporales Präsens,[38] dessen Geltung zeitlich nicht festgelegt ist und auch zum Zeitpunkt des Liedvortrages noch besteht.

Die dritte Strophe stellt im ersten Stollen eine völlig veränderte und überraschende Situation vor Augen. Das Ich trifft die Dame allein auf der Burgzinne, wohin es – möglicherweise aufgrund ihrer Veranlassung – geschickt worden war (3,1f.). Die Zinne als Ort der Begegnung gibt einerseits einen Hinweis auf den höfischen Kontext, der der pastourellen-ähnlichen Atmosphäre der ersten Strophe entgegengesetzt ist, andererseits haben die Treffen *ûf der heide* und *an der zinne* eine erotische Konnotation, die durch die mögliche Initiative der Frau in der dritten Strophe noch gesteigert erscheint.[39] Daher verwundert es auch nicht, daß der Sänger meint, er hätte nun mit Recht und Anstand (anders als in der zweiten Strophe) der Geliebten die Minne als Pfand abnehmen können (3,3f.).[40] Die Verwendung des Infinitivs Perfekt[41] in Verbindung mit dem Konjunktiv des Modalverbs macht dabei deutlich, daß trotz der *vuoge* (3,4) die erstrebte Liebesbegegnung nur als eine nicht wahrgenommene Möglichkeit herausgestellt wird.

Der Abgesang erweist sich wieder als mehrdeutig. Vers 5 hebt mit dem Binnen- und Inreim und zweifachen Hebungsprall *lant* und *verbrant* besonders hervor: 'da glaubte ich, die Lande sogleich verbrannt zu haben'. Da der Sänger sich auf der Zinne unmittelbar seiner umworbenen Dame gegenüber sieht, die ihn doch wohl zu sich hat rufen lassen, ist eine konkrete Bedeutung des Brandschatzens mit dem Hinweis auf Morungens Lied MF XXXIII; 145,33 für mich wenig überzeugend.[42] Wie und warum sollte der Sänger eine solche Untat planen?

---

[37] Dazu KLAUS SPECKENBACH, Gattungsreflexion in Morungens Lied 'Mir ist geschehen als einem kindelîne' (MF 145,1), in: FMSt 20 (1986), S. 36-53, hier S. 45-49.
[38] Vgl. PAUL, § 304 b.
[39] Höfische und erotische Konnotation besitzt die Zinne auch bei dem von Kürenberg (MF II,2; 8,1), ebenso in einem Tagelied Wolframs von Eschenbach (MF V,1; L. 6,10) und in seinem ›Titurel‹ (118,1).
[40] OTTO LUDWIG, Komposition und Bildstruktur. Zur poetischen Form der Lieder Heinrichs von Morungen, in: ZfdPh 87 (1968), Sonderheft, S. 48-71, hier S. 64f.; SCHWEIGER (Anm. 8), S. 324, leugnet die erotische Bedeutung von *minne pfenden*.
[41] Vgl. PAUL, § 313.
[42] SCHÖNBACH (Anm. 12), S. 145; SAMUEL SINGER, Studien zu den Minnesingern, in: PBB 44 (1920), S. 426-473, hier S. 446; VON REUSNER (Anm. 21), S. 578; GÖTZ (Anm. 19), S. 424; HIRSCHBERG (Anm. 12), S. 120.

Glaubt er doch, unmittelbar am Ziel seiner Wünsche zu stehen. Viel naheliegender ist ein metaphorisches Verständnis: Mit der Glut seiner augenblicklichen Leidenschaft meint er, alles um sich her zu entzünden.[43] Eine solche Vorstellung könnte man Morungen durchaus zutrauen, im ›Elbenlied‹ heißt es z.b. *Mich enzündet ir vil liehter ougen schîn* (MF V,3,1; 126,24) oder an anderer Stelle *sâ zehant enzunte sich mîn wunne* (MF XXII,4,7; 139,9). Allerdings stimmen die Belege nicht völlig überein, es bleibt die Frage bestehen, warum gerade die nebensächlichen Länder von der Liebesglut des Sängers erfaßt werden. In der Forschung sind idiomatische Wendungen mit *verbrennen* als Ausdruck einer 'unvorstellbaren und unmöglichen Handlung' (Adynaton) zusammengestellt worden.[44] In einem Leich Rudolfs von Rotenburg heißt es z.b. *Ê' ch den kumber, den ich tumber / dulde durch ir hulde, / lieze, lieber hæte ich Rôme und Engellant verbrennet*[45] und in Sibots ›Frauenzucht‹: *si gelobet' im guot sîn an der hant, / und wolde immer guot sîn: / ie doch verbrünne ê der Rîn.*[46] Entsprechend hatte schon Hartmann von Aue in seiner ›Klage‹ ein Treueversprechen bekräftigt:[47]

ich wæn noch lîhter den Phât
  allen verbrande,
daz sîn niender kein schrât [Tropfen]
  vlüzze in dem lande,
ê daz ich dîn getæte rât.

Gerade auf diese Bedeutung könnte das Verbrennen der Länder in dem fraglichen Morungen-Vers zielen: 'Da glaubte ich, etwas Unmögliches sogleich vollbracht zu haben.' Der Sänger meint, unmittelbar vor der Liebesvereinigung mit der geliebten Frau zu stehen.

Die vorsichtige Einschränkung des zweiten Stollens ('da hätte ich ihre Minne als Pfand erlangen können') und des *wænen* zu Beginn des Abgesangs wird nun durch die letzten zwei Verse bestätigt: *wan daz mich ir süezen minne bant /*

---

[43] So schon VON KRAUS (Anm. 11), S. 46; DERS. (Anm. 8), S. 320.
[44] Vgl. GÖTZ (Anm. 19), S. 424-426.
[45] Deutsche Liederdichter des 13. Jahrhunderts, hg. von CARL VON KRAUS, Bd. 1, 2. Aufl. durchges. von GISELA KORNRUMPF, Tübingen 1978, Leich IV, 25-27; im Sinne seiner Interpretation akzentuiert GÖTZ (Anm. 19), S. 424, eher die verbrecherische 'Ungeheuerlichkeit' denn die 'Unmöglichkeit', worauf ich abhebe.
[46] Gesamtabenteuer. Hundert altdeutsche Erzählungen, hg. von FRIEDRICH HEINRICH VON DER HAGEN, Bd. 1, Darmstadt 1961, Nachdr. der Ausg. Stuttgart - Tübingen 1850, Nr. 3, V. 592-594.
[47] Hartmann von Aue, Das Büchlein [= Die Klage], nach Vorarbeiten von ARNO SCHIROKAUER zu Ende gef. und hg. von PETRUS W. TAX, Berlin 1979 (Philologische Studien und Quellen 75), V. 1775-1779; vgl. auch V. 1831-1837; s. ferner Wolfram, Titurel: *ez brinnet elliu wazzer, ê diu liebe mînhalp verderbe* (77,4).

an den s i n n e n hât erblant (3,6f.) ('nur daß das Band der süßen Minne zu ihr meine Sinne geblendet hat'[48] oder auch '... mir den Verstand geraubt hat'[49]). Die Übersetzung von *ir süezen minne* (3,6) mit 'der süßen Liebe zu ihr' ergibt sich aus der Situation, in der der Sänger keine sichere Aussage über die Liebe der Frau zu ihm machen kann, aber natürlich über seine eigene Leidenschaft ihr gegenüber (3,5). Eine gleiche Bedeutung hat *ir minne* in Hartmanns von Aue ›Iwein‹, als Iwein zum ersten Mal Laudine heimlich sieht, während sie von seiner Existenz noch gar nichts weiß:[50]

dâ was ir hâr und ir lîch
sô gar dem wunsche gelîch
daz im ir minne
verkêrten die sinne,
daz er sîn selbes gar vergaz (V. 1333-1337).

Durch die verheißungsvolle Situation des Stelldicheins auf der Zinne verführt, meint das Ich, die Grenze der 'hohen Minne' überschreiten zu können – und eben dies erweist sich dann doch wie in dem Lied ›*Mir ist geschehen als einem kindelîne*‹ (MF XXXII; 145,1) als Unmöglichkeit.[51] Ich meine nicht, daß die Liebe an sich selbst scheitert, wie von Reusner formuliert,[52] sondern daß die Grenzüberschreitung von dem Sänger nicht vollzogen wird und damit die konventionelle 'hohe Minne' erhalten bleibt.[53] In beiden Liedern muß sich das Ich eine Täuschung eingestehen (vgl. MF XXXII,4,5-8), die auf die Intensität der eigenen Minne zurückzuführen ist (*ir süezen minne bant / ... hât erblant* [3,6f.]), in beiden Fällen akzeptiert der Sänger die Wiederaufnahme seines Dienstes (vgl. MF XXXII,3,3), so wenigstens möchte ich die atemporale Wendung *Der vil lieben haz tuot mir baz* (2,5) im Hinblick auf die Aufführungssituation des Liedes verstehen.

---

[48] Vgl. TERVOOREN, Ausg. (Anm. 3), S. 109; BRACKERT (Anm. 30), S. 95; ähnlich KUHN (Anm. 14), S. 277: "aber nur, weil mich die süße Liebe fesselte, waren meine Sinne geblendet".
[49] Zuletzt VON REUSNER (Anm. 21), S. 579; Hugo von Langenstein, Martina, hg. von ADELBERT VON KELLER, Stuttgart – Tübingen 1856 (StLV 38), hat eine ähnliche Wendung: *sîner witze was er erblant* (218,101): 'seines Verstandes war er beraubt, seinen Verstand hatte er verloren'.
[50] Hartmann von Aue, Iwein, hg. von GEORG FRIEDRICH BENECKE – KARL LACHMANN, neu bearb. von LUDWIG WOLFF, 7. Aufl. Berlin 1968. Vgl. PAUL, § 407 β: "In Verbindung mit Verbalabstrakta wie *haz, vorhte, helfe, liebe* kann das Possessivpronomen sowohl den Ausgangspunkt dieser Empfindungen bezeichnen als auch deren Ziel".
[51] Vgl. VON REUSNER (Anm. 21), S. 573, 578f.; GÖTZ (Anm. 19), S. 428. BAUER (Anm. 22), S. 221, meint dagegen "seine 'Verblendung' durch die Minne läßt Morungen alle Konventionen durchbrechen". Dazu kritisch DIETER FORTMANN, Studien zur Gestaltung der Lieder Heinrichs von Morungen, Diss. Tübingen 1966, S. 106.
[52] VON REUSNER (Anm. 21), S. 576f.
[53] Vgl. SCHRÖDER (Anm. 22), S. 116.

Einige Interpreten haben bei dem Abgesang der dritten Strophe das Erkennen der Täuschung nicht nur auf die Liebeserwartung dieser Strophe, sondern auf das ganze Lied bezogen. Sie sprechen von ihm als einem Phantasiegebilde oder einem Wunschtraum.[54] Diese Auffassung könnte vor allem die zwischen 'hoher' und 'niederer Minne' schwankende erste Strophe sinnvoll als ein Wunschdenken deuten. Die Responsion des Attributs *süeze* (1,2; 3,6) und das ständige Kreisen der Gedanken um die Geliebte (1,5) sowie der Verlust klaren Denkens (3,6f.) stellen überdies eine nähere Beziehung der dritten zur ersten Strophe her. Auch die nicht selbstverständlichen Begegnungen der Liebenden in aller Verschwiegenheit (zweite und dritte Strophe) fügen sich gut in die Deutung als Wunschdenken ein. Dennoch muß man zugestehen, daß der Wortlaut in unserem Lied keine eindeutige Entscheidung möglich macht wie etwa in den Morungen-Strophen MF V,2; XXII,2 oder XXXII,2. Zweifelsfreie Traumhinweise fehlen ganz. Wenn ich auch die Möglichkeit, das ganze Lied als eine Wunschphantasie zu verstehen, nicht ausschließen will, so scheint mir nach dem Wortlaut die Minneillusion und deren Aufdeckung doch allein Thematik der dritten Strophe zu sein.[55]

In drei unabhängigen Episoden findet der Sänger die geliebte Frau. Die zufällige Begegnung *ûf der heide* bringt ihm die größte Freude, und auch die singende Tänzerin ist offenbar *âne leide*. Beider Zusammensein erscheint in dem gesteckten gesellschaftlichen Rahmen unproblematisch. Das ist in der zweiten Strophe ganz und gar nicht der Fall. Das heimliche Treffen der Liebenden ist durch die abweisende Haltung der Frau (*haz*) und eine zudringliche Werbung des Sängers bestimmt, was zur Kränkung der Dame führt. Daß sie mit den Tränen eine Gefühlsreaktion zeigt wie sonst kaum im Minnesang, muß man als warnendes Signal für den Sänger verstehen, auf das er auch reagiert, indem er zuletzt die konventionelle Zurückhaltung der Dame billigt (2,5). Das vermutlich durch die Geliebte veranlaßte Stelldichein der dritten Strophe läßt eine Liebeserfüllung jenseits der 'hohen Minne' erwarten. Doch dazu kommt es dann gerade nicht; das Ich muß erkennen, daß es einer Täuschung seiner Minne erlegen ist, die Vereinigung ist ohne Schädigung der Frau nicht zu gewinnen. Aus dieser Deutung ergibt sich die Übersetzung unseres ungewöhnlichen Minneliedes.

---

[54] VON KRAUS (Anm. 4), S. 103, 108; JULIUS SCHWIETERING, Der Liederzyklus Heinrichs von Morungen, in: DERS., Philologische Schriften, hg. von FRIEDRICH OHLY – MAX WEHRLI, München 1969, S. 385-408, hier S. 402; BAUER (Anm. 22), S. 220; FORTMANN (Anm. 51), S. 106f.; THEODOR FRINGS, Ein Morungenporträt, in: PBB (Halle) 88 (1967), S. 91-99, hier S. 98; CLAUDIA HÄNDL, Heinrich von Morungen, in: KILLY Bd. 5 (1990), S. 168-171, hier S. 170: "möglicherweise Traumvisionen".

[55] LUDWIG (Anm. 40), S. 65, geht vom offenen Schluß aus, wobei nicht entschieden wird, ob alles als Trugbild entlarvt wird, vgl. auch TERVOOREN, Ausg. (Anm. 3), S. 176.

Übersetzung

1   Ich hörte auf der Heide laute Stimmen und wohltönenden Gesang. Dadurch wurde ich ganz und gar von Freude erfüllt. Beim Tanz singend fand ich diejenige, um die all mein Denken kreiste. Ohne jedes Leid tanzte ich da mit.

2   Ich fand sie allein und mit von Tränen nassen Wangen im Verborgenen dort, wo sie mir am Morgen das Todesurteil sprach. Die abweisende Gesinnung der so sehr geliebten Frau ist mir lieber, als das, was geschah, als ich da, wo sie saß, vor ihr kniete und ihre Bedenken ganz vergaß.

3   Ich fand sie allein auf der Zinne, wohin ich geschickt worden war. Da hätte ich mit Fug und Recht ihre Liebe fordern können. Da glaubte ich, etwas Unmögliches sogleich vollbracht zu haben – nur daß das Band der süßen Minne zu ihr meine Sinne geblendet hatte.

Meine Interpretationsversuche galten zwei recht unterschiedlichen Liedern Heinrichs von Morungen, in denen er eine Grenzüberschreitung des hohen Sangs und damit seine Aufhebung erprobt, um dann aber doch dessen Regelsystem zu akzeptieren und die Rolle des Sängers zu unterstreichen. Mit ›*Ez tuot vil wê*‹ haben wir eine Minnekanzone, die in geradezu 'klassischer' Weise das Ideal der 'hohen Minne' gestaltet. Aus der Enttäuschung über die Vergeblichkeit seines Werbens gelangt der Sänger gerade nicht zur Absage an seine Herrin, sondern zur Fortsetzung seines uneingeschränkten Minnedienstes. Die kunstvolle und eigenständige Entfaltung eines kosmischen Bildes wird für ihn zum Medium, über die Besinnung auf die Vergangenheit Hoffnung für die Zukunft zu schöpfen, so vage und ungewiß sie auch sein mag. Das ganze Lied ist als eine große seelische und geistige Anstrengung des Sängers gesehen, die Frau ist abwesend, wir erfahren von ihr keinerlei Reaktion. Das ist in ›*Ich hôrte ûf der heide*‹ ganz anders. Hier singt und tanzt sie, weint, spricht ein Todesurteil und veranlaßt möglicherweise ein Stelldichein. Wenigstens dreimal trifft der Sänger mit ihr zusammen. Jede Episode weicht von der üblichen Minnekanzone deutlich ab. Eine an die Pastourelle erinnernde Atmosphäre entsteht in der ersten Strophe, aber auch die beiden folgenden sind von einer erotischen Konnotation bestimmt. Die Liebesvereinigung des Paares scheint sich einmal durch Drängen des Sängers, sodann durch die Bereitschaft der Dame anzubahnen. Wenn ich die vieldeutige Bildersprache richtig verstanden habe, dann muß der Sänger am Ende die Vereinigung als *wân*, als illusionäre Täuschung erkennen. Die Minne zu der hohen Frau hat ihm seine Sinne verwirrt, den Verstand geraubt. Doch schon vorher erkannte er an den Tränen der Dame ihr Verletztsein durch sein zudringliches Werben. Mit der Akzeptanz ihres *hazzes* (vgl. 2,5) ist für den Sänger die Akzeptanz der distanzierten Haltung verbunden, die eine Grundbedingung der 'hohen Minne' darstellt.

AUSWAHLBIBLIOGRAPHIE

Ausgaben

Deutsche Lyrik des frühen und hohen Mittelalters. Edition der Texte und Komm. von INGRID KASTEN, Übers. von MARGHERITA KUHN, Frankfurt/M. 1995 (BdM 3) (BdK 129).
Heinrich von Morungen, hg. von CARL VON KRAUS, 2. Aufl. München 1950.
Des Minnesangs Frühling, unter Benutzung der Ausgaben von KARL LACHMANN und MORITZ HAUPT, FRIEDRICH VOGT und CARL VON KRAUS bearb. von HUGO MOSER – HELMUT TERVOOREN, Bd. I: Texte, 38., erneut rev. Aufl. Stuttgart 1988.
Heinrich von Morungen, Lieder. Text, Übersetzung, Kommentar von HELMUT TERVOOREN [1975], verb. und bibliographisch erg. Aufl. Stuttgart 1992 (RUB 9797).

Sekundärliteratur

GERD BAUER, Zu Heinrich von Morungen 139,19, in: Euphorion 53 (1959), S. 219-222.
KLAUS BRANDES, Heinrich von Morungen: Zyklische Liedergruppen. Rekonstruktion, Forminterpretation, kritische Ausg., Göppingen 1974 (GAG 155).
THEODOR FRINGS – ELISABETH LEA, Das Lied vom Spiegel und Narziß. Morungen 145,1, Kraus 7, in: PBB (Halle) 87 (1965), S. 40-200.
HEINRICH GÖTZ, Zu Morungens Lied MF 139,19 (Ich hôrte ûf der heide / lûte stimme und süezen klanc), in: Soziokulturelle Kontexte der Sprach- und Literaturentwicklung. Festschrift für Rudolf Große zum 65. Geburtstag, hg. von SABINE HEIMANN – GOTTHARD LERCHNER – ULRICH MÜLLER, Stuttgart 1989 (SAG 231), S. 415-431.
DAGMAR HIRSCHBERG, *wan ich dur sanc bin ze der welte geborn*. Die Gattung Minnesang als Medium der Interaktion zwischen Autor und Publikum, in: Grundlagen des Verstehens mittelalterlicher Literatur. Literarische Texte und ihr historischer Erkenntniswert, hg. von GERHARD HAHN – HEDDA RAGOTZKY, Stuttgart 1992 (Kröners Studienbibliothek 663), S. 108-132.
CARL VON KRAUS, Des Minnesangs Frühling. Untersuchungen [1939], hg. von HELMUT TERVOOREN – HUGO MOSER, Stuttgart 1981 (Kommentare zu Des Minnesangs Frühling III/1).
E. J. MORRALL, Heinrich von Morungen. Complete Word-Index, University of Durham [1956].
ERNST VON REUSNER, Hebt die Vollendung der Minnesangskunst die Möglichkeit von Minnesang auf? Zu Morungen *Ich hôrte ûf der heide* (MF XXIII; 139,19) und *Mir ist geschehen als einem kindelîne* (MF XXXII; 145,1), in: DVjs 59 (1985), S. 572-586.
GERDT ROHRBACH, Studien zur Erforschung des mittelhochdeutschen Tageliedes. Ein sozialgeschichtlicher Beitrag, Göppingen 1986 (GAG 462).

FRANZ ROLF SCHRÖDER, Heinrich von Morungen 139,19, in: GRM 46 (1965), S. 113-118.
VALENTIN SCHWEIGER, Textkritische und chronologische Studien zu den Liedern Heinrichs von Morungen, Diss. Freiburg 1970.
HELMUT TERVOOREN, Heinrich von Morungen, in: ²VL Bd. 3 (1981), Sp. 804-815.
Des Minnesangs Frühling. Anmerkungen, hg. von HELMUT TERVOOREN – HUGO MOSER, Stuttgart 1981 (Kommentare zu Des Minnesangs Frühling III/2).

Das ›Nibelungenlied‹
Eine Einführung zu einem 'natz=jonalen Eh=Poss'

NINE MIEDEMA

Man schreibt das Jahr 1980. Auf dem Mond befindet sich eine kleine Kolonie von Amerikanern, die unter den erbärmlichsten Umständen ihren Lebensunterhalt verdienen. Eine der wenigen Möglichkeiten der Entspannung bietet das Radio, in dem der Berufsdichter Frederick T. Lawrence zu gesetzten Zeiten seine neuesten Produktionen zum besten gibt. An einem der Abende erzählt Lawrence eine Geschichte, die seinen eigenen Angaben nach in der Zeit kurz nach dem Zweiten Weltkrieg spielt: die Geschichte der schönen WAC Cream-Hilled und ihres Gatten, des GI Dillert, der vom Sergeant H.G. Trunnion ermordet wird, wofür Cream-Hilled sich auf grausame Weise rächt. Die Mondbewohner sind begeistert von Lawrences Geschichte: eine Erzählung aus der 'guten alten Zeit', eine Geschichte von Liebe, Treue, Verrat und Mord, von Helden und ihrem Untergang, eine wahrhaft amerikanische Geschichte, die "'alle Juh=Eß=Äi=Tugenden zusammenfasse : ebenso zukumftweisend ; wie der großen Vergangenheit amerikanischer Siegeszüge übervoll.' ('Braawoh Braawoh !')", das Ideal eines amerikanischen "natz=jonalen Eh=Poss" schlechthin.

Arno Schmidts Roman ›KAFF‹,[1] dem diese Episode entnommen wurde, ist ein raffiniertes Gefüge von Erzählungen innerhalb von Erzählungen: Um seine Freundin Hertha zu unterhalten, erfindet der Ich-Erzähler Karl die Geschichte von den Männern auf dem Mond, die aus der Perspektive eines weiteren Ich-Erzählers namens Charles beschrieben wird; innerhalb der auf dem Mond stattfindenden Geschichte wird als Binnenerzählung das Epos von Dillert und Cream-Hilled inszeniert. Dem Mondbewohner Charles sind die literarischen Vorlagen für die Geschichte von Dillert und Cream-Hilled nicht bekannt – der mit mittelalterlicher Literatur vertraute Leser des Romans von Arno Schmidt weiß allerdings gleich am Anfang dieser Geschichte um ihre Herkunft:

> "*In stories of our fathers   high marvels we* are told :
> of champions, well approvéd   in perils manifold ;

---

[1] ARNO SCHMIDT, KAFF auch MARE CRISIUM, Karlsruhe 1960, Nachdr. Frankfurt/M. 1985. Die Zitate sind S. 171 entnommen.

of feasts & merry meetings   of weeping & of wail
& deeds of gallant daring   I'll tell You in my tale".²

Dies ist, ins Neuenglische übertragen, der Anfang des ›Nibelungenliedes‹, eines Textes, der um 1200 im bairisch-österreichischen Raum entstanden und in drei Dutzend mittelalterlichen Handschriften überliefert ist.³ Fraglos gehört der Text zu den beliebtesten Erzählstoffen vom Mittelalter bis heute – jeder verbindet auch heute noch mit den Namen Siegfried, Kriemhild und Brünhild Bilder aus dieser reichen Stofftradition. In diesem Beitrag wird es zunächst darum gehen, den Inhalt und die Gattungszuordnung des ›Nibelungenliedes‹ zu besprechen (I), wobei sich herausstellt, daß der Text aufgrund der verschiedenen Traditionsstränge, die in ihm zusammengeführt werden, unterschiedliche Interpretationsebenen bietet. Ausgehend von diesen Beobachtungen wird die Überlieferung des Textes skizziert (II), die die Beliebtheit des Stoffes zeigt und gleichzeitig die mittelalterlichen Interpretations- und Bearbeitungsversuche widerspiegelt. Anschließend wird auf die interpretatorische Beliebigkeit mancher moderner Bearbeitungen eingegangen (III), wonach einige der Beobachtungen zusammengefaßt und weitergeführt werden können (IV). Anhand der in diesem Beitrag in den Mittelpunkt gestellten Figur des Hagen von Tronje (H.G. Trunnion bei Arno Schmidt) läßt sich besonders gut verdeutlichen, welch entscheidenden Einfluß die Zeit, in der ein Text gelesen, interpretiert und verarbeitet wird, auf die Form und den Aussagegehalt der jeweiligen Bearbeitungen hat.

I

Das ›Nibelungenlied‹, wie es seit dem 13. Jahrhundert in den mittelalterlichen Handschriften vorliegt, ist ein Text, der in 39 sogenannten *âventiuren* ('Ereignis-[sen]', 'Abschnitt[en]')⁴ verschiedene, bis dahin getrennt voneinander überlieferte

---

² Ebd. S. 95. Die eigenwillige Kursivierung in diesem und den folgenden Zitaten entspricht dem Original.
³ Zu Entstehungszeit und -ort des ›Nibelungenliedes‹ s. WERNER HOFFMANN, Das Nibelungenlied, 6. Aufl. Stuttgart 1992 (SM 7), S. 104-113. – Die Handschriften des Textes sind zusammengestellt in: Das Nibelungenlied. Paralleldruck der Handschriften A, B und C nebst Lesarten der übrigen Handschriften hg. von MICHAEL S. BATTS, Tübingen 1971, S. 801-810. Auf die Unterschiede zwischen den Handschriften wird unten in Abschnitt II eingegangen. Ein neu aufgefundenes Fragment ist unter der Internet-Adresse http://www.oeaw.ac.at/~ksbm/melk/nl/nl.htm verzeichnet (Stand: Januar 1999).
⁴ BMZ Bd. 1, S. 67-72. S. auch OTFRID EHRISMANN, Ehre und Mut, Âventiure und Minne. Höfische Wortgeschichten aus dem Mittelalter, München 1995, S. 22-27: Im ›Nibelungenlied‹ hat das Wort *âventiure* noch nicht die Bedeutung der höfisch-ritterlichen Bewährung.

Stoffkreise zu einem Großepos zusammenwebt.⁵ Der Text ist in Strophen verfaßt;⁶ es ist anzunehmen, daß der auf diese Weise leichter zu memorierende Text nicht nur für das Vorlesen anhand eines Manuskriptes konzipiert war, sondern zumindest zum Teil bereits früher mündlich tradiert wurde.⁷ – Als Basis für die folgenden Untersuchungen sei eine kurze Inhaltsangabe des mittelalterlichen ›Nibelungenliedes‹ gegeben, wobei vorauszuschicken ist, daß das Schwergewicht der Nacherzählung bereits jetzt auf Hagen von Tronje gelegt wird; außerdem ist anzumerken, daß der Ausgabe des ›Nibelungenliedes‹ von Karl Bartsch und Helmut de Boor (Handschrift B des ›Nibelungenliedes‹) gefolgt wird:⁸

Am Hofe der burgundischen Könige Gunther, Gernot und Giselher in Worms wächst Kriemhild, die Schwester der drei Könige, auf. Hagen von Tronje erscheint am Burgundenhof als der wichtig-

---

⁵ Einen Überblick über die Stofftradition vermitteln MICHAEL CURSCHMANN, ›Nibelungenlied‹ und ›Klage‹, in: ²VL Bd. 6 (1986), Sp. 926-969, hier Sp. 932-936; HOFFMANN (Anm. 3), S. 40-71; OTFRID EHRISMANN, Nibelungenlied. Epoche – Werk – Wirkung, München 1987 (Arbeitsbücher zur Literaturgeschichte), S. 42-69. – Besonders augenfällig ist die Nahtstelle zwischen dem ersten Teil des ›Nibelungenliedes‹ (Âventiuren 1-19), in dem Siegfrieds Geschichte erzählt wird, und dem zweiten Teil (Burgundenuntergang, Âventiuren 20-39).
⁶ Im Gegensatz zur um 1200 sonst üblichen Dichtung in fortlaufenden Reimpaarversen ergeben im ›Nibelungenlied‹ jeweils vier paarweise gereimte Langzeilen eine Sinneinheit; die letzte Zeile ist etwas länger als die vorhergehenden drei. Zur Strophenform und Metrik des ›Nibelungenliedes‹ einführend EHRISMANN (Anm. 5), S. 38-42; HOFFMANN (Anm. 3), S. 114-125; HERMANN REICHERT, Nibelungenlied und Nibelungensage, Wien – Köln 1985 (Böhlau-Studien-Bücher), S. 37-43. SCHMIDT (Anm. 1), S. 125, führt die Metrik einer Langzeile parodistisch vor: "Ane mâßn schoene bumms : so waß irr eddel Lieb" – mit "bumms" ist die Zäsur (Sprechpause) zwischen den beiden Hälften der Langzeile gemeint.
⁷ Zur Frage nach der Entstehung des ›Nibelungenliedes‹ in der Tradition der mündlichen Dichtung und nach der Art der Anpassung des Textes an die Schriftkultur des 12. Jahrhunderts sind die folgenden Aufsätze grundlegend: MICHAEL CURSCHMANN, ›Nibelungenlied‹ und ›Nibelungenklage‹. Über Mündlichkeit und Schriftlichkeit im Prozeß der Episierung, in: Deutsche Literatur im Mittelalter. Kontakte und Perspektiven. Hugo Kuhn zum Gedenken, hg. von CHRISTOPH CORMEAU, Stuttgart 1979, S. 85-119; DERS., Dichter *alter maere*. Zur Prologstrophe des ›Nibelungenliedes‹ im Spannungsfeld von mündlicher Erzähltradition und laikaler Schriftkultur, in: GERHARD HAHN – HEDDA RAGOTZKY (Hgg.), Grundlagen des Verstehens mittelalterlicher Literatur. Literarische Texte und ihr historischer Erkenntniswert, Stuttgart 1992 (Kröners Studienbibliothek 663), S. 55-71. S. auch ALOIS WOLF, Heldensage und Epos. Zur Konstituierung einer mittelalterlichen volkssprachlichen Gattung im Spannungsfeld von Mündlichkeit und Schriftlichkeit, Tübingen 1995 (ScriptOralia 68), zusammenfassend S. 270: Es "wird wahrscheinlich nur ein kleiner Teil der 2379 Strophen auf schriftliches Material zurückgehen, aber nicht minder wahrscheinlich ist es, daß der Kompilator-Dichter nur ein geringes Quantum an Strophen einem einmaligen lebendigen Vortrag entnahm. Er hat wohl aus seiner Vertrautheit mit der Stilistik derartiger Strophen heraus selbst gedichtet für sein [schriftliches] Werk und nicht für den vergänglichen Augenblick eines [mündlichen] Vortrags."
⁸ Das Nibelungenlied. Nach der Ausgabe von KARL BARTSCH hg. von HELMUT DE BOOR, 22. Aufl. Mannheim 1988 (Deutsche Klassiker des Mittelalters [3]). Diese Ausgabe wird im folgenden mit der Sigle B zitiert. Die Sigle C verweist auf die folgende Ausgabe: Das Nibelungenlied nach der Handschrift C hg. von URSULA HENNIG, Tübingen 1977 (ATB 83). Die nach der Sigle folgende Ziffer verweist auf die jeweilige Strophennummer. – Zu den Differenzen zwischen den einzelnen Handschriften s.u., Abschnitt II.

ste Ratgeber der Könige (1. Âventiure). Der Königssohn Siegfried wächst in Xanten zu einem Idealbild eines ritterlichen, höfischen Mannes heran (2. Âventiure). Über Siegfried wird in kurzen Sätzen berichtet, wie er einen Drachen besiegt und in dessen Blut gebadet hat, wodurch er unverwundbar ist. Ebenso kurz wird erzählt, daß er außerdem über eine Tarnkappe, die ihn unsichtbar macht, und über einen unermeßlichen Schatz (den 'Hort' der Nibelungen) verfügt.

Eines Tages erscheint Siegfried am Hof der Burgunden; er will Kriemhild heiraten. In dieser Situation verhält er sich äußerst problematisch: Er fordert die burgundischen Könige ohne Anlaß zum Zweikampf auf, so daß es den Burgunden nur mit Mühe gelingt, eine friedliche Lösung zu finden und Siegfried gleichberechtigt neben den Königen in den burgundischen Hof einzugliedern (3. Âventiure). Siegfrieds Liebe zu Kriemhild wird dagegen als ein ideales höfisches *minne*-Verhältnis geschildert (5. Âventiure).

Durch Siegfrieds Ankunft ändert sich einiges am Burgundenhof. So scheint Siegfried Hagen als wichtigste Stütze der Könige zumindest teilweise zu ersetzen. Hagen, auf das größtmögliche Wohl des Burgundenhofes bedacht, nutzt seinerseits Siegfrieds Stärke aus. Das zeigt sich nicht nur im Krieg gegen die Dänen und Sachsen (4. Âventiure), sondern vor allem im Zusammenhang mit der Brautwerbung um die Königin Brünhild: König Gunther hat von der sagenumwobenen Jungfrau auf Schloß Isenstein gehört und beschlossen, um ihre Hand anzuhalten; Brünhild hat die Bedingung gestellt, daß derjenige, der sie heiraten wolle, sie im Wettkampf besiegen müsse (Speer- und Steinwurf, Weitsprung). Da sie übermenschliche Kräfte besitzt, ist Gunther an sich kein geeigneter Werber; Siegfried verspricht jedoch, Gunther im Wettkampf zu helfen. Hagen warnt vor der Werbungsfahrt, jedoch läßt sich Gunther dadurch nicht beirren.

Gunther, Siegfried, Hagen und Dankwart (Hagens Bruder) fahren zur Burg Isenstein; bei ihrer Ankunft verhält sich Siegfried so, als ob er Gunthers Gefolgsmann wäre. Er tut dies wohl deswegen, weil für alle sichtbar ist, daß Siegfried der physisch geeignetere Werber (der beste in der Vierergruppe) ist; er wäre demnach bei einer solchen Brautwerbung fehl am Platz, wenn er nicht dem eigentlichen Werber untergeordnet wäre. Hagens Reaktion auf die Kraft der Königin Brünhild ist der erschrockene Ausruf *wâfen* ('zu den Waffen', 'Hilfe', 'Alarm'); aber mit Siegfrieds Hilfe, der durch seine Tarnkappe unsichtbar hinter Gunther tritt und an seiner Stelle am Wettkampf teilnimmt, wird die Königin besiegt (6.-8. Âventiure).

Man fährt zurück nach Worms (9. Âventiure), die Hochzeit wird gefeiert, Siegfried wird zur Belohnung mit Kriemhild vermählt. Dies nun ist Brünhild unverständlich: daß die Königstochter Kriemhild mit Siegfried verheiratet werden soll, von dem Brünhild fälschlich meint, er sei Gunthers Untergebener. Gunther erzählt ihr zwar, daß Siegfried in Wirklichkeit ein mächtiger Königssohn sei und nicht sein Eigenmann, dies kann jedoch für Brünhild keine befriedigende Antwort sein: Wenn Siegfried Gunther nicht untergeordnet gewesen wäre, wäre Siegfried der ihr offensichtlich angemessene Bewerber gewesen. Brünhild weigert sich in der Hochzeitsnacht deswegen, das Bett mit Gunther zu teilen; sie überwältigt ihn und hängt ihn gefesselt an einen Nagel. In diesem Moment muß für sie endgültig sicher sein, daß bei der Brautwerbung etwas nicht mit rechten Dingen zugegangen ist: Wäre Gunther ihr ebenbürtig, so hätte er in der Brautnacht in der Lage sein müssen, sie erneut zu besiegen. Gunther klagt Siegfried sein Leid, der ihm in der nachfolgenden Nacht, wiederum durch die Tarnkappe geschützt, hilft, indem er die Königin niederringt, ohne sie jedoch zu entjungfern; er nimmt ihr einen Ring und einen Gürtel ab, die er (aus ungeklärten Gründen) seiner Frau Kriemhild weiterschenkt. Brünhild schwört im Glauben, von Gunther selbst besiegt worden zu sein, ihrem Ehemann Treue und Gehorsam. Dadurch, daß Gunther sie entjungfert, verliert sie ihre Kraft (10. Âventiure). Siegfried fährt mit Kriemhild in seine Heimat zurück (11. Âventiure).

Nach einigen friedlichen Jahren, in denen sowohl Kriemhild als auch Brünhild einen Sohn gebären, äußert Brünhild den Wunsch, Kriemhild wiederzusehen, weshalb ein Fest organisiert wird (12.-13. Âventiure). Da Kriemhild gegenüber Brünhild auf etwas übertriebene Art und Weise mit ihrem Mann prahlt, erinnert Brünhild sie daran, daß Siegfried formal Gunthers Untergebener sei; Kriemhild leugnet dies ganz entrüstet, ihr Mann sei Gunther ebenbürtig oder sogar überlegen. Als Brünhild dies nicht bestätigen will, holt Kriemhild plötzlich zu einem vernichtenden Schlag aus: Brünhild sei die 'Kebse' Siegfrieds, denn nicht Gunther, sondern Siegfried habe sie in der Nacht nach der Hochzeitsnacht besiegt und mit ihr geschlafen; danach habe er ihr, Kriemhild, Ring und

Gürtel geschenkt. Tatsächlich hatte der Nibelungendichter ausdrücklich erwähnt, daß Siegfried nicht mit Brünhild geschlafen habe, aber Brünhild kann nicht leugnen, daß sie den Ring und den Gürtel in dieser Nacht 'verloren' hat – Kriemhild erzwingt beim Kirchgang (d.h. in einer Situation, die für alle öffentlich sichtbar ist,) den Vortritt vor Brünhild und läßt sie zutiefst in ihrer Ehre gekränkt zurück. Zur Versöhnung bietet Siegfried an, einen Eid zu schwören, der sich jedoch nur darauf bezieht, daß er nicht damit geprahlt habe, mit Brünhild geschlafen zu haben; offen bleibt für die Unbeteiligten weiterhin, was in der fraglichen Nacht wirklich passiert ist.

Nun greift Hagen in das Geschehen ein: Da er durch seine Loyalität zu Gunther auch an Brünhild gebunden ist, schwört er, die Beleidigung Brünhilds durch den Mord an Siegfried zu rächen (14. Âventiure). Der Mord wird, im Einverständnis mit Gunther, Gernot und Giselher, bis ins Detail geplant und mit großer Exaktheit ausgeführt: Es wird ein erneuter Angriff der Dänen und Sachsen vorgetäuscht, woraufhin Siegfried sofort seine Hilfe im Krieg zusagt. Hagen wendet sich nun an Kriemhild, angeblich um ihren Mann im Kampf zu schützen, was er nach seinen eigenen Worten nur dann machen könne, wenn er wisse, ob Siegfried nicht doch irgendwo verwundbar sei und wenn ja, wo. Kriemhild verrät ihm, auf seine Treue vertrauend, Siegfrieds verletzbare Stelle zwischen den Schultern. Nun wird der angebliche Krieg abgesagt; stattdessen fährt die Hofgesellschaft auf einen Jagdausflug. Der unbewaffnete Siegfried wird auf diesem Ausflug von Hagen und Gunther in eine Falle gelockt und von Hagen hinterrücks ermordet (15.-17. Âventiure). Kriemhild beschließt, obwohl sie Gunther und vor allem Hagen für schuldig hält, bei ihrer Familie in Worms zu bleiben (18. Âventiure). Sie versöhnt sich erst viel später mit ihren Brüdern, nicht jedoch mit Hagen; Hagen, der somit nicht an einen Versöhnungsschwur gebunden ist, veranlaßt, daß der in den Besitz Kriemhilds übergegangene Hort der Nibelungen entwendet und in den Rhein versenkt wird, so daß Kriemhild nicht mehr die Möglichkeit hat, durch Geldgeschenke Ritter zu werben, die den Tod ihres Mannes rächen könnten (19. Âventiure).

Hier endet der erste Teil des ›Nibelungenliedes‹ und beginnt der zweite: Einige Jahre später wirbt der Hunnenkönig Etzel um die Hand Kriemhilds. Kriemhild sieht darin eine Möglichkeit, ihre Rache an Hagen verwirklichen zu können: Als Witwe eines Königs, am Hofe ihrer Brüder verbleibend, ist sie machtlos, als Ehefrau eines mächtigen Königs jedoch nicht. Hagen durchschaut ihre Motive und warnt vor der Ehe zwischen Kriemhild und Etzel; die Könige sehen jedoch die Gefahr nicht und befürworten die Ehe als eine Form der Wiedergutmachung des Leides, das Kriemhild geschehen ist (20.-22. Âventiure).

Kriemhild verbringt sieben Jahre bei Etzel und gebiert einen Sohn. Als Kriemhild ihre Brüder nach 13 Jahren zu einem Fest einlädt (23. Âventiure), durchschaut Hagen wiederum ihre wirkliche Absicht und warnt die Könige vor der Fahrt in Etzels Land; erneut entscheiden sich die Könige gegen Hagens Rat (24. Âventiure). Hagen, von Giselher als Feigling dargestellt, der sich nicht in Etzels Land traue, weil er um seine Schuld an der Ermordung Siegfrieds wisse, verspricht (aus Trotz oder aus Verantwortungsgefühl gegenüber den Königen?), die Burgunden zu begleiten. Während der Fahrt begegnet Hagen zwei Wassernixen, die ihm prophezeien, daß keiner von den Burgunden, außer dem Kaplan, die Fahrt überleben werde; als kurz darauf Hagens Mordanschlag auf den Kaplan mißlingt und dieser allein die Rückreise antritt, weiß Hagen, daß die Prophezeiung sich bewahrheiten wird (25. Âventiure).

Nach einer langen Reise (26.-27. Âventiure) erreichen die Burgunden Etzels Land. Kriemhild empfängt die Gäste unfreundlich (28. Âventiure); sie versucht mehrfach, Hagen, der sich ausgesprochen provokativ verhält, allein überwältigen zu lassen, jedoch wird dieser von den Königen geschützt und ist außerdem selbst zu stark, als daß sich die hunnischen Ritter auf einen Zweikampf mit ihm einlassen wollten (29.-30. Âventiure). Die Konflikte eskalieren beim Fest (31. Âventiure), als Kriemhild die Knappen der Burgunden ermorden läßt (32. Âventiure) und Hagen aus Rache ihren Sohn tötet (33. Âventiure). Kriemhild läßt nun alle Burgunden nach durch Kampf und Brand töten, bis schließlich nur Hagen und Gunther übriggeblieben sind (34.-38. Âventiure). Beide werden von Dietrich von Bern, dem tapfersten Krieger am Hofe Etzels, gefangengenommen. Als Kriemhild Hagen fragt, ob er ihr jetzt, da er doch den Kampf verloren habe, endlich zurückgeben wolle, was er ihr weggenommen habe, bezieht Hagen dies nur auf den Hort und beruft sich darauf, er dürfe das Geheimnis des Hortes nur dann enthüllen, wenn er der einzige Überlebende sei; sofort läßt Kriemhild ihrem Bruder Gunther den Kopf abschlagen. Als sie mit Gunthers Kopf vor Hagen tritt, triumphiert dieser: Er sei nun zwar der letzte Überlebende, von ihm werde sie jedoch nie erfahren, wo sich der Schatz befinde; so ist er zuletzt doch noch der Sieger. Kriemhild erkennt ihre Machtlosigkeit und erschlägt Hagen; daß Hagen von einer Frau getötet wird, versetzt Hildebrand, einen der Mannen Dietrichs, so sehr in Wut, daß er seinerseits Kriemhild tötet. Damit endet das ›Nibelungenlied‹ (39. Âventiure).

Uns ist in alten mæren   wunders vil geseit / von helden lobebæren,   von grôzer arebeit, / von fröuden, hôchgezîten,   von weinen und von klagen, / von küener recken strîten   muget ir nu wunder hœren sagen (B 1). Über Helden wird im ›Nibelungenlied‹ erzählt, dies gibt bereits die hier zitierte erste Strophe des Textes vor – was ist jedoch unter einem 'Helden' zu verstehen? Zunächst sei ein Blick auf die mittelalterliche Terminologie und ihre Entwicklung im Laufe der Jahrhunderte geworfen.[9] Das ahd. Wort *helid* wird als 'Mann, Krieger' übersetzt,[10] erst das mhd. *helt* erhält die Bedeutung 'Held'[11] und damit nach dem Grimmschen Wörterbuch 'der durch tapferkeit und kampfgewandtheit hervorragende krieger'; eine positivere mittelalterliche Wertung eines Mannes ist kaum denkbar.[12] Das Wort *recke* dagegen (s. die vierte Zeile der eben zitierten Strophe) hat ursprünglich (im Ahd. *recko*) die Bedeutung 'Verbannter, Vertriebener, Fremdling, Fremder; Mann, Söldner',[13] mhd. auch der 'Abenteurer';[14] die positivere Bedeutung 'jeder krieger, doch so dass nicht der stand, sondern die tüchtigkeit, die herzhaftigkeit bezeichnet wird', 'also tüchtiger, erprobter krieger',[15] findet sich erst in mhd. Zeit. Zum gleichen Wortfeld ist noch die Bezeichnung *degen* hinzuzurechnen, der ahd. *degan* 'Soldat, Krieger, Held; (Gefolgs)mann' entspricht,[16] mhd.

---

[9] Zu den folgenden Ausführungen ist JOCHEN SPLETT, Das Wortschatzargument im Rahmen der Gattungsproblematik des Nibelungenliedes, in: Nibelungenlied und Klage. Sage und Geschichte, Struktur und Gattung. Passauer Nibelungengespräche 1985, hg. von FRITZ PETER KNAPP, Heidelberg 1987, S. 107-123, hier S. 116, einschränkend zu zitieren: "Eine [...] Aufarbeitung des gesamten deutschen Wortschatzes in aufeinander aufbauenden sprachstufenbezogenen Wortfamilienwörterbüchern könnte eine verläßliche Grundlage bilden, um auf den nur so erkennbaren Veränderungen der Wortschatzstrukturen die Geschichte der einzelnen Wörter angemessen zu beurteilen. Ein solches Hilfsmittel existiert nicht, und so ist man auf Einzelbeobachtungen angewiesen."
[10] JOCHEN SPLETT, Althochdeutsches Wörterbuch. Analyse der Wortfamilienstrukturen des Althochdeutschen, zugleich Grundlegung einer zukünftigen Strukturgeschichte des deutschen Wortschatzes, Bde. 1-2, Berlin – New York 1993, hier Bd. 1.2, S. 1219. – KLAUS VON SEE, Germanische Heldensage. Stoffe, Probleme, Methoden. Eine Einführung, 2. Aufl. Frankfurt/M. 1981, S. 10, weist darauf hin, daß das Wort *helid* im Ahd. zwar vorkommt, jedoch nur selten.
[11] BMZ Bd. 1, S. 678.
[12] JACOB und WILHELM GRIMM, Deutsches Wörterbuch, Bde. 1-16, Leipzig 1854-1954, Nachdr. Bde. 1-32, München 1984; Bd. 33, München 1971, Nachdr. München 1984; hier Bd. 10 = Bd. 4.2 [(1877), bearb. von MORIZ HEYNE], Sp. 931. – Über die Verteilung der einzelnen Bezeichnungen für den männlichen Krieger im ›Nibelungenlied‹ und in anderen mittelalterlichen Dichtungen s. EHRISMANN (Anm. 4), S. 169-181, vor allem die Tabelle auf S. 179.
[13] SPLETT (Anm. 10), Bd. 1.2, S. 734.
[14] BMZ Bd. 2.1, S. 593.
[15] Ebd. S. 592f.
[16] SPLETT (Anm. 10), Bd. 1.1, S. 127.

ähnlich 'der Tapfere, der Kriegsmann, Held';[17] die Bewertung dieses Wortes ist wohl zwischen *helt* und *recke* anzusiedeln. *ritter* schließlich bezeichnet ursprünglich (ahd. *ritter, rītāri*) den Reiter,[18] erst im Mhd. werden die höfischen Tugenden unter diesem Begriff subsumiert.[19]

Als *helt* werden nahezu alle männlichen Protagonisten des ›Nibelungenliedes‹, vor allem in kriegerischen Auseinandersetzungen, bezeichnet; anhand der beiden wichtigsten männlichen Hauptfiguren, Siegfried und Hagen, sei gezeigt, daß sich im ›Nibelungenlied‹ trotzdem zwischen den Bewertungen der einzelnen Protagonisten differenzieren läßt. Bedeutsam erscheint dabei, daß Siegfried als *degen* eingeführt wird (B 21), Hagen dagegen (zunächst weniger positiv) als *recke* (B 8f.).[20] Siegfried wird anfangs als der strahlende, bild-schöne Mann dargestellt:

Dô stuont sô minneclîche   daz Sigmundes kint,
sam er entworfen wære   an ein permint
von guotes meisters listen,   alsô man im jach,
daz man helt deheinen   nie sô scœnen gesach.[21] (B 286)

Er wird als ein vorbildlicher höfischer Ritter beschrieben, vor allem im *minne*-Verhältnis zu Kriemhild. Der Nibelungendichter übergeht bestimmte Episoden aus Siegfrieds Leben, wie seinen Kampf mit dem Drachen, auffällig schnell (über diese weiß Hagen kurz zu erzählen, als Siegfried das erste Mal am Burgundenhof erscheint, B 86-100) – wohl deswegen, weil er diese Vorgeschichten bei seinem Publikum als bekannt voraussetzen durfte und weil der heroische Kampf mit dem Drachen und mit dem Zwergen Alberich im Rahmen seiner Interpretation des

---

[17] BMZ Bd. 1, S. 309f.
[18] SPLETT (Anm. 10), Bd. 1.2, S. 758f.
[19] S. EHRISMANN (Anm. 4), S. 169-181.
[20] Die Konkordanz von FRANZ H. BÄUML – EVA-MARIA FALLONE, A Concordance to the Nibelungenlied (Bartsch – de Boor Text), Leeds 1976 (Compendia 7), erlaubt einen schnellen Überblick über die Verwendung der einzelnen Begriffe in der Handschrift B. Den fast 300 Belegen für *helt* stehen über 330 Belege für *recke* und über 250 für *degen* gegenüber; die drei Wörter werden demnach annähernd gleich häufig verwendet. Während jedoch Hagen eher selten als *der helt von Tronege* bezeichnet wird, findet sich die Charakterisierung *der helt von Niderlant* für Siegfried häufig. Charakteristisch ist die Schilderung der Brautwerbung um Brünhild: Siegfried und Gunther werden hier *helde* genannt, Dankwart und Hagen *degene* (B 399 bzw. B 402). – Besondere Brisanz erhält in diesem Zusammenhang die Strophe B 1502, in der Kriemhild über Hagen sagt: *Hagenen bin ich wæge* ['wohlgesonnen']: *der ist ein helt guot.* Kriemhild äußert damit nicht ihre wirkliche Meinung über Hagen, sondern täuscht den Hunnen gegenüber vor, daß hinter ihrer Einladung der Burgunden nur freundschaftliche Motive stünden.
[21] 'Da stand das Kind Sigmunds, so schön, als ob es durch die Kunstfertigkeit eines guten Meisters auf Pergament gemalt worden wäre, so daß man ihm nachsagte, daß man nie einen so schönen Helden gesehen hatte'.

Stoffes schwer mit dem Bild des idealen, höfisch erzogenen *minne*-Ritters in Einklang zu bringen war.[22] Im weiteren Verlauf der Geschichte distanziert sich der Dichter von Siegfrieds Verhalten in Gunthers Ehebett, vor allem in bezug auf den Ring und den Gürtel, die er Brünhild entwendet: *Dar zuo nam er ir gürtel   daz was ein porte* ['Band', 'Gürtel'] *guot. / ine weiz* ['ich weiß nicht'], *ob er daz tœte durch sînen hôhen muot* (B 680[23]); außerdem wird Siegfried vom Dichter einige Male als *übermüete* gekennzeichnet (B 68, B 117, B 896). – Bei der Gegenüberstellung von Hagen und Siegfried im ersten Teil ergreift der Nibelungendichter relativ eindeutig Partei: Die Verdienste Hagens (und anderer Helden) werden im Vergleich zu Siegfrieds Heldentaten in Strophe B 228 aus dem Munde eines über den Krieg gegen die Dänen und Sachsen berichtenden Boten als *gar ein wint* bezeichnet. Die Kleidung der vier Männer, die an der Brautwerbungsfahrt nach Isenstein teilnehmen, visualisiert wohl mehr als nur die standesmäßigen Unterschiede zwischen ihnen: Siegfried und Gunther erscheinen ganz in Weiß gekleidet, Hagen und Dankwart ganz in Schwarz (B 399-402).

Eine zulässige Deutungsmöglichkeit ist, daß es zu einer gewissen Rivalität zwischen Hagen und Siegfried kommt, da Siegfried Hagens Funktion als Berater zum Teil übernimmt; eindeutig gibt dies der Text allerdings nicht vor.[24] Die deutlichste Stellungnahme Hagens in bezug auf seine eigene Rolle am Burgunden-

---

[22] Die Bezeichnung *ritter* findet sich im ›Nibelungenlied‹ vor allem als stehende Wendung (*ritter unde kneht, ritter unde vrouwen*) oder allgemein als Bezeichnung für eine Gruppe von Kriegern (*vil manic ritter*). Auf einzelne Personen bezogen wird *ritter* vor allem für Siegfried (B 485, B 552, B 553, B 648, B 902, B 949, B 957, B 991, B 1007, B 1069) und Gunther (B 461, B 469, B 632, B 635, B 640, B 2364) verwendet. Hagen wird nur in B 876, B 1535 und B 1759 als *ritter* bezeichnet. Zu bedenken ist allerdings, daß das Wort häufig als Anrede verwendet wird, ohne daß damit eine Wertung der betreffenden Person intendiert ist.

[23] Im Gegensatz zu anderen Textstellen wie etwa *in hôhem muote* (B 181) und *hôhgemuote* (B 292, B 381) wird der *hôhe muot* hier als 'Übermut', 'Arroganz', 'Anmaßung' eindeutig negativ bewertet, wie wohl auch in B 950.

[24] Für die (moderne) Bezeichnung 'Rivalität' nennen ERWIN KOLLER – WERNER WEGSTEIN – NORBERT RICHARD WOLF, Neuhochdeutscher Index zum mittelhochdeutschen Wortschatz, Stuttgart 1990, S. 334, die nur selten überlieferten mhd. Entsprechungen *ebenhiuze* und *widerhiuze*, die im ›Nibelungenlied‹ nicht vorkommen. Das mhd. Wort *nît*, das dem Wort 'Rivalität' wohl ebenfalls nahekommt, wird nicht für die Gefühle zwischen Siegfried und Hagen verwendet, sondern findet sich in anderen Zusammenhängen, s. etwa B 6, B 626, B 812, B 829 und B 838 (auf die Gefühle zwischen Kriemhild und Brünhild bezogen) sowie B 182 (auf die Gefühle zweier kämpfender Ritter bezogen). Des weiteren äußert Hagen in Strophe B 1782: *ouch enruoch' ich, waz mich nîdet   des künec Etzelen wîp* ('außerdem kümmert es mich nicht, weswegen mich König Etzels Ehefrau beneidet/haßt'); das *nîden* ist hier wohl darauf bezogen, daß Kriemhild Hagen die Ermordung Siegfrieds und den Raub des Nibelungenhortes nachträgt. Hinweise auf eine Rivalität zwischen Hagen und Siegfried lassen sich somit nur aus der eigenen Interpretation des Textes erschließen, womit man sich in die von EHRISMANN zu Recht heraufbeschworene Gefahr des "psychologistische[n] Phantasieren[s]" begibt; s. OTFRID EHRISMANN, Strategie und Schicksal – Hagen, in: WERNER WUNDERLICH (Hg.), Literatische Symbolfiguren von Prometheus bis Svejk. Beiträge zu Tradition und Wandel, Bern – Stuttgart 1989, S. 91-115, hier S. 99.

hof und auf sein Verhältnis zu Kriemhild und Siegfried findet sich in B 698f.: Kriemhild wählt als Teil des ihr zustehenden Erbes 1000 Gefolgsleute, unter denen Hagen der erste sein soll. Dies versetzt Hagen jedoch in Wut: *do gewan dar umbe Hagene ein zornlîchez leben; / er sprach: "jane mac uns Gunther ze werlde niemen gegeben. // Ander iuwer gesinde lât iu volgen mite, / want ir doch wol bekennet der Tronegære site: / wir müezen bî den künigen hie en hove bestân"*. Hagen will, so zeigt sich hier, nicht als Teil der Mitgift für Kriemhild und damit als Untergebener Siegfrieds dienen.[25] Allerdings ist Siegfried Hagen standesmäßig so weit überlegen, daß Hagen sich seinen Befehlen im Krieg gegen die Dänen und Sachsen ohne Gegenrede fügt (aus Siegfrieds Mund etwa: *Des sol uns helfen Hagene*, B 162; vgl. auch B 180 und B 193). Daß Hagen seinerseits versucht, aus Siegfrieds Anwesenheit am burgundischen Hof den größtmöglichen Gewinn zu schlagen und Siegfried von den Burgunden abhängig zu machen, ist etwa an der folgenden Stelle ersichtlich: In bezug auf die Werbung um Brünhild rät Hagen Gunther: *"Sô wil ich iu daz râten", sprach dô Hagene, / "ir bittet Sîvride mit iu ze tragene / die vil starken swære, daz ist nu mîn rât"* (B 331). Bereits vor dem Streit der Königinnen reizt Hagen der Gedanke an den unermeßlichen Reichtum Siegfrieds: *hort der Nibelunge beslozzen hât sîn hant. / hey sold er komen immer in der Burgonden lant!* (B 774). Nach dem Streit der Königinnen äußert sich Hagen noch deutlicher: *ob Sîfrit niht enlebte, sô wurde im [= Gunther] undertân / vil der künege lande* (B 870), und nach dem Mord an Siegfried wird berichtet:

Dô sprach der helt von Tronege: "möht ir [= Gunther] daz tragen an,
daz ir iuwer swester ze vriunde möhtet hân,
sô kæme ze disen landen daz Nibelunges golt.
des möht ir vil gewinnen, würd' uns diu küneginne holt".[26] (B 1107)

So spielt Hagen im ersten Teil des ›Nibelungenliedes‹ vor allem die Rolle des treulosen Gegners Siegfrieds (Hagen wird von Siegfried, während er stirbt, als *zage* beschimpft, B 989;[27] der Erzähler nennt ihn wegen des Mordes einen *vil*

---

[25] Vergleichbar ist auch die Szene, in der Hagen sich weigert, Bote für Gunther zu sein. Siegfried weigert sich zunächst ebenfalls, läßt sich aber durch den Hinweis, daß er als Bote Kriemhild wiedersehen darf, gewinnen: B 530-536.
[26] 'Da sprach der Held von Tronje: "Wenn es euch gelingen würde, daß ihr euch mit eurer Schwester versöhntet, so käme das Gold des Nibelungen in dieses Land. Ihr würdet deswegen viel gewinnen, wenn uns die Königin wohlgesonnen würde."'
[27] Das Wort hat, ähnlich wie im Mhd. 'zaghaft', im Mhd. zunächst die Bedeutung 'zaghafter, unentschlossener Mensch'; während die Bedeutung 'Feigling' nach BMZ Bd. 3, S. 834f., von den mhd. Texten nicht vorgegeben wird, führt LEXER Bd. 3, Sp. 1019, sie auf ('feiger Mensch').

ungetriuwe[n] man, B 911[28]). Zu bedenken ist jedoch, daß Hagen nicht aus eigenem Interesse handelt, sondern es ausschließlich seine *triuwe* zu den Königen und zu Brünhild ist, die ihn dazu veranlaßt, sich Siegfried gegenüber als der *ungetriuwe* zu verhalten.[29] Entsprechend finden sich auch für Hagen bereits im ersten Teil des ›Nibelungenliedes‹ häufig positive Attribute: In B 8 führt ihn der Nibelungendichter als einen der *besten recken* am Hofe der Burgunden ein; in der Strophe B 438 wird er, ähnlich wie in der eben zitierten Strophe B 1107, als *der helt von*

---

[28] Weitere Textstellen, die Hagen als den *ungetriuwen* schildern: B 906, B 915, B 971; ähnlich negativ auch B 876. Zum Begriffspaar *triuwe - untriuwe* s. EHRISMANN (Anm. 4), S. 211-216. – Ein auffälliger und vom Nibelungendichter positiv bewerteter Unterschied zwischen Gunther und Hagen ist allerdings, daß Hagen nie leugnet, Siegfried ermordet zu haben, anders als Gunther, der in B 1045 feige auf irgendwelche *schâchære*, die die Tat begangen haben sollen, verweist. – In der modernen Forschungsliteratur wird Hagen häufig als 'der grimme Hagen' gekennzeichnet. Das ›Nibelungenlied‹ gibt diese Bezeichnung zwar vor (B 993, B 1040, B 1281, B 1500, B 2022, B 2198, B 2348, B 2368), jedoch ist die Charakterisierung Hagens als *küene* oder *stark* sehr viel häufiger wiederzufinden (B 438, B 1531, B 1578, B 1753, B 1981; B 234, B 1181, B 1543, B 1609, B 1784 u.ö.). Somit hat sich für Hagen eine Bezeichnung festgesetzt, die in dieser Ausschließlichkeit nicht im Text vorgegeben ist; diese bestätigt eine bestimmte, einseitig negative Interpretation Hagens nur scheinbar. Zu einseitig ist deswegen auch das Urteil URSULA HENNIGS, Die Heldenbezeichnungen im Nibelungenlied, in: PBB (Tüb.) 97 (1975), S. 4-58, hier S. 42: "Bei Hagen [...] betrifft [das Attribut 'grimme'] eine wesensmäßige Eigenart", einschränkend allerdings S. 48f.: "[...] zur Schicht der auf einzelne Personen charakterisierend bezogenen Attribute gehört [...] wahrscheinlich – wenn auch in eingeschränktem Maße – *grimme* für Hagen."

[29] "Privater Machtanspruch ist ihm [= Hagen] nur schwer zu unterstellen", EHRISMANN (Anm. 5), S. 200. Unzutreffend dagegen die Ausführungen von JOHN EVERT HÄRD, Das Nibelungenepos. Wertung und Wirkung von der Romantik bis zur Gegenwart. Aus dem Schwedischen von CHRISTINE PALM, schwed. Orig.-Ausg. Stockholm 1989, dt. Ausg. Tübingen – Basel 1996, S. 175, der von einer angeblichen "unermeßlichen Sucht [Hagens] nach Selbstbehauptung" spricht oder gar davon, daß es Hagens Aufgabe sei, "den ethischen Nihilismus zu repräsentieren" (ebd. S. 181). Seine Bemerkung, "es war nicht die Absicht des Nibelungendichters, Hagen als Repräsentanten des Treueprinzips darzustellen; im Gegenteil, Hagen ist für ihn ausdrücklich *der vil ungetriuwe man*" (ebd. S. 175), trifft bedingt auf den ersten Teil des ›Nibelungenliedes‹ zu, keineswegs jedoch auf den zweiten. Ebenso unbefriedigend ist der folgende Interpretationsansatz: SIEGRID SCHMIDT, Hagen von Tronje und J.R. Ewing. Zwei Schurken, die die Massen begeistern, in: Mittelalter-Rezeption IV. Medien, Politik, Ideologie, Ökonomie. Gesammelte Vorträge des 4. Internationalen Symposions zur Mittelalter-Rezeption an der Universität Lausanne 1989, hg. von IRENE VON BURG – JÜRGEN KÜHNEL – ULRICH MÜLLER – ALEXANDER SCHWARZ, Göppingen 1991 (GAG 550), S. 201-220. Hier werden Figuren miteinander verglichen, deren Übereinkunft ausschließlich darin besteht, daß sie in manchem modernen Leser eine einseitige, subjektiv empfundene Abscheu hervorrufen (Hagen als 'Schurke'). Für Hagen ist eine solche einseitig negative Deutung im ›Nibelungenlied‹ jedoch nicht vorgegeben. – In einem ganz anderen Licht erscheint Hagen, wenn man die Szene in B 891-905 so interpretiert, daß Kriemhild selbst die Ermordung Siegfrieds inszeniert (oder zumindest in Kauf nimmt), um ihre rechtliche Position (und die ihres Sohnes) zu verbessern, wie von UTA STÖRMER-CAYSA, Kriemhilds erste Ehe. Ein Vorschlag zum Verständnis von Siegfrieds Tod im Nibelungenlied, in: Neophilologus 83 (1999), S. 93-113, bes. S. 105f., vorgeschlagen. Diese Interpretation kann allerdings nur auf eine Vorstufe des ›Nibelungenliedes‹ bezogen werden, da Kriemhild im ›Nibelungenlied‹ selbst (B 906) eindeutig von einer Mitschuld am Tod Siegfrieds freigesprochen wird.

Tronege bezeichnet.³⁰ Die Spannung zwischen Positivem und Negativem in der Figur Hagens zeigt sich an zwei Stellen besonders deutlich, zum einen in der Beschreibung seines Äußeren, die eine Dienerin Brünhilds von Hagen gibt:

Der dritte der gesellen   der ist sô gremelîch,
(unt doch mit schœnem lîbe,   küneginne rîch)
von swinden sînen blicken   der er sô vil getuot.
er ist in sînen sinnen,   ich wæne, grimme gemuot (B 413).³¹

Zum anderen wird diese Spannung im Erzählerkommentar direkt nach dem Tod Siegfrieds ausgedrückt: *sô grôze missewende* ['Schande', 'Missetat'] *ein helt nimmer mêr begât* (B 981). Hagen ist somit gleichzeitig Held und Übeltäter im ersten Teil des ›Nibelungenliedes‹. Seine Begründung für den Mord an Siegfried ist einfach: Er sieht die Ehre seines Königshauses dadurch in Gefahr gebracht, daß Siegfried Gunther bei der Brautwerbung und in der Nacht nach der Hochzeitsnacht mit unrechten Dingen geholfen hat, wobei Brünhild durch Kriemhilds Redseligkeit so dasteht, als sei sie keine Jungfrau gewesen, als Gunther zum ersten Mal das Bett mit ihr teilte. Siegfried ist für Hagen deswegen der *gouch*,³² derjenige, der als Fremder in die burgundische Hofgesellschaft eingedrungen ist und mit dessen Hilfe Gunther Brünhild auf unrechtmäßige Art und Weise gewinnen konnte. Solange Siegfried lebt, bringt er die Ordnung der burgundischen Welt in Gefahr, da durch ihn jederzeit die genauen Ereignisse bei der Brautwerbung bekannt werden könnten, wodurch Gunther seine Ehre verlieren würde. Ob Siegfried tatsächlich mit Brünhild geschlafen hat, ist dabei für Hagen unerheblich.

Nachdem Siegfried ermordet worden ist, ist Hagen am Burgundenhof der einzige männliche Held, der die Geschichte weiterführen kann; seine Auseinandersetzung mit Kriemhild bietet die Basis für den gesamten zweiten Teil des ›Nibelungenliedes‹. Es ist, so gesehen, nur konsequent, wenn Hagen im zweiten Teil in einem anderen Licht erscheint. Obwohl ihm bewußt ist, daß ihm der Haß

---

[30] Diese Stellen sind zur von HENNIG (Anm. 28), S. 19, angeführten Strophe B 598 zu ergänzen; entsprechend ist die Verteilung des Appellativs *helt* für die unterschiedlichen Protagonisten des ersten Teiles des ›Nibelungenliedes‹ nicht ganz so einseitig wie von HENNIG geschildert.

[31] 'Der dritte der Gefährten ist sehr furchterregend wegen der scharfen Blicke, die er vielfältig wirft (und hat doch einen schönen Körper, mächtige Königin). Ich denke, daß er in seinen Ansichten zornig gestimmt ist'. – In bezug auf Hagens Äußeres ist im zweiten Teil B 1734 vergleichbar: *Der helt was wol gewahsen,   daz ist alwar, / grôz was er zen brusten,   gemischet was sîn hâr / mit einer grîsen varwe* ('Der Held war von schönem Körperbau, das ist wahr: Er hatte einen breiten Brustkorb, sein [dunkles] Haar war mit grauer Farbe gemischt').

[32] B 867; vgl. BMZ Bd. 1, S. 558: 'Kuckuck', 'Bastard' (weil der Kuckuck seine Eier in fremde Nester legt); BARTSCH – DE BOOR (Anm. 8) bieten in ihrer Ausgabe des Textes, S. 146, die Übersetzung 'Buhler'.

Kriemhilds gilt, hat er die Fahrt der Burgunden in das Reich Etzels nicht verhindern können. Einer Konfrontation mit Kriemhild aus dem Weg zu gehen, wäre vor allem deswegen undenkbar, weil Hagen als derjenige gilt, der den Weg in das Land der Hunnen kennt und somit als Begleiter der Könige unerläßlich ist (B 1464). Um sein Schicksal und das der anderen Burgunden wissend, versucht er deswegen, den Untergang der Burgunden auf eine möglichst ehrenhafte Art zu gestalten. Im Kampf gegen die Hunnen erscheint er durchweg als der tapferste aller Burgunden, frei von Angst und Heimtücke, der Beschützer der Könige und ihrer Gefolgschaft. So finden sich im zweiten Teil des ›Nibelungenliedes‹ vorwiegend positive Charakterisierungen Hagens, vgl. etwa B 2353: *den küenesten recken, der ie swert getruoc*; B 2374: *der aller beste degen, / der ie kom ze sturme oder ie schilt getruoc*; die Belege für die Formel *der helt von Tronege* häufen sich im zweiten Teil (B 1178, B 1583, B 1961, B 2222, B 2306, B 2369). Nur selten begegnen hier Stellen, an denen Hagen vom Nibelungendichter negativ bewertet wird, so z.B. in der Strophe, die Hagens Mord an Etzels Sohn Ortlieb kommentiert:

Ouch sprungen von den tischen   die drîe künege hêr.
si woldenz gerne scheiden,   ê daz schaden geschœhe mêr.
sine mohtenz mit ir sinnen   dô niht understân,
dô Volkêr unde Hagene   sô sêre wüeten began (B 1967).[33]

Das Verb *wüeten* ist negativ besetzt, es wird mit 'rasen', 'toben' übersetzt.[34] Überraschenderweise findet sich die Bezeichnung *übermüete* für Hagen nur im zweiten Teil des ›Nibelungenliedes‹;[35] an diesen Stellen wird wohl vor allem sein provokatives Verhalten gegenüber Kriemhild kritisiert.

Solche Unterschiede in der Beschreibung der handelnden Figuren finden sich vor allem zwischen dem ersten und dem zweiten Teil des ›Nibelungenliedes‹ und haben manchen Forschern dazu Anlaß gegeben, im Text "inconsistencies" zwischen dem ersten und dem zweiten Teil nachzuweisen und dem Nibelungendichter damit mangelndes Erzählvermögen zu unterstellen:[36] Es sei ihm nicht

---

[33] 'Auch sprangen die drei würdigen Könige vom Tisch auf. Sie wollten sie gerne voneinander trennen, bevor mehr Schaden angerichtet würde. Sie konnten dies jedoch trotz ihrer Klugheit nicht erreichen, als Volker und Hagen so sehr zu toben begannen.'
[34] BMZ Bd. 3, S. 536.
[35] B 1549, B 1561, B 1771, B 1783, B 2030, B 2035, B 2059, B 2108. Diese Stellen geben Anlaß zur Vermutung, daß "Hagens *übermuot* [...] zu der festen 'Formel': *der übermüete Hagene* geprägt worden" ist, s. HENNIG (Anm. 28), S. 50.
[36] S. vor allem HENRY KRATZ, Inconsistencies in the Nibelungenlied, in: WERNER WUNDERLICH - ULRICH MÜLLER - DETLEF SCHOLZ (Hgg.), "Waz sider da geschach". American-German Studies on the ›Nibelungenlied‹, Text and Reception / Deutsch-Amerikanische Studien zum

gelungen, die unterschiedlichen Stoffkreise zu einem harmonischen Ganzen zu verarbeiten, die Nahtstellen seien noch allzu sichtbar. Eine solche Interpretation wird dem Werk nicht gerecht. Das Bild von Kriemhild als *minne*-Dame ist ebenso überzeugend wie das Bild von Kriemhild als *vâlandinne* ('Teufelin'),[37] die ihre Rachepläne nur auf einen Menschen gerichtet hatte und sie eskalieren sieht, ohne einen Rückweg zu finden;[38] Hagen ist als hinterlistiger Mörder ebenso glaubhaft wie als Beschützer der Burgundenkönige.[39] Das ›Nibelungenlied‹ ist kein Entwicklungsroman; die psychologischen Entwicklungen der einzelnen Figuren werden nicht geschildert, jedoch sind die Personen, auf einzelne Stationen der Handlung bezogen, sehr überzeugend. Der Fehler der Interpreten liegt demnach darin,

---

›Nibelungenlied‹, Werk und Rezeption, Göppingen 1992 (GAG 564), S. 71-80, mit Verweis auf weitere Literatur. Was von KRATZ, S. 75, als "inconsistency" bzw. sogar als "inept narrative" bezeichnet wird, ist in vielen Fällen lediglich eine Frage der Interpretation des Textes. Als Beispiel sei die Hortfrage angesprochen: Kriemhilds wichtigster Beweggrund, die Burgunden zu sich einzuladen, ist die Rache an Hagen. In der Schlußszene scheint sie jedoch zunächst Hagen die Möglichkeit anzubieten, sein Leben zu retten, wenn sie zu ihm sagt: *welt ir mir geben widere, daz ir mit habt genomen, / sô muget ir noch wol lebende heim zen Burgonden komen* (B 2367). Hagen bezieht das, was sie wiederhaben will, auf den Hort der Nibelungen und kann so über Kriemhild triumphieren: Er weigert sich, das Versteck des Schatzes zu verraten. Er wird zwar deswegen von Kriemhild getötet, jedoch ist diese Tötung ein Ausdruck ihrer Machtlosigkeit, nicht ein Akt der Rache. KRATZ versteht die zitierte Textstelle in B 2367 ebenso einseitig wie Hagen und äußert deswegen: "One has the feeling that the whole motif of the treasure was introduced into the second part so that this great story motif [die höhnischen Worte Hagens in B 2371] could be used" (KRATZ, S. 77). JAN-DIRK MÜLLER, Das ›Nibelungenlied‹, in: Interpretationen: Mittelhochdeutsche Romane und Heldenepen, hg. von HORST BRUNNER, Stuttgart 1993 (RUB 8914), S. 146-172, hier S. 169, hat jedoch auf unvergleichlich differenziertere Art und Weise gezeigt, welche Bedeutung die Strophe wirklich hat: "Was ist hier [mit demjenigen, *daz ir mir habt genomen*] gemeint, Siegfried oder der Hort? Eine falsche Alternative, denn beides kann nicht getrennt werden: Siegfried ist nie bloß geliebte Person, sondern repräsentiert zugleich all die 'Ehren', die auch Kriemhilds Identität ausmachen; insoweit würde der Hort Kriemhild *ergetzen*: das wiederherstellen, was wiederherstellbar ist. Aber dies wäre nicht genug. Der Doppelsinn der Frage ist eine Falle: Greift Hagen zu, dann hat er die Bedingung doch nur zum Teil erfüllt, dazu seine Herren verraten, ohne Kriemhild die Freiheit der Entscheidung – die Freiheit zur Rache – zu rauben. Hagen tappt nicht in die Falle. Indem er Kriemhilds Worte zur Frage nach dem Hort vereindeutigt und zurückweist, demütigt er sie letztmals als habgierig."
[37] BMZ Bd. 3, S. 214, B 2371.
[38] Es ist "falsch, wenn ihr unterstellt wird, sie hätte diese Toten von vornherein gewollt", EHRISMANN (Anm. 5), S. 202.
[39] Dies gegen die von JOACHIM HEINZLE, Konstanten der Nibelungenrezeption in Mittelalter und Neuzeit, in: 3. Pöchlarner Heldenliedgespräch. Die Rezeption des Nibelungenliedes, hg. von KLAUS ZATLOUKAL, Wien 1995 (Philologica Germanica 16), S. 81-107, hier S. 85, geäußerte Ansicht über Hagen: "Es gibt keinen Zweifel daran, daß diese Doppelsinnigkeit textgenetisch bedingt ist [...]. Harmonisierende Interpretation hat daraus einen differenzierten Charakter als einheitstiftende Mitte zu konstruieren versucht – Stichworte: Hagen als Staatsmann, Hagen als Egozentriker –, während funktionalisierende Interpretation die These entwickelte, es gehe gerade darum zu zeigen, daß alle Vorstellungen von der Einheit der Persönlichkeit Illusion sind." Die einzige (und unzulässige) Alternative zur von HEINZLE angeprangerten "Sinnunterstellung" (ebd.) ist es, dem mittelalterlichen Dichter anzulasten, daß dieser seinen Texten k e i n e n Sinn beimaß.

daß eine psychologische Tiefe in der Beschreibung der Entwicklung der Hauptfiguren vermißt wird, die von modernen Vorstellungen der Gestaltung eines Romanes ausgeht und damit dem Mittelalter nicht angemessen ist.

Zusammenfassend zeigt sich, daß Siegfried stark in den Verhaltenskodex einer mittelalterlichen höfischen Gesellschaft eingebunden ist und als *minne*-Ritter seine positivste Bewertung im ›Nibelungenlied‹ erfährt; Hagen ist dagegen derjenige, dessen positive Eigenschaften sich erst in der unabwendbaren Auseinandersetzung mit Kriemhilds Racheplänen entfalten können. So verschieden Hagen und Siegfried sind, beide sind als 'Helden' zu bezeichnen; das ›Nibelungenlied‹ ist der Gattung der 'Heldendichtung' zuzuordnen.

Einige Bemerkungen zu dieser Gattung mögen helfen, dem ›Nibelungenlied‹ einen Platz in der literarischen Landschaft des frühen 13. Jahrhunderts zuzuweisen. Klaus von See nennt als Charakteristikum der Heldendichtung, daß "alle Sagenstoffe, die hierher gehören [...], ihre geschichtliche Grundlage in der Völkerwanderung" haben.[40] Dies trifft für das ›Nibelungenlied‹ sicher zu, da historische Gestalten des 5. Jahrhunderts, wie Etzel (Attila) und Dietrich von Bern (Theoderich), hier als handelnde Figuren auftreten. Ansonsten vermerkt von See jedoch resignativ, daß sich in den einzelnen Texten zeige, "wie bunt und verwirrend das Bild ist, das uns die europäische Heldendichtung bietet".[41] Als wichtigstes Merkmal des Protagonisten der Heldendichtung, des Helden, faßt er zusammen: Das, "was am Helden vor allem fasziniert, [ist] die exorbitante Demonstration [...] dieser Selbstmächtigkeit: seine Ungebundenheit, seine Unvernünftigkeit und Regelwidrigkeit [...]. Brutalität, Verwandtenmord und Verrat sind charakteristische Züge besonders der griechischen und der germanischen Heldendichtung".[42]

Walter Haug hat dagegen bereits in einer Rezension zu von Sees Äußerungen die Frage gestellt: "Reicht die Kategorie des Exorbitanten tatsächlich zur Wesensbestimmung eines über die Jahrhunderte weitergereichten Typus aus?" und fährt fort, man müsse "prüfen, ob die Heldensage nicht vorteilhafter in einer gewissen Variationsspanne anzusetzen ist", in der die literarische Stilisierung auf das Exorbitante lediglich e i n e extreme Möglichkeit darstelle.[43] Wenig später veröffentlichten Walter Haug und Werner Hoffmann ungefähr zeitgleich Publika-

---

[40] KLAUS VON SEE, Was ist Heldendichtung?, in: DERS. (Hg.), Europäische Heldendichtung, Darmstadt 1978 (WdF 500), S. 1-38, hier S. 24.
[41] Ebd. S. 37.
[42] Ebd. S. 37f. Ähnlich in: VON SEE (Anm. 10), S. 170: "Gerade diese Tat wider alle Vorsicht und Vernunft, das Exorbitante, das sich dem Menschen im gewöhnlichen Leben verbietet, das scheint die Heldensage zu lieben."
[43] WALTER HAUG, Rezension zu KLAUS VON SEE, Germanische Heldensage. Stoffe, Probleme, Methoden. Eine Einführung, Frankfurt/M. 1971, in: GRM 57 (1976), S. 113-119, hier S. 118.

tionen, die die Gattung der Heldendichtung als solche und die Einordnung des
›Nibelungenliedes‹ in diese Gattung stärker differenzierend betrachten und somit
über von See hinausführen.[44] Hoffmann löst die deutsche Heldendichtung als
"eigenständige literarische 'Gattung'" aus der europäischen Heldendichtung heraus,[45] da sie ohnehin später in Erscheinung trete als die sonstige europäische
Heldendichtung. Er stellt einen Katalog von Merkmalen der deutschen Heldendichtung gegenüber der deutschen höfischen Dichtung zusammen: Neben den
bereits genannten stofflichen Grundlagen nennt er die grundsätzliche Anonymität
der Heldendichtung und ihre strophische Form als charakteristisch; Eigenheiten in
Wortschatz und Sprachstil tragen weitere Unterscheidungsmerkmale bei.[46] Der
Held wird bei Hoffmann definiert als ein Mensch,

> "der sein Leben der Tat weiht und der Ehre und dem Ruhm, die aus der Tat erwachsen.
> Der Held ist immer ein den Durchschnitt, das gewohnte und gewöhnliche Maß überragender Mensch, ein Mensch von besonderen (nicht nur physischen) Fähigkeiten, die es
> ihm ermöglichen, unter Einsatz seines Lebens außerordentliche Taten zu vollbringen und
> sich in Situationen zu behaupten, die der Durchschnittsmensch niemals bestehen könnte".[47]

Haug gelang es weiterführend, die unterschiedlichen Schichten höfischer und heroischer Verhaltensmuster im ›Nibelungenlied‹ präziser festzulegen und damit die
beiden Helden Siegfried und Hagen genauer zu kennzeichnen: Beide gehören ursprünglich zu den Helden im Sinne der germanischen Heldendichtung, jedoch wird
Siegfried im ›Nibelungenlied‹ (im Gegensatz zur älteren Tradition) "offenbar programmatisch" zum höfischen Ritter umstilisiert,[48] die höfische Form dominiert
zunächst den heroischen Ansatz. Mit dem Mord an Siegfried bricht dagegen die
heroische Fabel durch die höfische Dominante durch:

> "Während der Nibelungendichter [...] einerseits die Sphäre des Heroischen programmatisch auflöst bzw. ins Unfaßbare zurücktreten läßt, hat er andererseits mit Hagen eine
> Figur durch das Epos durchgeführt, die sich in erstaunlichem Maße der Gesetzlichkeit des
> heroischen Typus verpflichtet weiß und mit aller Konsequenz nach ihr handelt."[49]

---

[44] WERNER HOFFMANN, Mittelhochdeutsche Heldendichtung, Berlin 1974 (Grundlagen der Germanistik 14); WALTER HAUG, Höfische Idealität und heroische Tradition im Nibelungenlied, in: Colloquio italo-germanico sul tema: I Nibelunghi, Rom 1974 (Accademia Nazionale dei Lincei, Atti dei Convegni Lincei 1), S. 34-50 (nachgedr. in: DERS., Strukturen als Schlüssel zur Welt. Kleine Schriften zur Erzählliteratur des Mittelalters, Tübingen 1989, S. 293-307).
[45] HOFFMANN (Anm. 44), S. 5.
[46] Ebd. S. 11-25. SPLETT (Anm. 9), S. 123, hat allerdings gezeigt, "daß weder einzelne Wörter, noch Wortgruppen als solche, noch deren spezifische Verteilung [...] Gattungskennzeichen darstellen"; es bedarf jeweils der Untersuchung des Kontextes, in dem die Wörter vorkommen.
[47] HOFFMANN (Anm. 44), S. 26.
[48] HAUG (Anm. 44), S. 39.
[49] Ebd. S. 46.

Der Nibelungendichter problematisiert somit nach Haugs Meinung den Typus der heroischen Erzählmuster: Diese können, mit der höfischen Welt konfrontiert, nur zur Katastrophe führen, die Mechanismen des heroischen Erzählens werden in der literarischen Situation des 13. Jahrhunderts von den höfischen Erzählmustern abgelöst.[50] Das Heroische wird somit im ›Nibelungenlied‹ nicht ungebrochen positiv gesehen, wie auch Jan-Dirk Müller schlußfolgert: Es "ist unübersehbar, daß der Mechanismus heroischer Gewalt immer wieder unterbrochen wird, die Konflikte, die er hervorruft, stillgestellt werden, so daß heroisches Handeln, wie Hagen es am reinsten verkörpert, nicht als selbstverständlich erscheint, sondern von Anfang an als problematisch, insofern ihm ein anderer, höfischer Verhaltenstypus entgegengesetzt wird".[51]

II

Beim Versuch, die Interpretationsmöglichkeiten zu erörtern, die sich für einen modernen Leser des ›Nibelungenliedes‹ ergeben, darf nicht übersehen werden, daß auch der mittelalterliche Rezipient offensichtlich das Bedürfnis hatte, den Erzählstoff in bestimmten Bereichen zu korrigieren, wie bereits in der Überlieferung des Textes sichtbar wird: Die Haupthandschriften des ›Nibelungenliedes‹, die man mit den Siglen A, B und C bezeichnet,[52] weisen untereinander gewisse inhaltliche Differenzen auf. Während Handschrift B den Text wie oben (S. 149-152) zusammengefaßt überliefert, ändert Handschrift C die Begebenheiten in einigen wichtigen Bereichen. Werner Hoffmann faßt den wichtigsten Unterschied wie folgt zusammen: In C sei, im Gegensatz zu A/B, die "Absicht [...], Kriemhilt zu entlasten und zu entschuldigen [...], Hagen dagegen herabzusetzen und in seinem Handeln

---

[50] Dies im Gegensatz zu den Ausführungen HOFFMANNS, der folgert: "Es dürfte dem Dichter des Nibelungenliedes insgesamt gerade darum gegangen sein, die Zerbrechlichkeit, Fragwürdigkeit und Unbeständigkeit der höfischen Ideale, Tugenden und Normen zu enthüllen", s. HOFFMANN (Anm. 44), S. 79; zersetzt wird die Welt im ›Nibelungenlied‹ durch die heroischen Eingriffe, nicht durch eventuelle Schwächen der höfischen Gesellschaft.
[51] MÜLLER (Anm. 36), S. 153.
[52] A: München, BSB, Cgm 34 (letztes Viertel des 13. Jahrhunderts); B: St. Gallen, Stiftsbibliothek, Hs. 857 (13. Jahrhundert); C: Donaueschingen, Fürstlich Fürstenbergische Hofbibliothek, Hs. 63 (erste Hälfte des 13. Jahrhunderts). Die mit diesen Handschriften zusammenhängenden weiteren Handschriften werden in der modernen Forschungsliteratur häufig zu den Fassungen *A, *B und *C zusammengefaßt. Der Übersichtlichkeit zuliebe werden im folgenden jedoch nur die Handschriften A, B und C zitiert, nicht die Abweichungen der einzelnen weiteren Handschriften. Die monumentale Textedition, die BATTS (Anm. 3) hergestellt hat, erlaubt einen schnellen Überblick über die Unterschiede zwischen den einzelnen Handschriften. Zu beachten ist, daß die Zählung der Strophen in den Handschriften nicht immer mit derjenigen der Editionen übereinstimmt. – Der Anfang des ›Nibelungenliedes‹ in der Handschrift C ist in Abb. 5 wiedergegeben; man erkennt die oben (S. 152) zitierte erste Strophe.

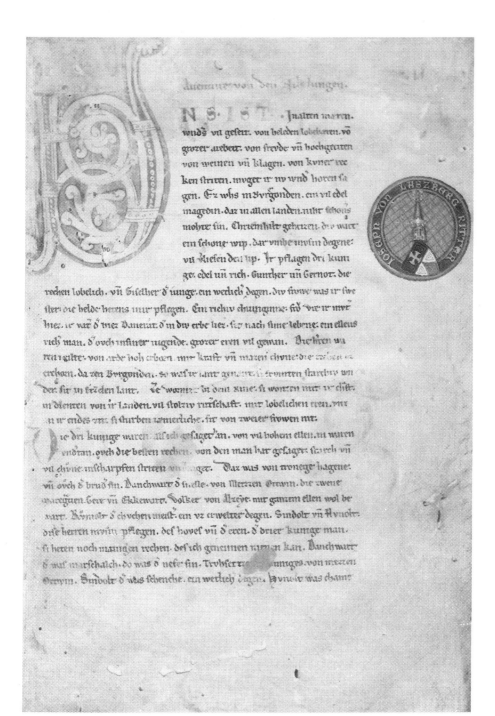

Abb. 5: Donaueschingen, Fürstlich Fürstenbergische Hofbibliothek, Hs. 63, f. 1r: Anfang des ›Nibelungenliedes‹ in der Handschrift C

abzuwerten", festzustellen.⁵³ Dies bedeutet, daß sich in C eine noch stärkere Abwertung des im ›Nibelungenlied‹ ohnehin problematisierten Heroischen finden läßt. Ganz eindeutig ist diese Tendenz jedoch nicht; zur Illustration seien sowohl für die Frage nach Hagens als auch nach Kriemhilds 'Schuld' einige Beispiele angeführt, wobei im folgenden auf Handschrift A nicht mehr verwiesen wird, da sie in allen hier aufgeführten Beispielen der Handschrift B entspricht.

Die Rolle Gunthers als eines Mittäters bei dem Mord an Siegfried ist bereits in der Handschrift B nicht ganz eindeutig. Zwar gibt der Text an vielen Stellen vor, daß Hagen und nicht Gunther als Mörder Siegfrieds gilt, vgl. etwa Kriemhilds Aussage über Gunther: *Si sprach: "des* [= des Mordes an Siegfried] *zîhet* ['bezichtigt'] *in* [= Gunther] *niemen: in* [= Siegfried] *sluoc diu Hagenen hant"* (B 1111, ähnlich in C 1122).⁵⁴ Allerdings gibt es in B einige Textstellen, in denen ausgesagt wird, daß sowohl Hagen als auch Gunther den Mord an Siegfried zu verantworten haben: Kriemhild äußert sofort nach dem Tod Siegfrieds *Gunther und Hagene, jâ habt ir iz getân* (B 1046). Sogar nach Kriemhilds Versöhnung mit Gunther findet man noch ähnliche Hinweise, wie Hagens Aussage zu Gunther: *Nu ist iu doch gewizzen, waz wir haben getân* (B 1459); diese sind ebenfalls in C wiederzufinden (C 1058 bzw. C 1487).⁵⁵ Wichtig ist allerdings,

---

⁵³ HOFFMANN (Anm. 3), S. 86; JOACHIM HEINZLE, Das Nibelungenlied. Eine Einführung, Frankfurt/M. 1994 (Artemis-Einführungen 53), S. 60, spitzt diese Unterschiede noch weiter zu: "Die Interpretation läuft darauf hinaus, daß Hagen als der Urheber allen Übels hingestellt wird, als gemeiner und schäbiger Mörder, Kriemhild aber als sein unschuldiges Opfer." Ausführlicher zu den Unterschieden zwischen den einzelnen Fassungen WERNER HOFFMANN, Die Fassung *C des Nibelungenliedes und die Klage, in: Festschrift Gottfried Weber zu seinem 70. Geburtstag, hg. von HEINZ OTTO BURGER – KLAUS VON SEE, Bad Homburg/H. – Berlin – Zürich 1967 (Frankfurter Beiträge zur Germanistik 1), S. 109-143; JOACHIM BUMKE, Die vier Fassungen der ›Nibelungenklage‹. Untersuchungen zur Überlieferungsgeschichte und Textkritik der höfischen Epik im 13. Jahrhundert, Berlin – New York 1996 (Quellen und Forschungen zur Literatur- und Kulturgeschichte 8 [242]), S. 515-518, S. 531-535. – JOE SALMONS, A Note on Middle High German *schulde(n)* in the Nibelungenlied, in: American Journal of Germanic Linguistics and Languages 5 (1993), S. 185-194, bezieht sich ausschließlich auf Handschrift B, wenn er schlußfolgert, daß die Schuldzuweisung im ›Nibelungenlied‹ nicht eindeutig sei. Er läßt außerdem zu sehr außer Betracht, daß ein Geschädigter nach mittelalterlicher Rechtsauffassung das Recht zur Rache hatte, so daß (auf Hagen bezogen, der die Beleidigung Brünhilds rächt) zwar von einem Vollstrecker der Rache, nicht aber von einem 'Schuldigen' für die Rache die Rede sein kann.

⁵⁴ Vgl. auch B 1113, in der der Erzähler über Hagen äußert: *wol wesse er sîne schulde, er het ir* [= Kriemhild] *leide getân* (ähnlich C 1126); in B 1115 wird über Kriemhilds Gedanken nach der Versöhnung mit den drei Königen gesagt: *in* [= Siegfried] *het erslagen niemen, het ez niht Hagene getân* (ähnlich C 1128); in bezug auf den Hortraub ist B 1131 entscheidend: *dô sprach aber Hagene: "lât mich den schuldigen sîn"* (ähnlich C 1145).

⁵⁵ Vgl. auch Strophe B 1395, in der über Kriemhild gesagt wird: *si muose minnen einen heidenischen man. / die nôt die het ir Hagene unde Gunther getân* (ähnlich C 1422); in B 1396 spricht Kriemhild von *mînen vînden*, namentlich genannt wird aber nur Hagen, so auch in C 1423; über den Mord an Siegfried äußert Kriemhild: *ez hât gerâten Brünhild, daz es hât Hagene getân* (B 1010, ähnlich C 1022).

daß C einige Strophen von B ausläßt; so fehlt in C die Strophe B 887, in der Gunther als *ungetriuwe* bezeichnet wird, weil er Siegfried gegenüber Lügen über den angeblichen (zweiten) Krieg gegen die Dänen und Sachsen erzählt. Dies läßt Gunther in einem günstigeren Licht erscheinen und wertet damit Hagen ab. Sehr negativ urteilt auch die Strophe C 1153 über Hagen: Als Motiv für den Hortraub wird Hagen zugedichtet, *er wânde in niezen eine* – daß Hagen den Schatz für sich allein hätte behalten wollen, wird in Handschrift B an keiner Stelle erwähnt, im Gegenteil: dadurch, daß der Hort versenkt wird, ist er für alle unerreichbar.[56]

Im Zusammenhang mit der Diskussion über die Schuld Kriemhilds ist der folgende Satz, den Kriemhild gegenüber Hagen äußert, von besonderer Bedeutung: *er* [= Siegfried] *'n sol des niht engelten, hab ich Prünhilde iht getân* (B 893): Hier gesteht Kriemhild ein, daß sie Brünhild möglicherweise Leid zugefügt hat; sie befürchtet bereits dort, daß sich die Rache für ihren Streit mit Brünhild gegen Siegfried richten könnte. Handschrift C eliminiert dies nicht etwa, sondern übernimmt es wörtlich (C 900). Auch die Bezeichnung *vâlandinne*, die allerdings kein Erzählerkommentar ist, sondern von Hagen geäußert wird, wird in C nicht ausgelassen (B 2371, C 2431). Auf der anderen Seite enthält Handschrift C in bezug auf Kriemhild einige Zusatzstrophen, die die Grausamkeit der Rache Kriemhilds eindeutig verringern sollen. Zunächst ist festzuhalten, daß sich Kriemhild in den Zusatzstrophen C 1124/1125 nur deswegen dazu überreden läßt, sich mit Gunther auszusöhnen, weil ihr von Gernot gesagt wird: *er* [= Gunther] *mac si wol ergetzen* (C 1125), d.h. daß ihr hier (fälschlich) Sühne für das ihr angetane Leid angeboten wird; daß dieses Versprechen nicht eingehalten wird, ist in C ein zusätzlicher Grund für Kriemhilds Rache. In der Zusatzstrophe C 1882 äußert Kriemhild: *durch got sô sît gemant, / daz ir dâ slahet niemen wan den einen man, / den ungetriuwen Hagenen: die andern sult ir leben lân.* Anders als in B versucht Kriemhild in C demnach ganz bewußt, ihre Brüder zu schonen und nur Hagen Rache widerfahren zu lassen. Als dies mißlingt, äußert sie in einer weiteren zusätzlichen Strophe:

Si sprach: "jâ hât mir Hagene   alsô vil getân:
er morte Sîvriden,   den mînen lieben man.
der in ûz den andern schiede,   dem wær mîn golt bereit.
engultes ander iemen,   daz wær mir inneclîchen leit".[57] (C 1947)

---

[56] HEINZLE (Anm. 53), S. 61f., nennt außerdem die Strophen C 910, C 993 und C 1012, in denen Hagen gegen die entsprechenden Strophen B 903, B 984 und B 1001 als *ungetriuwe* bezeichnet wird; s. ergänzend HENNIG (Anm. 28), S. 52-56.

[57] 'Sie sprach: "Hagen hat mir sehr viel angetan: Er hat Siegfried, meinen lieben Ehemann, ermordet. Für den, der ihn von den anderen trennen würde, stünde mein Gold bereit. Wenn es jemand anders büßen sollte, täte dies mir von Herzen leid."'

Damit hat sie bereits angedeutet, daß der Tod ihrer Verwandten nicht in ihrer eigentlichen Absicht liegt;[58] daß diese letztendlich trotzdem sterben, macht Kriemhild in der Handschrift C zu einer sehr viel tragischeren Figur als in der Handschrift B. Es läßt sich somit festhalten, daß Handschrift C im Vergleich zu A/B an einigen Stellen in den Text eingreift, um Kriemhild zu entlasten und Hagen als den einzig Schuldigen darzustellen; konsequent sind diese Eingriffe allerdings nicht durchgeführt worden.

In diesem Zusammenhang sei darauf hingewiesen, daß die berühmte (oben bereits zitierte) erste Strophe, in der angegeben wird, daß das ›Nibelungenlied‹ von *helden lobebæren* und von *küener recken strîten* handle, in der Handschrift B nicht vorhanden ist. Sie ließe sich so interpretieren, daß mit ihr in der Handschrift C eine stärkere Verklammerung des ersten und des zweiten Teiles des ›Nibelungenliedes‹ vorgenommen werden sollte. Diese Interpretation hätte allerdings zur Folge, daß bereits hier auf Hagen, den wichtigsten männlichen Protagonisten des zweiten Teiles, als *helt* und *küener recke* angespielt würde, was den sonstigen Bearbeitungstendenzen von C widerspräche. Die Strophe ist somit wohl eher als ein Hinweis auf eine Gattungszuordnung zu verstehen denn als eine positive Bewertung Hagens.

Die gerade skizzierte Tendenz der Uminterpretation des ›Nibelungenliedes‹ wird durch eine weitere Tatsache noch verstärkt, die für das Mittelalter außergewöhnlich ist: In nahezu allen vollständigen Handschriften des ›Nibelungenliedes‹ ist direkt nach dem ›Nibelungenlied‹ ein zweiter Text überliefert, den man als die ›Klage‹ bezeichnet und der als ein mittelalterlicher Erklärungs- bzw. Deutungsversuch der im ›Nibelungenlied‹ geschilderten Ereignisse anzusehen ist.[59] Dieser

---

[58] Vergleichbar ist auch die neu hinzugekommene Strophe C 2143: *Sine het der grôzen slahte alsô niht gedâht. / si het ez in ir ahte vil gerne dar zuo brâht, / daz niwan Hagene aleine den lîp dâ hete lân. / dô geschuof der übel tiufel, deiz über si alle muose ergân* ('Sie hatte kein so großes Gemetzel geplant. Sie hätte es ihrer Absicht nach sehr gerne geschehen lassen, daß nur Hagen allein dort das Leben gelassen hätte. Der böse Teufel sorgte dafür, daß dieses Schicksal über sie alle verhängt wurde'). Vgl. außerdem die Zusatzstrophe C 1757, die ebenfalls stark auf e i n e n Schuldigen bezogen ist; des weiteren wird in B 1912 von Kriemhild gesagt: *wie kunde ein wîp durch râche immer vreislîcher tuon?*, wogegen in der entsprechenden Strophe C 1963 nur vermerkt wird: *dâ von der künec rîche gewan vil starken jâmer sint* ('dadurch erfuhr der mächtige König später sehr viel großes Leid'); aussagekräftig ist auch Strophe C 2432, die die Variante *daz* [= Siegfrieds Schwert] *truoc mîn holder vriedel, dô ir* [= Hagen] *im nâmet den lîp / mortlîch mit untriuwen* enthält, statt B 2372 *daz truoc mîn holder vriedel, dô ich in jungest sach*.

[59] Die ›Klage‹ liegt in vier unterschiedlichen Fassungen vor (*B, *C, *D und *J), von denen jedoch nur zwei vollständig ediert sind, s. BUMKE (Anm. 53) [mit synoptischer Edition der ersten 250 Verse aller vier Fassungen]; Diu Klage. Mit den Lesarten sämtlicher Handschriften hg. von KARL BARTSCH, Leipzig 1875, Nachdr. Darmstadt 1964 [Fassung *B]; Div Klage. Kritische Ausgabe der Bearbeitung C+, hg. von BRIGITTE RANFT, Diss. Marburg 1971 [Fassung *C]. Einen Forschungsbericht veröffentlichte MONIKA DECK, Die Nibelungenklage in der Forschung. Bericht und Kritik, Frankfurt/M. [u.a.] 1996 (EHS I, 1564).

nicht in Strophen, sondern in Reimpaaren gedichtete Text faßt das ›Nibelungenlied‹ kurz zusammen und schildert die Trauer der Verwandten der Gestorbenen; anders als im ›Nibelungenlied‹, in dem die Religion kaum eine Rolle spielt, werden die Geschehnisse in christliche Heilsvorstellungen eingeordnet. In der ›Klage‹ wird die Schuld, stärker noch als in der Handschrift C des ›Nibelungenliedes‹ selbst, Hagen zugewiesen; Hagen ist hier der ausschließliche Übeltäter, die *vâlandinne* Kriemhild des ›Nibelungenliedes‹ wird entschuldigt. Man vergleiche z.B. in der Fassung *B der ›Klage‹, vv. 138f.: *ez ir rechen gezam. / Des ensol si niemen schelten* ('es stand ihr zu, sich zu rächen; deswegen soll sie keiner tadeln').[60] Diese Passage ist in allen Fassungen der ›Klage‹ enthalten, während die folgende, die Kriemhild noch eindeutiger rehabilitiert, nur in der Fassung *B, vv. 571-573, überliefert ist: *sît si durch triuwe tôt gelac, / in gotes hulden manegen tac / sol si ze himele noch geleben.*[61] Die im Sinne der Heldendichtung schicksalhafte Unumgänglichkeit des Burgundenuntergangs nicht akzeptierend, wird in der ›Klage‹ die Ansicht kundgetan, die Burgunden hätten zu Hause bleiben können bzw. die Könige hätten Hagen allein an Kriemhild ausliefern sollen: In der Fassung *B heißt es, vv. 282f.: *diz was doch allez âne nôt: / man möht ez lîhte erwendet hân*, in der Fassung *C, vv. 2016-2018, wird ergänzt: *wære Hagen alterseine* ['allein'] *erslagen, / daz wære ein gůt list gewesen; / so wæern die andern genesen* ['dann hätten die anderen überlebt']. Ähnliches sagen auch die vv. 4047-4059 der Fassung *B aus, die jedoch in *C nicht enthalten sind:

> *waz het Sîfrit, ir man,*
> *im* [= Hagen] *ze leide getân?*
> *der wart âne sculde ermort:*
> 4050 *daz hân ich sider wol gehôrt.*
> *waz denne obe durch ir zorn*
> *die frouwen beide wol geborn*
> *gezurnden in ir tumpheit?*
> *daz solt man hin hân geleit*
> 4055 *und solde in hân genesen lân.*
> *dô aber des niht moht ergân*
> *und si zen Hiunen frouwe wart,*
> *dô solden si die hovevart*
> *pillîche haben lân.*[62]

---

[60] BARTSCH (Anm. 59), v. 138f.; RANFT (Anm. 59), v. 164f.; BUMKE (Anm. 53), S. 640f.
[61] 'Da sie wegen ihrer Treue [zu Siegfried] starb, wird sie noch manchen Tag in Gottes Huld im Himmel leben'; vgl. BUMKE (Anm. 53), S. 376. – Eine ähnliche christliche Interpretation erfährt auch Etzel: Er kommt in der ›Klage‹ zu der Einsicht, er habe alles verloren, weil er dem falschen Glauben angehört habe: *nu scilte ich mîniu apgot*, Fassung *B v. 961, Fassung *C v. 979.
[62] Weitere Textstellen, die die Schuldfrage in der ›Klage‹ diskutieren, finden sich bei BUMKE (Anm. 53), S. 374-388. So enthalten nur die Fassungen *B und *J die folgende Passage: *Sît do*

Über Hagen wird in Fassung *B der ›Klage‹ gesagt: *der kund nie strîtes werden sat: / er ist nu komen an die stat, / dâ uns sîn übermuot / nu vil kleinen schaden tuot* (vv. 3523-3526),[63] die Fassung *C betont: *man gesach nie man so vngern leben* (v. 3598). In Umdrehung der Strophe B 2371 des ›Nibelungenliedes‹, in der Hagen Kriemhild als *vâlandinne* bezeichnet, nennt Hildebrand Hagen in der ›Klage‹ sogar einen *vâlant*.[64]

III

Nachdem im vorhergehenden einige der Grundprobleme der Interpretation und Einordnung des ›Nibelungenliedes‹ dargelegt wurden, sei im folgenden auf die moderne Rezeption des Textes eingegangen.[65] Es überrascht nicht, daß die bereits im ›Nibelungenlied‹ und in der ›Klage‹ selbst problematisierte Konzeption des 'Helden' an sich und der Helden Siegfried und Hagen im einzelnen in der modernen Literatur zu neuen Interpretationen des Stoffes eingeladen hat, vor allem auch deswegen, weil sich die modernen Vorstellungen vom Heldentum im Vergleich zu denjenigen des ›Nibelungenliedes‹ noch weiter von den Wertvorstellungen der

---

brâhte si [= Kriemhild] 'z dar an, / do si den gewalt gar gewan, / daz si ân undersprâche / ir gedâht einer râche / umbe Sîfride ir lieben man, / dem vil übel an gewan / ir bruoder Gunther den lîp / und Hagene unt des küneges wîp, / von dem er doch den tôt genam (Fassung *B, vv. 97-105; s. BUMKE [Anm. 53], S. 384 und S. 634-637), die Fassungen *C und *D streichen an dieser Stelle die Mittäterschaft Gunthers und Brünhilds. Dagegen sind die folgenden Verse sowohl in *B als auch in *C enthalten: *jâ riet er [= Gunther] daz ersterben / Sîfrit muose, ir êrster man; / dâ von er den haz gewan / sît von ir deste vaster* (*B vv. 494-497, ähnlich *C vv. 472-475; s. BUMKE [Anm. 53], S. 384). Eine ähnliche Brechung findet sich auch in bezug auf Hagen; obwohl er eindeutig als Mörder und alleiniger Verantwortlicher für den Tod Siegfrieds bezeichnet wird, finden sich auch positive Charakterisierungen, wie in *B vv. 740f. (= *C vv. 785f.): *er mit sînem lîbe / sô vil wunders het getân*. Über Kriemhild wird, trotz ihrer sonst positiveren Schilderung, gesagt, *si möhte baz hân getân / und hete doch genesen lân / Gîselher und Gernôt* (*B vv. 3411-3413 = *C vv. 3507-3509): Schuldfrei ist sie auch in der ›Klage‹ nicht (BUMKE [Anm. 53], S. 376-378).

[63] HOFFMANN (Anm. 44), S. 93, vermerkt: "*übermuot* – Überheblichkeit, Ichzentrierung, rücksichtsloser Selbstbehauptungswille aufgrund und als Folge des Abfalls des Menschen von Gott – ist die Haltung der Burgunden". Er weist darauf hin, daß das Wort in der ›Klage‹, anders als im ›Nibelungenlied‹, "ausschließlich in jener total negativen prägnanten Bedeutung [erscheint], die sich von der Vorstellung der *superbia* als der Ursünde des Teufels wie des Menschen herleitet".

[64] Fassung *B, v. 1250, Fassung *C, v. 1278; s. BUMKE (Anm. 53), S. 378f. – Der *nît*, der Hagen in der ›Klage‹ zugesprochen wird (Fassung *C, v. 1253), bezieht sich allerdings nur auf den Nibelungenhort Siegfrieds, nicht auf eine eventuelle Rivalität der beiden Männer (vgl. oben, S. 154f. und Anm. 24).

[65] Auf die Rezeption des Nibelungenstoffes durch Richard Wagner, die zweifellos maßgeblich ist für viele heutige Rezipienten des Stoffes, kann hier nicht näher eingegangen werden; es sei nur kurz vermerkt, daß Wagner weniger vom ›Nibelungenlied‹ selbst ausgeht als vielmehr von der älteren ›Edda‹, den altnordischen Liedern über den Nibelungenstoff. Auch die vielen Verfilmungen des Stoffes müssen hier unbeachtet bleiben.

ursprünglichen Heldendichtung entfernt haben. – Die Figur des Hagen wird weiterhin in den Mittelpunkt der Überlegungen gestellt. Zunächst sei eine der wenigen Bearbeitungen des Textes wiederaufgegriffen, die meisterhaft eine dem mittelalterlichen Text angemessene Lösung bietet: Arno Schmidt verweist in seinem Roman ›KAFF‹ auf die verschiedenen Möglichkeiten der Interpretation der Helden des ›Nibelungenliedes‹, indem er diese von seinen Romanfiguren selbst formulieren läßt.[66] So äußert z.B. einer der Mondbewohner in bezug auf Hagen und die Ermordung Siegfrieds: "*von hintn* – : *so'n Schwein!*", während Charles selbst antwortet: "Aber in Börrlinn[67] hat sich der Trunnion dann doch wieder gans vorbildlich benomm', George – ich weiß nich : *mir* hat er gefalln ! Er hat jene frühere 'Tat' doch schließlich auch seinem Generall [= Gunther] zuliebe getan : dergleichen Angeschtellte *sind nich* häufig, Du ; die für'n Scheff n glattn Mord begehn ?"[68]

In einer weiteren Nacherzählung des ›Nibelungenliedes‹ dagegen, Joachim Fernaus Roman ›Disteln für Hagen‹, wird ein ganz anderes Bild von Hagen gezeichnet, als man dies ausgehend von den Interpretationsangeboten des mhd. ›Nibelungenliedes‹ erwarten dürfte.[69] Von Anfang an wird Hagen hier, in scharfem Kontrast zu Siegfried, in einem schlechten Licht gesehen, so bereits in der Beschreibung seines Äußeren: "die Lippen noch halb geöffnet, so daß man die Reihen seiner kleinen Rafferzähne sehen konnte".[70] Dies geschieht, weil Fernau

---

[66] Dabei ist es unerheblich, ob Arno Schmidt das ›Nibelungenlied‹ im Original oder in einer Übersetzung verwendete; s. dazu MICHAEL REDEKER, 'polish up your middle=high=German'! (JULIA 69/99). Mittelalterliche Literatur bei Arno Schmidt, Diss. Marburg 1993, S. 142-145, mit weiteren Literaturangaben.

[67] In Lawrences Nacherzählung des ›Nibelungenliedes‹ wohnen Etzel und Kriemhild nicht im Land der Hunnen, sondern in Berlin.

[68] SCHMIDT (Anm. 1), S. 104. – Das ›Nibelungenlied‹ spielt in ›KAFF‹ nicht nur in der Auseinandersetzung um Lawrences Erzählung eine Rolle; GIESBERT DAMASCHKE, 'Bericht vom verfehltn Leebm'. – Zur Funktion des Nibelungenliedes in "Kaff auch Mare Crisium", in: Bargfelder Bote. Materialien zum Werk Arno Schmidts 101-103 (1986), S. 4-33, zeigt, daß Arno Schmidt seine Romanfiguren Charles und Karl zunehmend dem Helden Siegfried des ursprünglichen ›Nibelungenliedes‹ angleicht, so daß die Kenntnis der Erzählstruktur des ›Nibelungenliedes‹ für das Verständnis des Romans ›KAFF‹ unabdingbar ist. DAMASCHKES Rückgriff auf den motivgeschichtlichen Hintergrund des ›Nibelungenliedes‹ (S. 13-22) überzeugt allerdings höchstens in bezug auf ›KAFF‹, nicht in bezug auf das ›Nibelungenlied‹: Hiermit werden stoffgeschichtliche Motive ausgewertet, die im ›Nibelungenlied‹ selbst nicht vorkommen und deren Nachweis in ›KAFF‹ teilweise auf wenig aussagekräftigen Zitaten beruht.

[69] JOACHIM FERNAU, Disteln für Hagen. Bestandsaufnahme der deutschen Seele, München-Berlin 1966. Kritisch zu diesem und einigen weiteren Nibelungenromanen zuletzt WERNER HOFFMANN, Nibelungenromane, in: Helden und Heldensage. Otto Gschwantler zum 60. Geburtstag, hg. von HERMANN REICHERT – GÜNTER ZIMMERMANN, Wien 1990, S. 113-142, hier speziell S. 127-131, insbesondere S. 131: "Das Gesamturteil über Fernaus ›Disteln für Hagen‹ kann nicht anders als negativ sein."

[70] FERNAU (Anm. 69), S. 12. – Es ist kein Zufall, daß sich die gleiche Vereinfachung und Banalisierung in einigen für Kinder geschriebenen Nacherzählungen des ›Nibelungenliedes‹ findet.

mit seiner Nacherzählung eine bestimmte Absicht verfolgt: Er möchte, daß Hagen nicht als "der letzte, der aufrecht stehend fällt" betrachtet wird,[71] sondern als derjenige, der aus Haß und aus Neid vernichtet, aus Unfähigkeit, Siegfried in seiner Überlegenheit zu akzeptieren; er versteht Hagen als "das Prinzip selbst. Er lebt in der reinen, der tödlich leeren Idee".[72] Da dem Leser von Anfang an nahegelegt wird, daß Hagen "eine Gestalt aus der tiefsten Tiefe der deutschen Seele" sei,[73] muß die ›Bestandsaufnahme der deutschen Seele‹ zu folgendem Ergebnis führen:

> "Welche Tragik aber, wenn die Seele eines Volkes sich zugleich immerfort verzehrt nach den Baldurschen Lichtgestalten [wie etwa Siegfried]; wenn sie sich jedesmal beim Auftreten eines Abel mit ihm glühend identifiziert und ihn immer wieder töten muß! Wie wir [Deutschen]".[74]

So schildert AUGUSTE LECHNER, ›Die Nibelungen. Für die Jugend erzählt‹, 9. Aufl. Innsbruck – Wien 1986, Hagen von Anfang an als "finster, einäugig, schweigsam" (S. 34; daß Hagen in früheren Kämpfen ein Auge verloren habe, ist ein Topos, der sich in vielen Rezeptionszeugnissen des ›Nibelungenliedes‹ findet, aber nicht auf dem ›Nibelungenlied‹ selbst, sondern auf einer der früheren Fassungen des Hagen-Stoffes, dem ›Waltharius‹, beruht). Hagen wird in LECHNERS Nacherzählung von "heimlicher Eifersucht" getrieben (S. 53). Auch WILLI FÄHRMANN stellt in seinen beiden Kinderbüchern, ›Siegfried von Xanten. Eine alte Sage neu erzählt‹, Stuttgart – Wien 1987 und ›Kriemhilds Rache. Eine alte Sage neu erzählt‹, Stuttgart – Wien 1988, Hagen als den alleinigen Schuldigen dar: In FÄHRMANNS Erzählung fürchtet Hagen, "daß Siegfrieds Einfluß im Burgundenland zu stark werden könnte" (›Siegfried von Xanten‹, S. 43) und schlägt deswegen selbst den Mord an Siegfried vor. Zwar "sträubten sich die Könige", aber nach "langem Zögern stimmten sie Hagens Mordgedanken zu" (›Siegfried von Xanten‹, S. 66). Zusammenfassend berichtet die erste Seite von ›Kriemhilds Rache‹ über die Geschehnisse im ersten Band: "Uns ist in alten Sagen erzählt von Siegfrieds Tod. / Hagen hat ihn erschlagen, das bracht' viel Leid und Not. / Auf Rache sann Kriemhilde, weil Unrecht sie gesehn" (›Kriemhilds Rache‹, S. 5). – Während sich solche Tendenzen, eine eindeutigere Lösung des Schuldproblems zu finden, noch verteidigen lassen, wird dem Leser unwohl bei LECHNERS rassistischen Bemerkungen zu den Hunnen, die in keiner Weise im ›Nibelungenlied‹ vorgegeben sind. Einige Beispiele mögen genügen: "Sie [Kriemhild] warf einen scheuen Blick nach hinten, wo die hunnischen Fürsten ritten. Sie hatte sich an sie gewöhnt. Aber deshalb blieben sie doch gelb und häßlich und krummbeinig. Etzel war auch ein Hunne und sah gewiß so ähnlich aus wie sie. Wahrscheinlich hatte er auch schreckliche barbarische Sitten und war grausam und unmenschlich" (LECHNER, S. 129); "'Er ist schön,' dachte Kriemhild verwundert [über Blödelin, Etzels Bruder], 'obwohl er ein Hunne ist'" (ebd. S. 132); Hagen äußert: "Kriemhild schickt uns ihre schlitzäugigen Steppenwölfe" (ebd. S. 138). ANTONIE SCHREIER-HORNUNG, Mittelalter für die Jugend: Auguste Lechners Nacherzählungen von Nibelungenlied, Rolandslied und Kudrun, in: JÜRGEN KÜHNEL – HANS-DIETER MÜCK – URSULA MÜLLER – ULRICH MÜLLER (Hgg.), Mittelalter-Rezeption III. Gesammelte Vorträge des 3. Salzburger Symposions: "Mittelalter, Massenmedien, Neue Mythen", Göppingen 1988 (GAG 479), S. 181-197, äußert sich zu Recht kritisch zu den Nacherzählungen LECHNERS; der Einfluß solcher Deutungen auf die allgemeinen Vorstellungen vom Inhalt des ›Nibelungenliedes‹ ist, wie bereits ihre hohen Auflagenzahlen zeigen, nicht zu unterschätzen.

[71] FERNAU (Anm. 69), S. 195.
[72] Ebd. S. 199.
[73] Ebd. S. 24.
[74] Ebd. S. 96. Baldur ist der nordische Gott des Lichtes und der Fruchtbarkeit, die Verkörperung alles Guten und Gerechten.

Eine Interpretation, die möglicherweise der angeblichen modernen 'deutschen Seele' gerecht wird, nicht jedoch dem ›Nibelungenlied‹; Fernau mißbraucht den mittelalterlichen Erzählstoff, um seine Deutung des Menschen, speziell des Deutschen zu geben, wie dieser angeblich immer schon gewesen sei. Dies irritiert bei Fernau vor allem deswegen, weil er (trotz seiner dem Mittelalter unangemessenen Interpretation des Textes) mehrfach gegen 'die' Germanisten polemisiert und vorgibt, er sei der erste, der das ›Nibelungenlied‹ richtig verstehe.[75]

Ein solcher Mißbrauch von Motiven und Gestalten der mittelalterlichen Literatur ist keine Ausnahme: Es sei nur kurz daran erinnert, daß Siegfried im Zeitalter des Nationalsozialismus als der deutsche Held schlechthin gesehen wurde; die sogenannte 'Dolchstoßlegende' erfreute sich in dieser Zeit besonderer Beliebtheit.[76] So führten die unterschiedlichen Interpretationen des Textes dazu, daß neben Siegfried (als den unschuldig ermordeten Helden) Hagen als derjenige trat, der seinen Königen treu ist bis in den Tod ('Nibelungentreue'); beide wurden ohne Verständnis für die mittelalterliche Quelle bewertet und für die Propagandazwecke des Nationalsozialismus instrumentalisiert.[77]

IV

Zum Schluß seien die wichtigsten Aspekte dieses Beitrags noch einmal kurz zusammengefaßt und in eine weiterführende Perspektive gestellt. Das ›Nibelungenlied‹ gehört zur Gattung der Heldendichtung, jedoch werden im Text verschiedene Typen des Helden gezeigt: Hagen verkörpert das ursprüngliche Heroische, Sieg-

---

[75] S. etwa ebd. S. 117-119. – Weniger problematisch erscheint in dieser Hinsicht dagegen eine Bearbeitung des Stoffes wie die von WOLFGANG HOHLBEIN, Hagen von Tronje. Ein Nibelungenroman, Wien 1986: Bereits im Untertitel ('e i n Nibelungenroman') wird angedeutet, daß es sich hier um eine Umarbeitung des Stoffes handelt, die nicht vorgibt, d a s ›Nibelungenlied‹ neu zu erzählen.

[76] S. HELMUT BRACKERT, Nibelungenlied und Nationalgedanke. Zur Geschichte einer deutschen Ideologie, in: Mediaevalia litteraria. Festschrift für Helmut de Boor, hg. von URSULA HENNIG – HERBERT KOLB, München 1971, S. 343-364. Das wichtigste Material wurde zusammengestellt von WERNER WUNDERLICH, Der Schatz des Drachentödters. Materialien zur Wirkungsgeschichte des Nibelungenlieds, Stuttgart 1977.

[77] Die Entwicklung der Vorstellungen des ›Nibelungenliedes‹ als eines 'nationalen Epos' und der Bezeichnung Siegfrieds und Hagens als 'genuin deutsche Helden' schildert KLAUS VON SEE, Das Nibelungenlied – ein Nationalepos?, in: Die Nibelungen. Ein deutscher Wahn, ein deutscher Alptraum. Studien und Dokumente zur Rezeption des Nibelungenstoffs im 19. und 20. Jahrhundert, hg. von JOACHIM HEINZLE – ANNELIESE WALDSCHMIDT, Frankfurt/M. 1991 (st 2110), S. 43-110, zu Hagen speziell S. 88-94. S. zu dieser Problematik zuletzt: NEIL THOMAS, The Nibelungenlied and the Third Reich, in: DERS. (Hg.), Celtic and Germanic Themes in European Literature. Proceedings of a Conference Held in Grey College, University of Durham, April 3-5, 1992, Lewiston [u.a.] 1994, S. 121-131.

fried wird im ›Nibelungenlied‹ den höfischen Verhaltensnormen angepaßt. Daß das ›Nibelungenlied‹ außerdem aus verschiedenen Sagentraditionen zusammengestellt ist, führt zu Spannungen innerhalb des Textes, die bereits die mittelalterlichen Leser dazu veranlaßt haben, den Text interpretierend zu bearbeiten, wie sich vor allem in der Handschrift C und in der ›Klage‹ zeigt. Die modernen Nacherzähler des Textes vereinfachen die komplexen Inhalte des ›Nibelungenliedes‹ teilweise noch einseitiger.

Viele kennen das ›Nibelungenlied‹ heutzutage nur vermittelt durch moderne Nacherzählungen. Eine Geschichte nachzuerzählen heißt jedoch, sie zu interpretieren; häufig führt die Nacherzählung dazu, daß die Inhalte des ursprünglichen Textes simplifiziert werden und seine Vielschichtigkeit verlorengeht. Solange man sich dabei bewußt als Interpret, als Überarbeiter im modernen Sinne zu erkennen gibt, ist gegen diese Aneignung alter Stoffe wenig einzuwenden; häufig wird jedoch in den Nacherzählungen längst nicht allen verschiedenen Aspekten der Interpretation eines Textes Rechnung getragen, während ihre Autoren gleichzeitig vorgeben, den Erzählstoff dem Original angemessen wiederzugeben. Die Aufgabe der germanistischen Mediävistik kann es in solchen Fällen nur sein, Fehlinterpretationen aufzudecken, indem man den mittelalterlichen Text als Ganzes betrachtet, ihn im Sinne seiner Zeit versteht, seine Vielschichtigkeit und seine unterschiedlichen Interpretationsebenen als Chance begreift und ihn in seiner Fremdheit und Komplexität ernst nimmt. – Auch im Wissenschaftsbetrieb führt das Interpretieren eines Textes ein gewisses Maß an Subjektivität mit sich – auch die Wissenschaft wird, wie sich gezeigt hat, von der Zeitgeschichte bzw. von den in der Forschung gerade aktuellen Tendenzen beeinflußt. Eine 'Wahrheit' über die zu interpretierenden Texte ist nicht erreichbar, da eine absolut zu setzende 'richtige', 'wahre' Interpretation nicht erreichbar ist. Was jedoch angestrebt werden kann und muß, ist eine Interpretation, die vor allem den Text selbst als Ganzes in Betracht zieht; zusätzlich können seine Verankerung in seiner Zeit, die sozialgeschichtlichen Umstände, die zu seiner Entstehung geführt haben, die Quellen, aus denen der Autor schöpfte, eventuell auch die Absichten, die der Autor verfolgte, und das Publikum, für das er schrieb, für die Interpretation ausschlaggebend sein. Dies gilt für mittelalterliche Texte in ganz besonderem Maße: Unter dem oberflächlich Vertrauten versteckt sich nicht selten eine zweite Schicht, deren Interpretation die Fremdheit der Texte erst deutlich macht. Erst indem man diese Schicht schrittweise aufdeckt, wird man einem mittelalterlichen Text in all seiner Komplexität gerecht.

Unter den besprochenen modernen Rezipienten des ›Nibelungenliedes‹ ist Arno Schmidt der einzige, der diese Problematik reflektiert. In seinem Roman ›KAFF‹ zeigt er, daß fehlendes historisches Bewußtsein dazu führen kann, daß man in alten Texten etwas wiederzuerkennen glaubt, das in ihnen nicht vorgegeben ist. Er stellt in der Binnenerzählung über die Mondbewohner eine Gemeinschaft von Menschen dar, die stolz auf ihre "gute Schule" sind,[78] obwohl sie die Werte der Kultur, aus der sie stammen, nicht mehr verstehen. Er zeigt damit "einen unaufhaltsamen Verschleiß aller Mittel und Ideen" bei den Mondbewohnern, "die auf dem Erdsatelliten irdische Traditionen fortsetzen wollen, die ihren Sinn verloren haben";[79] beunruhigend an diesem Zustand ist nicht, daß sie diese Traditionen fortsetzen wollen, sondern daß sie ihren Sinn vergessen haben. Die Umerzählung des ›Nibelungenliedes‹ innerhalb dieser Geschichte weist auf die Gefahr hin, daß (fremdes oder auch eigenes) Kulturgut nationalistisch instrumentalisiert werden kann, wenn man nicht um seine Herkunft weiß: So wird Siegfried/Dillert hier für die (amerikanischen!) Mondbewohner zu "1 echte[n], blutvoll= Nazi=onahle[n] Heldengeschtallt".[80] Charles ist allerdings später in der Geschichte der peinlichen Situation ausgesetzt, von einem Bewohner der feindlichen, aber technisch und kulturell weit überlegenen russischen Kolonie darauf hingewiesen zu werden, daß es sich bei dem erzählten Stoff nicht um einen neu erfundenen handelt;[81] schlimmer ist, daß Charles seinerseits nicht erkennt, daß das Epos, das die Russen verfaßt zu haben vorgeben, ebenfalls kein neues, sondern eine Umdichtung des altspanischen ›Cid‹ ist. – Daß die Kenntnis dieses zuletzt genannten Textes allerdings nicht selbstverständlich ist, obwohl sie Arno Schmidts Hauptfigur Karl für einen Bestandteil der Allgemeinbildung hält, zeigt die Reaktion von Karls Freundin Hertha, die an den Schluß dieses Beitrags gestellt sei: "' Was iss'nn das, was Der [= der russische Dichter] vorgeleesn hat? – Da schtimmt' och *oo* was nie, Du. ' Und ich [= Karl], bitter : ' Das heißt man 'Bill=Dung' in der Bundes=Rehpuhblick ! '".[82]

---

[78] S. etwa SCHMIDT (Anm. 1), S. 16 u.ö.
[79] Ebd. (Klappentext).
[80] Ebd. S. 171.
[81] Der russische Mondbewohner fragt Charles: "'Äß iesd'och 1 so *altäß* Schtück – : Wo=tsu ? – '. [...] Und meine [= Charles'] Gedankn raastn : demnach ... ... : *demnach hatte Lawrence uns betroogn ?!*", ebd. S. 304. Die Russen haben sich nicht zufälligerweise ebenfalls ein Heldenepos des hohen Mittelalters ausgesucht: Die bei Arno Schmidt dargestellten amerikanischen und russischen Mondgesellschaften suchen in ihrem desolaten Alltag nach einem verbindlichen Modell des Helden; da sie in ihrer Jetztzeit keine entsprechenden Figuren finden, müssen sie auf alte Traditionen zurückgreifen.
[82] Ebd. S. 312.

AUSWAHLBIBLIOGRAPHIE

Textausgaben

Diu Klage. Mit den Lesarten sämtlicher Handschriften, hg. von Karl Bartsch, Leipzig 1875, Nachdr. Darmstadt 1964.
Div Klage. Kritische Ausgabe der Bearbeitung C+, hg. von Brigitte Ranft, Diss. Marburg 1971.
Das Nibelungenlied. Nach der Ausgabe von Karl Bartsch, hg. von Helmut de Boor, 22. Aufl. Mannheim 1988 (Deutsche Klassiker des Mittelalters [3]).
Das Nibelungenlied. Paralleldruck der Handschriften A, B und C nebst Lesarten der übrigen Handschriften hg. von Michael S. Batts, Tübingen 1971.
Das Nibelungenlied nach der Handschrift C, hg. von Ursula Hennig, Tübingen 1977 (ATB 83).
Joachim Fernau, Disteln für Hagen. Bestandsaufnahme der deutschen Seele, München – Berlin 1966.
Arno Schmidt, KAFF auch MARE CRISIUM, Karlsruhe 1960, Nachdr. Frankfurt/M. 1985.

Forschungsliteratur

Franz H. Bäuml – Eva-Maria Fallone, A Concordance to the Nibelungenlied (Bartsch – de Boor Text), Leeds 1976 (Compendia 7).
Helmut Brackert, Nibelungenlied und Nationalgedanke. Zur Geschichte einer deutschen Ideologie, in: Mediaevalia litteraria. Festschrift für Helmut de Boor, hg. von Ursula Hennig – Herbert Kolb, München 1971, S. 343-364.
Joachim Bumke, Die vier Fassungen der ›Nibelungenklage‹. Untersuchungen zur Überlieferungsgeschichte und Textkritik der höfischen Epik im 13. Jahrhundert, Berlin – New York 1996 (Quellen und Forschungen zur Literatur- und Kulturgeschichte 8 [242]).
Michael Curschmann, ›Nibelungenlied‹ und ›Nibelungenklage‹. Über Mündlichkeit und Schriftlichkeit im Prozeß der Episierung, in: Deutsche Literatur im Mittelalter. Kontakte und Perspektiven. Hugo Kuhn zum Gedenken, hg. von Christoph Cormeau, Stuttgart 1979, S. 85-119.
Michael Curschmann, Nibelungenlied und Klage, in: ²VL Bd. 6 (1986), Sp. 926-969.
Giesbert Damaschke, 'Bericht vom verfehltn Leebm'. – Zur Funktion des Nibelungenliedes in "Kaff auch Mare Crisium", in: Bargfelder Bote. Materialien zum Werk Arno Schmidts 101-103 (1986), S. 4-33.
Otfrid Ehrismann, Nibelungenlied. Epoche – Werk – Wirkung, München 1987 (Arbeitsbücher zur Literaturgeschichte).
Otfrid Ehrismann, Ehre und Mut, Âventiure und Minne. Höfische Wortgeschichten aus dem Mittelalter, München 1995.

PETER GOEHLER, Das Nibelungenlied. Erzählweise, Figuren, Weltanschauung, literaturgeschichtliches Umfeld, Berlin 1989 (Literatur und Gesellschaft).
WALTER HAUG, Höfische Idealität und heroische Tradition im Nibelungenlied, in: Colloquio italo-germanico sul tema: I Nibelunghi, Rom 1974 (Accademia Nazionale dei Lincei, Atti dei Convegni Lincei 1), S. 34-50, nachgedr. in: DERS., Strukturen als Schlüssel zur Welt. Kleine Schriften zur Erzählliteratur des Mittelalters, Tübingen 1989, S. 293-307.
URSULA HENNIG, Die Heldenbezeichnungen im Nibelungenlied, in: PBB (Tüb.) 97 (1975), S. 4-58.
WERNER HOFFMANN, Das Nibelungenlied, 6. Aufl. Stuttgart 1992 (SM 7).
JAN-DIRK MÜLLER, Das Nibelungenlied, in: Interpretationen: Mittelhochdeutsche Romane und Heldenepen, hg. von HORST BRUNNER, Stuttgart 1993 (RUB 8914), S. 146-172.
URSULA SCHULZE, Das Nibelungenlied, Stuttgart 1997 (RUB 17604).
KLAUS VON SEE, Was ist Heldendichtung?, in: DERS. (Hg.), Europäische Heldendichtung, Darmstadt 1978 (WdF 500), S. 1-38.
KLAUS VON SEE, Germanische Heldensage. Stoffe, Probleme, Methoden. Eine Einführung, 2. Aufl. Frankfurt/M. 1981.
ALOIS WOLF, Heldensage und Epos. Zur Konstituierung einer mittelalterlichen volkssprachlichen Gattung im Spannungsfeld von Mündlichkeit und Schriftlichkeit, Tübingen 1995 (ScriptOralia 68).
WERNER WUNDERLICH, Der Schatz des Drachentödters. Materialien zur Wirkungsgeschichte des Nibelungenlieds, Stuttgart 1977.

Folgende Publikation konnte nicht mehr berücksichtigt werden:

JAN-DIRK MÜLLER, Spielregeln für den Untergang. Die Welt des Nibelungenliedes, Tübingen 1998.

Ein *mære* als Bîspel
Strickers Verserzählung ›Der kluge Knecht‹

WOLFGANG ACHNITZ

'Niemand, in dessen Diensten ich bisher gewesen bin, hat einen Schaden davon gehabt. Nur ein einziges Mal, als der Wald noch ganz belaubt war, kam ein Wolf und fiel die Schweine meines Herrn an. Es war freilich nicht meine Schuld, da ich ihn erst sah, als es bereits zu spät war und er ein kleines Ferkel gerissen hatte. [...] Als damals der Wolf bei den Schweinen einbrach und ich ihr Schreien hörte, bin ich sofort dorthin geeilt. Dort lagen große Steine herum, von denen ich einen aufhob [...] und dem Wolf an den Kopf warf, noch bevor dieser entlaufen konnte, so daß er, ganz betäubt, nur mit Mühe entkam und eine stark blutende Wunde davontrug. [...] Nachdem ich den Wolf so getroffen hatte, daß ihm sein bester Saft entrann, konnte er eigentlich kaum noch entfliehen. Ich machte mich daher sogleich an seine Verfolgung; er schlüpfte jedoch in ein sicheres Versteck, wo derart viele Baumstämme und Äste übereinanderlagen, daß ich die Jagd abbrechen mußte.'

Wie es mit dieser kleinen Geschichte (= mhd. *mære*) über sein einmaliges Versagen einem ansonsten zuverlässigen Knecht gelingt, seinen Herrn darauf aufmerksam zu machen, daß dessen Ehefrau ein Verhältnis mit dem Pfarrer hat, ohne daß der Knecht seine Rolle als Untergebener verletzen und den Bauern bloßstellen muß, ist das Thema einer kurzen Verserzählung mit dem Titel ›Der kluge Knecht‹, der die literaturwissenschaftliche Forschung eine herausragende Stellung innerhalb der Mären des Strickers beimißt. Nach einführenden Bemerkungen zu Autor, Werk und Gattung will dieser Beitrag der Frage nachgehen, welche Funktion der Binnengeschichte des Knechts innerhalb der Verserzählung zukommt. Auf welche Weise und warum kann mit ihr ein Ehebruch aufgedeckt werden? Lassen sich aus der textimmanenten Analyse dieses Verfahrens Erkenntnisse darüber gewinnen, ob der Autor seiner Verserzählung eine ähnliche Funktion in bezug auf seinen Rezipientenkreis zugedacht hat?

"Der Stricker ist der erste deutsche Märendichter, den wir mit Namen kennen, und vielleicht auch der erste überhaupt. Jedenfalls scheint es uns sicher, daß wir an entscheidender Stelle ihm die Literarisierung dieser vorher wohl nur unterliterarisch existenten Gattung verdanken und daß er als die eigentliche Schlüsselfigur der ganzen Frühperiode [der Märendichtung] (vor der Mitte des 13. Jahrhunderts) zu betrachten ist", schreibt Hanns Fischer in seiner grundlegenden Monographie zur deutschen Märendichtung.¹ Die meisten Angaben über den Autor basieren allerdings auf Vermutungen und sind in der Forschung umstritten; nur wenige, nicht überzeugend widerlegte Fakten lassen sich daher hier anführen.² Er selbst bezeichnet sich in den Prologen seiner größeren Werke als *der strickære*, wobei unsicher bleibt, ob es sich dabei um die Berufsbezeichnung eines Handwerkers, einen Familien- oder gar um einen Künstlernamen (im Sinne von 'Verse-Knüpfer') handelt.³ Die Selbstnennung findet sich in seinem Epos über Karl den Großen, in dem Artusroman ›Daniel von dem Blühenden Tal‹, zu Beginn des Märenromans ›Der Pfaffe Amîs‹ sowie in einem minnedidaktischen Text mit dem Titel ›Die Frauenehre‹.⁴ Vor allem die letztgenannte Stelle hat zu Spekulationen über die Biographie des Strickers Anlaß gegeben:

>   *ditz ist ein schœnez mære,*
>   *daz ouch nu der Strickære*
>   *die vrouwen wil bekennen.*
> 140 *ern solde si niht nennen*
>   *an sînen mæren, wære er wîs.*
>   *sîn leben unde vrouwen prîs,*
>   *die sint ein ander unbekant.*
>   *ein pfärt unde alt gewant,*
> 145 *die stüenden baz in sînem lobe.*

Dem hier mit *pfärt unde alt gewant* angesprochenen Personenkreis der fahrenden Sänger oder Dichter (Vaganten) wird auch der Stricker zugerechnet. "Da diese Selbstäußerungen jedoch literarischen Status und Funktion haben und außerhalb

---

¹ HANNS FISCHER, Studien zur deutschen Märendichtung, 2., durchges. und erw. Aufl. bes. von JOHANNES JANOTA, Tübingen 1983, S. 145.

² Zusammenfassend KARL-ERNST GEITH – ELKE UKENA-BEST – HANS-JOACHIM ZIEGELER, Der Stricker, in: ²VL Bd. 9 (1996), Sp. 417-449; MICHAEL SCHILLING, Der Stricker, in: Deutsche Dichter, Bd. 1: Mittelalter, hg. von GUNTER E. GRIMM – FRANK R. MAX, Stuttgart 1989 (RUB 8611), S. 297-310.

³ Als Geschlechtsname ist *Strichære* bereits um 1190 urkundlich belegt, vgl. dazu FRANZ PFEIFFER, Rezension von KARL GOEDEKES Grundrisz zur Geschichte der deutschen Dichtung, Hannover 1857, in: Germania 2 (1857), S. 491-505, hier S. 498-499: *Heinricus Strichære* als Zeuge im Schenkungsbuch des Klosters Reichersberg am Inn. Vgl. das Urkundenbuch des Landes ob der Enns, hg. vom Verwaltungsausschuß des Museums Francisco-Carolinum zu Linz, Bd. 1, Wien 1852, S. 393.

⁴ Karl der Große von dem Stricker, hg. von KARL BARTSCH, Quedlinburg – Leipzig 1857, Neudr. mit einem Nachwort von DIETER KARTSCHOKE, Berlin 1965 (Deutsche Neudrucke. Reihe Texte des Mittelalters), Vv. 115-118; Der Stricker, Daniel von dem Blühenden Tal, hg. von MICHAEL RESLER, 2., neu bearb. Aufl., Tübingen 1995 (ATB 92), Vv. 16-20; Des Strickers Pfaffe Amîs, hg. von K[IN'ICHI] KAMIHARA, 2., rev. Aufl., Göppingen 1990 (GAG 233), Vv. 39-41; KLAUS HOFMANN, Strickers Frauenehre. Überlieferung – Textkritik – Edition – literaturgeschichtliche Einordnung, Marburg 1976, Vv. 137-145 (unter Hinzufügung von Längenzeichen).

dessen keine Belege verfügbar sind, ist diese Annahme nur wahrscheinlich zu machen, entzieht sich jedoch dem Beweis. Dies ist allen Aussagen über den Stricker entgegenzuhalten, die unbedenklich von seiner literarischen Selbststilisierung auf seine biographisch-soziale Existenz zurückschließen."[5] Zeitgenössische Erwähnungen finden sich vor allem in zwei Werken Rudolfs von Ems, in denen der Stricker als ein Nachfolger der vier *meister* Heinrich von Veldeke, Hartmann von Aue, Gotfrid von Straßburg und Wolfram von Eschenbach genannt wird: *swenn er wil der Strickære / sô macht er guotiu mære.*[6] Geht man davon aus, daß der Stricker als älterer Zeitgenosse Rudolfs in den vierziger Jahren des 13. Jahrhunderts noch produktiv war, läßt sich für ihn eine Lebenszeit von etwa 1190 bis um 1250 ansetzen. Aus seinen Werken ist auf eine umfangreiche rhetorische, juristische und theologische Ausbildung zu schließen, insbesondere scheint nachgewiesen, daß er sich mit den kirchenpolitischen Entscheidungen des vierten Laterankonzils von 1215 auseinandergesetzt hat.[7] Sprachliche Eigenheiten weisen auf das südliche Rheinfranken (etwa das Gebiet südlich von Worms) als seine Heimat hin, jedoch muß er sich wenigstens zeitweise in Österreich aufgehalten haben, da er speziell die niederösterreichischen geographischen und politischen Verhältnisse seiner Zeit sehr gut kennt.

Die Aussonderung 'echter' Stricker-Texte aus der Masse der anonymen Kleindichtung stellt ein wohl kaum lösbares Forschungsproblem dar. Bekannt ist der Stricker vor allem als Verfasser von Mären, obwohl diese nicht einmal ein Zehntel seines Gesamtwerks ausmachen. Daneben schreibt man ihm heute über 150 weitere Stücke zu, die zum Teil in einer 'Gesamtausgabe' ediert wurden.[8] Im Mittelalter kannte man keine Gattungsbestimmungen im heutigen Sinn, und Bezeichnungen wie Märe, Bîspel, Rede oder Fabel sind nicht für Gattungsdifferenzierungen gebraucht worden. Insbesondere "im Bereich der epischen Kleindichtung (beim Stricker) müssen wir feststellen, daß mit den verfügbaren Begriffen *mære* und *bispel* die Eigentümlichkeiten der Erzähltypen nicht scharf erfaßt werden können

---

[5] HEDDA RAGOTZKY, Gattungserneuerung und Laienunterweisung in Texten des Strickers, Tübingen 1981 (Studien und Texte zur Sozialgeschichte der Literatur 1), S. 17, Anm. 11.

[6] Rudolf von Ems, Alexander. Ein höfischer Versroman des 13. Jahrhunderts, zum ersten Male hg. von VICTOR JUNK, Leipzig 1928/1929 (StLV 272, 274), Nachdr. Darmstadt 1970, Vv. 3257f.; vgl. auch Rudolf von Ems, Willehalm von Orlens, hg. aus dem Wasserburger Codex der fürstlich Fürstenbergischen Hofbibliothek in Donaueschingen von VICTOR JUNK, Berlin 1905 (DTM 2), Nachdr. Dublin – Zürich 1967 (Deutsche Neudrucke. Reihe Texte des Mittelalters), Vv. 2230-2233.

[7] Vgl. STEPHEN L. WAILES, Studien zur Kleindichtung des Stricker, Berlin 1981 (Philologische Studien und Quellen 104), S. 250.

[8] Die Kleindichtung des Strickers. Gesamtausgabe in fünf Bänden, hg. von WOLFGANG WILFRIED MOELLEKEN – GAYLE AGLER-BECK – ROBERT E. LEWIS, Göppingen 1973-1978 (GAG 107/I-V).

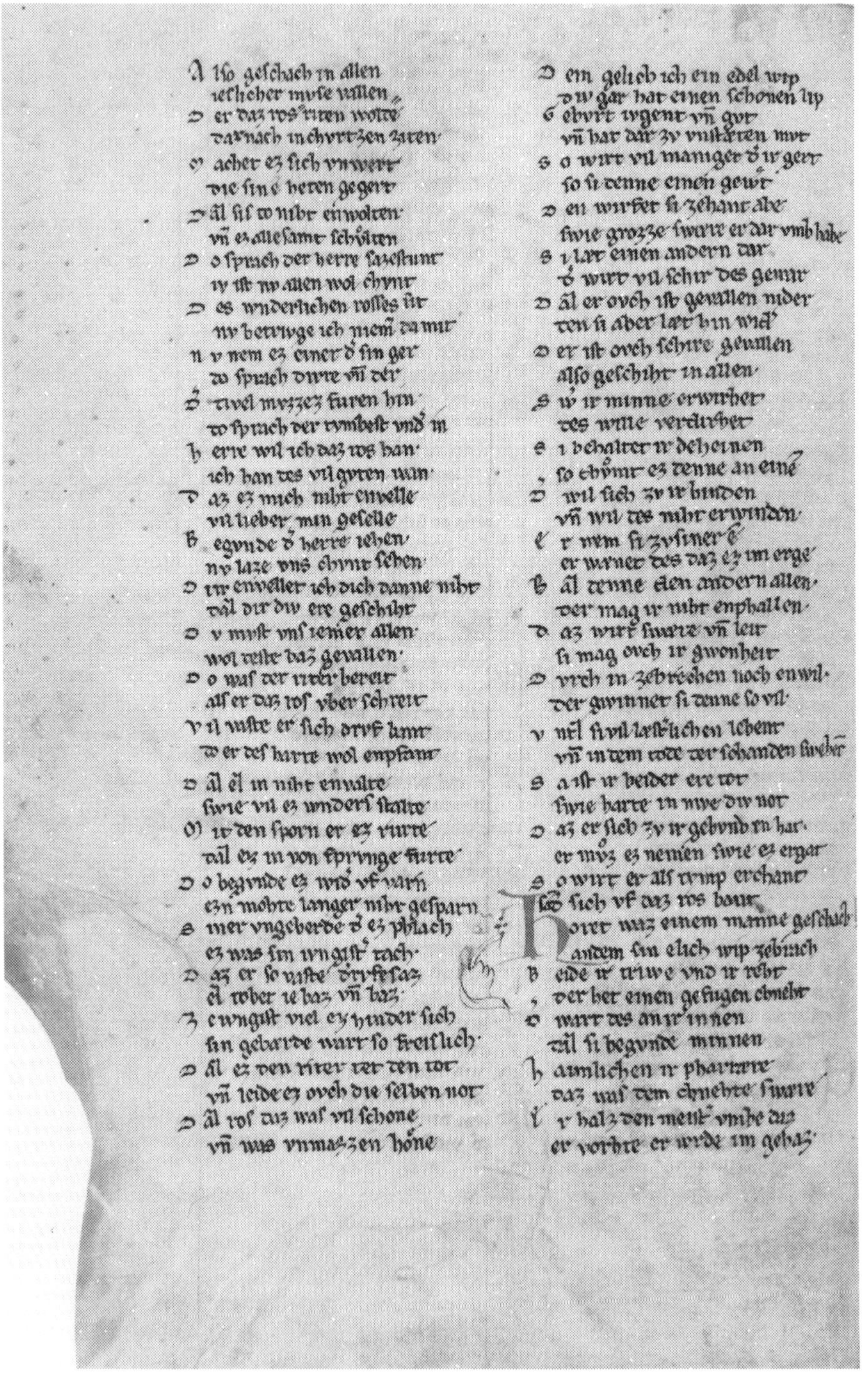

Abb. 6: Wien, ÖNB, Cod. 2705, f. 45ᵛ:
Textbeginn von ›Der kluge Knecht‹ (markiert durch eine Zeigehand)

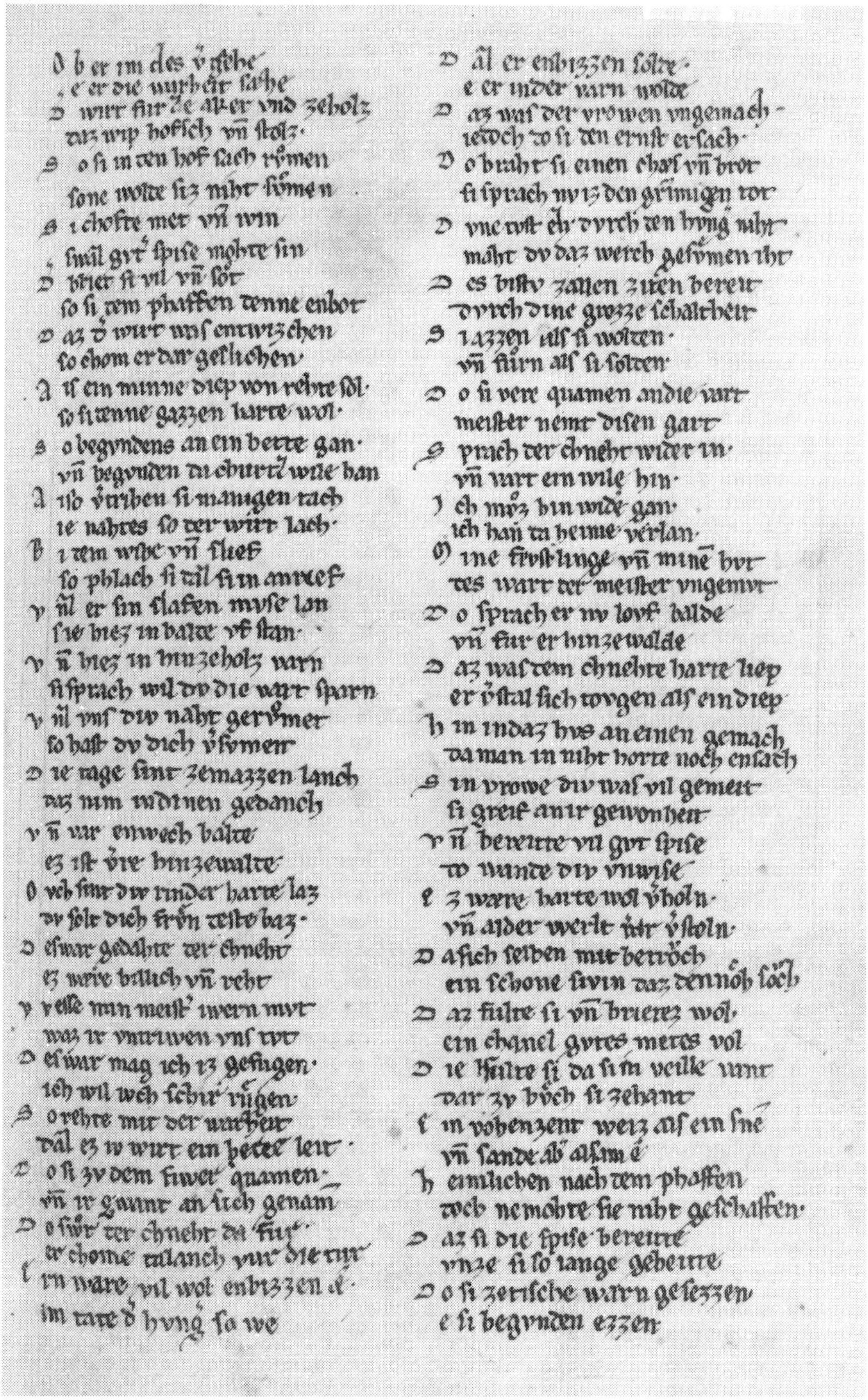

Abb. 7: Wien, ÖNB, Cod. 2705, f. 46r

und daß durch die Überlieferung weitere Unklarheiten in der Terminologie hinzugekommen sind."[9] So läßt sich zunächst nur erkennen, daß es innerhalb der überlieferten kleinepischen Dichtung größere Blöcke formal und stilistisch ähnlicher Texte mit vergleichbarer Wirkungsabsicht gibt, die entweder dem Stricker zuzuschreiben sind oder seinen Einfluß erkennen lassen; Helmut de Boor trug diesem Umstand Rechnung und sprach für die nicht sicher zuzuordnenden Werke von einer 'Strickerschule'.[10]

In ›Der kluge Knecht‹ nennt der Stricker zwar nicht seinen Namen, doch besteht an seiner Autorschaft kaum ein Zweifel, da der Kernbestand der kürzeren Verserzählungen (insgesamt über 60 Texte), zu dem auch ›Der kluge Knecht‹ zählt, in mehreren Handschriften dem Stricker zugeschrieben wird.[11] Eine Sonderstellung unter den Kleinepik-Sammelhandschriften nimmt der mit der Sigle **A** (oder auch **W**) bezeichnete älteste Codex ein, der ohne Autor-Zuweisungen 270 Texte mit insgesamt über 32.000 Versen enthält (s. Abb. 6 und 7):

> Wien, Österreichische Nationalbibliothek, Codex Vindobonensis 2705. 175 Pergamentbll. im Folioformat 238 x 158 mm; zweispaltige Einrichtung, geschrieben von acht Schreibern. Schreibsprache: bairisch-österreichisch. Die genaue Herkunft des Codex ist unbekannt; vermutlich befindet er sich bereits seit 1548 in der Wiener Hofbibliothek.[12]

Er wurde zwischen 1260 und 1290 angefertigt, also bereits ein bis zwei Generationen nach des Strickers Tod, und enthält neben weiteren Mären, Bîspeln, Fabeln, Reden und Gebeten des Strickers als Nr. 62 auf den Bll. 45vb-47vb auch ›Der kluge Knecht‹.[13] Man hat sogar erwogen, ob die Sammlung unmittelbar auf den nicht erhaltenen, vielleicht aus losen Pergamentblättern bestehenden Nachlaß des Strickers zurückgeht.

---

[9] KLAUS DÜWEL, Werkbezeichnungen der mittelhochdeutschen Erzählliteratur (1050-1250), Göttingen 1983 (Palaestra 277), S. 147.

[10] HELMUT DE BOOR, Die deutsche Literatur im späten Mittelalter. Erster Teil 1250-1350, 5., neubearb. Aufl. von JOHANNES JANOTA, München 1997 (Geschichte der deutschen Literatur von den Anfängen bis zur Gegenwart 3.1), S. 204; so zuletzt auch FRITZ PETER KNAPP, Die Literatur des Früh- und Hochmittelalters in den Bistümern Passau, Salzburg, Brixen und Trient von den Anfängen bis zum Jahre 1273, Graz 1995 (Geschichte der Literatur in Österreich von den Anfängen bis zur Gegenwart 1), S. 327-347.

[11] Dazu GEITH - UKENA-BEST - ZIEGELER (Anm. 2), Sp. 430-432.

[12] Zu Aufbau und Sonderstellung der Handschrift vgl. HANS-JOACHIM ZIEGELER, Beobachtungen zum Wiener Codex 2705 und zu seiner Stellung in der Überlieferung früher kleiner Reimpaardichtung, in: Deutsche Handschriften 1100-1400. Oxforder Kolloquium 1985, hg. von VOLKER HONEMANN - NIGEL F. PALMER, Tübingen 1988, S. 469-526 (dort auch weitere Literatur zur Handschrift); vgl. jetzt zusammenfassend FRANZ-JOSEF HOLZNAGEL, Wiener Kleinepikhandschrift cod. 2705, in: ²VL Bd. 10 (1999), Sp. 1018-1024.

[13] Vgl. Abb. 6. Der Textbeginn in der 2. Spalte ist durch eine Zeigehand markiert.

Daneben ist der Text nur noch in einer weiteren Sammelhandschrift aus der ersten Hälfte des 14. Jahrhunderts enthalten:

Heidelberg, Universitätsbibliothek, Codex palatinus germanicus 341. 374 Pergamentbll. im Großfolioformat 308 x 225 mm und zweispaltiger Einrichtung, von 2 Schreibern in mitteldt. (böhmischer?) Schreibsprache. Auch hier ist die genaue Herkunft nicht bekannt.[14]

Diese Handschrift mit der Sigle **H** innerhalb der Stricker-Kleindichtung entstand um 1320/1330 und enthält neben 222 anderen, nicht ausschließlich dem Stricker zuzurechnenden Stücken (mit insgesamt knapp 60.000 Versen)[15] zwei verschiedene Fassungen von ›Der kluge Knecht‹, zunächst auf den Bll. 318va-320vb den auch in **A** (**W**) überlieferten Text, hier vom Schreiber mit einer Überschrift versehen: *Ditz ist von einem kvndigen knehte / Ein vil schones mere* (fol. 318va), sowie auf den Bll. 360rb-362rb eine bearbeitete Fassung desselben Stoffs mit der Überschrift: *Ditz ist von einem pfaffen / der wart dar nach zeinem affen* (fol. 360rb); daß diese stark abweichende Fassung ebenfalls auf den Stricker zurückgeht, ist angesichts ihrer geringeren literarischen Qualität eher unwahrscheinlich, vielmehr darf sie als ein sehr frühes Rezeptionszeugnis gelten.

Außer in der erwähnten Sammelausgabe Moellekens, in der auch beide Fassungen von ›Der kluge Knecht‹ synoptisch abgedruckt sind (Bd. III/1, S. 100-127), ist das Märe in verschiedenen anderen Zusammenhängen ediert worden. Zuerst bereits 1839 von Karl August Hahn, dann 1850 im Rahmen von Friedrich Heinrich von der Hagens Pionierleistung mit dem Titel 'Gesammtabenteuer', danach unter anderem von Gustav Rosenhagen, Heinz Mettke, Otfrid Ehrismann und zuletzt von Klaus Grubmüller[16], der sich aber damit begnügt, den Text der heute maßgeb-

---

[14] Die Texte der Handschrift sind abgedruckt in: Kleinere mittelhochdeutsche Erzählungen, Fabeln und Lehrgedichte. III. Die Heidelberger Handschrift cod. pal. germ. 341, hg. von GUSTAV ROSENHAGEN, Berlin 1909 (DTM 17), Nachdr. Dublin – Zürich 1970. Zum Codex selbst vgl. AREND MIHM, Überlieferung und Verbreitung der Märendichtung im Spätmittelalter, Heidelberg 1967 (Germanische Bibliothek. Reihe 3: Untersuchungen und Einzeldarstellungen), S. 47-61.

[15] Zum Stellenwert der Handschrift innerhalb der mittelalterlichen Kleindichtung vgl. ELFRIEDE STUTZ, Der Codex Palatinus Germanicus 341 als literarisches Dokument, in: Bibliothek und Wissenschaft 17 (1983), S. 8-26; zum Zusammenhang zwischen Überlieferungs- und Gattungsfragen ROMY GÜNTHART, Mären als Exempla. Zum Kontext der sogenannten 'Strickermären', in: ABäG 37 (1993), S. 113-129.

[16] KARL AUGUST HAHN, Kleinere Gedichte von dem Stricker, Quedlinburg – Leipzig 1839 (DNL 18), S. 9-20; Gesamtabenteuer. Hundert altdeutsche Erzählungen, hg. von FRIEDRICH HEINRICH VON DER HAGEN, Bd. 3, Stuttgart – Tübingen 1850, Nachdr. Darmstadt 1961, S. 149-158; HEINRICH MEYER-BENFEY, Mittelhochdeutsche Übungsstücke, Halle/S. 1909, S. 73-83; Mären von dem Stricker, hg. von GUSTAV ROSENHAGEN, Halle/S. 1934 (ATB 35), S. 66-76 (vgl. auch ROSENHAGEN, Anm. 14, S. 206-211); Fabeln und Mären von dem Stricker, hg. von HEINZ METTKE, Halle/S. 1959 (ATB [Halle] 35), S. 88-109; Der Stricker, Erzählungen, Fabeln, Reden. Mittelhoch-

lichen kritischen Ausgabe von Hanns Fischer[17] wiederzugeben, nach der auch hier ›Der kluge Knecht‹ zitiert wird. Neben diesen kritischen Editionen und zweisprachigen Ausgaben dokumentieren darüber hinaus zahlreiche Übersetzungen ins Neuhochdeutsche[18] die dem Text von der Literaturwissenschaft zugemessene Bedeutung innerhalb der Stricker-Mären und der Märendichtung insgesamt.

Vor und neben den Mären des Strickers entstehen in der ersten Hälfte des 13. Jahrhunderts nur ganz vereinzelt weitere kurze Verserzählungen, die man mit Hanns Fischer ebenfalls als Mären bezeichnen kann, zum Beispiel schon um kurz nach 1200 die anonym überlieferte Erzählung ›Aristoteles und Phyllis‹.[19] Nach Fischers inzwischen klassischer Formulierung ist das mittelhochdeutsche Märe

"eine in paarweise gereimten Viertaktern versifizierte, selbständige und eigenzweckliche Erzählung mittleren (d.h. durch die Verszahlen 150 und 2000 ungefähr umgrenzten) Umfangs, deren Gegenstand fiktive, diesseitig-profane und unter weltlichem Aspekt betrachtete, mit ausschließlich (oder vorwiegend) menschlichem Personal vorgestellte Vorgänge sind".[20]

Diese etwas umständlich wirkende Beschreibung ist in erster Linie durch den Ausschluß verwandter Gattungen[21] entstanden, und so lassen sich mit jedem ihrer

---

deutsch/Neuhochdeutsch, hg., übers. und komm. von OTFRID EHRISMANN, Stuttgart 1992 (RUB 8797), S. 96-115; Novellistik des Mittelalters: Märendichtung, hg., übers. und komm. von KLAUS GRUBMÜLLER, Frankfurt/M. 1996 (BdM 23) (BdK 138), S. 10-29 und S. 1019-1029 (Kommentar).

[17] Der Stricker, Verserzählungen, hg. von HANNS FISCHER, Bd. I, 4., rev. Aufl. bes. von JOHANNES JANOTA, Tübingen 1979 (ATB 53), Bd. II (Mit einem Anhang: Der Weinschwelg), 4., durchges. Aufl. bes. von JOHANNES JANOTA, Tübingen 1997 (ATB 68) (›Der kluge Knecht‹ in Bd. I, S. 92-109, mit Abdruck der jüngeren Fassung im Variantenapparat).

[18] Genannt werden hier nur einige Übersetzungen mit wissenschaftlichem Anspruch: Schwankerzählungen des deutschen Mittelalters, ausgew. und übers. von HANNS FISCHER, 2. Aufl., München 1968, S. 221-227; Altdeutsches Decamerone, hg. und übertr. von WOLFGANG SPIEWOK, 2. Aufl., Berlin (Ost) 1984, S. 69-75; Die Nonne im Bade und andere deftige Schwänke des Mittelalters, hg. von ANNALISA VIVIANI, Königstein/Ts. 1986, S. 121-128; GRUBMÜLLER (Anm. 16), S. 11-29. Daneben existieren zahlreiche Nacherzählungen und Nachdichtungen.

[19] Vgl. HELLMUT ROSENFELD, Aristoteles und Phillis. Eine neu aufgefundene Benediktbeurer Fassung um 1200, in: ZfdPh 89 (1970), S. 321-336; FISCHER (Anm. 1), S. 309-311.

[20] FISCHER (Anm. 1), S. 62-63.

[21] Als 'Gattung' bezeichne ich eine Gruppe von Texten, die sich durch mehrere signifikante inhaltliche und formale Merkmale von anderen Textgruppen unterscheidet. Dabei muß nicht jeder Gattungsvertreter das gesamte Merkmalbündel aufweisen; vielmehr ist davon auszugehen, daß schon bald nach der Etablierung einer Gattung damit begonnen wird, einzelne Merkmale zu variieren, so daß die Beschreibung von Gattungsmerkmalen nur vom einzelnen Text ausgehend im synchronen und diachronen Vergleich mit anderen, ähnlichen Texten erfolgen kann. "Das bedeutet [...], daß sich die jeweiligen Bezugsgrößen nach ihrem Platz in der historischen Reihe verändern, daß diese ein Kontinuum bildet, in dem jedes Element jeweils mit dem vorhergehenden erkennbar verbunden sein muß, Anfangs- und Endpunkt aber sich weit voneinander entfernen können. Es ist diese mögliche Veränderung der jeweiligen Bezugsmuster im historischen Ablauf, die die Festlegung von Merkmalbündeln [...] für historische Gattungen methodisch so angreifbar und praktisch so schwierig

Merkmale bestimmte Textsorten vom Märe abgrenzen: in Prosa abgefaßte Literatur; Texte, die in einen größeren Zusammenhang gehören (z.b. in Schachbüchern); gnomische Dichtung (Freidank) und romanhafte Großformen (wie ›Der Pfaffe Amîs‹); historische (Chroniken) oder geistliche Texte (Legenden, Mirakel, Reden) sowie Fabeln. Der Begriff des 'Vorgangs' dient Fischer schließlich dazu, rein erörternde Texte auszusondern (Streitgespräche, Minnereden).[22] Diese Negativauslese läßt sich "positiv umformulieren", so daß man sagen kann, das Märe ist eine in Reimpaarversen abgefaßte, fiktive, weltliche, mit menschlichem Personal arbeitende Erzählung mittleren Umfangs.[23]

Kritik an dieser Umschreibung setzte jedoch schon an der gewählten Gattungsbezeichnung an. Um die mittelalterliche kurze Verserzählung von der neuzeitlichen Novelle abzusetzen, hat sich Fischer gegen die bis dahin übliche Bezeichnung 'mittelhochdeutsche Versnovelle'[24] für den Terminus 'Märe' entschieden – wohl wissend, daß es sich hierbei nicht um einen historischen Gattungsbegriff handelt und daß mhd. *daz mære* (st. N.) zunächst nichts weiter bedeutet als 'Nachricht, Neuigkeit, Bericht', konkreter dann auch 'Erzählung, Dichtung'.[25] Es wurde aber auch in Zweifel gezogen, daß sich das mittelhochdeutsche Märe grundsätzlich und gattungstheoretisch von den Erzählungen in Boccaccios ›Decamerone‹ abgrenzen läßt, in denen man die neuzeitliche Novellistik begründet sieht.[26]

---

macht" (KLAUS GRUBMÜLLER, Das Groteske im Märe als Element seiner Geschichte. Skizzen zu einer historischen Gattungspoetik, in: Kleinere Erzählformen des 15. und 16. Jahrhunderts, hg. von WALTER HAUG – BURGHART WACHINGER, Tübingen 1993 [Fortuna vitrea 8], S. 37-54, hier S. 47). Und schließlich ist in jeder Phase der Gattungsentwicklung mit breiten Übergangszonen in allen Randbereichen der Definition zu rechnen. Vgl. grundsätzlich dazu HANS ROBERT JAUSS, Theorie der Gattungen und Literatur des Mittelalters, in: GRLMA, Bd. 1, hg. von MAURICE DELBOUILLE, Heidelberg 1972, S. 107-138, sowie DERS., Alterität und Modernität der mittelalterlichen Literatur. Gesammelte Aufsätze 1956-1976, München 1977, S. 1-47.

[22] FISCHER (Anm. 1), S. 35-61.

[23] WALTER HAUG, Entwurf zu einer Theorie der mittelalterlichen Kurzerzählung, in: HAUG – WACHINGER (Anm. 21), S. 1-36, hier S. 4.

[24] So etwa in der zeitgleich mit FISCHER (Anm. 1) erschienenen Habilitationsschrift von KARL-HEINZ SCHIRMER, Stil- und Motivuntersuchungen zur mittelhochdeutschen Versnovelle, Tübingen 1969 (Hermaea N.F. 26). Kritik am Terminus 'Märe' übte vor allem JOACHIM HEINZLE, Märenbegriff und Novellentheorie. Überlegungen zur Gattungsbestimmung der mittelhochdeutschen Kleinepik, in: ZfdA 107 (1978), S. 121-138; DERS., Altes und Neues zum Märenbegriff, in: ZfdA 117 (1988), S. 277-296; DERS., Kleine Anleitung zum Gebrauch des Märenbegriffs, in: Kleinere Erzählformen im Mittelalter. Paderborner Colloquium 1987, hg. von KLAUS GRUBMÜLLER – LESLIE PETER JOHNSON – HANS-HUGO STEINHOFF, Paderborn – München – Wien – Zürich 1988 (Schriften der Universität-Gesamthochschule-Paderborn. Reihe Sprach- und Literaturwissenschaft 10), S. 45-48.

[25] Vgl. BMZ IIa, S. 71-78; LEXER I, Sp. 2045-2046.

[26] Dazu HANS-JÖRG NEUSCHÄFER, Boccaccio und der Beginn der Novelle. Strukturen der Kurzerzählung auf der Schwelle zwischen Mittelalter und Neuzeit, München 1969 (Theorie und Geschichte der Literatur und der schönen Künste 8); JOACHIM HEINZLE, Boccaccio und die Tradition

Allgemein akzeptiert wird zwar, "daß die Novellen 'mehr' zu bieten haben als die mit ihnen vergleichbaren Erzählungen: statt Einpoligkeit Doppelpoligkeit der Personalität, statt typischem Fall den einmaligen Fall, statt Fügung Selbstbehauptung, statt Endgültigkeit der Normen ihre Ambivalenz" sowie statt eines einfachen Aktion-Reaktion-Schemas mehrsträngiges Erzählen usw.[27] An welchem Punkt aber diese Unterschiede erstmals zu greifen sind (vielleicht erst bei Heinrich Kaufringer um 1400) und welche Konsequenzen sich daraus für ein historisches Gattungsverständnis ergeben, ist nach wie vor umstritten.

Für die Mären des Strickers ist diese Diskussion jedoch kaum relevant. Sein gerüsthaftes Erzählen wirft vielmehr Abgrenzungschwierigkeiten in Richtung weniger komplexer Formen auf, zum Beispiel in Richtung Bîspel, Fabel oder Reimpaarrede. Exemplarisch läßt sich dies an der Figurengestaltung des Strickers deutlich machen. Während in den hundert Novellen des ›Decamerone‹ durchweg vielschichtige, mehrere Charakterzüge in sich vereinende Figuren auftreten, die dem Leser dadurch, daß sie im Handlungsverlauf sogar ihr Verhalten ändern können, zu Persönlichkeiten werden, finden sich beim Stricker lediglich namenlose, typisierte Figuren, die nur in ihren Handlungsfunktionen bezeichnet werden: "*Ein man sprach ze sînem wîbe...* – so oder nur wenig variiert beginnt fast stereotyp ein Großteil der Mären des Strickers. Die Konstellation ist modellhaft reduziert: Mann und Frau, genauer ein Mann und seine Frau, ein Ehepaar, stehen gegeneinander: ortlos, zeitlos, ohne weitere Attribute, die sie über Geschlecht und Zuordnung hinaus charakterisieren könnten."[28] Analoges ließe sich über die zeitliche Situierung sowie die Schauplätze der Handlung sagen, die in den Strickermären zumeist im Nebel der Belanglosigkeit verborgen bleiben.

Schwierigkeiten bereitet daher vor allem eine Grenzziehung zwischen Märe und Bîspel. Mit dem mhd. Wort *bîspel* ('gleichnishafte Erzählung', wörtlich 'das dazu Erzählte') bezeichnet Fischer "eine spezielle Darbietungsform der kleinen Reimpaardichtung [...], die dadurch charakterisiert ist, daß sie an 'Erzählung' u n d 'Rede' Anteil hat und daß sie als Erzählung die niedrigste Größenordnung

---

der Novelle. Zur Strukturanalyse und Gattungsbestimmung kleinepischer Formen zwischen Mittelalter und Neuzeit, in: Wolfram-Studien, Bd. 5, zweites Schweinfurter Kolloquium 1976, hg. von WERNER SCHRÖDER, Berlin 1979 (Veröffentlichungen der Wolfram von Eschenbach-Gesellschaft), S. 41-63; JAN-DIRK MÜLLER, Noch einmal: Maere und Novelle. Zu den Versionen des Maere von den ›Drei listigen Frauen‹, in: Philologische Untersuchungen, gewidmet Elfriede Stutz zum 65. Geburtstag, hg. von ALFRED EBENBAUER, Wien 1984 (Philologica Germanica 7), S. 289-311.

[27] HANS-JOACHIM ZIEGELER, Boccaccio, Chaucer, Mären, Novellen: ›The Tale of the Cradle‹, in: GRUBMÜLLER – JOHNSON – STEINHOFF (Anm. 24), S. 9-31, hier S. 15.

[28] KLAUS GRUBMÜLLER, Tiere, Bauern, Paffen: Typisierung und kritische Distanz in der Kleinepik, in: Entzauberung der Welt. Deutsche Literatur 1200-1500, hg. von JAMES F. POAG – THOMAS C. FOX, Tübingen 1989, S. 35-51, hier S. 37.

vertritt" (im Umfang von etwa 50-150 Versen).[29] Er sieht im Bîspel nicht primär eine Gattung, "sondern so etwas wie ein poetisches Prinzip, das sich in verschiedenen Gattungen anwenden läßt: das Prinzip einer episch-didaktischen Darbietung, wobei der epischen Partie die Rolle zufällt, Illustrationsmaterial vorzuführen."[30] In ähnlicher Weise beschrieb bereits zuvor Helmut de Boor die spezielle Methode der *Significatio*-Auslegung als Prinzip der bîspelhaften Kleindichtung des Strickers.[31] Der Terminus 'Bîspel' kann demnach einerseits als Oberbegriff gelten "für alle zweiteiligen Formen, die sich aus einem Erzähl- oder Berichtsteil und einem erörternden Teil aufbauen"[32], andererseits aber auch als Gattungsbezeichnung für kürzere zweiteilige Reimpaartexte mit unselbständigem Bildteil, der erst durch die anschließende abstrahierende Auslegung seinen Sinn erhält. Dabei werden vor allem in den Bîspeln des Strickers Gegenstände und Begebenheiten aus dem unselbständigen Bildteil im Auslegungsteil punktuell vergleichend auf eine spezifische Lebenssituation bezogen.

> "Die Grundkonstellation des Vergleichs – angezeigt meist durch Vokabeln wie *Dem ritter tuot geliche...*, *Der wolf (hane) geliche...*, *Nu horet was ir geliche...* oder auch das häufige *Alsam tuot...*, *Alsam geschicht...* –, bei der sich die beiden Vergleichsglieder gleichberechtigt gegenüberstehen, bewirkt zumeist Gleichgewichtigkeit in den Proportionen: die illustrierende und die illustrierte Situation beanspruchen häufig annähernd den gleichen Versumfang."[33]

Und wenn für die Stricker-Mären gilt, daß dort die Figuren "reduziert sind auf die Vertretung anthropologischer Grundpositionen, z.B. auf die von Mann und Frau", damit "um so unmittelbarer [...] die Allgemeingültigkeit der [demonstrierten] Regel ablesbar" ist[34], so findet man diese Grundposition vielleicht im Bîspel noch unterschritten. Hier handelt es sich bei den Demonstrationsobjekten häufig nicht einmal mehr um Menschen oder Tiere, sondern um Pflanzen oder Gegenstände. Das der göttlichen Ordnung (lat. *ordo*) entsprechende Ursache-Folge-Schema kann eben an allem von Gott Geschaffenen exemplifiziert werden.

Diese spezifische Form des bîspelhaften Erzählens geht auf den Stricker zurück; zumindest ist er – wie beim Märe – für dessen weitere Verbreitung in Anspruch zu nehmen. Als Musterbeispiel soll hier ein dem Stricker zugeschriebenes Bîspel angeführt werden, das in einer Handschrift aus der Mitte des 14. Jahrhun-

---

[29] FISCHER (Anm. 1), S. 59.
[30] FISCHER (Anm. 1), S. 59-60, Anm. 134.
[31] HELMUT DE BOOR, Über Fabel und Bîspel, München 1966 (Sitzungsberichte der Bayerischen Akademie der Wissenschaften, philosophisch-historische Klasse 1966,1).
[32] KLAUS GRUBMÜLLER, Meister Esopus. Untersuchungen zu Geschichte und Funktion der Fabel im Mittelalter, Zürich – München 1977 (MTU 56), S. 46.
[33] GRUBMÜLLER (Anm. 32), S. 149; vgl. auch RAGOTZKY (Anm. 5), S. 170.
[34] GRUBMÜLLER (Anm. 28), S. 51.

derts mit folgendem Titel versehen wurde: *Daz bîspel ist von werltlichem guot, / Swer ez liset, der habz in sînem muot* (Melk, Stiftsbibl., Cod. R 18, S. 161)[35]:

> *Ein jäger fuor in einen walt,*
> *dâ wârn die affen ungezalt,*
> *dâ wolder jagen inne.*
> *dô sach er ein äffinne.*
> 5 *den hunden er vaste dar schrei.*
> *diu äffin het ir kinde zwei:*
> *der was si einem vil holt,*
> *an dem andern het si wol verdolt,*
> *daz ez hinder ir beliben wære,*
> 10 *daz was ir gar unmære.*
> *si truoc daz liebe kint hin.*
> *dô het daz leide den sin,*
> *daz ez si umbe den hals gevienc*
> *und ir sô vaste ane hienc,*
> 15 *daz siz ouch hin muose tragen.*
> *do begunde der jäger alsô jagen,*
> *daz si im niht mohte entrinnen.*
> *des wart si vil wol innen*
> *und warf daz lieber kint von ir.*
> 20 *daz wære ir wille und ir gir,*
> *daz si von dem leiden wær entladen.*
> *daz machet ir vil grôzen schaden:*
> *ez hienc ir an unz an die vart,*
> *daz si dâ mite gevangen wart.*
> 25 *Nu hœret unde merket mich,*
> *waz dem jäger sî gelich,*
> *der die äffinne brâht in nôt.*
> *daz ist der vil gewisse tôt,*
> *der uns allen ist beschaffen;*
> 30 *der jaget vil mangen affen.*
> *nu merket diu kint beide,*
> *daz liebe und daz leide.*
> *daz liebe kint ist werltlich guot,*
> *des man sich müelich abe getuot.*

---

[35] Text nach HAHN (Anm. 16), S. 39-41, mit kleineren Eingriffen und veränderter Interpunktion nach MOELLEKEN [u.a.] (Anm. 8), Bd. III/2, S. 385-389, und EHRISMANN (Anm. 16), S. 74-76. Für den Bildteil bedient sich der Stricker einer weit verbreiteten Fabel, vgl. dazu GERD DICKE – KLAUS GRUBMÜLLER, Die Fabeln des Mittelalters und der frühen Neuzeit. Ein Katalog der deutschen Versionen und ihrer lateinischen Entsprechungen, München 1987 (MMS 60), S. 18-23 (Nr. 13: Äffin und ihre Kinder). Dieselbe Fabel verarbeitet (in der Stricker-Nachfolge?) ein nur fragmentarisch erhaltenes, anonymes Bîspel des 13. Jahrhunderts (Erfurt, Domarchiv, Fragment 5, fol. 2rb-2vb), vgl. HEINRICH NIEWÖHNER, Erfurter Bruchstücke einer md. Bispel- und Märensammlung, in: PBB 65 (1941/1942), S. 175-181.

35 *daz hat manger unz an den tac,*
    daz ers niht mêr gehaben mac.
    die sünde sint das leide kint.
    swie leit si doch dem menschen sint,
    si halsent sich sô vaste an in.
40 *sô erz guot muoz werfen hin*
    und ez niht fürbaz bringen kan,
    sô hangent im die sünde an,
    unz in der tievel dermite væhet.
    het er si ê versmæhet
45 *und hete sich ir abe getân,*
    sô wurder manger nôt erlân.
    die affen sîn junc ode alt,
    ir aller muot ist sô gestalt,
    daz si vrömde fröude borgent
50 *unde selten rehte sorgent*
    umbe dehein künftige nôt.
    daz ist vil manges affen tôt.

Besonders deutlich wird an diesem Beispiel die proportionale Zweiteilung der Erzählung in Bild- und Auslegungsteil (Vv. 1-24 und 25-52). Innerhalb der Auslegung sind noch einmal ein konkreterer und ein abstrakterer Teil zu unterscheiden (Vv. 25-46 und 47-52). Im Gegensatz dazu ist das Märe als einteilig zu bezeichnen. Daran ändert auch nichts die Tatsache, daß die meisten Mären am Ende ebenfalls eine (moralische) Nutzanwendung enthalten, das sogenannte Epimythion, da dieses nicht den Zweck erfüllt, die Erzählung nach dem beschriebenen Verfahren in ihren Details auszudeuten, sondern nur – Erzählüberschüsse mißachtend – einen oft sogar scheinbar nebensächlichen Aspekt betont.

Zuletzt versuchte Hans-Joachim Ziegeler, das Märe aufgrund seiner spezifischen erzählerischen Organisationsform von Bîspel und Rede zu unterscheiden. Im Märe werde zur Durchsetzung des didaktischen Ziels in überwiegend auktorialer Erzählhaltung (im Unterschied zur Ich-Erzählung der Minnereden) ein 'Fall' präsentiert, dessen Akteure dem Rezipienten Identifikationsangebote machen:

"Während sich die Bispel von einem strikt auf bestimmte Schemata bezogenen Erzählen, von einem mit der Erzählung geführten Beweis Erfolge versprechen, versuchen die Mären, diesen Beweis dadurch anzutreten, daß sie dem Rezipienten Figuren vorführen, die zur Identifikation einladen. Damit wächst den Texten natürlich ein gewisses Maß an Unterhaltung, oft auch an Komik zu, das den Bispeln mangelt – ihre didaktisch-exemplarische Intention wird dadurch aber grundsätzlich nicht beeinträchtigt, vielmehr wird [im Märe] Erkenntnis durch Vergnügen (oder Mitleid) gestiftet."[36]

---

[36] HANS-JOACHIM ZIEGELER, Erzählen im Spätmittelalter. Mären im Kontext von Minnereden, Bispeln und Romanen, Zürich – München 1985 (MTU 87), S. 237.

Indem sich der Leser/Hörer mit einer der Figuren identifiziert, bewirke der Text bei ihm einen Erkenntnisgewinn. In der praktischen Analyse einzelner Mären erweisen sich die Kategorien 'Identifikation' bzw. 'Identifikationsangebot' jedoch als sehr subjektive, die nur wenig dazu geeignet sind, Textsorten zu klassifizieren. Grundsätzlich weiterführend sind hingegen Ziegelers Versuche, die Kleindichtung nach Erzähltypen zu untergliedern: Je nachdem, in welchen Konstellationen die Protagonisten miteinander agieren (überlegen – unterlegen, dumm – klug, schön – häßlich usw.) und in welcher Art und Weise der Erzähler Informationen über Handlung und Figuren an den Rezipienten weitergibt, unterscheidet Ziegeler verschiedene Typen, denen sich fast alle von ihm untersuchten Texte zuordnen lassen (auch wenn man über Einzelfälle durchaus streiten kann).[37]

"Der Gewinn der Ziegelerschen Arbeit liegt [...] in der Problematisierung der Differenzierungskriterien anhand einer Reihe von signifikanten Grenzfällen. Und seine Untersuchungen tragen damit weniger dazu bei zu erhellen, was das 'Märe' eigentlich ist – darf man wirklich von einer Organisationsform sprechen? –, als daß sie ein Instrumentarium bereitstellen, um den Einzelfall, vor allem den Sonderfall deskriptiv möglichst akkurat zu fassen."[38]

Die Bîspel kennzeichnet nach Ziegeler in der Regel ein einfach strukturiertes Ursache-Folge-Schema, welches in den Mären durch verschiedene Variationen und Zusatzmotivierungen zu einem komplexeren Aktion-Reaktion-Schema ausgebaut wird. Anschauliche Beispiele hierfür sind die sogenannten 'Ehestandsmären' des Strickers, die sich aufgrund vergleichbarer Handlungsstrukturen sogar zu Paaren zusammenstellen lassen: ›Das erzwungene Gelübde‹ und ›Das heiße Eisen‹ (einer der Ehepartner verletzt soziale Normen und erweist sich anschließend als uneinsichtig, was zu seiner Niederlage führt), ›Ehescheidungsgespräch‹ und ›Der Gevatterin Rat‹ (dem Ehemann wird die Absurdität seines Trennungswunsches vorge-

---

[37] ZIEGELER (Anm. 36), S. 123-210; FISCHER (Anm. 1), S. 101-113, unterscheidet nach inhaltlichen Kriterien drei Grundtypen: das moralisch-exemplarische, das schwankhafte und das höfisch-galante Märe. "Die immer wieder auftretende Schwierigkeit der Zuweisung eines Märe zu einem der [...] 'Grundtypen' ist dabei ein Hinweis auf deren gemeinsame Wurzel (beim Stricker ist der Unterschied – analytisch – aufgehoben bzw. – historisch – noch nicht existent)" (GRUBMÜLLER, Anm. 21, S. 46).

[38] HAUG (Anm. 23), S. 5. Nicht akzeptabel scheint mir die Kernthese HAUGS, das Märe lasse sich nicht als literarische Gattung definieren, sondern sei durch ein "Erzählen im gattungsfreien Raum" gekennzeichnet (S. 6). Dagegen sprechen schon die Grundkonstituenten der gattungsbegründenden Stricker-Mären, wie sie von RAGOTZKY (Anm. 5), S. 83-140, ZIEGELER (Anm. 36), S. 140-210, und GRUBMÜLLER (Anm. 21), S. 40-48, herausgearbeitet wurden. Im übrigen gibt es keinen Anlaß, FISCHERs Grundlagenarbeit wie HAUG (Anm. 23, S. 4) völlig zu ignorieren (seine Gattungsmerkmale sind ja nicht als falsch, sondern nur als nicht ausreichend kritisiert worden), und weiterhin ist zu bezweifeln, daß überhaupt ein 'Erzählen' möglich ist, "das nicht Sinn stiften will" (HAUG, Anm. 23, S. 10).

führt, bis er schließlich einsichtig ist), ›Die eingemauerte Frau‹ und ›Der begrabene Ehemann‹ (normgerechtes Handeln garantiert die gottgewollte Ordnung der Welt: in ›Der begrabene Ehemann‹ als Negativexempel vorgeführt). "Die Ehe als reichhaltige Fundgrube menschlicher Irritationen wird [...] funktionalisiert zum Modellfall menschlicher Beziehungen", sie spiegelt die Welt.[39] Deren gottgewollte Ordnung, "ihre Störung und ihre immer verbürgte, immer gelingende Restitution sind das Thema der Mären des Strickers, damit das Thema der ersten prägnanten und prägenden Realisierung der Gattung."[40] In dem hier zu behandelnden Text ›Der kluge Knecht‹ ist das Aktion-Reaktion-Schema (Verstoß gegen den Ordo und dessen Wiederherstellung) variiert zu einer kunstvoll arrangierten Überlistungshandlung[41] eines ständisch Unterlegenen, der aber als intellektuell Überlegener agiert.

Das Märe beginnt mit einer für die Kleinerzählungen des Strickers typischen, skizzenhaften Exposition; der Rezipient erfährt gleich zu Beginn von dem ehebrecherischen Verhältnis der Frau zum Pfarrer und hört auch, daß der Knecht Mitwisser der beiden ist:

> *Hœret, waz einem manne geschach,*
> *an dem sîn êlich wîp zebrach*
> *beide ir triuwe und ir reht.*
> *der hâte einen gevüegen kneht.*
> 5 *der wart des an ir innen,*
> *daz si begunde minnen*
> *heimlîche ir pfarrœre;*
> *daz was dem knehte swœre.*

In unnachahmlicher Kürze skizziert der Erzähler in nur sechs Verspaaren den Rahmen, in dem sich das Folgende ereignet. Die untreue Ehefrau wird als Rechtsbrecherin dargestellt, die sich, wie in der Gattung nicht selten, mit dem Pfaffen eingelassen hat, der Ehemann als ahnungslos, der Knecht hingegen als *gevüege*, sich 'angemessen, schicklich' oder auch 'geschickt, kunstfertig' verhaltend: ein Schlüsselbegriff, wie der Epilog des Textes zeigen wird. Thema der Geschichte ist

---

[39] OTFRID EHRISMANN, *der tîvel brâhte mich ze dir*. Vom Eheleben in Erzählungen des Strickers, in: Liebe – Ehe – Ehebruch in der Literatur des Mittelalters. Vorträge des Symposiums vom 13. bis 16. Juni 1983 am Institut für deutsche Sprache und mittelalterliche Literatur der Justus Liebig-Universität Gießen, hg. von XENJA VON ERTZDORFF – MARIANNE WYNN, Gießen 1984 (Beiträge zur deutschen Philologie 58), S. 25-40, hier S. 27. Vgl. auch INGRID STRASSER, *Und sungen ein liet ze prîse in einer hôhen wîse*. Zur Frage der höfischen Elemente in den Ehestandsmæren des Stricker, in: ABäG 15 (1980), S. 77-107.

[40] GRUBMÜLLER (Anm. 21), S. 40.

[41] Vgl. ZIEGELER (Anm. 36), S. 234.

nicht der Ehebruch, sondern die Sorge des Knechts, bei seinem Herrn in Ungnade zu fallen, wenn er ihm dessen Ahnungslosigkeit ohne handfeste Beweise offenbart:

> *er halz den meister umbe daz:*
> 10 *er vorhte, er würde im gehaz,*
> *ob er im des verjæhe,*
> *ê er die wârheit sæhe.*

Der Autor stellt also das Dienstverhältnis zwischen Herr und Knecht in den Mittelpunkt seiner Erzählung. Der Ehebruch, in den Mären bis in das 16. Jahrhundert hinein ein zentrales Motiv, dient hier ebenso wie in des Strickers 'Ehestandsmären' nur als handlungsauslösendes Moment, um die Verhaltensweisen der Figuren in einem exemplarischen Fall vorzuführen: Immer, wenn der Bauer mit seinem Knecht den Hof verläßt, um das Feld zu bestellen, lädt seine Frau den als *minnediep* (V. 23) bezeichneten Pfaffen zu einem Festmahl mit anschließendem Seitensprung ein. Unverfroren pflegt sie dem Bauern solch kulinarisches und sexuelles Vergnügen vorzuenthalten. Jede Nacht jagt sie ihn schon vor dem Sonnenaufgang aus dem Bett und auf den Acker:

> *si sprach: 'wil du die vart sparn,*
> 35 *unz uns diu naht gerûmet,*
> *sô hâst du dich versûmet.*
> *die tage sint zemâzen lanc;*
> *daz nim in dînen gedanc*
> *und var enwec balde.*
> 40 *ez ist verre hin ze walde;*
> *ouch sint diu rinder harte laz.*
> *du solt dich vrüejen deste baz.'*

Eines Tages beschließt der Knecht, der Sache ein Ende zu bereiten. Er besteht darauf, nicht ohne Frühstück das Haus zu verlassen. Verärgert serviert die Bäuerin ihrem Mann und dem Knecht Käse und Brot, bevor beide aufbrechen. Der Knecht muß sich von ihr dafür als Faulenzer beschimpfen lassen. Als er dann unterwegs auch noch den Bauern bittet, allein weiterzufahren, da er Handschuhe und Hut auf dem Hof vergessen habe und noch einmal zurückkehren müsse, wird ihm auch dies als Faulheit ausgelegt. *Tougen als ein diep* (V. 80) versteckt er sich daraufhin im Haus und beobachtet die Vorbereitungen für das heimliche Stelldichein: Die Hausherrin kauft Met, brät ein gefülltes Ferkel und backt ein Weißbrot, bevor sie nach ihrem Liebhaber schickt. Wegen der Verzögerung durch den Knecht am Morgen ist sie jedoch noch nicht fertig, als der Geistliche eintrifft und so haben sich beide gerade erst zu Tisch gesetzt, als der Bauer heimkehrt, um den Knecht zu suchen.

Die zornige Stimme des Hausherrn vor der Tür läßt das Paar glauben, sein Verhältnis sei entdeckt worden. Der Pfaffe fürchtet um sein Leben:

> *'vrouwe, hilf, daz ich den lîp*
> *behalde', sprach der pfaffe.*
> 120 *'ich wirde ein rehter affe,*
> *begrîfet mich der wirt hie.*
> *ich gewan sô grôze angest nie.*
> *ich hœre wol, im ist zorn;*
> *ich wæne, ich hân den lîp verlorn.'*

Die Frau sieht ebenfalls Unheil auf sich zukommen; sie schiebt den schlotternden Pfarrer daher unter eine Bank und räumt eilig den Tisch ab. Der Knecht beobachtet alles genau und merkt sich, wo sie die Sachen versteckt: *er was der vrouwen ze karc* (V. 132). Dann verläßt er sein Versteck und tritt gerade in dem Moment vor das Haus, als die Bäuerin ihrem Mann die Tür öffnet. Die wütenden Vorhaltungen über sein Ausbleiben entkräftet er mit einer erlogenen Geschichte (V. 153: *dô mahte er ein mære*) darüber, wie fleißig er inzwischen gewesen sei, und da er seinem Herrn sonst als zuverlässig gilt, legt sich dessen Zorn schnell wieder. Als sich jetzt aber die Frau bemüht, beide so schnell wie möglich wieder los zu werden, fällt der Knecht ein drittes Mal unangenehm auf, indem er erneut Essen verlangt (Vv. 175-199). Der Bauer ist einverstanden.

> 195 *daz gie dem wîbe an den lîp.*
> *ez müet ein ieslîchez wîp,*
> *diu einen zuoman hât,*
> *ob man in bî ir begât,*

kommentiert der Erzähler sentenzhaft. Während sie sich die Hände waschen, tischt die Hausherrin ihnen unter leisem Fluchen denselben Käse und dasselbe Brot auf wie am Morgen. Der Bauer sagt mit anerkennender Verwunderung zu dem Knecht:

> *'dîn vrouwe diu tuot rehte*
> *hiute allen den tac, sam si dich*
> 210 *noch harter vürhte denne mich.*
> *ich weiz wol, hœte ich mir nu*
> *ze ezzen gevodert alsam du,*
> *si wære mir niemer sô gereht.'*

Der Bauer spielt damit auf seine hierarchisch höhere Position an und ermahnt den Knecht zugleich, seine Rolle als Untergebener anzuerkennen. Dieser reagiert darauf, indem er beginnt, die zu Beginn übersetzte Geschichte vom Wolf vorzutragen:

> *'entriuwen, meister', sprach der kneht,*
> 215 *'ich hân nu lange den sin:*
> *mit swem ich her gewesen bin,*
> *daz man mîn nie niht engalt,*
> *wan ze einer zît, dô was der walt*
> *mit loube wol behangen;*
> 220 *dô quam ein wolf gegangen*
> *hin under mînes meisters swîn.*
> *diu schulde diu was niht elliu mîn,*
> *wan ich sîn leider niht ensach*
> *sô lange, unz mir ein leit geschach,*
> 225 *daz er begreif ein wênigez swîn.*

Die oben im Zusammenhang vorgetragene Übersetzung der Geschichte ließ nicht erkennen, daß der Knecht seine Erzählung mehrfach unterbricht, um Analogien aufzuzeigen zwischen seinem damaligen Versuch, den in die Schweineherde[42] eingebrochenen Wolf zu fangen, und seinem jetzigen Versuch, den Pfaffen als Ehebrecher zu entlarven. Damals war er allein und mußte aufgrund beschränkter Möglichkeiten die Verfolgung des Diebes abbrechen. Jetzt hat er zwar in seinem Herrn einen mächtigen Verbündeten; diesen aber muß der Knecht, der ja inzwischen aufgrund seines sonderbaren Benehmens bereits mehrfach in den Verdacht geraten war, unzuverlässig zu sein, möglichst diskret auf dessen Rolle als gehörnter Ehemann aufmerksam machen. Er bedient sich dazu der poetologischen Technik des Bîspels: Er erzählt ein *mære* (Vv. 230, 246, 263, 283, 305)[43], eine 'Erzählung', deren Ausdeutung er gleich anschließt.[44]

Die Binnenerzählung des Knechts entspricht mit weniger als 50 Versen der für ein Bîspel üblichen Kürze. Seine Erzählung ist zweigeteilt: Als für sich genommen nicht sinnstiftender Bildteil fungiert die (vermutlich erfundene) Erzählung vom Wolf in der Schweineherde, die mit etwa 32 Versen wesentlich umfangreicher ist als der den Zusammenhang herstellende Auslegungsteil mit nur etwa 13 Versen (die Übergänge sind fließend). Eine solche Verschiebung der Proportionen zugun-

---

[42] Daß der biblischen Vorstellung vom Hirten und seinen Schäfchen (Ps 23; Joh 10; Ez 34 etc.) im Bildteil der Erzählung Wolf und Schweineherde gegenüberstehen, läßt sich mit dem rollenüberschreitenden, sündhaften (ehebrecherischen) Verhalten des Pfaffen und der Frau erklären: "Im christlichen Symbolrepertoire figuriert der Wolf den Teufel, das Schwein gleichfalls" (EHRISMANN, Anm. 39, S. 30).

[43] Die Verwendung an diesen Stellen belegt noch einmal, daß sich aus den mhd. Begriffen *mære* und *bîspel* keine Gattungsdifferenzierung ableiten läßt. Dennoch sind sie dazu geeignet, als literaturwissenschaftliche Termini die oben als Märe bzw. Bîspel definierten Gattungen zu unterscheiden.

[44] Zur Ich-Erzählhaltung im Bildteil von Bîspeln vgl. beispielsweise die Nrr. I-IV, VI, XXX und XXXV bei FRANZ PFEIFFER, Altdeutsche Beispiele, in: ZfdA 7 (1849), S. 318-382; dazu auch ZIEGELER (Anm. 36), S. 105, Anm. 26 und S. 110.

sten des einen oder anderen Teils ist jedoch für das Bîspel nicht ungewöhnlich. Während der im epischen Präteritum gehaltene Erzählteil wie im Bîspel ein einmaliges, bereits vergangenes Ereignis schildert, abstrahiert der auf die Gegenwart bezogene Auslegungsteil jedoch nicht, wie es für das Bîspel charakteristisch wäre, eine allgemein gültige Regel aus dem erzählten Vorfall. Die Geschichte vom Wolf ist nur insofern als "Erfüllung einer Regel"[45] zu verstehen, als daß sie gerade den Ausnahmefall darstellt, der die Regel bestätigt: Nur dieses eine Mal ist der Knecht seiner Pflicht nicht nachgekommen. Jetzt kann sich der Bauer demnach auf ihn verlassen. Entsprechend dieser Umkehrung fehlt der Auslegung hier der zweite, abstraktere Teil, wie er für das Bîspel von der Äffin (Vv. 47-52) festzustellen war. Statt dessen wird jeweils der konkrete Erkenntnisgewinn des Bauern vorgeführt: Dieser kann als Rezipient alle Einzelheiten des Bildteils auf seine spezifische Situation beziehen, der Rezeptionsakt leistet unmittelbare Lebenshilfe und bereitet ihm sogar Vergnügen: Er handelt *vrœlîche* (V. 232).

Auch ein weiterer Unterschied zum Bîspel dient dazu, dem Leser/Hörer der Verserzählung zu demonstrieren, welchen Nutzen der Bauer aus seinem Erkenntnisgewinn ziehen kann: Bild- und Auslegungsteil werden nicht nacheinander, sondern ineinander verschachtelt dargeboten. Von diesen kontextbedingten Variationen abgesehen, könnte das, was der Knecht erzählt, ein Bîspel sein, wie es oben definiert wurde. Allerdings ergibt sich keine Analogie der Beziehungen, in denen die einzelnen Bestandteile von Bild- und Auslegungsteil zueinander stehen. Lediglich die Größen- bzw. Mengenangaben stimmen exakt überein.

Deshalb wird man die Binnenerzählung des Knechts kaum als Bîspel bezeichnen dürfen; sehr wohl aber funktioniert sie nach dem 'poetischen Prinzip' des Bîspels. Zunächst weist der Knecht den Bauern nach und nach auf die versteckten Speisen hin. Wie für das Bîspel charakteristisch, ist seine punktuelle Ausdeutung der Erzählung gekennzeichnet durch Formulierungen des Vergleichs: *daz was rehte als...* (V. 226), *græzer noch kleiner wan als...* (Vv. 240f.), *gemezzen* (V. 242), *gelich* (V. 243), *als... als* (Vv. 256-258), *vil rehte... als* (Vv. 276f.). Das gerissene Ferkel sei ebenso groß gewesen, wie das gebratene, das der Bauer dort oben sehen könne.

230 *'sich bezzernt dîniu mære',*
     sprach der meister wider in.
     er gie vrœlîche hin
     und nam daz swîn, dâ erz gesach.

---

[45] Im Unterschied zum Märe ist "die Normalität des Erzählten" im Bîspel die "Folge eines Darstellungsmodus, der das Geschilderte als Erfüllung einer Regel begreift" (ZIEGELER, Anm. 36, S. 111).

Der Stein, den der Knecht nach dem Wolf warf, sei genau so groß gewesen, wie das versteckte Weißbrot, und aus der dabei entstandenen Wunde sei soviel Blut geflossen, wie dort oben Met in der Kanne sei, erzählt *der kündige knabe* (V. 248). Dem Bauern gefällt die Geschichte zunehmend besser; das Vertrauen zu seinem Knecht ist jetzt wiederhergestellt, und er kommentiert dessen Enthüllungen wie folgt:

> *er sprach: 'entriuwen, ich spür*
> *die sælde an dînen mæren wol,*
> *daz ich siu gerne hœren sol;*
> 265 *si sint beide guot und reht.'*

Indem der Knecht als Erzähler seinen Zuhörer schrittweise an das angewandte Erzählverfahren heranführt, nämlich die punktuelle Gleichsetzung erzählter Details mit der Lebensrealität des Bauern, bereitet er diesen darauf vor, die letzte Einsicht, die in das ehebrecherische Verhältnis seiner Frau, selbst zu gewinnen. Zugleich macht er deutlich, daß er seine Stellung als Untergebener nicht verletzen will, denn so wie er einst machtlos vor dem Versteck des Wolfes gestanden hatte, so kann er jetzt nur hilflos auf den Pfaffen zeigen, *der dort stecket under der banc* (V. 279). Nun jedoch nutzt ihm die sorgfältige Heranführung des Rezipienten an das poetische Verfahren des Bîspels:

> 280 *der meister mit zorn ûfspranc*
> *und gevie den pfaffen bî dem hâr.*
> *er sprach: 'nu bin ich zewâr*
> *dîner mære an ein ende komen*
> *und hân vil rehte vernomen,*
> 285 *wes mich dîn vrouwe ûzjaget*
> *ze allen zîten, ê ez taget.'*

Die Strategie des Binnenerzählers ist aufgegangen. Mit Hilfe der bîspelhaften Erzählung ist es ihm gelungen, seinen Hörer "interpretationsfähig zu machen, damit er die aktuelle Situation [...] richtig erkennen, deuten und entsprechend handeln kann."[46] Der Herr übernimmt nun, was dem Knecht nicht zugestanden hätte: Der Pfaffe wird so lange festgehalten, bis er dem Bauern umfangreichen Schadenersatz zusichert und er kann froh sein, mit dem Leben davon zu kommen. Auch der Frau wird Gnade gewährt; statt der rechtlich möglichen Todesstrafe erhält sie 'nur' Prügel, verliert aber auf Dauer die Gunst ihres Gatten (vgl. die Vv. 300-302).

---

[46] RAGOTZKY (Anm. 5), S. 184.

Das Verhältnis zwischen dem Knecht und seinem *meister* ist dagegen durch das geschickte Erzählen nach dem poetischen Prinzip des Bîspels dem Ordo entsprechend wiederhergestellt, wie der Erzähler bilanzierend betont –

>   *der kneht was dem meister liep,*
>   *daz er im zeigte sînen diep*
> 305 *sô gevuoge âne bœsiu mære.*
>   *ez wære ein michel swære,*
>   *hæte er imz anders geseit*

–, und die Handlung abgeschlossen; es folgt das für die Strickermären typische Nachwort, das sogenannte Epimythion, in dem der Autor den Erzähler auf einer abstrakteren Ebene zusammenfassen läßt, was der Hörer/Leser seiner Meinung nach aus dem Erzählten lernen kann. Den kunstvollen Aufbau des Epimythions nach den Regeln der Expolitio hat Karl-Heinz Schirmer aufgezeigt: "Das rhetorische Schema der expolitio war besonders geeignet, den Zuhörern die Moral der Geschichte einzuschärfen, weil es wie kein anderes die Gedanken in Schritt und Gegenschritt entfaltet und so die zu widerlegende Gegenposition in seine Argumentation einbezieht."[47] Das Folgende ist daher nicht nur auf die Figur des Knechts bezogen, sondern wendet sich auch direkt an den Rezipienten des Mære:

>   *Der vriuntlîche kündikeit*
>   *mit rehter vuoge kan begân,*
> 310 *der hât dar an niht missetân.*
>   *kündikeit hât grôzen sin.*
>   *er erwirbet valschen gewin,*
>   *der si mit valsche zeiget,*
>   *der hât sîn lop geveiget.*
> 315 *der dâ vriuntlîche wirbet mite,*
>   *daz ist ein hovelîcher site.*
>   *man mac mit kündikeit begân*
>   *daz vil hovelîche ist getân.*
>   *daz merket bî dem knehte.*

Der Stricker wendet die bis dahin in der mittelalterlichen Literatur stets negativ konnotierte Eigenschaft der *kündikeit* ('Verschlagenheit', 'Listigkeit') "durch die flankierenden Begriffe *vriuntlich* und *rehte vuoge* programmatisch" ins Positive.[48]

---

[47] SCHIRMER (Anm. 24), S. 111-116, hier S. 115.
[48] RAGOTZKY (Anm. 5), S. 88. Zum Begriff vgl. ELFRIEDE STUTZ, Versuch über mhd. *kündekeit* in ihrem Verhältnis zur Weisheit, in: Digressionen. Wege zur Aufklärung. Festgabe für Peter Michelsen, hg. von GOTTHARDT FRÜHSORGE – KLAUS MANGER – FRIEDRICH STRACK, Heidelberg

In ›Der kluge Knecht‹ kann daher unter *kündikeit* mit Hedda Ragotzky "ein situationsspezifisches Interpretations- und Handlungsvermögen" verstanden werden, "das auf das ordogemäße Zusammenspiel der Rollen und in diesem Sinne auf die Wahrung oder Wiederherstellung von Recht abzielt."[49] Für den Knecht ist damit ausgedrückt, daß er von Anfang an die Handlungsweisen aller beteiligten Personen vorausahnen und entsprechend geschickt handeln konnte. Wenn das Verhalten des in der dörflichen Umgebung anzusiedelnden Knechts schließlich auf die höfische Gesellschaft appliziert wird, zeigt sich darin der universale Geltungsanspruch der gepriesenen Eigenschaft. Für den Stricker ist *kündikeit* "eine überständische Kategorie"[50], und auch sein höfisch-adliges Publikum muß dies spätestens dann erkennen, wenn es durch den Erzähler aufgefordert wird: *daz merket bî dem knehte* (V. 319).

In der folgenden Passage, dem Exemplum contrarium (Vv. 320-334), zeigen die Konjunktive (*schüefen, ervüere, geswüere, würde* sowie sechsfaches *hæte*) noch einmal an, daß der Knecht seine Existenz gefährdet hätte, wäre es ihm nicht gelungen, die Ehebrecher in flagranti zu erwischen. Ohne jeden Beweis wäre er der hierarchisch höherstehenden Bäuerin im Wettstreit um das Vertrauen des Hausherrn unterlegen, so daß dieser schließlich geglaubt hätte, *der kneht hæte in betrogen / und hæte die vrouwen anegelogen / durch sînen bœsen haz* (Vv. 331-333). Dieses Schicksal abzuwenden war ihm nur durch *gevüege kündikeit*, 'situationsspezifisch angewandte Klugheit', möglich:

335 *daz was allez hingeleit*
     mit einer gevüegen kündikeit.
     des enhazze ich kündikeit niht,
     dâ si mit vuoge noch geschiht.

Der Erzähler betont noch einmal, daß es nur die *gevüegiu kündikeit* ist, die er schätzt. Die Schlußworte des Epilogs sind daher zugleich eine Warnung vor dem, was ein intellektuell Überlegener anrichten kann, wenn er es darauf abgesehen hat, anderen zu schaden. Beispiele dafür liefert der Stricker in seinen eigenen Werken, etwa in ›Der begrabene Ehemann‹ (auch wenn die Frau V. 247 als *ein tumbez wîp* bezeichnet wird), in ›Die Martinsnacht‹ (ein *karger* und *kündiger* Dieb, vgl. Vv. 9

1984 (Beiträge zur neueren Literaturgeschichte 3, 63), S. 33-46; CHRISTOPH STEPPICH, Zum Begriff der *wisheit* in der Kleindichtung des Strickers, in: Dialectology, Linguistics, Literature. Festschrift for Carroll E. Reed, hg. von WOLFGANG W. MOELLEKEN, Göppingen 1984 (GAG 367), S. 275-316.

[49] RAGOTZKY (Anm. 5), S. 84, Anm. 1.
[50] RAGOTZKY (Anm. 5), S. 89.

und 22) oder im Märenroman ›Der Pfaffe Amîs‹ (der schlaue und hinterlistige Protagonist ist *kündic als ein tahs*, V. 1264, und betrügt die Dummen der Welt).

Strickers Erzählung ›Der kluge Knecht‹ steht wie viele mittelalterliche Mären des deutschen Sprachraums in einer langen Stofftradition.[51] Möglicherweise geht der Handlungskern zurück auf ein nicht erhaltenes lateinisches Exempel, dessen sich im 13. Jahrhundert auch das altfranzösische Fabliau ›Le povre clerc‹[52] und die ebenfalls in Frankreich entstandene dominikanische Exempelsammlung ›Compilatio singularis exemplorum‹[53] bedient haben könnten. Genaue Abhängigkeitsverhältnisse sind hier jedoch nicht auszumachen. Im Spätmittelalter variieren unter anderem Heinrich Kaufringer und Hans Rosenplüt[54] den Stoff, der dann auch Eingang findet in die Schwanksammlungen des 16. Jahrhunderts, z.B. in die von Burkhard Waldis, Martin Montanus, Valentin Schumann oder Michael Lindener.[55] In all diesen Fassungen deckt ein Knecht bzw. Student mit Witz und Verstand den Ehebruch seiner Herrin bzw. Gastgeberin auf; im Fabliau wird ebenfalls das Erzählen und Rezipieren von Geschichten thematisiert, wenn der Bauer den *clerc* aufgrund seiner Bildung dazu auffordert, die Langeweile zu vertreiben (*Car nos dites une escriture / O de chançon o d'avanture...*, Vv. 129f.) und dieser erklärt: *Sire, fait il, ne sai comment / Fables deïsse, que ne sai...* (134f.), aber nur

---

[51] Dazu grundsätzlich FRAUKE FROSCH-FREIBURG, Schwankmären und Fabliaux. Ein Stoff- und Motivvergleich, Göppingen 1971 (GAG 49), zu ›Der kluge Knecht‹ S. 80-86; vgl. auch GRUBMÜLLER (Anm. 16), S. 1023-1026.

[52] Nouveau Recueil complet des fabliaux, hg. von WILLEM NOOMEN, Bd. 7, Van Gorcum - Assen 1993, S. 255-269 (Nr. 79), Übersetzung bei ERNST TEGETHOFF, Märchen, Schwänke und Fabeln, München 1925 (Bücher des Mittelalters 4), S. 167-169 (nach: Recueil général et complet des fabliaux des XIIIe et XIVe siècles par ANATOLE DE MONTAIGLON - GASTON RAYNAUD, Bd. 5, Paris 1883, S. 192-200).

[53] Zum "bewußten Interesse des Kompilators [der ›Compilatio singularis exemplorum‹] an erzählerischer Kunst um ihrer selbst willen" vgl. MICHAEL CHESNUTT, Exempelsammlungen (im Mittelalter), in: EM Bd. 4 (1984), Sp. 592-604, hier Sp. 599; einzige Ausgabe des Exempels vom armen Studenten ist bislang die Übersetzung von ALBERT WESSELSKI, Märchen des Mittelalters, Berlin 1925, S. 73-79 und 216-217.

[54] Heinrich Kaufringer, Werke, Bd. I: Text, hg. von PAUL SAPPLER, Tübingen 1972, S. 140-153 (›Die Rache des Ehemannes‹); Hans Rosenplüt, ›Der fahrende Schüler II‹, in: Die deutsche Märendichtung des 15. Jahrhunderts, hg. von HANNS FISCHER, München 1966 (MTU 12), S. 189-201. Zum Erkenntniswert dieser Bearbeitungen für die Entwicklung der Gattung vgl. GRUBMÜLLER (Anm. 21).

[55] Esopus von Burkhard Waldis (1548), hg. und mit Erl. vers. von HEINRICH KURZ, T. 2, Leipzig 1862 (Deutsche Bibliothek 2,2), S. 155-162; Martin Montanus, Schwankbücher (1557-1566), hg. von JOHANNES BOLTE, Tübingen 1899 (StLV 217), Nachdr. Hildesheim - New York 1972 (Volkskundliche Quellen. Neudrucke europäischer Texte und Untersuchungen. III. Märchen und Schwank), S. 408-411; Valentin Schumann, Nachtbüchlein (1559), hg. von JOHANNES BOLTE, Tübingen 1893 (StLV 197), Nachdr. Hildesheim - New York 1976 (Volkskundliche Quellen. Neudrucke europäischer Texte und Untersuchungen. VI. Soziologische Volkskunde), S. 14-16; Michael Lindener, Schwankbücher: Rastbüchlein und Katzipori, hg. von KYRA HEIDEMANN, Bd. 1: Texte, Bern [u.a.] 1991 (Arbeiten zur mittleren deutschen Literatur und Sprache 20.1), S. 16-18.

der Stricker reflektiert die Situation aus seiner Perspektive als Autor und Erzähler von Geschichten, aus denen man etwas lernen kann.[56]

Wenn man die Funktion der bîspelhaften Binnenerzählung innerhalb der Handlung darin sieht, daß der Knecht "in prekärer Situation das, was sich als direkte Mitteilung verbietet, der Deutungsaktivität des Betroffenen" überlassen kann[57], so gilt dies erst recht für den hier behandelten Text insgesamt. Bei diesem und bei allen anderen als Mären zu definierenden Erzählungen besteht für den Rezipienten (mehr noch als beim Bîspel) die Notwendigkeit, das Gehörte bzw. Gelesene auf seine eigene Situation zu beziehen, und es bietet sich ihm dann die Möglichkeit, aus der Erzählung etwas zu lernen (vgl. V. 319: *daz merket...*).[58]

Während das Bîspel durch den textimmanenten Deutungsvorgang keinen Spielraum läßt für andere als die dargebotene Deutung, erschließt sich der Sinn der Mären weniger unmittelbar. Ihre Intention erfaßt nur der an literarischen Techniken geschulte Rezipient; dieser kann aus dem Märe ›Der kluge Knecht‹ Erkenntnis darüber gewinnen, welchen konkreten Nutzen es bringen kann, solche Erzählungen zu rezipieren. Diese Leistung der mittelalterlichen Kleindichtung erhebt der Stricker schon im Prolog des Textes zum Thema, wenn er sein Publikum topisch zur Aufmerksamkeit auffordert: *Hœret, waz einem manne geschach* (V. 1). Das bemerkenswerte Ereignis, auf das er sein Publikum mit dieser Formulierung hinweist, ist nicht der Ehebruch der Bauersfrau (dieser wird vielmehr im Nachsatz, V. 2, sogleich als Faktum erwähnt), sondern der Vorgang, der einen Erkenntnisprozeß des Bauern in Gang setzt. Dieser wird nämlich initiiert durch eine nach dem poetischen Prinzip des Bîspels ausgelegte Erzählung und durch einen Erzähler, der sich durch *gevüege kündikeit* auszeichnet – eine Eigenschaft, die wohl auch der Stricker

---

[56] Auch in anderen Stricker-Texten finden sich (bisher kaum untersuchte) Reflexionen über Produktion und Rezeption literarischer Werke, etwa in ›Die eingemauerte Frau‹ (Vv. 359-400), in ›Die Minnesänger‹ (Vv. 223-324) oder im Märenroman ›Der Pfaffe Amîs‹ (Vv. 1-20). Vgl. dazu HEDDA RAGOTZKY – CHRISTA ORTMANN, Significatio laicalis. Zur Autorrolle in den geistlichen Bispeln des Strickers, in: Die Vermittlung geistlicher Inhalte im deutschen Mittelalter. Internationales Symposium Roscrea 1994, hg. von TIMOTHY R. JACKSON – NIGEL F. PALMER – ALMUT SUERBAUM, Tübingen 1996, S. 237-253; KLAUS GRUBMÜLLER, Schein und Sein. Über Geschichten in Mären, in: Erzählungen in Erzählungen. Phänomene der Narration in Mittelalter und Früher Neuzeit. Festschrift für Dieter Kartschoke, hg. von HARALD HAFERLAND – MICHAEL MECKLENBURG, Berlin 1996, S. 243-257; UDO FRIEDRICH, Metaphorik des Spiels und Reflexion des Erzählens bei Heinrich Kaufringer, in: IASL 21 (1996), S. 1-30.

[57] RAGOTZKY (Anm. 5), S. 133-134.

[58] Darin sehe ich – gegen HAUG (Anm. 23), S. 7 und 11, der das Sinnlose als konstitutives Element mittelalterlicher Kurzerzählungen auffaßt – eine der "Vorgaben" des Märe, die "Sinn zu stiften vermöchten"; vgl. auch GRUBMÜLLER (Anm. 21), S. 45: "Das Sinnlose (um Haug aufzugreifen) erhält [...] über die Exempelfunktion der Stricker-Mären einen präzise angebbaren Sinn: Es ist Illustrationsmaterial für die Schäden, die ein Verfehlen der gottgewollten Lebensordnung verursacht, und Demonstrationsmittel für den Nutzen ihrer Beachtung und Bewahrung."

als Verfasser des Textes für sich selbst in Anspruch nimmt[59], denn mit ihrer Hilfe lassen sich Verhaltensregeln und Ratschläge an ein ständisch höherstehendes Publikum vermitteln – eine Situation, in der sich der Stricker als Berufsdichter permanent befunden haben dürfte. Vielleicht läßt sich mit dieser Rolle des Autors als sein höfisches Publikum belehrender Fahrender[60] sogar das Entwickeln und Verbreiten, also die Literarisierung der neuen volkssprachlichen Gattungen Bîspel und Märe erklären.[61]

---

[59] Vgl. auch die Aussage im Prolog zu ›Der Pfaffe Amîs‹: *ich kan gevüeger worte vil* (V. 17). In ›Das erzwungene Gelübde‹ trägt die Frau an den ihr überlegenen Ehemann Verhaltensmaßregeln heran, um die ordogemäße Rollenverteilung in der Ehe wiederherzustellen; auch sie muß sich dazu ausgesprochen geschickt verhalten und bedient sich deshalb des Rates einer Gevatterin *mit witzen* (V. 84).

[60] Ein differenziertes Bild dieser gesellschaftlichen Randgruppe zeichnet die umfangreiche Monographie von ERNST SCHUBERT, Fahrendes Volk im Mittelalter, Bielefeld 1995.

[61] Für den bekanntesten Fahrenden des Mittelalters, Walther von der Vogelweide, ist das Verfahren, Ratschläge an ein sozial höher gestelltes Publikum zu geben, bereits gründlicher erforscht; in seiner ebenfalls innovativen Sangspruchdichtung geht Walther dabei so geschickt vor, daß die wesentlichen Teile seiner Argumentationen nicht mehr Gegenstand einer Auseinandersetzung werden können. Vgl. GERHARD HAHN, Möglichkeiten und Grenzen der politischen Aussage in der Spruchdichtung Walthers von der Vogelweide, in: Deutsche Literatur im Mittelalter. Kontakte und Perspektiven. Hugo Kuhn zum Gedenken, hg. von CHRISTOPH CORMEAU, Stuttgart 1979, S. 338-355; CHRISTA ORTMANN, Der Spruchdichter am Hof. Zur Funktion der Walther-Rolle in Sangsprüchen mit *milte*-Thematik, in: Walther von der Vogelweide. Hamburger Kolloquium 1988 zum 65. Geburtstag von Karl-Heinz Borck, hg. von JAN-DIRK MÜLLER – FRANZ JOSEF WORSTBROCK, Stuttgart 1989, S. 17-35; ULRICH BALTZER, Strategien der Persuasion in den Sangsprüchen Walthers von der Vogelweide, in: ZfdA 120 (1991), S. 119-139; FERDINAND URBANEK, Die *genera dicendi* in der Dichtung Walthers von der Vogelweide, in: ZfdPh 114 (1995), S. 1-28.

AUSWAHLBIBLIOGRAPHIE

Texte

Der Stricker, Verserzählungen, hg. von Hanns Fischer, Bd. I, 4., rev. Aufl. bes. von Johannes Janota, Tübingen 1979 (ATB 53).
Der Stricker, Verserzählungen, hg. von Hanns Fischer, Bd. II (Mit einem Anhang: Der Weinschwelg), 4., durchges. Aufl. bes. von Johannes Janota, Tübingen 1997 (ATB 68).
Die Kleindichtung des Strickers. Gesamtausgabe in fünf Bänden, hg. von Wolfgang Wilfried Moelleken – Gayle Agler-Beck – Robert E. Lewis, Göppingen 1973-1978 (GAG 107/I-V).
Der Stricker, Erzählungen, Fabeln, Reden. Mittelhochdeutsch/Neuhochdeutsch, hg., übers. und komm. von Otfrid Ehrismann, Stuttgart 1992 (RUB 8797).
Novellistik des Mittelalters: Märendichtung, hg., übers. und komm. von Klaus Grubmüller, Frankfurt/M. 1996 (BdM 23) (BdK 138).

Forschungsliteratur

Otfrid Ehrismann, *der tîvel brâhte mich ze dir*. Vom Eheleben in Erzählungen des Strickers, in: Liebe – Ehe – Ehebruch in der Literatur des Mittelalters. Vorträge des Symposiums vom 13. bis 16. Juni 1983 am Institut für deutsche Sprache und mittelalterliche Literatur der Justus Liebig-Universität Gießen, hg. von Xenja von Ertzdorff – Marianne Wynn, Gießen 1984 (Beiträge zur deutschen Philologie 58), S. 25-40.
Hanns Fischer, Studien zur deutschen Märendichtung, 2., durchges. und erw. Aufl. bes. von Johannes Janota, Tübingen 1983.
Karl-Ernst Geith – Elke Ukena-Best – Hans-Joachim Ziegeler, Der Stricker, in: ²VL Bd. 9 (1996), Sp. 417-449.
Klaus Grubmüller, Maere, in: Killy Bd. 14: Begriffe, Realien, Methoden, hg. von Volker Meid. Gütersloh – München 1993, S. 63-66.
Klaus Grubmüller, Das Groteske im Märe als Element seiner Geschichte. Skizzen zu einer historischen Gattungspoetik, in: Kleinere Erzählformen des 15. und 16. Jahrhunderts, hg. von Walter Haug – Burghart Wachinger, Tübingen 1993 (Fortuna vitrea 8), S. 37-54.
Joachim Heinzle, Märenbegriff und Novellentheorie. Überlegungen zur Gattungsbestimmung der mittelhochdeutschen Kleinepik, in: ZfdA 107 (1978), S. 121-138.
Joachim Heinzle, Altes und Neues zum Märenbegriff, in: ZfdA 117 (1988), S. 277-296.
Arend Mihm, Überlieferung und Verbreitung der Märendichtung im Spätmittelalter, Heidelberg 1967 (Germanische Bibliothek. Reihe 3: Untersuchungen und Einzeldarstellungen).

HEDDA RAGOTZKY, Gattungserneuerung und Laienunterweisung in Texten des Strickers, Tübingen 1981 (Studien und Texte zur Sozialgeschichte der Literatur 1).

KARL-HEINZ SCHIRMER, Das Märe. Die mittelhochdeutsche Versnovelle des späteren Mittelalters, Darmstadt 1983 (WdF 558).

KARL-HEINZ SCHIRMER, Stil- und Motivuntersuchungen zur mittelhochdeutschen Versnovelle, Tübingen 1969 (Hermaea N.F. 26).

INGRID STRASSER, Übernahme von Literatur. Zwei Fallbeispiele: Hartmanns ›Erec‹ und ›Der kluge Knecht‹ des Strickers, in: Kultureller Austausch und Literaturgeschichte im Mittelalter. Kolloquium im Deutschen Historischen Institut Paris 16.-18.3.1995, hg. von INGRID KASTEN – WERNER PARAVICINI – RENÉ PÉRENNEC, Sigmaringen 1998 (Beihefte der Francia 43), S. 185-199.

ELFRIEDE STUTZ, Versuch über mhd. *kündekeit* in ihrem Verhältnis zur Weisheit, in: Digressionen. Wege zur Aufklärung. Festgabe für Peter Michelsen, hg. von GOTTHARDT FRÜHSORGE – KLAUS MANGER – FRIEDRICH STRACK, Heidelberg 1984 (Beiträge zur neueren Literaturgeschichte 3, 63), S. 33-46.

HANS-JOACHIM ZIEGELER, Erzählen im Spätmittelalter. Mären im Kontext von Minnereden, Bispeln und Romanen, Zürich – München 1985 (MTU 87).

HANS-JOACHIM ZIEGELER, Beobachtungen zum Wiener Codex 2705 und zu seiner Stellung in der Überlieferung früher kleiner Reimpaardichtung, in: Deutsche Handschriften 1100-1400. Oxforder Kolloquium 1985, hg. von VOLKER HONEMANN – NIGEL F. PALMER, Tübingen 1988, S. 469-526.

Die Kunst der Variation:
Neidharts Lyrik am Beispiel von Sommerlied 14

TOMAS TOMASEK

I. Zum Autor

Neben Walther von der Vogelweide ist Neidhart der bei weitem am besten überlieferte Autor unter den mittelhochdeutschen Lyrikern: In 25 Handschriften sowie drei Drucken des 13. bis 16. Jahrhunderts werden ihm etwa 1500 Strophen zugewiesen.[1] Die besondere Bedeutung dieses Hauptvertreters des *dörperlichen* Minnesangs zeigt sich indes nicht erst an der Überlieferung seines Werkes, sondern sie spiegelt sich bereits in den Reaktionen der Zeitgenossen. Während sich Walther von der Vogelweide gegenüber der Neidhartschen Kunst eher kritisch verhielt,[2] widmete kein Geringerer als Wolfram von Eschenbach *hêrn Nîthart* im 'Willehalm' eine wohlwollend-kollegiale Anspielung (Wh. 312,12ff.), und der Dichter des 'Helmbrecht' berief sich ausdrücklich auf den (verstorbenen) Neidhart als Autorität der literarischen Bauernschilderung.[3]

Als jüngerer Zeitgenosse der "Klassiker" verfügte Neidhart somit bereits um 1217, während Wolfram an seinem Spätwerk 'Willehalm' arbeitete, über einige Reputation. Geographisch gehört sein Schaffen in den bayerisch-österreichischen Raum, wobei in einer größeren Gruppe von Neidhart-Liedern, die man der späteren Phase zurechnet, österreichische Personen- und Ortsnamen dominieren. Während die Anfänge der Neidhartschen Dichtung in Bayern liegen,[4] hat sich der Sänger in seiner zweiten Schaffensperiode offenbar um die Gunst des Wiener Hofes, des für den Minnesang bedeutendsten literarischen Zentrums der Zeit (an dem auch Walther von der Vogelweide aufgetreten ist), bemüht und sich zuletzt vornehmlich in Österreich aufgehalten. Mehrere Bittstrophen an den österreichi-

---

[1] Die Handschriften und Drucke sind zusammengestellt bei: GÜNTHER SCHWEIKLE, Neidhart, Stuttgart 1990 (SM 253), S. 2-20. – Zur Echtheitsproblematik in der Neidhartüberlieferung s. ebd. S. 32-40 sowie die Ausführungen am Ende des vorliegenden Aufsatzes.

[2] Vgl. vor allem Walthers Lied *Owê, hovelîchez singen* (Cor. 41; L. 64,31ff.). – Zur Zitierung der Lieder Walthers s.o. S. 126, Anm. 5.

[3] Wernher der Gartenære, Helmbrecht, hg. von FRIEDRICH PANZER, 9., neubearb. Aufl. bes. von KURT RUH, Tübingen 1974 (ATB 11), v. 217ff.

[4] Vgl. KARL BERTAU, Neidharts "bayrische Lieder" und Wolframs 'Willehalm', in: ZfdA 100 (1971), S. 296-324.

schen Herzog Friedrich II. legen nahe, daß Neidhart ein von Entlohnung abhängiger Berufssänger gewesen ist. Sein Lebensende wird um (bzw. mit Helmut Birkhan bald nach) 1240 angenommen, zumal in seinen Liedern der Tod Herzog Friedrichs im Jahre 1246 keine Erwähnung findet.[5]

Der Weggang von Bayern nach Österreich, der sich etwa um 1230 vollzogen haben muß und dessen genaue Ursache unbekannt ist[6], stellt in Neidharts Werk eine bedeutende Zäsur dar. In einem der Lieder, die diesen Wechsel reflektieren, erklärt das Sänger-Ich, daß es als Protest für erfahrenes Unrecht mit dem Gang nach Österreich auch sein bisheriges poetisches Markenzeichen *Riuwental* (vgl. dazu u. S. 212f.) ablegen wolle:

> "Woran soll man mein Gesinge in Zukunft erkennen? / Bislang erkannte man es gut am 'Reuental'. / So sollte mein Name auch rechtmäßig lauten. / Leider aber sind mir Eigentum und Lehen dort zerronnen. / Ihr jungen Mädchen, laßt Euch nun den vorsingen, der jetzt im Besitz [von Reuental] ist! / Ich bin schuldlos davon verstoßen worden: So erlaßt mir, liebe Freunde, auch den Namen" (WL 24, VII).

Die Mehrzahl der Forscher geht davon aus, daß sich Neidhart an diesen Vorsatz, das *Riuwental*-Signum mit dem Aufbruch aus Bayern aufzugeben, gehalten hat[7], so daß, im Umkehrschluß, aus dem Vorhandensein einer Reuental-Nennung mit einiger Sicherheit auf die Zugehörigkeit eines Liedes zur ersten, bayerischen, Schaffensphase geschlossen werden kann.[8]

Auch SL 14, an dem im folgenden die Neidhartsche Dichtkunst erläutert werden soll, gilt wegen des in der siebten Strophe enthaltenen Reuental-Signums als ein bayerisches Lied. Es wird zunächst (II.) vorgestellt und im vierten Abschnitt ausführlich interpretiert werden; in einem Zwischenschritt (III.) sollen einige Wesensmerkmale der *dörperlichen* Lyrik Neidharts erörtert werden, um so die Standortbestimmung von SL 14 vorzubereiten.

---

[5] Vgl. hierzu HELMUT BIRKHAN, Zur Datierung, Deutung und Gliederung einiger Lieder Neidharts von Reuental. Sitzungsberichte der Österreichischen Akademie der Wissenschaften philosophisch-historische Klasse. Bd. 273, Wien 1971.

[6] In der Forschung wird gern ein Zusammenhang mit der Ermordung Ludwigs I. von Bayern im Jahre 1231 hergestellt; der Regierungsantritt Herzog Friedrichs II. von Österreich fiel ins Jahr 1230.

[7] Anders SCHWEIKLE (Anm. 2), S. 59, der hinsichtlich WL 24, VII von einem "momentanen Stoßseufzer" spricht. SCHWEIKLES Argumentation beruht indes auf (Zusatz-)Strophen der Handschrift c, deren Echtheit umstritten ist.

[8] Vgl. BERTAU (Anm. 4), S. 299.

II. Sommerlied 14

Mit Ausnahme von zwei Zusatzstrophen in Hs. c, die gesondert besprochen werden (V.), ist SL 14 in vier Liedersammlungen des 13. bis 15. Jahrhunderts fast gleichlautend überliefert: in der sogenannten Riedegger Hs. (R), die noch aus dem 13. Jh. stammt und für Moriz Haupt, den ersten Herausgeber einer kritischen Neidhart-Edition, den Status einer Leithandschrift besaß, der Manessischen Hs. (C) vom Anfang des 14. Jhs. sowie in zwei Papierhandschriften aus der zweiten Hälfte des 15. Jhs. (c, f).[9] Von den letzteren kommt der Berliner Handschrift (c), der umfangreichsten aller Neidhartsammlungen, die auch Melodieaufzeichnungen[10] enthält, besondere Bedeutung zu.

I *Ine gesach die heide*
nie baz gestalt,
in liehter ougenweide
den grüenen walt:
an den beiden kiese wir den meien.
ir mägde, ir sult iuch zweien,[11]
gein dirre liehten sumerzît   in hôhem muote reien.

II *Lop von mangen zungen*
der meie hât.
die bluomen sint entsprungen
an manger stat.
dâ man ê deheine kunde vinden;
geloubet stât diu linde:
da hebt sich, als ich hân vernomen   ein tanz von höfschen kinden.

III *Die sint sorgen âne*
und vröuden rîch.
ir mägede wolgetâne
und minneclîch,
zieret iuch, daz iu die Beier danken,

---

[9] Ein Stemma der Überlieferung von SL 14 findet sich bei GERD FRITZ, Sprache und Überlieferung der Neidhart-Lieder in der Berliner Handschrift germ. fol. 779 (c), Göppingen 1969 (GAG 12), S. 24. – Das Lied wird im folgenden zitiert nach der Ausgabe von EDMUND WIESSNER, 4. Aufl. Tübingen 1984.

[10] Hs. c bietet zu SL 14 eine auch für moderne Ohren sehr reizvolle Melodie, die "durchkomponiert" ist, d.h. keine musikalischen Wiederholungen aufweist. Tonaufnahmen des Liedes sind auf der Schallplatte von EBERHARD KUMMER 'Lieder und Reigen des Mittelalters – Neidhart "von Reuental"' (PAN 170 005) sowie auf der CD des ENSEMBLES FÜR FRÜHE MUSIK AUGSBURG 'Neidhart von Reuental' (CD 77108) zu finden.

[11] Bedenkenswert ist hier die Variante der Hs. R: *ir mägde ir sult nicht zweien* ("sollt nicht streiten").

die Swâbe und die Vranken!
Ir brîset iuwer hemde wîz   mit sîden wol zen lanken!

IV "Gein wem solt ich mich zâfen?"
sô redete ein maget.
"die tumben sint entslâfen;
ich bin verzaget.
vreude und êre ist al der werlde unmaere.
die man sint wandelbaere:
deheiner wirbet umbe ein wîp,   der er getiuwert waere."

V "Die rede soltû behalten",
sprach ir gespil.
"mit vröuden sul wir alten:
der manne ist vil,
die noch gerne dienent guoten wîben.
lât solhe rede belîben!
ez wirbet einer umbe mich,   der trûren kan vertrîben."

VI "Den soltû mir zeigen,
wier mir behage.
der gürtel sî dîn eigen,
den umbe ich trage!
sage mir sînen namen, der dich minne
sô tougenlîcher sinne!
mir ist getroumet hînt von dir,   dîn muot der stê von
                                          hinne."

VII "Den si alle nennent
von Riuwental
und sînen sanc erkennent
wol über al,
derst mir holt. mit guote ich im des lône:
durch sînen willen schöne
sô wil ich brîsen mînen lîp.   wol dan, man liutet nône!"

I   'Schöner habe ich die Fluren noch nie gesehen, zur hellen Augenfreude den grünen Wald: An beiden können wir den Mai spüren. Ihr Mädchen, findet euch zu Paaren zusammen, ihr sollt zu dieser strahlenden Sommerzeit freudig den Reigen tanzen.

II Alle Welt lobt den Mai. An vielen Stellen sind Blumen erblüht, wo man vorher keine fand; die Linde steht im Laub: Dort beginnt, wie ich vernommen habe, ein Tanz eleganter Mädchen.

III Die sind ganz unbeschwert und voller Freude. Ihr schönen, liebreizenden Mädchen, schmückt euch, daß euch die Bayern, Schwaben und Franken dafür loben! Schnürt eure weißen Hemden schön mit Seidenbändern an den Hüften.

IV "Für wen sollte ich mich schön machen?" sprach ein Mädchen. "Mit den jungen Männern ist nichts mehr los. Ich habe die Lust verloren. Frohsinn und guter Ruf haben nirgends mehr Wert. Die Männer sind unverläßlich: Keiner wirbt mehr um eine Frau, die sein Ansehen erhöhen könnte."

V	"Sprich so nicht weiter", sagte ihre Freundin. "Die Freude bleibt uns noch lange erhalten: Es gibt viele Männer, die immer noch Verlangen danach haben, tugendhaften Frauen zu dienen. Laß solche Rede sein! Es wirbt einer um mich, der Trübsinn zu vertreiben versteht."
VI	"Den mußt du mir zeigen, [damit ich sehe,] wie er mir gefällt. Der Gürtel soll dir gehören, den ich umgebunden habe! Sage mir den Namen dessen, der dich, von allen unbemerkt, liebt! Heute nacht habe ich von dir geträumt, daß du die Absicht hast, von hier fortzugehen."
VII	"Den sie alle 'von Reuental' nennen und dessen Gesang man überall kennt, der ist mir zugetan. Gutes werde ich ihm zum Lohne tun. Seinetwegen will ich [meine Taille eng] schnüren. Also fort, es läutet drei Uhr nachmittags!"'[12]

Dieses auf den ersten Blick eher unscheinbare und von der Forschung nur beiläufig behandelte[13] Lied ist deutlich in zwei Großabschnitte untergliedert: den Natureingang des Sängers (I-III) und den sich anschließenden Dialog zweier Freundinnen (IV-VII). Damit zeigt es den für die sog. Gespielinnengesprächslieder[14] Neidharts typischen Aufbau.

III. Konstituenten der Neidhartlieder
Gattungssignale

Das Leben im Mittelalter ist jahreszeitlichen Kräften erheblich stärker ausgesetzt gewesen als das gegenwärtige, darum mögen die emphatischen Natursignale der drei Eingangsstrophen zur Zeit Neidharts intensiver wahrgenommen worden sein, als heute nachempfunden werden kann. Dennoch darf das entworfene Naturbild nicht als Erlebnislyrik mißverstanden werden, denn der Natureingang, der durchaus auch emotionale Akzente setzen kann,[15] ist ein rhetorisches Formelement. Schon

---

[12] Übersetzungen der Lieder Neidharts finden sich u.a. bei SIEGFRIED BEYSCHLAG, Die Lieder Neidharts. Der Textbestand der Pergament-Handschriften und die Melodien. Text und Übertragung, Einführung und Worterklärungen, Konkordanz. Editionen der Melodien von HORST BRUNNER, Darmstadt 1975. – Neidhart von Reuental, Lieder. Auswahl, mit den Melodien zu neun Liedern. Mittelhochdeutsch und übers. von HELMUT LOMNITZER, Stuttgart 1966 (RUB 6927/28). – Herr Neidhart diesen Reihen sang. Die Texte und Melodien der Neidhartlieder, hg. von SIEGFRIED BEYSCHLAG – HORST BRUNNER, Göppingen 1989 (GAG 468).
[13] Vgl. vor allem PETER BRÜNDL, Minne und Recht bei Neidhart. Interpretationen zur Neidhartüberlieferung, Diss. München 1972, S. 78-80. – HANS BECKER, Die Neidharte. Studien zur Überlieferung, Binnentypisierung und Geschichte der Neidharte der Berliner Handschrift germ. fol. 779 (c), Göppingen 1978 (GAG 255), S. 262-264. – WALTER WEIDMANN, Studien zur Entwicklung von Neidharts Lyrik, Basel 1947 (Basler Studien zur deutschen Sprache und Literatur 5), S. 39-42.
[14] Zum Typus und zur Verbreitung des Gespielinnengesprächsliedes seit dem 13. Jh. vgl. HERMINA JOLDERSMA, The Eavesdropping Male: "Gespielinnengesprächslieder" from Neidhart to the Present, in: Euphorion 78 (1984), S. 199-218.
[15] BARBARA VON WULFFEN, auf deren grundlegende Darstellung verwiesen sei, spricht vom "minnesängerisch bewegenden Natureingang". BARBARA VON WULFFEN, Der Natureingang in

seit den Anfängen des Minnesangs um die Mitte des 12. Jahrhunderts stand der Natureingang mit seinen beiden Hauptvarianten des Sommerlobs und der Winterklage als topisches Requisit (d.h. poetisches Versatzstück) der Liederöffnung zur Verfügung. Während aber die Sänger der "klassischen" Zeit (ca. 1170-1220) wie Friedrich von Hausen, Reinmar der Alte oder Heinrich von Morungen hiervon nur selten Gebrauch machten, ist die Verwendung des Natureingangs in den Liedern Neidharts die Regel.[16] Bereits dadurch erhält seine Lyrik eine besondere, eigene Qualität. (Ähnliches gilt für das ländliche Szenarium und das Personal der Lieder: Die erotische Begegnung eines Ritters mit einem Mädchen niederen Standes ist schon in Walthers 'Mädchenliedern' und in romanischen Pastourellen des 12. Jahrhunderts thematisiert worden, doch erst bei Neidhart wird die bäuerliche Szenerie konstitutiv für ein ganzes Dichter-Oeuvre.) So entsteht eine neue Liedgattung: der *dörperliche* Minnesang mit den Unterformen des Sommer- und Winterliedes.

Auf den ersten Blick scheint Neidharts Lyrik dadurch berechenbarer zu sein als die seiner Zeitgenossen, zumal sich innerhalb der Minnelieder nach dem Natureingang stereotype inhaltliche Anschlußmöglichkeiten anbieten:

S_1: Sommerlob → Liebesfreude S_2: Sommerlob → Liebesklage
W_1: Winterklage → Liebesfreude W_2: Winterklage → Liebesklage.

Neidharts gesamte Lieder lassen sich einem solchen Schema grob zuordnen, wobei unter den Sommerliedern der Typ S_1 und den Winterliedern W_2 bei weitem am stärksten vertreten ist. Ein neidhartkundiges Publikum konnte also von Vorerwartungen ausgehen und bereits den ersten Versen wichtige Hinweise entnehmen. Doch zeigt ein Beispiel wie SL 14, daß im Einzelfall mit Überraschungen zu rechnen ist, denn im Gespräch der Mädchen sind hier beide Sommerliedmuster (S_2 und S_1) präsent, bis am Ende ein Übergewicht des Typs S_1 erkennbar wird.[17] Solches Variieren und Differenzieren von Grundformen ist ein Kennzeichen der Kunst Neidharts.

Minnesang und frühem Volkslied, München 1963, S. 37ff., 51ff. – Für eine differenzierte Sicht des Natureingangs, der mehr ist als ein literarisches Klischee, plädiert JÖRN GRUBER, Natureingang und Trobar Natural in der occitanischen Trobadorlyrik, in: Natur und Lyrik. 4. Kolloquium der Forschungsstelle für europäische Lyrik des Mittelalters, hg. von THEO STEMMLER, Mannheim 1991, S. 61-100.

[16] Nur wenige Ausnahmen finden sich in Liedern, die außerhalb von Hs. R überliefert sind (SL 1, WL 37).

[17] Auffälligerweise gehören fast alle Lieder des Typs S_1 in Neidharts bayerische (wie die des Typs W_2 in die österreichische) Phase. Deshalb bot der auf den Sommereingang folgende Klagegestus der vierten Strophe von SL 14 für das bayerische Publikum wohl ein Überraschungsmoment.

Sommer- und Winterlieder unterscheiden sich aber nicht nur hinsichtlich des Natursignals voneinander, sondern verfügen auch über eigene Handlungsmuster.[18] So machen in den Sommerliedern die Bauernmädchen aus ihrer Zuneigung zum ritterlichen Sänger keinen Hehl: Geradezu in Umkehrung der klassischen Konzeption der Hohen Minne (vgl. dazu den Beitrag von Klaus Speckenbach über Morungen, o. S. 123f.) befindet sich hier das männliche Ich in der Rolle des Überlegenen, dem die Mädchen allzugern eine Gelegenheit zum Stelldichein gewähren. Diese Grundsituation der Sommerlieder wird in Gespielinnengesprächen (wie SL 14), Mutter-Tochter-Dialogen (z.B. SL 15) oder Sängerliedern (z.B. SL 4) vielfältig variiert.

Die Konstellation in den Winterliedern steht dagegen der höfischen Minnekonzeption näher, denn in ihnen wirbt der Sänger um die Gunst eines Bauernmädchens, auch wenn er zumeist nicht erhört wird und die *maget* (z.B. wegen der Intervention von Bauernrivalen) für den Sänger unerreichbar bleibt. Von der derben Pastourelle mit glücklichem Ausgang (WL 8) bis zur elegischen Welt- und Zeitklage der späten *werltsüeze*-Lieder (WL 30 u.a.) sind auch die Winterlieder höchst variantenreich gestaltet.

Es dürfte mit der größeren Nähe zur höfischen Minnekonzeption zusammenhängen, daß Neidhart für seine Winterlieder die klassische Form der Stollenstrophe, der Kanzone (s.o. S. 123ff.), gewählt, für die Sommerlieder aber die sog. Reihenstrophe erfunden hat.[19] Doch auch hier gibt es Abweichungen: Der Strophenbau von SL 14 zeigt deutlich das Kanzonenschema mit zweimaligem Stollen (3wa / 2mb : |) und Abgesang (5wc / 3wc / 4mx + 3wc), obwohl es sich hier um ein Sommerlied handelt. So steht bei Neidhart das einzelne Lied mit seinen individuellen Zügen in einer fruchtbaren Spannung zu den vom Autor geschaffenen Grundtypen.

Rollen und ihre Konkretisierung

Von ihrem Beginn an ist die mhd. Lyrik Rollenlyrik gewesen. Schon der klassische Minnesang besaß ein spezifisches Rollenspektrum für die Ausprägungen des Sprecher-Ichs (als Liebhaber, Sänger, Kreuzfahrer usw.) sowie für die im Lied (als

---

[18] Eine grundlegende Darstellung von Neidharts Liedtypik, auf die im folgenden zurückgegriffen wird, gibt: KURT RUH, Neidharts Lieder. Eine Beschreibung des Typus, in: Studien zur deutschen Literatur und Sprache des Mittelalters. Festschrift für Hugo Moser, hg. von WERNER BESCH [u.a.], Berlin 1974, S. 151-168.

[19] Die Basis der Reihenstrophe bildet ein einleitendes Reimpaar, das im folgenden beliebig erweitert wird. Vgl. dazu SCHWEIKLE (Anm. 1), S. 103f.

vrouwe, Bote usw.) fingierten Adressaten. Dieses klassische Rollenrepertoire wird von Neidhart im wesentlichen übernommen; da er das Minnegeschehen ins *dörperliche* Milieu transponiert, ergeben sich jedoch charakteristische Umwertungen.[20]

Höfisch-kultiviertes Verhalten galt im 13. Jahrhundert primär als ein Attribut des Adels, während das Bauerntum von den literaturtragenden Ständen oft als lasterhaft und ungebildet bewertet wurde.[21] Offenbar teilt Neidhart ebenso wie sein adeliges Publikum diese Ansicht, denn er inszeniert durch die Übertragung höfischer Rollen ins bäuerliche Milieu eine raffinierte Travestie, die nicht zuletzt mit Mitteln der Komik verdeutlicht, daß dem Bauerntum höfische Attitüden nicht anstehen. So lobt der Sänger in WL 9 (Str. VI) ein Bauernmädchen mit klassischen Wendungen wie: *Si ist an allen dingen wol ze prîsen /* [...] */ wirt si mir, ich hân mîn leit mit vröuden überwunden* [...], um die *descriptio* in den ironischen Schlußsatz münden zu lassen: *wan daz ir diu vüezel sint zeschrunden.*[22] Die Mädchen der Sommerlieder, die sich wie Damen fühlen (vgl. SL 23, VII), sich aber vom Sänger allzu leicht verführen lassen, taugen nicht für die Rolle einer höfischen Minneherrin, wie auch die herausgeputzten Bauernburschen der Winterlieder (z.B. in WL 29) den Habitus des Adeligen verfehlen.

Neu an der Gestaltung der Rollen ist ferner der Grad der Konkretisierung von Figuren, Handlungen und Orten. Während sich der klassische Minnesang diskret gab, tragen die Bauernmädchen bei Neidhart nicht selten Namen, wobei die Winterlieder noch namenfreudiger als die Sommerlieder sind. Von elf in WL 2 beim Würfelspiel versammelten Bäuerinnen treten, um ein Beispiel zu nennen, vier namentlich auch in Sommerliedern auf: *Jiutelîn* in SL 16 u.a., *Friderûn* in SL 22 u.a., *Iremgart* in SL 10 und die alte *Künze* in SL 15.

Wenn sich diese Protagonistinnen bayerischer Sommerlieder in WL 2 in einer Würfelstube zusammenfinden, dann sind sie im Umkreis desselben Dorfes, oder wie es bei Neidhart heißt: im selben *geu* ('Gau'), zu denken. Neidhart konzipiert also die Szenerie seiner bayerischen Lieder als einen bäuerlichen Kosmos, in den auch *Riuwental*, das fingierte Anwesen des ritterlichen (vgl. z.B. SL 23, V-IX) Sängers, hineinzudenken ist.[23] In dieser Welt lassen sich sogar

---

[20] Grundlegend dazu: CLAUDIA HÄNDL, Rollen und pragmatische Einbindung. Analysen zur Wandlung des Minnesangs nach Walther von der Vogelweide, Göppingen 1987 (GAG 467), bes. S. 79-223.

[21] Vgl. HANS-WERNER GOETZ, Leben im Mittelalter vom 7. bis zum 13. Jahrhundert, 4. Aufl. München 1991, S. 139ff.

[22] Eine ähnliche komische Pointe findet sich in WL 5: *wol ir, daz si saelic sî! / swer si minnet, der belibet sorgen vrî; / si ist unwandelbaere. / wîten garten tuot si rüeben laere.*

[23] Da *Riuwental* einen Bestandteil der Sängerrolle bzw. der in Neidharts Liedern fingierten Welt darstellt, verzichtet die neuere Forschung, im Unterschied zu einer älteren biographistischen

chronologische Abläufe verfolgen: Z.B. versucht in SL 16 *Jiute(lîn)* gegen den Willen ihrer Mutter zum Tanzplatz zu gelangen, um dort den Reuentaler zu treffen. Daß ihr dies gelungen sein muß, erfährt der Rezipient aus der Andeutung eines anderen Liedes (SL 18; vgl. SL 17, IV), aus der hervorgeht, daß *Jiute* im Umfeld des Tanzfestes vom Reuentaler geschwängert wurde und inzwischen ein uneheliches Kind zur Welt gebracht hat.

Solche raffiniert inszenierten Querverweise, die in der älteren Forschung als Ausdruck biographischer Vorgänge mißverstanden wurden,[24] zeigen, daß Neidharts Lyrik auf eine liedübergreifende, intertextuelle Rezeption angelegt ist. Die zyklenbildenden Querverbindungen vermitteln dem Oeuvre Neidharts eine neuartige Kohärenz und setzen im Publikum kundige, aufmerksame Zuhörer voraus. Vor diesem Hintergrund fallen aber auch Lieder wie SL 14 auf, in denen keine Personennamen genannt werden und die weniger drastisch mit dem Dorfgeschehen um Reuental verknüpft sind.

Insgesamt gewinnen die unterhaltsam inszenierten Vorgänge, wie z.B. das Aufbegehren der Dorfmädchen gegen die *huote* ihrer Mütter in den Mutter-Tochter-Dialogen, an Finesse, wenn man erkennt, daß sie auf dem Rollenspiel des klassischen Minnesangs basieren.[25] Dies trifft auch auf die Rollen des Sängers zu, die sich nicht nur, wie im Natureingang von SL 14, auf die Frühlingskünder- (I,1-5) und Tanzausruferfunktion (II,7) beschränken. Der Sänger fungiert auch nicht nur als Berichterstatter von "Dorfgeschichten" (vgl. WL 10) bzw. als auf Verführung bedachter Pastourellenritter (vgl. WL 8), sondern er reflektiert des öfteren, wie schon bei Morungen oder Walther, sein Sängertum. So ruft er z.B. in SL 22 (VI, 1-4) angesichts des Erfolgs eines bäuerlichen Rivalen aus:

Nu heizent sî mich singen;
ich muoz ein hûs besorgen,
daz mich sanges wendet manegen morgen.
wie sol ich gebâren?

Richtung (s. z.B. u. Anm. 24), bei der Bezeichnung des Autors auf den Namenszusatz "von Reuental".

[24] So z.B. bei ALBERT BIELSCHOWSKY, Geschichte der deutschen Dorfpoesie im 13. Jahrhundert. Bd. 1: Leben und Dichten Neidharts von Reuenthal, Berlin 1891 (Sonderabdrucke der Acta Germanica II,2).

[25] Die grundlegende Untersuchung über die *huote*, d.h. die Überwachung einer liebenden Frau durch die Gesellschaft, in der mhd. Literatur ist immer noch: LILLI SEIBOLD, Studien über die Huote, Berlin 1932 (Germanische Studien 123). Eine neuere Studie zu dieser Thematik wäre wünschenswert.

Auch für die fingierte Sängerrolle wird, wie hier die Haussorge-Thematik[26] zeigt, unterstellt, daß die Tätigkeit eines Künstlers entscheidend von materieller Versorgung abhängig ist. Das *Riuwental*-Signum gerät bei Neidhart bisweilen sogar zur hintersinnig-ironischen Allegorie, wenn es als "Kummertal" den Landsitz des Sängers bezeichnet, auf dem angeblich Not und Mangel herrschen (z.B. WL 5, VI; WL 9, VII).

In den z.T. direkt an Herzog Friedrich gerichteten Bittstrophen wird die Frage der materiellen Versorgung des Dichters noch expliziter thematisiert (z.B. WL 35, VII; vgl. SL 26, VII). Es zeigen sich somit an der fingierten Rolle des Reuentalers Züge, die auch den Berufsdichter Neidhart betreffen, wie dessen Heischestrophen – in gleichfalls rollenhafter Stilisierung[27] – offenbaren. Solche Berührungen zwischen der Berufsdichter-Rolle des Autors und der inszenierten Rolle des Sänger-Ichs[28] signalisieren, daß in Neidharts Liedern, wenn z.B. Grundsatzfragen des Minnesangs und seines Gelingens angesprochen werden,[29] mit "autoreflexiven" Zügen zu rechnen ist.

Motive und Symbole

Auch auf dem Feld der Motivik bleibt Neidhart dem klassischen Erbe verpflichtet und hat zugleich Eigenes zu bieten. Während die Metaphorik seiner Vorgänger vornehmlich dem höfischen bzw. sakralen Bereich entstammt, sind Neidharts Motive oft brauchtümlicher Herkunft und von recht handfester Art, wie besonders die erotische Bildlichkeit belegt.[30] SL 14 erweist sich allerdings, abgesehen von der *linde* (vgl. SL 14, II,6), dem traditionellen Baum der erotischen Begegnung in der

---

[26] Die Rolle des Sängers zeigt dadurch bei Neidhart erheblich konkretere Züge, als es im "klassischen" Minnesang üblich war. Daß es in *Riuwental* Not und Mangel gäbe, wird mehrfach festgestellt (WL 3,VII; WL 9, VII; WL 5, VI). Vgl. dazu ANTON SCHWOB, *hûssorge tuot sô wê*. Beobachtungen zu einer Variante der Armutsklage in der mhd. Lyrik, in: JOWG 1 (1980/81), S. 77-97.

[27] Explizite Bittstrophen ("Heischestrophen") gehörten ursprünglich zum Repertoire der fahrenden Spruchdichter. Walther von der Vogelweide, der sowohl Minnelyriker als auch Spruchdichter war, hat den offenen Heischegestus in die mittelhochdeutsche Minnelyrik eingeführt.

[28] Über das Verhältnis von Sänger- und Autorrolle bei Neidhart vgl. HANS-DIETER MÜCK, Fiktiver Sänger Nîthart / Riuwental minus Fiktion = realer Dichter des Neidhart-Liedtyps?, in: Neidhart von Reuental. Aspekte einer Neubewertung, hg. von HELMUT BIRKHAN, Wien 1983 (Philologica Germanica 5), S. 74-88.

[29] So z.B. in SL 22, WL 11, WL 15, WL 17, WL 19, WL 22, WL 23, WL 24, WL 26, WL 27, WL 28, WL 29, WL 30, WL 34, WL 35.

[30] Vgl. die (unvollständige) Zusammenstellung bei BRUNO FRITSCH, Die erotischen Motive in den Liedern Neidharts, Göppingen 1976 (GAG 189).

mittelhochdeutschen Literatur[31], auffällig wenig von erotischen Motiven durchsetzt.

Eine Aufgabe des Motivgebrauchs bei Neidhart ist, wie das wiederkehrende, z.T. doppelsinnig verwendete Reuental-Motiv der bayerischen Lieder zeigt, die Herstellung liedübergreifender Zusammenhänge, oftmals auch mit Hilfe des Selbstzitats.[32] Dies wird an dem berühmtesten aller Neidhart-Motive, dem Spiegelraub, von dem SL 22 berichtet, besonders deutlich: *Engelmar*, einem frechen Bauernburschen, gelingt es zum Ärger des Sängers, den Spiegel *Friderûns* zu entwenden; auf diesen (literarischen) Vorfall wird in Neidharts Liedern, bis weit in die österreichische Schaffensphase hinein, über ein Dutzend Mal zurückverwiesen. *Er ist noch toerscher, danne der uns Vriderûn ir spiegel nam*, heißt es z.B. in einem späten Winterlied von einem herausgeputzten österreichischen Bauerngecken (WL 30, VIII,5).

Dabei dürfte dem kundigen Neidhartpublikum bewußt gewesen sein, daß der Spiegelraub – eine von mehreren Pfandraubmotiv-Varianten[33] bei Neidhart – nicht allein ein werkinternes Leitmotiv, sondern überdies einen symbolträchtigen Vorgang darstellt. In der Metaphorik der mittelalterlichen Liebeslyrik steht der *spiegel* nämlich auch als Metapher für die Dame des Sängers, in welcher er sich reflektieren und seine Identität als Künstler finden kann.[34] Der Verlust des Spiegels, der hier gleichzeitig auch den Verlust der Geliebten bedeutet, bezeichnet somit eine schwerwiegende Krise und ist, wie die *hûssorge*-Thematik, eines der potentiell "autoreflexiven" Elemente in Neidharts Lyrik.

IV. Zur Interpretation von SL 14

Vor dem Hintergrund der – in Auswahl – genannten Merkmale der Neidhartschen Dichtkunst erweist sich SL 14 als ein Gespielinnengesprächslied mit reizvollen Besonderheiten. Auffällig ist zunächst der vornehm-verhaltene Ton des Liedes: Be-

---

[31] Vgl. dazu ARTHUR TH. HATTO, The Lime-Tree and Early German, Goliard and English Lyric Poetry, in: DERS., Essays on Medieval German and Other Poetry, Cambridge 1980 (Anglica Germanica 2), S. 17-41, bes. S. 34ff.

[32] Vgl. dazu ELISABETH LIENERT, Spiegelraub und rote Stiefel. Selbstzitate in Neidharts Liedern, in: ZfdA 118 (1989), S. 1-16.

[33] Vgl. den "Golzenraub" (mhd. *golze*, 'Beinbekleidung'): SL 17, VII,3 (SL 18, III,4); Ingwerraub: WL 24, V,5 (WL 31, VI,12); Griffelraub: WL 9, II-IV.

[34] Vgl. dazu GERT KAISER, Narzißmotiv und Spiegelraub. Eine Skizze zu Heinrich von Morungen und Neidhart von Reuental, in: Interpretation und Edition deutscher Texte des Mittelalters. Festschrift für John Asher, hg. von KATHRYN SMITS [u.a.], Berlin 1981, S. 71-81, bes. S. 72f.

reits im Natureingang setzt der Sänger ein entsprechendes Zeichen, wenn er von *höfschen kinden* (II,7) spricht, und auch im Dialog der Gespielinnen zeigen sich keinerlei Derbheiten. Die Mädchen verwenden ausgiebig das Vokabular des Minnedienstes, sie reden vom *werben* (IV,7; V,7), *dienen* (V,5) und *lônen* (VII,5), sprechen von der Diskretion der Liebesbeziehung (*tougenlîch*, VI,6) sowie der Wertsteigerung (*getiuwert*, IV,7), die einem Mann durch den Frauendienst zuteil wird. Da es sich um einen besonders höfischen Dialog handelt, wird verständlich, warum dieses Sommerlied ausnahmsweise in der klassischen Form der Kanzonenstrophe gehalten ist. Aber mehr noch: Es geht darin, wie sich zeigen wird, auch um die Behauptung von literarischen Grundpositionen.

Die Redebeiträge der Mädchen sind weitgehend parallel angeordnet (vgl. die zweimalige *inquit*-Formel: IV,2; V,2), so daß auch die Gegensätzlichkeit der Argumente in der Liedstruktur ablesbar wird: Antithetische Entsprechungen finden sich jeweils am Ende der vierten und der fünften Strophe (IV,7: *deheiner wirbet umbe ein wîp*; V,7: *ez wirbet einer umbe mich*) sowie in der Anfangs- und Schlußzeile des Redeblocks (IV,1: *Gein wem solt ich mich zâfen?*; VII,7: *so wil ich brîsen mînen lîp*). Schon auf den ersten Blick wird deutlich, daß die zweite *maget* eine besondere Wesensverwandtschaft mit dem Reuentaler aufweist, denn sie bekennt sich nicht nur zu ihm als vorbildlichem Liebhaber bzw. weithin bekanntem Künstler (VII) und akzeptiert bereitwillig dessen Freudenbotschaft (vgl. I,7; III,1; V,3; V,7), sondern sie befolgt auch unter Verwendung seiner Begrifflichkeit (*brîsen*) die Lehre, die der Sänger am Ende des Natureingangs verkündete (vgl. III,7 mit VII,7).

Demgegenüber ist nicht zu überhören, daß die erste Sprecherin mit ihrer Klage über die Jugend (IV,3) und den Verlust der Freude (IV,5) Töne anschlägt, wie sie vor allem für die späte Dichtung Walthers charakteristisch sind.

> *Owê wie jæmerlîche   junge liute tuont,*
> *den hô vil niuweclîche   ir gemüete stuont,*
> *die kunnen niuwan sorgen,   owê, wie tuont si sô?*
> *swar ich zer werlte kêre,   dâ ist nieman vrô:*
> *tanzen, singen <...>   zergât mit sorgen gar,*

heißt es in dem berühmtesten aller Waltherschen Altersliedern (Cor. 97 II,1-5; L. 124,18-22)[35]. Viele der Gesichtspunkte, welche die erste Sprecherin in WL 14

---

[35] WALTER WEIDMANN (Anm. 14), dem dieser und die folgenden Belege entgangen sind, vermerkt allein zehn weitere Parallelen zwischen der vierten Strophe von SL 14 und den Liedern Walthers, ohne jedoch hieraus Schlüsse für die Interpretation zu ziehen.

vorbringt, lassen sich auch in der folgenden melancholischen Waltherstrophe erkennen (Cor. 82 II; L. 112,10-16):

Waz sol lieblich sprechen, waz sol singen,
waz sol wîbes schoene, waz sol guot,
sît man nieman siht nâch fröiden ringen,
sît man übel âne vorhte tuot,
Sît man triuwe, milte, zuht und êre
wil verpflegen sô sêre,
sô verzagt an fröiden maniges muot.

Daß *die man ... übel tuont* (Cor. 60 III,1; L. 90,31) und die Jugend zum Frauendienst nicht mehr befähigt sei (vgl. Cor. 10 X; L. 24,3ff.), sind typische Klagen in der Lyrik Walthers, mit denen Neidharts erste Sprecherin in der vierten Strophe auffällig übereinstimmt.[36]

Der Reiz dieses Gespielinnendialogs liegt also nicht zuletzt in den literarischen Profilen der beiden aufeinanderprallenden Standpunkte. Sie werden von den Dorfmädchen in so wohlgesetzten Worten vorgetragen, daß erst bei näherem Hinsehen auch einige *dörperliche* Züge erkennbar werden. So vergreift sich die in der Diktion Walthers sprechende Gespielin einmal mit dem unhöfischen (auch bei Walther nicht belegten) Wort *zâfen* (IV,1).[37] Man mag über die ambivalente Aussage der zweiten Sprecherin, sie wolle ihren Geliebten *mit guote* (VII,5) belohnen,[38] hinwegsehen, daß sie sich jedoch von ihrer neugierigen Freundin durch ein Schmuckgeschenk, einen *gürtel* (VI,3f.),[39] zur Preisgabe des Namens des Geliebten verleiten läßt, muß beim zeitgenössischen Publikum Zweifel daran aufkommen lassen, ob bäuerliche Sprecherinnen wie diese das Konzept der höfischen Liebe als ethisches Programm zu verinnerlichen vermögen.

Angesichts der raffinierten Symbolverwendung bei Neidhart dürfte es kein blindes Motiv sein, daß die erste Gespielin ihrer Freundin gerade den Gürtel, den

---

[36] Auch die Wendung *decheiner wirbet umbe ein wîp, der er getiuwert wære* (SL 14, IV,7) hat eine Entsprechung bei Walther (Cor. 62 IV,1-4; L. 93,7-10): *Waz sol ein man, der niht engert / gewerbes umb ein reine wîp? / si lâze in iemer ungewert, / ez tiuret doch wol sînen lîp.* – Walthers Klagen, daß *triuwe zuht und êre [...] in der welte tôt* (Cor. 14,9; L. 38,18) und die jungen Leute unfähig zur Freude seien (Cor. 19; L. 42,31ff.), sind weitere auffällige Parallelen, vgl. WEIDMANN (Anm. 13), S. 41.

[37] Vgl. BEYSCHLAG (Anm. 13), S. 554.

[38] Nach LEXER (I, Sp. 1122) kann *mit guote* 'mit Güte' bedeuten, doch dürfte hier wohl eher an einen physischen Lohn gedacht sein.

[39] Über Wert und Bedeutung des Gürtels für die höfische Kleidung vgl. ELKE BRÜGGEN, Kleidung und Mode in der höfischen Epik des 12. und 13. Jahrhunderts, Heidelberg 1989 (Beih. z. Euphorion 23), S. 90-94. ("Der Gürtel ist ein wertvolles Schmuckobjekt", ebd. S. 90). – Vgl. zur Stelle auch 'Helmbrecht' (Anm. 3), v. 1074-1080.

sie am Leib trägt (VI,3f.), als Preis für die gewünschte Information anbietet, denn das Schnüren der Kleider an den Hüften, durch das, der zeitgenössischen Mode entsprechend, die weiblichen Formen betont werden,[40] stellt eine durchgehende Thematik des Liedes dar (III,7; VII,7). Nimmt man mit Edmund Wießner an, daß die zweite Gespielin zuletzt "wohl den Gürtel der Freundin entgegengenommen"[41] hat, so muß die andere, deren Kleidung nun nicht mehr um die Hüften zusammengehalten wird, gleichsam "im Hemde"[42] dastehen.

Das Gürtellösen besitzt im Mittelalter auch den Status einer Rechtsgebärde[43]: "Gürtelablegen gilt sinngemäß als Zeichen der Unterwerfung, Gürtelanlegen als Zeichen des Eintritts in eine Würde."[44] Während also die für den Reuentaler plädierende Gespielin am Ende davonspringt, um ihr Tanzkleid eng zu schnüren (*sô wil ich brîsen mînen lîp. wol dan* [...!], VII,7), befindet sich das in der Pose Walthers auftretende Mädchen nicht nur in einem derangierten Zustand, die Übergabe des Gürtels läßt sich auch als Zeichen ihrer Unterlegenheit deuten. Dies dürfte dem für repräsentative Gebärden[45] sensibilisierten höfischen Publikum nicht entgangen sein.

Somit erweist sich das auf den ersten Blick unscheinbare SL 14 als ein sehr selbstbewußtes Lied Neidharts. In der Schlußstrophe heißt es gleichfalls nicht gerade bescheiden über den Reuentaler (VII,1ff.):

"Den si a l l e nennent
von Riuwental
und sînen sanc erkennent
wol ü b e r a l ..."

---

[40] "Welche große Rolle das enge Anliegen des Kleides im Bewußtsein der höfischen Gesellschaft gespielt haben muß", zeigen die zahlreichen Belege bei BRÜGGEN (Anm. 39), S. 73 (Zitat ebd.). Diesem Zweck dient sowohl der Gürtel als auch das *brîsen*, das seitliche Schnüren des Kleides.
[41] EDMUND WIESSNER, Kommentar zu Neidharts Liedern, Leipzig 1954, S. 34.
[42] "Unter gürtel denke man sich nicht was die äußere, sondern die innerste bekleidung über den hüften zusammen hält; wer den gürtel löste, stand im bloßen hemde" (JACOB GRIMM, Deutsche Rechtsaltertümer. 4. verm. Ausg. bes. durch ANDREAS HEUSLER – RUDOLF HÜBNER, Leipzig 1922, S. 215).
[43] Z.B. lösten Frauen, die nach dem Tode ihres Mannes auf ihre Erbschaft verzichteten, vor Richter und Zeugen den Gürtel. Vgl. ebd. S. 216.
[44] KARL-SIGISMUND KRAMER, Gürtel, in: HRG Bd. 1 (1971), Sp. 1862-1863, Zitat Sp. 1862. – Daß diese Grundbedeutung hinter der Verwendung des Gürtelsymbols in der mhd. Literatur steht, wird ausgeführt bei BRIGITTA MARIA FABER, Eheschließung in mittelalterlicher Dichtung vom Ende des 12. bis zum Ende des 15. Jahrhunderts, Diss. Bonn 1974, besonders S. 170-172.
[45] Dazu grundlegend: HORST WENZEL, Hören und Sehen. Schrift und Bild. Kultur und Gedächtnis im Mittelalter, München 1995. (Zum Gürtelmotiv des ›Nibelungenliedes‹ s. ebd. S. 71f.)

Analog dazu hat der Sänger bereits im Natureingang die Bayern, Schwaben und Franken (III,5f.) genannt und eine für ein Gespielinnengesprächslied ungewöhnlich weite, die Welt des *geus* um *Riuwental* sprengende Perspektive eröffnet, die nicht zufällig dem Geltungsbereich der sog. 'mittelhochdeutschen Dichtersprache' gleichkommt. Es findet sich somit schon im Natureingang ein Hinweis darauf, daß sich in diesem Gespielinnengesprächslied der Berufsdichter Neidhart zu Wort meldet, um – mit einem selbstbewußten Seitenblick auf den Dichterkollegen Walther – den eigenen literarischen Marktwert herauszustreichen.[46]

Der Sieg der lebensfrohen Neidhartschen Mädchenrolle über den Klagegestus Walthers in SL 14 wirft die vieldiskutierte Frage nach dem Verhältnis Neidharts zu Walther auf. Zuletzt ist von Hartmut Kokott der diesbezügliche Forschungsstand dahingehend zusammengefaßt worden, daß Neidhart häufig, und gelegentlich durchaus in polemischer Absicht, auf Formulierungen Walthers zurückgreift, "doch an eine direkte, gar persönliche Aggression zu denken, wird man nicht veranlaßt."[47] Ebenso enthält auch SL 14 eine Spitze, aber wohl keinen offenen Angriff gegen Walther, zumal dessen literarische Position nur in bäuerlicher Travestie anklingt.

Da durch Neidharts Bauernfiguren satirische Brechungen erzeugt werden, sind auch die Pointen seiner Lieder sehr vielschichtig. *"Wil dû mit im gein Riuwental, dâ bringet er dich hin"*, ruft am Ende von SL 18 eine Mutter ihrer Tochter doppelsinnig zu (SL 18, V,4: "Wenn Du mit ihm nach Reuental bzw. ins Jammertal willst, da bringt er dich auch hin"); denn die Mädchen, die ihren Platz in der bäuerlichen Welt verlassen, um sich dem Reuentaler hinzugeben, zahlen, wie das Schicksal *Jiutelîns* zeigt, einen hohen Preis. In dieser Weise doppelbödig ist auch die Pointe von SL 14: Das sich für den Reuentaler erfolgreich einsetzende Mädchen dürfte bald selbst zum Opfer werden, denn der prophetische Traum, von dem die erste Sprecherin am Ende der sechsten Strophe berichtet (*"mir ist getroumet hînt von dir, dîn muot der stê von hinne"*, VI,7), der den Ausbruch der Freundin aus der bäuerlichen Ordnung ankündigt (vgl. SL 23, VIII,6), beginnt sich am Ende der siebten Strophe bereits zu erfüllen, wo es an korrespondierender Stelle (VII,7) heißt: *wol dan [...!]* Verstärkt wird dieser Eindruck durch das letzte Wort des Liedes, *nône*, das vordergründig eine Zeitangabe (die neunte Tages-

---

[46] Diese Intention ist auch in SL 26 erkennbar, das von allen Neidhartliedern SL 14 am nächsten steht. (Vgl. GÜNTHER SCHWEIKLE, Nû ist vil gar zergangen (Hpt. 29,27). Zur Geschichte eines Sommerliedes, in: Interpretationen mittelhochdeutscher Lyrik, hg. von JÜRGEN JUNGBLUTH, Bad Homburg – Berlin – Zürich 1969, S. 247-267, besonders S. 259f.).

[47] HARTMUT KOKOTT, Walther und Neidhart. Zum Problem literarischer Interaktion mittelhochdeutscher Dichter. Eine Skizze, in: Walther von der Vogelweide. Beiträge zu Leben und Werk, hg. von HANS-DIETER MÜCK, Stuttgart 1989 (Kulturwissenschaftliche Bibliothek 1), S. 107-119, hier S. 118.

stunde, gerechnet von sechs Uhr morgens, d.h. drei Uhr nachmittags) darstellt. Als *nonariae* wurden aber im alten Rom auch die Dirnen bezeichnet, da die Bordelle erst um die neunte Stunde öffnen durften.[48] Ist also die Schlußwendung so zu verstehen, daß die für den Reuentaler votierende *maget* im Begriffe ist, sich zur Dirne zu machen, zu einem "Mädchen der neunten Stunde"? Dies wäre eine Pointe, die sich an die Gebildeten in Neidharts Publikum gerichtet hätte und voraussetzen würde, daß der Autor eine gründliche lateinische Schulbildung mit Kenntnissen der Satiren Juvenals oder Persius' besaß. Zugleich bezeichnet die *nône* auch die bedeutungsschwere Stunde, zu der sich der Tod Christi am Kreuz und nach Auffassung mittelalterlicher Theologen die Vertreibung aus dem Paradies ereignete.[49]

V. Nachwirkung

Neidhart, der Bauernfeind, ist – nicht zuletzt als Folge der raffinierten Inszenierung von Sänger- und Autorrolle – schon im 13. Jahrhundert zu einer legendären Figur geworden;[50] als "Neidhart Fuchs" und Held von Schwänken und Fastnachtspielen blieb er bis in die frühe Neuzeit lebendig.[51] So konnten noch im 15. Jahrhundert, als die Erinnerung an die "klassischen" Minnesänger bereits verblaßte, umfangreiche Neidhartsammlungen entstehen wie z.B. der Berliner Codex germ. fol. 779, der in der Forschung die Sigle c trägt. In dieser wahrscheinlich zwischen 1461 und 1466 in Nürnberg kompilierten Handschrift sind zu SL 14 zwei weitere Strophen überliefert, die deutliche Züge der Zudichtung von späterer Hand tragen:

> VIIa *"Waz wil ich der nône?"*
> *sô redte ein meit.*
> *"vor allen man ein kröne*
> *mîn herze treit*
> *und daz tuot von hinne unz an mîn ende.*
> *swelh frouwe mir daz wende,*
> *daz sag ich ir offenbâr, daz ichs dar umbe schende."*

---

[48] Vgl. KARL-ERNST GEORGES, Ausführliches Lateinisch-deutsches Handwörterbuch, Bd. 2, 14. Aufl. Hannover 1976, Sp. 1187.

[49] Vgl. HEINZ MEYER – RUDOLF SUNTRUP, Lexikon der mittelalterlichen Zahlenbedeutungen, München 1987 (MMS 56), Sp. 587.

[50] Vgl. dazu EBERHARD NELLMANN, Zeizenmûre im Nibelungenlied und in der Neidhart-Tradition, in: Festschrift für Siegfried Grosse, hg. von WERNER BESCH [u.a.], Göppingen 1984 (GAG 423), S. 401-425.

[51] S. dazu SIEGFRIED BEYSCHLAG, Neidhart und Neidhartianer, in: ²VL Bd. 6 (1987), Sp. 871-893; ECKEHARD SIMON, 'Neidhartspiele', ebd. Sp. 893-898.

VIIb *"Waz ahte ich ûf ir schenden?"*
       sô sprach ein wîp.
       "die rede sül wir enden.
       wirt mir sîn lîp.
       ich bin im holt, mîn leit ist gar verswunden
       und hân mir schône gebunden;
       jâ sint mir mîniu füezel sleht: diu wâren ê zeschrunden."

VIIa '"Was interessiert mich die None?" sagte ein Mädchen. "Mein Herz birgt die Krone aller Männer, und das fortan bis an mein Lebensende. Welche Frau dies verhindern möchte, das sage ich frei heraus, die werde ich zuschanden machen."

VIIb "Was gebe ich auf ihre Verleumdungen?" sprach eine Frau. "Hören wir auf zu streiten. Wenn ich ihn bekomme, hat er meine Gunst, mein Leid ist [dann] ganz vorbei, auch trage ich einen schön gebundenen Kopfputz. Meine Füße, die sind glatt, zuvor waren sie zerkratzt."'

Da dem Zudichter offenbar die ursprüngliche Pointe mit ihren literarhistorischen Implikationen nicht mehr zugänglich gewesen ist, erweiterte er das Lied durch eine einfache Verkettungstechnik (Aufgreifen des Schlußwortes der jeweils vorangehenden Strophe) und erfand mit Hilfe des Motivs der zerschrundenen Füße aus WL 9 (s.o. S. 212) eine neue Pointe.

Am Ende der c-Fassung entpuppt sich der Gespielinnendialog Neidharts nunmehr als Bestandteil eines Gruppengesprächs junger Bäuerinnen, die sich alle um den Reuentaler streiten. Die beiden Sprecherinnen der Zusatzstrophen können nämlich weder mit der gerade davongesprungenen zweiten[52] noch mit der entsagenden ersten *maget* identisch sein.[53] Offenbar hat der Zudichter an eine Situation gedacht, bei der mehrere Mädchen vor einem Bauerntanz beisammenstehen, wie sie sich ähnlich in einem Holzschnitt Erhard Schöns aus dem frühen 16. Jahrhundert findet (vgl. Abb. 8, S. 223 oben). Eine solche Gruppenszene hat allerdings mit der Konstellation des intimen Neidhartschen Gespielinnendialogs nichts mehr zu tun.

Insgesamt geht der Zudichter nicht ungeschickt vor, denn die beiden Mädchen der Strophen VIIa und VIIb bemühen sich, ebenso wie ihre Vorrednerinnen, um eine möglichst höfische Diktion (VIIa,3ff.; VIIb,5), doch können auch sie ihre Bäuerlichkeit in Aussage und Wortwahl nicht verleugnen (VIIa,7; VIIb,7). Eine besondere Pointe entsteht dadurch, daß man, wie Becker gezeigt hat,[54] in der letzten Sprecherin (VIIb) die Geliebte des Reuentalers aus WL 9 erkennen kann

---

[52] "Denn es dürfte kein Zweifel darüber bestehen, daß ... *wol dan man leutet none* als 'Abgang von der Bühne' zu verstehen ist" (BECKER [Anm. 13], S. 264).
[53] Dies betont auch BECKER (ebd.). Daß es sich aber, wie BECKER will, um zwei monologische Stimmen handeln soll, die "nicht direkt aneinander gerichtet" sind (ebd. S. 265), ist nicht einzusehen. Man vergleiche das *wir* in VIIb,3.
[54] Ebd. S. 266.

und somit deutlich wird, daß hier mehrere Verehrerinnen desselben Mannes zusammenstehen. Damit aber verliert SL 14 viel von seinem Charakter als individuelle Variation der Neidhartschen Sommerliedtypik: Die mit einer raffinierten literarischen Selbstinszenierung des Autors verbundene Perspektive wird in der Version der Handschrift c zur "Dorfgeschichte" reduziert. Nun geht es vornehmlich darum, die Liebesträume unvernünftiger Bauernmädchen lächerlich zu machen.

Erhard Schöns mit deftigen Texten von Hans Sachs versehene Bauerntanzdarstellung zeigt ebenso wie die Neidharthandschrift c, daß Bildzyklen und Textsammlungen zur Bauernthematik, die im städtischen Umfeld zur Zeit des Humanismus und der Bauernaufstände entstanden sind, in einen anderen historischen Kontext gehören und ein anders nuanciertes Bauernbild zeichnen als Neidhart, in dessen an Fürstenhöfen vorgetragenen Liedern die Begegnung des Ritters mit der Bauernwelt in komplexen literaturgeschichtlichen Zusammenhängen steht. Auch deshalb sollten Neidhartstrophen, die nur in Hs. c überliefert sind, sehr gründlich überprüft werden. Für die Echtheitsdebatte, die derzeit hinsichtlich der Neidhartüberlieferung geführt wird[55] und in der die Forschung wohl zu einer Überbewertung der Hs. c neigt, können, wie die Ausführungen zu SL 14 zeigen, nicht zuletzt Einzelinterpretationen der Neidhartschen Lieder wichtige Hinweise liefern.

---

[55] Vgl. z.B. GÜNTHER SCHWEIKLE, Pseudo-Neidharte?, in: ZfdPh 100 (1981), S. 86-104.

Abb. 8: Erhard Schön (ca. 1491-1542) – Kirchweih in Mögeldorf (undatiert),
Text von Hans Sachs (1528).
The Illustrated Bartsch, Bd. 13: German Masters of the Sixteenth Century. Erhard Schoen,
Niklas Stoer, hg. von WALTER L. STRAUSS, New York 1984, S. 321

AUSWAHLBIBLIOGRAPHIE

TEXTAUSGABEN

Die Lieder Neidharts, hg. von EDMUND WIEßNER, fortgef. von HANNS FISCHER, 4. Aufl., rev. von PAUL SAPPLER, mit einem Melodienanhang von HELMUT LOMNITZER, Tübingen 1984 (ATB 44).

SIEGFRIED BEYSCHLAG, Die Lieder Neidharts. Der Textbestand der Pergament-Handschriften und die Melodien. Text und Übertragung, Einführung und Worterklärungen, Konkordanz. Editionen der Melodien von HORST BRUNNER, Darmstadt 1975.

Herr Neidhart diesen Reihen sang. Die Texte und Melodien der Neidhartlieder mit Übersetzungen und Kommentaren, hg. von SIEGFRIED BEYSCHLAG – HORST BRUNNER, Göppingen 1989 (GAG 468).

Neidhart von Reuental, Lieder. Auswahl, mit den Melodien zu neun Liedern. Mittelhochdeutsch und übers. von HELMUT LOMNITZER (RUB 6927/28), Stuttgart 1966.

Abbildungen zur Neidhart-Überlieferung I. Die Berliner Neidhart-Handschrift R und die Pergamentfragmente C^b, K, O und M, hg. von GERD FRITZ, Göppingen 1973 (Litterae 11).

Abbildungen zur Neidhart-Überlieferung II. Die Berliner Neidhart-Handschrift c (mgf 779), hg. von EDITH WENZEL, Göppingen 1976 (Litterae 15).

TONAUFNAHMEN

EBERHARD KUMMER, 'Lieder und Reigen des Mittelalters – Neidhart "von Reuental"' (PAN 170 005).

ENSEMBLE FÜR FRÜHE MUSIK AUGSBURG, 'Neidhart von Reuental' (CD 77108).

SEKUNDÄRLITERATUR

HANS BECKER, Die Neidharte. Studien zur Überlieferung, Binnentypisierung und Geschichte der Neidharte der Berliner Handschrift germ. fol. 779 (c), Göppingen 1978 (GAG 255).

KARL BERTAU, Stil und Klage beim späten Neidhart, in: DU 19 (1967), S. 76-97.

DERS., Neidharts "bayrische Lieder" und Wolframs 'Willehalm', in: ZfdA 100 (1971), S. 296-324.

ALBERT BIELSCHOWSKY, Geschichte der deutschen Dorfpoesie im 13. Jahrhundert. Bd. 1: Leben und Dichten Neidharts von Reuenthal, 1891 (Sonderabdrucke der Acta Germanica II,2).

HELMUT BIRKHAN, Zur Datierung, Deutung und Gliederung einiger Lieder Neidharts von Reuental. Sitzungsberichte der Österreichischen Akademie der Wissenschaften philosophisch-historische Klasse Bd. 273, Wien 1971.

PETER BRÜNDL, Minne und Recht bei Neidhart. Interpretationen zur Neidhartüberlieferung, Diss. München 1972.
JUTTA GOHEEN, Natur- und Menschenbild in der Lyrik Neidharts, in: PBB 94 (Tübingen 1972), S. 348-378.
CLAUDIA HÄNDL, Rollen und pragmatische Einbindung. Analysen zur Wandlung des Minnesangs nach Walther von der Vogelweide, Göppingen 1987 (GAG 467).
HERMINA JOLDERSMA, The Eavesdropping Male: "Gespielinnengesprächslieder" from Neidhart to the Present, in: Euphorion 78 (1984), S. 199-218.
GERT KAISER, Narzißmotiv und Spiegelraub. Eine Skizze zu Heinrich von Morungen und Neidhart von Reuental, in: Interpretation und Edition deutscher Texte des Mittelalters. Festschrift für John Asher, hg. von KATHRYN SMITS [u.a.], Berlin 1981, S. 71-81.
HARTMUT KOKOTT, Walther und Neidhart. Zum Problem literarischer Interaktion mittelhochdeutscher Dichter. Eine Skizze, in: Walther von der Vogelweide. Beiträge zu Leben und Werk, hg. von HANS-DIETER MÜCK, Stuttgart 1989 (Kulturwissenschaftliche Bibliothek 1), S. 107-119.
ELISABETH LIENERT, Spiegelraub und rote Stiefel. Selbstzitate in Neidharts Liedern, in: ZfdA 118 (1989), S. 1-16.
HANS-DIETER MÜCK, Fiktiver Sänger Nîthart / Riuwental minus Fiktion = realer Dichter des Neidhart-Liedtyps?, in: Neidhart von Reuental. Aspekte einer Neubewertung, hg. von HELMUT BIRKHAN, Wien 1983 (Philologica Germanica 5), S. 74-88.
JAN-DIRK MÜLLER, Strukturen gegenhöfischer Welt: Höfisches und nicht-höfisches Sprechen bei Neidhart, in: Höfische Literatur – Hofgesellschaft – Höfische Lebensformen um 1200. Kolloquium am Zentrum für Interdisziplinäre Forschung der Universität Bielefeld (3. bis 5. November 1983), hg. von GERT KAISER – JAN-DIRK MÜLLER, Düsseldorf 1986, S. 409-453.
KURT RUH, Neidharts Lieder. Eine Beschreibung des Typus, in: Studien zur deutschen Literatur und Sprache des Mittelalters. Festschrift für Hugo Moser, hg. von WERNER BESCH [u.a.], Berlin 1974, S. 151-168.
GÜNTHER SCHWEIKLE, Pseudo-Neidharte?, in: ZfdPh 100 (1981), S. 86-104.
DERS., Neidhart, Stuttgart 1990 (SM 253).
EDMUND WIEßNER, Kommentar zu Neidharts Liedern, Leipzig 1954.
DERS., Vollständiges Wörterbuch zu Neidharts Liedern, Leipzig 1954.
BARBARA VON WULFFEN, Der Natureingang in Minnesang und frühem Volkslied, München 1963.

Tagelied-Interpretationen
Zu Wolframs ›Von der zinnen‹ (MF V) und Oswalds ›Los, frau, und hör‹ (Kl. 49)

KLAUS SPECKENBACH

Für das mittelalterliche Bewußtsein von literarischen Gattungen hatte sich bald nach 1200 das Tagelied als Untergattung der Liebeslyrik ungewöhnlich klar herausgebildet. Der Terminus *tageliet* als Gattungsbezeichnung wird für uns erstmalig in Ulrichs von Liechtenstein ›Frauendienst‹ greifbar (etwa 1255): *Diu tageliet maniger gern sanc* (1633,1).[1] Als Variante gebraucht Ulrich auch *tagewîse* (1632,7), ebenso Neidhart, der von sich in einer allerdings erst in der zweiten Hälfte des 15. Jahrhunderts überlieferten Zusatzstrophe behauptet, 104 Lieder und eine – nicht erhaltene – *tagewîse* verfaßt zu haben (WL 30, IXc,3).[2] Beide Komposita können außerdem das schon früher bezeugte Morgenlied eines Wächters bezeichnen, mit dem er die Schläfer einer Burg weckt.

> *Der wechter vf der zinnen saz*
> *Sine tageliet er sanc*
> *Daz im sin stimme erklanc*
> *Von grozme done*
> *Er sanc ez taget schone*
> *Der tag der schinet in den sal*
> *Wol vf ritter vber al*
> *Wol vf ez ist tac* (V. 4178-85).[3]

---

[1] Ulrich von Liechtenstein, Frauendienst, hg. von FRANZ VIKTOR SPECHTLER, Göppingen 1987 (GAG 485); s. auch Reinmar der Fiedler (KLD Nr. 45 III 1,4).

[2] Die Lieder Neidharts, hg. von EDMUND WIESSNER, fortgef. von HANNS FISCHER, 4. Aufl. rev. von PAUL SAPPLER, mit einem Melodienanhang von HELMUT LOMNITZER, Tübingen 1984 (ATB 44).

[3] Herbort von Fritzlar, Liet von Troye, hg. von KARL FROMMANN, Quedlinburg – Leipzig 1837 (BNL I 5); vgl. Wolfram von Eschenbach, Lied V ›Von der zinnen‹ (Des Minnesangs Frühling [= MF], unter Benutzung der Ausgaben von KARL LACHMANN und MORITZ HAUPT, FRIEDRICH VOGT und CARL VON KRAUS bearb. von HUGO MOSER – HELMUT TERVOOREN, Bd. I: Texte, 38., erneut rev. Aufl. Stuttgart 1988) *tagewîse* (1,2); zur Gattungsdiskussion vgl. RENATE HAUSNER (Hg.), Owe do tagte ez. Tagelieder und motivverwandte Texte des Mittelalters und der frühen Neuzeit, Bd. 1, Göppingen 1983 (GAG 204), S. XV-XXII; IOANA BELOIU-WEHN: 'Der tageliet maneger gern sanc'. Das deutsche Tagelied des 13. Jahrhunderts. Versuch einer gattungsorientierten intertextuellen Analyse, Frankfurt/M. – Bern – New York 1989 (EHS 1, 1168), S. 40-50.

Diese Verwendung als morgendlicher Weckruf muß grundsätzlich von dem spezifischen Liebeslied unterschieden werden, auch wenn gelegentlich Kontaminationen (Vermischungen) zwischen beiden festgestellt werden können.

Tagelieder sind in den großen Liederhandschriften gemeinsam mit den Minnekanzonen (s. den Beitrag von Klaus Speckenbach in diesem Band S. 123f.) überliefert, erst im Spätmittelalter werden sie etwa bei dem Mönch von Salzburg (Ende 14. Jh.) und im Liederbuch der Klara Hätzlerin (1470/71) durch Überschriften und Zusammenstellung als eine geschlossene Untergattung herausgehoben.[4] Wie die Minnekanzone besteht das Tagelied aus Stollenstrophen (s. den Beitrag von Klaus Speckenbach in diesem Band S. 123), seine Gattungsmerkmale sind daher ausschließlich inhaltlich beschreibbar. Im Mittelpunkt steht ein adliges Liebespaar, das sich nach heimlicher Liebesnacht am frühen Morgen trennen muß. Oft wird es durch einen Wächter geweckt und zum Abschied gedrängt. Die Konstellation der drei Figuren ist meist episch erzählend ausgestaltet ('genre objectif') und kann vor allem in Dialogen auch eine dramatische Komponente entwickeln. Die eindeutigen und prägnanten Gattungsmerkmale boten schon bei Wolfram (MF Lied IV) und dann seit der zweiten Hälfte des 13. Jahrhunderts den Ansatz für parodistische Abwandlungen. Durch Kontamination mit der Minnekanzone, dem Wechsel, dem Kreuzlied und der Serena (abendliches Einlaßlied) fanden charakteristische Tageliedmerkmale auch Eingang in andere Gattungen.

Der Ursprung und die frühe Ausbildung des mittelhochdeutschen Tageliedes liegen nach wie vor im Dunklen. Angesichts der räumlich und zeitlich nahezu unbegrenzten Verbreitung der Tagelied-Situation im internationalen Liedgut muß grundsätzlich von Polygenese und einem Zusammenwirken verschiedener Anstöße ausgegangen werden.[5] Die Forschung geht heute meist davon aus, daß das mittelhochdeutsche Tagelied e i n e Wurzel in einem volkstümlichen bzw. vorhöfischen Lied besitzt, das mit der heimischen Frauenklage verwandt ist. In den

---

[4] F. ARNOLD MAYER – HEINRICH RIETSCH, Die Mondsee-Wiener Liederhandschrift und der Mönch von Salzburg. Eine Untersuchung zur Litteratur- und Musikgeschichte, nebst den zugehörigen Texten aus der Handschrift mit Anmerkungen, 2 Tle., Berlin 1894/96, S. 228, als Variante *taghorn* (Nr. 12), s. *nahthorn* (S. 225 Nr. 11) und *kchühorn* (S. 231 Nr. 13); ULRICH MÜLLER, Die Tagelieder des Oswald von Wolkenstein oder Variationen über ein vorgegebenes Thema. Mit neuer Transkription der Tagelieder des Mönchs von Salzburg von FRANZ V. SPECHTLER, in: Gesammelte Vorträge der 600-Jahrfeier Oswalds von Wolkenstein, hg. von HANS-DIETER MÜCK – ULRICH MÜLLER, Göppingen 1978 (GAG 206), S. 205-225, hier S. 211, 213-218; Tagelieder des deutschen Mittelalters. Mittelhochdeutsch/Neuhochdeutsch, ausgew., übers. und komm. von MARTINA BACKES, Einl. [Literarhistorische Aspekte der mittelalterlichen Tageliedsdichtung, S. 11-81] von ALOIS WOLF, Stuttgart 1992 (RUB 8831), S. 298.

[5] Vgl. die große Sammlung Eos. An Enquiry into the Theme of Lover's Meetings and Partings at Dawn in Poetry, hg. von ARTHUR T. HATTO, London – The Hague – Paris 1965; vgl. WOLF (Anm. 4), S. 11, 36.

Tageliedern Dietmars von Aist (MF XIII; 39,18) und Heinrichs von Morungen (MF XXX; 143,22) (beide wohl 2. Hälfte 12. Jh.) haben sich möglicherweise Züge dieser frühen noch rein mündlichen Entwicklungsstufe erhalten. Mit Wolframs von Eschenbach Liedern ist für uns das höfische deutsche Tagelied zum ersten Mal voll ausgebildet zu greifen. In unterschiedlicher Tonlage verschiedener Stilebenen kommen ein popularisierendes und ein höfisierendes Register zu einer Vermischung.[6] Man führt die Höfisierung auf die okzitanischen Tagelieder (Albas, von dem regelmäßig als Refrain auftretenden *alba* 'Morgengrauen') zurück, weil man glaubt, daß eine solche Wirkung nur von der früh ausgebildeten Adelskultur der Provence hat ausgehen können. Es handelt sich um dieselbe Entwicklung, die zur Konzeption der hohen Minne in der Minnekanzone geführt hat.[7] Allerdings sind im Vergleich zu den deutschen Liedern verhältnismäßig wenige Albas erhalten und von diesen nur einzelne sicher ins 12. Jahrhundert zu datieren;[8] eindeutige Abhängigkeiten konnten bisher nicht nachgewiesen werden. Die okzitanischen Albas scheinen u.a. vom christlichen Morgenlob beeinflußt zu sein, in dem der lichte Tag begrüßt und als Bild für den siegreichen Christus verstanden wird.[9] Für die mittelhochdeutschen Tagelieder sind Spuren eines religiösen Registers kaum nachzuweisen, obwohl der geistliche Weckruf, der ebenfalls als *tageliet* bezeichnet werden konnte, auch im deutschsprachigen Raum bekannt war. Beziehungen zu religiösen Texten entstehen erst durch Kontrafakturen im Spätmittelalter, aber dann ist das profane Lied der gebende Teil, werden seine Elemente in christliche Kontexte eingegliedert.[10]

In der älteren Forschung hat man die Liebeskonzeption der Minnekanzone und des Tageliedes als extreme Gegensätze verstanden.[11] Der Spiritualisierung

---

[6] Die Forschung zusammenfassend BELOIU-WEHN (Anm. 3), S. 73-87, bes. S. 84f., 94; JOACHIM BUMKE, Wolfram von Eschenbach, 6., neu rev. Aufl. Stuttgart 1991 (SM 36), S. 39; WOLF (Anm. 4), S. 11, 15, 56.

[7] JOACHIM BUMKE, Die romanisch-deutschen Literaturbeziehungen im Mittelalter, Heidelberg 1967, S. 48; DERS. (Anm. 6), S. 39; ALOIS WOLF, Variation und Integration. Beobachtungen zu hochmittelalterlichen Tageliedern, Darmstadt 1979 (Impulse der Forschung 29), S. 9, 15, 72; DERS. (Anm. 4), S. 44, 53.

[8] Ganz unbedeutend ist das Vorkommen der altfranzösischen Tagelieder (Aubes), vgl. WOLF (Anm. 4), S. 45.

[9] WOLF (Anm. 4), S. 46, 53, 56.

[10] S. zuletzt UWE RUBERG, Gattungsgeschichtliche Probleme des ›geistlichen Tageliedes‹ – Dominanz der Wächter- und Weckmotivik bis zu Hans Sachs, in: Tradition der Lyrik. Festschrift für Hans-Henrik Krummacher, hg. von WOLFGANG DÜSING in Verbindung mit HANS-JÜRGEN SCHINGS, STEFAN TRAPPEN und GOTTFRIED WILLEMS, Tübingen 1997, S. 15-29.

[11] So noch GERDT ROHRBACH, Studien zur Erforschung des mittelhochdeutschen Tagelieds. Ein sozialgeschichtlicher Beitrag, Göppingen 1986 (GAG 462), S. 368, der damit zugleich einen Gegensatz zum Hof ableitet, dem der Minnesang als "amtliche Doktrin" zugeordnet sei: das Tagelied also als Mittel der gesellschaftlichen Auseinandersetzung.

und Sublimierung der Minne, dem uneingeschränkten Dienst des Sängers stellte man die erfüllte körperliche Liebe gegenüber und sprach dem Tagelied eine Art Ventilfunktion im Hinblick auf die spannungsvolle Entsagung der Kanzone zu.[12] Doch bei Beachtung des fiktionalen Charakters beider Untergattungen büßt diese These viel an Wahrscheinlichkeit ein. Hohe Minne ist keine platonische Liebe, die Figur des Sänger-Ich strebt in der Fiktion der Liedvariationen vielmehr nach körperlicher Vereinigung mit der geliebten Frau.[13] Sein Ziel erreicht es zwar bei allem Werben in der Gegenwart des Liedes in der Regel nicht – im Unterschied zur fernen Vergangenheit, an die sich der Sänger voller Wehmut erinnert und aus der er für die Zukunft immer wieder Hoffnung auf erneute Zuwendung der Herrin schöpft. Das Tagelied nun preist gerade die Vereinigung des Paares in der Lied-Gegenwart oder der gerade vergangenen Nacht, wobei manchmal Hinweise auf frühere Begegnungen gegeben werden. Daß diese Liebe anders als in der Pastourelle auf Dauer angelegt ist, zeigen dann auch die noch häufiger formulierten Erwartungen künftiger Rendezvous, die in ihrer Heimlichkeit nicht von innen, sondern nur von außen gefährdet erscheinen. Diese Liebe ist wie die der Minnekanzone ethisch bestimmt, das Paar ist sich auch in der zu erwartenden Trennung in *triuwe* verpflichtet. Die Auseinandersetzung mit der Gefahr der Entdeckung führt zu einer seelischen Anstrengung und Vertiefung, die der Leistung des Minnesängers in nichts nachsteht. Minnekanzone und Tagelied unterscheiden sich zwar in ihrer Liebeskonzeption, aber doch nicht in einer ausschließenden Weise. Daher ist es durchaus verständlich, daß sie formal ohne Unterschied von denselben Sängern verfaßt, vor demselben Publikum bei denselben Anlässen vorgetragen und in denselben Handschriften überliefert worden sind.

---

[12] HELMUT DE BOOR, Die höfische Literatur. Vorbereitung, Blüte, Ausklang. 1170-1270, 9. Aufl., mit einem bibliographischen Anhang von KLAUS P. SCHMIDT, München 1974 (Geschichte der deutschen Literatur von den Anfängen bis zur Gegenwart 2), S. 330; MÜLLER (Anm. 4), S. 208f.; vgl. dagegen WERNER HOFFMANN, Tageliedkritik und Tageliedparodie in mittelhochdeutscher Zeit, in: GRM NF 35 (1985), S. 157-178, hier S. 172f.; WOLF (Anm. 4), S. 75, vor allem EVA WILLMS, Liebesleid und Sangeslust. Untersuchungen zur deutschen Liebeslyrik des späten 12. und frühen 13. Jahrhunderts, München – Zürich 1990 (MTU 94), S. 207, zum Folgenden S. 200-214, bes. S. 210-214, und CHRISTOPH CORMEAU, Zur Stellung des Tagelieds im Minnesang, in: Festschrift Walter Haug und Burghart Wachinger, hg. von JOHANNES JANOTA [u.a.], 2 Bde., Tübingen 1992, II, S. 695-708.

[13] Vgl. schon HUGO KUHN, Zur inneren Form des Minnesangs [Erstdr. 1949], in: Der deutsche Minnesang. Aufsätze zu seiner Erforschung [Bd. 1], hg. von HANS FROMM, Darmstadt 1961 (WdF 15), S. 167-179, hier S. 172f.; vgl. jetzt auch die Arbeit von WILLMS (Anm. 12).

I

Von der zinnen (MF Lied V)

1 "*Von der zinnen*
 wil ich gên, in tagewîse
  sanc verbern.
 die sich minnen
  tougenlîche, und obe si prîse
   ir minne wern,
    Sô gedenken sêre
    an sîne lêre,
    dem lîp und êre
     ergeben sîn.
      der mich des bæte,
      deswâr ich tæte
      ime guote ræte
      und helfe schîn.
       ritter, wache, hüete dîn!

2 *Niht verkrenken*
  wil ich aller wahter triuwe
   an werden man.
  niht gedenken
   solt du, vrowe, an scheidens riuwe
    ûf kunfte wân.
     Ez wære unwæge,
     swer minne pflæge,
     daz ûf im læge
      meldes last.
       ein sumer bringet,
       daz mîn munt singet:
       durch wolken dringet
       tagender glast.
        hüete dîn, wache, süezer gast!"

3 *Er muos eht dannen,*
  der si klagen ungerne hôrte.
   dô sprach sîn munt:
 "*allen mannen*
   trûren nie sô gar zerstôrte
    ir vröiden vunt."
     Swie balde ez tagete,
     der unverzagete
     an ir bejagete,
      daz sorge in vlôch.

unvrömedez rucken,
gar heinlîch smucken,
ir brüstel drucken
und mê dannoch
urloup gap, des prîs was hôch.

Übersetzung

1   "Von der Zinne will ich herabgehen, mit dem morgendlichen Weckruf meinen Gesang beenden. Die sich heimlich lieben, mögen – auch wenn das Minne-Gewähren sie ehrt – an dessen Unterweisung denken, dem ihr Leben und Ansehen anvertraut sind. Wenn jemand mich darum bitten würde, dem gäbe ich wirklich Rat und deutliche Hilfe. Ritter, wache auf, nimm dich in acht!

2   Gegenüber dem edlen Mann will ich die Treue aller Wächter nicht in Verruf bringen. Herrin, in der Hoffnung auf seine Rückkehr sollst du nicht an den Trennungsschmerz denken. Es wäre unbillig, wenn derjenige, der sich der Liebe hingibt, auch auf das Hellwerden am Morgen achten müßte. Die kurze Sommernacht bringt es mit sich, daß ich (so früh) singe: Durch die Wolken dringt die Morgendämmerung. Paß auf dich auf, erwache, lieber Gast!"

3   Der, den ihr Wehklagen bedrückte, mußte doch fort. Er sagte da: "Noch nie hat Trauer jemandem so ganz seine Freude zerstört." Wie schnell es hell wurde, der furchtlose Mann erlangte bei ihr dies, daß ihn aller Schmerz verließ. Vertrautes Zusammenrücken, zärtliches Aneinanderschmiegen, das Streicheln ihrer Brüste und noch mehr gab einen Abschied, dessen Glück vollkommen war.

Jede Beschäftigung mit Wolframs Liedern muß heute von den grundlegenden Untersuchungen Peter Wapnewskis ausgehen.[14] Für meine Übersetzung habe ich zusätzlich die von Martina Backes herangezogen.[15] Wapnewskis Textgestalt einschließlich der Verseinteilung entspricht so weitgehend der MF-Ausgabe, daß es unnötig ist, die Abweichungen hier zu diskutieren. Ich betrachte die Strophenform als eine Stollenstrophe, deren Abgesang wie der Aufgesang 'stollig' gebaut ist und mit einem Zusatzvers schließt, der in den beiden ersten Strophen refrainartigen Charakter besitzt.[16] In Übereinstimmung mit der neueren Forschung zähle ich nur die sprachlich realisierten Takte,[17] alle anderen Zählungen bleiben letzt-

---

[14] PETER WAPNEWSKI, Die Lyrik Wolframs von Eschenbach. Edition, Komm., Interpretation, München 1972, S. 116-141; zur metrischen Analyse vgl. auch KARL HEINZ BORCK, Wolframs Lieder. Philologische Untersuchungen, Habil.-Schr. (masch.) Münster 1959, S. 14-45. Die ältere Forschung zusammenfassend vgl. jetzt den Kommentar von INGRID KASTEN: Deutsche Lyrik des frühen und hohen Mittelalters. Edition der Texte und Komm. von INGRID KASTEN, Übersetzungen von MARGHERITA KUHN, Frankfurt/M. 1995 (BdM 3) (BdK 129), S. 1063-1068.

[15] BACKES (Anm. 4), S. 94-97.

[16] Vgl. WAPNEWSKI (Anm. 14), S. 122-124; vgl. auch KASTEN (Anm. 14), S. 1063f.

[17] BORCK (Anm. 14), S. 18; JOACHIM BUMKE, Die Wolfram von Eschenbach-Forschung seit 1945. Bericht und Bibliographie, München 1970, S. 345; WAPNEWSKI (Anm. 14), S. 123; vgl. aber Deutsche Liederdichter des 13. Jahrhunderts, hg. von CARL VON KRAUS, Bd. 2: Komm. bes.

lich willkürlich, da uns eine Überprüfung an der nicht überlieferten Melodie versagt ist.[18] Wir haben es mit einer geschmeidigen, gleitenden Strophe zu tun, die aus zwölf Zwei- und drei Vierhebern gebildet ist, deren auffällige Reimbindungen den Gesamteindruck unterstreichen. Überliefert ist das Lied in der Weingartner (B) und der Großen Heidelberger Liederhandschrift (Codex Manesse, C).

Die Figurenkonstellation in diesem Lied ist sehr ungewöhnlich. Zwei Strophen sind dem Wächter zugeteilt, der Ritter tritt in der dritten Strophe aktiv hervor, die Dame aber, die sonst entschiedener als ihr Geliebter als Handelnde zur Geltung kommt, bleibt gänzlich im Hintergrund. Die Wächterstrophen bestehen weitgehend aus monologischer Rede, nur mit dem refrainartigen Warnruf richtet sich der Wächter direkt an den Ritter (1,15; 2,15), und im zweiten Stollen der zweiten Strophe versucht er, der Dame den Abschiedsschmerz zu nehmen, da sie einer erneuten Liebesbegegnung sicher sein könne (2,4-6). Wenn der Wächter zu Beginn der ersten Strophe davon spricht (1,1-3), die Zinne verlassen und sein Singen mit dem Weckruf abschließen zu wollen,[19] dann gibt er zu verstehen, daß sein offizieller Dienst mit Beginn des neuen Tages beendet ist.[20] Am Ende der zweiten Strophe zitiert er aus dieser *tagewîse*: '*durch wolken dringet / tagender glast*' (2,13f.), so daß der Weckruf gleichsam den Rahmen für die Wächterrede bildet. Nun ist es charakteristisch für die Konzeption der Wächterfigur bei Wolfram und vielen Nachfolgern, daß neben seiner offiziellen Funktion der Wächter gleichzeitig freundschaftlicher Beschützer der Liebenden ist, was auch durch seine Du-Anrede zum Ausdruck kommt (1,15; 2,5. 15). Diese beiden Rollen sind nur in der Fiktion des Kunstwerks vereinbar, in der Realität müßte die warnende Wächterrede sogleich zur Entdeckung des Paares und zur Verletzung seiner Intimität führen. Der allgemeine Weckruf, beim Heraufziehen des Tages an die Burgbewohner gerichtet, konnte natürlich gleichzeitig auch für die Liebenden ein Signal für den Abschied sein – und vermutlich hat sich aus einer solchen Konstellation auch die Beschützerrolle des Wächters entwickelt –, doch wichtig sind für das Verständnis dieses Tageliedes die Teile der Wächterrede, die sich nicht an

---

von HUGO KUHN, 2. Aufl. durchges. von GISELA KORNRUMPF, Tübingen 1978, S. 686-688.

[18] Die von BORCK (Anm. 14), S. 15-30, vgl. S. 44f., diskutierte Synaphie (zwischenzeilige Fugung der Verse) bleibt ebenfalls unüberprüfbar; besonders problematisch erscheint es mir, wenn durch Ansetzen von Elision und Ekthipsis am Versende verschiedene Kadenzen in gestörter Reimbindung auftreten, wenn also z.B. *tagewîse* (weibliche Kadenz) und *prîse* (1,2. 5) (wegen der Elision männliche Kadenz) als unreine Reime verstanden werden.

[19] LESLIE PETER JOHNSON, *Sîne klâwen. An Interpretation*, in: DENNIS HOWARD GREEN – LESLIE PETER JOHNSON, Approaches to Wolfram von Eschenbach, Bern – Frankfurt/M. – Las Vegas 1978 (Mikrokosmos 5), S. 295-337, hier S. 314, meint, der Wächter halte seinen Weckruf zurück, vermutlich, um den Liebhaber entkommen zu lassen.

[20] BELOIU-WEHN (Anm. 3), S. 47, meint, *tagewîse* bezeichne in diesem Lied poetische Gattung und Wächterruf zugleich.

die Allgemeinheit richten: die monologische Reflexion und die direkten Wendungen an den *ritter* und die *vrowe*.

In dem dichtgedrängten Satz, der den zweiten Stollen und den ersten Teil des Abgesangs der ersten Strophe verbindet (1,4-10), wendet der Wächter sich nur indirekt an die Liebenden, gleichzeitig formuliert er eine Feststellung in eigener Sache, die über den besonderen Fall hinaus Geltung haben soll: Heimlich Liebende sollen stets an die kundige Unterweisung dessen denken, dem ihr Leben und ihre gesellschaftliche Geltung anvertraut sind.[21] Wenn jemand Rat und Hilfe von ihm, dem Sprecher, erbitten würde, könnte er unbedingt auf sie bauen (1,11-14). Diese Zusicherung ist gewiß nicht als Restriktion zu verstehen, daß der Wächter, bevor er zu helfen bereit ist, erst einmal gebeten sein möchte, um damit eine gewisse Überlegenheit auszuspielen.[22] Denn unmittelbar danach stößt er ohne jede Aufforderung den Warnruf an den Ritter aus, aufzuwachen und auf sich achtzugeben (1,15).

In komprimierter Sprache werden wesentliche Elemente der Tagelied-Situation vergegenwärtigt. Heimliche Liebe muß vor der Gefahr der Entdeckung bewahrt werden, der Ritter durch das rechtzeitige Verlassen der geliebten Frau Verantwortung für sie beide übernehmen. Ein Grund für diese Notwendigkeit wird in keinem deutschen Tagelied genannt; man muß die Verbindung als illegitim verstehen, ohne daß dies wie in den okzitanischen Albas als Ehebruch präzisiert würde.[23] Von der Ehe abgesehen könnte jede Art von Liebesbeziehung zwischen Adligen den Hintergrund für das Tagelied abgeben,[24] für seinen Sinn hat das keinerlei Bedeutung. Tagelied-Liebe ist illegitim und damit von außen gefährdet, ihre Verwirklichung aber ehrt und erhöht die Liebenden (*und obe si prîse / ir minne wern*, 1,5f.).[25] Damit spricht der Wächter der Tagelied-Liebe einen Wert

---

[21] Vgl. auch Wolfram, ›*Sîne klâwen*‹ (MF Lied II): *daz er behalte êre unde den lîp* (3,6).

[22] WAPNEWSKI (Anm. 14), S. 138f.; vgl. KASTEN (Anm. 14), S. 1064. Einen mürrischen Wächter, der droht, sein Warnen zu beenden, wie CYRIL EDWARDS, Von der zinnen wil ich gen: Wolfram's Peevish Watchman, in: MLR 84 (1989), S. 358-366, hier S. 362-364, herausstellt, kann ich nicht erkennen.

[23] Vgl. die romanischen Tagelieder Nr. 3, 8 und 11 in: HATTO (Anm. 5), S. 360f., 366-368, 371f.; BELOIU-WEHN (Anm. 3), S. 98f., 105, 168.

[24] Vgl. MARIANNE WYNN, Wolfram's Dawnsongs, in: Studien zu Wolfram von Eschenbach. Festschrift für Werner Schröder, hg. von KURT GÄRTNER - JOACHIM HEINZLE, Tübingen 1989, S. 549-558.

[25] WAPNEWSKI (Anm. 14), S. 127-129, diskutiert die verschiedenen Übersetzungsmöglichkeiten, ich entscheide mich für seinen Vorschlag A 1. *si*: Akk.-Obj., *prîse*: Präd., *ir minne wern*: Subj., das führt zu: "auch wenn ihr gegenseitiges Liebe-Gewähren sie ehren mag" (S. 128); vgl. auch Des Minnesangs Frühling, Bd. II: Editionsprinzipien, Melodien, Handschriften, Erläuterungen, bearb. von HUGO MOSER - HELMUT TERVOOREN, 36. Aufl. Stuttgart 1977, S. 119, und BACKES (Anm. 4), S. 95. Vgl. Wolfram in MF, Lied VII: *des noch diu minne hât den prîs* (3,7). KUHN (Anm. 14), S. 545, übersetzt *ir minne wern* (1,6) mit "daß ihre Liebe nicht aufhören will".

zu, der allein sein Engagement für die Liebenden rechtfertigt, das freilich die Grenzen bedachter Klugheit nicht überschreitet. Ihn als Komplizen des Paares zu sehen, wie es immer wieder geschieht, verfehlt gerade die Vorbildlichkeit dieser Liebe, auf die sich sein ganz und gar nicht verwerfliches Tun richtet.[26]

Die zweite Strophe unterstreicht diese Sicht, wenn sich der Wächter auf *aller wahter triuwe* (2,2; vgl. MF Lied II 2,8; 3,7) beruft, die er dem edlen Mann gegenüber durch seine Warnung unbedingt beweisen will. Wenn Wapnewski das Zitat mit "Berufswürde des Wächterstandes" übersetzt,[27] die nicht in Verruf geraten soll, ordnet er *triuwe* der offiziellen Rolle des Wächters zu. Gemeint ist aber die *triuwe* gegenüber dem Liebhaber, die dem Wert seiner Minne korrespondiert, mit "Berufswürde des Wächterstandes" hat das nichts zu tun. Im ersten Stollen der ersten Strophe ist von der offiziellen Tätigkeit des Wächters die Rede, im ersten Stollen der zweiten Strophe dagegen von seinem besonderen Verhältnis zum *werden man* (2,3; vgl. MF II 1,7), beidemal zeigt ein *wil ich* an derselben Stelle (1,2; 2,2) Selbstbewußtsein und Rollenkompetenz.

Mit einer syntaktischen Parallele *Niht verkrenken / wil ich* (2,1f.) – *niht gedenken / solt du* (2,4f.) wendet sich der Wächter in der zweiten Strophe an die Dame, um ihr Trost zuzusprechen und es gar nicht erst zu einem Zurückhalten des Geliebten durch die Dame kommen zu lassen. In den meisten Tageliedern ist die Klage der Frau über den Abschied ein wichtiges Strukturelement. Hier wird sie nicht von ihr in eigener Rede geäußert, sondern ihre Existenz durch die Wächter-Erwähnung bewußt gemacht. Die Dame brauche sich dem Abschiedsschmerz nicht zu überlassen, weil diese Liebe auf Dauer angelegt, eine erneute Liebesbegegnung mit dem Ritter zu erwarten sei (2,6).[28] Der Wächter hebt wie in der ersten Strophe mit dem Hinweis auf die Dauer die Qualität dieser Liebe hervor, wiederum im zweiten Stollen. Während der Abgesang der ersten Strophe dann mit dem Appell an die Liebenden fortfährt (1,7-10), besonnen nach den Ratschlägen des Wächters zu handeln, gesteht der Abgesang ihnen nun zu (2,7-10), daß sie nicht selbst auf das Ende der gemeinsam verbrachten Nacht achten müßten.[29] Ein Hinweis auf

---

[26] KARL HEINZ BORCK, *Urloup er nam – nu merket wie!* Wolframs Tagelieder im komparatistischen Urteil Alois Wolfs. Eine kritische Nachbetrachtung, in: GÄRTNER – HEINZLE (Anm. 24), S. 559-568, hier S. 567.
[27] WAPNEWSKI (Anm. 14), S. 140.
[28] WAPNEWSKI (Anm. 14), S. 130, zu *kunft* stf.: 'das Kommen'; 'Zukunft', 'Hoffnung (*wân*) auf Zukünftiges' oder 'Hoffnung auf das (Wieder)kommen (des Mannes)'. Entsprechend MF Lied II 3,4f.; KUHN (Anm. 14), S. 545, spricht von "vager Hoffnung".
[29] "*meldes* als Genitiv des Gerundiums (mit Ausfall des Nasals) aufgefaßt", MF Bd. II (Anm. 25), S. 119. WOLFGANG MOHR, Wolframs Tagelieder, in: DERS., Gesammelte Aufsätze, Bd. 2: Lyrik, Göppingen 1983 (GAG 300), S. 275-294, mit Zusätzen 1980, S. 296-333, hier S. 309, übersetzt: "daß er durch Verrat belastet würde". Zur anderen Lesart in C vgl. KASTEN (Anm. 14), S. 1066.

die Jahreszeit (*sumer*, 2,11) dient etwas unvermittelt als Erklärung, warum der Wächter den Tagesanbruch so früh zu verkünden hat (2,11-14),[30] um dann mit einer erneuten Warnung an den Ritter in chiastischer Umstellung zu schließen (2,15). Der Wächter redet ihn diesmal sehr persönlich *süezer gast* (2,15) an, was wohl vor allem des Ritters Stellung gegenüber der Dame kennzeichnet, für sie ist er ein 'lieber Gast'. Aber bei der Vertrautheit des Wächters wäre es immerhin denkbar, daß er auch seine persönliche Wertschätzung mit dieser Anrede zum Ausdruck bringen will.[31]

Der Erzähler bestätigt zu Beginn der dritten Strophe die Ansicht des Wächters. Der Ritter muß wirklich fort (3,1; vgl. MF II 3,1; VII 4,2). Auf die von seiner Geliebten vernommene Klage antwortet er betroffen und im pathetischen Nachdruck des geblümten Stils ebenfalls mit Wehklagen über das verlorene Glück (3,2-6); das Paar ist im Abschiedsschmerz vereint. Doch mit Beginn des Abgesangs ändert sich die seelische Gestimmtheit grundlegend, bleiben die Warnungen des Wächters unberücksichtigt. Obwohl der neue Tag schnell hell wird (3,7; vgl. MF I 3,3), wendet sich der Unerschrockene (vgl. MF II 5,7) noch einmal der Frau zu und überwindet für einen Augenblick die Gedanken an die Trennung in neuer Liebesvereinigung (3,7-14).[32] Das Liebesspiel bereitet einen erfüllten Abschied,[33] der uneingeschränkt vollkommen und herrlich ist: *des prîs was hôch* (3,15).[34] Das Rühmen des erfüllten *urloubes* steht im Zusatzvers des Abgesangs gerade in der Position, der die refrainartigen Warnungen der ersten und zweiten Strophe entsprechen; augenfälliger kann die Selbstbehauptung der Liebenden in einem Dennoch gar nicht gemacht werden. Der Ring hat sich geschlossen. Hatte der Wächter in der ersten Strophe allgemein formuliert, daß im Gewähren von Minne die Liebenden eine Wertsteigerung erfahren (*und obe si prîse / ir minne wern*, 1,5f.), so schildert der Erzähler das Paar in der dritten Strophe, wie es im Augenblick höchster Gefahr zur Erfüllung seiner Liebe gelangt, seinem Abschied einen hohen Wert (*prîs*, 3,15) verleiht und ihn umwandelt in Liebes-

---

[30] Zur Diskussion der Stelle vgl. WAPNEWSKI (Anm. 14), S. 130f.; DIETER KARTSCHOKE, *Ein sumer bringet. (Zu Wolframs Tagelied Von der zinnen wil ich gen)*, in: Euphorion 66 (1972), S. 85-91. Die Kürze der Sommernacht und die langen Winternächte sind den Autoren als literarische Topoi durchaus geläufig. Wolfram läßt in MF Lied VII den Ritter fragen: *wer hât sî [diu naht] sô kurz gemezzen?* (2,9).

[31] Vgl. die Anrede *süezez wîp* (MF Lied II 3,3) und WAPNEWSKI (Anm. 14), S. 126 zur Stelle, anders KASTEN (Anm. 14), S. 1067.

[32] Vgl. MF I 3,2-6; II 5,9f.; VII 3,5-9.

[33] Wolfram gebraucht in seinen Liedern *urloup* in Verbindung mit den Verben *geben* und *nemen* stets im Akk., vgl. WAPNEWSKI (Anm. 14), S. 132f., und OLIVE SAYCE, *Die Syntax der Lieder Wolframs*, in: GÄRTNER – HEINZLE (Anm. 24), S. 535-548, hier S. 543.

[34] Vgl. KASTEN (Anm. 14), S. 1068; WAPNEWSKI (Anm. 14), S. 135, übersetzt gegen den Nachweis der Wörterbücher (vgl. seine Erörterung S. 134): "– und hoch war der Preis für das Geschenk"; ähnlich KUHN (Anm. 14), S. 547.

glück.³⁵ In jedem seiner vier eindeutigen Tagelieder hat Wolfram die semantische Erweiterung von *urloup* zu 'Abschied als Liebeserfüllung' geboten.³⁶ Jedes dieser Lieder gipfelt in der seelischen Kraft der Liebenden, die Trennung in der Vereinigung zu überwinden. Insofern sind sie Varianten dieses einen Themas, ihre intertextuellen Bezüge sind unverkennbar; unserem Lied V steht besonders Lied II ›*Sîne klâwen*‹ nahe. Die Variationen ergeben sich vor allem aus der unterschiedlichen Figurenkonstellation von Wächter, Dame und Ritter. Daraus unumstößliche Hinweise auf eine Reihenfolge oder gar einen Zyklus der Lieder zu gewinnen, ist trotz vieler Versuche bisher nicht gelungen,³⁷ – und ich meine, es kann auch nicht gelingen. Alle diesbezüglichen Bemühungen spiegeln insbesondere das Denken der einzelnen Interpreten. Die authentische Absicht Wolframs ist schon deshalb nicht zu erfassen, weil wir mit erheblichen Verlusten in der Überlieferung der Lieder rechnen müssen.³⁸ Deshalb ist auch die Figur des Wächters ganz ungeeignet, an ihr ein bestimmtes, sich entwickelndes Programm abzulesen. Natürlich ist es verführerisch, sich das parodistische Lied IV ›*Der helden minne ir klage*‹ als Abschluß einer Vortragssequenz von Tageliedern vorzustellen. Aber der Nachweis eines geplanten Zyklus ist damit noch lange nicht erbracht.

Für die Erforschung von Wolframs Tageliedern ist die Rolle des Wächters zum Hauptproblem geworden. Die Lösungsvorschläge sind zahlreich und stehen sich z.T. konträr gegenüber. Wenn Mohr erläuternd zu Lied II ›*Sîne klâwen*‹ erklärt, die Frau höre die Stimme des Wächters nicht nur von außen, "sondern von innen her ... wie die Stimme des Gewissens", und sie wehre sich gegen sein Mahnen, "wie man sich gegen sein Gewissen wehrt",³⁹ so dreht Rauch diesen Gedanken radikal um und deutet den Wächter als das andere Ich der Dame, die auch gerade bei ihrer Abwesenheit als handelnde Person durch den Wächter spricht.⁴⁰ Während Mohr die Worte des Wächters beschreibt als durch Wachheit gekennzeichnet,⁴¹ wird er für Wapnewski zur Stimme des Tages, des Bewußtseins, des Wissens, des Gewissens, der Notwendigkeit: Organ der rationalen, herrschenden Ordnung. Der Wächter repräsentiere das männliche Prinzip und

---

³⁵ Diesen Akzent setzt bereits MOHR (Anm. 29), S. 283; vgl. KASTEN (Anm. 14), S. 1065 und 1068.
³⁶ Vgl. MF I 3,1; II 5,9; VII 3,3.
³⁷ Vgl. BUMKE (Anm. 17), S. 346-350.
³⁸ KARL HEINZ BORCK, Wolframs Tagelied *Den morgenblic bî wahtœrs sange erkôs*. Zur Lyrik eines Epikers, in: Studien zur deutschen Literatur. Festschrift für Adolf Beck zum siebzigsten Geburtstag, hg. von ULRICH FÜLLEBORN – JOHANNES KROGOLL, Heidelberg 1979 (Probleme der Dichtung 16), S. 9-17, hier S. 10; BUMKE (Anm. 6), S. 43.
³⁹ MOHR (Anm. 29), S. 284.
⁴⁰ IRMENGARD RAUCH, Wolfram's Dawn-Song Series: An Explication, in: Monatshefte 55 (1963), S. 367-374, hier S. 368f.; "he is her 'counter-self'" (S. 370).
⁴¹ MOHR (Anm. 29), S. 284.

spreche aus, was der Ritter eigentlich zu sagen hätte.[42] Wölfel erkennt gar den Wächter als Vertreter des göttlichen Ordo,[43] während Saville ihn für eine Personifikation der höfischen Gesellschaft hält bzw. für eine symbolische Verkörperung gesellschaftlicher Normen, die er der inneren Welt der heimlichen Liebe zu vermitteln sucht.[44] Auch für Kokott vertritt der Wächter die Anforderungen der Gesellschaft;[45] die Dreierkonstellation von Ritter, Wächter und Dame versucht er mit Freuds Strukturtheorie der menschlichen Seele zu interpretieren, wonach der Wächter dem Über-Ich, die Dame aber dem Es entsprechen, denen relativ passiv der Ritter als das Ich gegenüberstehe.[46] Nach dem produktionsästhetischen Ansatz von Reusners sind höchst spekulativ "*tac* – Wächter – Wolfram (der zu seinem Publikum spricht)" der Reihe "*naht* – Liebende – Minnegesellschaft (= Publikum, das Wolfram zuhört)" zugeordnet,[47] und die Lehre, die der Wächter den Liebenden erteile, richte sich eigentlich auf die Gesellschaft, die "ohne den Dichter, wie die Liebenden ohne den Wächter, zugrunde gehen" müßte.[48] Reflexe sozialgeschichtlicher Spannungen arbeitet Wapnewski an den Tageliedern (besonders an ›Von der zinnen‹) heraus, indem er die Beziehung von Wächter und Ritter als eine unwürdige Abhängigkeit, ja ein "Ausgeliefertsein des Herrn an den Knecht" versteht,[49] der mit versteckter Drohung seine Bedeutung unterstreiche.[50] Wolfram greife nicht die Moralthematik des Tagelieds an, sondern ihre sozialen Implikationen, er habe erkannt, daß die Höchstform der Gattung eine Struktur der Würdelosigkeit schaffe.[51]

Der gebannte Blick der Forschung auf die Wächterfigur hat vielfach vergessen lassen, daß der Wächter mit all seinem Tun, wie immer man es auch bewerten mag, wenig erreicht. Nicht er, sondern die Liebenden vermitteln die Botschaft der Lieder, wie schon Scherer geschrieben hat, "dass also Liebe stärker ist als Furcht vor Schimpf und Tod ...".[52] Mit diesem Triumph der Liebe schließt

---

[42] WAPNEWSKI (Anm. 14), S. 108, 110, 138.

[43] BARBARA WÖLFEL, *wahtære* und *urloup*. Untersuchungen zu binären Motiven in den Tageliedern Wolframs von Eschenbach, in: Spuren. Festschrift für Theo Schumacher, hg. von HEIDRUN COLBERG - DORIS PETERSEN, Stuttgart 1986 (SAG 184), S. 107-120, hier S. 113f.

[44] JONATHAN SAVILLE, The Medieval Erotic Alba. Structure as Meaning, New York - London 1972, S. 143f.

[45] HARTMUT KOKOTT, Zu den Wächter-Tageliedern Wolframs von Eschenbach: *ein schimpf bî klage* (VII,3,4), in: Acta Germanica 16 (1983/84), S. 25-41, hier S. 33.

[46] Ebd. S. 31-35.

[47] ERNST VON REUSNER, Wolfram von Eschenbach über individuelles Vermögen (*lêre*) und gesellschaftliche Bindung (*minne*). Eine Untersuchung über seine Tagelieder, in: ZfdA 109 (1980), S. 298-316, hier S. 313.

[48] Ebd. S. 310.

[49] WAPNEWSKI (Anm. 14), S. 138.

[50] Ebd. S. 139f., vgl. S. 246, 251.

[51] Ebd. S. 255.

[52] WILHELM SCHERER, Deutsche Studien II: Die Anfänge des Minnesangs, Wien 1874 (Sit-

auch das Lied ›*Von der zinnen*‹, es ist ein Triumph in der gemeinsamen Hingabe von Mann und Frau. Mögen zunächst der Dame und dem Ritter je eigene Verhaltensweisen zugeschrieben werden,[53] im Augenblick der Vereinigung sind sie eines Sinnes und frei von jeder Beeinflussung. Kuhn hat Recht, wenn er im Hinblick auf die Tagelieder von einer ars amandi spricht.[54] Es geht in ihnen nicht um gesellschaftlich bestimmte Triebrestriktionen, sondern um das Modell einer erfüllten partnerschaftlichen Liebe.[55] Das ist Wolframs Antwort auf die berühmte Frage Walthers von der Vogelweide: *waz ist minne?*[56], ist ein Beitrag zur Reflexion über das Wesen des Eros, der die Zeit um 1200 so sehr beschäftigt hat.[57] Wolframs Tagelied-Minne ist der Tristan- und der Lancelot-Liebe an die Seite zu stellen, mit dem bezeichnenden Unterschied, daß die Romane mit dem trüben 'Danach' enden, während das Lied mit dem Gipfel der Vereinigung schließen kann. Seine Gattung ermöglicht es, die ethische Problematik der illegitimen Liebe auszublenden, während die Romane nicht umhinkönnen, sich ihr zu stellen.

Der Wächter mit seiner Dienstfunktion ist besonders geeignet, die Zugehörigkeit des Paares zur adligen Gesellschaft zu unterstreichen. Als dieser Aspekt im Spätmittelalter dann an Dominanz verliert, wird der Wächter auch immer beiläufiger behandelt (vgl. unten zu Oswald). Was seine Stellung in ›*Von der zinnen*‹ betrifft, so vermag ich in ihm keinen aufmüpfigen Diener zu erkennen. Obwohl er durch sein Amt als Burgwächter besonders der Dame verpflichtet sein müßte, ist er eher ein Freund des Ritters, durch *triuwe* ihm nahestehend, wenn auch nicht gleichrangig. Für das Freundes-Motiv wäre an die Alba ›*Reis glorios*‹ des Trobadors Giraut de Bornelh zu erinnern; in der zweiten Hälfte des 13. Jahrhunderts nimmt es dann Steinmar nochmals auf (SMS 26, Nr. 5,3,6f.).[58] Den Wächter unseres Liedes kennzeichnen Einsicht in das Wesen der Liebe und gleichzeitig ein Bemühen, die gesellschaftlichen Normen zur Geltung zu bringen. Seine widersprüchliche Doppelrolle läßt ihn in diesem Lied als Kunstfigur besonders

---

zungsberichte der kaiserlichen Akademie der Wissenschaften Wien, philosophisch-historische Klasse 77), S. 59, zustimmend zitiert von MOHR (Anm. 29), S. 283.

[53] Vgl. die Verteilung der Tagelied-Konstituenten auf die einzelnen Figuren bei ULRICH KNOOP, Das mittelhochdeutsche Tagelied. Inhaltsanalyse und literarhistorische Untersuchungen, Marburg 1976 (Marburger Beiträge zur Germanistik 52), S. 164.

[54] Zitiert bei BELOIU-WEHN (Anm. 3), S. 98.

[55] VOLKER MERTENS, Dienstminne, Tageliederotik und Eheliebe in den Liedern Wolframs von Eschenbach, in: Euphorion 77 (1983), S. 233-246, hier S. 242.

[56] Walther von der Vogelweide, Leich, Lieder, Sangsprüche, 14., völlig neubearb. Aufl. der Ausg. KARL LACHMANNS mit Beiträgen von THOMAS BEIN und HORST BRUNNER hg. von CHRISTOPH CORMEAU, Berlin – New York 1996, Cor. 44 I,1. [= L. 69,1].

[57] Vgl. WOLF (Anm. 4), S. 42.

[58] Vgl. ROHRBACH (Anm. 11), S. 64; WOLF (Anm. 4), S. 45-47; KASTEN (Anm. 14), S. 1064f.; Die Schweizer Minnesänger [= SMS]. Nach der Ausg. von KARL BARTSCH neu bearb. und hg. von MAX SCHIENDORFER, Bd. 1: Texte, Tübingen 1990.

deutlich hervortreten, entsprechend ist ihre künstlerische Funktion vorrangig auf die Sinnvermittlung an die Hörer ausgerichtet. Die Dominanz der Wächterfigur, das Gewicht seines Hinweises auf die Lebensgefahr auf der einen Seite und das Fehlen von Gegenargumenten, ja der scheinbare Mangel an Selbstbehauptung des Paares auf der anderen lassen bei den Hörern ein Einlenken und Nachgeben der Liebenden erwarten. Um so überraschender und überwältigender ist dann die unbedingte Tat ihrer Hingabe. Sie deklassiert alle so wohlmeinenden und sinnvollen Ratschläge des Wächters, sie setzt Maßstäbe für eine Liebe, die die 'Schauer des Gewöhnlichen' weit hinter sich gelassen hat.

II

Während Wolfram zu Beginn der Geschichte des deutschen Tageliedes entscheidende Akzente gesetzt hat, gibt Oswald von Wolkenstein (ca. 1376-1445) dieser Gattung zum Ende hin ein ungewöhnliches Gewicht. In Kenntnis Wolframs und der ganzen Tradition hat er in den ersten Jahrzehnten des 15. Jahrhunderts 13 Tagelieder bzw. Lieder mit Tageliedmotiven verfaßt, mehr als jeder andere mittelalterliche Dichter.[59] Über den adligen Herrn aus Tirol wissen wir durch Hunderte von Urkunden und Briefen, durch Bildzeugnisse in den beiden wichtigsten, noch zu seinen Lebzeiten entstandenen Handschriften, durch einen Denkstein am Brixener Dom und aus seinen eigenen Liedern außerordentlich gut Bescheid. Er ist Lehensträger des Bischofs von Brixen gewesen und hat zeitweilig im Dienst des deutschen Königs Sigmund gestanden; durch zahlreiche Reisen durch Europa und ins heilige Land, auch durch immer neue Adelshändel in Tirol erhält seine Biographie eine eigenwillige und markante Färbung.[60] Er hat ein reiches und thematisch vielfältiges, z.T. autobiographisch bestimmtes Lieder-Œuvre hinterlassen, das sicher im Auftrag Oswalds wahrscheinlich im Kloster Neustift in den 20er und 30er Jahren des 15. Jahrhunderts einschließlich der Melodien in zwei Pergamenthandschriften aufgezeichnet worden ist, wobei der Wiener Kodex (A) die für den Vortrag der Lieder geeignetere, musikalisch bessere und vollständigere Überlieferung darstellt, während die Innsbrucker Handschrift (B) stärker auf den Text bezogen ist und offenbar auch repräsentative Zwecke verfolgte.[61]

---

[59] Vgl. MÜLLER (Anm. 4), S. 208; zur Datierung vgl. WERNER MAROLD, Kommentar zu den Liedern Oswalds von Wolkenstein, bearb. und hg. von ALAN ROBERTSHAW, Innsbruck 1995 (Innsbrucker Beiträge zur Kulturwissenschaft, Germanistische Reihe 52), S. 295: Kl. 49 zwischen 1402 und 1409.

[60] ANTON SCHWOB, Oswald von Wolkenstein. Eine Biographie, 3. Aufl. Bozen 1979; BURGHART WACHINGER, Oswald von Wolkenstein, in: ²VL Bd. 7 (1989), Sp. 134-169.

[61] IVANA PELNAR, Die mehrstimmigen Lieder Oswalds von Wolkenstein. Edition, Tutzing 1981

Oswalds starkes Ich-Bewußtsein spiegelt sich auch in seiner z.T. persönlich geprägten Liebeslyrik, der jede Minnekasuistik und -reflexion abgeht. Die Tagelieder grenzen sich als Untergattung besonders deutlich ab, sie sind am stärksten der Tradition verhaftet, wobei Oswald – wie schon vor ihm der Mönch von Salzburg – den Nachdruck stärker auf Formexperimente und die Variation der Rollenkonstellation legt als auf eine Entfaltung der spezifischen Liebesproblematik.[62]

Der parallele Abdruck von ›*Los, frau, und hör*‹ (Kl. 49) (S. 242f.) folgt weitgehend Wachinger und Pelnar.[63] Es handelt sich um ein bivokales Lied, dessen Tenor wie üblich die Hauptstimme bildet, die vom Diskant übersungen wird.[64] In A tritt zu den zwei Singstimmen noch der Kontratenor als reine Instrumentalstimme hinzu (f. 18^r). Wir haben es hier also im Unterschied zu B mit einem dreistimmigen Satz zu tun, dessen Notation zwar nacheinander aufgezeichnet ist, der aber doch gleichzeitig erklingen soll.[65]

(Münchner Editionen zur Musikgeschichte 2), Textbd., Tutzing 1982 (Münchner Veröffentlichungen zur Musikgeschichte 32), hier S. 118f.; ROHRBACH (Anm. 11), S. 270f., 371; A = Wien, ÖNB, cod. 2777, (Grundstock [einschließlich Kl. 49] 1425 datiert), vgl. Oswald von Wolkenstein, Handschrift A. Vollständige Faksimile-Ausgabe im Originalformat des Codex Vindobonensis 2777 der Österreichischen Nationalbibliothek, Kommentar von FRANCESCO DELBONO, Graz 1977 (Codices selecti 59); B = Innsbruck, UB, ohne Signatur (Grundstock 1432 datiert), vgl. Oswald von Wolkenstein, Abbildungen zur Überlieferung I: Die Innsbrucker Wolkenstein-Handschrift B, hg. von HANS MOSER – ULRICH MÜLLER, Göppingen 1972 (Litterae 12); c = Innsbruck, Tiroler Landesmuseum Ferdinandeum, F.B. 1950 (1450/53, Abschrift von B, ohne Noten), vgl. Oswald von Wolkenstein, Abbildungen zur Überlieferung II: Die Innsbrucker Wolkenstein-Handschrift c, hg. von HANS MOSER – ULRICH MÜLLER – FRANZ VIKTOR SPECHTLER, Göppingen 1973 (Litterae 16).

[62] HANS-PETER TREICHLER, Studien zu den Tageliedern Oswalds von Wolkenstein, Zürich 1968, S. 10f.; MÜLLER (Anm. 4); WALTER RÖLL, Oswald von Wolkenstein, Darmstadt 1981 (EdF 160), S. 59, 70-73; ROHRBACH (Anm. 11), S. 283f.

[63] Oswald von Wolkenstein, Lieder. Mittelhochdeutsch und neuhochdeutsch. Auswahl, hg., übers. und erl. von BURGHART WACHINGER, Stuttgart 1967 [u.ö.] (RUB 2839/40), S. 14f. (Text und Übersetzung); PELNAR, Edition (Anm. 61), S. 124. In meine Übersetzung sind Wendungen Wachingers eingegangen. Lied Kl. 49 steht in A f. 17^v-18^r, in B f. 21^r, in c f. 50^v. Vgl. Abb. 9 nach A f. 17^v, da B f. 21^r z.T. unleserlich überliefert ist.

[64] RENATE HAUSNER, Thesen zur Funktion frühester weltlicher Polyphonie im deutschsprachigen Raum (Oswald von Wolkenstein, Mönch von Salzburg), in: JOWG 3 (1984/85), S. 45-78, hier S. 61.

[65] PELNAR, Edition (Anm. 61), S. 121, 123, bietet außer der Edition auch eine Transkription in die heute übliche Notation der übereinander angeordneten Stimmen. – Üblicherweise wird der Diskant vor dem Tenor notiert, bei diesem Lied steht in A der *Secunda pars* des Diskants erst nach dem des Tenors (vgl. Abb. 9), was bei HERBERT LOEWENSTEIN, Wort und Ton bei Oswald von Wolkenstein, Königsberg 1932 (Königsberger Deutsche Forschungen 11), S. 30, zur Verwechselung der Abgesänge geführt hat. B bietet dagegen die richtige Reihenfolge, vgl. dazu ERIKA TIMM, Die Überlieferung der Lieder Oswalds von Wolkenstein, Lübeck – Hamburg 1972 (Germanistische Studien 242), S. 37; PELNAR, Textband (Anm. 61), S. 87, 91f., 97.

Los, frau, und hör (Kl. 49)

Tenor:
Los, frau, und hör des hornes schall
perg und tal
überall   ane qual,
auch hör ich die nachtigal.
5   des liechten morgen röte sich vor der pleb her dringt. plas schon,
wächter! ich spür dein zoren michel gros.
Mich rürt ein wind von orient,
der entrent
auch plent   das firmament,
10   und der uns die freud hie went.
zart minnikliche dieren, das horen polret grimmiklich.
ich hör dich wol, du trübst die frauen mein.

'Los,
        los, los, los
sennleiche klag,   mordlicher tag
15   wie lang sol unser not mit dir bestan?

hab urlaub höchster schatz, kürzlich herwider ruk!'

Übersetzung

Horch, Frau, und hör den Klang des Horns
durch Berg und Tal
überall ohne Beklemmung (ertönen).
Auch die Nachtigall höre ich.
5   Sieh, die Röte des hellen Morgens dringt vor der Bläue heran.
Blas nur, Wächter! ich spüre deine ganze Unerbittlichkeit.
Mich berührt ein Wind aus dem Orient,
der den Sternenhimmel entfernt
und überblendet
10   und uns hier die Freude nimmt.
Zart liebliches Mädchen, das Horn dröhnt grimmig.
Ich höre dich wohl, du betrübst meine Liebste.

'Horch,
        hör, hör, hör
die schmerzliche Klage, tödlicher Tag,
15   wie lange wird unser Leid mit dir dauern?

Leb wohl, liebster Schatz, komm bald wieder hierher zurück!'

Diskant:
[Hornquinten]

'Sag an, herzlieb, nu was bedeutet uns
                        so gar schricklicher hall
mit seinem don?'
"aahü, aahü, wol auf, die nacken plos!"
[Hornquinten]

'Ainiger man, sol uns der gast erstören
                      hie so ach elend?
5   wem lastu mich?'
"aahü, aahü, her gat des tages schein.

Pald ab dem weg,   die geren läg!

hör, hör, hör, gesell,   klügleichen geschell,
stand
        up, risch up, snell up!
10 die vogel klingen in dem hard,
amsel, droschel, der vink, und ain zeiselein, das nennt sich kukuck."

Übersetzung

[Hornquinten]

'Sag, Liebster, was bedeutet für uns
                      der schreckliche Klang
mit seinem Tönen?'
"Aahü, aahü, auf, steckt die Hälse heraus!"
[Hornquinten]

'Mein Einziger, soll uns der Fremde
                    hier so jammervoll stören?
5   Wem überläßt du mich?'
"Aahü, aahü, der Glanz des Tages zieht herauf.

Schnell auf den Weg, die gern liegen!

Hör, hör, hör, junger Mann, das feine Tönen.
Steh auf,
        rasch auf, schnell auf!
10 Die Vögel singen im Wald,
Amsel, Drossel, der Fink und ein kleiner Zeisig, der heißt Kuckuck."

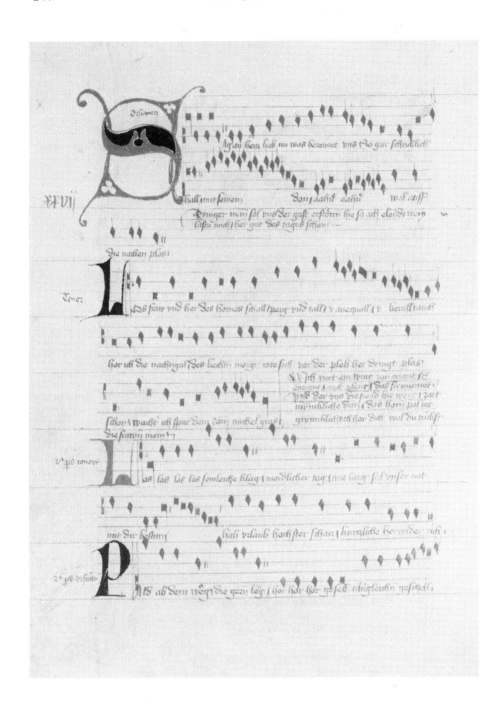

Abb. 9: Oswald von Wolkenstein, Liederhandschrift A
(Wien, ÖNB, Cod. 2777, f. 17ᵛ)

Die Mehrstimmigkeit unterscheidet dieses Lied von dem ursprünglich einstimmigen Typus der älteren Tradition. Die Musikwissenschaftler sind sich zwar einig, daß Oswald den dreistimmigen Satz nicht selbst komponiert, sondern wie im Tagelied Kl. 48 von einer westlichen (noch unbekannten) Vorlage übernommen hat. Doch die Etablierung der Polyphonie in der weltlichen Musik des deutschen Sprachraums ist nach den ersten Anfängen bei dem Mönch von Salzburg als eine bedeutende Leistung einzuschätzen.[66] Die handschriftliche Anordnung von Diskant und dann Tenor hat dazu geführt, daß die wissenschaftlichen Texteditionen zuerst die Diskantstrophe und danach die Tenorstrophe abdrucken,[67] wodurch sie als ein recht nichtssagendes Gedicht erscheinen. Erst der Paralleldruck berücksichtigt angemessen die Gleichzeitigkeit des Vortrags und läßt die künstlerische Raffinesse des Liedes aufscheinen, worauf schon 1932 Loewenstein und dann in den 60er Jahren Wachinger und Beyschlag aufmerksam gemacht haben.[68] Tenor und Diskant enthalten zwei verschieden gebaute Stollenstrophen, deren Abgesänge in den Handschriften jeweils als *Secunda pars* gekennzeichnet sind. Durch die gleichzeitige Aufführung erklingt ein einstrophiges Lied im Bauschema einer 'Doppelkanzone' (Beyschlag), von Beyschlag als Duett, von Pelnar musikhistorisch wohl angemessener als Dialoglied charakterisiert.[69] Ob man im Tenor Vers 2-4 und 8-10 als je eine Langzeile mit Zäsuren ansehen soll oder als drei Kurzzeilen, ist nicht sicher zu entscheiden, da in A Zäsur und Zeilenschluß durch den gleichen roten Schrägstrich markiert sind (in Abb. 9: schwarz), während B keine Einteilungshinweise gibt. Die beiden Stollen des Tenors beginnen für den a- und d-Reim mit einer Reimhäufung (*schall, tal, überall, qual, nachtigal* und *orient, entrent, plent, firmament, went*), während die Zeilen 5f. und 11f. auf den ersten Blick ungereimte Waisen zu sein scheinen. Ihre Reimentsprechung findet sich

---

[66] PELNAR, Textband (Anm. 61), S. 81, 120; HAUSNER (Anm. 64), S. 50, 52, 70-78; vgl. auch TIMM (Anm. 65), S. 126, 128, 131, 154.

[67] Oswald von Wolkenstein, Geistliche und weltliche Lieder, ein- und mehrstimmig, bearb. von JOSEF SCHATZ (Text) und OSWALD KOLLER (Musik), Wien 1902, Nachdr. Graz 1959 (Publicationen der Gesellschaft zur Herausgabe der Denkmäler der Tonkunst in Österreich IX/1), S. 17f. (Nr. 10); Die Gedichte Oswalds von Wolkenstein, hg. von JOSEF SCHATZ, 2. Aufl. Göttingen 1904, S. 73f. (Nr. 10); Die Lieder Oswalds von Wolkenstein, unter Mitw. von WALTER WEISS und NOTBURGA WOLF, hg. von KARL KURT KLEIN, Musikanhang von WALTER SALMEN, 3., neubearb. und erw. Aufl. von HANS MOSER – NORBERT RICHARD WOLF – NOTBURGA WOLF, Tübingen 1987 (ATB 55), S. 155f. (Nr. 49), zitiert Kl. (mit Liednummer); BACKES (Anm. 4), S. 210-213, druckt den Diskant nach dem Tenor ab, sie betont aber den gemeinsamen Vortrag (S. 289). Da in Kl. 49 der Tenor mit dem Gesang beginnt, wird heute im Unterschied zur älteren Forschung die erste Tenorzeile für die Überschrift verwendet. Vgl. schon LOEWENSTEIN (Anm. 65), S. 29f.

[68] LOEWENSTEIN (Anm. 65), S. 29-31; WACHINGER (Anm. 63), S. 111f.; SIEGFRIED BEYSCHLAG, Zu den mehrstimmigen Liedern Oswalds von Wolkenstein. Fuga und Duett, in: Oswald von Wolkenstein, hg. von ULRICH MÜLLER, Darmstadt 1980 (WdF 526), S. 79-106, hier S. 94-101.

[69] BEYSCHLAG (Anm. 68); PELNAR, Textband (Anm. 61), S. 58, 86-99.

jedoch im Diskant, dessen drei Stollenverse jeweils dem a-, b- und c-Reim (bzw. dem d-, e- und f-Reim) des Tenors respondieren (*hall*; *schon : don*; *gros : plos*; *elend*; *grimmiklich : mich*; *mein : schein*). Der Abgesang der beiden Stimmen ist reimtechnisch weniger reich ausgestattet, im Tenor (T.[enor] 14) und Diskant (D.[iskant] 8) erklingen gleichzeitig Inreime (*klag : tag*; *gesell : geschell*), der Diskant unterstreicht zusätzlich die Aufbruchsforderung mit drei kombinierten Binnen- und Inreimen: *stand up, risch up, snell up* (D. 9). Erst die beiden Schlußwörter der zwei Stimmen finden sich wieder im Endreim (*ruk : kukuck*).

Oswalds Tagelied enthält mit dem Liebespaar und dem Wächter eine traditionelle Figurenkonstellation. Die Rollenverteilung auf die beiden Stimmen ist in der Forschung umstritten. Der Aufgesang des Tenors (T. 1-12) fällt eindeutig an den Liebhaber, der zunächst seine Geliebte anspricht und sie auf den Hornklang des Wächters aufmerksam macht, gleichzeitig ertönen im Diskant Hornquinten. Die Vokalstimme setzt hier erst fünf Takte später ein mit der Frage der Dame an ihren Geliebten, was das Hornsignal bedeute (D. 1f.). Dieser gibt keine direkte Antwort, möglicherweise hat er wegen des Getöses gar nicht verstanden, was er gefragt wurde.[70] Er zählt (T. 4f.) vielmehr weitere Anzeichen des beginnenden Tages mit dem Nachtigallengesang (s. die Tagelieder Kl. 16 und 101) und dem Morgenrot auf (vgl. Kl. 121), um sich dann dem Wächter zuzuwenden und deutlich zu machen, daß er seine Warnung verstanden habe (T. 5f.). Zwischen dem *plas schon* (T. 5) und der Anrede *wächter* (T. 6) setzt im Diskant mit einer Terz ein zweifaches *aahü* (D. 3) ein, womit der Hornklang, auf den der Mann anspielt, jetzt auch vokalisch nachgeahmt wird; anschließend folgt eine Mahnung aufzustehen (D. 3). Es scheint mir nicht möglich zu sein, diese Zeile der Frau zuzusprechen und ihr damit zuzutrauen, daß sie den Hornklang 'nachäfft'[71] und in ruppiger Sprache (*die nacken plos*, D. 3) den Geliebten zum Aufstehen ermuntert, während dieser ja schon deutlich auf den Tagesbeginn reagiert hat (T. 1-6). Diese Zeile fällt vielmehr an den Wächter, der gleichzeitig vom Mann angesprochen wird; der Zusammenklang von T. 6 und D. 3 wird noch zusätzlich vom gemeinsamen c-Reim (*gros : plos*) unterstrichen. Die beiden ersten Stollen der beiden Vokalstimmen ergeben zusammen eine kleine Szene, die vom Hornklang des Wächters dominiert wird, so daß der die Situation durchschauende Mann und die fragende Dame zu keiner rechten Verständigung gelangen können.[72] Die bei-

---

[70] HAUSNER (Anm. 64), S. 66.
[71] HERTHA OHLING, Das deutsche Tagelied vom Mittelalter bis zum Ausgang der Renaissance, Diss. Köln 1938, S. 59, vgl. S. 16; vgl. auch BEYSCHLAG (Anm. 68), S. 100f.; MÜLLER (Anm. 4), S. 219); HAUSNER (Anm. 64), S. 58. Drei Sprecherrollen setzen an: MAROLD (Anm. 59), S. 160; LOEWENSTEIN (Anm. 65), S. 30; WACHINGER (Anm. 63), S. 14f., 111f.; PELNAR, Edition (Anm. 61), S. 124; KLEIN (Anm. 67), S. 155f.; BACKES (Anm. 4), S. 210, 212, 290.
[72] HAUSNER (Anm. 64), S. 67.

den zweiten Stollen vervollständigen den gewonnenen Eindruck.[73] Während im Diskant wieder die instrumentalen Hornquinten ertönen, zählt der Mann mit dem Ostwind ein weiteres Anzeichen des neuen Tages auf (T. 7).[74] Dieser Wind wird als Ursache für das Verblassen des Nachthimmels und damit auch als Zerstörer der gemeinsamen Liebesfreuden angesehen (T. 8-10). Zärtlich wendet sich der Liebhaber seinem Mädchen zu, um es noch einmal auf das Dröhnen des Hornes zu verweisen (T. 11). Analog zum ersten Stollen folgt dann wieder die Anrede an den Wächter, dem er vorwirft, seine Geliebte durch die Tagesankündigung zu betrüben (T. 12); gleichzeitig ertönt im Diskant das (nach B ergänzte) *aahü* des Wächters und sein Hinweis auf den heraufziehenden Tag (D. 6). Zuvor war ganz parallel zum ersten Diskant-Stollen die Dame mit Fragen an den geliebten Mann zu Wort gekommen. Ihre erste Frage, ob der Fremde sie beide derart stören dürfe (D. 4), bezieht sich mit *gast* auf den Ostwind, von dem der Mann gleichzeitig und im gleichen Sinne spricht (T. 10); *gast* auf den Wächter zu beziehen scheint mir weniger glücklich, da der Mann ihn mehrfach als Vertrauten anspricht.[75] Die zweite Frage der Frau *wem lastu mich?* (D. 5), die der in Wolframs Lied MF VII 4,10 entspricht, meint dagegen sehr wahrscheinlich den Wächter, auf den der Mann wiederum zur gleichen Zeit hinweist (T. 11), entsprechend sind beide Verse durch den e-Reim (*grimmiklich : mich*) verbunden. Jemanden dem Wind zu überlassen, wäre auch keine überzeugende Vorstellung, es sei denn, es sollte das Alleinsein der Frau wie in Kl. 62 ausgedrückt werden: *warumb so gar / lastu mich allein?* (IIIb,4f.). Die Frage "Wem überläßt du mich?" macht überdies deutlich, daß der Liebhaber die Absicht hat, sich zu entfernen und seine Geliebte zurückzulassen. Damit bestätigt sich die Erwartung, daß die Drei-Rollen-Konstellation ganz traditionell in einem höfischen Kontext situiert ist, daß sich das Paar in der Kemenate der Dame getroffen hat. Seine Zugehörigkeit zur adligen Gesellschaft erhält allerdings (wie auch sonst in dieser Zeit) kein klares Profil. Auch die zweimalige Nennung von *frau* (T. 1, 12) führt zu keiner eindeutigen ständischen Zuordnung. Eine Liebesbegegnung im Freien, von der sich die Geliebte heimlich wegschleichen müßte,[76] machen die Frage *wem lastu mich?*, aber auch die Rolle des Wächters mit seiner Bindung an die Burg unwahrscheinlich. Das Wahrnehmen der

---

[73] In den Handschriften A und B erscheinen die zweiten Stollen jeweils als eigener Textblock ohne Zuordnung zur Notation (s. Abb. 9).
[74] Zu diesem von Oswald neu und gern verwendeten Motiv vgl. auch die Tagelieder Kl. 16 und 20.
[75] JOSEF SCHATZ, Sprache und Wortschatz der Gedichte Oswalds von Wolkenstein, Wien – Leipzig 1930 (Akademie der Wissenschaften in Wien, philosophisch-historische Klasse, 69/2), Glossar S. 70; BEYSCHLAG (Anm. 68), S. 106; RÖLL (Anm. 62), S. 71; dagegen MAROLD (Anm. 59), S. 159; BACKES (Anm. 4), S. 290.
[76] So MAROLD (Anm. 59), S. 159f.

Anzeichen des anbrechenden Tages schließlich ist nicht an einen Aufenthalt in der Natur gebunden, wie z.B. die Tagelieder Kl. 16 und 20 zeigen. Die zurückbleibende Frau setzt allerdings im Tenor einen Rollenwechsel voraus, wie er ähnlich in Oswalds Tagelied Kl. 121 vorliegt. Die Tatsache, daß damit die Frauenrolle vom Tenor gesungen wird, stellt keinen Einzelfall dar (s. Kl. 56), denn eine geschlechterspezifische Rollenaufteilung auf die Singstimmen kennt Oswald nicht.[77] Der Abgesang des Tenors in Kl. 49 fällt an die Frau, die das *Los* des Mannes im Aufgesang (T. 1) gleich vierfach aufnimmt, es allerdings nicht auf den Hornklang bezieht, sondern auf ihre bewegte Klage, die zugleich Anklage gegen den bedrohlichen Tag ist (T. 14). Wie im Aufgesang des Diskants wird die Frau hier verunsichert und besorgt gezeigt, ist ihr Sprechduktus dadurch gekennzeichnet, daß sie ihren Kummer in der Form von Fragen formuliert, während der Mann im Aufgesang die Situation selbstsicher und nüchtern erfaßt. Er wie auch der Wächter sind durch die Sprechakte der Feststellung und der Aufforderung ausgezeichnet, wobei der Liebhaber vor allem die Anzeichen des anbrechenden Morgens benennt, während der Wächter ihn drängt, sich in Sicherheit zu begeben. Die letzte Frage der Geliebten, wie lange sie beide noch unter der Anwesenheit des Tages leiden müßten (T. 15), bleibt auch diesmal ohne direkte Antwort; sie läßt aber erkennen, daß die Frau die unvermeidliche Trennung schon akzeptiert hat. In der sich im Tenor anschließenden Pause sind nur der Diskant mit dem Appell des Wächters an den Mann, endlich aufzubrechen, und der Vogelgesang zu hören (D. 9f.). Erst im Schlußvers des Tenors, als die Frau ihren Liebsten verabschiedet, findet sie zu einer entschiedenen Aussage, indem sie ihn zu einer baldigen Rückkehr auffordert (vgl. Kl. 62 IIIb).

Der Gang der Interpretation macht deutlich, daß der Diskant-Abgesang nur dem Wächter zuzuordnen ist. Er verwendet nachdrücklich den Sprechakt der imperativen Aufforderung und eine zupackende Sprache: *wol auf, die nacken plos* (D. 3), *Pald ab dem weg, die geren läg! / hör, hör, hör, gesell, klügleichen geschell, / stand up, risch up, snell up!* (D. 7-9), wobei ein Quintensprung wieder das Horn nachahmt. Diesen Abgesang der Frau zuzusprechen, würde ihrem Sprechverhalten entschieden entgegenstehen, in D. 7 müßte sie sich auf ironische Weise selbst zum Aufbruch antreiben.[78] *die geren läg* verstehe ich nicht als Singular des Femininums, sondern als einen Plural, was durchaus Oswalds Sprachgebrauch entspricht.[79] Der Wächter wendet sich an den Liebhaber zunächst in der unbestimmteren Form des Plurals, um danach mit dem Imperativ der 2. Person

---

[77] HAUSNER (Anm. 64), S. 61; vgl. auch o. Anm. 71.
[78] Vgl. OHLING (Anm. 71), S. 59; BEYSCHLAG (Anm. 68), S. 101.
[79] BEYSCHLAG (Anm. 68), S. 100.

Singular und der Anrede *gesell* gesteigert zum Aufbruch zu dringen (D. 7-9). Das *hör, hör, hör* (D. 8) ist – wenn auch mit anderem Bezug – als Echo auf das *Los, los, los, los* der Frau (T. 13) zu verstehen. Musikalisch wird das erste *Los* in g über drei Takte ausgehalten, dann führt ein Quartsprung zu c. Die drei Viertel (Semibrevis) des dreimaligen *los* entsprechen den Semibrevis des dreifachen *hör* des Diskants. Der Wächter schließt mit einer für Oswald typischen Aufzählung, hier der Vögel, die im Wald als Anzeichen des Tages schon längst zu hören sind, und knüpft damit an die Nennung der Nachtigall durch den Liebhaber an (T. 4). Als letztes erwähnt er als heiteren Appendix den Kuckuck (D. 11), der in einem Zeisignest groß geworden ist[80] – doch wohl eine Anspielung auf den Mann, der die Nacht in einem 'Nest' verbracht hat, das ihm nicht gehört,[81] in das er sich aber nach den abschließenden Worten der Frau bald wieder einkuscheln sollte (*herwider ruk*, T. 16). Während des ganzen Abgesangs der 'Doppelkanzone' bleibt der Liebhaber stumm, was seine bevorstehende Abwesenheit vorwegnehmen könnte.[82] Dem entspricht die schwache Reimbindung der Abgesänge des Tenors und des Diskants als Ausdruck der Distanz zwischen Dame und Wächter, deren gleichzeitiges Sprechen gerade nicht dialogisch aufzufassen ist. Die verschiedenen Redebeiträge des Wächters schlagen durchaus humorvolle Töne an, wenn er das Horn nachahmt (D. 3, 6), mit niederdeutschen Einsprengseln zum Aufstehen mahnt (D. 9) oder eben auf Nebenbedeutungen des Kuckucks anspielt, ohne daß damit aber schon eine Parodie wie in Kl. 48 gegeben wäre.

In seinem Tagelied ›*Los, frau, und hör*‹ (Kl. 49) hat sich Oswald eng an das klassische Tagelied angelehnt, das in der zweihundertjährigen Tradition etwas spannungslos geworden war. Offenbar hat er inhaltlich keine Neuerung angestrebt, eine Entfaltung der Minneproblematik fehlt ganz. Die drei Sprecherrollen sind durch ihren Sprechduktus unterschiedlich charakterisiert, so daß ihre Verteilung auf die zwei Singstimmen einschließlich dem Rollenwechsel innerhalb des Tenors vom Hörer nachvollzogen werden kann. Wie später in vielen Duetten sind die Dialoge durch Reimverknüpfung, aber auch inhaltlich aufeinander bezogen, Pausierungen der einen Stimme ermöglichen es, daß dann der Text der anderen gut verständlich wird, so daß die Hörer jeweils die Situation erfassen können.[83] Durch die äußeren Umstände, die durch die programmatischen Hornklänge vergegenwärtigt werden, ist andererseits eine Verständigung der Liebenden erschwert,

---

[80] MAROLD (Anm. 59), S. 159.
[81] Der Kuckuck wird in Volksbräuchen u.a. mit der Liebe in Verbindung gebracht, vgl. ERICH SEEMANN, Kuckuck, in: HdA Bd. 5 (1932/33), Sp. 689-751, hier Sp. 694, 715f.
[82] Diese Interpretation bietet URSULA BOTH in ihrer Hausarbeit "Das Dialoglied ›Los, frau, und hör des hornes schall‹ Oswalds von Wolkenstein".
[83] PELNAR, Textband (Anm. 61), S. 87.

bleiben die Fragen der Frau unbeantwortet, obwohl der Mann ihr in Liebe zugetan ist. Ein denkbarer Konflikt wird aber vermieden, da die Dame schließlich die Situation akzeptiert und sich am Ende durch die Aufforderung zur Rückkehr auch zu der Hoffnung aufschwingt, ihren Liebsten bald wiederzusehen.

In dem ganzen Lied wird insbesondere das Gehör durch das Wächterhorn, die Nachtigall, das *geschell* der Waldvögel, aber auch durch die Klage der Frau und vielleicht durch den Ostwind angesprochen, visuelle Tagesanzeichen wie die Morgenröte und das Verblassen des Nachthimmels sind weniger dominant. Gleich dreimal gibt es eine Aufforderung, auf die Klänge zu horchen (T. 1, 14; D. 8), das Blasen des Horns, sein *schall* und *hall*, sein *don* werden hervorgehoben, es *polret*, die Vögel *klingen* im Wald. Dieser auditiven Komponente des Liedes entspricht vielfach die Melodie. Während im Diskant die Hornquinten ertönen, singt der Tenor vom *schall* des Horns, der *hall* (D. 1) wird als Brevis über die Taktgrenze hinweg auf einem Ton ausgehalten, das *geschell* (D. 8) und besonders der Gesang der Waldvögel (D. 10f.) werden durch eine lebhafte Melodie z.T. in Achteln (Minima) lautmalerisch nachgeahmt. Dem gegenüber sind die vergangenen Liebesfreuden (T. 10), das Leid und die Klage der Frau (T. 12-15; D. 4f.) sowie der Abschied (T. 16) gerade nur aufgerufen und in Erinnerung gebracht, aber nicht eigentlich dargestellt.[84] Das kunstvolle Inbeziehungsetzen der drei Rollen und die feine Abstimmung der beiden Vokalstimmen und des instrumentalen Kontratenors machen die eigentliche Qualität des Liedes und seinen künstlerischen Reiz aus.

---

[84] WACHINGER (Anm. 63), S. 112.

AUSWAHLBIBLIOGRAPHIE

Ausgaben

Tagelieder des deutschen Mittelalters. Mittelhochdeutsch/Neuhochdeutsch, ausgew., übers. und komm. von MARTINA BACKES, Einl. von ALOIS WOLF, Stuttgart 1992 (RUB 8831).

Oswald von Wolkenstein, Handschrift A. Vollständige Faksimile-Ausgabe im Originalformat des Codex Vindobonensis 2777 der Österreichischen Nationalbibliothek, Komm. von FRANCESCO DELBONO, Graz 1977 (Codices selecti 59).

Eos. An Enquiry into the Theme of Lover's Meetings and Partings at Dawn in Poetry, hg. von ARTHUR T. HATTO, London – The Hague – Paris 1965.

Owe do tagte ez. Tagelieder und motivverwandte Texte des Mittelalters und der frühen Neuzeit, Bd. 1, hg. von RENATE HAUSNER, Göppingen 1983 (GAG 204).

Des Minnesangs Frühling, unter Benutzung der Ausgaben von KARL LACHMANN und MORITZ HAUPT, FRIEDRICH VOGT und CARL VON KRAUS bearb. von HUGO MOSER – HELMUT TERVOOREN, Bd. I: Texte, 38., erneut rev. Aufl. Stuttgart 1988.

Deutsche Lyrik des frühen und hohen Mittelalters. Edition der Texte und Komm. von INGRID KASTEN, Übers. von MARGHERITA KUHN, Frankfurt/M. 1995 (BdM 3) (BdK 129).

Die Lieder Oswalds von Wolkenstein, unter Mitw. von WALTER WEISS und NOTBURGA WOLF, hg. von KARL KURT KLEIN, Musikanhang von WALTER SALMEN, 3., neubearb. und erw. Aufl. von HANS MOSER – NORBERT RICHARD WOLF – NOTBURGA WOLF, Tübingen 1987 (ATB 55).

Oswald von Wolkenstein, Abbildungen zur Überlieferung I: Die Innsbrucker Wolkenstein-Handschrift B, hg. von HANS MOSER – ULRICH MÜLLER, Göppingen 1972 (Litterae 12).

Oswald von Wolkenstein, Abbildungen zur Überlieferung II: Die Innsbrucker Wolkenstein-Handschrift c, hg. von HANS MOSER – ULRICH MÜLLER – FRANZ VIKTOR SPECHTLER, Göppingen 1973 (Litterae 16).

IVANA PELNAR, Die mehrstimmigen Lieder Oswalds von Wolkenstein. Edition, Tutzing 1981 (Münchner Editionen zur Musikgeschichte 2), Textband, Tutzing 1982 (Münchner Veröffentlichungen zur Musikgeschichte 32).

Die Gedichte Oswalds von Wolkenstein, hg. von JOSEF SCHATZ, 2. Aufl. Göttingen 1904.

Oswald von Wolkenstein, Geistliche und weltliche Lieder, ein- und mehrstimmig, bearb. v. JOSEF SCHATZ (Text) und OSWALD KOLLER (Musik), Graz 1959, Nachdr. der Ausg. Wien 1902 (Publicationen der Gesellschaft zur Herausgabe der Denkmäler der Tonkunst in Österreich IX/1).

Oswald von Wolkenstein, Lieder. Mittelhochdeutsch und neuhochdeutsch. Auswahl, hg., übers. und erl. von BURGHART WACHINGER, Stuttgart 1967 [u.ö.] (RUB 2839/40).

PETER WAPNEWSKI, Die Lyrik Wolframs von Eschenbach. Edition, Kommentar, Interpretation, München 1972.

SEKUNDÄRLITERATUR

SIEGFRIED BEYSCHLAG, Zu den mehrstimmigen Liedern Oswalds von Wolkenstein. Fuga und Duett, in: Oswald von Wolkenstein, hg. von ULRICH MÜLLER, Darmstadt 1980 (WdF 526), S. 79-106.
IOANA BELOIU-WEHN, 'Der tageliet maneger gern sanc'. Das deutsche Tagelied des 13. Jahrhunderts, Versuch einer gattungsorientierten intertextuellen Analyse, Frankfurt/M. – Bern – New York 1989 (EHS 1, 1168).
KARL HEINZ BORCK, Wolframs Lieder. Philologische Untersuchungen, Habil.-Schrift (masch.) Münster 1959.
JOACHIM BUMKE, Wolfram von Eschenbach, 6., neu rev. Aufl. Stuttgart 1991 (SM 36).
CYRIL EDWARDS, *Von der zinnen wil ich gen*: Wolfram's Peevish Watchman, in: MLR 84 (1989), S. 358-366.
RENATE HAUSNER, Thesen zur Funktion frühester weltlicher Polyphonie im deutschsprachigen Raum (Oswald von Wolkenstein, Mönch von Salzburg), in: JOWG 3 (1984/85), S. 45-78.
WERNER HOFFMANN, Tageliedkritik und Tageliedparodie in mittelhochdeutscher Zeit, in: GRM N.F. 35 (1985), S. 157-178.
DIETER KARTSCHOKE, *Ein sumer bringet.* (Zu Wolframs Tagelied *Von der zinnen wil ich gen*), in: Euphorion 66 (1972), S. 85-91.
ULRICH KNOOP, Das mittelhochdeutsche Tagelied. Inhaltsanalyse und literarhistorische Untersuchungen, Marburg 1976 (Marburger Beiträge zur Germanistik 52).
HARTMUT KOKOTT, Zu den Wächter-Tageliedern Wolframs von Eschenbach: *ein schimpf bî klage* (VII,3,4), in: Acta Germanica 16 (1983/84), S. 25-41.
HERBERT LOEWENSTEIN, Wort und Ton bei Oswald von Wolkenstein, Königsberg 1932 (Königsberger Deutsche Forschungen 11).
WERNER MAROLD, Kommentar zu den Liedern Oswalds von Wolkenstein, bearb. und hg. von ALAN ROBERTSHAW, Innsbruck 1995 (Innsbrucker Beiträge zur Kulturwissenschaft, Germanistische Reihe 52).
VOLKER MERTENS, Dienstminne, Tageliederotik und Eheliebe in den Liedern Wolframs von Eschenbach, in: Euphorion 77 (1983), S. 233-246.
WOLFGANG MOHR, Wolframs Tagelieder, in: DERS., Gesammelte Aufsätze, Bd. 2: Lyrik, Göppingen 1983 (GAG 300), S. 275-294, mit Zusätzen 1980, S. 296-333.
ULRICH MÜLLER, Die Tagelieder des Oswald von Wolkenstein oder Variationen über ein vorgegebenes Thema. Mit neuer Transkription der Tagelieder des Mönchs von Salzburg von FRANZ V. SPECHTLER, in: Gesammelte Vorträge der 600-Jahrfeier Oswalds von Wolkenstein, hg. von HANS-DIETER MÜCK – ULRICH MÜLLER, Göppingen 1978 (GAG 206), S. 205-225.
IRMENGARD RAUCH, Wolfram's Dawn-Song Series: An Explication, in: Monatshefte 55 (1963), S. 367-374.

ERNST VON REUSNER, Wolfram von Eschenbach über individuelles Vermögen (*lêre*) und gesellschaftliche Bindung (*minne*). Eine Untersuchung über seine Tagelieder, in: ZfdA 109 (1980), S. 298-316.

WALTER RÖLL, Oswald von Wolkenstein, Darmstadt 1981 (EdF 160).

GERDT ROHRBACH, Studien zur Erforschung des mittelhochdeutschen Tagelieds. Ein sozialgeschichtlicher Beitrag, Göppingen 1986 (GAG 462).

JONATHAN SAVILLE, The Medieval Erotic Alba. Structure as Meaning, New York – London 1972.

JOSEF SCHATZ, Sprache und Wortschatz der Gedichte Oswalds von Wolkenstein, Wien – Leipzig 1930 (Akademie der Wissenschaften in Wien, philosophisch-historische Klasse 69/2).

ANTON SCHWOB, Oswald von Wolkenstein. Eine Biographie, 3. Aufl. Bozen 1979.

ERIKA TIMM, Die Überlieferung der Lieder Oswalds von Wolkenstein, Lübeck – Hamburg 1972 (Germanistische Studien 242).

HANS-PETER TREICHLER, Studien zu den Tageliedern Oswalds von Wolkenstein, Zürich 1968.

BURGHART WACHINGER, Oswald von Wolkenstein, in: ²VL Bd. 7 (1989), Sp. 134-169.

EVA WILLMS, Liebesleid und Sangeslust. Untersuchungen zur deutschen Liebeslyrik des späten 12. und frühen 13. Jahrhunderts, München – Zürich 1990 (MTU 94).

BARBARA WÖLFEL, *wahtære* und *urloup*. Untersuchungen zu binären Motiven in den Tageliedern Wolframs von Eschenbach, in: Spuren. Festschrift für Theo Schumacher, hg. von HEIDRUN COLBERG – DORIS PETERSEN, Stuttgart 1986 (SAG 184), S. 107-120.

ALOIS WOLF, Variation und Integration. Beobachtungen zu hochmittelalterlichen Tageliedern, Darmstadt 1979 (Impulse der Forschung 29).

MARIANNE WYNN, Wolfram's Dawnsongs, in: Studien zu Wolfram von Eschenbach. Festschrift für Werner Schröder, hg. von KURT GÄRTNER – JOACHIM HEINZLE, Tübingen 1989, S. 549-558.

Heinrich Bebel und seine ›Fazetien‹

VOLKER HONEMANN

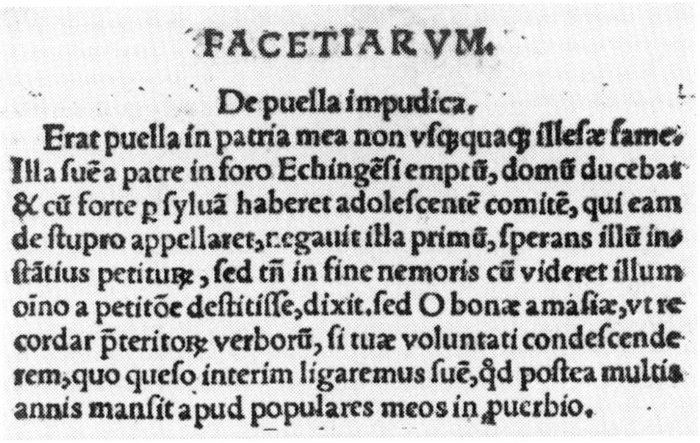

FACETIARVM.
De puella impudica.
Erat puella in patria mea non vsqquaqz illesæ famę;
Illa suę a patre in foro Echingēsi emptū, domū ducebat
& cū forte p̄ syluā haberet adolescentē comitē, qui eam
de stupro appellaret, r.egauit illa primū, sperans illū in-
stātius petitur̄z, sed tn̄ in fine nemoris cū videret illum
oīno a petitōe destitisse, dixit. sed O bonæ amasiæ, vt re-
cordar p̄teritor̄z verborū, si tuæ voluntati condescende-
rem, quo queso interim ligaremus suē, q̄d postea multis
annis mansit apud populares meos in p̄uerbio.

Abb. 10: Heinrich Bebel, ›Facetiae‹
Straßburg: Schürer, August 1514
Bl. Vv viii^r: Fazetie III,95

'Von einer schamlosen jungen Frau
In meiner Heimat gab es eine junge Frau, deren Ruf nicht mehr ganz unversehrt war. Die trieb ein Schwein nach Hause, das ihr Vater auf dem Markt in Ehingen gekauft hatte. Als sie aber auf dem Weg durch einen Wald als Begleiter einen Jüngling hatte, der sie zur Unzucht aufforderte, schlug sie ihm dies zunächst ab, in der Hoffnung, er werde noch inständiger bitten. Am Ende des Waldes aber, als sie sah, daß er von seinem Verlangen gänzlich abgelassen hatte, sprach sie: 'Aber, mein Lieber, um auf deine früheren Worte zurückzukommen: wenn ich deinen Willen erfüllte, wo, bitte, sollten wir inzwischen das Schwein anbinden?' – Was später für viele Jahre bei meinen Landsleuten ein Sprichwort geblieben ist.'

Die hier im lateinischen Original und in Übersetzung wiedergegebene Erzählung stammt von dem schwäbischen Humanisten Heinrich Bebel. Sie ist die 95. im dritten, zuerst 1512 erschienenen Buch seiner ›Fazetien‹.[1] Im folgenden sei zunächst

---

[1] Ausgabe: Heinrich Bebels Facetien. Drei Bücher, historisch-kritische Ausgabe von GUSTAV BEBERMEYER, Leipzig 1931 (StLV 276), S. 137. Eine – mit Vorsicht zu benützende, sich an eine anonyme Übersetzung des 16. Jahrhunderts anlehnende – Übertragung in ein altertümelndes Neuhochdeutsch bot ALBERT WESSELSKI in: Heinrich Bebels Schwänke, zum ersten Male in vollst. Übertr. hg. von A. W., 2 Bde, München – Leipzig 1907. Sie ist vor allem wegen des reichen Kommentars zu Bebels Quellen und zur Rezeption seiner ›Fazetien‹ wichtig. – Zum Begriff 'Fazetie' s.u. S. 262ff.

kurz auf Bebels Lebensumstände eingegangen, weil sie für das Verständnis der Eigenart der ›Fazetien‹ wichtig sind. Darüber hinaus läßt sich so an einem Beispiel die besondere Lebensform der Schriftsteller und Gelehrten des deutschen Humanismus verdeutlichen.

Wohl 1473 aus bäuerlicher Familie auf dem Gut Bewinden bei Justingen geboren (also auf der Schwäbischen Alb, ca. 25 km westlich von Ulm), besucht Bebel zunächst die Lateinschule im nahegelegenen Schelklingen, dann – ab 1492 – die Universität Krakau. 1495 erscheint er an der Universität Basel, wo er den Juristen Sebastian Brant kennengelernt haben dürfte, dessen rasch berühmtes ›Narrenschiff‹ im Jahr zuvor erschienen war. Schon Ende 1496 wird Bebel auf die – freilich wenig angesehene – Lektur für Poesie und Rhetorik an der Artistenfakultät der Universität Tübingen berufen, die er bis zu seinem Tode im Jahre 1518 innehat. Höhepunkt des äußerlich ruhigen, aber rastlosen Gelehrtenlebens ist die Auszeichnung, die ihm 1501 in Innsbruck zuteil wird: Kaiser Maximilian krönt ihn zum Dichter. Bebel erlangt damit wie der berühmte humanistische Dichter Conrad Celtis die Würde eines *poeta laureatus*.[2] So dürr diese Fakten zu sein scheinen, einige Besonderheiten lassen sie doch erkennen:

1. In Krakau und Basel tauchte Bebel tief in die Bewegung des Humanismus ein, die sich seit der Mitte des 14. Jahrhunderts in Italien entfaltet hatte. In ihrem Zentrum standen die *studia humanitatis*, deren Ziel es war, "in der Auseinandersetzung mit sprachlich geformter fremder *humanitas*" den Menschen zur Entwicklung seiner eigenen *humanitas* zu bringen, d.h. dazu, "sich zum sprachlich mündigen, moralisch verantwortlichen Menschen"[3] zu bilden. Der Sprache kam so eine ent-

---

[2] Eine moderne Monographie über Bebels Leben und Werk fehlt. Unersetzt ist noch immer: GEORG WILHELM ZAPF, Heinrich Bebel nach seinem Leben und Schriften, Augsburg 1802. Für einen Humanisten von Bebels Range wissen wir sehr wenig über ihn, dies wohl auch wegen der schlechten Überlieferungslage. Zeitgenössische Biographien Bebels fehlen; nur wenige seiner Briefe haben sich erhalten. – Beste neuere Darstellung und Deutung der Lebensumstände Bebels und seines Werkes bei WILFRIED BARNER, Einführung, in: Heinrich Bebel, Comoedia de optimo studio iuvenum. Über die beste Art des Studiums für junge Leute, Stuttgart 1982 (RUB 7837), S. 103-173; wichtige Ergänzungen bei DIETER MERTENS, "Bebelius ... patriam Sueviam ... restituit". Der poeta laureatus zwischen Reich und Territorium, in: Zeitschrift für Württembergische Landesgeschichte 42 (1983), S. 145-173, und DERS., Bebels Einstand, in: Aus südwestdeutscher Geschichte. Festschrift für Hans-Martin Maurer zum 65. Geburtstag, hg. von WOLFGANG SCHMIERER – GÜNTER CORDES – RUDOLF KIESS – GERHARD TADDEY, Stuttgart 1994, S. 307-324. Ein knappes, wohlausgewogenes Porträt bei KLAUS GRAF, Heinrich Bebel, in: Deutsche Dichter der frühen Neuzeit (1450-1600). Ihr Leben und Werk, hg. von STEPHAN FÜSSEL, Berlin 1993, S. 281-295. Eine Präzisierung der Lebensdaten bietet jetzt der grundlegende, auch hinsichtlich vieler Bebel-Drucke des 16. Jahrhunderts, seiner Lehrschriften und seiner Bemühungen um die lateinische Sprache wichtige Beitrag von CARL JOACHIM CLASSEN, Zu Heinrich Bebels Leben und Schriften, Göttingen 1997 (Nachrichten der Akademie der Wissenschaften in Göttingen. I. Philologisch-Historische Klasse 1997, 1), S. 3-13.

[3] WALTER RÜEGG, Humanismus, in: LdMA Bd. 5 (1991), Sp. 186-193, hier Sp. 188; dort auch

scheidende Funktion zu, weil sie den Menschen befähigt, "Werte zu formulieren, die Wirklichkeit sozial zu konstruieren, das Geheimnis der Transzendenz im Wort Gottes zu erfahren und [dies alles] in der Dichtung zu umschreiben". Durch die Wiederbelebung "der Musen", der als vorbildlich, ja unerreichbar erachteten "antiken Poesie, Beredsamkeit, Bildung, Kunst und der darin konkretisierten menschlichen Kreativität", zielten die *studia humanitatis* auf die Bildung eines "Geistesadels"[4]. Die Verehrung der Antike schlug sich vor allem in einer intensiven Beschäftigung mit Sprache und Literatur der Römer (unter Einschluß der christlichen Antike, also der Kirchenväter) und daneben der Griechen nieder, was andererseits zu einer Geringschätzung, ja Verächtlichmachung der eigenen Vergangenheit führte: Die Nebel des finsteren Mittelalters mit seinem (nun als barbarisch erachteten) 'Mönchslatein' (der Gelehrtensprache der Zeit!) sollten durch die Strahlen der Sonne einer neuen, den Menschen ins Zentrum stellenden Zeit vertrieben werden. Um die Mitte des 15. Jahrhunderts waren die *studia humanitatis* längst über die Alpen vorgedrungen und hatten auch in die Universitäten Eingang gefunden, wo ihre Vertreter sich bis weit in das 16. Jahrhundert hinein mit den Anhängern des scholastisch-mittelalterlichen Bildungssystems auseinandersetzen mußten. An der jungen (erst 1477 gegründeten) Universität Tübingen hatte man die Bedeutung der *studia humanitatis* erkannt und dem mit der Errichtung einer Lektur für Poesie und Rhetorik Rechnung getragen. Bebel konnte sich so – in mehr oder weniger friedlichem Nebeneinander mit den Vertretern der alten Richtung – ganz der Propagierung der Ideale des Humanismus widmen.

2. Zum zentralen Anliegen seines Gelehrtenlebens wurde für ihn deshalb der Einsatz für ein besseres, an den Autoren der Antike geschultes Latein. Daß es sich dabei auch um ein ethisch-moralisches Anliegen handelte, dürfte nach dem soeben zu den Prinzipien des Humanismus Ausgeführten deutlich sein,[5] zeigt sich beispielsweise aber auch in den ›Fazetien‹. In einigen von ihnen verteidigt Bebel, der hier mitunter selbst als Akteur auftritt, die (neue), stark die Form akzentuierende Gelehrsamkeit und eine damit nahezu zwangsläufig verbundene tugendhafte Lebensweise.[6] Den Kampf für ein 'klassisches' Latein führt Bebel kreativ, unnach-

---

die folgenden Zitate. Ebd. Sp. 192f. grundlegende Literatur zum Humanismus. Zu dessen deutscher Ausprägung s. FRANZ JOSEF WORSTBROCK, [Humanismus] Deutsches Reich, ebd. Sp. 193-197; Literatur Sp. 196f.

[4] RÜEGG (Anm. 3), Sp. 188.

[5] Vgl. dazu PAUL JOACHIMSEN, Loci communes, in: DERS., Gesammelte Aufsätze, hg. von NOTKER HAMMERSTEIN, 2 Bde., Aalen 1970-1983, hier Bd. 1, S. 387-442 (zuerst 1926), S. 423f. (richtiges Latein ist für Bebel ein sittliches Instrument), und jetzt besonders: KLAUS GRAF, Heinrich Bebel (1472-1518). Wider ein barbarisches Latein, in: Humanismus im deutschen Südwesten. Biographische Profile, hg. von PAUL GERHARD SCHMIDT, Sigmaringen 1993, S. 179-194.

[6] S. insbesondere die Fazetien I,3; II,63,96; III,4,23,81,123. In III,23, überschrieben *De osoribus eloquentiae et illorum faceta illusio* ('Von den Hassern der Beredsamkeit und ihrer witzigen

sichtig und erfolgreich: Neben einer Vielzahl von Abhandlungen zur Reform des Lateinunterrichts und der Reinigung des Lateins (z.B.: ›De abusione linguae latinae apud Germanos‹) verfaßt Bebel eine ›Comoedia de optimo studio iuvenum‹, die 1501 in Tübingen vor der Universitätsöffentlichkeit aufgeführt wird; als 'beste' Art zu studieren erscheint hier natürlich die humanistische.[7] Von Bebels Erfolg als Universitätslehrer zeugt die ansehnliche Schar seiner Schüler, zu denen auch der Theologe Johannes Eck (Martin Luthers Gegenspieler) und – im weiteren Sinne – der spätere Reformator Philipp Melanchthon zu zählen sind.

3. Mit seiner schwäbischen Heimat ist Bebel auf ungewöhnlich intensive Weise verbunden. Das läßt zunächst seine Biographie erkennen: Er ist stolz auf die bäuerliche Herkunft (und darauf, es trotzdem 'zu etwas gebracht zu haben'). Die Wanderlust, ja Unrast, die viele humanistische Gelehrte kennzeichnet, fehlt Bebel völlig; er scheint nie versucht zu haben, die immer wieder gefährdete Tübinger Position mit einer besser bezahlten an einer anderen, berühmteren Universität zu vertauschen. Wenn er Reisen unternimmt, dann führen sie ihn in die Dörfer und Kleinstädte seiner schwäbischen Heimat. Dem entspricht, daß Bebels Heimatliebe vielfachen Niederschlag in seinen Schriften findet. Hier erscheint sie dann auch als ein nationaler Humanismus mit schwäbischem Akzent, der die Gleichrangigkeit der Deutschen als Kulturnation mit den 'Welschen' behauptet, eine Einstellung, die Bebel mit fast allen deutschen Humanisten teilt. Ein Beispiel dafür ist die Rede, die er 1501 aus Anlaß seiner Dichterkrönung vor dem Kaiser hält; sie trägt den Titel: ›De laudibus atque amplitudine Germaniae‹ und erörtert die Bedeutung der ›Germania‹ des Tacitus. In den ›Proverbia germanica‹ ('Deutsche Sprichwörter'), die Bebel (zusammen mit den ersten beiden Büchern der ›Fazetien‹) 1508 erstmals veröffentlicht, verbirgt sich für ihn die "Philosophie des [deutschen] Volkes"[8]. Von beinahe 40 dieser Sprichwörter erklärt Bebel ausdrücklich, daß sie schwäbischen Ursprunges oder doch in Schwaben vorzugsweise gebräuchlich seien, so auch von dem, das die eingangs wiedergegebene Fazetie krönt.[9] Zu dieser kehre ich nun zurück, um

---

Verspottung'), verteidigt sich Bebel in einer geselligen Runde von Dorfgeistlichen dagegen, "mehr wohl zu lehren als wohl zu leben", s. WESSELSKI (Anm. 1), Bd. 2, S. 14; vgl. BEBERMEYER (Anm. 1), S. 114, Z. 11f., und kehrt schließlich den Spieß um: Die (ungebildeten, rohen und moralisch verderbten) Verfolger der Wohlredenheit bemühten sich in ihren Predigten selbst darum, "wohl und zierlich" (ebd. S. 15 bzw. Z. 37) zu reden – allerdings ohne Erfolg.

[7] Ausgabe: BARNER (Anm. 2); zum Verständnis des Werkes s. besonders DERS., Humanistische Bildungswerbung, schwäbisch. Zu Heinrich Bebels Comoedia vom Jahre 1501, in: From Wolfram and Petrarch to Goethe and Grass. Studies in Literature in Honour of Leonard Forster, ed. by D.H. GREEN, L.P. JOHNSON, DIETER WUTTKE, Baden-Baden 1982 (Saecvla Spiritalia 5), S. 193-212.

[8] So im Hexastichon Bebelii ad Lectorem, V. 3f.: *In quibus elucet vis quaedam abscondita veri / Et sua vel plebi philosophia rudi*, vgl. Heinrich Bebel, Proverbia Germanica, bearb. von WILLEM H.D. SURINGAR, Leiden 1879, unveränd. Nachdr. Hildesheim 1969, S. 8.

[9] Vgl. SURINGAR (Anm. 8), S. XXXVI. – Die von Bebel zum Sprichwort erklärte Schlußsentenz der Fazetie von der schamlosen jungen Frau läßt sich nur bei ihm nachweisen.

an einem Beispiel darzulegen, worin Eigenart und Leistung der Bebelschen ›Fazetien‹ bestehen. Da Bebels Auffassung von der Fazetie als einer literarischen Gattung sich in vielem mit der seiner – von ihm benützten – Vorläufer auf diesem Gebiet, etwa Poggio Bracciolini, Heinrich Steinhöwel und Augustin Tünger deckt, gerät so auch 'die' Fazetie des 15. Jahrhunderts in den Blick.

Auffällig ist an der Fazetie von der schamlosen jungen Frau zuallererst, daß in ihr (trotz der Kürze des Textes) der Erzähler deutlich hervortritt, ja bestimmend in sie eingreift: Er lokalisiert die Geschichte schon mit den ersten Worten in 'seiner Heimat', die wenige Zeilen später durch den Ortsnamen Ehingen (eine Kleinstadt am Südrand der Schwäbischen Alb) genauer fixiert wird. Am Ende der Geschichte spricht er dann von 'seinen Landsleuten'. Seine Bemerkungen rahmen die Erzählhandlung also ein.

Wovon wird erzählt, und wie geschieht dies? Die Überschrift, die jeder der Fazetien Bebels vorausgeht, bestimmt bereits grob den Gegenstand; zu erwarten ist hier eine Geschichte über weibliche Unzucht. Im ersten Satz der Erzählung ist dementsprechend von einer jungen Frau die Rede, deren Ruf nicht mehr der beste ist – und der Erzähler suggeriert durch den Zusatz 'in meiner Heimat', daß er sie kennt (und so wohl auch ihren Namen nennen könnte); er selbst 'gehört' gewissermaßen 'dazu', ist Teil der Sphäre, in der seine Geschichte spielt. Jene wird dann mit dem zweiten Satz als die Alltagswelt der Bauern auf der Schwäbischen Alb gekennzeichnet: Der Erzähler berichtet von einer jungen Frau, die ein Schwein, welches ihr Vater auf dem Markt in Ehingen gekauft hat, nach Hause treibt, weiter von einem jungen Mann, der die junge Frau auf dem Weg durch den Wald zufällig begleitet. Damit ist das Personal vorgestellt. Die Fortsetzung dieses zweiten Satzes (es ist der bei weitem umfangreichste der Geschichte) bringt dann die überraschende Wendung: Der Mann fragt die junge Frau, ob sie mit ihm schlafen wolle – sie aber weigert sich (wie uns der Erzähler mitteilt) erst einmal, weil sie hofft, er werde sie noch inständiger darum bitten. Dabei wird das Begehren des jungen Mannes vom Erzähler so dargestellt, als handle es sich um etwas ganz Selbstverständliches. Dem entspricht, daß die junge Frau nicht etwa empört reagiert, was dadurch bestätigt wird, daß uns der Erzähler sofort über ihre wahren Absichten aufklärt.

Wie aber wird sie diese verwirklichen? Der erste Teil des folgenden Satzes spitzt die Situation zu: Die beiden sind fast am Waldrand angekommen, die Gelegenheit zum gemeinsamen Vergnügen im Grünen droht zu entschwinden, da ergreift die junge Frau die Initiative. Als sie merkt, daß der junge Mann auf die vorhin ausgesprochene Bitte nicht zurückkommt, erinnert sie ihn an diese – und eröffnet die Aussicht einzuwilligen. Das freilich tut sie auf eine Weise, die der Erzählung eine unerwartete Wendung gibt. Sie fragt den jungen Mann, wo sie beide 'inzwischen' das Schwein anbinden sollten, wenn sie denn seine Bitte erhören würde. Erneut wird so der Akzent verlagert. Der eigentliche Erzählgegenstand, die Schamlosigkeit der jungen Frau, erscheint nur in einem konditionalen Nebensatz und als 'Nebensache'. Bevor es aber zu dieser kommen kann, muß erst die (scheinbare) 'Hauptsache' geklärt, nämlich die Frage beantwortet sein, wie das Schwein während des gemeinsamen Vergnügens am Weglaufen gehindert werden kann. Das aber ist natürlich nur ein Vorwand: Wie bzw. woran man ein Schwein anbinden kann, ist im Walde eine geradezu lächerliche Frage, deren Absicht, vom eigentlichen Vorhaben abzulenken, nur allzu durchsichtig ist.[10]

Mit dieser raffinierten, als einziger Satz der Geschichte in direkter Rede gestalteten Frage, die durch die Art der Formulierung (wörtlich: "wenn ich mich zu deinem Willen herbeiließe") das Begehren der jungen Frau leicht verhüllt, ist die Geschichte zu Ende. Weder erfahren wir, welche Antwort der junge Mann gibt, noch teilt der Erzähler mit, ob sich die beiden nun im Walde vergnügen oder nicht. Beides aber ist ganz unwichtig, denn mit der Frage der jungen Frau hat die Geschichte ihren Höhepunkt erreicht. Die Art der Fragestellung ist zugleich die Pointe der Geschichte, der 'Funke', den der Erzähler hier schlägt. Die Betonung des Nebensächlichen, unter dem gleichzeitig das lebhafte Interesse der Protagonistin an der Hauptsache durchschimmert, wirkt erheiternd, ja komisch, läßt den Leser (oder Hörer) schmunzeln. Die junge Frau hat – freiwillig oder unfreiwillig – ihren wahren Charakter enthüllt, die Aussage der Überschrift ist gerechtfertigt: Sie i s t schamlos.[11]

Der Erzähler aber fügt der Pointe noch eine Bemerkung hinzu: Die Frage der jungen Frau sei bei seinen Landsleuten viele Jahre lang als Sprichwort gebraucht worden. Die Pointe erhält so eine zusätzliche Bedeutung. Sie steht, unabhängig von dem hier erzählten Kasus, für das Verstecken einer Hauptsache hinter einer Nebensache und erlangt damit die besondere Dignität eines Sprichworts bzw. einer sprichwörtlichen Redensart.

Als diese Fazetie 1512 zum ersten Mal gedruckt wurde, hatte Bebel seit mindestens sieben Jahren an einer Sammlung derartiger Geschichten gearbeitet. Wohl Anfang 1508 waren zwei Bücher ›Fazetien‹ als Teil eines Sammelbandes von Bebels ›Opuscula nova‹ im Druck erschienen.[12] Eine 1512 veröffentlichte Neuaus-

---

[10] Daß es gerade ein Schwein ist, das die junge Frau durch den Wald treibt, könnte von Bebel als Entsprechung zu deren Schamlosigkeit gemeint sein. Dem Mittelalter galt das Schwein als Sinnbild des Teufels, des Bösen, des triebhaften Sünders, s. S. BRAUNFELS, Schwein, in: LCI Bd. 4 (1972), Sp. 134-136. In der mittelhochdeutschen Spruchdichtung erscheint es als Symbol der Triebhaftigkeit bei HERGER (MF 29, 27ff.); s. weiter den Beitrag von TOMAS TOMASEK in diesem Bande (Abb. 8).

[11] Daß dies auch für den jungen Mann gilt, wird von Bebel nicht thematisiert.

[12] Bis heute beste Beschreibung dieses und der folgenden Sammeldrucke bei ZAPF (Anm. 2),

gabe dieses Bandes brachte dann noch eine Ergänzung, den ›Liber tertius et novus facetiarum‹. 1514 schließlich kam (ebenfalls in Straßburg) eine verbesserte Ausgabe derjenigen von 1512 heraus. Da Bebel hier zum letzten Mal den Text seiner Fazetien durchsah, hat sie den Status einer Ausgabe letzter Hand und liegt der "kritischen" Edition Bebermeyers zugrunde.[13] Die Fazetienbücher tragen im Inhaltsverzeichnis aller Drucke den Titel: *Libri facetiarum jucundissimi, atque fabulae admodum ridendae* ('Überaus scherzhafte Fazetien-Bücher und Erzählungen, über die man sehr lachen kann'); insgesamt umfaßt die Sammlung nicht weniger als 441 kurze Erzählungen (Buch I: 107, Buch II: 151, Buch III: 183), die – von zwei Ausnahmen abgesehen (II,150 und 151) – in sehr sorgfältig geformter, eleganter lateinischer Prosa gehalten sind. Der Umfang der Texte schwankt zwischen ganz wenigen Druckzeilen (so z.B. I,32) und $1^1/_2$ Druckseiten (I,26: 57 Z.); als durchschnittliche Länge läßt sich etwas mehr als $^1/_3$ einer Druckseite (= 14 Zeilen) in Bebermeyers Ausgabe ermitteln. Jeder Erzählung ist eine knappe, ihren Inhalt charakterisierende Überschrift vorangestellt, die nicht selten auch eine Bezeichnung des Genus enthält (dazu s.u.). Die einzelnen Erzählungen sind in sich geschlossen und stehen in der Regel 'für sich'; nur gelegentlich sind aufeinanderfolgende Fazetien durch Identität des Themas oder des Protagonisten miteinander verbunden.[14]

Die Druckausgaben des 16. Jahrhunderts erweisen sich in vieler Hinsicht als Beispiele humanistischer Buchkultur: Jedes der Fazetienbücher wird durch eine Widmungsvorrede eingeleitet, wobei Buch I und II dem herzoglich württembergischen Rat und Propst von Backnang, Peter Jakobi aus Arlon in Luxemburg, dediziert sind (Bebermeyer, S. 4 und 45-47); die Vorrede zu Buch III (ebd. S. 103-105) ist einem weiteren Gönner Bebels, dem ehemaligen Tübinger Rektor und Doktor beider Rechte, Orator des Kaisers Maximilian und Gouverneur von Modena, Vitus von Fürst, gewidmet. Zu diesen in Prosa gehaltenen Vorreden treten einleitende und beschließende Gedichte Bebels selbst und einiger Humanistenfreunde (s. z.B. ebd. S. 3), die die Sammlung empfehlen. Diese Beigaben bieten wertvolles Material zu der Frage, was Bebel und seine Zeitgenossen unter einer 'Fazetie' ver-

---

S. 171-203. S. weiterhin: Index Aureliensis. Catalogus librorum sedecimo saeculo impressorum, Bd. 3, Baden-Baden 1968, S. 401-409, und Verzeichnis der deutschen Drucke des 16. Jahrhunderts, Bd. 2, Stuttgart 1984, B 1197ff. Eine detaillierte "Bebel-Bibliographie und -Prosopographie" bereitet DIETER MERTENS mit seinen Mitarbeitern vor, s. DERS., Bebels Einstand (Anm. 2), S. 309, Anm. 11.

[13] S.o. Anm. 1. BEBERMEYERS Ausgabe entfernt sich relativ weit von den Drucken des 16. Jahrhunderts (vgl. ebd. S. XXIX) und ist nicht ganz vollständig; sie läßt z.B. Gedichte zum Lob der 'Fazetien' am Ende von Buch III weg.

[14] So richten sich z.B. die Fazetien I,3-5 gegen die Müller (die als Diebe gelten), die am Ende des dritten Buches (III,180-183) erzählten Geschichten haben sämtlich Narren als Protagonisten.

standen und welche Ziele man mit derartigen Sammlungen verfolgte; es ist deshalb auf sie zurückzukommen.

Im folgenden ist nun zu fragen, (I) um was für eine Art von Erzählungen es sich handelt, (II) welche Ziele Bebel mit ihnen verfolgt, (III) was sie zum Gegenstand haben, (IV) in welchen Traditionen Bebel steht bzw. aus welchen Quellen er schöpft und (V) welche Nachwirkung seine ›Fazetien‹ fanden.

I

Um was für eine Art von Erzählungen handelt es sich? Eine erste Antwort bieten die von Bebel selbst gewählten Bezeichnungen. Das Inhaltsverzeichnis der Drucke spricht, wie bereits erwähnt, von "überaus scherzhaften Fazetien und Erzählungen, über die man sehr lachen kann"; Bebel selbst gebraucht in seinen Vorreden jedoch nur den Begriff Fazetie.[15]

Das Wort (*facetia*, Subst., *facetus*, Adj.) ist schon im klassischen Latein vielfach belegt.[16] Etymologisch scheint es sich zu *fax* 'Fackel', übertragen 'Glanz', 'Strahlen' zu stellen. *Facetia* wird schon in der Antike gleichgesetzt mit *urbanitas* ('feine Bildung – auch der Rede oder des Scherzes'), *lepos* ('Feinheit', 'Anmut', 'Witz'); oft steht es metonymisch für *iocus* ('Scherz') oder *urbane dictum* ('auf geschmackvolle, aber auch witzige oder gar dreiste Weise gesagt'). Der Komödiendichter Terenz bezeichnet in seinem ›Eunuchus‹ (V. 427) einen *homo facetus* als einen, *qui facit verbis quod vult* – 'der mit Worten macht, was er will'. Daneben scheint *facetia* in der Antike auch schon als mündlich vorgetragene literarische Form, nämlich als witzige, anmutig oder auch 'salzig' scherzende Erzählung existiert zu haben; von Cicero (der das Wort in seinen verschiedenen Formen häufig gebraucht) wird gesagt, daß er sich an 'Fazetien' erfreut habe.[17] Faß-

---

[15] Daneben tritt in Bebels Sammlung mehrfach der Begriff *fabula* auf; in den Überschriften zu einzelnen Fazetien erscheint mitunter die Verkleinerungsform *fabella*. Bebel gebraucht ihn ganz unspezifisch, er versteht darunter nicht etwa den literarischen Typus einer (Tier-)Fabel wie etwa derjenigen des antiken Fabeldichters Aesop, sondern allgemein eine kurze Erzählung. Von einem sich im 15. Jahrhundert herauskristallisierenden Bewußtsein von der Fabel als einer literarischen Gattung, wie es ULRIKE BODEMANN konstatiert (DIES., 'Fabel', in: KILLY Bd. 13: Begriffe, Realien, Methoden, hg. von VOLKER MEID, Gütersloh – München 1992, Sp. 284-287, hier Sp. 285), ist hier nichts zu bemerken.

[16] Zum Folgenden vgl. die Belege in: Thesaurus linguae latinae, Bd. 6,1, Leipzig 1912-1926, Sp. 40-43; A. WALDE, Lateinisches etymologisches Wörterbuch, 3., neubearb. Aufl. von J.B. HOFFMANN, Bd. I, Heidelberg 1938, S. 438f.; AEGIDIO FORCELLINI, Lexicon totius Latinitatis, T. II, Bologna 1965, S. 403f. Eine Studie zur Wort- und Begriffsgeschichte fehlt; wichtige Hinweise zu einer solchen s. jetzt bei WILFRIED BARNER, Fazetie, in: RLW Bd. 1, S. 572-575.

[17] Belege Thesaurus (Anm. 16), Sp. 41, Z. 44f. und Sp. 40, Z. 80f.

bar wird die Fazetie als (so bezeichnete) Literaturform jedoch erst in der als *Facetie* bzw. *Facetiarum opus* betitelten Sammlung kurzer lateinischer Prosaerzählungen, die der Florentiner Poggio Bracciolini (gest. 1459) nach langer Sammeltätigkeit bald nach 1450 abschloß.[18] Die Sammlung, deren 273 ebenso witzige wie freche, freizügige (besonders in sexueller Hinsicht) wie gesellschaftskritische Stücke eine *Praefatio* einleitet und eine *Conclusio* beschließt, wurde ein ungeheurer Erfolg. Allein zwischen 1470 und 1500 erschienen mindestens 34 Druckausgaben;[19] hinzu gesellen sich Bearbeitungen und Übersetzungen, etwa durch Heinrich Steinhöwel und Sebastian Brant.[20] Poggios Sammlung wurde so zum Muster, an dem sich auch Bebel "explizit orientiert[e]".[21]

II

Welche Ziele nun sind es, die Bebel mit seinen Fazetien verfolgt? Einen Hinweis darauf geben bereits die Vorreden. Das erste Buch der Fazetien schickt Bebel dem sich von einer schweren Krankheit erholenden Peter Jakobi als eine "papierene Gabe", von der er glaubt, sie werde seine Gesundung fördern (Bebermeyer, S. 4f.); in der Vorrede zum zweiten betont er, wer mit so schwierigen Überlegungen und bedeutenden Angelegenheiten überhäuft sei wie Jakobi, der bedürfe zur Erhaltung der Gesundheit des Geistes wie des Leibes unbedingt dessen, daß er sich bemühe, "den durch überaus gewichtige Überlegungen wie bedeutende Geschäfte ermüdeten Geist durch die Heiterkeit (*hilaritas*) anmutiger Fazetien und Fabeln [...] wieder-

---

[18] Ausgabe (lat.-ital.): Poggio Bracciolini, Facezie, Mailand 1983, unveränd. Nachdr. 1994 (I Classici della Biblioteca Universale Rizzoli). Übersetzung: Die Facezien des Florentiners Poggio, übers. von HANNS FLOERKE, Hanau 1967.

[19] Hierzu und zum Folgenden vgl. WILFRIED BARNER, Legitimierung des Anstößigen: Über Poggios und Bebels Fazetien, in: "Sinnlichkeit in Bild und Klang". Festschrift für Paul Hoffmann zum 70. Geburtstag, hg. von HANSGERD DELBRÜCK, Stuttgart 1987 (SAG 189), S. 101-137. – Weitere grundlegende Arbeiten zum Verständnis von Poggios und Bebels ›Fazetien‹: GÜNTER HESS, "Vulgaris Cantio". Gattungsprobleme zwischen Volkssprache und Latinität, in: Werk – Typ – Situation. Festschrift für Hugo Kuhn, hg. von INGEBORG GLIER, Stuttgart 1969, S. 346-370; DERS., Deutsch-lateinische Narrenzunft. Studien zum Verhältnis von Volkssprache und Latinität in der satirischen Literatur des 16. Jahrhunderts, München 1971 (MTU 41); WILFRIED BARNER, Überlegungen zur Funktionsgeschichte der Fazetien, in: Kleinere Erzählformen des 15. und 16. Jahrhunderts, hg. von WALTER HAUG – BURGHART WACHINGER, Tübingen 1993 (Fortuna vitrea 8), S. 287-310.

[20] Vgl. GERD DICKE, Heinrich Steinhöwels ›Esopus‹ und seine Fortsetzer, Tübingen 1994 (MTU 103), S. 62f., 138, 164, 172, 174 und im Register (S. 556) s.v. 'Fazetie'.

[21] BARNER, Überlegungen (Anm. 19), S. 288. – Bebel hat zum einen einige Fazetien Poggios in seine Sammlung übernommen, zum anderen aber – dies ist wichtiger – die durch Poggio gesetzten Normen präzise erfüllt; dies freilich nicht durch sklavische Nachahmung, sondern durch kreative Übertragung auf die deutschen Verhältnisse. Vgl. dazu BARNER in den in Anm. 19 genannten Aufsätzen.

herzustellen und zu unterstützen" (ebd. S. 46, Z. 31-34). Die Vorrede zum dritten Buch wiederholt diese Argumentation. Erstes (aber keineswegs einziges - s.u.!) Ziel der ›Fazetien‹ ist es also, dem "psycho-physischen Grundbedürfnis des Menschen"[22] nach Ablenkung, Entspannung und Unterhaltung, nach dem heiteren Lächeln und befreienden Lachen durch die Präsentation heiter-witziger, derbkomischer, beißend ('gesalzen') satirischer oder obszöner Geschichten aufzuhelfen. Alles habe in den Fazetien, diesen 'reinen Possen und Geschichten' (*meris nugis et fabulis*, S. 103, Z. 6), der Heiterkeit und feinen Bildung (*hilaritas et urbanitas*, S. 104, Z. 52f.) zu dienen. Wichtig ist also neben Witz und Komik, daß die Geschichten auf geschmackvolle Weise ('urban') präsentiert werden.

III

Welche Erzählgegenstände sind es, mittels derer Bebel seine Adressaten erheitern will? Was die 'Inhalte' bzw. 'Themen' der einzelnen Erzählungen angeht, so herrscht größte Vielfalt. Dies gilt zunächst für das Personal, das vom Bettler bis zum Fürsten, vom Dorfpfarrer bis zum Kardinal, von der Bäuerin bis zum Philosophen, von der Dirne bis zum Abt reicht, aber auch die Heiligen und die Trinität, ja sogar Tiere einschließt.[23] Es trifft aber auch zu für die Gegenstände, mit denen sich die ›Fazetien‹ beschäftigen: Da werden obszöne Scherze erzählt (eine Jüdin wünscht sich statt der Beschneidung eine Vergrößerung des 'Gesellen' der jüdischen Männer, I,2), mehrfach die Müller wegen ihrer notorischen Unehrlichkeit aufs Korn genommen (I,3-5,88,89; II,44; III,6), Geschwätzigkeit (I,8), Selbstlob, Aufgeblasenheit (I,15; II,29-31) und törichtes Benehmen (I,16) wie allgemein unangemessenes Verhalten (I,16,17,41,46,107; II,31,72,73; III,50) gerügt, komische oder kritikwürdige Eigenarten der Polen (I,9), Schweizer (II,77), Franzosen (III,41) und Bayern (II,80; III,138) dem Gelächter preisgegeben, sprachliche Mißverständnisse und ihre merkwürdigen Folgen erzählt (I,51; II,55; III,10,151), kopfschüttelnd die - mit dem Tod bezahlte - Ehrenhaftigkeit eines Diebes berichtet (I,25, vgl. II,42), Weisheit und Torheit verschiedener Hofnarren vorgeführt (I,45; II,22-25,94; III,35,106,111,123,128f.,142,145-148,180-183), Klugheit und Witz von Edelleuten gerühmt (I,57,73,74,86; III,40), die Trunksucht und ihre Folgen karikiert (I,67; II,38,100f.,142; III,14,74,88,134,144,167), Lügengeschichten (so

---

[22] BARNER, Legitimierung (Anm. 19), S. 125.
[23] Das heißt nicht etwa, daß Bebel nebenbei eine 'Ständerevue' beabsichtigt. Gezeigt werden soll hingegen, daß sowohl der Bauer wie der Fürst töricht und witzig, tugendhaft und verderbt sein können, daß also Tugenden und Laster - und dementsprechend die Fähigkeit zum *facetum dictum* - allen Ständen gemein sind.

vom Schmied von Cannstatt, einem Vorläufer des Barons Münchhausen) dargeboten (II,8,67; III,25,26,108,113-117), Advokaten und Ärzte wegen ihrer Habgier und Torheit kritisiert (I,104; II,1,110; III,126; II,14), der Hahnrei, der seine Schande nicht wahrnimmt, verspottet (III,18,66,104), der Apostel Petrus am Himmelstor von Landsknechten wegen des Verrates Jesu attackiert (I,84), sprachliche Grobheit und Unhöflichkeit aufs Korn genommen (II,72,73; III,132).

Es werden körperliche Mißbildungen aufgespießt (III,9), falsche Bettler vorgeführt (III,97), eine Predigt als Ammenmärchen entlarvt (III,137), die Gelehrsamkeit verteidigt (III,133), auf eine dumme Frage eine dumme Antwort gegeben (III, 166), wahrer Adel gepriesen (III,46) und klerikale Pfründenhäufung beklagt (III, 71,86). Betrüger und falsche Philosophen werden lächerlich gemacht (II,83,84), Juden wegen ihres Aberglaubens verspottet (II,104), aber auch wegen ihres Witzes gerühmt (I,72) und die Fälschung von Wein kritisiert (III,29-32). Selbst Gott wird in diesen Reigen einbezogen: Ein Bauer droht, ihm die Verehrung aufzukündigen, wenn er es weiter auf sein Heu regnen lasse (I,70); Christus fährt geradezu mit Überschallgeschwindigkeit in den Himmel auf (I,75); die drei göttlichen Personen überlegen, wer denn die Menschheit erlösen solle, wobei sich Gottvater mit seinem Alter entschuldigt, der Heilige Geist damit, daß eine Taube am Kreuz lächerlich aussähe (I,97; Bebel will die Geschichte in heiterer Tischgesellschaft vom Abt von Zwiefalten gehört haben).

Vor allem aber sind es die Kleriker, die Bauern und schließlich ganz allgemein die Frauen, denen Bebel immer wieder und in den verschiedensten Variationen menschliche Schwächen und Laster, daneben aber auch cleveren Witz und Tugend bescheinigt; die Zahl dieser Fazetien ist so groß, daß hier keine Nachweise möglich sind. In immer neuen Spielarten werden Unbildung, Grobheit, Dummheit, obszönes Verhalten, sexuelle Gier und Habsucht der Kleriker präsentiert, die Herrschsucht der Frauen, ihre Torheit und sexuelle Unersättlichkeit gezeigt, die abgrundtiefe Dummheit und Unbildung der Bauern demonstriert (wobei mit dem Dorf Mundingen ein bäuerliches Schilda eingeführt wird: I,42,43; III,43) – ein Bild, das von Bebel dadurch ergänzt wird, daß er (freilich selten) neben den dummen Bauern den witzigen stellt (I,66,69; II,54,58), neben die törichte Frau die schlagfertige (III,150), neben den Kleriker, der die eigene Unbildung nicht einmal bemerkt, den clever-witzigen, z.B. in Gestalt des Pfaffen vom Kalenberg (II,56).

Was Bebel so vorführt, ist eine veritable Comédie humaine, eine Enzyklopädie allgemeinmenschlicher Schwächen und Laster (unter denen sexuelle Gier und Dummheit besonders hervortreten), daneben (in eingeschränktem Maße) auch menschlicher Tugenden. Ihren Reiz bezieht sie nicht zuletzt daraus, daß Themen und Gegenstände in der bunten Mischung eines Potpourris wechseln; nur gelegentlich – das lassen die obigen Beispiele erkennen – handeln mehrere, aufeinanderfolgende Fazetien ein einziges Thema in verschiedenen Variationen ab.[24] – Wenn nun der Eindruck entstanden sein sollte, als gehe es Bebel mit seiner Fazetiensammlung vor allem um Gesellschaftskritik, so ist dem zu widersprechen.[25] Gegen eine solche Deutung spricht dreierlei:

1. Nur ganz selten üben die Protagonisten der Fazetien oder Bebel als Erzähler explizit Kritik an bestimmten Mißständen, Fehlern und Lastern – so wenn beispielsweise der Schreiber des Abtes von Zwiefalten, Bernardus Husslin, die Herrschaft der Priester über die Laien mit scharfen Worten beklagt und mit der bitteren Pointe endet, die Priester arbeiteten jetzt Tag und Nacht daran zu erreichen, daß die Laien auch noch stellvertretend für sie in die Hölle führen (I,77; vgl. auch I,49), oder wenn Bebel selbst die humanistischen Studien gegen deren Verächter verteidigt (I,31; III,23).

2. In aller Regel – und hier kann wieder die Fazetie von der schamlosen jungen Frau als Beispiel dienen – werden die Schwächen, Torheiten und Laster lediglich kommentarlos und knapp referiert, so daß man den Eindruck gewinnt, es komme darauf nicht in erster Linie an. Der Erzähler schlägt fast nie einen scharfsatirischen Ton an, sondern den heiter-überlegener Gelassenheit, der auch die Trunkenheit einer Alten (III,142) oder die sexuelle Protzerei eines Dorfpfarrers (er kann in trunkener Runde den größten 'Gesellen' vorweisen, I,55) noch als Menschlich-Allzumenschliches begreift und selbst den abschreckendsten Situationen eine komische Note abzugewinnen weiß. Sogar wenn Bebel den ungeheures Aufsehen erregenden Jetzerhandel nacherzählt,[26] kann er dem verbrecherischen Fehlverhalten der Berner Dominikaner noch mit einem: *Sed cui ordini mortalium desunt mali? Bonos fratres non tangit calamus meus, de malis tantum loquar* ('Aber welchem menschlichen Stande fehlen Schlechte? Die guten Brüder berühren meine Feder nicht, ich will nur von den schlechten sprechen', III,76, Z. 14f.) die Spitze nehmen. Hierher gehört auch die Bemerkung, die Bebel am Ende einer der gegen die Müller gerichteten Fazetien macht: *Sed parcant molitores: scribo enim fabellas et facetias, non rem veram et gestam* (I,5, Z. 6f.): 'Die Müller mögen sich beruhigen: Ich schreibe Geschichten und Schwänke, nicht wahre und tatsächlich geschehene Dinge.'[27]

---

[24] So ist z.B. der Fazetie III,168 die Bemerkung vorangestellt: *Sequuntur nunc facetiae de ineptiis et ignorantia sacerdotum* ('Es folgen nun Fazetien über die Albernheit und Unwissenheit der Priester'); wiederholt bringt Bebel auch Querverweise an, vgl. II,114; III,4,157.

[25] Anders akzentuiert GRAF (Anm. 2), S. 288: "Die Fazetien (Bebels) müssen auch als Medium der Zeit- und Kirchenkritik verstanden werden."

[26] III,76. In Bern wurden 1509 mehrere Dominikanermönche verbrannt, weil sie einem der Laienbrüder ihres Klosters namens Jetzer eine Marienerscheinung vorgegaukelt hatten, um eine Wallfahrt zu initiieren, vgl. KATHRIN UTZ TREMP, Jetzer, Johannes, in: LThK³ Bd. 5 (1996), Sp. 848.

[27] Für diese Deutung spricht auch, daß Bebel – im Unterschied etwa zu Tünger – darauf ver-

3. Für eine ganze Reihe von Fazetien läßt sich ein (gesellschaftskritisches) 'Thema' im obigen Sinne gar nicht ausmachen. Hier zwei Beispiele:

De histrione. Quidam histrio cum noctu quosdam fures in domo sua deprehendisset, ait ad illos: 'Nescio, quid vos nocte hic invenire velitis, cum sereno die ego nihil invenire possum.' (I,32)

'Von einem Spielmann. Als ein Spielmann des Nachts in seinem Hause Diebe entdeckte, sprach er zu ihnen: 'Ich weiß nicht, was ihr hier bei Nacht finden wollt, wo ich doch bei Tage nichts finden konnte.''

Worum geht es in dieser erzählerischen 'Kleinstform'? Sicher nicht darum, das Verbrechen des Einbruchdiebstahls anzuprangern oder die Armut des Spielmanns zu beklagen; das Personal derselben ist ohne Belang und beliebig austauschbar. Die Erzählung ist vielmehr ganz und gar auf die witzige Pointe ausgerichtet, die in direkter Rede geboten wird und die Geschichte zugleich beendet. Die schlagfertige Reaktion des Spielmanns läßt den Leser oder Hörer schmunzeln, der Protagonist ist zwar ein Außenseiter der Gesellschaft, aber – und darauf kommt hier alles an – er ist *facetus*: 'witzig'; er weiß auf eine unvermutet über ihn hereingebrochene Situation prompt (und siegreich, weil rhetorisch überlegen) zu reagieren. Die Parallele zur Fazetie von der schamlosen jungen Frau ist geradezu überdeutlich: Ihr sexueller Appetit ist nebensächlich, zentral aber, daß sie – mit Worten – schnell und zielsicher reagiert, als die Zurückhaltung des jungen Mannes die Möglichkeit zunichte zu machen droht, diesen zu stillen.

Was hier an zwei Beispielen gezeigt wurde, läßt sich an nahezu allen Fazetien Bebels beobachten (und kann geradezu als ein Hauptcharakteristikum der Fazetie überhaupt gelten): Im Zentrum der Erzählungen steht jeweils, unabhängig vom Erzählmotiv oder mit diesem jedenfalls nicht zwangsläufig verbunden, die witzig-treffsichere Reaktion auf eine Herausforderung, das *facetum dictum*. Dies ist der eigentliche Kern, die Ratio der Geschichte, für Bebel der Anlaß, warum er eine bestimmte Geschichte überhaupt erzählt.[28] Die Erzählungen sind "zielgerichtet auf eine Pointe hin, mit besonderer Vorliebe für die 'glitzernde' Antwort ('facetum

---

zichtet hat, seinen Erzählungen eine 'Moral' anzufügen; vgl. VOLKER HONEMANN, Augustin Tünger und seine Fazetien, in: Festschrift für Walter Haug und Burghart Wachinger, hg. von JOHANNES JANOTA [u.a.], Bd. 2, Tübingen 1992, S. 681-693. – Zu beachten ist hierbei, daß Bebel mehrere seiner Fazetien als *Vera historia* bezeichnet (I,7; II,128; III,2 und 73); die Protagonisten der beiden ersten Stücke sind historisch belegt.

[28] Eine Auflistung der Erzählmotive, wie sie die 'Enzyklopädie des Märchens' bietet (ELFRIEDE MOSER-RATH, Bebel, Heinrich, in: EM Bd. 2 (1979), Sp. 6-15, hier Sp. 9-14), ist deshalb zwar nützlich für die Beantwortung der Frage, woraus Bebel seine Materialien geschöpft hat, sie trifft aber nicht den Kern der Geschichten.

dictum', 'responsum')"²⁹. Die Protagonisten der Bebelschen Fazetien handeln also, indem sie m i t W o r t e n auf eine Herausforderung 'schlagfertig'-witzig reagieren; das *facetum dictum*, nicht etwa das *facetum factum* (die witzige [Gegen-]handlung), ist der Kern von Bebels (wie Poggios) Erzählungen.³⁰

Daß diese Deutung zutrifft, läßt sich aus den ›Fazetien‹ selbst belegen: In den Überschriften, die Bebel jeder Erzählung vorangestellt hat, erscheint nicht weniger als 14mal die Angabe, es handle sich hier um ein *Facetum dictum*; der (bloße) Begriff der Fazetie (*facetia*) ist dagegen nur achtmal zu belegen. Darüber hinaus setzt Bebel zur Charakterisierung seiner Erzählungen eine Vielzahl weiterer Bezeichnungen ein, die sämtlich dem Begriffsfeld des (klugen, witzigen, raffinierten, törichten ...) Sprechens angehören: Sechsmal begegnet *Dictum* (teils mit qualifizierenden Adjektiven, wie *Ridendum dictum*: I,102, *Insulsum dictum*: I,16), daneben erscheinen Begriffe wie *Contio* (*C. faceta* I,78), *Responsio* (I,80, *R. faceta* II,147,166), *Illusio* (*I. faceta* II,150; III,23), *Sententia* (III,75, *Altercatio et S.* III,39), *Contentio* (*C. pulchra* I,38, wobei hier ein Streit mit Worten gemeint ist), *Disputatio* (I,76), *Testimonium* (II,98, ein Wort-Zeugnis), *Iocus* (III,134), *Mendacia* (III,113-5,137, vier Lügengeschichten). Und auch die sechs Stücke seiner Sammlung, die Bebel ausdrücklich als *Proverbia* bezeichnet hat (I,8,9,15, 90,92; III,92), gehören hierher.³¹

---

²⁹ BARNER, Legitimierung (Anm. 19), S. 104 (zu Poggios Fazetien, aber ebenso auf diejenigen Bebels zutreffend). – Erkennt man dies als das Zentrum der Fazetie an, dann kann der Terminus 'Fazetie' auch als "Funktionsbestimmung" bezeichnet werden (ebd.).

³⁰ Dies gilt keineswegs nur für die Fazetien Bebels, sondern ist ein allgemeines Kriterium der Fazetie der Zeit. – Nur wenige Erzählungen Bebels laufen auf ein *facetum factum* hinaus, so z.B. die als *Egregium facinus* ('rühmliche Übeltat') überschriebene Fazetie I,11, wo einer aus Rache dafür, daß man ihm im Bade nicht den Schweiß abreibt, in eine Ecke scheißt. Eine 'fazete' Wendung erhält die Geschichte aber erst durch die doppelsinnige Antwort des Badegastes an den Bademeister: *Abi, non est opus fricatione, nam immundus sudor abiit a me* ('Geh weg, eine 'Abreibung' ist nicht nötig, denn der unreine Schweiß ist schon von mir gegangen'). – Eine ähnliche Geschichte in I,60. Eine Erzählparallele bietet die Historie 69 des Eulenspiegelbuches.

³¹ Dazu stimmt, daß Bebel sich anscheinend die Entstehung eines Sprichwortes so vorstellte, daß ein witziges/schlagfertiges Dictum sich von der Situation, in der es entstanden war, löste und davon unabhängig weiter existierte. Ein Beispiel bietet wieder die einleitend erörterte Fazetie, ein weiteres das erste Proverbium von Nummer I,8: Das Dictum 'Laß dich einmal f r a g e n', mit dem Johannes Schweinshirt, Nachtwächter in Zwiefalten, eine überaus geschwätzige Besucherin seiner Herrin zum Schweigen bringt, 'wird zum Sprichwort' (*inde in proverbium cessit*): Ein besonders gut formuliertes, treffendes Dictum zeichnet sich dadurch aus, daß es die Dignität eines Sprichwortes oder einer sprichwörtlichen Redensart erlangt. – Die meisten der in den ›Fazetien‹ enthaltenen Sprichwörter hat SURINGAR (Anm. 8) in einen Anhang seiner Ausgabe der ›Proverbia germanica‹ Bebels aufgenommen: es sind insgesamt 45 (s. ebd. S. 158-162). – Wenn Bebel daneben für eine Reihe seiner Erzählungen die Bezeichnungen *fabula* bzw. *historia* benützt (teilweise durch Epitheta wie *vera historia* ergänzt), dann gilt zwar für letztere, daß hier fast ausnahmslos Gewährsleute genannt werden (und die Geschichten insofern als 'wahr' bezeichnet werden können), grundsätzlich aber unterscheiden sie sich nicht von den anderen Stücken der Sammlung.

IV

So wichtig es auch ist zu erknnnen, daß das Hauptinteresse Bebels an seinen Erzählungen darin lag, diese auf eine als *dictum facetum* gestaltete Pointe zuzuspitzen, so sehr stellt sich andererseits die Frage, woher er denn die erstaunliche Menge von mehr als 400 Erzählstoffen bezog. Eine Antwort darauf läßt sich zunächst aus dem gewinnen, was Bebel selbst in seinen Fazetien sowie in den Vorworten der einzelnen Bücher sagt. Sie ist auch von Bedeutung für die Frage nach dem 'Sitz im Leben' der Texte.

Bebel selbst hat seine ›Fazetien‹ in der Vorrede zum III. Buch als *facetias meas suevicas* bezeichnet.[32] 'Schwäbische' Geschichten sind sie zum einen in dem Sinne, daß weitaus die meisten von ihnen in Schwaben, also etwa dem Gebiet zwischen Heilbronn und Schwäbisch Hall im Norden und dem Bodensee im Süden spielen. Sehr viele der Geschichten sind (wie die oben besprochene) lokalisiert; das Namenregister von Bebermeyers Ausgabe (S. 195-201) läßt die Dominanz schwäbischer Schauplätze klar erkennen. Hinzu kommt, daß in nicht wenigen Geschichten die Protagonisten bedeutende, weithin bekannte Persönlichkeiten der jüngeren Vergangenheit oder Gegenwart Schwabens sind. Zu nennen ist hier der – überaus volkstümliche – Herzog Eberhard im Bart, der Gründer der Universität Tübingen (I,45; I,61), daneben Herzog Ulrich (I,1; II,19; III,71), weiterhin der literarisch tätige Ritter Georg von Ehingen (I,18). Noch wichtiger ist, daß der Schwabe Bebel in seinen Fazetien immer wieder betont, er selbst habe eine Geschichte an einem bestimmten Ort erfahren oder gar 'erlebt', etwa die Fazetie I,2 in Hechingen. Bebel tritt so immer wieder als sein eigener Gewährsmann und – in einigen seiner Erzählungen – gar selbst als Akteur auf (z.B. I,49). Daneben treten Freunde und Kollegen Bebels als Gewährsleute auf; sie gehören, wie z.B. der Priester Leonhard Clemens (I,7,89; III,162,168,169,181), der Abt Georg von Zwiefalten (I,97; III,18,28,98,183) und dessen Schreiber, Bernardus Husslin (I,77; II,83,134), der Geislinger Priester Johannes Gesseler (Casselius; III,169) oder der Tübinger Humanist Georg Brassicanus (III,16,111), zur reformorientierten Elite Schwabens um 1500.[33] Hinzu gesellen sich Humanistenkollegen, darunter auch Schüler Bebels,

---

[32] Wenig später spricht er von *has fabulas suevicas* bzw. *Suevi tui urbanitates;* BEBERMEYER (Anm. 1), S. 103f., Z. 1, 14f., 34f.

[33] Als Bebel 1512 seine Überarbeitung der Reimoffizien des hl. Hieronymus und der hl. Anna herausbrachte – Ziel war, die Latinität der mittelalterlichen Hymnen und Gebete nach klassischlateinischen Prinzipien zu verbessern, – schrieb Casselius die Musik zur Neubearbeitung; bei der Neugestaltung des Textes half Bernhard Clemens, Priester in Ulm (ein Verwandter des Leonhard Clemens). Brassican steuerte ein Empfehlungsgedicht bei. Gewidmet wurde das Werk dem Abt des Klosters Adelberg, Leonhard Dürr, der in Fazetie III,180 im Zusammenhang mit seinem Narren Melchior erwähnt wird. Zu dieser ›Historia horarum canonicarum de sancto Hieronymo et de sancta

die einige Stücke liefern.³⁴ Unter Einbeziehung von Elementen der Realität seiner eigenen Zeit (mehrfach wird eine genaue Datierung geboten, so z.B. für I,21 und 41 [1506] sowie I,102 [1505]) wie der nahen Vergangenheit errichtet Bebel so einen poetischen Raum, in dem die Protagonisten seiner Fazetien (weit überwiegend Schwaben und Schwäbinnen jeglichen Standes) wortgewaltig agieren. Von besonderer Bedeutung ist dabei, daß Bebel immer wieder betont, eine Fazetie sei ihm *in convivio*, im geselligen Beisammensein mit Freunden, erzählt worden.³⁵ Das Erzählen von Fazetien erscheint so als ein geselliges Vergnügen im Kreise Gleichgesinnter, mit denen man sich in heiterer Runde an witzigen Antworten, aber auch menschlich-allzumenschlichen Schwächen erheitert. Mit dieser Ausrichtung seiner Erzählungen auf einen 'schwäbischen Meridian' ist Bebel eine beträchtliche Übertragungsleistung gelungen: so römisch-italienisch die Fazetien des Poggio sind, so schwäbisch-deutsch diejenigen Bebels.

Die Frage nach der Herkunft der Erzählstoffe hat aber noch eine zweite Dimension: In sehr vielen Fällen handelt es sich um internationale, z.T. bereits lange vor Bebel belegte Erzählstoffe.³⁶ So übernimmt Bebel z.B. eine Tiergeschichte aus dem ›Renner‹ des Hugo von Trimberg, den er als "bedeutenden Dichter in unserer (Volks-)Sprache" rühmt (II,26), und schreibt die Eingangsepisode des ›Pfaffen vom Kalenberg‹ ebenso aus (II,56), wie er eine Variante der Geschichte von den ›Wahrsagebeeren‹ erzählt (II,46), die vorher in zwei Fassungen des Märendichters Hans Folz, aber auch aus der 35. Geschichte des ›Ulenspiegel‹ bekannt ist. Eine Reihe von Fazetien hat Bebel den ›Facezie‹ des Poggio entnommen.³⁷ In vielen Fällen aber wird sich der genaue Weg nicht mehr nachvollziehen lassen – zu viele Möglichkeiten der Entlehnung gibt es, und sie alle schließen nicht aus, daß diese Geschichten Bebel von seinen Gewährsleuten tatsächlich mündlich vermittelt worden sind.

Anna‹ s. KARL SCHOTTENLOHER, Die liturgischen Druckwerke Erhard Ratdolts aus Augsburg, Mainz 1922 (Sonderveröffentlichungen der Gutenberg-Gesellschaft 1), S. XIX mit Tafel 65-72.

³⁴ So z.B. der Bebelschüler Brassican (III,16 und 111: eine Facetie des *ioculator* Paulus Wiest, *traducta a Brassicano*) und Hieronymus Emser (III,135; von diesem *Ex Lipsia quinta die Iunii anno domini MDVIII* an Bebel geschickt).

³⁵ S. etwa I,23,41,77,82,100 (mit Erwähnung eines namenlosen *sodalis*), II,3 usf. Besonders häufig werden Kloster und Dorf Zwiefalten als Ort solcher geselliger Zusammenkünfte erwähnt; vgl. BEBERMEYER (Anm. 1), S. 201. Bebel bringt sich selbst in nicht weniger als 35 von 107 Fazetien des ersten Buches ein.

³⁶ Einzelheiten bieten der Kommentar WESSELSKIs (Anm. 1) wie die diesbezüglichen Angaben von MOSER-RATH (Anm. 28).

³⁷ Vgl. BARNER, Legitimierung (Anm. 19), S. 126-134. Einen Vergleich von Fazetien, die Bebel der Sammlung Poggios entnommen und bearbeitet hat, bietet ANNA MÜHLHERR, Fazete Gewitztheit – Witz der Fazetie, in: Kleinstformen der Literatur, hg. von WALTER HAUG – BURGHART WACHINGER, Tübingen 1994 (Fortuna vitrea 14), S. 235-246.

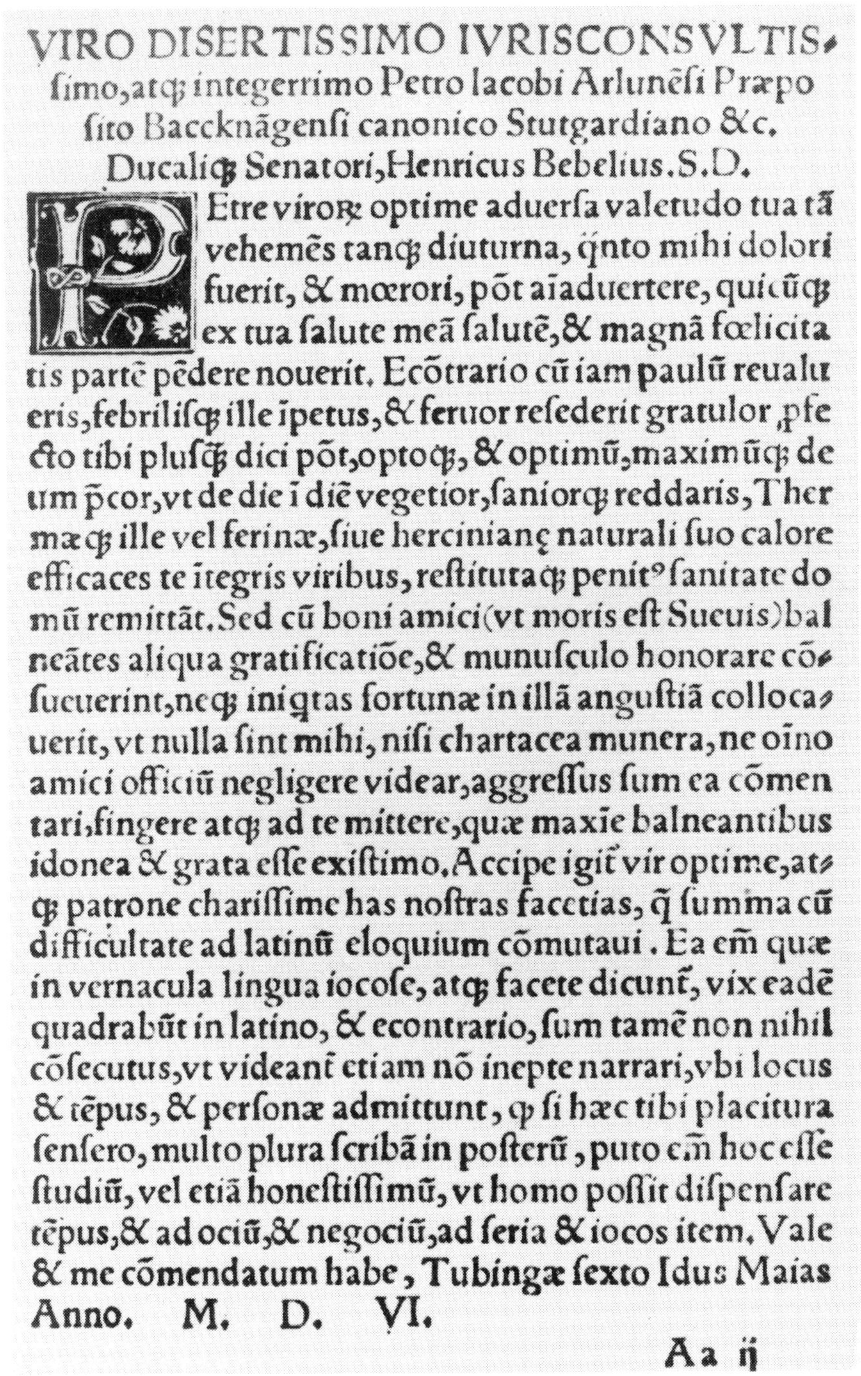

VIRO DISERTISSIMO IVRISCONSVLTIS⸗
simo,atqʒ integerrimo Petro Iacobi Arluneſi Prærpo
ſito Baccknāgenſi canonico Stutgardiano &c.
Ducaliqʒ Senatori,Henricus Bebelius.S.D.

Etre viroꝶ optime aduerſa valetudo tua tā
vehemēs tanqʒ diuturna, q̄nto mihi dolori
fuerit, & mœrori, pōt aīaduertere, quicūqʒ
ex tua ſalute meā ſalutē,& magnā fœlicita
tis partē pēdere nouerit. Ecōtrario cū iam paulū reualu
eris,febriliſqʒ ille īpetus,& feruor reſederit gratulor,pſe
cto tibi pluſq̄ dici pōt,optoqʒ, & optimū,maximūqʒ de
um p̄cor,vt de die ī diē vegetior,ſaniorqʒ reddaris,Ther
mæqʒ ille vel ferinæ,ſiue hercinianę naturali ſuo calore
efficaces te ītegris viribus, reſtitutaqʒ penitꝰ ſanitate do
mū remittāt.Sed cū boni amici(vt moris eſt Sueuis)bal
neātes aliqua gratificatiōe,& munuſculo honorare cō⸗
ſueuerint,neqʒ iniqtas fortunæ in illā anguſtiā colloca⸗
uerit, vt nulla ſint mihi, niſi chartacea munera,ne oīno
amici officiū negligere videar,aggreſſus ſum ea cōmen
tari,fingere atqʒ ad te mittere,quæ maxīe balneantibus
idonea & grata eſſe exiſtimo.Accipe igit' vir optime,at⸗
qʒ patrone chariſſime has noſtras facetias, q̄ ſumma cū
difficultate ad latinū eloquium cōmutaui . Ea ēm quæ
in vernacula lingua iocoſe, atqʒ facete dicūt, vix eadē
quadrabūt in latino, & econtrario,ſum tamē non nihil
cōſecutus,vt videāt etiam nō inepte narrari,vbi locus
& tēpus, & perſonæ admittunt, cp ſi hæc tibi placitura
ſenſero, multo plura ſcribā in poſterū , puto ēm hoc eſſe
ſtudiū, vel etiā honeſtiſſimū, vt homo poſſit diſpenſare
tēpus,& ad ociū,& negociū,ad ſeria & iocos item. Vale
& me cōmendatum habe, Tubingæ ſexto Idus Maias
Anno.   M.   D.   VI.

Aa ij

Abb. 11: Heinrich Bebel, ›Facetiae‹
Straßburg: Schürer, August 1514
Bl. Aa ij: Vorrede zum ersten Buch

Das aber wirft eine weitere Frage auf: Wenn diese Geschichten Bebel selbst erzählt worden sind und wenn man zudem bedenkt, daß die Protagonisten, deren Aktionen ja vor allem im fazetiösen Sprechen bestehen, meist Leute 'aus dem Volk' sind, dann ist zu fragen, warum er diese Geschichten nicht in der Volkssprache, auf Deutsch also, wiedergibt. Im Gegensatz etwa zu seinen deutschen Vorläufern Augustin Tünger (der seine Fazetien sowohl lateinisch wie auch deutsch bot) und Heinrich Steinhöwel (der sich ganz auf das Deutsche beschränkte) folgte Bebel offenbar auch hier dem Vorbild Poggios – und dies, obwohl die Übertragung dieser 'schwäbischen' Geschichten ihn offenbar große Mühe kostete: Schon in der Vorrede zum ersten Buch (s. Abb. 11) klagt er, er habe "diese unsere Fazetien [...] mit größten Schwierigkeiten in die lateinische Rede übertragen". Das, was sich in der Volkssprache scherzhaft und witzig (*iocose et facete*) sagen lasse, könne man im Lateinischen kaum angemessen wiedergeben (Bebermeyer, S. 4,18-22). Geht man die weiteren Vorreden durch, so zeigt sich, daß für Bebel die Frage der angemessenen lateinischen Sprachform von hoher Bedeutung ist. In der Vorrede zu Buch II bittet er Peter Jakobi, er möge verzeihen, wenn sein Latein nicht allseits *more priscorum*, nach Art der (römischen) Klassiker ausgefallen sei; ihm sei es vor allem darauf angekommen, *ut signate et significanter iocum insinuarem*: die Pointe ('den Scherz') klar und deutlich herauszubringen; darüber habe er die sprachliche Eleganz vernachlässigt (ebd. S. 46,54-57). Die adäquate Formulierung der Pointe hat also erste Priorität, sprachliche Eleganz die zweite. Bebel fügt dann gleich ein Beispiel für die praktischen Schwierigkeiten an: Wenn man über kirchliche Angelegenheiten und über Priester schreibe, könne man sich nicht einer eleganten (= klassischen) Latinität bedienen, weil man sonst in terminologische Schwierigkeiten gerate.[38] So wichtig ist ihm das Thema der angemessenen Wiedergabe 'deutscher' Erzählungen 'auf Latein' – und 'angemessen' heißt hier: einerseits elegant (das schließt das *latine* ein), andererseits aber, daß man *lusus et iocos* ('Spielereien und Scherze') nicht etwa *dure difficulterque* ('hart und schwer zu verstehen') formuliert, sondern im Geist der *hilaritas* und *urbanitas* (104,53f.) –, daß Bebel im Vorwort zum dritten Buch in großer Ausführlichkeit (104,51-105,80!) darauf zurückkommt. Kritiker, die das *incomptum et vulgare dicendi genus* ('die ungepflegte und vulgäre Art des Sprechens', 104,51) tadeln, fordert er auf, doch selbst zu versuchen, Fazetien auf Latein niederzuschreiben, dann werde man sehen, wie sprachlos und stumm sie blieben (58)! Leicht sei es für jedermann, an anderen zu sehen, was unpassend (töricht) und absurd sei (*ineptum et absurdum*, 59f.); leicht auch könnten wir abwägen, was rauh und was sanft dahinfließe, was grob

---

[38] Im Text führt das z.B. zu Wendungen wie: *virginem Vestalem (quam nunc beguttam dicimus)*: 'eine vestalische Jungfrau (die wir jetzt Begine nennen)', II,58.

und was lateinisch (= elegant) formuliert sei (58-61): Wenn man aber selbst zur Feder greife, dann zeige sich, wie schwer es sei, die Aufgaben eines *scriptor bonus* zu erfüllen (61-63). Und am Schluß der Passage fordert Bebel seine Kritiker (*scioli*: die Halbwisser, die 'Neunmalklugen') auf, doch *latinius et elegantius dicteria et iocos* niederzuschreiben, als er es könne – dann werde er ihnen bereitwillig den Vortritt lassen (72f.). In diesem Zusammenhang bringt Bebel dann sein poetologisches Anliegen 'auf den Punkt': Es sei kein kleines Kunststück und nicht ohne ausgezeichnete *eruditio* ('Bildung') möglich, *ut iocos teutonicos in Latinum convertatis cum venustate et gratia servatoque facetiarum decoro* (105,73-76): 'deutsche Scherze mit Anmut und Grazie in das Lateinische zu konvertieren, dabei aber die besondere 'Tugend' (die Qualität, das Spezifische) der Fazetien zu bewahren.'

Setzt man diese Ausführungen in literarhistorische Perspektive, dann zeigt sich, daß Bebel auch hier Gedanken folgt, die bereits Poggio angestellt hatte: Dieser nämlich hatte erklärt, er wolle herausfinden, ob es nicht möglich sei, das, von dem man bisher geglaubt habe, es sei auf Latein nur schwer wiederzugeben, *non absurde* zu formulieren – also so, daß es den richtigen 'Ton' treffe.[39]

Insgesamt aber geht es Bebel hier um weit mehr als um Fragen des richtigen Stils und 'Tones'.[40] Es zeigt sich vielmehr, daß Latinisierung zugleich ein ethisch-moralisches Projekt ist: Angemessene Latinität ist allem Groben, Rohen, Gemeinen abhold; wer in diesem Sinne 'lateinisch' zu schreiben und zu sprechen versteht, der ist auch ein besserer Mensch. Die Erziehung zu einer an klassischen Vorbildern geschulten Latinität ist so letztlich Sittigung, Besserung der Moral. Schönes (lateinische Sprache) und Gutes (mores) verbinden sich hier unauflöslich miteinander. Menschliche Unzulänglichkeiten, Schwächen, Laster, die hundertfach in immer neuen Variationen an den Vertretern der verschiedensten Stände vorgeführt werden, werden dem strahlenden Licht einer neuen, ethisch-moralisch überlegenen Latinität ausgesetzt und so dem sympathetischen Lächeln, dem Schmunzeln, ja dem schallenden Gelächter preisgegeben.

V

Wie kongenial Bebel die (lateinisch-)italienische Fazetie in eine (lateinisch-)deutsche umgesetzt hat, zeigt sich rasch an der erstaunlichen Rezeption. Sie ist auf verschiedene Weise abzulesen:[41]

---

[39] Poggio (Anm. 18), S. 110.
[40] Vgl. hierzu vor allem die in Anm. 19 genannten Arbeiten von HESS.
[41] Hier können nur einige Hinweise gegeben werden. Ein vollständiges Verzeichnis der Drucke

1. Bebels ›Fazetien‹ werden zu seinen Lebzeiten, also zwischen 1508 und 1518, bereits fünfmal gedruckt; schon 1516 erscheint ein Pariser Druck.[42] Bis 1603 erscheinen mindestens weitere 15 Ausgaben; eine letzte kommt – bezeichnenderweise – 1750 in Tübingen heraus.[43]

2. Mitte des 16. Jahrhunderts wird die Sammlung ins Deutsche übertragen und unter dem Titel ›Die Geschwenck Henrici Bebelii‹ 1558 zum ersten Mal gedruckt; bis 1612 wurden mindestens weitere vier Ausgaben gedruckt. Der Übersetzer ist unbekannt.[44] Seine Leistung wird als recht dürftig eingeschätzt, wobei aber gründliche Vergleiche bisher nicht angestellt wurden.[45]

3. Fazetien Bebels wurden rasch in vergleichbare (auch volkssprachige) Sammlungen aufgenommen, die im Laufe des 16. Jahrhunderts in Deutschland wie in den benachbarten Ländern in großer Zahl erschienen; zu nennen ist z.B. Johannes Paulis weitverbreitete Sammlung ›Schimpf und Ernst‹ (zuerst 1522), Georg Wickrams ›Rollwagenbüchlein‹ (zuerst 1555), daneben Hans Wilhelm Kirchhofs ›Wendunmuth‹ von 1563.[46] Die Abfassung der ›Fazetien‹ in lateinischer Sprache ließ dabei Bebels Sammlung sofort nach ihrer Veröffentlichung als Teil des 'internationalen' Erzählgutes humanistischer Prägung erscheinen.[47] Konkret nachweisen läßt sich dies (neben dem schon erwähnten frühen Pariser Druck, dem sich 1526 ein zweiter hinzugesellte) etwa daran, daß Johannes Gastius zahlreiche Fazetien in seine eigene Sammlung, die ›Convivales sermones‹ (Basel 1543), aufnahm.[48] Be-

---

fehlt ebenso wie eine Studie zur Aufnahme von Bebels Fazetien in spätere Sammlungen. Das meiste Material dazu noch immer bei WESSELSKI (Anm. 1).

[42] S. besonders den Index Aureliensis (Anm. 12), S. 401-409, der 20 lateinische und zwei deutschsprachige Drucke verzeichnet. Genauere Beschreibungen einiger Drucke bei ZAPF (Anm. 2), S. 171-207; der Pariser Druck ebd. S. 203-207.

[43] Vgl. ZAPF (Anm. 2), S. 207-221, sowie MOSER-RATH (Anm. 28), Sp. 8.

[44] Die Vermutungen der Forschung konzentrieren sich auf den Augsburger Autor (und Übersetzer) Christof Wirsung, daneben auf Michael Lindener, der unter dem Titel ›Katzipori‹ 1558 selbst eine Schwanksammlung publizierte, s. MOSER-RATH (Anm. 28), Sp. 8.

[45] Vgl. PAUL ANTONY, Studien zu Heinrich Bebels ›Facetiae‹ und ihren Übersetzungen, in: Sprache und Sprachhandeln. Festschrift für Gustav Bebermeyer zum 80. Geburtstag, Hildesheim – New York 1974, S. 89-114 (mit Abdruck einiger Stücke, so auch der Fazetie von der schamlosen jungen Frau).

[46] Der ›Wendunmuth‹ bezeichnet sich selbst als Sammlung, *darinnen fünff hundert und fünfftzig höflicher, züchtiger und lustiger historien, schimpffreden und gleichnüssen begriffen und gezogen seyn auß alten und ietzigen scribenten; item den Facetiis deß berümpten und wolgelehrten Henrici Bebelii, weiland gekrönten poeten* [...], s.: Wendunmuth von Hans Wilhelm Kirchhof, hg. von HERMANN OESTERLEY, Stuttgart 1869 (StLV 95), S. 1. Bebel ist der einzige Autor, der als Quelle genannt wird.

[47] Zu diesem vgl. VOLKER HONEMANN, Humanismus, in: EM Bd. 6 (1990), Sp. 1302-1312.

[48] Viele Stücke dieser Sammlung – damit auch eine beträchtliche Zahl von Fazetien Bebels – wurden von Ludovico Domenichi ins Italienische übertragen, vgl. RUDOLF SCHENDA, Domenichi, Lodovico, in: EM Bd. 3 (1981), Sp. 747-753, hier Sp. 749: Domenichi bietet 77 Stücke aus der Sammlung des Gastius, die 76 Fazetien Bebels enthält, vgl. HANS TRÜMPY, Gastius, Johannes, in: EM Bd. 5 (1987), Sp. 729-735, hier Sp. 730.

sondere Fortune scheinen Bebels ›Fazetien‹ in Frankreich gehabt zu haben; hier gehen sie etwa in die berühmten ›Comptes du monde adventureux‹ ein.[49]

Von Heinrich Bebels umfangreichem literarischen Werk blieben so gerade die *nugae* ('Possen', 'Tändeleien', Bebermeyer, S. 103,6), die *sales lepidi* ('heiterbissige Witze', ebd. S. 3,2) am längsten lebendig. Ihrer Fortwirkung – und damit der Bebels als eines 'deutschen Poggio' – dürfte in der Gegenwart nur ihre lateinische Gewandung entgegenstehen.

---

[49] Vgl. MICHEL SIMONIN, Bebel en France au XVI siècle: le cas des *Comptes du monde adventureux*, in: The Journal of Medieval and Renaissance Studies 13 (1983), S. 269-291.

AUSWAHLBIBLIOGRAPHIE

Quellen

Heinrich Bebels Facetien. Drei Bücher, historisch-kritische Ausgabe von GUSTAV BEBERMEYER, Leipzig 1931 (StLV 276).
ALBERT WESSELSKI, Heinrich Bebels Schwänke, zum ersten Male in vollst. Übertragung hg. von A. W., 2 Bde. München – Leipzig 1907.

Forschungsliteratur

WILFRIED BARNER, Fazetie, in: RLW Bd. 1 (1997), S. 572-575.
GUSTAV BEBERMEYER, Tübinger Dichterhumanisten. Bebel/Frischlin/Flayder, Tübingen 1927, unveränd. Nachdr. Hildesheim 1967.
RENATE BEBERMEYER, Fazetie, in: EM Bd. 4 (1984), Sp. 926-933.
CARL JOACHIM CLASSEN, Bebel (Heinrich), in: Centuriae Latinae. Centune figures humanistes de la Renaissance aux Lumières offertes à Jacques Chomarat, réunies par COLETTE NATIVEL, Genf 1997, S. 91-96.
CARL PHILIPP CONZ, Bebel (Heinrich), in: JOHANN SAMUEL ERSCH – JOHANN GOTTFRIED GRUBER, Allgemeine Enzyclopädie der Wissenschaften und Künste, Bd. 8 (1822), S. 274-280.
Kleinere Erzählformen des 15. und 16. Jahrhunderts, hg. von WALTER HAUG – BURGHART WACHINGER, Tübingen 1993 (Fortuna vitrea 8).
Facétie et littérature facetieuse à l'époque de la Renaissance. Actes du Colloque de Goutelas, 29.9.-1.10. 1977, Montpellier 1978 (Bulletin de l'Association d'Etudes sur l'Humanisme, la Réforme et la Renaissance. Numéro Spécial. 4ème année – no 7 – Mai 1978).
Kleinstformen der Literatur, hg. von WALTER HAUG – BURGHART WACHINGER, Tübingen 1994 (Fortuna vitrea 14).
GIAN PAOLO MARCHI, Facezie del Quattrocento, in: Dizionario critico della letteratura italiana, ed. VITTORE BRANCA, Bd. 2, Turin 1986, Sp. 211-215.
HAUKE STROSZECK, Pointe und poetische Dominante. Deutsche Kurzprosa im 16. Jahrhundert, Frankfurt/M. 1970.
KONRAD VOLLERT, Zur Geschichte der lateinischen Facetiensammlungen des XV. und XVI. Jahrhunderts, Berlin 1912 (Palaestra 108).
ERNST WALSER, Die Theorie des Witzes und der Novelle nach dem 'de sermone' des Jovianus Pontanus, Diss. Zürich 1908, Straßburg 1908.

Typologische Heilsgeschichts-Konzepte in mittelalterlicher geistlicher Literatur

RUDOLF SUNTRUP

Im ausgehenden 12. Jahrhundert gewinnt die deutschsprachige Literatur dadurch erkennbar an Eigenwert, daß sie erstmals, zum Teil gemeinsam mit lateinischen Texten, in Sammelhandschriften aufgenommen wird, die mit zunehmend erkennbarer planerischer Konzeption ein Programm beinhalten. Gilt dies in Ansätzen bereits für die Wiener Handschrift 2721 der Österreichischen Nationalbibliothek und dann stärker für die um 1200 entstandene Millstätter Sammelhandschrift (Codex VI/19 des Geschichtsvereins für Kärnten im Landesarchiv Klagenfurt), so ist es schließlich am deutlichsten erkennbar in der großen Sammelhandschrift 276 des Chorherrenstiftes Vorau. In ihr bilden die ›Kaiserchronik‹ am Beginn, das ›Alexanderlied‹ des Pfaffen Lambrecht in der Mitte und die abschließenden (lateinischen) ›Gesta Frederici‹ (die 'Taten Friedrichs' I. Barbarossa) den Rahmen für eine Serie von geistlichen Dichtungen in einer Weise, daß die Sammlung die Idee einer Einheit von Welt- und Heilsgeschichte verwirklicht.[1] Diese epochenübergreifende Zusammenschau der gesamten Geschichte ist das leitende Prinzip für die Denkform der Typologie in der christlichen Geschichtsbetrachtung des Mittelalters.

Was mit diesem Denkmodell gemeint ist, soll nun zunächst nicht abstrakt behandelt, sondern (I.) zur ersten Einführung an einem prägnanten Einzelbeispiel konkret erklärt werden, einem Textauszug aus der frühmittelhochdeutschen ›Summa Theologiae‹, die zu den geistlichen Dichtungen in der Vorauer Handschrift 276 zählt. Danach (II.) werden im Überblick Grundzüge der biblischen sowie der halb- und außerbiblischen Typologie als einer Sonderform der allegorischen Deutung unter Einbeziehung der neueren Forschungsdiskussion skizziert, um dann (III.) die

---

[1] DIETER KARTSCHOKE, Geschichte der deutschen Literatur im frühen Mittelalter, München 1990, S. 221-224, mit Nachweis der Textausgaben und Literatur zu den Sammelhandschriften. Zur Frage, inwieweit der Überlieferungsverbund der genannten Handschriften als "planvoll organisiertes Ganzes" zu interpretieren sei, jetzt BARBARA GUTFLEISCH-ZICHE, Die Millstätter Sammelhandschrift: Produkt und Medium des Vermittlungsprozesses geistlicher Inhalte, in: Die Vermittlung geistlicher Inhalte im deutschen Mittelalter. Internationales Symposium, Roscrea 1994, hg. von TIMOTHY R. JACKSON – NIGEL F. PALMER – ALMUT SUERBAUM, Tübingen 1996, S. 79-96, hier S. 83f., mit Referat der auf Hugo Kuhn zurückzuführenden Position Kartschokes und der kritischen Einwände Hartmut Freytags (Lit. dort Anm. 21-26). Sie erkennt in der Millstätter Handschrift eine "planvolle Anordnung der Texte [...] zu einem umfangreichen heilsgeschichtlichen Kompendium" (S. 93f.) nach dem Vorbild etwa des ›Hortus deliciarum‹ oder des ›Elucidarium‹.

Ausgestaltung des heilsgeschichtlich-typologischen Konzeptes an drei bedeutenden Text-Bild-Zyklen des 12. bis 15. Jahrhunderts exemplarisch zu erläutern. Es sind dies als frühestes Zeugnis ein lateinisches 'Lob des Kreuzes' aus dem ausgehenden 12. Jahrhundert und sodann zwei der am weitesten verbreiteten Schriften des Mittelalters: ein ›Heilsspiegel‹ in der ältesten zweisprachigen Version von ca. 1330 und die ›Armenbibel‹, deren früheste Fassungen offenbar auf die Gestalt des ›Heilsspiegels‹ eingewirkt haben und die hier in einer deutsch-lateinischen Bilderhandschrift von etwa 1425 vorgestellt wird. Diese beiden Texte dürfen ein besonderes sprach- und literaturwissenschaftliches Interesse beanspruchen, da in ihren zweisprachigen Ausgaben sich zeigt, daß ein in der lateinischen Bibelerklärung maßgeblich entwickeltes Deutungsprinzip und ein für das mittelalterliche Welt- und Geschichtsverständnis wesentliches Denkmodell in die deutsche geistliche Literatur hineinwirken und weite Bereiche von ihr durch sie bestimmt sind.

I

Die anonym überlieferte, bald nach 1108 entstandene frühmittelhochdeutsche ›Summa theologiae‹[2] ist eine Dichtung, die – anders, als der moderne Titel vermuten läßt, – keine gelehrte scholastische Summe der gesamten Glaubenslehre beinhaltet, sondern bei den Rezipienten, einem vielleicht adligen, theologisch gut vorgebildeten Laienpublikum, die Kenntnis dieser Lehre und des Ablaufs der in der Bibel beschriebenen Heilsgeschichte schon voraussetzt. Nach einer Einleitung, die Gott als den dreieinigen, allmächtigen und gütigen Schöpfer preist, benennt der erste Hauptteil Stationen des Heilsgeschehens: die Schöpfung der Engel, ihren Sündenfall und die ewige Verdammnis, da sie sich in voller Freiheit von Gott abgewendet haben, die Erschaffung des Menschen, der 'wahres Abbild Gottes' ist (*daz erlichi gotis bilidi*, V. 20) und als Mikrokosmos an der ganzen Schöpfung teilhat (V. 85-108), den Sündenfall und den Verlust der Gnade, schließlich die

---

[2] Die kleinen Denkmäler der Vorauer Handschrift, hg. von ERICH HENSCHEL – ULRICH PRETZEL, Tübingen 1963, S. 28-49; FRIEDRICH MAURER, Die religiösen Dichtungen des 11. und 12. Jahrhunderts, Bd. 1, Tübingen 1964, S. 309-316; Kleinere deutsche Gedichte des 11. und 12. Jahrhunderts. Nach der Auswahl von ALBERT WAAG neu hg. von WERNER SCHRÖDER, Bd. 1, Tübingen 1972 (ATB 71), S. 27-42 (zit.). – Lit.: FRANCIS G. GENTRY, Bibliographie zur frühmittelhochdeutschen geistlichen Dichtung, Berlin 1992, S. 196-200 [Bibliographie bis 1986/88]; HARTMUT FREYTAG, ›Summa theologiae‹, in: ²VL Bd. 9 (1995), Sp. 506-510; RUDOLF SUNTRUP, Summa theologiae (frühmhd.), in: LdMA Bd. 8 (1997), Sp. 241. Aus der Fülle wichtiger Forschungsliteratur seien hervorgehoben: HARTMUT FREYTAG, Kommentar zur frühmittelhochdeutschen ›Summa theologiae‹, München 1970 (Medium Aevum 19); HEINZ RUPP, Deutsche religiöse Dichtungen des 11. und 12. Jahrhunderts. Untersuchungen und Interpretationen, 2. Aufl. Bern – München 1971, S. 84-133.

Erlösung durch den Sühnetod Christi am Kreuz. Der zweite Teil setzt die Akzente anders, indem er neben der Abfolge der Heilsgeschichte (Grabesruhe und Auferstehung Christi, Auferstehung des Menschen und Jüngstes Gericht) stärker moralisierend die auf das ewige Leben hinführenden Pflichten des Menschen herausstellt, der durch die Taufe Christus in Tod und Auferstehung verbunden ist.

Die vom Kreuz Christi handelnden Strophen 15-18 nehmen in doppelter Hinsicht eine zentrale Stellung ein: Formal erhält das 32 Strophen umfassende Gedicht dadurch die Gestalt einer "Zentralkomposition", und inhaltlich rückt das Kreuz durch seine allegorisch-typologische Deutung in die Sinnmitte. Über Christus heißt es in der vorangehenden Strophe 13:[3]

Adam der andir wolti sinin ginannin
von rechti widir giwinnin;
er was von sundin reini,
er drat di torculin altirseini.
do achti der viant di mennischeit,
da dir middi was virborgin du gotheit.
das chordir vrumiter irhangin,
mid dem angili wart er givangin.
Crist gab sini unschuldi vir unsir schuldi:
tiuri choufter unsich widir zi der huldi. (V. 135-144)

Strophe 16 nimmt den Gedankengang auf:

Adam inslif, sin siti wart ingunnin;
Evun wart dannin bigunnin.
beinis vesti wib von dem man gewan;
mit vleischis brodi wart der wechsil gitan.
invart ouch in sitin du archa was,
in der manchunni ginas.
unsir heil was vur bidacht:
Crist in cruci joch in douffi hat si bracht,
von des wundin wir birin giheilot,
der uns zi vesti mit brodi wart virdeilot. (V. 155-164)

('Der zweite Adam wollte seinen Namensbruder mit Recht zurückgewinnen. Er war von Sünden rein, trat allein die Kelter. Da nahm der Feind die Menschheit wahr, durch die (in der) die Gottheit verborgen war. Den Köder suchte er zu erhaschen, mit der Angel wurde er gefangen. Christus opferte seine Unschuld unserer Schuld, zu hohem Preis kaufte er uns der Gnade zurück. [...] Adam schlief ein, seine Seite wurde geöffnet, Eva aus ihr erschaffen. Das Weib erhielt vom Mann die Härte des Gebeins; sie wurde ausgetauscht

---

[3] Übersetzung bei FREYTAG, Kommentar (Anm. 2), S. 98; dort zu V. 135-144 ausführliche Nachweise zum Bildmotiv von Christus in der Kelter und zum Motiv des geköderten Leviathan (S. 97-103); zu V. 155-164 der Kommentar S. 106-110.

gegen die Schwäche des Fleisches. Auch eine Seitenöffnung war die Arche, in der das Menschengeschlecht errettet wurde. Früh war unser Heil bedacht: gebracht hat es Christus am Kreuz und in der Taufe, durch dessen Wunden wir geheilt sind, der zu unserer Stärkung in Schwäche geopfert wurde.')

Der Text ist durch seine Darstellungsform schwierig zu verstehen, denn er erklärt nicht explizit, sondern formuliert z.T. äußerst verdichtet das aus der Bibel und der Predigt, aus der lateinischen Bibelerklärung und der Liturgie bekannte theologische Wissen der Zeit. In den beiden Strophen ist ein Ereignis des Alten Testamentes, Adams Sündenfall, aus der Perspektive der Erlösungstat Christi dargestellt, von der das Neue Testament berichtet. Der 'alte' Adam hatte durch den Sündenfall sich des 'doppelten Todes' (vgl. V. 120) an Leib und Seele schuldig gemacht. Christus dagegen ist von jeder Sünde rein; er ist der 'zweite Adam', der sich zum Bruder des Menschen macht, der sein 'Namensbruder' wird, das Unrecht Adams aufhebt und die Menschheit von der Ursünde Adams durch seinen Kreuzestod erlöst. Die Adam-Christus-Typologie gehört zu den Grundpfeilern typologisch-heilsgeschichtlichen Denkens. Sie lebt aus dem Gegensatz von Schuld Adams und Unschuld Christi, Sündenfall und Erlösung, Übertretung des Gesetzes und Erlangung der Gnade Christi. Diese Antithesen benutzt sie, um durch sie das gänzlich Neue des Handelns Christi, die neue Qualität der mit ihm beginnenden Heilszeit, die Erfüllung der vorchristlichen Zeit in dem Wirken Christi und der ihm in der Geisteinheit des 'mystischen Leibes' verbundenen Kirche herauszustellen. Sie gründet sich auf das biblische Zeugnis des Römerbriefs (Röm 5,12-17), in dem Paulus über den 'alten' und den 'neuen' Menschen sagt:

'Durch einen einzigen Menschen [Adam] kam die Sünde in die Welt und durch die Sünde der Tod, und auf diese Weise gelangte der Tod zu allen Menschen [...] Adam aber ist die Gestalt, die auf den Kommenden [Christus] hinweist [...] Ist durch die Übertretung des einen der Tod zur Herrschaft gekommen, durch diesen einen, so werden erst recht alle, denen die Gnade und die Gabe der Gerechtigkeit reichlich zuteil wurde, leben und herrschen durch den einen, Jesus Christus.'

Auf die Erlösung und die Passion verweist in unserem Text als zweites das Wort vom Keltertreter (V. 138). Der Prophet Jesaja[4] handelt in Kapitel 63,1-6 von der Ankündigung des Gottesgerichts an den Völkern. Gott wird als ein siegreicher Krieger beschrieben, der in der Gestalt des Mannes aus Edom, aus der Stadt Bozra, in rot gefärbten prächtigen Gewändern machtvoll auftritt, um als der Gerechte über die Feinde Israels Gericht zu halten. Sein Gewand ist getränkt vom Blut der im Zorn zerschmetterten Völker, gefärbt wie das Gewand dessen, der in

---

[4] Die Schreibweise der biblischen Namen folgt der Einheitsübersetzung der Heiligen Schrift, Stuttgart 1979-1980.

der Weinkelter stehend den Saft der Trauben auspreßt. Die christliche Auslegungsgeschichte[5] akzentuiert die Aussage völlig neu. Sie sieht Gott nicht als zornigen Rächer, sondern interpretiert das Bild vom Keltertreter als Realprophetie des Leidens und Sterbens Christi am Kreuz. Wichtigster Bedeutungsträger ist die Blutfarbe des Gewandes, die auf die Passion und den blutigen Tod Christi verweist.[6] – Dem modernen Leser ebenfalls kaum noch geläufig ist ein Wort des Propheten Ijob, an dessen Kenntnis der Autor in den folgenden Versen 139-142 appelliert und das in der theologischen Bibelexegese (Bibelerklärung) zu ausgedehnten Spekulationen geführt hat: 'Kannst du den Leviathan ziehen mit der Angel und seine Zunge mit einem Strick fassen?' (Ijob 40,20). Schon in patristischer Zeit, d.h. in den Erklärungen der Kirchenväter, hat man das Wort vom Fangen des Leviathan mit der Angel zum Erlösungswerk Christi in Beziehung gesetzt: Christi Leib, in dem der 'Angelhaken', d.i. seine nicht leidensfähige Gottheit, verborgen war, diente dem Leviathan, d.h. dem Teufel, als Köder, damit dieser gefangen und dadurch die Menschheit erlöst werde – eine allegorische Deutung, die im 12. Jahrhundert noch weiter entwickelt und die auch bildkünstlerisch dargestellt wurde.[7]

Nachdem mit den folgenden Versen (V. 145-154) in der ersten der vier zentralen Kreuzstrophen die spirituelle Deutung des Kreuzes einsetzt,[8] nimmt der Autor anschließend die typologische Deutung erneut auf. Das Heil der Kirche (*unsir heil*; bezogen auf die liturgische Gemeinschaft der Christen), ihre Sakramente der Eucharistie und Taufe sind eine Heilsfolge des Leidens Christi am Kreuz. Evas Erschaffung aus der Seite des schlafenden Adam (vgl. Gen 2,21f.) und die Öffnung, durch welche Noach mit seiner Familie und den zur Rettung bestimmten Tieren die Arche bestieg (vgl. Gen 7,7f.), so daß er durch Gottes Vorsehung vor dem Verderben der Sintflut bewahrt blieb, sind beide ein Vorzeichen der Errettung der Menschheit durch das Blut und das Wasser der Seiten-

---

[5] Sie ließe sich von ihren Anfängen in der spätantiken Kirchenväterliteratur des Ostens und des Westens durch das Mittelalter und weit darüber hinaus bis in die Kontroverstheologie der frühen Neuzeit, ja sogar bis in das Kirchenlied der Gegenwart verfolgen.

[6] Dazu demnächst CHRISTEL MEIER – RUDOLF SUNTRUP, Lexikon der Farbenbedeutungen im Mittelalter (in Druckvorbereitung), Bd. 2, S. 648-650, s.v. *ruber, rubeus* zu Jes 63,1-3. Weitere Nachweise bei FREYTAG, Kommentar (Anm. 2), S. 99f.

[7] Am bekanntesten ist das Bild im ›Hortus Deliciarum‹ der Herrad von Hohenburg (Herrad von Landsberg), das sich an die Version des Honorius Augustodunensis, Speculum ecclesiae, PL 172, Sp. 407D und 459D-460A, anlehnt; Abb. bei LISELOTTE STAUCH, Angel, Angler, in: RDK Bd. 1 (1937), Sp. 694-698, und in der Werkausgabe: ROSALIE GREEN – MICHAEL EVANS – CHRISTINE BISCHOFF – MICHAEL CURSCHMANN, Herrad of Hohenbourg, Hortus Deliciarum, Bd. 2, London – Leiden 1979, S. 134 zu f. 84ʳ.

[8] Zahlenallegorisch werden die vier Dimensionen des Kreuzes über die Summanden 1 und 3 als Zeichen der Einheit der drei göttlichen Personen und der drei theologischen Tugenden Glaube, Hoffnung und Liebe gedeutet (V. 165-174).

wunde Christi.⁹ Eva, deren 'schwaches Fleisch' (V. 158f.) durch Adams Rippe neue Festigkeit gewann, präfiguriert die Stärkung der Erlösten durch Christus, der die Schwachheit des Menschen annahm und überwand.

II

In Abschnitt I sind an dem Beispiel der Adam-Christus-Typologie einige Phänomene biblischer Typologie dargestellt worden. Grundsätzlich ist zu sagen, daß es sich um eine Denkform handelt, in der sich die christliche Religion und Theologie des Mittelalters mit ihren vorchristlichen Grundlagen in produktiver Aneignung, bewußter Übernahme oder gezielter Neuschöpfung religiöser Äußerungsformen der Antike auseinandersetzt. Typologie ist zunächst ein innerbiblisches Auslegungsverfahren: Personen, Begebenheiten und Einrichtungen des Alten Testaments werden als Präfigurationen, 'Vor-Abbildungen', entsprechender Personen, Ereignisse und Institutionen der neutestamentlichen Zeit verstanden und zu ihnen in einen Bezug gebracht. Das 'Vorbild' ist der Typus, sein 'Gegenbild', d.h. die Erfüllung des Typus in der mit Christus angebrochenen Zeit, ist der Antitypus. Von 'Typologie' spricht erstmals die Bibelkritik des 18. Jahrhunderts; heute ist sie Forschungsgegenstand der jüdischen und christlichen Theologie, der Philosophie, Kunstwissenschaft und Geschichte, nicht zuletzt der Philologien.¹⁰ Die Bezeichnung geht auf das griech. *typos* zurück, das in der geläufigen lateinischen Bibelübersetzung der Spätantike, der Vulgata, mit *figura* oder *forma* übersetzt wird. Paulus

---

⁹ Zu den Präfigurationen der Kirche aus der Seite Christi RUDOLF SUNTRUP, Te igitur-Initialen und Kanonbilder in mittelalterlichen Sakramentarhandschriften, in: Text und Bild. Aspekte des Zusammenwirkens zweier Künste in Mittelalter und früher Neuzeit, hg. von CHRISTEL MEIER – UWE RUBERG, Wiesbaden 1980, S. 278-382, hier S. 313-320; weiteres bei FREYTAG, Kommentar (Anm. 2), S. 107.

¹⁰ Die reiche Forschungsliteratur zur Typologie kann hier nicht vollständig angeführt werden. Für die deutsche Philologie grundlegend sind die zahlreichen Studien von FRIEDRICH OHLY, die jetzt nachgewiesen sind in: DERS., Ausgewählte und neue Schriften zur Literaturgeschichte und zur Bedeutungsforschung, hg. von UWE RUBERG – DIETMAR PEIL, Leipzig – Stuttgart 1995, S. 939-963, dort bes. Nr. I 1, 9, II 7, 17, 18, 29, 34, 35, 40, 41, 44. Zur einführenden Lektüre gut geeignet: FRIEDRICH OHLY, Synagoge und Ecclesia. Typologisches in mittelalterlicher Dichtung (1966), in: DERS., Schriften zur mittelalterlichen Bedeutungsforschung, 2. Aufl. Darmstadt 1983, S. 312-337; vgl. das Referat bei HILKERT WEDDIGE, Einführung in die germanistische Mediävistik, 3., durchges. Aufl. München 1997, S. 81-99. Zur Gegenposition SCHRÖDERS unten S. 286; zur Abgrenzung der Typologie von der Allegorie besonders wichtig: CHRISTEL MEIER, Überlegungen zum gegenwärtigen Stand der Allegoriediskussion. Mit besonderer Berücksichtigung der Mischformen, in: FMSt 10 (1976), S. 1-69, mit Forschungsbericht S. 34-38; zur Forschungsdiskussion (bis 1984) einiges auch bei RUDOLF SUNTRUP, Zur sprachlichen Form der Typologie, in: Geistliche Denkformen in der Literatur des Mittelalters, hg. von KLAUS GRUBMÜLLER – RUTH SCHMIDT-WIEGAND – KLAUS SPECKENBACH, München 1984 (MMS 51), S. 23-68, hier S. 24-38.

gebraucht sie, wenn er im Römerbrief (5,15) Adam als 'die Gestalt, die auf den Kommenden [Christus] hinweist', bezeichnet (griech. *typos tou méllontos* - lat. *forma futuri*).[11] In der Auslegungsgeschichte der Bibel werden von den Kirchenvätern und von den Exegeten des Mittelalters die neutestamentlichen typologischen Bezüge in die 'Allegorese' eingebunden; d.h. sie werden Bestandteil eines Verfahrens der Bedeutungserschließung eines mehrfachen, über die wörtliche Bedeutung hinausgehenden Sinns von religiösen und poetischen Texten. Die Wurzeln der Allegorese reichen bis in die vorchristliche Antike, nämlich die Deutung homerischer Mythen und der mosaischen Bücher (Pentateuch), zurück; ihr Hauptgegenstand sind dann aber von der Spätantike bis zur frühen Neuzeit die bibelexegetischen Quellenschriften.[12] Trotz verschiedener Herkunft können die hermeneutische Allegorie (die wir als Allegorese bezeichnen) und die Typologie in der Auslegungspraxis nicht strikt voneinander geschieden werden.[13] Wenn es daher zutreffender ist, die Typologie als Sonderform allegorisch-heilsgeschichtlicher Deutung zu verstehen, so ist das Besondere an ihr, daß sie wesentlich Ereignisdeutung ist. Sie ordnet die Geschichte als die Geschichte des auf Christus hinführenden und in ihm begründeten Heils des Menschen und ist in ihrem Kern somit strikt christusbezogen. Unter der Prämisse, daß sich mit Christus die entscheidende Zeitenwende ereignet und mit ihm die 'Zeit der Gnade' (*tempus sub gratia*) anbricht, setzt sie zeitlich getrennte Ereignisse, nämlich Stationen des Lebensweges Christi und ihre 'Vorprägungen' in der Zeit 'vor dem mosaischen Gesetz' (*ante legem*) und 'unter dem Gesetz' (*sub lege*), entweder nach dem Prinzip der Analogie oder in der vergleichenden Unterscheidung als antithetische Typologie in einen Verweisungszusammenhang. So ist in dem genannten Beispieltext aus der ›Summa theologiae‹ der Adam-Christus-Bezug ein Paradebeispiel für die antithetische Typologie, während die Öffnung der Arche durch Bildanalogie zum Typus der Seitenwunde Christi am Kreuz wird: Daß die Kirche aus der Seite Christi, d.h. aus den im Wasser und Blut der Wunde zeichenhaft erkenn-

---

[11] Dazu oben S. 280.
[12] Auf die Konzepte und Gegenstände mittelalterlicher Allegorese kann hier nicht eingegangen werden; grundlegend dazu FRIEDRICH OHLY, Vom geistigen Sinn des Wortes im Mittelalter (1958), in: DERS., Schriften (Anm. 10), S. 1-31. Die Grundzüge mittelalterlicher Hermeneutik sind verläßlich und verständlich beschrieben auch von MAX WEHRLI, Literatur im deutschen Mittelalter. Eine poetologische Einführung, Stuttgart 1984, S. 236-270, hier bes. S. 243ff. Zur ersten Information vgl. die Handbucharrtikel von HANS-JÖRG SPITZ, Allegorese / Allegorie / Typologie, in: Fischer Lexikon Literatur, hg. von ULFERT RICKLEFS, Bd. 1, Frankfurt/M. 1996, S. 1-31, und von RUDOLF SUNTRUP, Allegorese, in: RLW Bd. 1 (1997), S. 36-40.
[13] Eine strikte Trennung von Typologie und Allegorie verfochten in der protestantischen und der katholischen Theologie vor allem Gerhard von Rad und Leonhard Goppelt sowie Jean Daniélou, in der romanischen Philologie Erich Auerbach. Die Frage wurde auf dem Allegorie-Symposion 1978 in Wolfenbüttel noch einmal kontrovers diskutiert; dazu SUNTRUP, Zur sprachlichen Form (Anm. 10), S. 28-31.

baren Sakramenten der Taufe und Eucharistie, ihr Heil gewinnt, ist *vur bidacht* in der Öffnung der Arche, durch die der Menschheit *ouch* Zuflucht vor der Vernichtung gewährt wurde (V. 159, 161). – Nicht nur die Worte der alttestamentlichen Propheten, sondern die Ereignisse dieser Zeit, seien sie wirklich geschehen oder auch nur als wirkliches Geschehen geglaubt (wie z.B. die Schöpfungsgeschichte), werden als 'Realprophetie' eines vorgefallenen oder erwarteten Ereignisses verstanden. Dabei wiederholt sich die Geschichte nicht einfach als (zyklische) Wiederkehr des ewig Gleichen, sondern das Geschichtsverständnis ist linear, zielgerichtet (teleologisch). Im Christusereignis erfüllt sich die Alte Zeit: "Der Typus bleibt im Antitypus gegenwärtig; er geht nicht unter, er geht ein in die Gestalt seiner Erfüllung als eine Zeugnisspur des gottgedachten Planes der Erlösung."[14] Das Wort Christi, der gekommen ist, Gesetz und Propheten nicht aufzuheben, sondern sie zu erfüllen (Mt 5,17), beinhaltet ein Doppeltes: die Grundüberzeugung, daß die Geschichte im Erlösungswerk Christi erst ihren wahren und vollen Sinn erfährt, also einen Zugewinn (*adimpletio*) an Offenbarungsfülle bringt, und gleichzeitig den Eigenwert des alttestamentlichen Geschehens, der nicht herabzusetzen ist.[15] Das "Spannungsverhältnis der Steigerung des Alten in das Neue durch seine Erfüllung"[16] kann durch metaphorische Standardformeln wie z.B. die Rede von 'schattenhafter' Ankündigung (*umbra*) und dem 'Licht' der Wahrheit in Christus seinen Ausdruck finden. Typen werden in diesem Denkmodell in nicht gezählter Fülle zu ihren Antitypen in Bezug gesetzt.[17]

Diese biblisch-christologische Typologie erfährt einige wesentliche Weiterungen. Seit dem 4. Jahrhundert (Augustinus und Ambrosius) kann die Typologie in einem "Dreischritt" gedacht werden: Die Zeit Christi erfüllt die Zeit des Gesetzes und präfiguriert zugleich die Endzeit. Ambrosius faßt die drei Epochen vor, mit und nach Christus unter die Metaphern von Schatten, Bild und Wahrheit; folgenreich ist diese Dreiteilung vor allem dadurch, daß die Zeit Christi in die Zeitenmitte rückt und die Kirche unter der geglaubten Prämisse, daß sie mit Christus in einem 'mystischen Leib' untrennbar verbunden ist, am Heil Christi

---

[14] OHLY, Synagoge und Ecclesia (Anm. 10), S. 312.

[15] Der Vorwurf der Herabsetzung, den Nietzsche als Kritiker des Christentums besonders scharf erhob, ist angesichts der jüdischen wie christlichen Auslegungspraxis nicht ganz zu Unrecht erhoben.

[16] FRIEDRICH OHLY, Halbbiblische und außerbiblische Typologie [1976], in: DERS., Schriften (Anm. 10), S. 361-400, hier S. 363.

[17] WEDDIGE (Anm. 10), S. 82, nimmt "an die tausend Typen mit Hunderten von Antitypen" an. Ein Index der Patrologie-Edition MIGNES (PL 219, Sp. 243-247) weist allein für Christus 71 *figurae quae Christum praesignant* nach. Die größte Fülle von typologischen Bezügen in einem Einzelwerk kennt wohl die ›Bible moralisée‹. REINER HAUSSHERR, Commentarium zu: Bible moralisée. Faksimile-Ausgabe des Codex Vindobonensis 2554 der Österreichischen Nationalbibliothek, Graz – Paris 1973 (Codices selecti phototypice impressi 40).

Anteil hat. Die 'Zeit der Gnade' ist damit nicht auf Christus beschränkt, sondern bezieht die Zeit der Kirche und die Eschatologie (die Zeit der künftigen Vollendung) mit ein. In der kirchlichen Liturgie, z.B. in den Texten und Riten der Tauf- und Osterliturgie, welche die alttestamentlichen Kultvorschriften aufgreifen, lebt daher das typologisch-heilsgeschichtliche Denken bis heute fort.

Zu den Kontroversen der Typologieforschung gehört die Frage, ob und inwieweit es möglich ist, auch nicht-biblische Verweisungszusammenhänge typologisch zu interpretieren und sie als 'halb- und außerbiblische Typologie' zu bezeichnen. Diese These hat in der deutschen Philologie der Sache nach zuerst Julius Schwietering vertreten,[18] Friedrich Ohly hat sie ausformuliert: "Bei der halbbiblischen ist der eine, bei der außerbiblischen sind beide Pole der typologischen Sinnbeziehung nicht mehr in der Bibel, sondern in der außerbiblischen Geschichte gegeben."[19] Gestützt auf die Erkenntnis, daß "die Künste freier sind als die Verkündigung der Kirche",[20] hat er sie in zahlreichen Arbeiten aus den Quellen belegt.[21] Die Annahme einer halb- und außerbiblischen Typologie gründet sich nicht nur auf die Fülle der Beziehungen zwischen dem alttestamentlichen Kult und der kirchlichen Liturgie, sondern auch auf die Übernahme von Typen aus der Natur und dem Mythos. Seit dem 12. Jahrhundert gibt es eine breitere, seit dem 14. Jahrhundert (z.B. in den ›Concordantiae caritatis‹ des Ulrich von Lilienfeld)[22] eine reiche Tradition, nach der Gott sich nicht nur in der Bibel, sondern auch in der wie ein Buch zu lesenden Natur offenbart. Die vereinzelt schon im frühen Christentum, dann verstärkt seit dem 12. Jahrhundert nachzuweisende Auslegungspraxis, Typen auch aus der heidnisch-antiken Mythologie, Geschichte und Dichtung herzuleiten, fußt auf der Überzeugung, daß auch in der griechischen Mythologie und Philosophie ein Keim der christlichen Wahrheit angelegt sei.[23] Die Legitimierung von Typen aus der heidnischen Antike kann sich zudem auf die biblische Lehre von der Berufung der Heiden zum Heil Christi in seiner Kirche stützen (vgl. Eph 3,6).

---

[18] Typologische Motive in mittelalterlicher Dichtung [1925]; leicht zugänglich in: JULIUS SCHWIETERING, Philologische Schriften, hg. von FRIEDRICH OHLY – MAX WEHRLI, München 1969, S. 269-281.
[19] OHLY, Synagoge und Ecclesia (Anm. 10), S. 325f.
[20] Ebd. S. 330.
[21] Nachweise bei SUNTRUP, Zur sprachlichen Form (Anm. 10), S. 34, Anm. 70; zur Frage ebd. S. 34-37.
[22] Dazu RUDOLF SUNTRUP, Ulrich von Lilienfeld, in: ²VL Bd. 10, Lfg. 1 (1996), Sp. 1-8, zu Überlieferung, Aufbau, Quellen und Rezeption der ›Concordantiae‹ sowie Nachweis der älteren Literatur. Eine seit langem geplante Edition von Heribert Douteil kann in den nächsten Jahren nicht realisiert werden.
[23] FRIEDRICH OHLY, Typologische Figuren aus Natur und Mythus, in: Formen und Funktionen der Allegorie. Symposion Wolfenbüttel 1978, hg. von WALTER HAUG, Stuttgart 1979 (Germanistische Symposien, Berichtsbände 3), S. 126-166, hier S. 131f., 149f.

Zu den grundsätzlichen Kritikern eines weitgefaßten Typologiebegriffs zählen vor allem Werner Schröder und seine Schüler Hartmut Hoefer und Peter Jentzmik. Schröder will Typologie keinesfalls als Denkform und als ein "Strukturprinzip mittelalterlicher Dichtung" anerkennen und fordert als unabdingbare Kriterien von Typologie biblische Historizität, heilsgeschichtliche Steigerung und explizite sprachliche (oder bildliche) Vermittlung.[24] Die Frage der Legitimierung der halb- und außerbiblischen Typologie hat für die Literaturwissenschaft erhebliche Konsequenzen, weil sich mit ihr letztlich das "Problem der Übertragbarkeit typologischer Auslegung von geistlichen auf weltliche Stoffe" stellt.[25] Plausibel ist z.B. sicher die Annahme, im ›Rolandslied‹ des Pfaffen Konrad (geschrieben um 1170) eine "typologische Überhöhung" des Kampfgeschehens zu einem welt- und heilsgeschichtlichen Exempel zu sehen.[26] Wenn außerbiblische Typologie als Denkform betrachtet wird, können z.B. auch die Elternvorgeschichte und die Hauptgeschichte in Hartmanns ›Gregorius‹, in Gottfrieds ›Tristan‹ und Wolframs ›Parzival‹ als außerbiblisch-typologisches Verhältnis verstanden werden. Ähnlich wäre vielleicht auch die Beziehung von römischer Heldensage und christlicher Heiligenlegende in der ›Kaiserchronik‹ und von antikem und höfisch-mittelalterlichem Stoff im ›Eneasroman‹ Heinrichs von Veldeke zu sehen. Prinzipiell ist es denkbar, auf seiten des Typus die ganze Antike, auf seiten des Antitypus die ganze christliche Geschichte in das Spannungsfeld typologischer Steigerungen einzubeziehen, wobei mit fließenden Übergängen zur Allegorese zu rechnen ist. Bei diesen Grenzfällen außerbiblischer Typologie ist jedoch in jedem Einzelfall sorgfältig darauf zu achten, daß der Autor, nicht der moderne Interpret, im Werkkontext diesen Bezug herstellt. Ein wichtiges Indiz dafür sind sprachliche Signale (dazu unten S. 300f.); allerdings können diese ein typologisches Verhältnis auch ganz verhalten anzeigen, im Extremfall sogar fehlen.[27] Bestimmte literarische Gattungen, wie z.B. die germanisch-deutsche Heldenepik und der Minnesang, kommen für die Typologie überhaupt nicht in Betracht; ihr eigentliches Feld sind Bibelkommentare, die

---

[24] WERNER SCHRÖDER, Zum Typologie-Begriff und Typologie-Verständnis in der mediävistischen Literaturwissenschaft, in: The Epic in Medieval Society. Aesthetic and Moral Values, hg. von HARALD SCHOLLER, Tübingen 1977, S. 64-85, hier S. 76f.

[25] HARTMUT HOEFER, Typologie im Mittelalter. Zur Übertragbarkeit typologischer Interpretation auf weltliche Dichtung, Göppingen 1971 (GAG 54), S. 41.

[26] So zuerst FRIEDRICH OHLY, Zum Reichsgedanken des deutschen Rolandsliedes, in: ZfdA 77 (1940), S. 189-217; Wiederabdruck in: Die Reichsidee in der deutschen Dichtung des Mittelalters, hg. von RÜDIGER SCHNELL, Darmstadt 1983 (WdF 589), S. 110-147. Neuere Literatur bei WEDDIGE (Anm. 10), S. 300, Anm. 46, dazu die Interpretation und Textauszüge S. 90-93.

[27] Zur sprachlichen Form der Allegorese in frühmittelhochdeutschen Texten vor dem Hintergrund der lateinischen Bibelexegese vgl. HARTMUT FREYTAG, Die Theorie der allegorischen Schriftdeutung und die Allegorie in Texten besonders des 11. und 12. Jahrhunderts, Bern - München 1982 (Bibliotheca Germanica 24), S. 22-29, 50-59; vgl. SUNTRUP, Zur sprachlichen Form (Anm. 10).

Predigt und andere liturgiebezogene Textsorten, dann vor allem die Bibeldichtung, die Geschichtsdarstellung und die Heiligenlegende.

III

Im letzten Viertel des 12. Jahrhunderts werden typologische Konzepte erstmals sowohl in größeren Bildprogrammen liturgischer Kunst als auch in theologisch-literarischen Text-Bild-Zyklen verwirklicht. Die Gründe für die Intensivierung der Typologie in dieser Zeit sind vielfältig. Dazu mag das Bestreben der Kirche zählen, zur Abwehr von Ketzerbewegungen, die das Alte Testament als Offenbarungsschrift strikt ablehnten und ausschließlich die Evangelien als christliche Urtexte anerkannten, den Gedanken der Einheit von Altem und Neuem Testament zu propagieren und zugleich den Klerus gegen häretisches Gedankengut zu immunisieren. Vielleicht wichtiger als dieses inhaltlich-apologetische Argument ist ein eher strukturelles: "der Drang zur systematischen und umfassenden Synthese", das im Hochmittelalter sich entwickelnde Streben, die gesamte erfahrbare Wirklichkeit, die Geschichte und das stark zunehmende enzyklopädische Einzelwissen zu systematisieren und in einen "theozentrischen Mikrokosmos" einzubinden.[28] Es ist daher kein Zufall, daß die Ausbreitung der typologischen Bilderzyklen in eine Zeit fällt, in der die ›Summen‹ der scholastischen Philosophie geschrieben werden und die gotische Kathedrale, der 'Himmel in Stein', in ihrer lichterfüllten Gestaltung abbildhaft Gott und die apokalyptischen Visionen der Himmelsstadt erfahrbar machen will.[29] Zahlreiche Chroniken und Bibeldichtungen sehen in der Welterschaffung und in den biblischen Geschehnissen nicht nur den Ausgangs-, sondern den Bezugspunkt aller Geschichte. Das Geschichtsbild dieser Epoche ist heilsgeschichtlich orientiert. Es bildet sich in einer Zeit tiefgreifenden Wandels auf politischem, wirtschaftlichem, religiösem und geistigem Gebiet aus, in der infolge grundlegender kirchlich-religiöser Reformen nach dem Investiturstreit ein neues "wissenschaftliches Zeitalter" einsetzt, das zu einem verstärkten Interesse an den Quellen führt. Ein Reflex dieses Wandels ist eine nicht nur ganz allgemein festzustellende sprunghafte Zunahme literarischen Schaffens, sondern auch ein neues

---

[28] Zur Entstehung der typologischen Bilderkreise des Mittelalters GERHARD SCHMIDT in: Die Wiener Biblia Pauperum. Codex Vindobonensis 1198. Hg., transkr. und übers. von FRANZ UNTERKIRCHER, eingel. von GERHARD SCHMIDT, 3 T., Graz - Wien - Köln 1962, T. 1, S. 20-25 mit Anm. S. 51, hier S. 20.
[29] Vgl. die sehr anschaulich geschriebene Einführung von KONRAD KUNZE, Himmel in Stein. Vom Sinn mittelalterlicher Kirchenbauten, Freiburg/Br. 1980.

Interesse an der Bibel, der Bibelerklärung und der biblischen Geschichte.[30] Bibelkenntnis und die Darstellung und Reflexion ihrer Inhalte dienen nicht nur einem theologischen Interesse, sondern zielen auf besseres Welt- und Gottesverständnis. Als ein Medium der Erkenntnis des Wirkens Gottes in der Geschichte dienen die nun neu entstehenden figural-typologischen Zyklen. Auf einige Beispiele soll nun näher eingegangen werden.

1. Eines der wichtigsten Zeugnisse der Regensburger Buchmalerei, neuartig und ohne direkte Nachfolge im Text und in seiner bildkünstlerischen Darstellung, ist ein lateinischer 'Dialog über das Lob des heiligen Kreuzes' (›Dialogus de laudibus sanctae crucis‹,[31] der älteste bekannte, auf etwa 1170/75 datierte typologische Zyklus auf deutschem Boden, der die ganze Geschichte als Geschichte des menschlichen Heils vom Kreuz Christi her versteht[32] und durch das Lob den Glauben (*fides*) und die Nachahmung (*imitatio*) des Kreuzes, d.h. die Nachfolge Christi, fördern will. Im Anschreiben an einen unbekannten Abt oder Bischof (*Domino et patri monastice discipline executori uigilantissimo*, f. 7ʳ), seinen Vorgesetzten,[33] bezeichnet sich der anonyme Autor[34] als 'Geringster unter den Armen Christi' (*ultimus Christi pauperum*, ebd.); vielleicht stammt er aus der Benediktinerabtei Admont, einem gelehrten Zentrum der Zeit, oder er ist unmittelbar im Regensburger Raum anzusiedeln. Der bis heute ungedruckte Text, didaktisch geschickt aufgebaut als Dialog zwischen Lehrer und Schüler,[35] umfaßt nach

---

[30] Zu den religiös-kulturellen Anliegen der Epoche einige Bemerkungen bei ELISABETH KLEMM, Die Zeit der Romanik. Die Regensburger Buchmalerei des 12. Jahrhunderts, in: Regensburger Buchmalerei. Von frühkarolingischer Zeit bis zum Ausgang des Mittelalters [Ausstellungskatalog], Redaktion FLORENTINE MÜTHERICH – KARL DACHS, München 1987, S. 39-58, hier S. 40.

[31] Im Explicit (Schluß) des 1. Buchs wird das anonyme Werk *Liber de cruce* genannt.

[32] Die Handschrift ist vielleicht im Benediktinerkloster Prüfening entstanden, befand sich nachweislich im 14. und 15. Jahrhundert im Benediktinerkloster St. Emmeram bei Regensburg und wird heute in der Bayerischen Staatsbibliothek München aufbewahrt als Codex latinus monacensis 14159. Umfang des Textes: 188 Blätter, starke Gebrauchsspuren. Datierung auf 1170/75 nach KLEMM (s.u.), auf 1170/85 nach ALBERT BOECKLER, Die Regensburg-Prüfeninger Buchmalerei des 12. und 13. Jahrhunderts, München 1924, S. 33-46, 96f., mit Abb. 30-44. Weitere Lit.: FRANZ UNTERKIRCHER, ›Dialogus de cruce‹, in: ²VL Bd. 2 (1980), Sp. 77-80; ELISABETH KLEMM, Die romanischen Handschriften der Bayerischen Staatsbibliothek, Bd. 1, Wiesbaden 1980, S. 34-37; Beschreibung von Clm 14159 auch durch DIES. im Katalog Regensburger Buchmalerei (Anm. 30), S. 52f.

[33] Am Schluß des Einleitungsschreibens bittet er ihn, Fehler zu tilgen, Überflüssiges zu beschneiden und Zweifelhaftes zu überarbeiten (f. 8ʳ).

[34] Als Namen gibt er *N.* an; in der Handschrift finden sich zahlreiche Marginalien *N* mit senkrechtem Strich, die bestimmte Textpartien auszeichnen. Im Falle der vermuteten Textbearbeitung könnte dies ein Hinweis auf originale Textpartien des Autors sein.

[35] Rotgestrichelte Majuskeln (Großbuchstaben) M und D markieren die Textabschnitte von *magister* und *discipulus*. Durch die Dialogform sollen die 'dunklen Stellen' (*obscura*) erhellt und die leicht verständlichen (*aperta*) 'versüßt' werden (f. 8ʳ).

einem Prolog und einem Kapitelverzeichnis zwei Bücher mit 114 Kapiteln zum Alten und 39 Kapiteln zum Neuen Testament. Differenzen zwischen dem Verzeichnis, dem Text und den Bildszenen lassen vermuten, daß der Text nicht in seiner Originalform vorliegt. Die Präfigurationen des Kreuzes sollen 'von Abel an durch die Zeiten hindurch' (f. 16^r) verfolgt werden, beziehen tatsächlich aber schon die Schöpfungsgeschichte mit ein. Eine klare Zuordnung von Vorbildern aus der Zeit vor dem mosaischen Gesetz (*ante legem*) und unter dem Gesetz (*sub lege*) zum Antitypus in der Zeit der Gnade (*sub gratia*) ist in der Gliederung des Textes nicht zu spüren, obwohl er diese Begriffe nennt. (Darin unterscheidet er sich von dem etwa gleichzeitig entstandenen, klar nach diesen Epochen gegliederten großartigen Klosterneuburger Altar des Nikolaus von Verdun.[36]) Hinzu kommen Exkurse über die Seele, über das Wesen von Körper, Geist und Gott, über den Kampf zwischen Körper und Geist sowie weitere Texteinschübe, welche die typologische Grundstruktur durchbrechen. Eine Quellenuntersuchung, die auch genauere Erkenntnisse über das geistige Umfeld des Autors zutage bringen könnte, steht noch aus.[37]

Eine Folge von 11 ganzseitigen Federzeichnungen (f. 1^r-5^v, dazu die Titelminiatur f. 8^v) mit typologischen, auf das Kreuz Christi bezogenen Szenen der biblischen Geschichte ist dem Text vorangestellt.[38] Sie enthalten in jeweils drei Bildstreifen 46 Szenen aus dem Alten Testament, die als Präfigurationen fünf Darstellungen aus dem Neuen Testament (als Antitypus) zugeordnet sind. Auf den ersten Seiten weisen kurze Beischriften, auf allen Blättern rote Kreuze auf das typologische Bezugsgeflecht hin. Programmatisch wird dieses gleich in den Bildstreifen des ersten Blattes verwirklicht (Abb. 12). Oben links sind Adam und Eva nach dem Sündenfall dargestellt, wie sie sich vor Gott verstecken wollen (die Spruchbänder referieren Gen 3,9f.).[39] Rechts daneben steht neben Gottvater Maria als die 'neue Eva', die mit dem Kreuzstab den Kopf der Schlange zertritt

---

[36] Ausführliche Erläuterung des gesamten Bildprogramms und hervorragende Abbildung aller Altartafeln bei HELMUT BUSCHHAUSEN, Der Verduner Altar. Das Emailwerk des Nikolaus von Verdun im Stift Klosterneuburg, Wien 1980.

[37] Die naheliegende Vermutung, der Text könnte von dem weit verbreiteten 'Lob des heiligen Kreuzes' (›De laudibus sanctae crucis‹, PL 107, Sp. 133-294) des Hrabanus Maurus abhängig sein, hat sich nicht bestätigt.

[38] BOECKLER (Anm. 32) hat sie stilistisch in der Nachfolge des ›Glossarium Salomonis‹ (Clm 13002) gesehen und sie dadurch für das Kloster Prüfening gesichert. – Für das typologische Programm unwesentlich sind weitere Zeichnungen vom Kampf zwischen Fleisch und Geist (f. 6^r), die schematische Erläuterung einer Textstelle zu den Kategorien von Gott, Geist und Fleisch (f. 46^v), ein unvollendetes Christusbild (f. 187^r) und zwei Stammbäume (f. 187^v, 188^r). Die Zeichnungen sind teils durch den Text, daneben auch durch das um 1130/40 entstandene ›Speculum virginum‹ und durch den ›Hortus Deliciarum‹ Herrads von Hohenburg angeregt.

[39] *Adam ubi es – Audivi vocem tuam et abscondi me.* Wortlaut der Inschriften nach KLEMM, Die romanischen Handschriften (Anm. 32), S. 34.

Abb. 12: Typologie des Kreuzes: Paradiesszenen,
Ecclesia mit dem Kreuz als Lebensbaum,
Adam und Eva neben dem Paradiesbaum, Kain und Abel
'Lob des Kreuzes' (um 1175), München, BSB, Clm 14159, f. 1ʳ

(dies nach Gen 3,15).[40] Damit wird sinnfällig, daß Gott dem Menschen bereits direkt nach dem Sündenfall die Erlösung von der Macht des Teufels zusagt. Das durch die Kirche vermittelte Heil vom Kreuz Christi steht im Zentrum des Bildes: Die gekrönte Ecclesia-Gestalt mit dem Kreuz, das durch die Ranken als grünender Lebensbaum (*arbor crucis*) den mittleren Bildstreifen beherrscht, ruft die reuigen Sünder Adam und Eva zu sich, die sich von dem todbringenden Paradiesbaum abwenden und auf die Kirche zugehen. Die Inschrift des Bildstreifens erläutert in einem etwas unbeholfenen, oft schlechten und kaum zu übersetzenden Latein die 'Gestalt der Kirche': Nach dem Sündenfall Adams habe es nie an Heiligen gemangelt, die durch Reue und den Glauben an das Kreuz zur Kirche berufen gewesen seien.[41] Dieses Thema wird in den folgenden Szenen weiterverfolgt, so zunächst auch in den beiden Bildern des unteren Streifens: links Kain und Abel, die Gott ihre Gaben darbringen, wobei die Hand Gottes sich dem gerechten Abel zuwendet (vgl. Gen 4,1-8), rechts der sich daraus ergebende Brudermord. Die Beischriften bringen zum Ausdruck, daß Abel sowohl durch sein Opfer als auch durch die gewaltsame Tötung Typus des 'Lammes Gottes' ist, des vom eigenen Volk wie durch einen Brudermord auf dem Kalvarienberg dem Tode preisgegebenen Christus.[42] Unter den vielen Präfigurationen des Kreuzesopfers sind das Opfer und der Tod Abels neben den Opfern Melchisedeks und Abrahams/Isaaks dadurch ausgezeichnet, daß sie im Kanon der Messe, in der nach dem Glauben der Kirche sich das Opfer Christi fortdauernd erneuert, als Typen besonders genannt werden. Es ist daher kein Zufall, sondern Programm, daß im Zentrum des folgenden Blattes (f. 1ᵛ) die Melchisedek- und die Abraham-Isaak-Szenen stehen. Diese drei Präfigurationen des Kreuzes- und Meßopfers können sich auf eine breite Auslegungstradition stützen.[43] Die Beischriften erklären die Gaben von Brot und Wein (Gen 14,18-20) als '*figura* des Leibes und Blutes des Herrn', und beim Isaak-Opfer (Gen 22,1-14) verweist der Tod des Widders anstelle des Sohnes darauf, daß Christus als Mensch 'im Fleisch' gestorben ist, während die Errettung

---

[40] Zu Maria als Schlangenzertreterin: ERNST GULDAN, Eva und Maria. Eine Antithese als Bildmotiv, Graz – Köln 1966, S. 90-102, 178 zu Abb. 38.

[41] *Forma ecclesie que post ade ruinam in sanctis pa/tribus esse probatur quia nunquam defuerunt qui er/rantes ad penitentiam revocarent que maxi/me per fidem crucis ostendebatur. Crux enim / a cruciatu nomen accepit quod pe/nitentium est.*

[42] Links: *In oblatione vel oc/cisione abel christi pas/sio est genus in ge/nere est* [sic]. *Quod enim abel / hoc / agnus typice.* Rechts: *Porro cain iudei profa/ni frater fratrem suum peri/mentes in calvarie / loco sicut cain abel in / campo.* 'Bei seinem Opfer und Tod bedeutet Abel den leidenden Christus. Und was Abel ist, das ist, bildlich gesprochen, das Lamm. Kain aber typisiert die ruchlosen Juden, die ihren eigenen Bruder auf dem Kalvarienberge umbringen wie Kain den Abel auf dem Feld' (Übers. BOECKLER [Anm. 32], S. 35).

[43] RUDOLF SUNTRUP, Präfigurationen des Meßopfers in Text und Bild, in: FMSt 18 (1984), S. 468-528.

des Sohnes Isaak durch göttliche Fügung anzeigt, daß Christus 'in seiner Göttlichkeit gesiegt hat', d.h. daß er als wahrer Gott nicht dem Tod unterlegen war, sondern den Tod am Kreuz besiegt hat.[44]

Mose vor dem brennenden, aber nicht verbrennenden Dornbusch (Ex 3,2), wiederum als Typus des Leidens Christi in seiner Menschheit (*humanitate*) und des Nichtleidens Christi in seiner Gottheit (*deitate*), das Quellwunder des Mose (Num 20,11), der mit dem Stab zweimal an den Felsen schlägt und dadurch dem dürstenden Volk Israel Wasser spendet, heilsam wie die *duo ligna* des Kreuzes, die beiden Kundschafter mit der Traube (Num 13,24), die durch ihre Form und ihre Zweizahl das durch die 'zwei Völker' (die geläufige Formel für Juden und Heiden) verursachte Leiden am Kreuz vorwegnimmt,[45] die Eherne Schlange (Num 21, 8f.), von der wie durch Christus Heil kommt – dies sind nur einige der prominentesten Typen des Kreuzes, die der Bildzyklus im folgenden benennt. Für sie ließen sich in Fülle Zeugnisse aus der Buchmalerei und Goldschmiedekunst (z.B. auf Kelchen, Patenen, Tragaltären, also liturgisch gebrauchtem Gerät) anführen, und der Literaturwissenschaftler findet in der theologisch-exegetischen Tradition wie auch in den aus diesem Quellbereich abgeleiteten Texten geistlicher Literatur zahlreiche Parallelen. Alle Typen führen auf das Kreuz (f. 5ʳ) hin, zu dessen Nachfolge mit Christi Worten (Mt 16,24) der Text den Betrachter auffordert. Die Titelminiatur schließlich (f. 8ʳ) mit dem Kreuz als Lebensbaum, in dessen Ranken Patriarchen, Propheten, Märtyrer, Apostel und im Zentrum Maria versammelt sind, spricht noch einmal das Leitmotiv der Kreuztypologie aus: 'Dies Bild zeigt, daß alle Heiligen vom Anfang der Welt bis zur Ankunft Christi dem Glauben an das Kreuz Christi angehangen haben und den Gekreuzigten durch die Vorbildungen (*per figuras*) gleichsam teilweise (*quasi ex parte*) gesehen haben. Daher erscheinen das Gesicht, die Hände und die Füße (Christi am Ende der Kreuzbalken)'.

2. Gemeinsam mit dem Verduner Altar, dem ›Pictor in carmine‹ eines um 1200 tätigen englischen Zisterziensers[46] und seiner Neugestaltung in der ›Rota in medio

---

[44] (Links:) *Oblatio melchicedech figura est dominici / corporis et sanguinis.* (Rechts:) *Offertur ysaac et aries / immolatur christus carne / moritur deitate vicit.* Das Blatt zeigt außerdem oben die Arche Noachs als *figura crucis* und Noachs Trunkenheit (Gen 9,21ff.) als Vorbildung der Verspottung und Entblößung Christi am Kreuz, unten Hagar in der Wüste, die vom Engel zur Quelle geführt wird (Gen 21,15ff.), Vorbild der Hinführung der nach dem Glauben dürstenden Synagoge (des Judentums) zu Kreuz und Taufe. Abbildung des Blattes bei SUNTRUP (Anm. 43), Abb. 91.

[45] Der sich implizit stellenden Frage nach dem religiös motivierten Antijudaismus in der Theologie- und Kirchengeschichte kann hier nicht nachgegangen werden. Einen geschichtlichen Überblick bieten GERHARD DAUTZENBERG – RAINER KAMPLING – ERIKA WEINZIERL – PETER FIEDLER – HANS OTTO HORCH, Antijudaismus, Antisemitismus, in: LThK³ Bd. 1 (1993), Sp. 748-755.

[46] M. R. JAMES, Pictor in carmine, in: Archaeologia 94 (1951), S. 141ff. Hier klingt schon im Titel das Miteinander von Text und Bildkunst an.

rotae‹ aus der 2. Hälfte des 13. Jahrhunderts,[47] mit der ›Biblia pauperum‹ (s. u. S. 301-305) und den ›Concordantiae caritatis‹ des Zisterziensers Ulrich von Lilienfeld (nach 1351) zählt das ›Speculum humanae salvationis‹ zu den wichtigen typologischen Zyklen des Mittelalters.[48] Es ist "ein Spiegel der Erlösung des Menschen durch Christus und Maria", deren Beteiligung an der Errettung der Menschheit in besonderer Weise betont wird.[49] 'Speculum' ist eine alte Buchmetapher für die 'Spiegelung' eines Ausschnittes der Welt oder eines Idealbildes, die im 12. Jahrhundert wiederauflebt für mittellateinische Werke verschiedenster Wissensgebiete, die in belehrender Absicht geschrieben werden; hier steht die Bezeichnung für die Abbildung der Heilsgeschichte. Die außergewöhnliche Popularität dieses ›Speculum‹ zeigt sich in der breiten Überlieferung: Sie setzt um 1330 ein und erreicht ihren Höhepunkt im späteren 14. und im 15. Jahrhundert; mehr als 350 (davon über 280 lateinische) Handschriften sind bekannt, hinzu kommen Blockbuch-Ausgaben aus der Mitte des 15. Jahrhunderts (sie bestehen aus stark kolorierten Holzschnittbildern mit handschriftlich eingefügtem Text) und 16 spätere Inkunabeln (vor 1501 entstandene Drucke).[50] Zur reichen Tradition zählen auch deutsche Versbearbeitungen sowie deutsche Übersetzungen und Bearbeitungen in Prosa.[51] Abgesehen von einigen Kurzfassungen[52] und kürzenden Be-

---

[47] FLORIDUS RÖHRIG, Rota in medio rotae. Ein typologischer Zyklus aus Österreich, in: Jahrbuch des Stiftes Klosterneuburg N.F. 5 (1965), S. 7-113. Die Werkbezeichnung erinnert an die zwei konzentrischen Räder der Ezechielvision (1,15ff.) als Bild der Konkordanz des Alten und Neuen Testamentes.

[48] Der lateinische Text ist auf der Grundlage von Clm 146 aus der Mitte des 14. Jahrhunderts ediert durch JULES LUTZ – PAUL PERDRIZET, Speculum humanae salvationis, 2 Bde., Mühlhausen 1907-1909, Bd. 1, S. 1-99. Eine der ältesten deutsch-lateinischen Handschriften liegt als Faksimile vor: Speculum humanae salvationis. Vollständige Faksimile-Ausgabe des Codex Cremifanensis 243 des Benediktinerstifts Kremsmünster. Kommentar von WILLIBRORD NEUMÜLLER, Graz 1972 (Codices selecti phototypice impressi 32/32*); dazu die Rezension von GERHARD SCHMIDT in: Kunstchronik 27 (1974), S. 152-166. Diese Handschrift ist unter sprach-, literatur- und kunstwissenschaftlichen Aspekten untersucht von MANUELA NIESNER, Das Speculum humanae salvationis der Stiftsbibliothek Kremsmünster. Edition der mittelhochdeutschen Versübersetzung und Studien zum Verhältnis von Bild und Text, Köln – Weimar – Wien 1995 (Pictura et poesis 8). Aus kunsthistorischer Perspektive zur Einführung: L. H. D. VAN LOOVEREN, Speculum humanae salvationis, in: LCI Bd. 4 (1972), Sp. 182-185; leicht zugänglich: Heilsspiegel. Die Bilder des mittelalterlichen Erbauungsbuches Speculum humanae salvationis. Mit Nachwort und Erläuterungen von HORST APPUHN, Dortmund 1981 (Die bibliophilen Taschenbücher 267); GUNHILD ROTH – M. MARKUS – M. GRAMS-THIEME, Speculum humanae salvationis, in: LdMA Bd. 7 (1995), Sp. 2088f.; grundlegend jetzt: HANS-WALTER STORK – BURGHART WACHINGER, Speculum humanae salvationis, in: ²VL Bd. 9 (1995), Sp. 52-65.

[49] NEUMÜLLER (Anm. 48), S. 14.

[50] Reproduktion der Blockbuch-Holzschnitte bei ADRIAN WILSON – JOYCE LANCASTER WILSON, A Medieval Mirror. Speculum humanae salvationis 1324-1500, Berkeley – Los Angeles – London 1984.

[51] STORK – WACHINGER (Anm. 48), Sp. 58-63.

[52] Der lange vertretenen Forschungsthese, die Kurzfassung mit 34 Kapiteln sei die ursprüngliche Version, aus der sich die erweiterte Fassung mit 45 Kapiteln entwickelt habe, widerspricht

arbeitungen in den Blockbüchern ist die Überlieferung des Heilsspiegels in Inhalt und Aufbau weitgehend konstant. Die Zuweisung an den Dominikaner Ludolf von Sachsen und die damit verbundene Entstehung um 1324 wird neuerdings kontrovers diskutiert.[53]

In seinem Hauptteil umfaßt unser ›Speculum‹ 40 Kapitel zu je 100 lateinischen "Reimzeilen"[54] pro Doppelseite, in denen die Heilsgeschichte von der Schöpfung bis zum Jüngsten Gericht abgehandelt wird: das Leben Marias und ihre Erhöhung, das Leben und die Passion Jesu, die Überwindung des Teufels durch Christus, die Fürbitte Marias und Christi vor Gottvater (Interzession), Strafen der Hölle, Freuden des Himmels und das Weltgericht. Dabei wird jeweils der Antitypus zu drei Typen in Beziehung gesetzt. Die Typen stammen in der Regel aus dem Alten Testament, gelegentlich aber auch aus Legenden und Visionen, der Natur- oder der Profangeschichte.[55] Das traditionelle Typologieschema wird also nicht ganz strikt eingehalten. (Außerbiblische Typen aus der Natur- oder der Profangeschichte sind zur Entstehungszeit des ›Speculum‹ noch die Ausnahme, nehmen aber bereits gut zwei Jahrzehnte später in den ›Concordantiae caritatis‹ erheblich zu.[56]) In den meisten Bilderhandschriften ist der Text so arrangiert, daß jede Doppelseite zusätzlich mit vier textbezogenen Miniaturen ausgestattet wird – das aufgeschlagene Buch zeigt also ein ganzes Kapitel, die verso-Seite und die folgende recto-Seite bilden für den Leser und Betrachter eine Sinneinheit. Nach dem Prooemium, das den Inhalt zusammenfaßt, dienen die Bilder primär den Laien und der Text den Gebildeten, Lateinkundigen (*litterati*). Damit ist zugleich gesagt, daß Bilder und Texte gemeinsam konzipiert sind. Es ist daher erstaunlich, daß nur etwa zwei Fünftel der Handschriften bebildert sind.

Auf die älteste erhaltene, zugleich die älteste zweisprachige Handschrift von etwa 1330 aus dem Benediktinerstift Kremsmünster sei im folgenden näher eingegangen. Hier wird der lateinische Text durch eine über den vier Bildfeldern plazierte mhd. Kurzfassung in Reimen ergänzt. Ein Beispiel soll den Seitenaufbau

---

NIESNER (Anm. 48), S. 25-31, mit Verweis auf die Überlieferungslage.

[53] Möglicherweise ist eine Erstredaktion des ›Speculum‹ schon gegen Ende des 13. Jahrhunderts in Italien entstanden. Sie wäre nach G. SCHMIDT (Rez., Anm. 48), S. 162, neben einer anderen Tradition "transalpin-gotischen Ursprungs", welcher der Codex Cremifanensis 243 zuzurechnen ist, aus einem gemeinsamen Prototyp abzuleiten. Zur Entstehungsgeschichte jetzt ausführlich NIESNER (Anm. 48), S. 10-31. Sie plädiert im Ergebnis ebenfalls für eine Entstehung in Italien um 1280.

[54] STORK – WACHINGER (Anm. 48) wählen diesen Ausdruck für den gereimten Prosatext mit 8 bis 29 Silben pro Zeile, der jedoch überwiegend einen "versähnliche[n] Eindruck" (Sp. 55) vermittelt.

[55] Eine Liste der Antitypen und ihrer Typen bei HANS ROST, Die Bibel im Mittelalter, Augsburg 1939, S. 231-237, hier S. 235f.

[56] Zur Einordnung des ›Speculum‹ in den Zusammenhang anderer typologischer Zyklen FRIEDRICH OHLY, Typologische Figuren (Anm. 23), S. 128-131.

und das Zusammenwirken von Text und Bildern illustrieren.[57] F. 12va (Abb. 13) bringt in Bild und Text als Antitypus die Verkündigung der Geburt Jesu: *Hic annunciatur Christus Ihesus Marie per angelum* (nach Lk 1,26-37). Das Spruchband des Engels Gabriel trägt seine Grußworte: 'Sei gegrüßt, du Gnadenvolle, der Herr (ist) mit dir' (Lk 1,28), seine Rechte ist zum Segensgestus erhoben. Maria deutet durch ihre an einen Kommendationsgestus[58] erinnernde Handgebärde die Einwilligung in das wunderbare Wirken Gottes ein: die Inkarnation durch die Kraft des Heiligen Geistes (im Zeichen der Taube). Der mhd. Text lautet:[59]

Do maria zeierusalem her yosep gemaehelt wart
Hain genazareth do ilt siu hart
Vnd do iosep vnmuessik waz
W[a]z zeder hohzit horti vnde zedem maz
An sin wissende maria swanger wart
Von dem hailgen gaist in w[u]ndert hart
Wie es geschehen moeht vnde gedaht daran
D[a]z nie hainlich wart kainem man
Noch kain suend nie begie
Da von kund in verw[u]ndrun nie
Er wolt sich von ir geschaiden han
Der engel sprach nain ez ist nit guot getan
Von kainem man si swanger ist
Si sol gebern unsern herren ihesum crist.

('Als Maria in Jerusalem Herrn Josef verlobt worden war,[60] eilte sie schnell heim nach Nazaret. Und als Josef beschäftigt war mit dem, was zur Hochzeit und zum [Hochzeits-]mahl gehörte, wurde ohne sein Wissen Maria schwanger vom Heiligen Geist. Ihn verwunderte außerordentlich, wie es hatte geschehen können, und er überlegte immer wieder, daß sie [doch] nie mit einem Mann verkehrt und nie eine Sünde begangen hatte, über die er sich hätte wundern müssen. Er wollte sich von ihr scheiden lassen. Der Engel sprach: "Nein, das wäre nicht richtig. Nicht von einem Mann ist sie schwanger, [sondern] sie wird [durch Gottes Wirken] unsern Herrn Jesus Christus gebären."')

---

[57] Zur Erforschung der Text-Bild-Wechselbezüge zuletzt ein knapper Überblick bei NIESNER (Anm. 48), S. 170-172. Ihrer Einschätzung, daß trotz zahlreicher Einzelstudien zum Text-Bild-Bezug die jüngere Forschung eine "allgemein anerkannte Methodik des Text-Bild-Vergleichs" noch nicht entwickelt habe (S. 171), ist zuzustimmen; ergänzend hinzuweisen ist jetzt jedoch auf das – auch methodisch wichtige – Buch von HORST WENZEL, Hören und Sehen, Schrift und Bild. Kultur und Gedächtnis im Mittelalter, München 1995, bes. Kap. VI, S. 292-337.

[58] Dies ist eine Rechtsgebärde, bei der ein Lehnsmann kniend seine gefalteten Hände in die seines Lehnherren legt, um ihm dadurch seine Unterwerfung anzuzeigen.

[59] Den Text gebe ich nach der Handschrift wieder, Kürzel und übergeschriebene Umlautzeichen sind jedoch aus drucktechnischen Gründen aufgelöst. Der Text ist jetzt – mit beträchtlichen editorischen Eingriffen – kritisch herausgegeben von NIESNER (Anm. 48); zur Verkündigungsszene S. 53f. und S. 190-193.

[60] Von einem frühen Aufenthalt Marias in Jerusalem berichten die Evangelien nichts. – Die 'Verlobung' war nach israelitischem Recht bereits eine gültige voreheliche Verbindung von Mann und Frau.

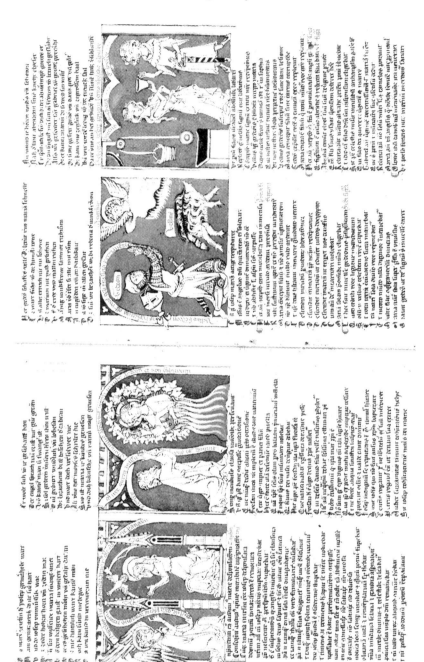

Abb. 13: Verkündigung der Geburt Christi mit Präfigurationen:
brennender Dornbusch – Gideons Vließ – Brautwerbung Abrahams
›Speculum humanae salvationis‹, Kremsmünster, Stiftsbibliothek,
Cod. Cr. 243 (um 1325/30), f. 12ᵛ/13ʳ

Als ersten Typus für Maria als Jungfrau und Mutter stellt f. 12vb die Geschichte vom brennenden, aber nicht verbrennenden Dornbusch, in dem Gott dem Mose erscheint (vgl. Ex 3,1-6), neben die Verkündigungsszene: *Dominus apparuit Moysi in rubo ardenti et non comburenti.* Auf die Berufung durch Gott, das Volk Israel aus der Knechtschaft Ägyptens zu führen, antwortet Mose: *Mitte, quem missurus es, Domine* – 'Sende, wen du senden willst, Herr' (Ex 4,13). Der mhd. Text sagt dazu:

> *Diu geburt w[u]nderlich vnde lobesan*
> *W[a]z bezaichent bi dem boschen der da bran*
> *Vnd wart doch verselwet nie*
> *Alz uns her moyses schribet hie*
> *Sus ist maria irs kindes genesen*
> *Vnd doch kiunsche*[61] *vnde rainiu magt gewesen.*

('Die wunderbare, preisenswerte Geburt wurde durch den Dornbusch bezeichnet, der dort brannte und doch nie verbrannte,[62] wie [Herr] Mose hier schreibt. So hat Maria ihr Kind geboren und ist doch eine keusche, reine Jungfrau geblieben.')

Die Typologie gründet sich zunächst auf Parallelen in der Sache: Beiden Szenen ist ein wunderbares Eingreifen Gottes in natürliche Gegebenheiten eigen, in beiden Fällen werden Erwählte zu Heilsmittlern Gottes berufen. Der Wunderbericht vom brennenden, aber doch vom Feuer unberührt bleibenden Dornbusch bot sich geradezu in idealer Weise als Denkfigur für das Dogma von der allzeit jungfräulichen Gottesmutter an, in der sich Berufung und Heilstat Gottes gesteigert erfüllen.

Aus der Tradition ganz geläufig ist dem Mittelalter auch die zweite Präfiguration der jungfräulichen Empfängnis in Maria (f. 13ra): die im Buch der Richter (Ri 6,36-40) überlieferte Wundererzählung vom Vließ des Gideon, das vom Tau des Himmels feucht wird. Gideon erwartet vor der Schlacht gegen die Midianiter ein Zeichen von Gott, daß dieser durch seine Hand Israel retten will. Gott gewährt ihm dieses Zeichen seines Beistands, indem er nachts auf ein Schaffell (das Vließ) Tau fallen läßt, während die Tenne, auf der das Vließ ausgebreitet ist, in wunderbarer Weise ganz trocken bleibt. Der mhd. Text stellt die präfigurative Beziehung nur mit ganz knappen Worten dar: *Her gedeon schafes velle / D[a]z betuet vns mariam schnelle*, um dann Marias Einzigartigkeit unter allen Jungfrauen der Erde

---

[61] Die im Text durchgängig nasalisierte Nebenform ist laut LEXER I 1592 alemannisch. SCHMIDT nimmt in seiner Rezension (Anm. 48, S. 153) aufgrund stilistischer Kriterien an, daß die Handschrift aus dem Bodenseeraum stammen muß; er vermutet eine ursprüngliche Bestimmung für ein Prämonstratenserkloster.

[62] *verselwen* 'verdunkeln, bräunen', gemeint ist die Schwarzfärbung im Feuer; sinnentsprechend im lat. Text: *rubus [...] non perdidit viriditatem*, 'er verlor (im Feuer) nicht sein frisches Gr

zu preisen: *Maria vbertrifet si alle mit ruom / An tugenden vnde an hailikait.* – Hinzu kommt (f. 13rb) als viertes Bild der Doppelseite (und als dritter Typus der Verkündigung an Maria) die Brautwerbung Abrahams für seinen Sohn Isaak am Brunnen: Rebekka nimmt von Eliezer, dem Knecht und Brautwerber Abrahams, den Trunk entgegen und zeigt durch diese Handlung ihre Einwilligung an (Gen 24,15-21). Nicht ohne Anstrengung wird im Text eine typologische Beziehung zwischen der erfolg- und folgenreichen Entsendung des Engels Gabriel und des Brautwerbers konstruiert. – Ergänzend sei noch in Abb. 14 ein Auszug aus f. 17^v gezeigt: das Eherne Meer, das kultischen Reinigungszwecken diente (vgl. 1 Kön 7,23-26 und 2 Chr 4,2-5), als Typus der Taufe Jesu im Jordan mitsamt dem zugehörigen mhd. Text – ein Thema, das verbreitet in der lateinischen Bibelexegese und in hervorragenden Zeugnissen liturgischer Kunst, besonders auf mittelalterlichen Taufbecken, behandelt ist.[63]

Vergleicht man den mittelhochdeutschen Text mit seiner lateinischen Vorlage, so zeigen sich erhebliche Differenzen, die nicht nur durch die unterschiedliche Länge des Textes (40 gegen 100 Zeilen) bedingt sind. Während der deutsche Text sich darauf beschränkt, in kurzen, schlichten Worten den Inhalt von Antitypus und Typen nach den biblischen Vorgaben zu referieren und zueinander in Bezug zu setzen, können die lateinischen Verse weiter zu katechetischer Belehrung ausholen, zusätzliche Bibelstellen einbeziehen, meditierend-moralisierend die in der Bibel geschilderten Sachverhalte erweitern und dadurch die dürren Vorgaben des bloßen typologischen Gerüsts inhaltlich neu akzentuieren. Wichtige Quellen des Textes sind außer der Bibel vor allem die ›Historia scholastica‹ des Petrus Comestor und die ›Legenda aurea‹ des Jacobus a Voragine.

Die Gesamtanlage des ›Heilsspiegels‹ zwingt zur Schematisierung: Einleitend erinnert der Text mit stets gleicher Formel an das Thema der Vorseite, behandelt dann Antitypus und Typen des aktuellen Themas in sehr unterschiedlicher Verteilung – die Spanne reicht von einem knappen Reimpaar bis hin zu mehr als 60 Versen – und schließt mit der Bitte (*o bone Jesu…*), in der Einheit mit Christus Gnade zu erlangen oder vor Schaden bewahrt zu werden. Im lateinischen Vergleichstext unseres Beispiels von f. 12/13 (oben Abb. 13) nimmt allein die Schilderung des Antitypus die Hälfte der Verse ein. Der Engel, so heißt es dort meditierend, fand Maria hinter verschlossener Tür (*clausura*) vor, wo ihr ohne Gott alles wertlos war; sie wollte nicht wie Dina (die Tochter Jakobs und der Lea) allein und wissenshungrig (*curiose*) umherstreifen, nicht wie Thamar ein Familien-

---

[63] Nachweise zur Auslegungsgeschichte des Ehernen Meeres bei MEIER – SUNTRUP (Anm. 6), S. 19f., 22, 370, 861f. Ein berühmtes Beispiel der kirchlichen Kunst ist das typologisch konzipierte Lütticher Taufbecken von ca. 1107/1118: BRUNO REUDENBACH, Das Taufbecken des Reiner von Huy in Lüttich, Wiesbaden 1984, mit Darstellung der theologischen Konzeption.

Abb. 14: Das Eherne Meer als Typus der Taufe Jesu im Jordan
›Speculum humanae salvationis‹, Kremsmünster, Stiftsbibliothek,
Cod. Cr. 243, f. 17ᵛ (Ausschnitt)

leben führen, verlangte nicht wie Sarah, die Tochter Raguels, nach einem Mann und war wie die gottesfürchtige Witwe Judit ganz frei für ein Leben in Fasten und Gebet (Kap. 7, Z. 7-12).[64] Entsprechend idealisiert wird Maria aus der Sicht Josefs, um eine eventuelle Schwangerschaft durch Unzucht (*fornicatio*) noch weiter in Abrede zu stellen. Für ihn steht fest, daß sie stets heilig, rein und enthaltsam gelebt hat, nicht dem Essen, Trinken, Genuß, Tanz oder Spiel ergeben, allen weltlichen Tröstungen und Freuden abgeneigt war; sie führte ein Leben in strenger Abgeschiedenheit und in der Betrachtung Gottes (*solitariam vitam et contemplativam semper habebat*), Gott und der Himmel waren ihre einzige Freude (Z. 15-22). Daher will Josef sie nicht entlassen, um dem Gerede zu entgehen, sondern da er ihrer Gemeinschaft nicht würdig ist, wie auch Johannes, Petrus und der Hauptmann von Kapharnaum sich der Gemeinschaft mit Christus nicht gewachsen fühlten (Z. 41-50). Die Charakterisierung Marias dient hier offenbar dem Ziel, die Adressaten des ›Heilsspiegels‹ in den Idealen strengen klösterlichen Lebens zu bestärken.

Die sprachliche Umsetzung des typologischen Textbezugs ist von einer erstaunlichen Varianz des Ausdrucks bestimmt.[65] Während die Buchmalerei, die Architektur und die Plastik die ihnen spezifischen Formen nutzen, Typus und Antitypus wortlos in einen Sinnzusammenhang zu stellen, z.B. durch bloße Zuordnung von Tempel und Kirche, Stiftshütte (*tabernaculum*) und Kirche, von Ehernem Meer und Taufbecken, oder diesen Sinnbezug durch Zahlenanalogie, räumliche Disposition von Unten und Oben, Links und Rechts, durch Zuordnung zu den Himmelsrichtungen, bewußt gesetzte Größenordnungen, Analogien in der Bildkomposition usw. herstellen, kennt der Text dafür seinerseits eine Fülle sprachlich-stilistischer, grammatischer und poetischer Mittel. Dazu zählen Verben wie z.B. (in unserem Beispieltext Kap. 7) *praefigurare, figurare* und *ostendere* (Z. 56, 67, 88), die häufig durch Zeitadverbien verstärkt werden. Geläufig ist der Bezug durch bloß reihendes *et* oder Vergleichspartikel wie *sic, sic et, ita* u.a.: Wie Abraham seinen Boten aussandte, 'so schickte der himmlische Vater den Erzengel Gabriel in die Welt' (Z. 92f.). Die gesteigerte Erfüllung des Alten im Neuen kann durch *quanto magis* 'um so mehr' und andere Steigerungsformen signalisiert werden. Konjunktionen wie *sed/autem* oder *et* können in strukturell ähnlichen Szenen den Kontrast von Typus und Antitypus herausstellen. Dasselbe ist durch Verknüpfung beider Zeitebenen in Kausal- oder Temporalsätzen möglich. Eine ganz einfache, im Text häufig angewandte Möglichkeit, ein typologisches Verhältnis herzustellen,

---

[64] Kapitel- und Zeilenzählung des lateinischen Textes nach LUTZ – PERDRIZET (Anm. 48).

[65] Dazu meine eingehende sprachliche Analyse des ›Speculum‹: Zur sprachlichen Form (Anm. 10), S. 38-56.

bietet die bloße Parallelsetzung von Syntagmen: 'Der Dornbusch empfing das Feuer und verlor sein frisches Grün nicht; Maria empfing den Sohn und verlor ihre Jungfräulichkeit nicht. Gott selbst nahm Wohnung in jenem brennenden Dornbusch, und derselbe Gott nahm Wohnung im schwangeren Leib Marias. Er kam in den Dornbusch zur Befreiung der Juden, er kam auf Maria herab zu unserer Erlösung ...' (Z. 57-62; die Reihe setzt sich fort). Die qualitative Steigerung des Antitypus ist dabei nicht verbal signalisiert, sondern ausschließlich inhaltlich gegeben. Ein subtileres Mittel stellt die sprachliche Verschmelzung von Antitypus und Typus dar; die Inkarnations-Metapher 'Maria allein wurde von göttlichem Tau erfüllt' (Z. 71) ist nur im Zusammenhang der Rede von Gideons Vließ voll verständlich; ähnliches gilt für die in Kenntnis der Brautwerbungsgeschichte Rebekkas getroffene Formulierung: Gabriel 'fand Maria, die ihm den Trank, d.h. das Einverständnis zu seiner Botschaft, gab' (Z. 95f.). Andere Möglichkeiten der Verschränkung sind die Genitivverbindung (der Typus wird durch einen Genitiv expliziert), Steigerung signalisierende oder Antithesen benennende Adjektivpaare sowie die Kennzeichnung des Antitypus mit Hilfe von Adjektiven oder Adverbien (Christus als der neue Adam), Possessiv- oder Demonstrativpronomina. – Im Ergebnis bleibt festzuhalten, daß die sinnerschließenden Termini weitgehend austauschbar sind; die sprachliche Vielfalt ist Ausdruck künstlerischen Vermögens des Autors, nicht einer durch sie festgelegten Sonderbedeutung. Sprachliche Signale können auch nicht als Kriterium der Unterscheidung der Typologie von nicht-typologischer Allegorese gelten, jedoch sind sie ein taugliches Mittel, dem modernen Leser eindrucksvoll die Vielfalt und gelegentlich auch die Subtilität des typologischen Bezugsgeflechtes zu zeigen. In dieser Leistung ist das lateinische Original der schlichten deutschen Kurzversion hoch überlegen.

3. Etwa in die gleiche Zeit, nämlich in das erste Viertel des 14. Jahrhunderts, sind die ältesten erhaltenen Handschriften der ›Biblia pauperum‹, der ›Armenbibel‹, zu datieren, eines der Hauptwerke mittelalterlicher Typologie, dessen Entstehung jedoch bereits in der Mitte des 13. Jahrhunderts in bayerisch-österreichischen Benediktinerklöstern oder Stiften der Augustiner-Chorherren angenommen wird und das in etwa 80 Bilderhandschriften des 14. und 15. Jahrhunderts, dazu in xylographischen Blockbüchern und frühen Typendrucken bezeugt ist.[66]

---

[66] Zur Einführung vgl. die Handbuchartikel: GERHARD SCHMIDT – ALFRED WECKWERTH, Biblia Pauperum, in: LCI Bd. 1 (1968), Sp. 293-298; KARL-AUGUST WIRTH, ›Biblia Pauperum‹, in: ²VL Bd. 1 (1978), Sp. 843-852 (neue Zusammenfassung mit umfangreicher Lit.); GISELA PLOTZEK-WEDERHAKE – GÜNTER BERNT, Biblia Pauperum, in: LdMA Bd. 2 (1983), Sp. 109f.; mit kunstgeschichtlichem Schwerpunkt: HILDEGARD ZIMMERMANN, Armenbibel, in: RDK Bd. 1 (1937), Sp. 1072-1084. Grundlegend immer noch: HENRIK CORNELL, Biblia Pauperum, Stockholm 1925; eingehende Gesamtdarstellung: GERHARD SCHMIDT, Die Armenbibeln des 14. Jahrhunderts,

Mit dem Namen ›Biblia pauperum‹ hat es eine eigene Bewandtnis: Einerseits haben die heute so genannten Schriften (die wissenschaftliche Bezeichnung gebrauchte als erster E. H. von Heinecken 1769) mit einer Ausnahme[67] ursprünglich andere, ganz verschiedene Namen geführt oder sie waren namenlos; zum anderen bezeichnete der Name im späteren Mittelalter leicht verständliche, in Versen, stichwortartig oder schematisch angelegte Inhaltsangaben der Bibel, zumeist des Alten Testamentes, die in der Regel unbebildert und nie typologisch angelegt waren. Der im Grunde also unzutreffende Name, den schon Lessing kritisierte, darf nicht zu der Annahme verleiten, die ›Armenbibel‹ sei für ein geistig anspruchsloses Publikum gedacht gewesen, sondern "sie setzte zumindest die Kenntnis der lateinischen Sprache und eine gewisse theologische Grundbildung voraus".[68] Zudem verbietet sich die Gleichsetzung von Nichtlesenkönnen und geistiger Armut, weil das Verständnis der 'Sprache' der Bilder durchaus geistige Ansprüche stellt (man sieht nur, was man weiß). Ganz sicher waren die ›Armenbibeln‹ keine Bibeln für minderbemittelte Scholaren, Bettelmönche und Kleriker niederen Standes; die aufwendige Ausstattung der Bilderhandschriften schließt diese Namenserklärung aus. Umstritten ist der von Alfred Weckwerth angenommene Zusammenhang mit der Armenbewegung des 12./13. Jahrhunderts, wonach das typologische Konzept als Argument gegen die die Autorität des Alten Testamentes leugnenden Ketzer, die *pauperes Christi*, entwickelt worden sei.[69]

In der frühesten Version der ›Armenbibel‹ besteht das typologische Text-Bild-Programm aus 34 Bildgruppen auf 9 Blättern, bei denen dem Antitypus jeweils zwei alttestamentliche Szenen als Typus zugeordnet sind. Die Anzahl der Bildgruppen ist nicht willkürlich gewählt, sondern ein Hinweis auf die Lebensjahre Jesu. So ist denn auch in diesen Szenen ein klares christologisches Programm verwirklicht: Menschwerdung, Flucht der Hl. Familie nach Ägypten, Vorbereitung und Wirken Christi, das weitere Wirken Christi, Verrat, Passion, die ersten drei

---

Graz – Köln 1959; umfassend informiert ebenfalls die Einführung von GERHARD SCHMIDT (Anm. 28), S. 13-37 mit Anm. S. 49-52. Außer dieser sind mehrere Einzelzeugen als Faksimile (mit Kommentar) ediert: Nachweise bei WIRTH und PLOTZEK-WEDERHAKE – BERNT; zusätzlich sei hingewiesen auf die Neuedition des in diesem Beitrag besprochenen Codex: Biblia Pauperum – Armenbibel. Die Bilderhandschrift des Codex Palatinus latinus 871 im Besitz der Biblioteca Apostolica Vaticana. Einf. und Komm.: CHRISTOPH WETZEL, Transkr. und Übers.: HEIKE DRECHSLER, Stuttgart – Zürich 1995.

[67] München, BSB, Clm 12717, f. 142ʳ und f. 146ʳ, eine bilderlose Armenbibel aus dem Jahr 1398; in eine bebilderte Armenbibel aus der Zeit um 1360 (Wolfenbüttel, Hzg.-Aug.-Bibl., Cod. 5.2. Aug. 4°, f. 33ʳ) wurde der Name *bibelia* [!] *pauperum* erst Ende des 15. Jahrhunderts nachgetragen.
[68] SCHMIDT in: Die Wiener Biblia Pauperum (Anm. 28), S. 13-16, hier S. 16.
[69] ALFRED WECKWERTH, Die Zweckbestimmung der Armenbibel und die Bedeutung ihres Namens, in: Zeitschrift für Kirchengeschichte 68 (1957), S. 225-258; DERS., Der Name ›Biblia Pauperum‹, ebd. 83 (1972), S. 1-33.

Tage nach dem Kreuzestod, Erscheinungen des Auferstandenen, Gründung und Triumph der Kirche.[70] Die zunächst knappen Texte ordnen sich den Bildelementen zu: Titelverse und Lektionen zu Typen und dem Antitypus, Prophetensprüche zu den Bildmedaillons der Propheten. Daß dabei jede Doppelseite als Sinneinheit geschaut und verstanden werden sollte, hat auf die Konzeption des ›Speculum humanae salvationis‹ sicher eingewirkt. Sehr schön kann man dieses ursprüngliche Text-Bild-Konzept in Handschriften aus St. Florian (Cod. III, 207, um 1310) und Wien (Cod. 1198, mit hoher Wahrscheinlichkeit 1330/31 im Stift Klosterneuburg gefertigt) erkennen, die der zu erschließenden Urfassung nahestehen.[71] Seit der Mitte des 14. Jahrhunderts wird das ursprüngliche Text- und Illustrationskonzept durchbrochen. Die Zahl der Bildgruppen schwillt bis auf 50 an, und die Texte erscheinen teilweise auch in deutscher Übersetzung, manchmal stark verändert und erweitert, so daß als eigene Untergruppe die ›erzählenden Armenbibeln‹ entstehen.

Als Beispiel für eine zweisprachige ›Armenbibel‹ mag ein aus Heidelberg in die Vatikanbibliothek gelangter Codex dienen, dessen erster Teil um 1425 in Nordhessen oder Westthüringen entstanden ist.[72] Nach Gruppenfolge, Seitenschema und Textgestalt gehört die Handschrift in die 'Weimarer Gruppe' der ›Armenbibeln‹; für sie ist charakteristisch, daß sie alle Texte sowohl in Latein als auch in deutscher Übersetzung bieten[73] – ein Umstand, der darauf verweist, daß sie offensichtlich nicht mehr nur für einen geistlichen Leserkreis gedacht waren. Diese Doppelung von dreispaltig geschriebenen Bildtiteln und den zweispaltigen Prophetensprüchen und Lektionen läßt nur noch Raum für eine Bildgruppe pro Seite. So zeigt etwa f. 16ʳ (Abb. 15) im Hauptbild des Mittelkreises als Antitypus die Auferstehung Christi, darüber und darunter sind in kleineren Kreisen je zwei Bilder von (zumeist) Propheten mit Beischriften angeordnet (hier David: Ps 78,65, Jakob: Gen 49,9, Hosea: Hos 6,2 und Zefanja / Sophonias: Zef 3,8), die auf die Auferstehung vorverweisen. Sie sind flankiert von Simson und Jona. Simson, der nach dem Buch der Richter (Ri 16,3) die Tore von Gaza aushebt und sich dadurch

---

[70] Bildprogramm nach SCHMIDT - WECKWERTH (Anm. 66), die auch die alttestamentlichen Typen beschreiben.

[71] Der Wiener Codex 1198 ist als Faksimile vorzüglich ediert von UNTERKIRCHER - SCHMIDT (Anm. 28).

[72] Die Biblia Pauperum im CPl 871 der Biblioteca Apostolica Vaticana. Mit einer kodikologischen Beschreibung von KARL-AUGUST WIRTH, Bd. 1: Faksimile, Bd. 2: Kommentar, Zürich 1982; vgl. die neue Ausgabe von WETZEL - DRECHSLER (Anm. 66). Beide Ausgaben geben im Kommentar alle Texte wieder, WIRTH mit Konjekturen, WETZEL - DRECHSLER im diplomatischen Abdruck. – Zu den Gründen und den geradezu abenteuerlichen Begleitumständen des Transports der Heidelberger Bibliotheca Palatina nach Rom im Zuge der Kriegswirren 1622/23 WALTER BERSCHIN, Die Palatina in der Vaticana. Eine deutsche Bibliothek in Rom, Stuttgart – Zürich 1992.

[73] Die Einteilung in eine sog. österreichische, eine bayerische und eine Weimarer Handschriftenfamilie nach SCHMIDT, Armenbibeln (Anm. 66); Zusammenfassung bei UNTERKIRCHER - SCHMIDT (Anm. 28), S. 34-37.

Abb. 15: Auferstehung Christi mit Simson und Jona als Präfigurationen
›Biblia pauperum‹, Rom, Bibl. Apost. Vat., Cod. pal. lat. 871 (2. Viertel 15. Jh.), f. 16ʳ

den Philistern entzieht, wird durch den Akt der Selbstbefreiung zum Typus des Auferstandenen. Die typologische Beziehung zwischen Jona (Jona 2,1.11) und Christus stellt bereits das Matthäusevangelium her: 'Denn wie Jona drei Tage und Nächte im Bauch des Fisches war, so wird auch der Menschensohn drei Tage und drei Nächte im Innern der Erde sein' (Mt 12,46). Dies Zeugnis zählt zu den nicht allzu zahlreichen, daher um so wichtigeren biblischen Belegen für die Typologie. Obwohl durch diese Legitimation in der Bibel die Auslegung in ihrem Kern bereits festliegt und sie nach einem Wort des Hieronymus eigentlich überflüssig, da von Gott selbst vorgenommen, ist, entwickelt sich seit den Anfängen der abendländischen Schrifterklärung bei Origenes eine umfangreiche Allegorese dieser Stelle, welche bemüht ist, Einzelheiten des typologischen Verhältnisses herauszuarbeiten.[74] Bis heute ist die Jona-Christus-Typologie Bestandteil der Tauf- und Osterliturgie; entsprechend verbreitet war die Gestaltung dieses Themas in Texten und Bildern liturgischer Bücher und in liturgisch gebrauchter Kunst.

Mit dem Latein hatte der Übersetzer des CPl 871 nicht unbeträchtliche Schwierigkeiten. Allein in unserem Beispiel f. 16ʳ häufen sich Ungenauigkeiten, Ungeschicklichkeiten, Interpretamente und Fehler. So wird in der Beischrift zu David nach Ps 78,65 *erwecket als ein geweldiger* (von *gewaltec*) übersetzt, obwohl das *potens* der Vulgata im Text fehlt. In der Simson-Lectio interpretiert er *exivit* mit *usz ging vnd uff erstunt*; im Jona-Text gibt er vulgatanah *in des fisches buche* abweichend vom ungewöhnlichen *in ventre ceci* wieder ('blind' ist der Fisch vielleicht, weil er nicht weiß, daß Gott an ihm ein Zeichen wirkt). Unbeholfen wirkt aus Hosea *suscitabit nos* 'er wird uns erwecken': *sal er vns tune ensten* (zu *ent-stên*); falsch ist in der Simson-Lectio die Übersetzung von *porta[n]sque [...] ambas* ('beide') mit *die erczinen porten*; hier ist das Zahlwort offenbar mit *aeneas* (zu *aeneus* 'aus Erz', 'ehern') verwechselt. In *figurabat – betudet* ist das Tempus falsch; allerdings wäre im Lateinischen der überzeitliche Präsensgebrauch der Typologie angemessener gewesen. Es bestätigt sich nach diesen Beobachtungen auch im sonstigen Text das Urteil Hans Fromms, die Übersetzungsleistung sei "insgesamt von dürftigem Niveau",[75] wenngleich zur Entschuldigung des Übersetzers in Betracht zu ziehen ist, daß auch das Latein nicht das beste ist.

Allegorisch-typologische Bildzyklen lassen sich in der Kunst bis ins 18. Jahrhundert weiterverfolgen. In der Liturgie ist die Typologie noch heute gegenwärtig; erinnert sei nur an die Zuordnung von Texten der Lesung und des Evangeliums der Meßfeier, besonders markant in der Reihung der Lesungen in der Osternacht, sowie an die Tauffeier. Eingebunden in verschiedene Allegoriemodelle, unterliegt die Typologie wie diese einer ganz erheblichen, auch markante 'Wendepunkte' im 12./13. Jahrhundert einschließenden geschichtlichen Entwicklung bis hin zu erstarrten Formen der Allegorese von Alltagsdingen in Erbauungsbüchern des 18.

---

[74] Nachweise bei HEINZ MEYER – RUDOLF SUNTRUP, Lexikon der mittelalterlichen Zahlenbedeutungen, München 1987 (MMS 56), Sp. 221, 273f., 276.
[75] FROMM, in: WIRTH (Anm. 72), S. 43, beobachtet im Text zahlreiche Fälle von Sinnentstellungen und Verstößen gegen die Syntax und Grammatik, mangelnder Vokabelkenntnisse und hyperkorrekten Anschlusses an lateinische Grammatikkonstruktionen.

Jahrhunderts, und sie überschreitet damit ganz erheblich ihre ursprüngliche Funktion als Mittel der Texterklärung.[76] Typologie ist über den theologisch-kirchlichen Bereich hinaus auch für weite Bereiche der Literatur von Bedeutung, nicht nur für die lateinische, sondern auch für die volkssprachige. Dies gilt zunächst für den Kern der geistlichen deutschen Literatur, angefangen in althochdeutscher Zeit bei Otfrid (dazu oben S. 33-59), dann fundamental für die volkssprachige Bibeldichtung des ausgehenden 11. und frühen 12. Jahrhunderts, kirchliche Prosaliteratur (›Himmel und Hölle‹), die Hoheliedparaphrasen und -auslegungen des 11. und 12. Jahrhunderts (Williram von Ebersberg, das ›St. Trudperter Hohelied‹, vgl. oben S. 61-88), die Predigtsammlungen des 12. und 13. Jahrhunderts (›Speculum ecclesiae‹, Berthold von Regensburg, ›Schwarzwälder Prediger‹) sowie für Texte geistlicher Naturkunde (beginnend mit dem ›Physiologus‹). Darüber hinaus finden sich Reflexe exegetischer Deutung in mittelhochdeutscher Zeit auch im höfischen Roman, in der Fabel, in Tier- und Steinbüchern, danach noch in der Barockdichtung (Grimmelshausen) und in der strukturell verwandten Emblematik, in moralisierenden Texten des Humanismus (Hans Sachs), des Pietismus und der Aufklärung, ganz generell in vielen literarischen Motiven bis in die Gegenwartsliteratur. Als tragfähiges Modell der Texthermeneutik und der Erklärung der Geschichte sind Allegorese und Typologie erst unter gewandelten geistesgeschichtlichen Bedingungen in der Neuzeit weithin untauglich geworden und in der Moderne vielfach in Vergessenheit geraten. Für die Mediävistik jedoch ist die Kenntnis ihrer Inhalte und Methoden ein ganz wesentlicher Schlüssel zum Verständnis der mittelalterlichen Kultur.

---

[76] Dazu jetzt CHRISTEL MEIER, Wendepunkte der Allegorie im Mittelalter: Von der Schrifthermeneutik zur Lebenspraktik, in: Neue Richtungen in der hoch- und spätmittelalterlichen Bibelexegese, hg. von ROBERT E. LERNER, München 1996, S. 39-64.

AUSWAHLBIBLIOGRAPHIE

ERICH AUERBACH, Figura, in: DERS., Gesammelte Aufsätze zur romanischen Philologie, Bern 1967, S. 55-92.

PETER BLOCH, Nachwirkungen des Alten Bundes in der christlichen Kunst, in: Monumenta Judaica. Handbuch, hg. von KURT SCHILLING, Köln 1963, S. 735-781 [zusammenfassend zur Typologie in der mittelalterlichen Kunst].

LEONHARD GOPPELT, Typos. Die typologische Deutung des Alten Testamentes im Neuen, Gütersloh 1939, Nachdr. Darmstadt 1966, mit dem Anhang: Apokalyptik und Typologie bei Paulus (Erstveröffentlichung: Theologische Literaturzeitung 89 [1964], Sp. 321-344).

HARTMUT HOEFER, Typologie im Mittelalter. Zur Übertragbarkeit typologischer Interpretation auf weltliche Dichtung, Göppingen 1971 (GAG 54).

PETER JENTZMIK, Zu Möglichkeiten und Grenzen typologischer Exegese in mittelalterlicher Predigt und Dichtung, Göppingen 1973 (GAG 112).

CHRISTEL MEIER, Überlegungen zum gegenwärtigen Stand der Allegoriediskussion. Mit besonderer Berücksichtigung der Mischformen, in: FMSt 10 (1976), S. 1-69.

FRIEDRICH OHLY, Schriften zur mittelalterlichen Bedeutungsforschung, 2. Aufl. Darmstadt 1983 [darin: Vom geistigen Sinn des Wortes im Mittelalter (1958), S. 1-31; Synagoge und Ecclesia. Typologisches in mittelalterlicher Dichtung (1966), S. 312-337; Halbbiblische und außerbiblische Typologie (1976), S. 361-400].

FRIEDRICH OHLY, Ausgewählte und neue Schriften zur Literaturgeschichte und zur Bedeutungsforschung, hg. von UWE RUBERG – DIETMAR PEIL, Leipzig – Stuttgart 1995 [darin: Typologie als Denkform der Geschichtsbetrachtung (1983), S. 445-472; Typologische Figuren aus Natur und Mythus (1979), S. 473-507].

WERNER SCHRÖDER, Zum Typologie-Begriff und Typologie-Verständnis in der mediävistischen Literaturwissenschaft, in: The Epic in Medieval Society. Aesthetic and Moral Values, hg. von HARALD SCHOLLER, Tübingen 1977, S. 64-85, hier S. 76f.

HANS-JÖRG SPITZ, Allegorese / Allegorie / Typologie, in: Fischer Lexikon Literatur, hg. von ULFERT RICKLEFS, Bd. 1, Frankfurt/M. 1996, S. 1-31.

BRITTA STRENGE – HANS-ULRICH LESSING, ›Typos; Typologie‹, in: Historisches Wörterbuch der Philosophie, hg. von JOACHIM RITTER – KARLFRIED GRÜNDER, Bd. 10, Darmstadt 1998, Sp. 1587-1607.

RUDOLF SUNTRUP, Zur sprachlichen Form der Typologie, in: Geistliche Denkformen in der Literatur des Mittelalters, hg. von KLAUS GRUBMÜLLER – RUTH SCHMIDT-WIEGAND – KLAUS SPECKENBACH, München 1984 (MMS 51), S. 23-68.

RUDOLF SUNTRUP, Präfigurationen des Meßopfers in Text und Bild, in: FMSt 18 (1984), S. 468-528.

HILKERT WEDDIGE, Einführung in die germanistische Mediävistik, 3., durchges. und erg. Aufl. München 1997, S. 58-116, bes. S. 81-99.

MAX WEHRLI, Literatur im deutschen Mittelalter. Eine poetologische Einführung, Stuttgart 1984 (RUB 8038), S. 236-270, hier bes. S. 243ff.

Die germanistische Mediävistik und das Geschlechterverhältnis:
Forschungen und Perspektiven

BIRGIT KOCHSKÄMPER

I

"Roswitha raus – Rosa rein!" lautete einer der Graffiti-Slogans, die zur Zeit der Studentenrevolte von '68 die Wände germanistischer Institute zierten.[1] Rosa Luxemburg avancierte hier zur Figur der Liberté, unter deren Flagge die Politisierung des Curriculums von einer Germanistik eingefordert wurde, die sich allzu zögerlich mit ihrer nationalsozialistischen Vergangenheit auseinandersetzte. "Roswitha", die im Stabreim gegen Rosa abgesetzte mittelalterliche Autorin Roswitha (Hrotsvit) von Gandersheim, repräsentierte dabei die von einigen Gruppierungen als gesellschaftlich obsolet erachtete germanistische Mediävistik. Doch aus der Studentenbewegung gingen bald schon verschiedene Reformbestrebungen hervor (auch innerhalb der Mediävistik), u.a. die 'Neue Frauenbewegung',[2] die wiederum in der feministischen Frauenforschung der 70er und 80er Jahre Frauen wie Hrotsvit von Gandersheim bei der Spurensuche nach der verschütteten 'Geschichte der Frauen' neu für sich entdeckte.

Diese von entsprechenden Bestrebungen in den USA (mit-)inspirierte wissenschaftliche, zugleich wissenschaftskritische "Inspektion der Herrenkultur"[3] erfaßte sämtliche Bereiche gesellschaftlichen und kulturellen Lebens und damit auch die gesamte Bandbreite universitärer Fachgebiete. In historischer Perspektive war damit immer eine doppelte Ausrichtung verbunden: Zum einen wurde – bis in die 80er Jahre – die Geschichte der in ökonomischer, rechtlicher und kultureller Hinsicht mangelnden Lebens- und Ausdrucksmöglichkeiten von Frauen vornehmlich

---

[1] Vgl. JOST HERMAND, Geschichte der Germanistik, Hamburg 1994 (re 523), S. 159.

[2] Die Frauenbewegung, die in Deutschland als gesellschaftlich relevante Kraft mit der Revolution von 1848 begann (in Frankreich bereits um 1789), hatte nach einer Unterbrechung durch Faschismus, Krieg und Nachkriegszeit Ende der 60er Jahre neu eingesetzt. Vgl. als Überblick HERRAD SCHENK, Frauenbewegung, in: Frauenhandlexikon. Stichworte zur Selbstbestimmung, in Zsarb. mit 66 Autorinnen hg. von JOHANNA BEYER – FRANZISKA LAMOTT – BIRGIT MAYER, München 1983, S. 85-91.

[3] So der programmatische Untertitel eines von der Linguistin LUISE F. PUSCH herausgegebenen Sammelbandes: Feminismus. Inspektion der Herrenkultur. Ein Handbuch, Frankfurt/M. 1983 (es N.F. 192).

als Opfergeschichte rekonstruiert, zum anderen wurden – und werden – in Abwehr biologistischer Zuschreibungen und Vorurteile gerade 'starke Frauen' in der Geschichte aufgespürt und als Beispiele und Vorbilder weiblicher Autonomie und kultureller Produktivität hervorgehoben.

Ähnlich war bereits im späten Mittelalter eine aus Italien stammende französische Schriftstellerin verfahren: Die inzwischen zu großer Popularität aufgestiegene 'frühe Feministin' Christine de Pizan (1364 bis um 1430) kritisierte in ihrem utopisch-allegorischen ›Buch von der Stadt der Frauen‹[4] zunächst die geschlechtsspezifische Erziehung (vor allem die eingeschränkten Bildungschancen für Mädchen), in der sie die Ursache für den unterschiedlichen Bildungsstand von Frauen und Männern entdeckte, um dann eine eindrucksvolle Exempelreihe berühmter historischer und mythischer Frauengestalten vorzustellen, die misogyne Urteile über weibliches Unvermögen widerlegen und den Zeitgenossinnen zugleich zum identitätsstiftenden Vorbild dienen sollten.

Während die literarische Utopie bei Christine dabei noch auf eher abstraktallegorischer Ebene angesiedelt war, wurde der Utopiegedanke in der Frauenbewegung des späten 20. Jahrhunderts durchaus konkret formuliert – jedoch in zwei einander grundsätzlich widersprechenden Ausführungen, die noch heute relativ unversöhnt sind und sich nicht zuletzt auch in gegensätzlichen literaturwissenschaftlichen Ansätzen niederschlagen: Vereinfachend werden sie als 'Egalitäts-' und 'Differenzmodell' bezeichnet.[5] Der Egalitätsdiskurs ist durch die in aufklärerisch-humanistischer Tradition stehende Forderung nach 'Gleichberechtigung' gekennzeichnet, d.h. nach nachholender Verwirklichung der Menschenrechte – die allzu exklusiv für die 'Brüder(-lichkeit)' formuliert worden waren – nun auch für Frauen, und nach angleichender Integration in die männerdominierte Kultur und Ökonomie ('Gleichstellung'). Auf historische Forschungen bezogen heißt das – zugespitzt formuliert –, daß die Geschichte der Frauen als "langer Weg zur Mündigkeit"[6] in einem Prozeß aus einer schlechten Vergangenheit in eine bessere Gegenwart und Zukunft be-

---

[4] Christine de Pizan, Das Buch von der Stadt der Frauen. Aus dem Mittelfranzösischen übers., mit einem Komm. und einer Einl. vers. von MARGARETE ZIMMERMANN, Berlin 1986 (dtv 2220).

[5] Vgl. z.B. SILVIA BOVENSCHEN, Kurze Bemerkung zum Thema 'Gleichheit und Differenz', in: DIES., Die imaginierte Weiblichkeit. Exemplarische Untersuchungen zu kulturgeschichtlichen und literarischen Präsentationsformen des Weiblichen, Frankfurt/M. 1979 (es 921), S. 60f.

[6] S. z.B. BARBARA BECKER-CANTARINO, Der lange Weg zur Mündigkeit. Frauen und Literatur in Deutschland von 1500 bis 1800, Stuttgart 1987 (dtv 4548). BECKER-CANTARINO geht allerdings in ihren einleitenden sprachspielenden Ausführungen zum Begriff *Mündigkeit* von falschen etymologischen Voraussetzungen aus: *Mündigkeit* hängt keineswegs mit nhd. *Mund* zusammen – bedeutet demnach auch nicht, wie die Autorin meint, "für sich selbst 'sprechen' zu können" (ebd. S. 1) –, sondern gehört zu ahd./mhd. *munt* 'Hand, Schutz' (vgl. den mittelalterlichen Begriff der *Munt*-Ehe und nhd. *Vormund*) und bezeichnet demnach die 'Fähigkeit, sich selbst zu schützen und rechtlich zu vertreten'.

schrieben wird. Am Mittelalter fallen aus dieser Sicht vor allem theologische Misogynie, die untergeordnete rechtliche und ökonomische Situation von Frauen sowie ihre Spiegelung in ungünstigen literarischen Frauenbildern negativ auf,[7] während andererseits z.b. mittelalterliche Zunftmeisterinnen und Schriftstellerinnen oder 'emanzipierte' literarische Frauengestalten (wie etwa die Isolde-Gestalt Gottfrieds von Straßburg)[8] den Weg in die Moderne weisen. Die frühesten von der Neuen Frauenbewegung beeinflußten Arbeiten in der germanistischen Mediävistik gehören tendenziell eher in diese Richtung;[9] hier wird – mit unterschiedlichem, teils vernichtendem Ergebnis – in der mittelhochdeutschen Literatur nach Spuren von 'Emanzipation' und 'Frauensolidarität' gesucht und zugleich die geringe Zahl mittelalterlicher Autorinnen beklagt. Entsprechend sieht auch Barbara Becker-Cantarino, Spezialistin für die Literatur der Frühen Neuzeit und erklärte Anhängerin des Egalitäts- und Fortschrittsgedankens, erst in der Zeit der Reformation die ersten Möglichkeiten für Frauen "zur Konstitution eines eigenen, autonomen Ich durch Schreiben als Vorform politisch-gesellschaftlicher Emanzipation".[10]

---

[7] Eine Zeitlang wurden auch die Hexenverfolgungen im Mittelalter verortet, die aber ein Phänomen der frühen und mittleren Neuzeit (15.-18. Jh.) sind.

[8] So sieht z.B. CORNELIS SOETEMAN, Das schillernde Frauenbild mittelalterlicher Dichtung, in: ABäG 5 (1973), S. 74-94, hier S. 86, Anfänge einer "Emanzipation der Frau" in der höfischen Dichtung, vor allem bei der "völlig emanzipierten Isolde" Gottfrieds von Straßburg und der Kriemhild des ›Nibelungenliedes‹.

[9] Vgl. MONIKA LONDNER, Eheauffassung und Darstellung der Frau in der spätmittelalterlichen Märendichtung. Eine Untersuchung auf der Grundlage rechtlich-sozialer und theologischer Voraussetzungen, Diss. Berlin 1973; SOETEMAN (Anm. 8); HANNELORE CHRIST, Frauenemanzipation durch solidarisches Handeln. ›Das erzwungene Gelübde‹ des Strickers im Deutschunterricht, in: Literatur in der Schule. Mittelalterliche Texte im Unterricht, hg. von HELMUT BRACKERT – HANNELORE CHRIST – HORST HOLZSCHUH, Bd. 2, München 1973, S. 36-92; GABRIELE BECKER – HELMUT BRACKERT – SIGRID BRAUNER – ANGELIKA TÜMMLER, Zum kulturellen Bild und zur realen Situation der Frau im Mittelalter und in der frühen Neuzeit, in: Aus der Zeit der Verzweiflung. Zur Genese und Aktualität des Hexenbildes. Beiträge von GABRIELE BECKER [u.a.], Frankfurt/M. 1977 (es 840), S. 11-128; GERTRUD JARON LEWIS, *daz vil edel wip*: Die Haltung zeitgenössischer Kritiker zur Frauengestalt der mittelhochdeutschen Epik, in: Die Frau als Heldin und Autorin. Neue kritische Ansätze zur deutschen Literatur, hg. von WOLFGANG PAULSEN, Bern 1979 (Zehntes Amherster Kolloquium zur Deutschen Literatur), S. 66-81.

[10] BARBARA BECKER-CANTARINO, Frauen in den Glaubenskämpfen. Öffentliche Briefe, Lieder und Gelegenheitsschriften, in: Deutsche Literatur von Frauen, hg. von GISELA BRINKER-GABLER, Bd. 1: Vom Mittelalter bis zum Ende des 18. Jahrhunderts, München 1988, S. 149-172, hier S. 152. – In diese egalitäts- und "aufstiegsorientierte" Geschichtsperspektive lassen sich auch die (teilweise weitaus älteren) marxistischen Ansätze der DDR-Mediävistik stellen, die im Kontext des historisch-dialektischen Materialismus immer schon ein bestimmtes geschlechterpolitisches Fortschrittsmodell verfochten – so sah etwa WOLFGANG SPIEWOK, Minneidee und höfisches Frauenbild. Ein Beitrag zu den Maßstäben literatur-historischer Wertung im Mittelalter [1963], wieder in: DERS., Mittelalter-Studien, Göppingen 1984 (GAG 400), S. 99-127, hier S. 121, im Minnekult der höfischen Dichtung den "erste[n] Ansatz zur Befreiung der weiblichen Persönlichkeit". – Zur feministischen Kritik an den hier zugrundeliegenden Geschlechtertheorien von Karl Marx, Friedrich Engels und August Bebel s. z.B. MARIELOUISE JANSSEN-JURREIT, Die Väter des Sozialismus:

Der Differenzgedanke hingegen insistiert auf den Vorzügen sogenannter 'weiblicher' Eigenschaften, die entweder biologisch, psychoanalytisch oder sozialhistorisch aus den spezifschen Lebenswelten von Frauen in der langen Geschichte des Patriarchats abgeleitet werden. "Die Zukunft ist weiblich" lautete das utopische Programm einer Strömung, die in den 70er Jahren vor allem die lebens- und umweltzerstörerische Kehrseite der Aufklärung in den modernen westlichen Industrienationen betonte und alternative Orientierungen suchte. Traditionelle patriarchale Geschlechtskonstruktionen wie Rationalität/Technik = männlich, Körper/Natur = weiblich wurden nun reformuliert und mit umgekehrtem Vorzeichen versehen: 'Weiblich' waren demnach friedenschaffende und lebenserhaltende Qualitäten, und in diesem Sinne 'weiblich' erschienen nun auch 'naturverbundene' ferne Kulturen oder die eigene prämoderne ('unentfremdete') Vergangenheit, mit deren Fiktion schließlich auch eine neue Mittelalter'romantik' erblühte.

Schon in der aufklärungskritischen romantischen Bewegung des ausgehenden 18. und beginnenden 19. Jahrhunderts waren bei Novalis, Friedrich Schlegel und anderen ähnliche Gedanken formuliert worden.[11] 'Weiblichkeit', Natur und Mittelalter wurden hier wie dann auch in der aus der Romantik erwachsenden Germanistik, die zunächst vor allem mediävistische Germanistik war, zum Orientierungsprogramm. Doch während sich die Beschäftigung mit mittelalterlicher Literatur und "den deutschen Frauen im Mittelalter"[12] im 19. Jahrhundert zunehmend mit nationalistischen Anliegen verband und in einigen Fällen in einem ideologischen Kult um die germanische Frau gipfelte,[13] nahm die Differenzidee in den 70er und 80er Jahren dieses Jahrhunderts eine andere Richtung.

Ein Meilenstein war in dieser Hinsicht Heide Göttner-Abendroths 1980 erschienene Publikation "Die Göttin und ihr Heros",[14] die eine 'matriarchatsroman-

---

Patriarchen oder Erlöser der Frauen?, in: DIES., Sexismus. Über die Abtreibung der Frauenfrage, 3., veränd. Aufl. Frankfurt/M. 1978 (Fischer Taschenbuch 3704), S. 191-218.

[11] S. dazu z.B. BARBARA BECKER-CANTARINO, Priesterin und Lichtbringerin. Zur Ideologie des weiblichen Charakters in der Frühromantik, in: PAULSEN (Anm. 9), S. 111-124, und SIGRID WEIGEL, Wider die romantische Mode. Zur ästhetischen Funktion des Weiblichen in Friedrich Schlegels ›Lucinde‹, in: Die verborgene Frau. Sechs Beiträge zu einer feministischen Literaturwissenschaft, hg. von INGE STEPHAN – SIGRID WEIGEL, 2. Aufl. Berlin 1985 (Argument-Sonderband 96), S. 67-82.

[12] KARL WEINHOLD, Die deutschen Frauen in dem Mittelalter. Ein Beitrag zu den Hausalterthümern der Germanen, Wien 1851. Zu dieser vielzitierten Publikation und zur Rezeptionsgeschichte s. GABRIELE OSTHUES, "Die Macht edler Herzen und gewaltiger Weiblichkeit." Zwei frühe Beiträge zur Situation der Frau im Mittelalter: Karl Weinhold und Karl Bücher, in: *Der frauen buoch*. Versuche zu einer feministischen Mediävistik, hg. von INGRID BENNEWITZ, Göppingen 1989 (GAG 517), S. 399-431.

[13] S. dazu MARIELOUISE JANSSEN-JURREIT, Frauenkult und Nationalgefühl, in: DIES. (Anm. 10), S. 74-93.

[14] 10., vollst. überarb. und erw. Aufl. München 1993.

tisch' zu nennende Bewegung einleitete. Das utopische Programm dieser Strömung erhielt seinen Bezugspunkt nicht aus der Annäherung an noch nie zuvor Erreichtes (wie z.B. Egalität), sondern aus der Rekonstruktion und Wiederbelebung einer 'weiblichen' Vergangenheit, deren Reinform nun aber nicht (wie in der Mediävistik des 19. Jahrhunderts) im deutschen Mittelalter angesiedelt wurde, sondern in (fast) versunkenen 'matriarchalen' Kulturen früherer Epochen[15] – wobei vor allem aus religionsgeschichtlichen Strukturmustern bedenkenlos auf realhistorische 'Frauenherrschaft' geschlossen wurde.[16] Schon in dieser ersten Publikation spielte dabei die mittelalterliche Literatur (Artusepik, Tristanromane, ›Nibelungenlied‹) eine prominente Rolle als Zeugnis für ein resthaftes Fortleben matriarchaler Mythologie und deren Transformationen durch Christianisierungs- und Rationalisierungsprozesse, die nun im matriarchatsromantischen Differenzkonzept pauschal männlichen Interessen im Kontext fortschreitender Patriarchalisierung zugeordnet werden. Mit dieser Perspektive hat auch die amerikanische Fantasy-Autorin Marion Zimmer Bradley eine matriarchalische Rekonstruktion des Artusstoffes in ihrem Roman ›Die Nebel von Avalon‹ unternommen, der in den 80er Jahren Furore machte und damit zugleich 'dem Mittelalter' neue Popularität verschaffte.

In dieser Lesart wird Geschichte folglich als Verfallsgeschichte geschrieben; am Mittelalter interessieren vor allem Spuren einer von christlichen Normen 'noch uneingeschränkten' weiblichen Sexualität, Spiritualität, Wertschätzung von Fruchtbarkeit, weise Frauen, Feen- und Göttinnenglaube etc.; mediävistische Literaturwissenschaft steht dabei im Dienste stoffgeschichtlicher Ent-Deckung und 'Befreiung' patriarchal-verfremdeter Frauengestalten. Zahlreiche neuere Arbeiten zum Artus-, Tristan- und Gralsroman wie zum höfischen Heldenepos (›Nibelungenlied‹) werden von diesem Impetus getragen.

Der Hauptstrom mediävistischer Forschungen arbeitet dagegen seit den 70er Jahren mit einem Differenzkonzept, das in der Interpretation des Geschlechterverhältnisses zwischen traditionell-ontologischer Wesensbestimmung einerseits und sozialhistorischer Herleitung andererseits oszilliert. Während sich de Boor in seiner einschlägigen Literaturgeschichte angesichts der Frauenverehrung im Minnesang noch zum emphatischen Zitat des Goetheschen "Das Ewig-Weibliche zieht uns hinan" hinreißen läßt,[17] zieht für neuere (auch männliche) Forscher das 'Weib-

---

[15] Im europäisch-vorderasiatischen Raum ist damit vor allem die Zeit vor der Einwanderung der indoeuropäischen Stämme (vor ca. 5000 Jahren) gemeint.

[16] Kritisch dazu GERDA LERNER, Die Entstehung des Patriarchats, Frankfurt/M. – New York 1991, S. 46-52, hier bes. S. 49; ILSE LENZ, Geschlechtssymmetrische Gesellschaften. Neue Ansätze nach der Matriarchatsdebatte, in: Frauenmacht ohne Herrschaft. Geschlechterverhältnisse in nichtpatriarchalischen Gesellschaften, hg. von ILSE LENZ – UTE LUIG, Berlin 1990, S. 17-74.

[17] "[...] in der höfischen Dichtung ist zuerst und vielstimmig die Erkenntnis ausgesprochen, daß das Ewig-Weibliche uns hinanzieht." HELMUT DE BOOR, Die höfische Literatur. Vorbereitung,

liche' bzw. 'die Frau' vor allem 'voran', und zwar auf dem Wege des 'Zivilisationsprozesses', wie er in der bahnbrechenden Studie von Norbert Elias[18] beschrieben wird. Elias zeichnet die abendländische Geschichte seit dem Mittelalter als Prozeß zunehmender Affektkontrolle und Internalisierung der Triebregulierung nach, wobei er den Aggressionstrieb – ohne nähere Begründung – vor allem beim Mann voraussetzt. Sein sozialhistorisch fundiertes, überzeugendes Bild von der "Verhöflichung der Krieger"[19] geht inzwischen in die Mehrzahl der mediävistischen Untersuchungen zur Literatur seit dem 12. Jahrhundert ein. Die Frauen der mittelalterlichen Adelsgesellschaft erscheinen dabei allerdings irgendwie 'immer schon' als friedlicher, 'besser', weniger regulierungsbedürftig, so daß ihnen vielfach ein zivilisierender Einfluß auf die männliche Kriegergesellschaft aufgrund eines vermeintlich überzeitlichen 'weiblichen Charakters' zugeschrieben wird[20] – dieser Eindruck ergibt sich auch bei vielen mediävistischen Interpretationen höfischer Texte. Während in der germanistischen Forschung aus der Zeit des Faschismus dabei noch eine 'Verweichlichung/Verweiblichung' des männlichen Heroismus bedauert wurde, stellen neuere Untersuchungen die 'Friedensarbeit' literarischer Frauengestalten positiv heraus,[21] wobei die Prädestination der Frauen zu dieser Rolle nicht immer hinreichend begründet wird.[22]

Während diese Art von Differenzkonzepten noch in ein Fortschrittsmodell eines zumeist positiv verstandenen 'Zivilisationsprozesses' eingebettet sind, hat sich im Zuge der 'Postmoderne'-Debatte[23] ein völlig entgegengesetztes Geschichtsverständnis herausgebildet, das auch in der feministischen Literaturwissenschaft seit den 80er Jahren zu einer entscheidenden Wende geführt hat. Kennzeichnend für

---

Blüte, Ausklang 1170-1250, München 1974 (HELMUT DE BOOR – RICHARD NEWALD, Geschichte der deutschen Literatur 2), S. 10.

[18] NORBERT ELIAS, Über den Prozeß der Zivilisation. Soziogenetische und psychogenetische Untersuchungen [1939], 2 Bde., 20., neu durchges. und erw. Aufl. Frankfurt/M. 1997 (stw 158/159).

[19] S. ebd. S. 351-369.

[20] Eine konstruktiv-kritische Auseinandersetzung mit dieser Leerstelle in der Eliasschen Zivilisationstheorie bietet der Sammelband von GABRIELE KLEIN – KATHARINA LIEBSCH, Zivilisierung des weiblichen Ich, Frankfurt/M. 1997 (stw 1305).

[21] Vor allem der Titelfigur der ›Kudrun‹ wird diese Funktion attestiert, Näheres dazu s.u. bei Anm. 92-101.

[22] Reflektierter THEODOR NOLTE, Das Kudrunepos – ein Frauenroman? Tübingen 1985 (Untersuchungen zur deutschen Literaturgeschichte 38), S. 61-68, und INGRID BENNEWITZ, Lukretia, oder: Über die literarischen Projektionen von der Macht der Männer und der Ohnmacht der Frauen. Darstellung und Bewertung von Vergewaltigung in der ›Kaiserchronik‹ und im ›Ritter vom Thurn‹, in: DIES., Der frauwen buoch (Anm. 12), S. 113-134, hier bes. S. 134.

[23] S. dazu: Postmoderne. Zeichen eines kulturellen Wandels, hg. von ANDREAS HUYSSEN – KLAUS R. SCHERPE, Reinbek bei Hamburg 1986 (re 427). Zur feministischen Debatte: SEYLA BENHABIB – JUDITH BUTLER – DRUCILLA CORNELL – NANCY FRASER, Der Streit um Differenz. Feminismus und Postmoderne in der Gegenwart, Frankfurt/M. 1993 (Fischer 'ZeitSchriften').

diese mit den Schlagworten 'Poststrukturalismus' und 'Dekonstruktion' benannten Richtungen ist eine nun radikalisierte Kritik der modernen bzw. abendländischen Kultur[24] und eine vollständige Verabschiedung aller bisherigen Geschichts-, Subjekts- und Wahrheitsvorstellungen.[25] Ausgehend von einem Bündel vor allem französischer psychoanalytischer und sprachphilosophischer Theorien[26] wird zunächst eine in der Sprache, in der symbolischen Ordnung, im Diskurs, in der 'männlichen' aristotelischen Logik, im 'Phallogozentrismus'[27] der Kultur allgegenwärtige Verankerung von Mechanismen binärer Oppositionsbildungen diagnostiziert, wie z.B. Kultur : Natur, Geist : Körper, männlich : weiblich, weiß : schwarz, gesund : krank etc. Da diese Dichotomien wiederum, wie es heißt, immer eine Hierarchie und damit immer zugleich eine Ausgrenzung des jeweils 'Anderen', d.h. der Natur/der Wildnis, des Körpers, der Weiblichkeit, der 'Schwarzen', der Krankheit/des Wahnsinns etc., implizieren, müsse jeder Versuch einer positiv formulierten Utopie, die sich nicht selbst in den Fallen des binären Denkens verstricke, aufgegeben werden: Einzig möglich erscheint nur noch der Weg der literaturwissenschaftlichen 'Dekonstruktion' und der literarischen 'Subversion' in einer widerständigen Textpraxis, deren Spuren nun auch in der Literaturgeschichte aufgesucht werden.

---

[24] Die zeitliche Verortung dieser Kultur bleibt undeutlich, im Wechsel begegnen in verschiedenen Publikationen z.B. "abendländisch", "modern", "seit der Renaissance" oder "seit der Aufklärung".

[25] Auf die z.T. widersprüchlichen Abgrenzungen zwischen Poststrukturalismus und Dekonstruktivismus (das Verfahren der 'Dekonstruktion' wurde ursprünglich von Jacques Derrida entwickelt) kann hier nicht näher eingegangen werden. Einen Überblick zur Theoriegeschichte mit gut verständlichen Erklärungen bietet TERRY EAGLETON, Einführung in die Literaturtheorie, 3. Aufl. Stuttgart – Weimar 1994 (SM 246), hier bes. S. 110-137.

[26] Vor allem die psychoanalytischen Ansätze von Jacques Lacan, die Sprachphilosophie Jacques Derridas und die Theorie der Diskursanalyse Michel Foucaults; feministische Literaturtheorien beziehen sich darüber hinaus insbesondere auf Luce Irigaray, Hélène Cixous und/oder Julia Kristeva. Die einzelnen Ansätze werden in verschiedenen poststrukturalistischen und dekonstruktivistischen Strömungen jeweils unterschiedlich akzentuiert. Im einzelnen vorgestellt werden die genannten Theorien aus der Perspektive der feministischen Literaturwissenschaft von LENA LINDHOFF, Einführung in die feministische Literaturtheorie, Stuttgart – Weimar 1995 (SM 285); RENATE HOF, Die Grammatik der Geschlechter. *Gender* als Analysekategorie der Literaturwissenschaft, Frankfurt/M. – New York 1995; INGEBORG WEBER, Poststrukturalismus und écriture féminine: Von der Entzauberung der Aufklärung, in: Weiblichkeit und weibliches Schreiben. Poststrukturalismus, weibliche Ästhetik, kulturelles Selbstverständnis, hg. von I. W., Darmstadt 1994, S. 13-50. LINDHOFF und HOF nehmen dabei tendenziell zustimmende Positionen ein, während WEBERS Aufsatz eine radikale, sarkastisch-polemische Abrechnung mit dem gesamten Theoriefeld bietet. Ein sehr knapper, dennoch zur Einführung empfehlenswerter Überblick findet sich bei GISELA BRINKER-GABLER in der Einleitung der von ihr herausgegebenen Literaturgeschichte: Deutsche Literatur von Frauen, Bd. 1: Vom Mittelalter bis zum Ende des 18. Jahrhunderts, München 1988, S. 11-36.

[27] DERRIDA hat die Begriffe *phallozentrisch* und *logozentrisch*, die für den Poststrukturalismus aus psychoanalytischer und philosophischer Perspektive zentrale Charakterisierungen der modernen Gesellschaft darstellen, im Kompositum *phallogozentrisch* zusammengefaßt, s. bes.: JACQUES DERRIDA, Die Struktur, das Zeichen und das Spiel im Diskurs der Wissenschaft vom Menschen, in: DERS., Die Schrift und die Differenz, Frankfurt/M. 1976, S. 422-442.

In Frankreich und in den USA ist diese philosophisch-literaturwissenschaftliche Richtung stark rezipiert worden, in Deutschland wurde sie vor allem durch Sigrid Weigel bekanntgemacht,[28] die 'grande dame' der feministischen (neugermanistischen) Literaturwissenschaft.[29] Doch auch in der Mediävistik sind poststrukturalistische Ansätze inzwischen – zuerst in den USA,[30] dann aber auch in Deutschland – aufgegriffen worden. Von unmittelbarem Interesse für die Mediävistik erschien dabei zunächst die von Luce Irigaray und Hélène Cixous formulierte Variante, in der die im abendländischen Diskurs konstruierte 'Weiblichkeit' zu einem nun positiv konnotierten literarischen Widerstandsprogramm reformuliert wird, dem 'écrire-femme'. 'Weibliches Schreiben' wird bestimmt als körperbestimmtes und körpergebundenes Schreiben, als verflüssigtes, alogisches, 'ver-rücktes' Schreiben der Subversion gegen die phallisch-sprachliche, symbolische Ordnung und Vernunft. Eine solche Schreibweise wird nun nicht nur in Texten der literarischen Avantgarde (dazu gehören auch die eigenen Texte der Autorinnen) verortet, sondern bereits in der mittelalterlichen Frauenmystik (die vor allem in Deutschland literarisch produktiv wurde). So heißt es bei Irigaray: "Der einzige Diskurs des Abendlandes, den die Frauen gehalten haben, war der mystische Diskurs, und zwar ausschließlich in der christlichen Mystik. Dort gibt es etwas zu befragen, das es von jeglicher Unterwerfung unter die Gesetze der Diskursivität zu lösen gilt."[31]

---

[28] S. z.B. SIGRID WEIGEL, Frau und 'Weiblichkeit'. Theoretische Überlegungen zur feministischen Literaturkritik, in: Feministische Literaturwissenschaft. Dokumentation der Tagung in Hamburg vom Mai 1983, hg. von SIGRID WEIGEL – INGRID STEPHAN, Berlin 1984 (Literatur im historischen Prozeß N.F. 11), S. 103-113. WEIGEL stellt ihren eigenen Ansatz feministischer Literaturwissenschaft in den Horizont einer "'feministischen' bzw. 'weiblichen' Kulturkritik im Anschluß an Erkenntnisse der 'Kritischen Theorie' und an Verfahrensweisen der 'Dekonstruktion'", s. DIES., Rekonstruktion und Relektüre. Die Arbeit von Frauen in der Literaturwissenschaft als Teil weiblicher Kulturkritik, in: Feministische Erneuerung von Wissenschaft und Kunst, hg. von der Arbeitsgemeinschaft Interdisziplinäre Frauenforschung und Studien, Pfaffenweiler 1990 (Frauenforschung und Kunst von Frauen, Teilbd. 2), S. 171-182, hier S. 176.

[29] Zum gegenwärtigen Stand feministischer Literaturwissenschaft s. neben der in Anm. 26 und 28 genannten Literatur: SIGRID WEIGEL, Geschlechterdifferenz in der Literaturwissenschaft, in: Literaturwissenschaft. Ein Grundkurs, hg. von HELMUT BRACKERT – JÖRN STÜCKRATH, Reinbek bei Hamburg 1992 (re 523), S. 677-689; JUTTA OSINSKI, Kritik der feministischen Literaturwissenschaft, in: Kultureller Wandel und die Germanistik in der Bundesrepublik. Vorträge des Augsburger Germanistentages 1991, hg. von JOHANNES JANOTA, Bd. 2: Germanistik und Deutschunterricht im historischen Wandel, Tübingen 1993, S. 35-46; im 4. Bd. derselben Publikation über den Augsburger Germanistentag 1991 (Germanistik, Deutschunterricht und Kulturpolitik, Tübingen 1993, hier S. 247-290) werden unterschiedliche Positionen formuliert in der Dokumentation des Forums "Ansichten einer feministischen Literaturwissenschaft"; Heft 39/3 (1992) der Mitteilungen des Deutschen Germanistenverbandes beinhaltet wiederum zahlreiche Beiträge zum Leitthema "Geschlechterdifferenzen in Sprach- und Literaturwissenschaft", die zumeist ebenfalls Grundsatzpositionen markieren oder diskutieren.

[30] Vgl. den instruktiven Überblick zum gegenwärtigen Forschungsstand von ANN MARIE RASMUSSEN, Feminismus in der Mediävistik in Nordamerika, in: Mitteilungen des Deutschen Germanistenverbandes 39/3 (1992), S. 19-27.

[31] LUCE IRIGARAY, Die Frau, ihr Geschlecht und die Sprache, in: DIES., Unbewußtes, Frauen,

Von hier aus ist das Schlagwort vom 'mystischen Diskurs' in die neuere feministische Literaturtheorie und auch in Frauen-Literaturgeschichten eingegangen,[32] obwohl das Konzept des 'écrire-femme' wegen seiner wiederum biologistisch formulierten Geschlechtszuschreibungen bald schon erhebliche Kritik auf sich gezogen hat. Verbreiteter sind inzwischen andere poststrukturalistische Richtungen, die die Differenz-Konstruktion nicht nur umwerten, sondern ihr Funktionieren als solche im literarischen Text herausarbeiten und 'dekonstruieren'. In der gegenwärtig meistdiskutierten, von der US-amerikanischen Theoretikerin Judith Butler vorgebrachten Variante wird nun selbst die bislang noch als 'reale Grundlage' verstandene 'körperliche' Unterscheidung der Geschlechter als Produkt herrschender Diskurse aufgefaßt[33] – damit ist nun wiederum ein radikales Egalitätstheorem erreicht, das sich jedoch (zumindest vordergründig) ganz anderen weltanschaulichen Prämissen verdankt als das ältere, aufklärungs- und fortschrittsorientierte Emanzipations-Modell.

Es ist an der Zeit, sich auch in der germanistischen Mediävistik mit diesen neueren Kultur- und Literaturtheorien kritisch auseinanderzusetzen, und zwar aus mehreren Gründen: Erstens bestimmen sie immer mehr die feministische Diskussion in der neuphilologischen Literaturwissenschaft, wobei hier ein Theoriegefälle zur Altgermanistik zu konstatieren ist, das zunehmend die Kommunikation erschwert; zweitens reichen sie in der Irigarayschen Version sozusagen 'von sich aus' in das mediävistische Fachgebiet hinein; drittens fußen vor allem in der US-amerikanischen und der französischen Mediävistik immer mehr Arbeiten auf solchen Ansätzen, die zur kritischen Auseinandersetzung herausfordern; viertens führen die verschiedenen Theoreme zum Teil zu gänzlich unterschiedlichen Sichtweisen auf dieselben Phänomene: Während z.B. die Frühe Neuzeit aus der Sicht der Egalitäts- und Fortschrittstheorie als Beginn eines Emanzipationsprozesses für Frauen erscheint (vgl. Becker-Cantarino, s.o.), markiert dieselbe Epoche aus postmoderner Differenzperspektive hingegen "den Beginn der systematischen Vertreibung der Frau aus Kunst und Wissenschaft" und mit ihr die "Entlebendigung durch Maß, Teilung und Abstraktion".[34]

Psychoanalyse, Berlin 1977, S. 104-111, hier S. 106.
[32] Vgl. RENATE LACHMANN, Thesen zu einer weiblichen Ästhetik, in: Weiblichkeit oder Feminismus? Beiträge zur Interdisziplinären Frauentagung, Konstanz 1983, hg. von CLAUDIA OPITZ, Weingarten 1984, S. 181-194, hier S. 187 und 191. – Auf IRIGARAY und LACHMANN berufen sich z.B. MARGRET BÄUERLE – LUZIA BRAUN, "Ich bin heiser in der Kehle meiner Keuschheit". Über das Schreiben der Mystikerinnen, in: Frauen Literatur Geschichte. Schreibende Frauen vom Mittelalter bis zur Gegenwart, hg. von HILTRUD GNÜG – RENATE MÖHRMANN, Stuttgart 1985, S. 1-15.
[33] Vgl. JUDITH BUTLER, Das Unbehagen der Geschlechter, Frankfurt/M. 1991 (es N.F. 722); die Originalausgabe erschien 1990 unter dem Titel "Gender trouble".
[34] Der Widerspenstigen Zähmung. Studien zur bezwungenen Weiblichkeit in der Literatur vom Mittelalter bis zur Gegenwart, hg. von SYLVIA WALLINGER – MONIKA JONAS, Innsbruck 1986

Nach dieser einführenden – und notwendigerweise verkürzenden – Darstellung theoretischer Kontexte unterschiedlicher mediävistischer Perspektiven auf das Geschlechterverhältnis werden im folgenden zunächst einige methodische Hinweise zum Begriffsapparat der Frauen- und Geschlechterforschung gegeben und deren derzeitiger Standort innerhalb der germanistischen Mediävistik bestimmt (Kap. II). Im Anschluß daran soll der gegenwärtige Forschungsstand zu den drei Grundfragen feministischer Literaturwissenschaft – in Anwendung auf die mittelalterliche Literatur – in Umrissen skizziert werden,[35] d.h.:

1.) die Frage nach den Geschlechterbildern und -konstruktionen in der Literatur männlicher Autoren (Kap. III),

2.) die Rolle von Frauen im mittelalterlichen Literaturbetrieb (als Mäzeninnen, Rezipientinnen, Schreiberinnen und Autorinnen) (Kap. IV),

3.) die Frage nach spezifisch 'weiblicher Erfahrung' in Texten von Frauen und (weitergehend) nach einer 'anderen' Schreibweise von Frauen (Kap. V).

II

Bei der Mehrzahl der Strömungen 'frauenbewegter' Wissenschaft ist in den 80er Jahren ein Paradigmenwechsel vom Begriff 'Frauenforschung' zur 'Geschlechterforschung' eingetreten,[36] beeinflußt aus den USA, wo die inzwischen universitär etablierten *women studies* zunehmend in *gender studies* umbenannt wurden.[37] *Gender* bezeichnet dabei das sozial und kulturell konstruierte Geschlecht[38] im Gegensatz zu *sex* als 'biologischem' Parameter der Geschlechtszugehörigkeit.[39] In der

---

(Innsbrucker Beiträge zur Kulturwissenschaft, Germanistische Reihe 31), Vorbemerkung der Herausgeberinnen, S. 7.

[35] Vollständigkeit kann und soll hier nicht beansprucht werden.

[36] Beide können sich in pointierender Absicht als 'feministisch' bezeichnen, zum Begriff s. LUISE PUSCH, Feminismus und Frauenbewegung – Versuch einer Begriffsklärung, in: DIES., Inspektion (Anm. 3), S. 9-17.

[37] S. hierzu und zum folgenden RENATE HOF, Die Entwicklung der *Gender Studies*, in: Genus. Zur Geschlechterdifferenz in den Kulturwissenschaften, hg. von HADUMOD BUSSMANN – RENATE HOF, Stuttgart 1995 (Kröners Taschenausgabe 492), S. 2-33.

[38] Der Begriff *gender* impliziert damit weit mehr als der in der soziologischen Rollentheorie entwickelte Begriff der Geschlechter'rolle': eher allgemeine Geschlechts'zuschreibungen' und -konstruktionen, wie sie z.B. auch in den bereits erwähnten Dichotomisierungen Geist/Kultur = Männlichkeit : Körper/Natur = Weiblichkeit hergestellt werden. Kritisiert wurde der Begriff Geschlechter'rolle' vor allem deshalb, weil er die mit den 'Rollen' verbundenen Machtverhältnisse verschleiere, somit auch den Widerstand gegen diese hierarchisch angelegten Konstruktionen nicht erfassen und erklären könne; vgl. UTA KLEIN, Das Geschlechterverhältnis und die Soziologie, in: Soziologie – Zugänge zur Gesellschaft. Geschichte, Theorien und Methoden, hg. von GEORG KNEER – KLAUS KRAEMER – ARMIN NASSEHI, Münster – Hamburg 1994 (Münsteraner Einführungen – Soziologie 1), S. 191-223, hier S. 198 und S. 213; HOF (Anm. 37), S. 17-19.

[39] Die Unterscheidung zwischen einem kulturellen und einem 'natürlichen' Geschlecht ist in der

deutschen Sprache ist die Unterscheidung von *sex* und *gender* ebensowenig markierbar wie die Opposition *feminin* versus *female*, die Wörter 'Geschlecht' und 'weiblich' lassen hier keine Differenzierung zu. Ein neuerer Sammelband zur "Geschlechterdifferenz in den Kulturwissenschaften", 1995 herausgegeben von der Linguistin Hadumod Bußmann und der Literaturwissenschaftlerin Renate Hof, trägt deshalb versuchsweise den Begriff *Genus* (analog zu *gender*) im Obertitel.

Gender meint eine "grundlegende Kategorie sozialer, kultureller, historischer Realität, Wahrnehmung und Forschung",[40] die nun auch den Mann als Geschlechtswesen stärker in den Blick geraten läßt. Während bis dahin die traditionelle Forschung weiterhin Geschichte und Kulturprodukte von Männern unter dem Titel 'allgemeinmenschlicher Universalgeschichte' analysierte, in der der Mann das Allgemeine repräsentiert, Frauen hingegen in Sonderbereichen Frauenliteratur, Frauenbilder, Frauengeschichte etc. zum Gegenstand machten und sich mit der kulturell imaginierten 'Weiblichkeit' auseinandersetzten, wurde jetzt verstärkt eine Integration der Kategorie Geschlecht in sämtliche Forschungsperspektiven eingefordert. In jedem Spezialgebiet sollen die Konsequenzen der geographisch und historisch variierenden soziokulturellen Geschlechterdifferenz – hier und im folgenden verstanden als konstruierte, nicht 'reale' Differenz (mit allerdings weitreichender faktischer Wirkungsmacht) – ebenso selbstverständlich berücksichtigt werden wie die Kategorien Klasse, Schicht bzw. im Mittelalter Stand, *ordo*.

Diese Fragestellung hat in den vergangenen zwei Jahrzehnten eine Fülle von Forschungen und Ergebnissen hervorgebracht, die inzwischen auch zu Korrekturen und Differenzierungen ursprünglicher Annahmen geführt haben. Sowohl im Blick auf die Gegenwart wie auch auf die Geschichte steht die Einheit des Begriffs 'Frau' immer mehr in Frage, sind die Variationen der Geschlechtsmuster und die Differenzen unter Frauen (nach Klasse/Stand, ethnischer und religiöser Zugehörigkeit, Kultur) immer deutlicher geworden.[41] Somit kann nun auch nicht mehr von 'der' Frau in 'dem' Mittelalter oder in 'der' mittelalterlichen Literatur gesprochen werden, obwohl einige Arbeiten immer noch in dieser Weise betitelt sind.

---

derzeitigen Theorie-Debatte allerdings heftig umstritten, seitdem durch JUDITH BUTLER in ihrem weltweit rezipierten Buch "Gender trouble" (Anm. 33) die Existenz einer rein biologischen Geschlechtszugehörigkeit, frei von kulturellen Interpretationen und diskursiven Zuschreibungen, bestritten wurde: Damit würde sich die Unterscheidung *gender* versus *sex* zugunsten von *gender* auflösen. Zu dieser Debatte s. HOF (Anm. 37), S. 22-25, und den Diskussionsband von BENHABIB [u.a.] (Anm. 23).

[40] GISELA BOCK, Geschichte, Frauengeschichte, Geschlechtergeschichte, in: Geschichte und Gesellschaft 14 (1988), S. 364-391, hier S. 372.

[41] Dieser Perspektivenwechsel wurde zugleich forciert durch massive Kritik der 'schwarzen Frauenbewegung' an den weißen europäischen und US-amerikanischen Feministinnen.

Mit einer im Vergleich zur Neugermanistik erheblichen Verspätung hat die Frauen- bzw. Geschlechterforschung seit einigen Jahren nun auch in der germanistischen Mediävistik Fuß gefaßt und ist aus dem Stadium des beliebten Examens- und Dissertationsthemas inzwischen in die Kreise etablierter Wissenschaft gelangt.[42] Dies zeigen vor allem Arbeiten von Ingrid Bennewitz, Ingrid Kasten und Ursula Peters, die jeweils u.a. instruktive Überblicksaufsätze und (durchaus divergierende) Positionsbestimmungen vorgelegt haben.[43] Ein weiterer wichtiger Schritt war der 1997 in Xanten veranstaltete, erste dezidiert geschlechtergeschichtlich ausgerichtete Kongreß germanistischer Mediävistinnen und Mediävisten, der zugleich den Anschluß an die internationale theoretische Diskussion der *gender*-Forschung hergestellt hat.[44]

Gerade beim Blick auf die mittelalterliche Gesellschaft, die in erheblichem Maße sowohl im weltlichen und kirchlichen Recht, in der anthropologischen Theorie als auch in der sozialökonomischen Ordnung nicht nur nach Ständen, sondern quer dazu immer auch nach einem asymmetrischen System der Zweigeschlechtlichkeit strukturiert ist (mit Variationen in Zeit und Raum), ist inzwischen deutlich geworden, daß die Konstruktion der Geschlechterdifferenz auch in ihren kulturellen Ausprägungen nicht ignoriert werden kann. Das bedeutet, daß sie auch in den lite-

---

[42] Im Hinblick auf die ersten vereinzelten Arbeiten stellt sich das zeitliche Verhältnis zur Neugermanistik allerdings umgekehrt dar; vgl. RENATE MÖHRMANN, Feministische Ansätze in der Germanistik seit 1945, in: Jahrbuch für Internationale Germanistik 11 (1979), S. 63-84, hier S. 71, die damals noch "bahnbrechende Impulse von der sogenannten Altgermanistik ausgehen" sah. Im allgemeinen Wissenschaftsbetrieb der Altgermanistik sind diese Impulse aber erst im Zuge der Bemühungen von INGRID BENNEWITZ - z.B. durch den 1989 von ihr herausgegebenen Sammelband "*Der frauwen buoch*" (Anm. 12) - einer größeren Öffentlichkeit bekannt geworden. Die wesentlich zahlreicheren feministischen Neugermanistinnen hingegen haben bereits seit Beginn der 80er Jahre gemeinsam durch eigene Veranstaltungs- und Publikationsreihen auf sich aufmerksam gemacht, wodurch sehr viel früher starke Breitenwirkung und institutionelle Akzeptanz erreicht worden ist.

[43] INGRID BENNEWITZ, Mediävistische Germanistik und feministische Literaturwissenschaft. Versuch einer Positionsbestimmung, in: Kultureller Wandel und die Germanistik in der Bundesrepublik. Vorträge des Augsburger Germanistentages 1991, hg. von JOHANNES JANOTA, Bd. 3: Germanistik, Deutschunterricht und Kulturpolitik, Tübingen 1993, S. 280-286, hier S. 284; DIES., Frauenliteratur im Mittelalter oder feministische Mediävistik? Überlegungen zur Entwicklung der geschlechtergeschichtlichen Forschung in der germanistischen Mediävistik der deutschsprachigen Länder, in: ZfdPh 112 (1993), S. 383-393; URSULA PETERS, Frauenliteratur im Mittelalter? Überlegungen zur Trobairitzpoesie, zur Frauenmystik und zur feministischen Literaturbetrachtung, in: GRM N.F. 38 (1988), S. 35-56; DIES., Zwischen New Historicism und Gender-Forschung. Neue Wege der älteren Germanistik, in: DVjs 1997, S. 363-396; INGRID KASTEN, Weibliches Rollenverständnis in den Frauenliedern Reinmars und der Comtessa de Dia, in: GRM N.F. 37 (1987), S. 131-146. Daneben stehen zahlreiche weitere Publikationen der genannten Autorinnen wie auch z.B. von URSULA LIEBERTZ-GRÜN, WIEBKE FREYTAG, JOACHIM BUMKE, PETER DINZELBACHER und ALBRECHT CLASSEN in mehr oder weniger engem Bezug zur Geschlechterforschung.

[44] Der Tagungsband ist als Beiheft der ZfdPh erschienen: *manlîchiu wîp, wîplîch man*. Zur Konstruktion der Kategorien 'Körper' und 'Geschlecht' in der deutschen Literatur des Mittelalters. Internationales Kolloquium der Oswald von Wolkenstein-Gesellschaft, Xanten 8.-10. Oktober 1997, hg. von INGRID BENNEWITZ - HELMUT TERVOOREN, Berlin 1999.

rarischen Institutionen und Äußerungen mitgedacht werden muß (und zwar nicht nur dort, wo sie – wie z.B. beim Minnesang – immer schon offensichtlich wurde). Zugleich hat sich gezeigt, daß die aktuelle Debatte um das Geschlechterverhältnis auch in der mittelalterlichen und frühneuzeitlichen Literatur bereits ihre Vorläufer hat – sogar zum Teil mit sehr 'modern' anmutenden Argumentationsmustern.

Der gegenwärtige Forschungsstand ist in seiner Fülle mittlerweile schwer überschaubar, auch die divergierenden theoretischen Ansätze werden tendenziell eher unübersichtlicher. Im folgenden soll dennoch versucht werden, thematische Brennpunkte der Geschlechterforschung in der germanistischen Mediävistik zu benennen und auf Forschungslücken hinzuweisen, um die Bandbreite dessen, was bei neu entstehenden Arbeiten in diesem Bereich inzwischen mitbedacht werden muß, vorzuführen und Anregungen zu weiteren Fragestellungen zu geben. An dieser Stelle bleibt noch hinzuweisen auf die vielfältigen interdisziplinären Beziehungen zur Geschlechterforschung in der Geschichtswissenschaft, historischen Sprachwissenschaft, feministischen Theologie, Romanistik, Anglistik, Nordistik etc., wobei vor allem die neueren Publikationen der historischen Forschungen unerläßliche Hilfsmittel für die literaturwissenschaftliche Mediävistik darstellen.[45]

III

Der überwiegende Teil derjenigen Untersuchungen, die das Geschlechterverhältnis in der (zum allergrößten Teil von Männern verfaßten) mittelalterlichen L i t e - r a t u r im Auge haben, beschäftigt sich – bis in die jüngste Zeit hinein – nahezu ausschließlich mit dem 'Frauenbild' oder einzelnen motivischen Aspekten von Weiblichkeit, während männliche literarische Figuren oder 'Männlichkeit' als Konstruktion noch sehr selten zum Thema gemacht werden.[46] So tragen auch die in den 70er Jahren erschienenen Überblicksdarstellungen, die von einer von der Neuen Frauenbewegung beeinflußten Perspektive geprägt sind, durchgängig 'die Frau' im Titel.[47] In der Folgezeit sind Versuche, ein Gesamtpanorama 'des' Frauen-

---

[45] S. den Forschungsüberblick von HEDWIG RÖCKELEIN, Historische Frauenforschung. Ein Literaturbericht zur Geschichte des Mittelalters, in: Historische Zeitschrift 225 (1992), S. 377-409; ergänzend s. HANS-WERNER GOETZ, Frauen im frühen Mittelalter. Frauenbild und Frauenleben im Frankenreich, Weimar – Köln – Wien 1995; HEIDE WUNDER, "Er ist die Sonn', sie ist der Mond". Frauen in der Frühen Neuzeit, München 1994; Mittelalter, hg. von CHRISTINE KLAPISCH-ZUBER, Frankfurt/M. – New York 1993 (GEORGES DUBY – MICHELLE PERROT, Geschichte der Frauen, Bd. 2); EDITH ENNEN, Frauen im Mittelalter, 4., überarb. und erw. Aufl. München 1991. Instruktiv sind auch die Artikel 'Frau', 'Ehe', 'Familie' etc. im HRG und im LdMA.
[46] Zum Thema 'Männlichkeitskonzepte im Mittelalter' ist nun in den USA ein Sammelband erschienen: Medieval Masculinities: Regarding Men in the Middle Ages, ed. by CLARE A. LEES – THELMA FENSLER – JO ANN MCNAMARA, Minneapolis 1994 (Medieval Cultures 7).
[47] Vgl. SOETEMAN (Anm. 8) und BECKER [u.a.], Zum kulturellen Bild (Anm. 9). In den USA

bildes in mittelalterlicher volkssprachiger Literatur zu zeichnen, zugunsten von Einzelstudien zu gattungs-, autor- und werkspezifischen sowie stoff- und motivgeschichtlichen Aspekten aufgegeben worden, da immer deutlicher wurde, daß Globalaussagen zum Frauen- oder Geschlechterbild in der Literatur des Mittelalters aufgrund der immer differenzierteren Befunde nicht mehr möglich sind. So sind auch Buchtitel wie "Women as Protagonists and Poets in the German Middle Ages"[48] (1991) heute nur noch als thematische Klammern zu verstehen, die eine Reihe von Spezialuntersuchungen zu einer Sammlung oder einer Anthologie verschiedener 'feministischer Zugänge'[49] verbinden (noch deutlicher ist dieser mit Recht eingeschränkte Anspruch bei dem 1989 von Ingrid Bennewitz herausgegebenen Band mit dem Titel "*Der frauwen buoch*. Versuche zu einer feministischen Mediävistik" formuliert).[50] Der folgende Forschungsüberblick wird sich an der oben genannten Gliederung in gattungs-, autor- und werkspezifische, stoff- und motivgeschichtliche Studien orientieren.

Zum Bereich geistlicher Literatur sind geschlechterdifferenzierende Überlegungen im Hinblick auf die im 12. Jahrhundert forcierte Marienverehrung (auch in den Mariendichtungen) und Brautmystik (der Hohelied-Auslegungen) wie überhaupt zur Mystik (vor allem der 'Frauenmystik') verstärkt im Zusammenhang mit spezifischen Konstellationen des Literaturbetriebs und 'weiblichen' Frömmigkeitsformen angestellt worden – darauf wird in den Kapiteln IV und V zurückzukommen sein.[51]

Was das Geschlechterverhältnis in weltlicher Literatur betrifft, läßt sich die Darstellung gattungszentrierter Forschungen sowohl aus Gründen der literarischen Chronologie wie auch der übergreifenden Bedeutsamkeit der Fragestellung am besten mit dem M i n n e s a n g und dem vorwiegend an dieser Textgattung entzündeten wissenschaftlichen Disput zur höfischen Liebe[52] wie überhaupt zur hö-

---

erschien bereits 1975 eine gesamteuropäisch ausgerichtete Monographie zum Thema "Woman as Image in Medieval Literature" von JOAN FERRANTE (Untertitel: "From the Twelfth Century to Dante", New York).

[48] Women as Protagonists and Poets in the German Middle Ages. An Anthology of Feminist Approaches to Middle High German Literature, ed. by ALBRECHT CLASSEN, Göppingen 1991 (GAG 528).

[49] Vgl. den Untertitel des genannten Bandes.

[50] Vgl. auch den Titel des kürzlich in England publizierten Sammelbandes: Feminist Readings in Middle English Literature. The Wife of Bath and all her Sect, ed. by RUTH EVANS – LESLEY JOHNSON, London 1994.

[51] *Gender*-orientierte Motivstudien zur 'Jungfräulichkeit' und zum *cross-dressing* (Kleidertausch), die neben weltlicher Literatur auch Legendendichtung berücksichtigen, werden in Anm. 120 und 123 genannt.

[52] S. z.B. RÜDIGER SCHNELL, Die 'höfische' Liebe als 'höfischer' Diskurs über die Liebe, in: Curialitas. Studien zu Grundfragen höfisch-ritterlicher Kultur, hg. von JOSEF FLECKENSTEIN, Göt-

fischen Kultur⁵³ eröffnen. Hier ist ein Teilbereich derjenigen Forschungsfelder, die unter der Perspektive der Kategorie Geschlecht ins Blickfeld geraten, für die literaturwissenschaftliche Mediävistik 'immer schon' von zentralem Stellenwert gewesen, und zwar die Geschlechterbeziehung im engeren Sinne, also der Motivbereich Liebe und Ehe. So gilt die "Entdeckung der Liebe"⁵⁴ unter dem Leitbegriff der *minne* als besonderes Kennzeichen eines kulturellen Umbruchs, der einen zivilisatorischen Fortschritt markiere: Die lyrische und epische Gestaltung weltlicherotischer Mann-Frau-Beziehungen, die sich vom theologischen Verdikt gegen die sinnliche Geschlechtsliebe ebenso wie von den gewalthaften, frauenverachtenden Zügen der realen Geschlechterbeziehungen weitgehend entfernen, wird zum zentralen Merkmal einer 'höfisch' genannten Kultur und Literatur.

Während nun ältere Forschungen angesichts der auffallenden Verehrung der *vrouwe* im Konzept der *hôhen minne* noch direkt auf die Realität zurückschlossen ('die Frau' als Zentrum und "Stern" der höfischen Gesellschaft),⁵⁵ verweisen neuere Ansätze verstärkt auf das kontrastive Verhältnis zur realen Gewalt gegen Frauen,⁵⁶ darüber hinausgehend sprechen einige feministische Arbeiten – aus egalitätstheoretischer Perspektive – von einem systematischen Zusammenhang von Weiblichkeitsidolatrie ('-verehrung') und Frauenverachtung.⁵⁷ Andere wiederum machen einen 'emanzipativen' Gehalt zumindest des französischen Minnesangs geltend, im einzelnen untersucht werden dabei eventuelle Spuren weiblichen Gönnerinnen-Einflusses.⁵⁸ Schon in älteren Studien sind in diesem Zusammenhang Unter-

---

tingen 1990 (Veröffentlichungen des Max-Planck-Instituts für Geschichte 100), S. 231-301, mit weiterer Literatur.

⁵³ Einschlägig und auch zum Thema Geschlechterverhältnis sehr informativ: JOACHIM BUMKE, Höfische Kultur. Literatur und Gesellschaft im hohen Mittelalter, 8. Aufl. München 1997 (dtv 4442); s. auch DERS., Höfische Kultur. Versuch einer kritischen Bestandsaufnahme, in: PBB 114 (1992), S. 414-492, darin S. 449-452 zur Stellung der Frau in der höfischen Gesellschaft.

⁵⁴ S. dazu RÜDIGER SCHNELL, Unterwerfung und Herrschaft. Zum Liebesdiskurs im Hochmittelalter, in: Modernes Mittelalter. Neue Bilder einer populären Epoche, hg. von JOACHIM HEINZLE, Frankfurt/M. – Leipzig 1994, S. 103-133, hier S. 104 (mit weiterer Literatur); Konzepte der Liebe im Mittelalter, hg. von WOLFGANG HAUBRICHS, Göttingen 1990 (LiLi 74).

⁵⁵ Vgl. z.B. DE BOOR (Anm. 17), S. 9.

⁵⁶ Z.B. JOACHIM BUMKE, Liebe und Ehebruch in der höfischen Gesellschaft, in: Liebe als Literatur. Aufsätze zur erotischen Dichtung in Deutschland, hg. von RÜDIGER KROHN, München 1983, S. 25-45; SCHNELL, Unterwerfung (Anm. 54).

⁵⁷ BECKER [u.a.], Zum kulturellen Bild (Anm. 9), S. 25-28, sehen Parallelen zur Maria-Eva-Konzeption der Kirche. Zum Bild der *vrouwe* im Minnesang wird konstatiert, daß sie "[...] als Minnedame nicht um ihrer selbst willen dargestellt" sondern an einer – wenn auch angesehenen – Stelle steht, "die ihr in einem männlich konstruierten Vorstellungs- und Handlungsfeld vom Mann zugewiesen wird". Ebd. S. 27f.

⁵⁸ Z.B. bei URSULA LIEBERTZ-GRÜN, Zur Soziologie des 'amour courtois'. Umrisse der Forschung, Heidelberg 1977 (Euphorion Beih. 10); INGRID KASTEN, Frauendienst bei Trobadors und Minnesängern im 12. Jahrhundert. Zur Entwicklung und Adaption eines literarischen Konzepts, Heidelberg 1986 (GRM Beih. 5).

schiede im französischen und deutschen Minnesang – inhaltlicher und institutioneller Art – auf die in Deutschland offenbar geringere soziokulturelle Position (adliger) Frauen zurückgeführt worden.[59] Psychoanalytische und mentalitätsgeschichtliche Studien zu dieser Gattung haben hingegen vornehmlich die männliche Psyche (sexuelle Angst- bzw. Wunschphantasien) oder psychosoziale Abhängigkeitsbeziehungen zwischen männlichem Sänger und männlichem Gönner im Blick.[60]

Neuere dezidiert feministische Arbeiten zum Minnesang konzentrieren sich zum einen auf die Walthersche Lyrik mit ihrem vielfältigen Repertoire von Frauenrollen, die sich von der *vrouwe* der *hôhen minne* zum Teil deutlich entfernen,[61] zum anderen auf die Gesamtgruppe der sogenannten 'Frauenlieder' oder 'Frauenstrophen',[62] die (zumeist von männlichen Autoren) aus einer weiblichen Rollenperspektive formuliert sind. Somit geht es nun um das "Paradoxon weiblichen Sprechens"[63] im männlichen Text, um die "Inszenierung und Suggestion eines vorgeblich 'weiblichen' Begehrens durch den männlichen Autor".[64] Entsprechend wird in komparatistischen Untersuchungen die Frage nach einer eventuell 'authenti-

---

[59] Vgl. den Forschungsabriß von KASTEN, Frauendienst (Anm. 58), hier S. 15.

[60] S. z.B. BERND THUN, Geschlechterkultur und Minne. Ein Versuch zur Sozial-, Funktions- und Mentalitätsgeschichte des oberrheinischen Minnesangs im 12. Jahrhundert, in: *Minne ist ein swaerez spil. Neue Untersuchungen zum Minnesang und zur Geschichte der Liebe im Mittelalter*, hg. von ULRICH MÜLLER, Göppingen 1986 (GAG 440), S. 3-71; ULRICH MÜLLER, Die Ideologie der Hohen Minne: eine ekklesiogene Kollektivneurose? Überlegungen und Thesen zum Minnesang, ebd. S. 283-315; GEORGES DUBY, Über die höfische Liebe, in: DERS., Die Frau ohne Stimme. Liebe und Ehe im Mittelalter, Frankfurt/M. 1993 (Fischer Wissenschaft 1490), S. 81-90; RENÉE MEYER ZUR CAPELLEN, Die Hohe Frau im Minnesang und im Parzival. Ihre verborgene Funktion in einer Zeit sozialen Wandels, in: DIES. – ANNELORE WERTHMANN – MAY WIDMER-PERRENOUD, Die Erhöhung der Frau. Psychoanalytische Untersuchungen zum Einfluß der Frau in einer sich transformierenden Gesellschaft, Frankfurt/M. 1993 (stw 1061), S. 23-144.

[61] Z.B. INGRID BENNEWITZ, *vrouwe/maget*. Überlegungen zur Interpretation der sogenannten Mädchenlieder im Kontext von Walthers Minnesang, in: Walther von der Vogelweide, Beiträge zu Leben und Werk, hg. von HANS-DIETER MÜCK, Stuttgart 1989, S. 237-252; HEIKE SIEVERT, Die Konzeption der Frauenrolle in der Lyrik Walthers von der Vogelweide, in: BENNEWITZ, *Der frauwen buoch* (Anm. 12), S. 135-158; HUBERT HEINEN, Walthers ›Under der Linden‹. Its Function, Subtexts, and its Maltreated Maiden, in: Medieval German Literature. Proceedings from the 23rd International Congress on Medieval Studies, Kalamazoo, Michigan, May 5-8, 1988, ed. by ALBRECHT CLASSEN, Göppingen 1988 (GAG 507), S. 51-73.

[62] Vgl. die von INGRID KASTEN hg. Anthologie: Frauenlieder des Mittelalters. Zweisprachig, Stuttgart 1990 (RUB 8630 [4]), mit einleitender Gattungsdiskussion; daneben HUBERT HEINEN, The Woman's Songs of Hartmann von Aue, ed. by JOHN F. PLUMMER, in: Vox Feminae, Studies in Medieval Woman's Songs, Kalamazoo 1981 (Studies in Medieval Culture 15). – Zur Kritik an den Begriffen 'Frauenlied' und 'Frauenstrophe' s. BENNEWITZ, Frauenliteratur (Anm. 43), S. 389.

[63] INGRID BENNEWITZ, Das Paradoxon weiblichen Sprechens im Minnesang, in: Mediaevistik 4 (1991), S. 21-36.

[64] INGRID BENNEWITZ, Mediävistische Neuerscheinungen aus dem Bereich der Frauen- und Geschlechtergeschichte, in: ZfdPh 113 (1994), S. 416-426, hier S. 416, in ihrer positiven Rezension von: ANN MARIE RASMUSSEN, Representing Woman's Desire: Walther's Woman's Stanzas *Ich hoere iu sô vil tugende jehen* (L 43,9), *Under der linden* (L 39,11), and *Frô Welt* (L 100,24), in: CLASSEN, Women as Protagonists (Anm. 48), S. 69-85.

scheren' weiblichen Perspektive an die Lieder französischer Minnesängerinnen (den sog. Trobairitz) herangetragen (vgl. Kap. V).

Fragen nach literarischen Geschlechterbildern im Bereich der höfischen Lyrik haben sich bislang vorwiegend auf den Minnesang konzentriert;[65] aus dem Feld der S p r u c h d i c h t u n g werden vorrangig die spätmittelalterlichen Sprüche im Hinblick auf die neuen Ehelehren und Familienmodelle – meist im Zusammenhang mit anderen Gattungen – untersucht.[66]

Eine Vielzahl von Forschungsfeldern im Bereich der Geschlechterdifferenz, die zwar auch, aber nicht nur auf den Aspekt der Geschlechterbeziehung konzentriert sind, eröffnet sich im Hinblick auf die höfische Epik.[67] Zahlreiche Untersuchungen liegen mittlerweile zum A r t u s r o m a n bzw. zu einzelnen Artusromanen vor; einen z.T. sehr avancierten Stand theoretischer Reflexion innerhalb der *gender*-Forschung weisen einige Aufsätze des 1995 von Friedrich Wolfzettel herausgegebenen Kongreßbandes "Geschlechterrollen im Artusroman" auf.[68] Hier wird stellenweise tatsächlich die wechselseitige Bezogenheit von imaginierter Weiblichkeit und Männlichkeit in den Blick genommen, wobei der Focus oft auf das Thema der *effeminatio* (Verweiblichung) gerichtet ist.[69] Andernorts beschränkt sich die Mehrzahl der Forschungen jedoch weiterhin bei Fragen des Geschlechts

---

[65] INGRID BENNEWITZ, *Vrouwe/maget/ubeles wîp*. Alterität und Modernität mittelalterlicher Frauenbilder in der zeitgenössischen Rezeption, in: Feministische Wissenschaft. Methoden und Perspektiven. Beiträge zur 2. Salzburger Ringvorlesung, hg. von KATRINA BACHINGER – INGRID BENNEWITZ – GABRIELE BLAIKNER-HOHENWART – GERTRAUD STEINER, Stuttgart 1990 (SAG 243), S. 121-144, hier S. 131, spricht in bezug auf herkömmliche Thesen zum Frauenbild des Minnesangs von einer "historisch-philologischen Überschätzung des Minnesangs, der eigentlich nur einen winzigen Bruchteil der mittelhochdeutschen Lieddichtung ausmacht".

[66] ELISABETH KELLER, Die Darstellung der Frau in Fastnachtspiel und Spruchdichtung von Hans Rosenplüt und Hans Folz, Frankfurt/M. 1992; SUSANNE BARTH, Jungfrauenzucht. Literaturwissenschaftliche und pädagogische Studien zur Mädchenerziehungsliteratur zwischen 1200 und 1600, Stuttgart 1994, S. 96-106 (zum Meistergesang S. 116-121); MICHAEL DALLAPIAZZA, Minne, hûsêre und das ehlich leben. Zur Konstitution bürgerlicher Lebensmuster in spätmittelalterlichen und frühhumanistischen Didaktiken, Frankfurt/M. – Bern 1981, S. 52-70. Zu Frauen in der Spruchdichtung des 13. Jahrhunderts s. auch die knappen Ausführungen bei JOACHIM BUMKE, Die Rolle der Frau im höfischen Literaturbetrieb, in: DERS., Mäzene im Mittelalter. Die Gönner und Auftraggeber der höfischen Literatur in Deutschland 1150-1300, München 1979, S. 231-247, hier S. 245-247.

[67] Eher selten sind dabei allgemeine Aussagen zur Epik insgesamt gemacht worden – so z.B. von LEWIS (Anm. 9).

[68] Allerdings mit dem Schwerpunkt auf dem frz. Artusroman: Arthurian Romance and Gender = Masculin / Féminin dans le roman arthurien médiéval = Geschlechterrollen im mittelalterlichen Artusroman. Ausgewählte Akten des XVII. Internationalen Artuskongresses, hg. von FRIEDRICH WOLFZETTEL, Amsterdam – Atlanta 1995 (Internationale Forschungen zur Allgemeinen und Vergleichenden Literaturwissenschaft 10).

[69] AD PUTTER, Arthurian Literacy and the Rhetoric of 'Effeminacy', in: WOLFZETTEL (Anm. 68), S. 34-49; JEANNE A. NIGHTINGALE, Erec in the Mirror: The Feminization of the Self and the Re-invention of the Chivalric Hero in Chrétien's First Romance, ebd. S. 130-146.

auf die Frage nach dem 'Frauenbild', während das männliche Romanpersonal traditionell in geschlechts-'neutraler' Perspektive gesehen wird.[70]

Was den deutschsprachigen Artusroman betrifft, haben seit jeher die Frauengestalten Hartmanns von Aue, allen voran Enite im ›Erec‹, aber auch Laudine im ›Iwein‹, der Forschung Rätsel aufgegeben und zu einer Fülle divergierender Interpretationen geführt. Vor allem für den ›Erec‹ gilt immer noch das Diktum Ingrid Hahns in ihrem wegweisenden Aufsatz zur Frage nach 'Enites Schuld': "[...] bis heute gewinnt die Erec-Forschung aus der Einbindung des Frauenparts ihren eigentlichen Diskussionspunkt."[71] Weitere neuere Untersuchungen, die sich kritisch mit dem Frauenbild Hartmanns – meist im Vergleich mit den Vorlagen Chrétiens – auseinandersetzen, beschäftigen sich weiterhin mit Enite, aber auch mit der Fee Morgane,[72] während die Hartmannsche Laudine nach der einschlägigen Interpretation von Volker Mertens[73] offenbar weniger Aufmerksamkeit erfährt. Anders ist die Situation bezüglich der französischen Vorlage: Hier sind Laudine wie auch ihre auffallend handlungsaktive Vertraute und Dienerin Lunete neuerdings

---

[70] Ausnahmen: URSULA LIEBERTZ-GRÜN, Kampf, Herrschaft, Liebe. Chrétiens und Hartmanns Erec- und Iweinromane als Modelle gelungener Sozialisation im 12. Jahrhundert, in: The Graph of Sex and the German Text: Gendered Culture in Early Modern Germany 1500-1700, ed. by LYNNE TATLOCK, Amsterdam – Atlanta 1994 (Chloe 19), S. 297-328; SUSAN SIGNE MORRISON, Displaced Rivalry in Hartmann von Aue's ›Iwein‹, in: ABäG 25 (1986), S. 45-62; WENDY STERBA, The Question of Enite's Transgression: Female Voice and Male Gaze as Determining Factors in Hartmann's Erec, in: CLASSEN, Women as Protagonists (Anm. 48), S. 57-68.

[71] INGRID HAHN, Die Frauenrolle in Hartmanns ›Erec‹, in: Sprache und Recht. Beiträge zur Kulturgeschichte des Mittelalters. Festschrift für Ruth Schmidt-Wiegand zum 60. Geburtstag, hg. von KARL HAUCK [u.a.], Bd. 1, Berlin 1986, S. 172-190, hier S. 172. – Eine von HAHNs Position abweichende Auffassung zu Enites Rolle wird in diesem Band in dem Aufsatz von VOLKER HONEMANN zum ›Erec‹ (S. 89-121) vertreten.

[72] Abgesehen von der älteren Überblicksarbeit von EVA-MARIA CARNE, Die Frauengestalten bei Hartmann von Aue. Ihre Bedeutung im Aufbau und Gehalt der Epen, Marburg 1970 (Marburger Beiträge zur Germanistik 31): STERBA (Anm. 70); VOLKER MERTENS, Enide – Enite. Projektionen weiblicher Identität bei Chrétien und Hartmann, in: Erec ou l'ouverture du monde arthurien, Greifswald 1993, S. 61-74; SABRINA GRASSI, L'importanza della bellezza di Enite nell'›Erec‹ di Hartmann von Aue, in: Studi di epica arturiana = Studien zur Artusepik. A cura di MICHAEL DALLAPIAZZA – PAOLA SCHULZE-BELLI, Trieste 1993 (Studi tergestini sul Medioevo 2), S. 77-84; LUCIA ANTONINI: Fâmurgân nell'›Erec‹ di Hartmann von Aue e i suoi legami con le divinità dell' ›altro mondo‹ celtico, ebd. S. 65-76. – Inzwischen liegen auch Untersuchungen zu den Frauenfiguren in Hartmanns höfisch-legendenhaften Erzählungen vor: INGRID KASTEN, Schwester, Geliebte, Mutter, Herrscherin: die weibliche Hauptfigur in Hartmanns ›Gregorius‹, in: PBB 115 (1993), S. 400-420; zum ›Armen Heinrich‹ s. MARIANNE WYNN, Heroine without a Name: The Unnamed Girl in Hartmann's Story, in: German Narrative Literature of th Twelfth and Thirteenth Century. Studies presented to Roy Wisbey on his Sixty-Fifth Birthday, ed. by VOLKER HONEMANN – MARTIN H. JONES – ADRIAN STEVENS – DAVID WELLS, Tübingen 1994, S. 245-259.

[73] VOLKER MERTENS, Laudine. Soziale Problematik im ›Iwein‹ Hartmanns von Aue, Berlin 1978 (ZfdPh Beih. 3), der die Figur nicht – wie GÖTTNER-ABENDROTH (Anm. 14) – stoffgeschichtlich-mythologisch (als ehemalige keltische Göttin) betrachtet, sondern aus sozial- und rechtshistorischer Sicht in ihrer Rolle als Landesherrin.

im Kontext von "Weiblichkeitskonzepten"[74] bzw. in vergleichender, psychoanalytischer und mythengeschichtlicher Perspektive von 'Weiblichkeit' und 'Männlichkeit' interpretiert worden.[75] – Von den späteren Artusromanen wurden aus feministischer Sicht inzwischen Heinrichs von dem Türlîn ›Diu Crône‹ (im Hinblick auf die Darstellung der Vergewaltigung der Ginover, Vv. 11719-11746) und Strickers ›Daniel von dem blühenden Tal‹ untersucht.[76]

Zu den Artusromanen im weiteren Sinne zählen auch der ›Tristan‹-Roman Gottfrieds von Straßburg und der Gralsroman ›Parzival‹ von Wolfram von Eschenbach. Im ›Tristan‹ sind aufgrund des Themas der ehebrecherischen Liebe zwischen Tristan und Isolde Fragen der Geschlechterbeziehung von großer Bedeutung für die Forschung, vor allem aber hat der sogenannte *huote*-Exkurs (Vv. 17858-18114) (oder "Frauenexkurs")[77] besondere Aufmerksamkeit gefunden: das Räsonnement des Erzählers über die negativen Folgen der gesellschaftlichen *huote* für die Frau und eine – am dezidiertesten wohl bei Tomas Tomasek[78] – als konkrete Utopie gedeutete Skizze möglicher (irdischer) weiblicher Identität und Freiheit. Auf Fragen des Geschlechterverhältnisses im ›Tristan‹ konzentrierte Studien der letzten Jahre haben zum einen Vergleiche mit anderen höfischen Epen zum Thema[79] oder gehen in stoffgeschichtlicher – d.h. hier meist matriarchatsgeschichtlicher, differenzorientierter – Perspektive besonders auf die Figur (bzw. die drei Figuren) der Isolde ein.[80]

Im ›Parzival‹ Wolframs von Eschenbach, der in den USA nun auch einer explizit 'weiblichen Lektüre' unterzogen wird,[81] sind für die Geschlechterfrage

---

[74] PETER IHRING, Die überlistete Laudine. Korrektur eines antihöfischen Weiblichkeitskonzepts in Chrétiens ›Yvain‹, in: WOLFZETTEL (Anm. 68), S. 147-159.

[75] ROSEMARIE DEIST, Sun and Moon: Constellations of Character in Gottfried's ›Tristan‹ and Chrétiens ›Yvain‹, in: WOLFZETTEL (Anm. 68), S. 50-65.

[76] SUSAN SAMPLES, The Rape of Ginover in Heinrich von dem Türlîn's ›Diu Crône‹, in: WOLFZETTEL (Anm. 68), S. 196-205; ALBRECHT CLASSEN, The Role of Women in Stricker's Courtly Romance ›Daniel von dem blühenden Tal‹, in: DERS., Women as Protagonists (Anm. 48), S. 87-103.

[77] RÜDIGER SCHNELL, Der Frauenexkurs in Gottfrieds Tristan (V. 17858-18114). Ein kritischer Kommentar, in: ZfdPh 103 (1984), S. 1-26.

[78] Vgl. TOMAS TOMASEK, Die Utopie im ›Tristan‹ Gotfrids von Straßburg, Tübingen 1985 (Hermaea N.F. 49), bes. S. 180-211; INGRID HAHN, *daz lebende paradis* (Tristan 17858-18114), in: ZfdA 92 (1963), S. 184-195.

[79] DEIST (Anm. 75); MICHAEL DALLAPIAZZA, Männlich-Weiblich: Bilder des Scheiterns in Gottfrieds ›Tristan‹ und Wolframs ›Titurel‹, in: WOLFZETTEL (Anm. 68), S. 176-182.

[80] MARION MÄLZER, Die Isolde-Gestalten in den mittelalterlichen Tristan-Dichtungen. Ein Beitrag zum diachronischen Wandel, Heidelberg 1991 (Beiträge zur älteren Literaturgeschichte), S. 217-225 (s. dazu die kritische Rezension von INGRID BENNEWITZ, in: ZfdPh 113 (1994), S. 420f.); ALBRECHT CLASSEN, Matriarchy Versus Patriarchy: The Role of the Irish Queen Isolde in Gottfried von Straßburg's ›Tristan‹, in: Neophilologus 73 (1989), S. 77-89; BRIGITTE SCHÖNING, Name ohne Person. – Auf den Spuren der Isolde Weißhand, in: BENNEWITZ, Der frauwen buoch (Anm. 12), S. 159-178.

[81] SUSAN SIGNE MORRISON, A Feminist Reader-response to Wolfram's von Eschenbach

zunächst die Liebesbeziehungen relevant sowie die häufig misogynen Sentenzen im Erzählerkommentar; aber auch die auffällig-bedeutsamen Verwandtschaftslinien (matrilinear versus patrilinear) und die damit verbundene Zuordnung der zwei 'Welten' Artusreich und Gralsreich zur 'Vaterwelt' und 'Mutterwelt' sind im Hinblick auf die Konstruktion von Geschlechterdifferenz von großer Tragweite.[82] Aus dem vielgestaltigen weiblichen Personeninventar wurden vor allem Kundrie, Orgeluse und Herzeloyde (wie überhaupt eher das "Leid der Frauen" im ›Parzival‹) ins Zentrum von Einzelstudien gerückt,[83] die auch in motivgeschichtlichen Untersuchungen zur häßlichen Frau (Kundrie), zur Zähmung der Widerspenstigen (Orgeluse) oder zur Mutter (Herzeloyde) eine Rolle spielen. – Zum Geschlechterverhältnis im ›Titurel‹ Wolframs von Eschenbach liegt neuerdings eine kurze Vergleichsstudie vor, mehr Beachtung fand bislang jedoch Wolframs ›Willehalm‹ mit der Figur der Gyburg, einer Frauengestalt, die sowohl als 'kämpfende Frau' wie als Sprecherin der sogenannten 'Toleranzrede' die Aufmerksamkeit der Forschung auf sich gezogen hat.[84]

Die Fragen von bewaffnetem Kampf und Friedensarbeit werden in bezug auf 'Weiblichkeit' und 'Männlichkeit' neben den oben genannten Beispielen auch in anderen Bereichen des höfischen Epos, z.B. im A n t i k e n r o m a n ›Eneit‹ Heinrichs von Veldeke am Beispiel der amazonenhaften Camilla,[85] vor allem aber

---

Parzival. The Position of the Female Reader, in: Lesarten. New Methodologies and Old Texts, hg. von ALEXANDER SCHWARZ, Bern 1990 (Tausch 2), S. 125-140 (zur rhetorischen Manipulation des weiblichen Publikums durch den Erzähler).

[82] JOACHIM BUMKE, Geschlechterbeziehungen in den Gawanbüchern von Wolframs ›Parzival‹, in: ABäG 38/39 (1994), S. 105-121; zur Einführung und Orientierung s. JOACHIM BUMKE, Wolfram von Eschenbach, 6., neu bearb. Aufl. Stuttgart 1991 (SM 36), S. 132-135, zur Liebesthematik und zum Frauenbild; S. 139-141 zur Artusreich/Gralsreich-Opposition.

[83] Zu Kundrie s. CRISTINA ZUIN, Kundry: dalla *pucelle laide* alla *Urteufelin*. Wolfram e Wagner, in: DALLAPIAZZA – SCHULZE-BELLI (Anm. 72), S. 85-113; zu Orgeluse s. LILO SZLAVEK, Der Widerspenstigen Zähmung in (sic!) ›Parzival‹, in: WALLINGER – JONAS (Anm. 34), S. 43-65; zu Herzeloyde s. ANNEMARIE EDER, Macht- und Ohnmachtstrukturen im Beziehungsgefüge von Wolframs ›Parzival‹. Die Herzeloydentragödie, in: BENNEWITZ, *Der frauwen buoch* (Anm. 12), S. 179-212; zum "Leid der Frauen" im ›Parzival‹ s. neben den Genannten auch HELMUT BRACKERT, *der lac an riterschefte tôt*. Parzival und das Leid der Frauen, in: *Ist zwîvel herzen nâchgebûr*. Günther Schweikle zum 60. Geburtstag, hg. von RÜDIGER KRÜGER – JÜRGEN KÜHNEL – JOACHIM KUOLT, Stuttgart 1989 (Helfant-Studien 5), S. 143-163.

[84] Zum ›Titurel‹ s. DALLAPIAZZA, Männlich-Weiblich (Anm. 79). Zum ›Willehalm‹ bzw. zu Gyburg s. ELKE UKENA-BEST, Die Klugheit der Frauen in Wolframs von Eschenbach ›Willehalm‹. Ein Beitrag zur Erforschung des Frauenbildes in der höfischen Epik des deutschen Mittelalters, in: Zwischen Schrift und Bild. Entwürfe des Weiblichen in literarischer Verfahrensweise, hg. von CHRISTINE KRAUSE – SYLVIA MAYER – MARGRET SCHUCHARD – AGNES SPECK, Heidelberg 1994 (Heidelberger Frauenstudien 1), S. 5-40; EVA SCHÄUFELE, Normabweichendes Rollenverhalten: Die kämpfende Frau in der deutschen Literatur des 12. und 13. Jahrhunderts, Göppingen 1979 (GAG 272), S. 35-97.

[85] URSULA SCHULZE, *si ne tet niht alse ein wib*. Intertextuelle Variationen der amazonenhaften Camille, in: Deutsche Literatur und Sprache von 1050-1200. Festschrift für Ursula Hennig zum 65.

anhand der H e l d e n e p e n ›Nibelungenlied‹ und ›Kudrun‹ diskutiert.[86] Während die Frauengestalten der Artusromane in vielen Studien aus stoffgeschichtlicher Perspektive zu den Feen- und Göttinnengestalten keltischer Mythologie zurückverfolgt worden sind, eröffnet sich bei den deutschen Heldenepen der Blick auf den germanischen Sagenkreis,[87] wobei vor allem die Brünhild des ›Nibelungenliedes‹ wiederum zum Anlaß für Spekulationen über matriarchale Wurzeln geworden ist.[88] Daneben ist natürlich Kriemhild mit ihren höfischen und andererseits gänzlich antihöfischen Zügen Gegenstand jahrhundertelanger Diskussionen und Interpretationen gewesen.[89] Neuerdings wird nun auch weiblichen Nebenfiguren wie der Figur der Helche im ›Nibelungenlied‹ und Hildeburg im ›Kudrun‹-Epos besondere Aufmerksamkeit geschenkt,[90] andere Studien verfolgen motivische Aspekte wie "mütterliche Loyalität" oder "Schwestern" und "Bräute" in diesen Werken.[91]

Geburtstag, hg. von ANNEGRET FIEBIG – HANS-JOCHEN SCHIEWER, Berlin 1995, S. 235-260. Zu Camilla und anderen Amazonen in mhd. Antikenromanen s. CLAUDIA BRINKER-VON DER HEYDE, *ez ist ein rehtez wîphere*. Amazonen in mittelalterlicher Dichtung, in: PBB 119 (1997), S. 399-424.

[86] Allgemein zu den Frauengestalten im mhd. Heldenepos s. RUTH H. FIRESTONE, Women in Middle High German Heroic Epics: A Survey, in: Proceedings of the Twelfth European Studies Conference, Cedar Falls, University of Northern Iowa 1988 (European Studies Journal 1988), S. 119-127; ANNEMARIE LAUBSCHER, Die Entwicklung des Frauenbildes im mittelhochdeutschen Heldenepos, Diss. Würzburg 1954.

[87] Zu den altisländischen Sagas s. bes. CAROL CLOVER, Regardless of Sex: Men, Women, and Power in Early Northern Europe, in: Studying Medieval Women. Sex, Gender, Feminism, ed. by NANCY F. PARTNER, Cambridge/M. 1993 (Speculum Book), S. 61-85; daneben auch: ROLF HELLER, Die literarische Darstellung der Frau in den Isländersagas, Halle/S. 1958 (Saga 2); SUSAN CLARC, "Cold are the Counsels of Women": The Revengeful Woman in Icelandic Family Sagas, in: CLASSEN, Women as Protagonists (Anm. 48), S. 1-27.

[88] Zuerst bei GÖTTNER-ABENDROTH, Die Göttin (Anm. 14); jetzt auch: ALBRECHT CLASSEN, Matriarchalische Strukturen und Apokalypse des Matriarchats im ›Nibelungenlied‹, in: IASL 16 (1991), S. 1-31; DERS., The Defeat of the Matriarch Brünhild in the Nibelungenlied, with Some Thoughts on Matriarchy as Evinced in Literary Texts, in: *Waz sider da geschach*. American-German Studies on the Nibelungenlied. Text and Reception, hg. von WERNER WUNDERLICH – ULRICH MÜLLER, Göppingen 1992 (GAG 564), S. 89-110.

[89] Vgl. WALTER SEITTER, Versprechen, versagen. Frauenmacht und Frauenästhetik in der Kriemhild-Diskussion des 13. Jahrhunderts, Berlin 1990; INGRID BENNEWITZ, Das Nibelungenlied – *ein puech von Chrimhilt*? Ein geschlechtergeschichtlicher Versuch zum ›Nibelungenlied‹ und seiner Rezeption, in: Die Rezeption des ›Nibelungenliedes‹. 3. Pöchlarner Heldenliedgespräch 1993, hg. von KLAUS ZATLOUKAL, Wien 1995 (Philologica germanica 16), S. 33-52; ALFRED KARNEIN, Aspekte der Geschlechterbeziehungen im Nibelungenlied und bei Richard Wagner, in: Prospero 1, Trieste 1994, S. 76-89; MARGARETHE SPRINGETH, Nibelungenrezeption im Spätmittelalter (Hs. k): Die Veränderung des geschlechtsspezifischen Rollenverhaltens in der Beziehung zwischen Krenhilt und Seyfrit an der Wende zur Neuzeit, in: JOWG 9 (1996/1997), S. 425-440.

[90] RUTH H. FIRESTONE, Queen Helche the Good: Model for Noblewomen, in: CLASSEN, Women as Protagonists (Anm. 48), S. 117-145. – BARBARA SIEBERT, Hildeburg im Kudrun-Epos. Die bedrohte Existenz der ledigen Frau, in: BENNEWITZ, *Der frauwen buoch* (Anm. 12), S. 213-226. SIEBERT vergleicht Hildeburg auch mit Brangäne, der (ledig bleibenden) Nebenfigur im ›Tristan‹. Zu den ledigen Frauen im Artusroman s. neuerdings ANGELICA RIEGER, Balade des demoiselles du temps jadis. Essai sur l'entrée en scène des personnages féminins dans les romans de Chrétien de Troyes, in: WOLFZETTEL (Anm. 68), S. 79-103.

[91] SUSANN SAMPLES, Maternal Loyalty in the ›Nibelungenlied‹ and ›Kudrun‹, in: Von Otfrid von

Am frappierendsten ist aber wohl der gegenwärtige Forschungsstreit um die Frage, welches der beiden Epen (›Nibelungenlied‹ oder ›Kudrun‹) im Hinblick auf die Gestaltung der weiblichen Hauptfiguren[92] 'frauenfreundlicher' sei. Schon Hugo Kuhn[93] und nach ihm Werner Hoffmann[94] hatten die ›Kudrun‹ als eine 'Antwort' auf das ›Nibelungenlied‹ bezeichnet und in der Figur der leidensfähigen und versöhnungsbereiten Kudrun einen "Antityp"[95] zu der von unerbittlichem Rachewillen getriebenen Kriemhild gesehen. Zu dieser Frage ist nun ein merkwürdiger Dissens gerade in der im weiteren Sinne patriarchatskritisch orientierten Forschung entstanden: Während Berta Lösel-Wieland-Engelmann bereits vor einiger Zeit – aus egalitätsorientierter Sicht – im ›Nibelungenlied‹ ein "feministisches Manifest" und in Kriemhild und Brünhild "sehr aktive, selbständige und selbstbewußte Frauen, die es nicht dulden wollen, daß Männer 'korrigierend' in ihre Lebensgestaltung eingreifen", sah,[96] hat Theodor Nolte[97] die These Hugo Kuhns aufgegriffen, der vielmehr das Kudrunepos als einen "Frauenroman" bezeichnet, der gerade der "Frauentragödie ›Nibelungenlied‹" ein "Rechts- und Friedensbild der Frau" entgegensetze.[98] Die älteren Positionen gehen dabei recht offensichtlich von den Naturzuschreibungen des 19. Jahrhunderts aus (in dieser ontologischen Differenzvariante erscheint die 'reine' Frau als der 'bessere Mensch'); Nolte jedoch greift bei seiner Analyse der 'weiblichen Leidensfähigkeit' in der ›Kudrun‹ zunächst auf materialistische Ansätze und sozialgeschichtliche Untersuchungen zurück, um schließlich zu konstatieren: Die Bezeichnung 'Frauenroman' sei für dieses Epos

---

Weißenburg bis zum 15. Jahrhundert. Proceedings from the 24th International Congress on Medieval Studies, May 4-7, 1989, ed. by ALBRECHT CLASSEN, Göppingen 1991 (GAG 539), S. 103-112; THEODOR NOLTE, Wiedergefundene Schwester und befreite Braut: Kudrunepos und Balladen, Stuttgart 1988.

[92] Sowohl Brünhild und Kriemhild als auch Kudrun wird Unrecht zugefügt, die Reaktionen sind aber gegensätzlich. SEITTER (Anm. 89), S. 97, sieht auch noch strukturelle Parallelen im "Problem der 'schwierigen, ja der unmöglichen Frau' (aus dem Blickwinkel des erotisch, konjugal interessierten Mannes)".

[93] HUGO KUHN, Kudrun, in: Münchener Universitätswoche an der Sorbonne, München 1956, S. 134-145, wieder in: Nibelungenlied und Kudrun, hg. von HEINZ RUPP, Darmstadt 1976 (WdF 54), S. 502-514.

[94] WERNER HOFFMANN, Die ›Kudrun‹. Eine Antwort auf das Nibelungenlied, in: RUPP (Anm. 93), S. 599-620.

[95] KUHN (Anm. 93), S. 506; HOFFMANN (Anm. 94), S. 609. Vgl. auch die knappe Forschungsdiskussion bei NOLTE, Kudrunepos (Anm. 22), S. 1-3.

[96] BERTA LÖSEL-WIELAND-ENGELMANN, Die wichtigsten Verdachtsmomente für eine weibliche Verfasserschaft des Nibelungenliedes, in: PUSCH, Inspektion (Anm. 3), S. 149-170, hier S. 169. LÖSEL-WIELAND-ENGELMANN hatte deshalb sogar für weibliche Verfasserschaft plädiert, wobei sie im Gegensatz zur herrschenden Forschungsmeinung von der Hs. C als ursprünglicher Textfassung ausgeht; vgl. auch BERTA LÖSEL-WIELAND-ENGELMANN, Verdanken wir das Nibelungenlied einer Niedernburger Nonne?, in: Monatshefte 72 (1980), S. 5-25.

[97] NOLTE, Kudrunepos (Anm. 22).

[98] KUHN (Anm. 93), S. 508f. und 513. Vor Kuhn hatte auch schon LUDWIG WOLFF in dieser Dichtung "ein Zeugnis der Frauenverehrung" gesehen; vgl. LUDWIG WOLFF, Das Kudrunlied. Nach einem Vortrag [1953/54], wieder in: RUPP (Anm. 93), S. 435-453, hier S. 453: "Das Bild der reinen Frau wird einfach vor uns hingestellt, und ohne darüber noch weitere Worte zu machen, spricht daraus der Glaube an die menschliche Aufgabe der Frau, der es gegeben ist, daß sie uns des Besten innewerden läßt."

gerechtfertigt, denn das Kernthema sei "die enorme Zuarbeit der Frauen zum Geschichtsprodukt gegen das herrschende Abstraktionsprinzip", es sei zwar "kein Plädoyer für die Emanzipation der Frau",[99] der Dichter sehe aber deutlich "die spezifischen Arbeitseigenschaften von Frauen", was heißen soll: "Kooperation, Solidarität, friedlicher Austausch, Integration von Fremden, [...] all dies gepaart mit der Fähigkeit, [...] übermenschlich scheinende Mühen und Leiden zu ertragen."[100] Mit Recht sieht nun eine neuere Studie von Jerald C. Frakes[101] in Noltes Interpretation das konventionelle Konzept vom 'ewig Weiblichen' wiederkehren und beurteilt selbst umgekehrt die ›Kudrun‹ als eine frauenfeindliche Antwort auf das ›Nibelungenlied‹: Während letzteres die mißhandelten Frauen Brünhild und Kriemhild auch in ihrer Rolle als Rächerin positiv darstelle und die geltende Geschlechterhierarchie kritisch hinterfrage, legitimiere die Figur der Kudrun als harmlose Idealfrau und Mittäterin das patriarchale System. – Die Debatte ist damit wohl noch nicht beendet, wird sich aber aufgrund der divergierenden weltanschaulichen Positionen und der heterogenen (Wunsch-)Vorstellungen zur Geschlechterdifferenz auch kaum versöhnen lassen.

Das literarische Feld der M ä r e n, insbesondere der Schwänke, ist aufgrund der hier dominierenden Thematik der satirisch auf den Kopf gestellten ehelichen Ordnung (des gottgewollten *ordo* der Vorherrschaft des Mannes) immer schon im Kontext des Geschlechterverhältnisses gesehen worden. Der auffallende Widerspruch des hier vorherrschenden Frauentyps des *übelen wîbes*, d.h. der bösartigen, zänkischen, hinterlistigen Frau, die ihrem Mann das Leben zur Hölle macht,[102] und der teilweise ausgesprochen drastischen Darstellung ihrer gewaltsamen 'Züchtigung' und Bestrafung zum idealisierten Bild der *vrouwe* im Konzept der höfischen Liebe hat zu Erklärungen herausgefordert, die in älterer Zeit oft bizarrer Natur waren.[103] Tatsächlich ist das Motiv des *übelen wîbes* jedoch "ein fester literarischer Typ, der besonders vom 12. bis ins 18. Jahrhundert hinein in der satirischen und volkstümlichen Literatur immer wieder erscheint und variiert wird".[104] Die wohl erste dezidiert feministische Arbeit im Bereich der westdeutschen germanistischen Mediävistik, die vielzitierte Berliner Dissertation von

---

[99] NOLTE, Kudrunepos (Anm. 22), S. 73.
[100] Ebd. S. 76.
[101] JEROLD C. FRAKES, Brides and Doom. Gender, Property and Power in Medieval German Women's Epic, Philadelphia 1994.
[102] BARBARA BECKER-CANTARINO, Die böse Frau und das Züchtigungsrecht des Hausvaters in der frühen Neuzeit, in: WALLINGER – JONAS (Anm. 34), S. 117-132.
[103] So vertrat z.B. FRANK BRIETZMANN, Die böse Frau in der deutschen Literatur des Mittelalters, Berlin 1912 (Palaestra 42), S. 135, eine gewagte Kompensationstheorie: Demnach habe der Ritter, der sich im Frauendienst des Minnekultes einer Dame bedingungslos unterwerfen müsse, zu Hause bei seiner Gattin mit Recht unbedingten Gehorsam und Anerkennung seiner Autorität als Mann und Herr zum Zwecke der Erholung "von den Stürmen seines aufreibenden Amtes" zu verlangen.
[104] BECKER-CANTARINO, Die böse Frau (Anm. 102), S. 117.

Monika Londner aus dem Jahre 1973,[105] hat sich dem Frauenbild in dieser Gattung gewidmet. Während die traditionelle Forschung auch im sogenannten *übel wîp*-Genre vor allem den Kunstcharakter und die Funktion der Unterhaltung betont, sehen feministische Arbeiten hier vorwiegend Frauenverachtung und die stellenweise äußerst gewalthaften Formen der "Zähmung der Widerspenstigen" im Vordergrund.[106] Dagegen wiederum wird einschränkend, wenn auch nicht gänzlich verneinend, von Ingrid Bennewitz[107] und anderen die Gattungsgebundenheit geltend gemacht und eingewandt, daß in diesen Texten auch der Mann als Pantoffelheld und Hahnrei verlacht werde: In ihrer didaktischen Funktion richten sich die schwankhaften Mären auch des *übel wîp*-Typus also an beide Geschlechter, wobei allerdings das Supremat des Mannes in der Ehe die normative Ausrichtung bestimmt.[108]

Aufschlüsse über die für das Geschlechterverhältnis relevanten sozialhistorischen und ideologischen Aspekte mittelalterlicher Ehe- und Familienordnung und deren Wandlungen (etwa die Ablösung der frühmittelalterlichen Sippenfamilie durch die bürgerliche 'Hausfamilie', die Konditionierung 'der Frau' zur Hausfrau) geben vor allem L e h r d i c h t u n g e n, d.h. diejenige Literatur, die in der Hauptsache von pragmatisch-didaktischen Funktionen dominiert wird. In letzter Zeit sind zahlreiche literaturwissenschaftliche Studien zu dieser Textgattung entstanden, die z.T. mit der Eliasschen Zivilisationstheorie arbeiten und die Zurichtung und Disziplinierung des weiblichen Körpers, des weiblichen Blicks, Sprechens etc. nachzeichnen oder die Konstituierung der Familie als Instanz der Affektregulierung untersuchen.[109]

---

[105] LONDNER (Anm. 9).

[106] Wie LONDNER auch MONIKA JONAS, Idealisierung und Dämonisierung als Mittel der Repression. Eine Untersuchung zur Weiblichkeitsdarstellung im spätmittelalterlichen Schwank, in: WALLINGER – JONAS (Anm. 34), S. 67-93.

[107] BENNEWITZ, Mediävistische Germanistik (Anm. 43), S. 284.

[108] S. dazu auch JOACHIM SUCHOMSKI, *Delectatio* und *utilitas*. Ein Beitrag zum Verständnis mittelalterlicher komischer Literatur, Bern – München 1975 (Bibliotheca Germanica 18), S. 173-205. Bisher ein Einzelfall ist die für den Schulunterricht konzipierte Studie von HANNELORE CHRIST (Anm. 9) zu einem Märe des Strickers (›Das erzwungene Gelübde‹ mit seinem Typus der 'klugen Frau'), das sie unter der Perspektive "Frauenemanzipation durch solidarisches Handeln" für eine schulische Unterrichtseinheit aufbereitet.

[109] S. z.B. DALLAPIAZZA, Minne, hûsêre (Anm. 66); TRUDE EHLERT, Die Frau als Arznei. Zum Bild der Frau in hochmittelalterlicher Lehrdichtung, in: ZfdPh 105 (1986), S. 42-62; BARTH (Anm. 66); ULRIKE HÖRAUF-ERFLE, Wesen und Rolle der Frau in der moralisch-didaktischen Literatur des 16. und 17. Jahrhunderts im Heiligen Römischen Reich deutscher Nation, Frankfurt/M. – Bern – New York 1991 (EHS III, 482). – Vorwiegend didaktische Literatur behandeln auch zahlreiche Beiträge in neueren Sammelbänden zum frühneuzeitlichen Ehediskurs: Eheglück und Liebesjoch. Bilder von Liebe, Ehe und Familie in der Literatur des 15. und 16. Jahrhunderts, hg. von MARIA E. MÜLLER, Weinheim – Basel 1988 (Ergebnisse der Frauenforschung 14); TATLOCK (Anm. 70).

Die Gattung des frühneuhochdeutschen P r o s a r o m a n s, die in Deutschland im 15. Jahrhundert durch die beiden Autorinnen Elisabeth von Nassau-Saarbrücken und Eleonore von Österreich begründet wurde (s. Kap. IV),[110] hat insgesamt erst relativ spät die Aufmerksamkeit germanistischer Mediävistik erfahren. In letzter Zeit sind die Prosaromane vor allem von Forscherinnen verstärkt auch im Hinblick auf die Kategorie 'Geschlecht' untersucht worden, die sich mit dem Aspekt Geschlechterbeziehung vor allem bei den unter dem Schlagwort 'Liebesroman' subsumierbaren Texten der Analyse aufdrängt.[111] Seit jeher ist dabei vor allem die ›Melusine‹ des Thüring von Ringoltingen auffällig geworden,[112] wobei die feenhaften Züge der fisch- bzw. *wurm*schwänzigen Melusine-Gestalt noch weitere Interpretationsräume eröffnet haben. Dabei sind schließlich auch stoff- und motivgeschichtliche Verbindungen zu anderen 'Wasserfrauen' bzw. 'Meerjungfrauen' (vor allem zu den älteren Sirenen und der späteren Undinefigur) hergestellt worden, wobei auch psychoanalytisch-poststrukturalistische Sichtweisen zum Tragen kommen.[113]

Ebenso wie für die bis hierher vorgestellten gattungs- und werkzentrierten Forschungen gilt auch für stoffgeschichtliche Studien insgesamt, daß der Blick auf das Geschlechterverhältnis sich offenbar lediglich an weiblichen Figuren eröffnet – mit Ausnahme einer neueren Arbeit von Bea Lundt, die z.B. neben Melusine nun auch Merlin als geschlechtsspezifischen Typus behandelt.[114] Der gleiche Befund zeigt

---

[110] Zur Frage von Eleonores Autorschaft s. einschränkend Anm. 152.

[111] INGRID BENNEWITZ, Komplizinnen und Töchter der Macht. Die Rollen der Töchter im Roman der Frühen Neuzeit (mit besonderer Berücksichtigung der ›Melusine‹ des Thüring von Ringoltingen), in: TATLOCK (Anm. 70), S. 225-245, hier S. 227, hat darauf aufmerksam gemacht, daß von den mediävistischen Melusine-Studien seit den ausgehenden 70er Jahren besonders die "von Frauen durchgeführten Untersuchungen zumeist die Frage der Frauenfiguren oder der Geschlechterbeziehung ins Zentrum gestellt" haben. – S. auch DIES., Liebesimagination, Rollencharakteristik und Textillustration im Prosaroman, in: Eros – Macht – Askese. Geschlechterspannungen als Dialogstruktur in Kunst und Literatur, hg. von HELGA SCIURIE – HANS-JÜRGEN BACHORSKI, Trier 1996 (Literatur – Imagination – Realität 14), S. 343-360.

[112] Literaturhinweise dazu bei BENNEWITZ, Komplizinnen (Anm. 111), S. 226-228; s. auch DIES., Melusines Schwestern. Beobachtungen zu den Frauenfiguren im Prosaroman des 15. und 16. Jahrhunderts, in: Germanistik und Deutschunterricht im Zeitalter der Technologie. Vorträge des Germanistentages Berlin 1987, hg. von NORBERT OELLERS, Bd. 1, Berlin 1988, S. 291-300.

[113] S. z.B. VOLKER MERTENS, Melusinen, Undinen. Variationen des Mythos vom 12. bis zum 20. Jahrhundert, in: Festschrift Walter Haug und Burghart Wachinger, hg. von JOHANNES JANOTA [u.a.], Bd. 1, Tübingen 1992, S. 201-231; GERTRAUD STEINER, Woge, Welle, Schweigen: Mythen von Meerfrauen und Sirenen bis zum Ausgang des Mittelalters, in: BACHINGER [u.a.] (Anm. 65), S. 89-119; Sehnsucht und Sirene. Vierzehn Abhandlungen zu Wasserphantasien, hg. von IRMGARD ROEBLING, Pfaffenweiler 1991 (Thetis – Literatur im Spiegel der Geschlechter 1).

[114] BEA LUNDT, Melusine und Merlin im Mittelalter. Entwürfe und Modelle weiblicher Existenz im Beziehungs-Diskurs der Geschlechter. Ein Beitrag zur historischen Erzählforschung, München 1991.

sich bei werk-, gattungs- oder epochenübergreifenden Motivuntersuchungen. Ältere Arbeiten zu 'allgemein-menschlichen' Begriffen wie etwa 'Ehre'[115] beziehen sich begründungslos ausschließlich auf männliche Ehre, ohne die Geschlechtstypik selbst zu thematisieren; in neueren Untersuchungen dieser Art finden sich Frauen dann zumindest in Sonderkapiteln untergebracht.[116] Selbst Titel wie "Väter und Söhne" bezeichnen Studien zu universalen Phänomenen wie 'Tradition' und 'Innovation',[117] während umgekehrt M ü t t e r und T ö c h t e r offenbar 'naturgemäß' die Geschlechterthematik signalisieren – und so auch in neueren Arbeiten der Frauen- und Geschlechterforschung vermehrt Beachtung gefunden haben.[118] Das Vater-Tochter-Verhältnis wiederum ist als I n z e s t motiv in der mittelalterlichen und frühneuzeitlichen Literatur weit verbreitet und jetzt von Ingrid Bennewitz kritisch untersucht worden.[119] Andere Motivstudien durchschreiten die von der mittelalterlichen Geschlechterordnung vorgegebenen biographischen Abschnitte des Frauenlebens, die im Mittelalter auch als 'Stände der Frauen' bezeichnet wurden: J u n g f r a u , E h e f r a u und W i t w e.[120]

---

[115] Vgl. z.B. HELMUT REINICKE, Untersuchungen zum Ehrbegriff in den deutschen Dichtungen des 12. Jahrhunderts bis zur klassischen Zeit. Ein Beitrag zur Darstellung deutscher Sittlichkeit im Mittelalter, Diss. Würzburg 1937.

[116] Z.B. bei OTFRID EHRISMANN, Ehre und Mut, Aventiure und Minne. Höfische Wortgeschichten aus dem Mittelalter, München 1995, S. 228-238.

[117] Vgl. URSULA STORP, Väter und Söhne. Tradition und Traditionsbruch in der volkssprachigen Literatur des Mittelalters, Essen 1994 (Item Mediävistische Studien 2).

[118] LYDIA MIKLAUTSCH, Studien zur Mutterrolle in den mittelhochdeutschen Großepen des zwölften und dreizehnten Jahrhunderts, Erlangen 1991 (Erlanger Studien 88); DIES., Mutter-Tochter-Gespräche. Konstituierung von Rollen in Gottfrieds ›Tristan‹ und Veldekes ›Eneide‹ und deren Verweigerung bei Neidhart, in: Personenbeziehungen in der mittelalterlichen Literatur, hg. von HELMUT BRALL – BARBARA HAUPT – URBAN KÜSTERS, Düsseldorf 1994 (Studia humaniora 25), S. 89-107; SAMPLES, Maternal Loyalty (Anm. 91); BENNEWITZ, Komplizinnen (Anm. 111); ANN MARIE RASMUSSEN, Bist du begehrt, so bist du wert. Magische und höfische Mitgift für die Töchter. ›Die Winsbeckin‹, Gottfried von Straßburg, ›Tristan und Isolde‹, Neidhartsche Gedichte, Mären, ›Stiefmutter und Tochter‹, Hans Sachs, ›Gesprech der mutter‹, in: Mütter – Töchter – Frauen. Weiblichkeitsbilder in der Literatur, hg. von HELGA KRAFT – ELKE LIEBS, Stuttgart 1993, S. 7-33; HELGA KRAFT, Töchter, die keine Mütter werden: Nonnen, Amazonen, Mätressen. Hildegard von Bingen, Mechthild von Magdeburg, Grimmelshausens ›Courasche‹, Gotthold E. Lessings Marwood in ›Miss Sara Sampson‹, ebd. S. 35-52.

[119] INGRID BENNEWITZ, Mädchen ohne Hände. Der Vater-Tochter-Inzest in der mittelhochdeutschen und frühneuhochdeutschen Erzählliteratur, in: Spannungen und Konflikte menschlichen Zusammenlebens in der deutschen Literatur des Mittelalters. Bristoler Colloquium 1993, hg. von KURT GÄRTNER – INGRID KASTEN – FRANK SHAW, Tübingen 1996, S. 157-172.

[120] S. MARIA E. MÜLLER, Jungfräulichkeit in Versepen des 12. und 13. Jahrhunderts, München 1995 (Forschungen zur Geschichte der älteren deutschen Literatur 17). – Zum Thema Liebe und Ehe wurde hier bereits mehrfach Literatur genannt; eine motivgeschichtliche Arbeit über "unglückliche Ehefrauen" liegt nun vor von SUSANNE FRITSCH-STAAR, Unglückliche Ehefrauen. Zum deutschsprachigen malmariée-Lied, Berlin 1995. – Die 'Witwe' ist motivgeschichtlich bislang allein von GISELA GERHARDS, Das Bild der Witwe in der deutschen Literatur des Mittelalters, Diss. Bonn 1962, behandelt worden; diese Arbeit nimmt sich allerdings mit ihrem affirmativen Bezug auf KARL WEINHOLD (Anm. 12) und die Denkmuster des 19. Jahrhunderts recht antiquiert aus.

Zum Motivbereich 'Ehefrau' lassen sich auch die bereits erwähnten Arbeiten zum *übelen wîp* und zur 'Zähmung der Widerspenstigen' stellen. Überhaupt werden neuerdings gerne 'Abweichlerinnen' zum Thema motivischer Untersuchungen gemacht, so die h ä ß l i c h e n Frauen, die H e x e n, auch in ihrer positiven Gestalt als h e i l k u n d i g e weise Frauen,[121] wobei je nach theoretischer Ausrichtung die Unterdrückung und Ausgrenzung, die widerständigen Potentiale (gegen die 'männliche Ordnung' etc.) oder die matriarchale Heimat dieser Frauenfiguren ins Zentrum rücken. Entsprechend interessieren sich feministische Arbeiten von Frauen z.Zt. offenbar mehr für die traditionelle Zuschreibungen durchkreuzende k ä m p f e n d e Frau als für die weibliche Friedensstifterin in der mittelalterlichen Literatur, daneben auch für andere 'starke' Frauen wie P o l i t i k e r i n n e n und H e r r s c h e r i n n e n.[122] In gewisser Hinsicht gehört in diesen Zusammenhang auch das Motiv des *c r o s s - d r e s s i n g*, d.h. des Kleider- und Geschlechtertausches, der für Frauen in der männlichen Rolle Aufwertung und Machtzuwachs bedeutet.[123] Doch ist dieses Motiv ebenso wie das hochaktuelle Thema K ö r p e r für die neuere, poststrukturalistisch inspirierte *gender*-Forschung noch von sehr viel grundsätzlicherem Interesse, und zwar im Hinblick auf den Konstrukt- und Inszenierungscharakter der soziokulturellen Geschlechterdifferenz und ihr fragliches Verhältnis zur 'biologischen' Differenzierung, die wiederum in verschiedenen Epochen und deren jeweiligen Diskursfeldern (Medizin, Theologie, Dichtung etc.) ganz unterschiedlich bestimmt worden ist.[124]

---

[121] S. INGRID KASTEN, Häßliche Frauenfiguren in der Literatur des Mittelalters, in: Auf der Suche nach der Frau im Mittelalter. Fragen, Quellen, Antworten, hg. von BEA LUNDT, München 1991, S. 255-276. – BECKER [u.a.], Zeit der Verzweiflung (Anm. 9); JEANINE BLACKWELL, 'Die Zunge, der Geistliche und das Weib': Überlegungen zur strukturellen Bedeutung der Hexenbekenntnisse von 1500-1700, in: WALLINGER – JONAS (Anm. 34), S. 95-115. – BERNHARD DIETRICH HAAGE, Feimurgan und Hurlewegin. Die heilkundige Frau in der deutschen Literatur des Mittelalters, in: Literaturgeschichte als Profession. Festschrift für Dietrich Jöns, hg. von HARTMUT LAUFHÜTTE u. Mitw. von JÜRGEN LANDWEHR, Tübingen 1993 (Mannheimer Beiträge zur Sprach- und Literaturwissenschaft 24), S. 3-17; PETER MEISTER, The Healing Female in the German Courtly Romance, Göppingen 1990 (GAG 523).
[122] BRINKER-VON DER HEYDE (Anm. 85); SCHÄUFELE (Anm. 84); SARAH WESTPHAL-WIHL, The Ladies' Tournament. Marriage, Sex and Honor in Thirteenth-Century Germany, in: Signs 14 (1989), S. 371-398; SCHULZE (Anm. 85). – PETRA KELLERMANN-HAAF, Frau und Politik im Mittelalter. Untersuchungen zur politischen Rolle der Frau in den höfischen Romanen des 12., 13. und 14. Jahrhunderts, Göppingen 1986 (GAG 456); URSULA LIEBERTZ-GRÜN, Frau und Herrscherin. Zur Sozialisation deutscher Adeliger (1150-1450), in: LUNDT, Auf der Suche (Anm. 121), S. 165-187.
[123] EDITH FEISTNER, *manlîchiu wîp, wîplîche man*. Zum Kleidertausch in der Literatur des Mittelalters, in: PBB 119 (1997), S. 235-260.
[124] INGRID BENNEWITZ, Der Körper der Dame. Zur Konstruktion von 'Weiblichkeit' in der deutschen Literatur des Mittelalters, in: 'Aufführung' und 'Schrift' in Mittelalter und Früher Neuzeit, hg. von JAN-DIRK MÜLLER, Stuttgart – Weimar 1996 (Germanistische-Symposien-Berichtsbände 17), S. 222-238 (s. bes. S. 234, Anm. 28); BENNEWITZ – TERVOOREN (Anm. 44).

Recht neu ist außerdem der interessierte Forschungsblick auf literarische F r a u -
e n - B e z i e h u n g s g e f l e c h t e,[125] nachdem jahrhundertelang nahezu
ausschließlich soziale Beziehungen unter Männern oder zwischen Männern und
Frauen literaturwissenschaftliche Beachtung fanden. Schließlich werden literarische
Frauengestalten nach wie vor auch als Opfer der Verhältnisse[126] und männlicher
Gewalt analysiert, wobei vor allem beim Motiv V e r g e w a l t i g u n g[127] der
Aspekt der 'diskursiven Gewalt' anschaulich zu machen ist – und zwar nicht nur
auf der Ebene der mittelalterlichen Texte, sondern auch in der literaturwissen-
schaftlichen Beschreibungssprache: Sprechen wir z.B. bei dem lateinisch-deutschen
Mischgedicht ›*Ich was ein chint so wolgetan …*‹ aus den Carmina Burana (CB 185)
angesichts von Verszeilen wie *multum violenter* und *valde fraudulenter* von "ge-
walttätiger Verführung"[128] oder von 'Vergewaltigung'?[129] Sind literarische Szenen wie diese bei einer Definition von 'Pastourelle'[130] noch unter dem Stichwort
"Liebesbegegnung" zu fassen?[131] – In diesen Zusammenhang gehören auch die
Bemühungen Christine de Pizans, "diejenigen, die behaupten, Frauen wollten vergewaltigt werden",[132] in ihrer Darstellung der Geschichte von der antiken Lucre-

---

[125] Neben der in Anm. 118 genannten Literatur zur Mutter-Tochter-Beziehung s. PETRA GILOY-
HIRTZ, Frauen unter sich. Weibliche Beziehungsmuster im höfischen Roman, in: BRALL – HAUPT
– KÜSTERS (Anm. 118), S. 61-87; HEDWIG RÖCKELEIN – HANS-WERNER GOETZ, Frauen-
Beziehungsgeflechte – eine Forschungsaufgabe, in: Das Mittelalter 1 (1996) H. 2: Frauen-Bezie-
hungsgeflechte, S. 3-10; INGRID BENNEWITZ, "Frauen"-Gespräche. Zur Inszenierung des Frauendia-
logs in der mittelhochdeutschen Literatur, ebd. S. 11-26; GABRIELE SIGNORI, Defensivgemein-
schaften: Kreißende, Hebammen und "Mitweiber" im Spiegel spätmittelalterlicher Geburtswunder,
ebd. S. 113-134.
[126] Vgl. z.B. ALBRECHT CLASSEN, Tragische Frauengestalten in der mhd. Literatur, in: Studia
Neophilologica 67 (1995), S. 41-60.
[127] BENNEWITZ, Lukretia (Anm. 22); KATHRYN GRAVDALS, Ravishing Maidens. Writing Rape
in Medieval French Literature and Law, Philadelphia 1991 (New Cultural Studies Series); SAMPLES,
Rape, (Anm. 76); BUMKE, Liebe und Ehebruch (Anm. 56), S. 32-35.
[128] So z.B. HILKERT WEDDIGE, Einführung in die germanistische Mediävistik, 2., durchges.
Aufl. München 1992, in seinen Bemerkungen zu diesem Lied S. 269-271, hier S. 271.
[129] Hier sind bereits Auswirkungen der Frauenbewegung auch im Sprachgebrauch männlicher
Mediävisten zu konstatieren, vgl. z.B. BUMKE, Liebe und Ehebruch (Anm. 56), und SCHNELL,
Unterwerfung (Anm. 54), S. 109, mit weiteren Literaturhinweisen zum Thema.
[130] *Pastourelle* leitet sich von afrz./aprov. *pastourella* 'Schäferin, Hirtin' ab und wird wörtlich
mit 'Schäferlied' übersetzt.
[131] So heißt es z.B. bei DIRK JOSCHKO in seiner Charakterisierung der Pastourelle (in: Sachwörterbuch der Mediävistik, hg. von PETER DINZELBACHER, Stuttgart 1992, S. 623f.): "Die P. thematisiert eine *Liebesbegegnung* [Hervorh. von mir] zwischen zwei ständisch ungleichen Personen
in freier Natur", obwohl er im Anschluß daran sehr genau unterscheidet: "Das Mädchen bäuerl.
Herkunft wird in der Regel v. einem sozial höhergestellten Herrn (Ritter, Adliger) umworben, verführt oder mit Gewalt zur sexuellen Liebe gezwungen." Doch selbst in dieser Differenzierung wird
die Vergewaltigung noch immer mit dem Stichwort 'Liebe' verknüpft.
[132] ›Das Buch von der Stadt der Frauen‹ (Anm. 4), Buch 2, Kap. 44-46, S. 191-194. – Vgl.
dazu auch das Nachwort zu GIOVANNI BOCCACCIO, De claribus mulieribus. Die großen Frauen.
Lateinisch/Deutsch, ausgew., übers. und komm. von IRENE ERFEN – PETER SCHMITT, Stuttgart

tia und anderer Beispiele zu widerlegen – solche Bemühungen sind bekanntlich bis heute nicht endgültig erfolgreich gewesen.

IV

Die Untersuchung der Geschlechterverhältnisse im mittelalterlichen L i t e r a - t u r b e t r i e b beinhaltet für die germanistische Mediävistik vor allem Fragen nach dem Anteil von Frauen an der Förderung, Rezeption und Produktion deutschsprachiger Literatur (als Autorinnen, Schreiberinnen, Druckerinnen und Editorinnen); denn die traditionelle Literaturgeschichtsschreibung gibt bislang vorwiegend über den Anteil von Männern an diesen vielfältigen Bereichen von Schriftlichkeit Auskunft. Was die Teilaspekte F ö r d e r u n g und R e z e p t i o n betrifft, hat allerdings schon in den 30er Jahren Herbert Grundmann in seinem vielzitierten Aufsatz "Die Frauen und die Literatur im Mittelalter"[133] auf den starken Einfluß von Frauen als Mäzeninnen und als interessiertes Publikum auf die Entstehung volkssprachiger Literatur aufmerksam gemacht.

Demnach sei, nachdem jahrhundertelang geistliche Schriften ausschließlich in lateinischer Sprache tradiert, weltliche germanisch-deutsche Dichtung nur mündlich überliefert wurde, das Einsetzen einer volkssprachigen Schriftlichkeit als L e s e - literatur einem w e i b l i c h e n P u b l i k u m zu verdanken. Ausschlaggebend ist dafür nach Grundmann zum einen der besondere Standort adliger Frauen im mittelalterlichen Bildungssystem: Gegenüber den männlichen Laien, die bis weit ins Hochmittelalter hinein zumeist Analphabeten waren, hatten Frauen des deutschen Laienadels in dieser Zeit einen signifikanten B i l d u n g s v o r - s p r u n g.[134] Sie lernten in der Regel anhand des Psalters und anderer religiöser Texte lesen, häufig auch schreiben, jedoch meist nicht in lateinischer Sprache (wie die Mehrzahl der Nonnen und Mönche), sondern in der Volkssprache (ahd., as., mhd., mnd.); damit nahmen sie eine Zwischenstellung zwischen *litterati* und *illiterati* ein. Zum anderen macht Grundmann spezifisch weibliche I n t e r e s s e n geltend, die – durch weibliches Mäzenatentum, später auch Autorinnenschaft ver-

---

1995 (RUB 9341), S. 278f.: "Vor allem in der Literatur des Spätmittelalters wird immer wieder darüber diskutiert, ob man mit dem Leib der Frau auch ihr Herz besitze, d.h., ob die Frau auch in der Vergewaltigung Lust empfinde bzw. vergewaltigt werden will."

[133] HERBERT GRUNDMANN, Die Frauen und die Literatur im Mittelalter. Ein Beitrag zur Frage nach der Entstehung des Schrifttums in der Volkssprache, in: Archiv für Kulturgeschichte 26/2 [1935], wieder in: DERS., Ausgewählte Aufsätze, Bd. 3, Stuttgart 1978 (MGH Schriften 25), S. 67-95.

[134] Dieses geschlechtsspezifische Bildungsgefälle ändert sich in der Zeit der Universitätsgründungen (13./14. Jh.), in der sich die Zugangschancen von Frauen zu Bildung und Wissenschaft drastisch verschlechtern; zugleich wächst die Notwendigkeit männlicher Laienbildung mit der Herausbildung des Berufsbeamtentums im spätmittelalterlichen Verwaltungsapparat.

mittelt – Art und Inhalte der für sie entstehenden Texte geprägt hätten: so ein besonderes Erbauungsbedürfnis und eine besondere Eigenart weiblicher Frömmigkeit, die sich in der geistlichen Literatur, angefangen von den frühmittelalterlichen Psalterübersetzungen bis hin zur mystischen Literatur des 13./14. Jahrhunderts, bemerkbar mache, aber auch ein besonderes Interesse von Frauen an der Liebes- und Aventiurethematik der höfischen Literatur des 12./13. Jahrhunderts. Damit ließe sich eventuell auch, wie Grundmann vorsichtig in Aussicht stellt, die Unterscheidung in 'hörende' und 'lesende' Jahrhunderte mit älteren Charakterisierungen von 'männischen' und 'frauenhaften' Zeitaltern der Literaturgeschichte[135] parallelisieren.

Grundmanns Überlegungen, die er in anderen Aufsätzen spezifiziert hat, sind vielfach rezipiert worden. Vor allem seine Materialsammlungen zum geschlechtsspezifischen Bildungsgefälle und zum Einfluß von Frauen auf die volkssprachliche Literaturproduktion gehören mittlerweile zum Standardrepertoire mediävistischer Darstellungen zu Bildung und Mäzenatentum im Mittelalter.[136] Dazu zählen z.B. literarische Widmungen an Gönnerinnen, Leserinnen-Anreden in Prologen und Epilogen,[137] bildliche und literarische Darstellungen lesender Frauen, die Lokalisierung zahlreicher geistlicher Texte in Frauenklöstern sowie die inzwischen berühmt gewordene Bestimmung des ›Sachsenspiegels‹ Eikes von Repgow, die zur sogenannten 'Gerade', d.h. dem matrilinearen Erbe, neben Schmuck, Hausrat, Kleidung etc. auch Bücher rechnet: *saltere und alle buke, die zu goddes dienste horet.*[138]

Bücher, zumal religiöser Art, erscheinen demnach als 'Frauensache', da – darauf weisen andere Darstellungen genauer hin – die Erziehung adliger Frauen weitgehend in den Händen der Klöster lag, wo die Ausbildung in textiler Hand-

---

[135] GRUNDMANN bezieht sich hier auf WILHELM SCHERER, Geschichte der deutschen Dichtung im 11. und 12. Jahrhundert, Straßburg 1875.

[136] Auch BUMKE hat in seinen Darstellungen zum mittelalterlichen Literaturbetrieb (Die Rolle der Frau, Anm. 66; Höfische Kultur, Anm. 53, S. 704-706) GRUNDMANNs Thesen und Material aufgenommen und durch zahlreiche ergänzende Hinweise erweitert.

[137] Vgl. die bei BUMKE, Höfische Kultur (Anm. 53), S. 705f. angeführten Belege für an Frauen gerichtete Publikumsadressen bei Heinrich von dem Türlîn (›Diu crône‹), Ulrich von Liechtenstein (›Frauendienst‹ und ›Frauenbuch‹), Ulrich von Türheim (›Tristan‹ und ›Rennewart‹), im ›Jüngeren Titurel‹, bei Herrand von Wildonie (›Der nackte Kaiser‹) u.a. Auch "durch den ganzen ›Parzival‹ ziehen sich die Spuren einer Auseinandersetzung des Dichters mit einer einflußreichen Dame oder einer Gruppe von Damen, deren Wohlwollen offenbar für das Gelingen des Werks notwendig war" (ebd. S. 706). Ähnliches gilt für die spätmittelalterliche Gattung der Liebesromane, vor allem ihre späteren Druckfassungen; vgl. THOMAS VEITSCHEGGER, Das ›Buch der Liebe‹. Ein Beitrag zur Buch- und Verlagsgeschichte des 16. Jahrhunderts. Mit einem bibliographischen Anhang, Hamburg 1991, S. 2f.

[138] Sachsenspiegel, hg. von KARL A. ECKHARDT, Bd. 1, Göttingen 1955 (Germanenrechte N.F. 1), Landrecht I 24,3. "[...] *die vrowen pleget to lesene*", hat ein Bearbeiter um 1270 hinzugefügt, was im Gefolge GRUNDMANNs, Die Frauen (Anm. 133), S. 71, gemeinhin interpretiert wird als 'Die Bücher werden ja doch nur von Frauen gelesen, sollen also auch von ihnen geerbt werden.'

arbeit ebenso wie die Lektüre von Psalmen, Gebeten, alttestamentlichen Proverbien u.ä. nicht zuletzt der Disziplinierung des Körpers und des weiblichen Begehrens, der Bewahrung der Jungfräulichkeit und der Vorbereitung auf den Ehestand diente.[139] Angesichts der Tatsache, daß literarische Bildung in der Knabenerziehung demgegenüber lange Zeit verpönt und selbst Kaiser und Könige weitgehend Analphabeten waren,[140] ließen sich hier weitere Überlegungen zum Verhältnis von Lektüre, Affektkontrolle[141] und Geschlechterdifferenz anschließen, die aus der Ebene ontologischer Zuschreibungen – wie sie etwa bei Grundmanns Annahme eines spezifisch 'weiblichen Erbauungsbedürfnisses' aufscheinen – in sozial- und kulturgeschichtliche Untersuchungsfelder hinausführen.[142]

Doch erscheinen Frauen in der Überlieferung nicht nur als Lesende, sondern – dies wird von Grundmann nur am Rande gestreift – auch als Schreibende. Im Hinblick auf S c h r e i b e r i n n e n, die vielfach durch Kolophone[143] etc. bezeugt sind, ist bereits mehrfach ein Forschungsdesiderat konstatiert worden.[144] Zahlreiche ältere Studien und neue Befunde könnten hier

---

[139] Vgl. z.B. WOLFGANG HAUBRICHS, Die Anfänge. Versuche volkssprachiger Schriftlichkeit im frühen Mittelalter (ca. 700-1050/60), Frankfurt/M. 1988 (Geschichte der deutschen Literatur von den Anfängen bis zum Beginn der Neuzeit 1/1), S. 68; BARTH (Anm. 66), S. 9-61.

[140] So z.B. Otto der Große, Friedrich Barbarossa, (vermutlich auch) Heinrich der Löwe, Rudolf von Habsburg u.a.; eher ungewöhnlich ist der hohe Bildungsgrad Heinrichs VI. und Friedrichs II. S. dazu GRUNDMANN, Die Frauen (Anm. 133), S. 78f., und BUMKE, Höfische Kultur (Anm. 53), S. 601-610.

[141] Vgl. die Bemerkungen zur Zivilisationstheorie bei Anm. 18-20.

[142] Das historisch vielschichtige Verhältnis von Frauen und Schriftlichkeit läßt sich offenbar weder – wie es aus egalitätsorientierter Sicht geschieht – einsträngig als Emanzipationsprozeß beschreiben, noch lassen sich hier – aus kulturkritischen differenztheoretischen Perspektiven – reine Opfergeschichten im Hinblick auf die Bindung der Schriftkultur an 'Männlichkeit' (DERRIDA) bzw. an ein Christentum, das Frauen glücklicher matriarchaler Zeiten quasi überwältigt habe (GÖTTNER-ABENDROTH), herauslesen. In diesem Zusammenhang sei daran erinnert, daß vor allem im germanischen Raum Frauen eine ausschlaggebende Rolle beim Übertritt zum Christentum hatten und viele Frauen weiterhin an der Mission, an Klostergründungen und an der in Klöstern entstehenden Alphabetisierung und Schreibtätigkeit aktiv beteiligt waren – und zwar in erheblich stärkerem Maße, als dies in der Mehrzahl der Literaturgeschichten ersichtlich wird. S. dazu z.B. SUZANNE FONAY WEMPLE, Female Monasticism in Italy and its Comparison with France and Germany from the Ninth through the Eleventh Century, in: Frauen in Spätantike und Frühmittelalter. Lebensbedingungen – Lebensnormen – Lebensformen. Beiträge zu einer internationalen Tagung am Fachbereich Geschichtswissenschaft der Freien Universität Berlin, 18. bis 21. Februar 1987, Sigmaringen 1990, S. 291-310; GOETZ, Frauen im frühen Mittelalter (Anm. 45), S. 349 (mit weiterer Literatur).

[143] Ein 'Kolophon' ist ein Vermerk am Ende einer Handschrift oder eines Frühdruckes über Verfasser/in, Schreiber/in, Drucker/in, Jahr und Ort der Abfassung etc.

[144] Frauen als Schreiberinnen wurden von GRUNDMANN, Die Frauen (Anm. 133), nur am Rande erwähnt, und zwar vor allem im Bereich der Mystik, wo sich die überlieferten Aufzeichnungen deutschsprachiger Predigten von Meister Eckhart, Tauler u.a. vermutlich den Mitschriften eines Nonnenpublikums verdanken. – Eine Forschungslücke vermerken hier z.B. BUMKE, Die Rolle der Frau (Anm. 66), S. 232: "Leider sind die verstreuten Nachrichten über Frauenhandschriften und Handschriftenbesitzerinnen noch nie gesammelt worden"; ähnlich LADISLAUS BUZAUS, Deutsche Bibliotheksgeschichte des Mittelalters, Wiesbaden 1975 (Elemente des Buch- und Bibliothekswesens

einer systematischen Untersuchung unterzogen werden; dies gilt ebenso für Illustratorinnen und Druckerinnen.[145]

Während im Bereich der geistlichen Literatur Frauen nicht nur als Gönnerinnen, Rezipientinnen und (Auf-)Schreiberinnen von großer Bedeutung waren, sondern auch als Autorinnen eigene Akzente setzten (dazu s.u.), ist im Bereich weltlich-höfischer Literatur der Einfluß von Frauen vor allem an ihrer Rolle als M ä z e n i n n e n festgemacht worden.[146] Insbesondere bei den für Minnesang und höfische Epik einschlägigen französischen Vorbildern wird der Einfluß weiblichen Mäzenatentums hoch veranschlagt.

In der Forschung immer wieder genannt werden hier Eleonore von Aquitanien[147] und ihre Töchter Marie, Gräfin der Champagne, und Alice, Gräfin von Blois, als Gönnerinnen der berühmten Epiker Chrétien de Troyes und Gautier d'Arras. Auch die erste fürstliche Mäzenin weltlicher Literatur in Deutschland ist eine Tochter Eleonores gewesen: die Herzogin Mathilde von Sachsen, seit 1168 Ehefrau Heinrichs des Löwen, die ihren Mann dazu veranlaßte, die ›Chanson de Roland‹ ins Deutsche übersetzen zu lassen (*des gerte di edele herzoginne*, ›Rolandslied‹ V. 9024) – dasselbe gilt vermutlich auch für den ersten deutschen Tristanroman in der Fassung von Eilhart von Oberg. Etwa zur selben Zeit wurde Heinrich von Veldeke von den Gräfinnen Margarete von Kleve und Agnes von Loon gefördert,[148] Margarete hat später als Landgräfin von Thüringen bei der Berufung Veldekes an den Thüringer Hof vermutlich mitgewirkt. Am Beispiel von

---

1), S. 85-94, hier S. 85; ALBERT BRUCKNER, Weibliche Schreibtätigkeit im schweizerischen Spätmittelalter, in: Festschrift Bernhard Bischoff, hg. von JOHANNE AUTENRIETH – FRANZ BRUNHÖLZL, Stuttgart 1971, S. 441-448, hier S. 448. BRUCKNER meint übrigens geschlechtstypische Eigentümlichkeiten im Schreibstil zu erkennen, die nach seiner Ansicht "mit dem differenzierten Wesen von Mann und Frau eng zusammenhängen" (ebd.).

[145] Zum Frühmittelalter liegt inzwischen eine kurze Bestandsaufnahme vor von ROSAMOND MCKITTERICK, Frauen und Schriftlichkeit im Frühmittelalter, in: Weibliche Lebensgestaltung im frühen Mittelalter, hg. von HANS-WERNER GOETZ, Köln – Weimar – Wien 1991, S. 65-118, hier S. 66-95; zu Schreiberinnen und Illustratorinnen s. auch ELISABETH SCHRAUT, Kunst im Frauenkloster. Überlegungen zu den Möglichkeiten der Frauen im mittelalterlichen Kunstbetrieb am Beispiel Nürnberg, in: LUNDT, Auf der Suche (Anm. 121), S. 81-114; zu Druckerinnen s. WUNDER (Anm. 45), S. 129, mit weiterer Literatur; ELISABETH GECK, Frauen im Druckgewerbe, in: ²LGB 3, S. 40f.

[146] Vgl. zum Folgenden vor allem GRUNDMANN, Die Frauen (Anm. 133), und BUMKE, Die Rolle der Frau (Anm. 66).

[147] Das Mäzenatentum Eleonores läßt sich allerdings eher vermuten als beweisen. Eine spannende Biographie, zugleich viele Informationen zur Geschichte und Kultur des 12. Jahrhunderts bietet RÉGINE PERNOUD, Königin der Troubadoure. Eleonore von Aquitanien, 10. Aufl. München 1992 (dtv 30042).

[148] Margarete hat evtl. die Entstehung der ›Eneit‹ mitbeeinflußt, Agnes von Loon gab den ›Servatius‹ in Auftrag. – BUMKE, Die Rolle der Frau (Anm. 66), S. 238, weist darauf hin, daß die Legendendichtung neben der höfischen Epik ein bevorzugter Gegenstand weiblichen Mäzenatentums war.

Margarete wie auch von Mathilde von Sachsen u.a. ist darauf hinzuweisen, daß literarische 'Importe' aus kulturell überlegenen Ländern oft über von dorther eingeheiratete Frauen vermittelt wurden, die gelegentlich sogar – aufgrund ihrer dadurch bedingten Mehrsprachigkeit – selbst als Übersetzerinnen von Texten aus ihren Heimatländern tätig wurden (z.B. die erste uns bekannte Autorin weltlicher Dichtung in deutscher Sprache, Elisabeth von Nassau-Saarbrücken).[149]

Der im Vergleich zu Deutschland rechtlich, politisch und kulturell günstigere Status französischer (Adels-)Frauen zeigt sich auch bei der Suche nach A u t o r i n n e n. Da sich Verfasserinnen w e l t l i c h e r deutschsprachiger Dichtung namentlich erst im 15. Jahrhundert nachweisen lassen, beginnen die im Zuge der Frauenforschung entstandenen Anthologien von Schriftstellerinnen ihre Darstellungen höfischer Autorinnen 'notgedrungen' mit den Werken lateinisch und französisch dichtender Frauen.[150] Zum frühmittelalterlichen Kanon gehören mittlerweile die thüringische Prinzessin Radegunde und die fränkische Adlige Dhuoda, die (im 6. bzw. 9. Jh.) beide in von ihren Ehemännern veranlaßter Gefangenschaft lateinische Werke verfaßten. Aus der höfischen Zeit des 12. Jahrhunderts wiederum haben vor allem die Epikerin Marie de France sowie die zahlreichen provenzalischen Minnesängerinnen (Trobairitz), deren berühmteste die Comtessa de Dia war, einen prominenten Platz in den Frauen-Literaturgeschichten.[151] Die in der feministischen Forschung inzwischen beliebteste französische Autorin aber ist zweifellos Christine de Pizan (1364 bis um 1430), deren zahlreiche Werke nun erst seit wenigen Jahren nach und nach auch ins Deutsche übersetzt werden.

Erst zur Zeit Christines treten auch in Deutschland mit Elisabeth von Nassau-Saarbrücken (nach 1393 bis 1456) und Eleonore von Österreich (um 1433 bis 1480) Autorinnen weltlicher Dichtung in Erscheinung;[152] beide Frauen –

---

[149] Im System der patrilokalen Heiratspraxis zirkulieren Frauen sozusagen als 'kulturelle Botschafterinnen'.

[150] Vgl. BRINKER-GABLER (Anm. 26); GNÜG – MÖHRMANN (Anm. 32); mit gesamteuropäischer Perspektive: PETER DRONKE, Women Writers of the Middle Ages. A Critical Study of Texts from Perpetua († 203) to Marguerite Porète († 1310), Cambridge 1984; KATHARINA M. WILSON, Medieval Women Writers, Athens/Georgia 1984; Heloise und ihre Schwestern, hg. von FERRUCCIO BERTINI, München 1991.

[151] URSULA LIEBERTZ-GRÜN, Höfische Autorinnen. Von der karolingischen Kulturreform bis zum Humanismus, in: BRINKER-GABLER (Anm. 26), S. 39-64, hier S. 47, hat daran erinnert, daß diese französischen Lyrikerinnen bereits Vorgängerinnen an spanisch-arabischen Höfen hatten, wo bereits seit dem 9. Jahrhundert Dichterinnen namentlich bezeugt sind.

[152] In jüngster Zeit hat allerdings REINHARD HAHN, Von frantzosischer zungen in teütsch. Das literarische Leben am Innsbrucker Hof des späteren 15. Jahrhunderts und der Prosaroman ›Pontus und Sidonia (A)‹, Frankfurt/M. – Bern – New York – Paris 1990 (Mikrokosmos 27), S. 73-85, Zweifel an der Autorschaft Eleonores geltend gemacht – hier besteht noch Klärungsbedarf. Eine herausragende Rolle im Literaturbetrieb hat Eleonore, der Heinrich Steinhöwel seine Übersetzung von Boccaccios ›De claribus mulieribus‹ widmete, allerdings unbestreitbar gehabt.

sowohl politisch wie kulturell aktiv[153] – verfaßten ihre Prosaromane nach französischen Vorlagen: Elisabeths vier Romane ›Sibille‹, ›Herpin‹, ›Loher und Maller‹ und ›Huge Scheppel‹ gehen auf inhaltlich miteinander verwandte *chansons de geste* zurück,[154] Eleonore übersetzte den französischen Roman von ›Pontus und Sidonia‹ ins Deutsche.[155] Diese Romane sind bislang noch nicht hinreichend ediert, geschlechterdifferenzierende Analysen sind erst in Ansätzen vorhanden.

Eine weitere Zeitgenossin Eleonores und Elisabeths ist Helene Kottanner, deren ›Denkwürdigkeiten‹ zugleich die "ältesten Frauenmemoiren des deutschen Mittelalters" (abgesehen von den mystischen Schwesternviten, s.u.) darstellen.[156]

Im Bereich der weltlichen Lyrik bleiben Vermutungen über weibliche Verfasserschaft strittig, das gilt z.B. für die in der Heidelberger Liederhandschrift A unter dem Namen *Gedrut* überlieferten Strophen (wobei dieser Name aber wohl keine Dichterin, sondern die Besitzerin eines Liederheftes bezeichnet), die bis auf die beiden ersten in anderen Handschriften männlichen Sängern zugeordnet werden,[157] dann auch für das in dem Liebesbrief einer Nonne (um 1180) überlieferte Gedicht ›*du bist mîn, ich bin dîn*‹.[158] Nachweisbare Verfasserinnen sind im Bereich der Lyrik erst im frühneuzeitlichen Meistergesang zu finden.[159]

---

[153] Elisabeth führte nach dem Tod ihres Mannes, des Grafen Philipp I. von Nassau-Saarbrücken, die Regierungsgeschäfte bis zur Übernahme durch ihren ältesten Sohn (1429-1438), Eleonore vertrat ihren Gatten, Herzog Siegmund von Tirol, in den Zeiten seiner Abwesenheit (1455-1458 und 1467). Beide Frauen standen in ihrem kulturellen Engagement wiederum in engem Kontakt zu einer der wichtigsten Literaturförderinnen der Epoche, Pfalzgräfin Mechthild von Rottenburg (um 1419 bis 1482).

[154] Es handelt sich dabei um Heldenepik aus dem Sagenkreis um Karl den Großen. Die französischen Vorlagen hatte die Mutter Elisabeths niederschreiben lassen.

[155] Vgl. einschränkend Anm. 152.

[156] WINFRIED STELZER, Helene Kottanner, in: ²VL Bd. 5 (1985), Sp. 326-328, hier Sp. 328. – Helene berichtet hier als Augenzeugin und Beteiligte von den spannenden politischen Ereignissen nach dem Tod des böhmisch-ungarischen und römisch-deutschen Königs Albrecht II. (1439), wobei sie selbst als Kammerfrau der Königin Elisabeth die schwer bewachte ungarische Königskrone aus der Plintenburg geraubt hatte, um gegen den Widerstand der ungarischen Landesherren die heimliche Krönung von Elisabeths neugeborenem Sohn zu ermöglichen.

[157] Aus inhaltlichen Gründen werden auch die beiden ersten Strophen nicht Gedrut, sondern einem gewissen Geltar zuzuschreiben sein; vgl. VOLKER MERTENS, Gedrut, in: ²VL Bd. 2 (1980), Sp. 1135, und DERS., Geltar, ebd. Sp. 1187-1189. LIEBERTZ-GRÜN, Höfische Autorinnen (Anm. 151), S. 49, hält hingegen an der Möglichkeit fest, in Gedrut die Verfasserin der zwei oder sogar aller dreißig Strophen zu sehen.

[158] KASTEN, Frauenlieder (Anm. 62), hier S. 205, wertet dieses Gedicht jedoch eher als Eigenleistung der Briefautorin denn als Zitat eines geläufigen Liebesliedes. – Als 'Aufschreiberinnen' erotischer Lyrik betätigten Frauen sich wohl schon im Frühmittelalter, falls es sich (was gelegentlich bestritten wird) bei den *winileodos*, deren Abschrift und Versendung Karl der Große 789 den Frauenklöstern untersagte, um 'Liebeslyrik' handeln sollte; s. dazu z.B. GRUNDMANN, Die Frauen (Anm. 133), S. 73, mit weiterer Literatur; einschränkend z.B. PETER DINZELBACHER, Liebe im Frühmittelalter. Zur Kritik der Kontinuitätstheorie, in: HAUBRICHS, Konzepte der Liebe (Anm. 54), S. 12-38.

[159] Namentlich überliefert ist die Straßburger Meistersingerin Susanna Graner (1540/41-1614),

Um das schmale Korpus weltlicher deutscher Frauenliteratur 'aufzufüllen', wurde neuerdings für die Berücksichtigung der Gattung 'Brief' plädiert,[160] in der Frauen stark – im Spätmittelalter offenbar sogar überwiegend – vertreten sind. Gegenstand von Einzelstudien wurden bereits u.a. die Briefe der Margarete von Schwangau an ihren Mann Oswald von Wolkenstein sowie die Briefe und Flugschriften der politisch und theologisch für die Reformation kämpfenden Argula von Grumbach (1492-1563).[161] Letztere wird nun auch als 'Feministin' gewürdigt und nimmt unter den zahlreichen publizistisch tätigen "Frauen in den Glaubenskämpfen" im Umfeld der protestantischen Bewegung einen prominenten Platz ein.[162] Unter den Reformationsgegnerinnen ist wohl am bekanntesten Caritas Pirckheimer (1447-1532), Äbtissin des Nürnberger Klaraklosters, die ihren Kampf gegen die *lutterey* in ihren ›Denkwürdigkeiten‹ dokumentiert.

Die Reihe der g e i s t l i c h e n Autorinnen wird – wie schon im Falle der weltlichen Dichtung – in den neueren Frauen-Literaturgeschichten ebenfalls mit Verfasserinnen lateinischer Werke eröffnet. Hier sind vor allem zu nennen die Vitenschreiberin Hugeburc (8. Jh.), dann die als erste deutsche Dichterin und Geschichtsschreiberin geltende Hrotsvit von Gandersheim (um 935 bis nach 973), die zudem die ersten christlichen Dramen verfaßte, weiterhin Hildegard von Bingen (1098-1179) – mit ihrem umfangreichen und vielgestaltigen Oeuvre wie auch durch ihre für Frauen ungewöhnliche Predigttätigkeit wohl die auffallendste Gestalt unter den mittelalterlichen Autorinnen – und schließlich Herrad von Hohenburg (gest. 1195) mit ihrem enzyklopädischen Unterrichtswerk ›Hortus Deliciarum‹.[163]

---

der zwei Meisterlieder zuzuordnen sind; vgl. Repertorium der Sangsprüche und Meisterlieder des 12. bis 18. Jahrhunderts, hg. von HORST BRUNNER – BURGHART WACHINGER, Bd. 7 bearb. von HORST BRUNNER – EVA KLESATSCHKE – DIETER MERZBACHER – JOHANNES RETTELBACH, Tübingen 1990, S. 299; HANS MÜLLER, Zur Blütezeit des Straßburger Meistergesangs 1591 bis zum Dreißigjährigen Krieg, in: Zeitschrift für die Geschichte des Oberrheins 110 (1962), S. 151-169, hier S. 153-155. – Nicht als Verfasserin, aber als Sammlerin und Editorin ist noch die Augsburger Berufsschreiberin Klara Hätzlerin mit ihrem ›Liederbuch der Klara Hätzlerin‹ (1471) zu erwähnen.

[160] Vgl. ALBRECHT CLASSEN, ... und sie schrieben doch: Frauen als Schriftstellerinnen im deutschen Mittelalter, in: WW 44 (1994), S. 7-24. – Der 'Brief' gilt insgesamt in der Literaturgeschichte als typisch 'weibliche' Gattung, s. dazu z.B.: Die Frau im Dialog. Studien zu Theorie und Geschichte des Briefes, hg. von ANITA RUNGE – LIESELOTTE STEINBRÜGGE, Stuttgart 1991 (Ergebnisse der Frauenforschung 21).

[161] Vgl. dazu CLASSEN, Frauen als Schriftstellerinnen (Anm. 160), S. 13f., mit weiterer Literatur.

[162] Neben Katharina Zell (1497/98-1562), Elisabeth von Braunschweig-Lüneburg (1519-1558) u.a.; vgl. BARBARA BECKER-CANTARINO, Frauen in den Glaubenskämpfen. Öffentliche Briefe, Lieder und Gelegenheitsschriften, in: BRINKER-GABLER (Anm. 26), S. 149-172.

[163] Herrad (gest. 1195), Äbtissin des Kanonissenstifts Hohenburg/Sainte Odile im Elsaß, arbeitete an diesem Werk zusammen mit ihrer Lehrerin Relindis. Herrads in der älteren Forschung verbreiteter Beiname "von Landsberg" gründet auf einer nicht haltbaren Zuordnung zur ortsansässigen Ministerialenfamilie Landsberg; vgl. MICHAEL CURSCHMANN, Herrad von Hohenburg

Eine Zeitgenossin Hildegards ist die Klausnerin Ava, die um 1100 mit neutestamentlicher Bibeldichtung als erste namentlich bekannte Dichterin in deutscher Sprache in die Literaturgeschichte eintrat.[164] Nach ihr ergibt sich bis zu Mechthild von Magdeburg (gest. um 1282) zunächst eine lange zeitliche Lücke im Hinblick auf weibliche Verfasserschaft.[165] Mit Mechthild jedoch, deren Offenbarungsbuch ›Das fließende Licht der Gottheit‹ in seiner ungewöhnlichen sprachlichen und formalen Gestaltung als eines der künstlerisch originellsten Werke des 13. Jahrhunderts gilt, beginnt eine lange Reihe von in deutscher Sprache schreibenden Mystikerinnen. Diese setzt sich u.a. mit Beginen wie Agnes Blannbekin und Christina von Stommeln fort und erreicht im 14. Jahrhundert in den Kreisen süddeutscher Dominikanerinnen zahlenmäßig ihren Höhepunkt mit einem umfänglichen Korpus mystischer Viten- und Offenbarungsliteratur:[166] Neben den zahlreich überlieferten sogenannten 'Nonnenbüchern' (Sammlungen von Kurzviten verstorbener Schwestern, von meist ungenannt bleibenden Autorinnen kompiliert bzw. redigiert)[167] sind hier vor allem die jeweils als ›Offenbarungen‹ betitelten einzelpersönlichen Gnaden-Viten – z.B. der Margarethe Ebner, Christine Ebner, Adelheid Langmann und Elsbeth von Oye – zu nennen.

Das Interesse der Frauen- und Geschlechterforschung hat sich vor allem auf diesen – mystischen – Bereich weiblicher Literaturproduktion konzentriert. Das hat in den letzten Jahren nicht nur zu einer nachholenden Edition der Nonnenbücher und Einzelviten geführt,[168] sondern auch zu interessanten Thesenentwicklungen zu 'spezifisch weiblichen' Eigenheiten dieser Texte (vgl. Kap. V), deren 'Beson-

---

(Landsberg), in: ²VL Bd. 3 (1981), Sp. 1138-1144, hier Sp. 1138f.

[164] Avas Oeuvre umfaßt vier zu einem Gesamtwerk verbundene Dichtungen: ›Johannes‹, ›Leben Jesu‹, ›Antichrist‹ und ›Das Jüngste Gericht‹. Im Epilog zum ›Jüngsten Gericht‹ kennzeichnet die Verfasserin sich selbst ausdrücklich als 'Mutter': *Dizze buoch dihtote zweier chinde muoter* (V. 393f.); sie bittet um Fürbitte für ihren verstorbenen Sohn und für sich selbst, die *muoter, daz ist AVA* (V. 406).

[165] Weibliche Verfasserschaft wird lediglich für einige anonyme Gebete des 12. Jahrhunderts vermutet, so für das ›Gebet einer Frau‹ (nach 1150) und das ›Arnsteiner Mariengebet‹ (1150/60). Früher wurde auch für das ›St. Trudperter Hohelied‹ weibliche Autorschaft erwogen (zur Diskussion stand u.a. Herrad von Hohenburg); vgl. WIEBKE FREYTAG, Geistliches Leben und christliche Bildung. Hrotsvit und andere Autorinnen des frühen Mittelalters, in: BRINKER-GABLER (Anm. 26), S. 65-76, hier S. 67f.

[166] Einen Kurzüberblick über die Reihe der wichtigsten Mystikerinnen im europäischen Raum bietet PETER DINZELBACHER, Europäische Frauenmystik des Mittelalters. Ein Überblick, in: Frauenmystik im Mittelalter, hg. von PETER DINZELBACHER – DIETER R. BAUER, 2. Aufl. Ostfildern 1990, S. 11-23.

[167] Einige Verfasserinnen von Schwesternbüchern sind allerdings namentlich bekannt, wie z.B. Christine Ebner (›Büchlein von der genaden überlast‹) oder Elsbeth Stagl (›Tösser Schwesternbuch‹), die auch – laut Vorrede – die Vita des Mystikers Heinrich Seuse aufgezeichnet haben soll.

[168] Viele stehen noch aus; für das Werk der Christine Ebner hat URSULA PETERS, Vita religiosa und spirituelles Erleben. Frauenmystik und frauenmystische Literatur im 13. und 14. Jahrhundert, in: BRINKER-GABLER (Anm. 26), S. 88-109, hier im Anhang S. 480, eine Edition angekündigt.

derheit' gegenüber der mystischen Literatur von Männern der mediävistischen Germanistik immer schon aufgefallen ist.

V

Daß Frauen 'Anderes' oder sogar 'anders' schreiben als Männer, ist nicht erst von Teilen der feministischen Forschung behauptet worden. So finden sich bei der Charakterisierung von Frauentexten durch männliche Mediävisten bis in die heutige Zeit Formulierungen wie "fraulich zarte Zeichnung der Seelenzustände ihrer [...] Helden"[169] (zu Hrotsvit) oder "ein sehr fraulich unsystematisches Werk"[170] (zu Mechthild). In der neueren Geschlechterforschung werden Eigenheiten 'weiblicher' Literatur wesentlich differenzierter untersucht. Einige Aspekte ergeben sich dabei unmittelbar aus den Texten selbst, indem z.B. viele mittelalterliche (und spätere) Autorinnen ihr Geschlecht bei ihrer L e g i t i m a t i o n   a l s   A u t o r i n selbst zum Thema machen: Vor allem in der geistlichen, aber auch in der weltlichen Literatur späterer Jahrhunderte verstärken Frauen den im Sinne christlicher Poetik erforderlichen dichterischen Bescheidenheitstopos durch Hinweise auf die Schwäche ihres weiblichen Geschlechts, Verstandes, Charakters etc. (z.B. Hugeburc, Hrotsvit, Hildegard, Mechthild, die Dominikanerinnen des 14. Jhs., Caritas Pirckheimer und andere Autorinnen im Umfeld des Humanismus[171]). Andere Dichterinnen thematisieren Versuche von Zeitgenossen, ihnen die Autorschaft für ihre Werke abzusprechen (Marie de France, Christine de Pizan u.a.).[172]

Eine weitere Frage ist die nach Zeugnissen w e i b l i c h e r   E r f a h r u n g und Lebenswelt in Texten von Frauen, die möglicherweise 'authentischer' sein könnten als ihre Reflexe in der Männerliteratur. Hier sind wiederum verschiedene Ebenen zu unterscheiden: Zum einen wurden schon für die an ein weibliches Publikum adressierten Texte männlicher Autoren mehrfach Konzessionen an spezifische Interessen der Adressatinnen konstatiert – in der weltlichen Dichtung vor allem in der Liebesthematik im Unterschied zur heroischen Kampfschilderung (hier

---

[169] FIDEL RÄDLE, Hrotsvit, in: ²VL Bd. 4 (1983), Sp. 196-210, hier Sp. 206.
[170] HANS NEUMANN, Beiträge zur Textgeschichte des ›Fließenden Lichts der Gottheit‹ und zur Lebensgeschichte Mechthilds von Magdeburg [1954], wieder in: Altdeutsche und Altniederländische Mystik, hg. von KURT RUH, Darmstadt 1964 (WdF 23), S. 175-239, hier S. 226.
[171] Zu den lateinisch schreibenden Frauen im Umfeld des Humanismus, die hier bislang nicht angesprochen wurden, s. URSULA HESS, Lateinischer Dialog und gelehrte Partnerschaft. Frauen als humanistische Leitbilder in Deutschland (1500-1550), in: BRINKER-GABLER (Anm. 26), S. 113-148, speziell zum weiblichen Demutstopos bei Caritas Pirckheimer und anderen S. 124-126.
[172] Vgl. GERDA LERNER, Die Entstehung des feministischen Bewußtseins. Vom Mittelalter bis zur Ersten Frauenbewegung, Frankfurt/M. - New York 1995 (Frauen und Geschichte 2), S. 69-71.

wären allerdings noch Differenzierungen[173] und genauere Ursachenreflexion vonnöten), aber auch in der Ausgestaltung der Protagonistinnenrollen. Letztere sind nun auch im Hinblick auf die Romane Elisabeths von Nassau-Saarbrücken und Eleonores von Österreich[174] ansatzweise analysiert worden, wobei Ursula Liebertz-Grün enttäuscht die mangelnde Emanzipiertheit der Frauengestalten – im Gegensatz zu den Texten der französischen Epikerinnen – konstatiert ("männerfixiert, unselbständig und etwas dümmlich"),[175] während Ingrid Bennewitz die handlungstreibende Rolle und das kämpferische Selbstbewußtsein der Herzogingestalt in Elisabeths ›Herpin‹ unterstreicht.[176]

Zur Beantwortung der Frage, ob sich an diesen Texten – im Vergleich zu den Prosaromanen männlicher Autoren – sprachliche oder inhaltliche Eigenheiten finden lassen, in denen sich die unterschiedliche sozio-kulturelle Lebenssphäre von Frauen und Männern ausdrückt, wären sicherlich noch breiter angelegte Analysen zu unternehmen. Weitere Gattungsfelder finden sich für eine solche geschlechtervergleichende Fragestellung allerdings – mangels Materials – für die deutschsprachige weltliche Dichtung kaum (abgesehen von der Autobiographie Helene Kottanners). Hier bleibt schließlich nur auf den Bereich des Minnesangs zu verweisen, wo die Frage nach 'authentischer' Weiblichkeit in den Liedern der französischen Trobairitz kontrastiv zur Minnelyrik männlicher Provenienz gestellt wird. Auch hier ist ein Forschungsdissens zu vermerken: Während Ingrid Kasten in den Liedern der Comtessa de Dia "Züge eines weiblichen Gegenentwurfs zum Frauendienst der Trobadors" ausmacht,[177] weist Ursula Peters "die Vorstellung von der Authentizität weiblicher Selbstartikulation in den Trobairitzliedern" zurück[178] und siedelt geschlechtstypische Besonderheiten eher auf der Ebene unterschiedlicher Gattungsmuster an.

Von besonderem Interesse für die feministische Forschung sind nun auch diejenigen Texte von Frauen, in denen das Geschlechterverhältnis selbst zum Thema der Reflexion gemacht wird, und zwar möglicherweise 'frauenfreundlicher', als es in männlicher Literatur geschieht: Dies scheint besonders bei den Werken der Christine de Pizan und Hildegards von Bingen der Fall zu sein. Christine hat mit

---

[173] Während es Hrotsvit z.B. – nach eigenem Bekunden – widerstrebte, in ihren ›Gesta Ottonis‹ als Frau die Schlachten Ottos zu schildern, enthalten die Texte Elisabeths von Nassau-Saarbrücken und Eleonores von Österreich drastische Kampfszenen.

[174] Vgl. einschränkend Anm. 152.

[175] URSULA LIEBERTZ-GRÜN, Autorinnen im Umkreis der Höfe, in: GNÜG – MÖHRMANN (Anm. 32), S. 16-34, hier S. 33.

[176] BENNEWITZ, Melusines Schwestern (Anm. 112), S. 298f.

[177] KASTEN, Weibliches Rollenverständnis (Anm. 43), S. 143.

[178] PETERS, Frauenliteratur (Anm. 43), S. 42. Ebenso KATHARINA STÄDTLER, Altprovenzalische Frauendichtung (1150-1250). Historisch-soziologische Untersuchungen und Interpretationen, Heidelberg 1990 (GRM Beih. 9).

ihrer Attacke gegen die Frauenfeindlichkeit des ›Rosenromans‹ in der Fassung von Jean de Meun eine Jahrhunderte währende, in ganz Europa geführte Debatte um 'Wesen' und Status 'der Frau' entfacht, die unter dem Titel 'Querelle des femmes' in die Geschichte eingegangen ist.[179] Doch während Christine sich in vielerlei Hinsicht vom 'Egalitätsgedanken' leiten läßt, sind die vielschichtige Geschlechterkonzeption Hildegards von Bingen und ihre "frauenbezogene Spiritualität" sowohl für egalitäts- wie auch für differenzorientierte Fragestellungen interessant geworden[180] – das gilt etwa für ihre Aufwertung der Eva[181] oder die 'androgyne' Zeichnung ihres Menschen- und Gottesbildes mit seinen 'weiblichen' Zügen.

Überhaupt ist die Debatte um 'weibliche' Elemente in Frauentexten am brisantesten im Blick auf die geistliche Literatur. Schon im Hinblick auf das für Frauen bestimmte religiöse Schrifttum wird in der traditionellen Forschung häufig von einer geschlechtsspezifischen Hinneigung etwa zur Marienverehrung (Mariendichtungen, -gebete) und zur Brautmystik (im Hohenlied) gesprochen;[182] solche Zuschreibungen verschärfen sich jedoch bei der Charakterisierung der von Frauen selbst verfaßten Texte, vor allem bei denjenigen der Mystikerinnen. Bereits die geläufige Gattungsbezeichnung 'Frauenmystik' verweist auf geschlechtsspezifische Abgrenzung von den Werken Meister Eckharts, Taulers, Seuses u.a.; dabei entsprechen, wie in der Geschlechterforschung neuerdings bemerkt wird, die zugehörigen kontrastiven Typologisierungen wie "praktische versus theoretische, Erlebnis- versus spekulative Mystik [...] sehr genau neuzeitlich komplementären Geschlechterkonstruktionen."[183] Damit sind schließlich auch gängige Wertungen verbunden: Während Grundmann[184] die religiöse Frauenbewegung des 13. Jahrhunderts mit ihrer 'weiblichen' Spiritualität als auslösendes Moment der deutschen Mystik über-

---

[179] S. dazu ELISABETH GÖSSMANN, Für und wider die Gelehrsamkeit. Eine europäische Diskussion im 17. Jahrhundert, in: BRINKER-GABLER (Anm. 26), S. 185-197.
[180] Vgl. ELISABETH GÖSSMANN, "Ipsa enim quasi domus sapientiae". Die Frau ist gleichsam das Haus der Weisheit. Zur frauenbezogenen Spiritualität Hildegards von Bingen, in: "Eine Höhe, über die nichts geht". Spezielle Glaubenserfahrung in der Frauenmystik?, hg. von MARGOT SCHMIDT – DIETER R. BAUER, Stuttgart-Bad Cannstadt 1986 (Mystik in Geschichte und Gegenwart I, 4), S. 1-18. GÖSSMANN sieht allerdings Geschlechterdifferenzen im Bereich der Spiritualität nicht ontologisch, sondern vor dem Hintergrund der unterschiedlichen soziokulturellen Lebenssituation der Geschlechter, S. 1f.
[181] Bei Hildegard findet sich eine Genesis-Deutung, die nach GÖSSMANN, Ipsa enim (Anm. 180), S. 11, "in Spuren bereits in der christlichen Antike greifbar" ist: Eva, heißt es, sei als die 'aus Fleisch Geschaffene' dem lehmgeschöpften Adam in gewissen Aspekten überlegen – dieses Argument wurde besonders in der Renaissance im Rahmen der 'Querelle' mehrfach aufgegriffen.
[182] Vgl. z.B. GRUNDMANN, Die Frauen (Anm. 133).
[183] SUSANNE BÜRKLE, Weibliche Spiritualität und imaginierte Weiblichkeit. Deutungsmuster und -perspektiven frauenmystischer Literatur im Blick auf die Thesen Caroline Walker Bynums, in: ZfdPh 113 (1994), S. 116-143, hier S. 117.
[184] HERBERT GRUNDMANN, Die geschichtlichen Grundlagen der deutschen Mystik [1934], wieder in: RUH, Mystik (Anm. 170), S. 72-99.

haupt gewürdigt hatte, verwies er selbst auch auf andere, pejorative Beurteilungen als 'bloße' Frauenmystik,[185] die bis heute nicht verstummt sind. Die bisherige Forschung zur Geschlechtsspezifik der Frauenmystik ist vor allem durch Ursula Peters und – in jüngster Zeit – durch Susanne Bürkle kritisch aufgearbeitet und in zentralen Punkten revidiert worden; ihren Arbeiten verdanken sich die folgenden überblickshaften Ausführungen.[186]

Als auffallendstes Kennzeichen vor allem der Viten- und Offenbarungsliteratur süddeutscher Dominikanerinnen gilt seit jeher die starke Betonung körperlicher Vorgänge, die die Berichte von Krankheiten und Fastenübungen, von spirituellen Visionen und genußvollen 'Erfahrungen' der Schwangerschaft, des Gebärens, Säugens und Wickelns des Jesuskindes wie der mystischen Liebesvereinigung mit dem göttlichen Bräutigam durchziehen. Hierin ist nun bislang meist der unmittelbare Ausdruck 'authentischer' Erfahrung in spezifisch 'weiblicher' Ausprägung gesehen worden, woran sich unterschiedliche Deutungsmuster anschließen: traditionell etwa als Erweis geringerer theoretisch-spekulativer Kompetenzen und Ambitionen von Frauen oder gar als Ausdrucksform pathologischer Hysterie, die einem unausgelebten Kinderwunsch und unterdrückten sexuellen Bedürfnissen entspringe. Neuerdings werden in Teilen der feministischen Forschung aus differenztheoretischer Perspektive jedoch gerade die sinnlichen Aspekte positiv herausgestellt und als spezifisch weibliche Form körperbezogener Welt- und Gotteserfahrung interpretiert. Noch einen Schritt weiter gehen Deutungen in der Nachfolge Irigarays,[187] die hier als 'weiblich' bezeichnete S c h r e i b w e i s e n im Sinne eines sinnlich-lustvollen Unterlaufens vorgegebener Diskursmuster zu erkennen meinen. Auch in dieser Hinsicht gibt es bereits Vorläufer in älteren Forschungen, die in den Texten der Mystikerinnen ebenfalls gewisse 'geschlechtstypische' Sprach- und Stilmerkmale (wie "Offenheit" und "Natürlichkeit" des Schreibens oder "fehlende Systematik") ausfindig machen wollten.[188]

Ursula Peters hat bereits seit längerem eine kritische Position gegenüber traditionellen wie auch feministischen differenzorientierten Interpretationen der

---

[185] D.h. im Sinne einer 'niederen' oder 'Pseudo'-Mystik; vgl. GRUNDMANN, ebd. S. 74; kritisch zu diesen pejorativen Bewertungen auch PETER DINZELBACHER, Kleiner Exkurs zur feministischen Diskussion, in: DINZELBACHER – BAUER (Anm. 180), S. 391-393.

[186] Zum Folgenden s. URSULA PETERS, Frauenmystik im 14. Jahrhundert: Die ›Offenbarungen‹ der Christine Ebner, in: OPITZ (Anm. 32), S. 213-227; DIES., Religiöse Erfahrung als literarisches Faktum. Zur Vorgeschichte und Genese frauenmystischer Texte des 13. und 14. Jahrhunderts, Tübingen 1988 (Hermaea N.F. 56); DIES., Vita religiosa (Anm. 168); zusammenfassend DIES., Frauenliteratur (Anm. 43); BÜRKLE (Anm. 183); jetzt auch DIES., Literatur im Kloster. Historische Funktion und rhetorische Legitimation frauenmystischer Texte des 14. Jahrhunderts, Tübingen – Basel 1999 (Bibliotheca Germanica 38).

[187] S. dazu Anm. 31.

[188] Vgl. PETERS, Frauenliteratur (Anm. 43), S. 45.

Frauenmystik bezogen.[189] Sie hat dabei generell die Auffassung, in den biographisch formulierten Schriften äußere sich unmittelbar 'authentisches' Erleben der Mystikerinnen, mit der Betonung des literarischen Charakters dieser Texte zurückgewiesen und ihre Bindung an hagiographische Gattungsmuster betont.[190] Geschlechtstypische Aspekte sieht sie vor allem in dem durch die Texte selbst problematisierten Thema 'Frau als begnadete Visionärin und Autorin',[191] wobei sich der durch das Predigtverbot für Frauen gebotene Zwang zur Selbstlegitimation nicht nur im weiblichen Demutstopos (s.o.), sondern zugleich in einem geschlechtsspezifischen Konzept der Begnadung niederschlage, wie es z.B. bei Christine Ebner formuliert wird (in Peters' Paraphrasierung): "dem männlichen Privileg des Priesteramtes entsprechen bei auserwählten Frauen Zustände der Verzückung, in denen Gott durch seine Gnade der *süezzen rede* der Umwelt seine Wundermacht bezeugt."[192] Das heißt zugleich, daß die Selbststilisierung als verstandesschwache Frau einhergeht mit einer gleichzeitigen Selbstaufwertung: Gerade als (vermeintlich) Ungebildete erscheinen Frauen prädestiniert für die unmittelbare Gottesbegegnung. Die New Yorker Historikerin Caroline Walker Bynum hat in zahlreichen Studien, die mittlerweile auch in Deutschland verstärkt Beachtung finden,[193] gezeigt, daß dieses Deutungsmuster auch im Hinblick auf die allseits konstatierte 'Körperlichkeit' weiblicher Spiritualität fruchtbar zu machen ist: Unter Verzicht auf biologistische Zuschreibungen korreliert Bynum die mystische Körperthematik mit kulturell determinierten Weiblichkeitsvorstellungen (Frau als Fleisch, Materie etc.), die im Zuge der programmatischen Ausrichtung der Theologie seit dem 12. Jahrhundert auf die fleischlich-menschliche Natur Christi und der zunehmenden 'Feminisierung' christlicher Symbolik[194] eine systematische Um- bzw. Aufwertung erfahren haben. Damit erhält sowohl die weibliche *ignorantia* wie auch die Frauen zugeschriebene 'Lust' (*cupiditas*) und Körperverhaftetheit auf spiritueller Ebene einen für religiöse Frauen attraktiven und in

---

[189] S. z.B. die in Anm. 186 genannten Publikationen.

[190] Ähnlich argumentiert PETERS, Frauenliteratur (Anm. 43), im Falle der Trobairitz-Lieder, vgl. Anm. 178. – Die Literarizität der Mystikerinnen-Texte wird noch verstärkt durch die Tatsache, daß sie – allerdings in nicht mehr genau nachvollziehbarem Ausmaß – vielfach dem redigierenden Eingriff von Mitschwestern und männlichen Beichtvätern unterlagen. – Für eine Interpretation dieser Literatur als Erlebnisausdruck tritt hingegen weiterhin z.B. PETER DINZELBACHER, Zur Interpretation erlebnismystischer Texte des Mittelalters, in: DERS., Mittelalterliche Frauenmystik, Paderborn – München – Wien – Zürich 1993, S. 304-331, ein.

[191] Beispiele bei Mechthild von Magdeburg und Christine Ebner s. bei PETERS, Frauenliteratur (Anm. 43), S. 46.

[192] Ebd.

[193] Vgl. dazu PETERS, Frauenliteratur (Anm. 43) und BÜRKLE (Anm. 183), jeweils mit weiterer Literatur.

[194] Vgl. CAROLINE WALKER BYNUM, Jesus as Mother. Studies in the Spirituality of the High Middle Ages, Berkeley – Los Angeles – London 1982.

ihren – wie Susanne Bürkle gegenüber Bynum betont — literarischen "Selbstinszenierungen"[195] zentralen Status.

VI

Nach diesem Gang durch die Forschungslandschaft läßt sich zunächst resümierend feststellen, daß das Geschlechterverhältnis in der Literatur bislang vorwiegend im Hinblick auf 'Frauenbilder' und Konstruktionen von 'Weiblichkeit' diskutiert wurde und wird – und dies gilt sowohl für Texte männlicher wie weiblicher Autoren des Mittelalters. 'Weiblichkeit' ist aber nur eine Seite der Konstruktion von Geschlecht: Ohne zugleich die Konzepte von 'Männlichkeit' in literarischen Entwürfen und kulturellen Formationen zu thematisieren, bliebe der Diskurs weiterhin im asymmetrischen Muster 'Besonderes/Frau : Allgemeines/Mann' befangen. Dabei kann es jedoch auch nicht allein um additive Ergänzungen gehen; denn in den binären Modellen der Geschlechterdifferenz sind immer beide Pole relational aufeinander bezogen. So ist z.B. im Hinblick auf die unterschiedlichen kulturellen Paradigmen 'Kleriker', 'Held', 'höfischer Ritter', 'dörper' etc. zunächst zur Kenntnis zu nehmen, daß damit auch rivalisierende Männlichkeitskonzepte impliziert sind; zugleich sind aber auch die jeweils ausgeschlossenen oder integrierten Entwürfe von Weiblichkeit mitzudenken, die in den 'Feminisierungstendenzen' der Religiosität wie auch der höfischen Kultur offenbar eine gewisse Aufwertung erfahren.[196]

Vor allem die neueren Forschungen zum Bereich der Frauenmystik haben zum einen deutlich gemacht, daß solche Um- und Aufwertungsprozesse von Weiblichkeitskonstruktionen historisch situierbar und erklärbar sind, zum anderen aber auch, daß literarische Äußerungen von Frauen selbst in die Geschichte dieser Zuschreibungen eingebunden sind. Insgesamt zeichnet sich in den Untersuchungen zur Literatur (nicht nur) mittelalterlicher Autorinnen als Ergebnis ab, daß Frauen an der Geschichte der Geschlechterdifferenz 'mitgestrickt' haben, wenngleich es offenbar immer wieder Stimmen gab, die – zumindest in gewissen Bereichen – energisch auf Egalität pochten (z.B. Christine de Pizan). Diese Stimmen haben auf die ungleichen Machtchancen von Frauen und Männern im rechtlich-sozialen wie auch im kulturellen Bereich aufmerksam gemacht. Daß die Vorherrschaft auch im theoretischen Entwurf des Geschlechterverhältnisses letztlich bei Männern lag, zeigt

---

[195] Bürkle (Anm. 183), S. 143.
[196] In den 'Effeminierungs'-Diskursen hingegen, die sich gegen bestimmte Männlichkeitsmuster richten, werden wiederum gewisse Weiblichkeitskonstruktionen abgewehrt und abgewertet – vgl. die wiederholten Verweiblichungs-Vorwürfe etwa gegenüber dem Kleriker, dem Minneritter oder gegenüber dem seines *übelen wîbes* nicht Herr werdenden Ehemannes in der mittelalterlichen Literatur.

nicht zuletzt die verschwindend geringe aktive Beteiligung von Frauen am literarischen Diskurs – das kirchliche Predigtverbot für Frauen scheint eine gewisse Parallele im weltlichen Literaturbetrieb zu haben. Doch haben neuere Bemühungen um 'Gleichstellung' von Frauen in der Literaturgeschichtsschreibung wiederum deutlich gemacht, daß auf verschiedenen anderen Ebenen Frauen in den mittelalterlichen Literaturbetrieb doch stärker involviert waren, als herkömmliche Darstellungen erkennen ließen. Die 'besondere' Rolle von Frauen in dem mit Christianisierung, Alphabetisierung und Literarisierung verbundenen Zivilisationsprozeß und ihre Auswirkung auf die Geschlechtercodierung von 'Kultur', 'Natur', 'Schrift' etc. bleibt allerdings gegenüber egalitäts- wie differenztheoretischen Vereinfachungen für das Mittelalter noch zu präzisieren.

Wie dieser Forschungsüberblick gezeigt hat, wird die Kategorie 'Geschlecht' als Kategorie sozialer und kultureller Differenz auf vielen Ebenen in mittelalterlicher Literatur und Literaturbetrieb wirksam – zum Teil offensichtlich, zum Teil verdeckt. Aber auch bei der literaturwissenschaftlichen Tätigkeit selbst gehen die eigenen Vorstellungen über das Geschlechterverhältnis und seine Geschichte, die jeweils wieder mit einem bestimmten Interesse an der Wahrheit dieser Vorstellungen verbunden sind, vielfältig in die Auswahl, Akzentuierung, Interpretation und Darstellung von Forschungsgegenständen ein und sind deshalb zunächst aus dem hermeneutischen Hintergrundsdunkel ins Licht der Reflexion zu stellen – und das gilt für feministische wie für 'traditionelle' Mediävistik, und zwar von Männern wie von Frauen.

AUSWAHLBIBLIOGRAPHIE

Der frauwen buoch. Versuche zu einer feministischen Mediävistik, hg. von INGRID BENNEWITZ, Göppingen 1989 (GAG 517).

INGRID BENNEWITZ, Frauenliteratur im Mittelalter oder feministische Mediävistik? Überlegungen zur Entwicklung der geschlechtergeschichtlichen Forschung in der germanistischen Mediävistik der deutschsprachigen Länder, in: ZfdPh 112 (1993), S. 383-393.

manlîchiu wîp, wîplîch man. Zur Konstruktion der Kategorien 'Körper' und 'Geschlecht' in der deutschen Literatur des Mittelalters. Internationales Kolloquium der Oswald von Wolkenstein-Gesellschaft, Xanten 8.-10. Oktober 1997, hg. von INGRID BENNEWITZ – HELMUT TERVOOREN, Berlin 1999 (ZfdPh Beih. 9).

Women Defamed and Women Defended. An Anthology of Medieval Texts, ed. by ALCUIN BLAMIRES – KAREN PRATT – C.W. MARX, Oxford 1992.

Deutsche Literatur von Frauen, hg. von GISELA BRINKER-GABLER, Bd. 1: Vom Mittelalter bis zum Ende des 18. Jahrhunderts, München 1988.

SUSANNE BÜRKLE, Weibliche Spiritualität und imaginierte Weiblichkeit. Deutungsmuster und -perspektiven frauenmystischer Literatur im Blick auf die Thesen Caroline Walker Bynums, in: ZfdPh 113 (1994), S. 116-143.

JOACHIM BUMKE, Die Rolle der Frau im höfischen Literaturbetrieb, in: DERS., Mäzene im Mittelalter. Die Gönner und Auftraggeber der höfischen Literatur in Deutschland, 1150-1300, München 1979, S. 231-247.

Genus. Zur Geschlechterdifferenz in den Kulturwissenschaften, hg. von HADUMOD BUSSMANN – RENATE HOF, Stuttgart 1995 (Kröners Taschenausgabe 492).

Women as Protagonists and Poets in the German Middle Ages. An Anthology of Feminist Approaches to Middle High German Literature, ed. by ALBRECHT CLASSEN, Göppingen 1991 (GAG 528).

Frauen – Literatur – Geschichte. Schreibende Frauen vom Mittelalter bis zur Gegenwart, hg. von HILTRUD GNÜG – RENATE MÖHRMANN, Stuttgart 1985.

HERBERT GRUNDMANN, Die Frauen und die Literatur des Mittelalters, in: Archiv für Kulturgeschichte 26 (1935), S. 129-161, und in: DERS., Ausgewählte Aufsätze, Bd. 3, Stuttgart 1978 (MGH Schriften 25), S. 67-95.

Ansichten einer feministischen Literaturwissenschaft, in: Kultureller Wandel und die Germanistik in der Bundesrepublik. Vorträge des Augsburger Germanistentages 1991, hg. von JOHANNES JANOTA, Bd. 4: Germanistik, Deutschunterricht und Kulturpolitik, Tübingen 1993, S. 247-290.

INGRID KASTEN, Weibliches Rollenverständnis in den Frauenliedern Reinmars und der Comtessa de Dia, in: GRM N.F. 37 (1987), S. 131-146.

URSULA PETERS, Frauenliteratur im Mittelalter? Überlegungen zur Trobairitzpoesie, zur Frauenmystik und zur feministischen Literaturbetrachtung, in: GRM N.F. 38 (1988), S. 35-56.

ANN MARIE RASMUSSEN, Feminismus in der Mediävistik in Nordamerika, in: Mitteilungen des Deutschen Germanistenverbandes 39/3 (1992), S. 19-27.

Lektüreempfehlungen

Die Bereitschaft, über das Lehrangebot hinaus selbständig, umfassend und intensiv Texte zu lesen, gehört zu den Grundvorausssetzungen aller Studierenden, die sich für einen sprach- und literaturwissenschaftlichen Studiengang entscheiden. Die Liste von Texten der deutschen Literatur des Mittelalters soll den Studierenden der Deutschen Philologie vorschlagen, welche Bereiche von Texten verschiedener literarischer Gattungen und Epochen sie im Verlauf ihres gesamten Studiums zur Kenntnis nehmen sollten. Sie will einerseits durch ihre Auswahl konkrete Empfehlungen zu einer planmäßigen Lektüre und damit eine Orientierungshilfe zu Beginn des Studiums geben, andererseits durch Breite in der Textauswahl der Bildung eines zu engen 'Literaturkanons' entgegenwirken.

Die Auswahl ist von einem erweiterten, Dichtung und Gebrauchsliteratur einschließenden Literaturbegriff bestimmt, der auch neuere Forschungs- und Lehrgebiete der germanistischen Mediävistik berücksichtigt.

Bereich 1: Althochdeutsche Literatur
Bibeldichtung: Otfrid von Weißenburg, *Evangelienbuch*
Helden- und Fürstenpreislied: *Hildebrandslied; Ludwigslied*
[Textsammlung]: *Althochdeutsche Literatur*, hg. u. übers. v. Horst Dieter Schlosser

Bereich 2: Frühmittelhochdeutsche Literatur / Geistliche Dichtung
Bibelauslegung: *St. Trudperter Hoheslied*
Naturdeutung: *Physiologus*
Bibeldichtung: *Ava, Leben Jesu; Judith; Himmlisches Jerusalem*
Heilslehre: *Ezzolied; Summa Theologiae*
Geistliche Sittenlehre: Heinrich von Melk, *Erinnerung an den Tod*
Geschichtsdeutung: *Kaiserchronik*
Heiligenlegende: *Annolied*

Bereich 3: Frühhöfische Epik
Antikendichtung: Pfaffe Lambrecht, *Alexander*
Deutsche 'chanson de geste' (christliche Heldenepik): Pfaffe Konrad, *Rolandslied*
'Spielmannsepik': *König Rother; Herzog Ernst B; Salman und Morolf*
Tierdichtung: Heinrich, *Reinhart Fuchs*

Bereich 4: Höfischer Roman
Antikenroman: Heinrich von Veldeke, *Eneasroman;* Herbort von Fritzlar, *Trojaroman*
Artusroman: Hartmann von Aue, *Erec, Iwein;* Wirnt von Grafenberg, *Wigalois*
Gralroman: Wolfram von Eschenbach, *Parzival*
Minneroman: Gottfried von Straßburg, *Tristan*

Bereich 5: Höfische Heldenepik
Nibelungenlied und *Klage; Kudrun*

Bereich 6: Späthöfische Heldenepik
Historische Dietrichepik: *Alpharts Tod; Dietrichs Flucht, Rabenschlacht*
Aventiurehafte Dietrichepik: *Eckenlied; Laurin*

Bereich 7: Späthöfischer Roman
Artusroman: Stricker, *Daniel vom blühenden Tal*
Exempelroman: Rudolf von Ems, *Der gute Gerhard;* Konrad von Würzburg, *Engelhard*
Prosaroman: *Lancelot*
Minne- und Abenteuerroman: Johann von Würzburg, *Wilhelm von Österreich*

Bereich 8: Legende
Hartmann von Aue, *Gregorius, Der arme Heinrich*
Rudolf von Ems, *Barlaam und Josaphat*
Deutsche 'chanson de geste' (christliche Heldenepik): Wolfram von Eschenbach, *Willehalm*

Bereich 9: Minnesang und Sangspruchdichtung
Donauländischer Minnesang: Kürenberger; Meinloh von Sevelingen; Dietmar von Aist
Rheinischer Minnesang: Friedrich von Hausen
'Klassischer' Minnesang: Albrecht von Johannsdorf; Heinrich von Morungen; Hartmann von Aue; Reinmar der Alte; Walther von der Vogelweide
Tagelied: Wolfram von Eschenbach
Späthöfischer Minnesang: Neidhart; Tannhäuser; Gottfried von Neifen; Ulrich von Winterstetten; Oswald von Wolkenstein
Spruchdichtung: Walther von der Vogelweide; Reinmar von Zweter; Frauenlob
Fingierte Sängerbiographie: Ulrich von Liechtenstein, *Frauendienst*

Bereich 10: Hochmittelalterliche Predigt
Berthold von Regensburg; Schwarzwälder Predigten; Der St. Georgener Prediger

Bereich 11: Mystik
Mechthild von Magdeburg, *Das fließende Licht der Gottheit*
Meister Eckhart, *Das Buch der göttlichen Tröstung*
Johannes Tauler, *Predigten*
Heinrich Seuse, *Büchlein der ewigen Weisheit*
Christine Ebner, *Offenbarungen, Büchlein von der Gnaden Überlast*
Margareta Ebner, *Offenbarungen*

Bereich 12: Kleinepik
Höfische Verserzählung: Konrad von Würzburg, *Herzmaere; Moriz von Craûn;* Wernher der Gartenaere, *Helmbrecht*

Märe: Stricker; Herrand von Wildonie; Sibote, *Frauenzucht;* Heinrich Kaufringer; Hans Folz
Fabel: Stricker; (Ulrich) Boner, *Edelstein;* Heinrich Steinhöwel, *Aesop*

Bereich 13: Mittelalterliches Spiel
Geistliches Spiel: *Osterspiel von Muri; Donaueschinger Passionsspiel*
Fastnachtspiel: Hans Folz, *Von König Salomon und Markolf*

Bereich 14: Lehrdichtung
Jugendlehre: Thomasin von Zerklaere, *Der Welsche Gast*
Lebenslehre: Freidank, *Bescheidenheit;* Hugo von Trimberg, *Der Renner*
Minnelehre: Johann von Konstanz, *Minnelehre; Die Minneburg;* Hermann von Sachsenheim, *Die Mörin*

Bereich 15: Sachprosa
Rechtsliteratur: Eike von Repgow, *Sachsenspiegel*
Wissensvermittlung: *Lucidarius*
Naturdeutung: Konrad von Megenberg, *Das Buch der Natur*
Chronik: Hartmann Schedel, *Weltchronik; Zimmerische Chronik*
Reiseliteratur: Bernhard von Breidenbach; Michael Velser, *Mandevilles Reisen;* Marco Polo (dt.)

Bereich 16: Schwankroman
Stricker, *Der Pfaffe Amis*
Philipp Frankfurter, *Der Pfarrer von Kahlenberg*
Ulenspiegel

Bereich 17: Frühneuhochdeutscher Prosaroman
Elisabeth von Nassau-Saarbrücken, *Herpin, Huge Scheppel*
Thüring von Ringoltingen, *Melusine*
Fortunatus

Bereich 18: Autobiographie
Helene Kottanner, *Denkwürdigkeiten*
Caritas Pirckheimer, *Denkwürdigkeiten*
Thomas Platter, *Lebensbeschreibung*

Bereich 19: Herausragende Einzelwerke des Spätmittelalters und der Frühen Neuzeit
Um 1400: Johannes von Tepl, *Ackermann aus Böhmen;* Heinrich Wittenwiler, *Der Ring*
Um 1500: *Reynke de Vos;* Sebastian Brant, *Das Narrenschiff*

Bereich 20: Autoren des Humanismus und der Reformationszeit
Ulrich von Hutten
Martin Luther

Register

1. Autoren, historische Personen, Werke

Aesop 262 A. 15
Agnes von Loon 340
Albrecht II. (König) 342 A. 156
Albrecht von Scharfenberg, ›Jüngerer Titurel‹ 6, 108 A. 41, 338 A. 137
Alcuin 49f., 53 A. 54, 54f.
Alice von Blois 340
Ambrosius von Mailand 50, 284
›Annolied‹ 4, 26
Arator 43
Argula von Grumbach 343
›Aristoteles und Phyllis‹ 184
›Armenbibel‹ s. ›Biblia pauperum‹
›Arnsteiner Mariengebet‹ 344 A. 165
Attila (Etzel) 151, 158, 160, 167 A. 61, 169 A. 67, 170 A. 70
Augustinus 49f., 55, 284
Ava 4, 21, 344

Bebel, August 311 A. 10
Bebel, Heinrich
— ›Comoedia de optimo studio iuvenum‹ 258
— ›De abusione linguae latinae apud germanos‹ 258
— ›De laudibus atque amplitudine Germaniae‹ 258
— ›Fazetien‹ 255-276 mit Abb. 10f.
— ›Historia horarum canonicarum‹ 269 A. 33
— ›Liber tertius et novus facetiarum‹ 261
— ›Opuscula nova‹ 260
— ›Proverbia germanica‹ 258
Beda Venerabilis 49f., 55
Bernhard von Clairvaux 68, 72, 79
Berthold von Regensburg 12, 306
›Bibel‹ 47-50, 55, 62, 64, 69, 80, 85, 278, 280, 282-288, 298, 302, 305
›Bible moralisée‹ 284 A. 17
›Biblia pauperum‹ 278, 293, 301-305 mit Abb. 15

›Biterolf und Dietleib‹ 90
Blannbekin, Agnes 344
Boccaccio
— ›De claribus mulieribus‹ 341 A. 152
— ›Il Decamerone‹ 185f.
Bodmer, Johann Jacob 26
Boner, Ulrich 6, 26
Bracciolini, Poggio 259, 263, 268 A. 29, 270, 272f.
Brant, Sebastian 263
— ›Das Narrenschiff‹ 7, 256
Brassicanus, Georg 269, 270 A. 34
Braune, Wilhelm 16
Breitinger, Johann Jacob 26

›Carmina Burana‹ 336
Casselius s. Gesseler
Celtis, Conrad 256
›Chanson de Roland‹ 340
Chrétien de Troyes 29, 326, 340
— ›Erec et Enide‹ 91-96, 104 A. 31f., 107, 110f., 113f., 117-119
— ›Yvain‹ 92, 93 A. 15
Christina von Stommeln 344
Christine de Pizan 341, 345f., 350
— ›Buch von der Stadt der Frauen‹ 310, 336
Chrysanthus und Daria (Heilige) 67 A. 15
Cicero 262
›El Cid‹ 173
Clemens, Bernhard 269 A. 33
Clemens, Leonhard 269
›Compilatio singularis exemplorum‹ 199
›Comptes du monde adventureux‹ 275
Comtessa de Dia 341, 346

›Decretum Gratiani‹ 108 A. 43
Dhuoda 341
›Dialogus de laudibus sanctae crucis‹

278, 288-292 mit Abb. 12
Dietmar von Aist 11, 229
Dietrich (Markgraf von Meißen) 124, 125 Abb. 3
Dietrich von Bern s. Theoderich
Dilthey, Wilhelm 16
Domenichi, Ludovico 274 A. 48
Dorst, Tankred, ›Merlin‹ 28
›du bist mîn, ich bin dîn‹ 342
Dürr, Leonhard 269 A. 33

Eberhard im Bart (Herzog von Württemberg) 269
Ebner, Christine 21, 344, 349
Ebner, Margarethe 21, 344
Eck, Johann 258
Eckhart, Meister (Eckhart von Hochheim) 12, 62, 339, 347
Eco, Umberto 28
›Edda‹ 168 A. 65
Eike von Repgow 338
Eilhart von Oberg 340
Eleonore von Aquitanien 340
Eleonore von Österreich 333, 341f., 346
Elias, Norbert 21, 314
Elisabeth von Braunschweig-Lüneburg 343 A. 162
Elisabeth von Nassau-Saarbrücken 6, 21, 333, 341f., 346
Elsbeth von Oye 344
Emser, Hieronymus 270 A. 34
Engels, Friedrich 311 A. 10
›Erexsaga‹ 92 A. 9
Erkanbert von Fulda 49
Etzel s. Attila
›Eulenspiegelbuch‹ s. ›Ulenspiegel‹
›Ezzos Gesang‹ 4

Fährmann, Willi 170
›Faustbuch‹ (›Historia‹) 6
Fernau, Joachim 169, 171
Fischart, Johann 7
Folz, Hans 6, 13, 270
›Fortunatus‹ 6
Frankfurter, Philipp s. ›Pfaffe vom Kalenberg‹
Frauenlob 6
Freidank 185
— ›Bescheidenheit‹ 5
Friedrich I. (Kaiser, gen. Barbarossa) 277, 339 A. 140
Friedrich II. (Kaiser) 339 A. 140
Friedrich II. (Herzog von Österreich) 206, 214
Friedrich von Hausen 11, 130, 210
Friedrich von Sonnenburg 6
Fürst, Vitus von 261

Gastius, Johannes, ›Convivales sermones‹ 274
Gautier d'Arras 340
›Gebet einer Frau‹ 344 A. 165
Gedrut 342
Geiler von Kaysersberg 12
Geltar 342 A. 157
Georg von Ehingen 269
Georg von Zwiefalten (Abt) 269
›Gereint‹ 92 A. 9
Gerhoh von Reichersberg 68
Gesseler, Johannes 269
›Gesta Frederici‹ 277
Giraut de Bornelh 239
›Glossarium Salomonis‹ 289 A. 38
Goldast, Melchior 26
Gottfried von Neifen 5
Gottfried von Admont 67 A. 18, 68 A. 21
Gottfried von Straßburg 179, 311
— ›Tristan und Isolde‹ 1, 5, 27, 29, 96 A. 24, 286, 327, 329 A. 90
Gottsched, Johann Christoph 26
Graner, Susanne 342 A. 159
Gregor der Große (Papst) 49f., 79f.
Grimm, Jacob 14
Grimmelshausen, Hans J. Chr. 306

Hadamar von Laber, ›Die Jagd‹ 6
Hadlaub, Johannes 5
Haimo von Auxerre 55
Haimo von Halberstadt 55
Hartmann von Aue 5, 179
— ›Der arme Heinrich‹ 10, 326 A. 72
— ›Erec‹ 29, 89-121, 326
— ›Gregorius‹ 286, 326 A. 72
— ›Iwein‹ 15, 29, 91f., 93 A. 15, 108 A. 39, 142, 326
— ›Klage‹ 141
— (Lieder) 130
Hartmut (Mönch in St. Gallen) 34
Hätzlerin, Klara 228, 343 A. 159
›Heilsspiegel‹ s. ›Speculum humanae

salvationis‹
Heinrich der Löwe (Herzog von Sachsen und Bayern) 339 A. 140, 340
Heinrich VI. (dt. König, Kaiser) 339 A. 140
Heinrich von Morungen 5, 123-146 mit Abb. 4, 210, 213
— MF III: 126; V: 126, 141, 143; XIII: 132; XV: 126-134; XVII: 126; XXII: 131, 141, 143; XXIII: 135-144; XXVII: 126; XXX: 229; XXXII: 126, 139, 142f.; XXXIII: 126, 140; XXXIV: 139
Heinrich von Mügeln 6
Heinrich der Teichner 6
Heinrich von dem Türlin, ›Diu Crône‹ 6, 90 A. 2, 94, 327, 338 A. 137
Heinrich von Veldeke 179, 340
— ›Eneasroman‹ 5, 105, 286, 328, 340 A. 148
— ›Servatius‹ 340 A. 148
Heinricus Strichære 178 A. 3
›Heliand‹ 40f.
Henricus (Heinrich von Morungen) 124
Herbort von Fritzlar 227
Herder, Johann Gottfried 64
Herrad von Hohenburg (Landsberg) 66 A. 14, 281 A. 7, 343 A. 163, 344 A. 165
— ›Hortus deliciarum‹ 277 A. 1, 289 A. 38, 343
Herrand von Wildonie 90, 338
Hieronymus 49f., 305
›Hildebrandslied‹ 3, 9
Hildegard von Bingen 343-347
›Himmel und Hölle‹ 306
›Himmelgartner Passionsspielfragment‹ 12
Hincmar von Reims 41 A. 20
Hoffmann von Fallersleben, August Heinrich 15
Hohlbein, Wolfgang 171 A. 75
Honorius Augustodunensis 68, 281 A. 7
— ›Elucidarium‹ 277 A. 1
Hraban (Rabanus Maurus) 35, 41 A. 20, 49f., 55, 289 A. 37
Hrotsvit von Gandersheim 309, 343, 345, 346 A. 173
›Huge Scheppel‹ 342

Hugeburg 343, 345
Hugo von Langenstein 142 A. 49
Hugo von Trimberg, ›Der Renner‹ 6, 270
Hugo von St. Viktor 68, 108
Husslin, Bernardus 266, 269
Hutten, Ulrich von 7

›Ich was ein chint so wolgetan...‹ 336
Irimbert von Admont 67, 68 A. 21
Isidor von Sevilla 50

Jakobi, Peter 261, 263, 272
Jacobus a Voragine, ›Legenda aurea‹ 298
Jean de Meun 347
Johann von Konstanz 6
Johannes von Tepl, ›Der Ackermann aus Böhmen‹ 7, 25 A. 93
Johann von Würzburg, ›Wilhelm von Österreich‹ 6
Jostes, Franz 15
Juvenal 220
Juvencus 43

›Kaiserchronik‹ 4, 12, 277, 286
Karl der Große (Kaiser) 43, 342 A. 154 und 158
Kaufringer, Heinrich 6, 186, 199
Kirchhof, Hans Wilhelm, ›Wendunmuth‹ 274
›Die Klage‹ 166-168, 172
Kluge, Friedrich 16
Konrad (Pfaffe K.), ›Rolandslied‹ 4, 286, 340
Konrad von Stoffeln, ›Gauriel von Muntabel‹ 108 A. 41
Konrad von Würzburg 6
— ›Partonopier‹ 93
Kottaner, Helene, ›Denkwürdigkeiten‹ 342, 346
›Kudrun‹ 6, 90, 329-331
Kürenberg, Der von 5, 11

Lachmann, Karl 15, 18
Lambrecht (Pfaffe L.), ›Alexanderlied‹ 4, 277
Langmann, Adelheid 344
Lechner, Auguste 170
Lessing, Gotthold Ephraim 26, 302
Lexer, Matthias 16

Lindener, Michael 199
— ›Katzipori‹ 274 A. 44
Liutbert (Erzbischof von Mainz) 34f., 38-41, 42 A. 29, 43f., 47, 49f.
›Lob des Kreuzes‹ s. ›Dialogus de laudibus sanctae crucis‹
›Lohengrin‹ 6
Ludolf von Sachsen 294
Ludwig der Deutsche (König) 35, 38, 57
Ludwig I. von Bayern 206 A. 6
›Ludwigslied‹ 3
Lukan 44
Luther, Martin 258
— ›An den christlichen Adel deutscher Nation‹ 7
Luxemburg, Rosa 309

Mair, Hans, ›Buch von Troja‹ 6
›Der Mantel‹ 89 Abb. 2, 90f.
Margarete von Kleve 340f.
Margarete von Schwangau 343
Maria 70, 81, 289, 290 Abb. 12, 292, 294-298, 300f., 322f., 347
Marie de Champagne 340
Marie de France 341, 345
Marschant, Heinrich 93
Martin von Tours 66
Marx, Karl 311 A. 10
Mathilde von Sachsen 340f.
Maximilian I. (Kaiser) 26, 89, 256
Mechthild von Magdeburg 12, 21, 62, 344f., 349
Mechthild von Rottenburg 342 A. 153
Melanchthon, Philipp 258
›Merseburger Zaubersprüche‹ 3
Mönch von Salzburg 5, 228, 241, 245
Montanus, Martin 199
Münzer, Thomas 25 A. 93
Murner, Thomas, ›Vom Großen Lutherischen Narren‹ 7
Muschg, Adolf, ›Der Rote Ritter‹ 28

Neidhart 5, 124, 126, 205-225, 227
›Neidhart-Fuchs-Buch‹ 220
›Nibelungenlied‹ 1, 5, 8, 15, 27, 147-175 mit Abb. 5, 218 A. 45, 311 A. 8, 313, 329-331
Nietzsche, Friedrich 284 A. 15
Nikolaus von Verdun 289
Notker III. von St. Gallen 4

Novalis 312
— ›Heinrich von Ofterdingen‹ 27

Opitz, Martin 26
Origenes 69, 79, 305
Oswald von Wolkenstein 5, 239, 343
— Lieder Kl. 16: 246, 247 A. 74, 248; Kl. 20: 247 A. 74, 248; Kl. 48: 249; Kl. 49: 240-250 mit Abb. 9; Kl. 56: 248; Kl. 62: 247f.; Kl. 101: 246; Kl. 121: 246, 248
Otfrid von Weißenburg, ›Evangelienbuch‹ 3, 9, 33-59, 62, 306
— (weitere Werke) 35
Otto I., der Große (Kaiser) 27, 339 A. 140
Ovid 44, 124

›Pariser Gesprächsbüchlein‹ 11f.
Paul, Hermann 16
Pauli, Johannes, ›Schimpf und Ernst‹ 274
Persius 220
Petrus Comestor, ›Historia scholastica‹ 298
Petrus Lombardus, ›Sentenzen‹ 109
›Pfaffe vom Kalenberg‹ 270
Philipp I. (Graf von Nassau-Saarbrücken) 342 A. 153
›Physiologus‹ 306
›Pictor in Carmine‹ 292
Pirckheimer, Caritas 343, 345
›Le povre clerc‹ 199
›Prosa-Lanzelot‹ 6 A. 22
›Pontus und Sidonia‹ 6, 342
Prudentius 35 A. 6, 43

Rabanus Maurus s. Hraban
Radegunde 341
Reinmar der Alte 5, 210
Ried, Hans 90f., 94, 96
Rilint, Relindis (Äbtissin) 66 A. 14, 343 A. 163
›Rolandslied‹ s. Konrad
Rosenplüt, Hans 13, 199
›Rosenroman‹ s. Jean de Meun
›Rota in medio rotae‹ 292f.
Rudolf von Ems 5, 179
— ›Wilhelm (Willehalm) von Orlens‹ 94
Rudolf von Habsburg 339 A. 140

Rudolf von Rotenburg 141
Rupert von Deutz 68
Rupert von Salzburg 66
Ruprecht von Würzburg, ›Märe von zwei Kaufleuten‹ 25 A. 93

Sachs, Hans 6, 13, 222, 223 Abb. 8, 306
›Sachsenspiegel‹ s. Eike von Repgow
›Sängerkrieg auf der Wartburg‹ 27
Salomo I. (Bischof von Konstanz) 34f., 38
Scherer, Wilhelm 16
Schlegel, Friedrich 312
Schmidt, Arno 147, 169, 172f.
Schön, Erhard 221f., 223 Abb. 8
Schumann, Valentin 199
›Schwarzwälder Prediger‹ 306
Schwering, Julius 15 A. 50
Seuse, Heinrich 12, 344 A. 167, 347
Sibot, ›Frauenzucht‹ 141
Siegmund (Herzog von Tirol) 342 A. 153
Sigmund (dt. König) 240
›Speculum ecclesiae‹ 306
›Speculum humanae salvationis‹ 278, 293-301 mit Abb. 13f., 303
›Speculum virginum‹ 80, 289 A. 38
Stagl, Elsbeth 344 A. 167
Steinhöwel, Heinrich 7, 259, 263, 272, 341 A. 152
Steinmar 239
›Straßburger Eide‹ 11
Der Stricker 6, 188
— ›Die Äffin‹ 195
— ›Daniel von dem Blühenden Tal‹ 178, 327
— ›Der begrabene Ehemann‹ 191, 198
— ›Ehescheidungsgespräch‹ 190
— ›Das heiße Eisen‹ 190
— ›Die eingemauerte Frau‹ 191, 200 A. 56
— ›Die Frauenehre‹ 178
— ›Das erzwungene Gelübde‹ 190, 201 A. 59, 332 A. 108
— ›Karl der Große‹ 178
— ›Der kluge Knecht‹ 177-203 mit Abb. 6f.
— ›Die Martinsnacht‹ 198
— ›Die Minnesänger‹ 200 A. 56
— ›Der Pfaffe Amîs‹ 7 A. 24, 178, 185, 199, 200 A. 56, 201 A. 59
— ›Der Gevatterin Rat‹ 190
Suchenwirt, Peter 6
›Summa theologiae‹ (mhd.) 277-283

Tacitus, ›Germania‹ 258
›Tannhäuser‹ 5
›Tatian‹ (ahd.) 40, 45
Tauler, Johannes 12, 339, 347
Terenz, ›Eunuchus‹ 262
Theoderich (Dietrich von Bern) 151, 160
Thomasin von Zerklaere 5
Thüring von Ringoltingen, ›Melusine‹ 6, 333
Trier, Jost 16
›St. Trudperter Hoheslied‹ 4, 61-88, 306, 344 A. 165
Tünger, Augustin 259, 266 A. 27, 272

›Ulenspiegel‹ 7, 268, 270
Ulrich (Herzog von Württemberg) 269
Ulrich von Liechtenstein
— ›Frauenbuch‹ 90, 338
— ›Frauendienst‹ 6, 227, 338
Ulrich von Lilienfeld, ›Concordantiae caritatis‹ 285, 293f.
Ulrich von Türheim
— ›Tristan‹ 338 A. 137
— ›Rennewart‹ 338 A. 137

›Vita Gebhardi [...] cum Chronico Admuntensi‹ 67 A. 15
von der Hagen, Friedrich Heinrich 14

Wagner, Richard 27, 168 A. 65
Waldis, Burkhard 199
›Waltharius‹ 170 A. 70
Walther von der Vogelweide 1, 5, 11, 15, 24, 25 A. 93, 27, 124, 126, 130, 136f., 201 A. 61, 205, 210, 213, 214 A. 27, 216-219, 239, 324
Werinbert (Mönch in St. Gallen) 34
Wernher der Gärtner (Gartenære), ›Helmbrecht‹ 6, 21, 25, 205
Wickram, Georg 6
— ›Rollwagenbüchlein‹ 274
Wilhelm von St. Thierry 68, 79

Williram von Ebersberg, ›Hohelied-
   Paraphrase‹ 48, 70, 71 A. 30, 86,
   306
Wirnt von Grafenberg 5
Wirsung, Christof 274 A. 44
Wittenwiler, Heinrich, ›Ring‹ 6, 22
›Wolfdietrich A‹ 90
Wolfram von Eschenbach 15, 27,
   179, 229, 240
— Lieder: MF I: 236, 237 A. 36; MF
   II: 234 A. 21, 235-237; MF IV: 228,
   237; MF V: 140 A. 39, 227 A. 3,
   231-240; MF VII: 234 A. 25, 236
   A. 30 u. 32, 237 A. 36, 247
— ›Parzival‹ 1, 5, 286, 327f., 338
— ›Titurel‹ 5, 140 A. 39, 141 A. 47,
   328
— ›Willehalm‹ 5, 29, 205, 328
Wyle, Niklas von 7

Zell, Katharina 343 A. 162
Zimmer Bradley, Marion, ›Die Nebel
   von Avalon‹ 28, 313

2. Sachen, Handschriften, Orte

abbreviatio 47
accessus-Schema 76 A. 43
Abgesang 123, 129f., 136, 211, 232,
   245
adaptation courtoise 92
Adel 91, 123, 212, 229, 314, 337,
   341
Adelsbibliotheken 9
Admont (Doppelkloster) 66-68, 87,
   288
Adynaton 141
Akrostichon 34, 56
Aktion-Reaktion-Schema 186, 190f.
Alba 229, 234, 239
Allegorese 17, 24, 45, 49-51, 64f.,
   68-71, 283, 305f.
— bei Otfrid von Weißenburg 33,
   49-56;
— des ›Hohenlieds‹ 63-65, 70, 133
   A. 16
— im ›St. Trudperter Hohenlied‹ 81f.,
   322, 347f.
— (Gedeutetes:) Brotvermehrung 51;
   ferculum Salomonis 82; Farben 81,
   281; Körper/Körperteile der Braut/des
   Bräutigams des ›Hohenliedes‹ 81f.,
   322, 347f.; Kreuz Christi 279, 281,
   288-292; Leibrock Christi 46f., 52-
   55; Leviathan 281; Speise 52 A. 53;
   Weintraube 81; Weinwunder 51
— s.a. Schriftsinn, geistiger/mehrfacher
Allegorie, hermeneutische s. Allegorese
— s.a. Metaphorik; s.a. Symbolik
Alterität 24-26, 29, 33
althochdeutsche Literatur (allgemein)
   3f.
›Ambraser Heldenbuch‹ s. Handschrif-
   ten, Wien
›Ambraser Erec‹ 94f.
amplificatio 47f.
Andacht 86
Antijudaismus 292 A. 44
Antikenroman 11, 123, 328, 329 A.
   85
Archetyp 15, 18
Artushof 28, 102, 104, 107f., 110,
   113, 116-119
— s.a. Hof
Artusroman 11, 29, 91, 123, 178,
   313, 325-329
Aube 229 A. 8
Aufgesang 123, 129f., 136, 232
Aufklärung 14
Autor/Autorin, Autorbegriff 10, 22,
   95f., 324, 337, 340, 345, 350
Autorenbild 27f., (Heinrichs von
   Morungen) 127, 128 Abb. 4
Autorgebet um Inspiration 77f., 84, 86
Autorrolle s. Rolle
âventiure 99, 118, 148

Barock 8, 14

Sachen, Handschriften, Orte 363

Basel (Universität: H. Bebel) 256
Bauerntum 212, 221f., 258
Bayern (Neidhart) 205f., 210 A. 17
Befestigungskrönung 112f.
Beicht- und Taufformeln 11
Berlin (Hochschulgermanistik) 14
Berufsdichter, Berufssänger 6, 124, 201, 206, 214, 219
Bescheidenheitstopos 345, 349
Bewinden bei Justingen (H. Bebel) 256
Bibeldichtung/Bibelepik 11f., 43, 45, 47f., 287, 306, 344
Bibelerklärung, -exegese 33, 35, 40, 45, 48, 50f., 64, 278, 280f., 286 A. 27, 288, 298
— s. auch Allegorese
Bibelkommentar 61-63, 65, 67 A. 18, 68, 71, 73-75, 79, 84-86, 286
Bibelkritik 64, 282
Bildung 4, 220, 302, 310, 337-339
Binnenerzählung 106, 114f., 147, 173, 177, 194-196, 200
bîspel (Bîspel) 179, 186-190, 194-197, 200f.
blinde Motive 105f., 114f.
Botenlied 11
Braut des ›Hohenlieds‹ s. Allegorese
Brautwerbung 150, 153 A. 20, 154, 157
Brief 342 A. 158, 343
Brixen (Dom: Oswald-Denkstein) 240
Buchbesitz 9
Buchdruck 6, 13
Buchtitel 79f.

chanson de geste 6, 342
chanson de change 130
Cluny (Kloster) 67
collatio 68, 72, 86

Deixis, personale 73
Dekonstruktion, Dekonstruktivismus 21f., 315, 316 A. 28, 317
descriptio
Deutschlehrerausbildung s. Germanistenausbildung
Dialog 71f.
Dialoglied 245
Doppelwegschema 29, 118
Drama 12, 69, 71

Ebersberg (Kloster) 70
Editionsphilologie, Editionswissenschaft 15, 17f., 22f.
Ehebruch-Motiv 177, 191f., 194, 196, 198-200, 234, 327
Eheverständnis s. Heirat und Ehe
Ehingen (H. Bebel) 259, 269
Einblattdruck 13
Emanzipation 311, 317, 323, 331, 332 A. 108, 339 A. 142, 346
emendatio 15
Endreim s. Reim
Epilog/Werkausgang 63, 78, 80
Epimythion 189, 197
erotische Konnotationen (rel. Lyrik) 12, (›Erec‹) 119, (Heinrich von Morungen) 140, 144, (Pastourellen, Mädchenlieder) 210, (Neidhart) 214f., (Walther von der Vogelweide) 239, (höfische Literatur) 323, (frühmal. Lyrik) 342
Erzählerkommentar 100, 102 A. 28, 157, 193, 236, 328
Erzählhaltung, auktoriale 189, 200f.
Erzähltechnik (im ›Nibelungenlied‹) 8, (Wolframs von Eschenbach) 29, (Otfrids) 45, 49f., 56 A. 63, (im ›St. Trudperter Hohenlied‹) 73, (Hartmanns) 100, 104-106, 113f., 116f., (Arno Schmidts) 147; (des Strickers) 186-191, 194-198, (H. Bebels) 259f., 266-268
Erzähltempo 106, 116
Exempel, Exempelsammlung 199, 200 A. 58
exemplum contrarium 198
expolitio 197
Exposition 191

Fabel (kurze Erzählung) 262 A. 15
Fabel (Gattung) 26, 179, 186
Fachschrifttum 13
Fahrende, Vaganten 178, 201
Fastnachtspiele 12, 220
Fazetie 7, 256, (Begriff) 261-263, 268, (Zweck, Ziele) 263f., (Gegenstände, Inhalte, Themen) 264-268, (Quellen, Tradition) 270, (Rezeption) 273-275
ferculum Salomonis s. Allegorese
Festkrönung 111-113

Figur/Rolle des Wächters s. Rolle
Fiktionalität 29, 60, 230, 233
Flugblätter 13
Flugschriften 13
Formwandel mhd. Literatur 8-10
Fortuna-Gedanke 2
Frauen im mal. Literaturbetrieb 4, 337-345
Frauenbewegung 309-311, 319 A. 41, 321, 336 A. 129, 347
Frauenforschung 309, 314-318, 320, 334, 341, 344
Frauenlied 324
Frauen-Literaturgeschichte 317, 341, 343
Frauenmonolog 11
Frauenmystik s. Mystik
Frauenstrophe 324
Fremdheit älterer Literatur s. Alterität
frühmittelhochdeutsche Literatur (allgemein) 4
Fulda (Kloster) 35

Gaben des Heiligen Geistes, sieben 74f., 80-83, 86
Gattung (allgemein), Gattungsgrenze, Gattungszugehörigkeit 8, 10-13, 25, 63, 69, 123-146, 148, 161, 166, 179, 183 A. 15, 184-186, 190 A. 38, 194 A. 43, 199 A. 54, 209, 227f., 332
Gebet 11
'geblümter Stil' 5
Gebrauchsliteratur, Gebrauchsfunktion von Literatur 61f., 80
gender 318f.
Gender-Forschung, gender studies 21, 318-320, 322 A. 51, 325, 335
genre objectif 228
Germanistenausbildung 23f., 26
Germanistik, Hochschulgermanistik 14-18
— s.a. Mediävistik, germanistische
Geschlechterforschung 318-321, 334, 344f., 347
Geschlechterverhältnis 21, 309-352
Geschlechterbilder, -konstruktionen 321-337
Gesellschaft, Gesellschaftskritik 20f., 26, 229 A. 11, 238f., 263, 266f.
Gesellschaftslieder 26
Gespielinnengesprächslied 209, 211, 215-217, 219, 221
Glossen 3
Göttingen (Hochschulgermanistik) 17
Gralroman 11
'Gründerzeit' der Germanistik 15

Handschriften
— Berlin, SBPK, Cod. germ. fol. 779 (Neidhart, c): 206 A. 7, 207, 220, 222
— Berlin, SBPK, Cod. germ. fol. 1062 (›Riedegger Hs.‹, R): 207
— Donaueschingen, Fürstl. Fürstenberg. Hofbibliothek, Hs. 63 (›Nibelungenlied‹, Hs. C): 149 A. 8, 162, 163 Abb. 5, 164-167, 330 A. 96
— Erfurt, Domarchiv, Fragment 5: 188 A. 35
— Heidelberg, UB, Cod. pal. germ. 341: 183
— Heidelberg, UB, Cod. pal. germ. 357 (›Kleine Heidelberger Liederhs. A‹): 342
— Heidelberg, UB, Cod. pal. germ. 848 (›Große Heidelberger Liederhs. C‹; ›Manessische Liederhs.‹): 127, 128 Abb. 4, 135, 207, 233
— Heidelberg, UB, Cod. pal. lat. 52: 38
— Innsbruck, Tiroler Landesmuseum Ferdinandeum, F.B. 1950 (›Wolkenstein-Hs. c‹): 241 A. 61
— Innsbruck, UB, ohne Sign. (›Wolkenstein-Hs. B‹): 241 A. 61, 247 A. 73
— Klagenfurt, Landesarchiv, Cod. VI/19 d. Geschichtsvereins für Kärnten (›Millstätter Sammelhs.‹): 277
— Koblenz, Landeshauptarchiv, Best. 701 Nr. 749,14 (›Koblenzer Fragmente‹ des ›Erec‹): 95
— Kremsmünster, Stiftsbibl., Cod. 243: 293 A. 48, 294, 296 Abb. 13, 299 Abb. 14
— Leipzig, Stadtarchiv, Urk. K. 85,2 [U 84]: 124, 125 Abb. 3
— Melk, Stiftsbibl., Cod. R 18: 188
— München, BSB, Cgm 14: 38
— München, BSB, Cgm 34 (›Nibelungenlied‹, Hs. A): 162, 164-166
— München, BSB, Clm 146: 293 A. 48

— München, BSB, Clm 12717: 302 A. 67
— München, BSB, Clm 14159: 288 A. 32, 290 Abb. 12
— Nürnberg, GNM, Nr. 42518: 66
— Rom, BAV, Cod. Pal. lat. 871: 302 A. 66, 303 A. 72, 304 Abb. 15, 305
— St. Florian, Stiftsbibl., Cod. III, 207: 303
— St. Gallen, Stiftsbibl., Hs. 857 (›Nibelungenlied‹, Hs. B): 149, 153 A. 20, 162, 164
— Stuttgart, Württ. LB, HB XIII poeta germanica 1 (›Weingartner Liederhs.‹, B): 233
— Vorau, Stiftsbibl., Cod. 276 (›Vorauer Sammelhs.‹): 277
— Wien, Niederösterreichisches Landesarchiv, Nr. 821 (›Wiener Fragmente‹ des ›Erec‹): 95
— Wien, ÖNB, Cod. 1198: 303
— Wien, ÖNB, Cod. s.n. 2663 (›Ambraser Heldenbuch‹): 89f. mit Abb. 2
— Wien, ÖNB, Cod. 2687: 36f.
— Wien, ÖNB, Cod. 2705: 180 Abb. 6, 181 Abb. 7, 182
— Wien, ÖNB, Cod. 2719: 66
— Wien, ÖNB, Cod. 2721: 277
— Wien, ÖNB, Cod. 2777 (›Wolkenstein-Hs. A‹): 240, 241 A. 61, 244 Abb. 9, 247 A. 73
— Wolfenbüttel, HAB, Cod. 5.2 Aug. 4°: 302 A. 67
— Wolfenbüttel, HAB, zu Cod. 19.26.9 Aug. 4° (alte und neue ›Wolfenbütteler Fragmente‹ des ›Erec‹): 91 A. 5, 92 A. 9, 93 A. 14, 94f., 105 A. 33
— Wolfenbüttel, HAB, Cod. 26 Weiss.: 49
— Wolfenbüttel, Bonn, Krakau: ›Codex discissus‹ (Otfrid-Hs.): 38
Handschriftenkunde 23
happy end (im ›Erec‹) 116
Hechingen (H. Bebel) 269
heide 136f.
Heilige s. Register 1
Heirat und Ehe (im ›Erec‹) 103, 108, 110f., 119, (in mal. Lehrdichtungen) 332, (Motivgeschichte) 334 A. 120
Heischestrophen 214

Held, Heldentum, Heldendichtung 6, 8, 11, 123, 152, 160-162, 167-171, 286, 313, 329-331, 342 A. 154, 350
helt 152f., 156, 157 A. 30, 166
Hermeneutik 16
hermeneutische Allegorie s. Allegorese
Herrschaft (im ›Erec‹) 104, 107, 111, 113, 115
Herzenstausch 106
Hirsau (Kloster), Hirsauer Reform 4, 67, 87
höfische Kultur, Tugenden, Ideale 4f., 20, 107, 115, 117, 150, 153f., 160f., 172, 191 A. 39, 212, 238, 323, 350
— s.a. Artushof
höfische Dichtung (allgemein) 4-6, 12
höfische Liebe s. *minne*
hoher muot / übermuot 154, 158, 168
Homilie s. Predigt
Humanismus, Humanisten 2, 7, 14, 26, 256-258, 261, 345 A. 171
Humoralpathologie 2
huote 213, 327
Hymnen 11

Ich-Erzählhaltung, Ich-Erzählung, Ich-Bewußtsein 139, 142, 147, 189, 194 A. 44, 206, 211, 230, 241
Identifikation, Identifikationsangebot 26, 189f.
Individuallektüre 9, 13
Individuum und Gesellschaft 28
Inhalt
— von Hartmanns ›Erec‹ 96-101
— des ›Nibelungenlieds‹ 149-152
Inkunabel 293
Innsbruck (H. Bebel) 256
integumentum 119
Intertextualität 213, 237
Ironie, Satire 212, 214, 219, 248, 264, 266

Jetzerhandel 266
Joie de la curt-Szene 100-102, 116, 118

Kanzone 5, 11, 123f., 126, 211, 216, 230
— s. auch Minnekanzone
Klosterneuburg (Stift), Verduner Altar 289, 292

Klosterpredigt s. Predigt
Knittelvers 9
Koblenzer Fragmente des ›Erec‹ 95
Kolophon 339
Komik, Witz 22, 189f., 212, 260, 266-268
Kommendation 295
Konjektur 15, 18
Konstellation von Figuren/Rollen 69-71, 186, 211, 228, 230, 233-241, 246-250
Kontrafaktur 229
Krakau (Universität: H. Bebel) 256
Kreuz Christi s. Allegorese
Kreuzlied 11, 228
kündikeit 197f., 201
Kulturwissenschaft und Mediävistik 21
Kunstprosa 83-85
Kunstverständnis des Mittelalters 24

Lachkultur s. Komik
'Lachmannsche Methode' 15, 18, 23
Laien, Laienbildung, Laienkultur 4, 12, 294, 337-339
— s.a. Bildung
Latein und Deutsch 8, 33, 43-45, 57, 84, 272f., 298, 336f.
Lateinunterricht der Humanisten, Latinisierung, Latinität 7, 257f., 269 A. 33, 272f., 345 A. 171
Laterankonzil, viertes 179
Legende 12, 185, 322 A. 51, 326 A. 72, 340 A. 148
Lehrdichtung 6, 332
Leipzig (Thomaskloster) 124
Leithandschrift 18
Lesarten 15
Leviathan-Deutung s. Allegorese
Liebe, illegitime 234, 239
— s.a. Ehebruch
Liebeslyrik, -lied 123, 227f., 241
Liebes- und Abenteuerroman 11
Literaturbegriff, erweiterter 62
Literaturgeschichte, deutsche, des Mittelalters: diachrone Gliederung 3-7
Literaturtheorie
— feministische L., feminist. Literaturwissenschaft s. Frauenforschung; s. Geschlechterforschung

— (Otfrids v.W.) 33, 36, 39f., 43-45
Liturgie 12, 68, 86, 112, 284f., 287, 291f., 298, 305
Lüttich (Taufbecken des Reiner von Huy) 298 A. 63

Mädchenlieder 126, 137, 210
Märe, Märendichtung 6, 177-179, 184-187, 189-191, 194f., 200f., 331f.
Mäzene, Mäzenatentum 20, 92, 337f., 340f.
Mailehen 137
Marienlyrik, -hymnik 12, 124, 133, 347
Mediävistik, germanistische 1-32
— Aktualität der mal. dt. Literatur 28f.
— Bedeutung innerhalb des Germanistikstudiums 23-28
— Begriff 2
— Entstehung und Frageansätze 13-23
— Partner- und Nachbardisziplinen 19
— Umfang und Gegenstände 2-13
Mehrstimmigkeit s. Polyphonie
Meistergesang (Meistersang) 5f., 27, 325 A. 66, 342
Melodie, Melodieaufzeichnungen 123, 129, 241, 250
Metaphorik 17, 131-134, 136, 141, 144, 157, 214f., 229, 284, 293, 301
Metatext 63, 73
Metrik 9f., 24, 38f., 127, 129f., 136-138, 140, 149 A. 6, 232f.
— s.a. Reim
minne, Minne 4f., 123, 142, 153f., 159f., 216, 230, 236, 239, 249, 323
— höfische Minne, höfische Liebe 119, 123, 150, 211f., 217, 322f., 324 A. 60, 331, 338
— hohe Minne 123f., 126, 130, 136-139, 142-144, 229f., 323f.
— niedere Minne 137, 143
— s.a. Liebe
Minnekanzone 123f., 134, 144, 216, 228-230
Minneklage 127
Minnerede 6, 185
Minnesang 5, 10f., 15, 18, 25 A. 93, 26, 123, 131, 136f., 140, 205, 210-214, 286, 313, 321-325, 340, 346
— *dörperlicher* Minnesang 205f., 210,

212, 217
Minnesängerin s. Trobairitz
Mirakel 185
Mittelalter-Begriff 2
Mittelalterrezeption s. Rezeption
Modernität mal. Literatur 28f.
— s.a. Aktualität
Morgenlob, christliches 229
Morungen (Burg) 124
Motive 20, 27, 214f., 217f., 221, 239, 247 A. 74, 267 A. 28, 321-323, 328f., 331, 333-336
München (Hochschulgermanistik) 17
Mündlichkeit — Schriftlichkeit 3, 6, 8f., 36, 56f., 72, 84, 92 A. 9, 149, 337
Münster (Hochschulgermanistik) 14 A. 47, 15-17, 23, (Sonderforschungsbereiche) 20
Mutter-Tochter-Dialog 211, 213
Mystik 21, 316f., 322, 338, 339 A. 144, 342, 344, 347-350
Mythisierung mal. Stoffe und Autoren 27f.

Nacherzählung/Übersetzen alt- u. mhd. Literatur 24, 46f. A. 38, 172f.
Nationalsozialismus
— und Germanistik 16, 309, 314
— und mal. Literatur 27, 171
Natur als 'Buch Gottes' 2
Natureingang 136, 209f., 213, 216, 219
Naturkunde, geistliche 12
Neustift bei Brixen (Kloster) 240
New Philology 22
nît 154 A. 24, 168 A. 64
Novellistik 185f.

orale Kultur s. Mündlichkeit
ordo 187, 191, 197f., 200 A. 58, 238, 319, 331
Österreich (Stricker) 179, (Neidhart) 205f., 210 A. 17

Paratext 63, 73
Parodie 5, 149 A. 6, 228
Pastourelle 137, 144, 210f., 230, 336
Pferdedienst der Enite 98, 102, 108
Phasen der mal. dt. Literaturgeschichte 3-7

Poeta laureatus (Dichterkrönung H. Bebels) 256, 258
Poetik mal. Literatur 17, 24
Pointe 219-221, 260, 267, 269, 272
Polyphonie 5, 241, 245
Positivismus 16
Poststrukturalismus 21, 315-317, 333, 335
Präfiguration s. Typologie
Predigt 12, 17, 71-74, 287
Preisgedicht 11
Prolog/Werkeingang 63, 73-78, 200
Prosa, Prosaroman 6, 10, 17, 333, 341, 346
Prosaauflösungen von Versepen 7
'Prozeß der Zivilisation' 21, 314
Publikum 14, 56f., 72, 92, 107, 111, 115-117, 198, 201, 210, 212f., 218, 230, 302, 337, 345

Quellen
— Bebel, ›Fazetien‹ 255 A. 1
— Hartmann von Aue, ›Erec‹ 92f., 95, 115 A. 65
— ›Nibelungenlied‹ 8
— Otfrid, ›Evangelienbuch‹ 49

recensio 15
Rede 179, 185f., 189
Reihenstrophe 211
Reim/Reimdichtung/Reimtechnik 6, 9f., 38, 129, 245f., 249
Reiseberichte 17
Responsion 129
Rezeption
— Bebel, ›Fazetien‹ 255 A. 1, 273-275
— ›Erec‹ 94 A. 17
— roman. Liebeslyrik 123
— Neidharts Lyrik 213
— des ›Nibelungenlieds‹ 168-171
— Stricker-Kleindichtung 183, 200
— ›St. Trudperter Hoheslied‹ 84
— mal. Literatur allgemein 25-28, 337
—, mündliche — schriftliche s. Mündlichkeit
Rheinfranken (Heimat des Strickers) 179
Richtlinien Deutsch Sek. I/II 25 A. 93
Rithmi, karolingische 39
ritter, Ritter, Rittertum 28, 107, 123, 153f., 160f., 238f., 331 A. 103, 336

A. 131, 350
'Ritterrenaissance' 26
Riuwental-Signum 206, 212, 215
Rolle, Rollen
— des Autors/Erzählers 106, 201, 214, 220, 222
— der Braut/des Bräutigams im ›Hohenlied‹ 69-72
— literarische 107
— des Sängers im Minnesang 123, 212 A. 23, 213f., 220
— des Wächters im Tagelied 233-240, 247
Rollenlyrik 211-214
Romantik 14
ruminatio 55f.

Sachschrifttum 13
Sängerlied 211
Sangspruchdichtung 6, 11, 27, 201 A. 61
Schelklingen (H. Bebel) 256
Schönheit
— Enites 98f., 103f.
— Kriemhilds 147
— Siegfrieds 153
Scholastik 7
Schriftsinn, mehrfacher s. Allegorese
Schuldproblematik
— im ›Erec‹ 102, 107-110, 326f.
— im ›Nibelungenlied‹ 164-167
— in der ›Klage‹ 167, 168 A. 62
Schullektüre 25f.
Schwaben, Schwäbische Alb (H. Bebel) 258f., 269f.
Schwank, Schwankroman, Schwanksammlungen 7, 199, 220, 331f.
Selbstauslegung des ›Hohenlieds‹ 78
Sentimentalitätskonzepte 29
Serena 228
Sermo s. Predigt
sich vermezzen 138f.
Singstimme 241, 248f.
Sinn, geistiger s. Allegorese
Sitz im Leben 10, 13, 269
Sommer- und Winterlied 126, 210-212, 222
Sonderforschungsbereiche, mediävistische 20
Spiel, geistliches 12
Spielmannsepik 11

Sprachzustände (Sprachstufen) des Deutschen 8
Sprichwort 7, 260, 268 A. 31
Spruchdichter, Spruchdichtung 130, 214, 325
Stabreim 9f.
Stemma 207 A. 9
Stichomythie 106
St. Gallen (Kloster) 4
St. Georgen (Kloster) 67
Stofftradition
— mal. Mären 199
— ›Nibelungenlied‹ 8, 149
Stollen 123, 211
Stollenstrophe 123, 129, 211, 228, 232, 245
Streitgespräch 185
Strickerschule 182
Strophenform des ›Nibelungenlieds‹ 8, 149
Strukturalismus 17
studia humanitatis 7, 256f.
Sündenklagen 12
Symbolik 115, 194 A. 42, 215, 217f., 249 A. 81, 260 A. 10
— s.a. Metaphorik
Symbolstruktur im ›Erec‹ 115, 117f.
Synaphie 233 A. 18

Tagelied 11, 227-253
Tanzlied 135, 137
Telestichon 34, 56
Textbegriff 95
Textkritik 15
Todesstrafe 196
Topos, Topoi 236 A. 30
Traditionalität mal. Literatur 29
Traktat 17, 74
Travestie 212, 219
Tristanroman 11, 14, 123, 313, 340
— s.a. Eilhart von Oberg, Gottfried von Straßburg, Ulrich von Türheim
triuwe/untriuwe 108, 156, 165, 230, 235, 239
— Nibelungentreue 156, 171
Trobadors, Troubadours 11, 124, 133f., 346
Trobairitz 325, 341, 346, 349 A. 190
Tübingen (Universität: H. Bebel) 256, 269
Tugenden und Laster 264 A. 23, 265

— s.a. Gaben des Heiligen Geistes
Typologie 277-308
— Begriff 47 A. 39, 280, 282-287, 294
— Gegenstände 282-285, 294
— sprachliche Form 286, 300f.
— bestimmte Typen: Abel 290 Abb. 12, 291; Abraham 291, 296 Abb. 13, 298, 300; Adam 279-283, 289, 290 Abb. 12, 291, 301; Arche 279-281, 283, 292 A. 44; brennender Dornbusch 296 Abb. 13, 297, 301; Eherne Schlange 292; Ehernes Meer 298, 299 Abb. 14, 300; Eva 279, 281f., 289, 290 Abb. 12, 291, 323, A. 57, 347; Hagar 292 A. 44; Isaak 51, 291f., 298; Jona 303, 304 Abb. 15, 305; Kain 290 Abb. 12, 291; Keltertreter 279-281; Kundschafter 292; Melchisedek 291, 292 A. 44; Mose 292, 297; Noach 292 A. 44, Rebekka 298, 301; Simson 303, 304 Abb. 15; Vließ Gideons 296 Abb. 13, 297, 301

Überlieferung
— Bebel, H., Schriften (Druckausgaben) 256 A. 2, 260f., 263, 274
— ›Biblia pauperum‹ 301
— epische Kleindichtung 182
— ›Erec‹ 91, 92 A. 9, 94f.
— Hartmann von Aue, ›Iwein‹ 91
— Heinrich von Morungen, Lieder 127
— ›Hoheslied‹ der Bibel 71 A. 30
— ›Klage‹ 166
— Minnekanzonen 230
— Neidhart, Lyrik 205, (SL 14) 207, 220
— ›Nibelungenlied‹ 148f., 162, 163 Abb. 5, 164-166
— Oswald von Wolkenstein, Lieder 240, 241 A. 61
— Otfrid, ›Evangelienbuch‹ 34 A. 5, 36, 38
— ›Speculum humanae salvationis‹ 293f.
— Stricker, ›Der kluge Knecht‹ 182-184
— ›St. Trudperter Hohelied‹ 66
— Tagelieder 228, 237

— Williram v. Ebersberg, ›Expositio‹ 70 A. 30
— Wolfram v. Eschenbach, MF V 233
übermuot s. *hoher muot*
urloup 237
Ursache-Folge-Schema 187, 190

Vaganten s. Fahrende
verligen-Szene im ›Erec‹ 95 A. 22, 98f., 101-103, 107-110, 113f., 118
Versnovelle 185
Versroman 10f., 21
Visionsliteratur 12
Vita, Viten- und Offenbarungsliteratur 6, 12, 344f., 348
Vokabularien 3
Volksbücher 7
Volkslied 26
Volkssprache s. Latein und Deutsch
Vortrag von Dichtung, Liedern 6, 8f., 13, 56f., 68, 115f., 149, 240, 245
— s. auch Mündlichkeit

Wechsel 11, 228
'weibliche Erfahrung' in Texten 345-350
Weißenburg (Kloster, Bibliothek) 34f., 49 A. 44
Werkausgang s. Epilog
Werkeingang s. Prolog
widerbildunge (Einbildungskraft) 86
Wiener Fragmente des ›Erec‹ 95
Wiener Hof (Neidhart) 205
Winterlied s. Sommer- und Winterlied
Wolfenbütteler Fragmente des ›Erec‹ 91 A. 5, 92 A. 9, 93 A. 14, 94f., 105 A. 33
Worms (Burgundenhof) 149-151
Würzburg (Hochschulgermanistik) 17
Wunschtraum 132 A. 14, 143

Zahlenallegorese/Zahlendeutung 36, 40-43, 51, 52 A. 53, 54f., 281 A. 8, 305
Zahlenkomposition 36, 40-42
Zaubersprüche 11
Zeigehand 180 Abb. 6, 182 A. 13
Zürich (Hochschulgermanistik) 17
Zwiefalten (Kloster und Dorf: H. Bebel) 270 A. 35

Münsteraner Einführungen: Germanistik

Ernst Ribbat
Deutsche Literaturwissenschaft: Methodische Orientierungen
Bd. 2, 1999, 150 S., 24,80 DM, br., ISBN 3-8258-2268-0

Thomas Althaus; Stefan Matuschek (Hrsg.)
Interpretationen zur neueren deutschen Literaturgeschichte
Das didaktische Prinzip der Einführungen heißt Anschaulichkeit; die Verfahrensweisen der Literaturwissenschaft werden exemplarisch an Texten (vom Barock bis zur Neuzeit) drgestellt, wobei Methodenpluralität nicht Beliebigkeit heißt, sondern die Reflexion der jeweiligen Voraussetzungen und Erkenntniszielen meint. Werden so die Instrumentarien einer Wissenschaft vorgeführt, entsteht neben dem Überblick der Ansätze auch eine kleine Literaturgeschichte, welche jenseits des Prinzips der Vollständigkeit Signaturen der jeweiligen Epochen an konkreten, gattungsgeschichtlich verschiedenen Paradigmen veranschaulicht. Mit der Wahl der Texte stellen sich Vertreter unterschiedlicher literaturwissenschaftlicher Ansätze zugleich der Aufgabe, theoretische Modelle in praktischer Durchführung und Selbstreflexion vorzuführen. Dadurch wird die Monopolisierung bestimmter Methoden und Texte ausgeschlossen und die Breite des Spektrums einer Wissenschaft gewahrt. Daß diese Pluralität nicht verstreut, sondern an einem Ort (Münster) geprägt ist, gibt ein Beispiel für die Möglichkeiten universitärer Forschergemeinschaft.
Bd. 3, 1994, 250 S., 29,80 DM, br., ISBN 3-8258-2217-6

Münsteraner Einführungen: Germanistische Arbeitsbücher

Michael Becker-Mrotzek; Jürgen Hein; Helmut H. Koch
Werkstattbuch Deutsch: Texte für das Studium des Faches
Das Werkstattbuch Deutsch – Texte für das Studium des Faches ist ein Gemeinschaftswerk der Lehrenden des Instituts für deutsche Sprache und Literatur und ihre Didaktik der Universität Münster. Es heißt Werkstattbuch, weil es keine Einführung im üblichen, systematischen Sinn ist. Es soll vielmehr Einblick geben in unser Tun und anregen zum Selbststudium.
Das Buch zeigt, wie unterschiedlich die Aspekte und Zugangsweisen sind, mit denen man Sprache und Literatur gegenübertreten kann. Dabei werden nicht nur fertige Ergebnisse und Gewißheiten präsentiert, sondern es wird auch deutlich, wie solche Ergebnisse zustande kommen. Denn gerade ein Gegenstand wie Sprache, der wie kaum ein anderes Produkt der menschlichen Kultur ist, unterliegt dem historischen Wandel. Entsprechend verändert sich auch der Umgang mit Literatur und Sprache. Die Diskussionen um Gegenstände, Methoden und Ziele von Literatur- und Sprachwissenschaft sowie ihrer Didaktiken sind bis in die Gegenwart hinein von erheblichen Kontroversen geprägt. Daher ist es immer wieder erforderlich, das eigene Tun kritisch zu reflektieren und zu verändern.
Auch ohne den Anspruch einer systematischen Einführung gibt das Buch einen Überblick über zentrale Bereiche der Germanistik. Die sieben Kapitel folgen nicht der traditionellen Systematik, sondern den dominanten Tätigkeiten im Umgang mit Sprache: Man kann sich mündlich oder schriftlich verständigen, einen fremden Text lesen oder einen eigenen selber schreiben, man kann Sprache und Literatur untersuchen oder für bestimmte Zwecke verwenden.
Bd. 1, 1998, 608 S., 59,80 DM, br., ISBN 3-8258-2263-X

Germanistik

Eva-Maria Knittel
Orpheus im Horizont moderner Dichtungskonzeptionen
Der Sänger Orpheus stieg in die Unterwelt hinab, um seine Frau Eurydike ins Leben zurückzuführen. Das Motiv des von Liebe und Tod inspirierten Dichters ist im Werk vieler neuzeitlicher Autoren ein Schlüssel zu ihrem (Selbst-)Verständnis. Außer einem motivgeschichtlichen Überblick enthält diese Studie Untersuchungen zu Orpheus in der Dichtung von Novalis, Rainer Maria Rilke, Georg Trakl, Gottfried Benn, Ingeborg Bachmann und Ernst Meister.
Bd. 13, 1998, 216 S., 48,80 DM, br., ISBN 3-8258-3871-4

Kai-Ingo Voigt
Der Schriftsteller Heinrich Mann
Ein deutsches Leben
Heinrich Mann – Schöpfer des "Blauen Engel", Autor des Romans "Der Untertan", eines der wichtigsten deutschsprachigen Bücher des 20. Jahrhunderts. Er kämpfte für den Erhalt der Weimarer Republik, für die europäische Einigung, für die deutsch-französische Verständigung – und gegen Hitler. Bis heute steht er im Schatten seines Bruders und ist doch "... einer der größten Schriftsteller deutscher Sprache" (Thomas Mann).
Bd. 14, 1998, 88 S., 19,80 DM, br., ISBN 3-8258-4086-7

LIT Verlag Münster – Hamburg – London
Bestellungen über:
Grevener Str. 179 48159 Münster
Tel.: 0251 – 23 50 91 – Fax: 0251 – 23 19 72
e-Mail: lit@lit-verlag.de – http://www.lit-verlag.de
Preise: unverbindliche Preisempfehlung